心靈工坊
PsyGarden

Holistic

探索身體，追求智性，呼喊靈性

攀向更高遠的意義與價值

是幸福，是恩典，更是內在心靈的基本需求

企求穿越回歸真我的旅程

塔羅冥想

基督信仰內在隱修之旅

MEDITATIONS
on the
TAROT

A Journey into Christian Hermeticism

無名氏·著 ｜ 胡因夢·審修 ｜ 侯王怡文·譯

目錄

作譯者簡介

作者簡介

無名氏

　　作者為了讓本書道出自己的話語，同時避免讓個人因素干擾到作品和讀者的關係，因此選擇以不具名的方式出版。

審修者簡介

胡因夢

　　曾為著名電影明星，其翻譯作品涵蓋東西方的藝術、哲學、心理學和宗教等範疇，在華人世界的文化整合和深度心理揭示等方面成就斐然，是國內最重要的靈修思潮引介者之一，更在海內外華人最具影響力的身心靈導師之列。她對於現代人的身心壓力、情緒模式及靈性成長需求，都有深刻的觀察與體會，個人修行與學養綜合東方與西方、傳統與現代、身體與心靈、統觀與精專、學術與實修、主觀與客觀、思維和情感，這些對立卻統一的完整性，在胡因夢的作品和人生中精彩呈現著，並帶領人們邁向個人內在英雄之旅的完成。

譯者簡介

侯王怡文

　　建築設計師、大學講師，美國哥倫比亞大學建築研究所畢業。當沉浸於有形世界的包羅萬象時，因緣際會窺見形上世界，並且清晰地感應到來自其核心的召喚，於是將所學的求知紀律應用於靈性的探究。從「信仰建築」到修煉「自性覺醒」，從敬佩「世間的建築師」到景仰「宇宙的建築師」，細細地體認外境與內境和諧帶來的喜悅。

審修者序

胡因夢

　　二十世紀初葉是一個精彩的時段，西方世界在神智學與人智學推動之下，興起了一股迎接「基督再臨」（「彌勒下生」）的靈性風潮。兩位素未謀面但洞見能力相等的「玄祕歷史主義者」，勃拉瓦斯基夫人（Helena Petrovna Blavatsky）與魯道夫·史坦納（Rudolf Steiner）博士，分別於不同的年代創立了為後續新世紀運動和靈性復興運動鋪路的學會組織。前者的主張是二十世紀將會出現一位「基督意識」的化身工具，於是神智學會在接班者安妮·貝贊特全力支援下，選出了克里希那穆提這位南印度少年，來扮演被高度期許的救世主角色，繼而引發了大家所熟知的克氏與學會決裂、拒絕成為肉身工具等讓神智運動折翼的事件。被喻為第二個可能人選的史坦納，在這個議題上的看法則截然不同，他認為 Second Coming（再臨）將不會示現於物質次元，而會在乙太精微層次驅動轉化人類的作用力，因此人智學的一切努力都是為這件因緣大事做準備的。

　　那麼，究竟誰才是眾所矚目的「再來者」？他將會以肉身還是乙太身示現於地球？這類大哉問在人們忙於尋求支助的倚

賴心態下，沸沸騰騰地成為了二十世紀上半葉歐美靈修人士的討論重點，然而直到我們開始著手翻譯《塔羅冥想》，才從搜集到的網上資料和相關英文著作中得知，原來這本涉及基督信仰隱修（或密修）之道的經典鉅著作者，竟然也曾經是眾所臆測的「基督化身」人選之一。雖然這位「高度受爭議」的密契家生前交代必須在他過逝後以匿名方式出版此書，但作品問世後不久，歐洲靈修圈子很快知曉他就是曾經活躍於人智學會，與史坦納同樣有著舉足輕重影響力的精神導師，范倫廷‧湯柏格（Valentin Tomberg）。

1900 年 2 月 27 日誕生於俄國聖彼得堡的范倫廷‧湯柏格是一位高級官員的次子。如同許多沙俄時期的不幸民眾一樣，范倫廷無憂無慮的青少年生涯在布爾什維克革命動亂下驟然中止；他的母親散步時被暴民當場射殺身亡，父親被迫於 1920 年帶著孩子們逃到愛沙尼亞的塔林。這個家庭原本富裕悠遊的日子自此蕩然無存。范倫廷在塔林靠著務農、當藥劑師和老師謀生度日，辛苦地完成了塔爾圖大學（歐洲著名長春藤聯盟學院）的比較宗教學和語言學課程。他憑著靈性的宿慧，在二十五歲就當上愛沙尼亞人智學會分會長，未滿三十歲已經受邀前往芬蘭、德國及法國授課演講。1930 年，他的論文相繼出現在人智學會週刊上面，1938 年，他的十二篇有關新舊約聖經的論文大量流通於會員之間，加上獨立探索屬靈世界的眼通能力，使得他在學會「Free Group」中的影響力，儼然已逐漸趕上 1925 年辭世但從未見過面的史坦納。這種發展態勢令史坦納的遺孀十分不安，開始撰寫長篇文章檢討他「別有企

圖」、破壞前人規矩的作風。在這個階段裡，范倫廷仍然被學會重要成員持續邀約至英國與荷蘭發表演說，甚至被譽為「人智運動近年來最傑出的工作推展者」。

二次世界大戰爆發後，范倫廷和第二任妻子瑪利亞為了避開納粹的迫害，在友人協助下從塔林遷往鹿特丹定居，靠著教語文的微薄收入養活全家。這個階段他的基督信仰更加堅定，開始帶領一小群追隨者延續史坦納所建立的密修訓練，藉著主禱文的奧祕力量來平衡戰爭的毀滅性。1943 年，科隆大學的一位法學教授建議范倫廷前往德國居住，因為最危險之處就是最安全的地帶。在這位有力人士協助下，范倫廷從荷蘭舉家搬到德國，並且在科隆大學專攻法學博士學位。這段期間他突然接收到決定性的啟示召喚，轉而改信天主教，此舉益發觸怒了人智學推動者，因為學會自創立後一直受到天主教會的質疑和批評，而且史坦納生前在五十多次公開談話中大肆批判過天主教耶穌會的中央集權制。

雖然范倫廷夾在兩個組織之間、成為了備受質疑的人物。但根據他的後輩友人兼出版者馬丁‧克里爾（Martin Kriele）的理解，這位導師是基於對智慧薪傳的考量，而決定將自己在隱修之道上的一切體悟和所學貢獻給天主教會。看來他在自立門戶的密教團體裡經歷到的種種衝突和排擠，都成了讓內心徹底翻轉和蛻變的資糧。他在 1940 年完全脫離史坦納的「靈性科學」途徑，不再受困於這個組織的權力紛爭，平靜地回歸到謙卑、順服、守貞、神貧的傳統德行之路，可以說是最觸動人心的決定，也是充滿歧路的道途中最安全的發展方向，但是只

有為伸張自由意志付出過痛苦代價的人，才能領略箇中的道理。這位顛沛流離大半生的精神導師，最後是在英國友人協助下安居於雷丁大學附近的鄉間，並且在英國廣播公司（BBC）覓得一份穩定的工作。就在這個階段裡，他和一位同樣流亡於英國的工作夥伴，談起了一段意味深遠的夢境。夢中他和妻子瑪利亞站在一片荒蕪的沙漠前，他搖搖頭對著妻子說：「看來我們是過不去了。」瑪利亞直視著他回答道：「重點是我們可以在沙地上留下一些引路的腳印。」據說這位睿智的女性為范倫廷飽受誤解的孤獨人生帶來了無盡的喜悅與扶持。1957 年范倫廷經驗了一次明確的覺醒後，便開始利用夜晚餘暇時段埋首於雷丁大學圖書館，撰寫由聖經教誨、哲學、玄學、科學、心理學、神學、文學、魔法或特異功能之學所匯整成的代表性著作《塔羅冥想》。

在一次中風的幾星期後，也就是 1973 年的 2 月 24 日，范倫廷‧湯柏格離開了人世，不久瑪利亞也相繼過世。夫妻倆從未有過養老計畫，因為范倫廷明晰地預知他們將會在何時離開人間。《塔羅冥想》是在 1967 年 5 月大功告成的，這本整整花了七年撰寫的法文鉅著，直到 1980 年才初次問世，1985 年英文版接著發行問世，到目前為止，連同我們的中文譯本在內，已經被翻成七國語言。它不但受到若望保祿二世以降的梵蒂岡重要成員珍視（為英文版寫跋言的即是著名學問僧樞機主教），而且推薦者也都全心肯定此書的智慧，例如首位在印度創立瑜伽靜修中心的比特‧格里費斯神父、肯恩‧威爾伯的教父湯默士‧基汀神父等融合東西方智慧傳統的神職人員。此

外，上網查詢一下你會發現，所有閱讀過此書的西方讀者幾乎都給予五顆星最高評價。

　　誠如英文版譯者羅伯特‧鮑威爾所言，這的確是一本不同凡響的著作，因為有緣成為忠實讀者和為此書效勞的人，都感受到了溢於言表的「屬靈觸動」，這當然包括 2008 年於台北 101 英文書店意外發現此書的金銘和我，以及秉持著初生之犢精神、克服萬難完成此書直譯工作的 Sasa。坦誠地說，我此生翻譯近三十本書和靈煉上的努力，在審定和來回修潤《塔羅冥想》近四年的漫長過程裡，完全得到了開花結果的印證和啟示，而伴侶金銘也在極其耗費眼力的電腦修改工作中，重新找回了年少時的信仰。這令我有了深刻的體認，原來中學和大學能夠在教會學校的庇護下度過八年美好時光，是因為和基督之間埋藏著一份不可解的宿緣！

　　我深信這本整合智力與智慧、祈禱與默觀、信仰與科學、陽性與陰性三位一體的實修經典，將引領深入於其中的讀者，踏上「以小向大」、「自力與他力」、「上求與下化」、「出世與入世」兼容並蓄的十字解脫之道。如果說另一位引路者，克里希那穆提，帶給人類的是無依無靠、當下直觀內外真相的頓超之道，那麼范倫廷‧湯柏格提供的就是綜合一切形上智慧、彙整多元知識的和平之道，也可說是窮邏輯之究竟、放膽躍入「直觀」的深淵，在面臨未知暗夜時全心信靠主耶穌引領的途徑。這兩位現代智者獻上了大異其趣、但終點相同且互補的解脫方式，同時也留下讓後人繼續探討和辯證的廣闊空間。根據我的親身經驗和觀察，沒有人可以全靠自力，也沒有人做

得到徹底交託，因此未來人類的靈修發展，勢必得朝著結合祈禱與默觀的「東西彙整」方向努力。期待讀者們能夠靜謐地投入於《塔羅冥想》的心傳之流中。

最後要感謝韓沁林在我們忙於授課的時段裡，為本書付出的校閱貢獻。

譯者序

侯王怡文

　　2000 年，我遇到一位心靈導師，從此開啟了追求靈性的渴望。關於「信心（faith）是什麼」、「如何產生信心」以及「盲信與確信的不同」等問題，一直激發著我去尋找一條屬於自己的靈修道路。過程中得到許多人的幫助和指引，也試過不同宗教的修練方法，卻始終不曾體驗過那種發自內心的堅定信心。

　　當我感到越來越困惑時，這本書出現了。個性謹慎的我竟然立即決定接下這項翻譯工作。這對當時沒有任何翻譯書籍經驗的我來說，不只是「大膽」而已，簡直是在「做夢」。但是從翻開此書的那一刻起，就被它深深吸引住了。我彷彿聽到一個溫暖的聲音，要自己勇敢地接受磨練和成長的機會。雖然無法解釋，但冥冥之中我知道必須做這件事。於是，一趟曲折卻充滿感動的歷程就這麼開始。

　　作者以書信的方式揭露塔羅二十二張大阿卡納的奧祕，藉此引導讀者進入基督隱修的修煉。書中每一個章節都是作者獻給讀者的一封信，也是以一張大阿卡納為主題的靈修課程。透過這二十二封信或二十二堂課，作者教導讀者用基督隱修的方

式去發展直觀智慧，喚醒良知，讓自己提升到神人合一的層次。什麼是基督隱修？基督隱修就是透過祈禱和默觀達成理性與靈性的結合，使兩者合一而轉化成直觀智慧。這種修煉方式與人智學創始者魯道夫・史坦納（Rudolf Steiner）對於靈魂進化的看法不僅一致，甚至可以說是實踐後者的最有效途徑。史坦納將人的靈魂分成三個進程：「有感知的靈魂」（sentient soul）、「理智的靈魂」（intellectual soul）和「有意識的靈魂」（consciousness soul）。人的靈魂首先發展的是感知能力，接著是理智。但不幸地，一般人的理智往往受困於二元的層次而陷入悖論之中（「先有雞還是先有蛋」、「先有信心還是先有相信的意念」等問題）。為了幫助讀者的理智得到躍進，作者不斷地運用「辯證」和「類比法」去激發讀者的思維和想像，同時仔細地解析大阿卡納象徵符號背後的奧義。透過他的引導，你會漸漸明白塔羅的象徵系統揭露的竟然是基督信仰的核心價值。換言之，作者提出了一個令人驚訝卻合理的論點，那就是中世紀塔羅作者創作塔羅的真正目的，是要藉由卡上的象徵符號來傳達基督隱修教義。

作者以親切的口吻告訴我們，直觀智慧帶來的就是堅定的信心。信心乃人與神之間的連結；人對神的信心如同神對人的愛。換言之，若要產生信心，我們必須理解神的愛。所謂「理解」，就是理性地瞭解事實的本質。這表示人不應該抑制智力而盲目接受神的愛，相反的，應該提升智力去領受神的愛。這便是發展直觀智慧。這種不抑制理智、反而啟發它的靈修方式，正是我一直以來所追尋的。

隨著智力的提升和靈知的深化，信心自然滋長。信心的火苗一旦點燃，就會持續作用。信心主要是給予人勇氣去面對自己的不足。漸漸地，修煉者從「自我認同」（ego identity）中發現「自我」原來不是真正的自己，因而變得越來越謙卑。謙卑乃來自於體悟自己身為人所代表的一切，包括承認個人慾望及人類共業造成的錯誤。但是，面對錯誤還不是最終目標；人必須有勇氣付諸行動去修正錯誤。唯有如此，才能確實地從自我中心（ego center）提升至以自性（Self）為中心，完成顯意識與潛意識的整合。這種煉金轉化工作就是深度心理學家榮格（C.G.Jung）所謂的「個體化歷程」（individuation）。隨著意識中心的轉移和提升，保持靜默便不再是必要的練習，而成了一種自然狀態。

　　作者不斷地強調「塔羅冥想」是一系列的實修功課。修煉者必須在靜默中獨自投入不同議題的冥想。基督隱修的冥想並不是要人放空，更不是向外尋求答案，而是向內深化對基督真理的體認，進而確立良知在靈魂內的中心地位。這是透過密契體驗（主動地與屬靈世界連結）、靈知（靜默地觀想神賜予的啟示）、神聖魔法（付諸行動去實現靈修目標）和直觀智慧（洞見宇宙的一體性）來達成的，因此這是隱修之道缺一不可的「四元素」。

　　然而，如同作者所說的，每一張大阿卡納隱含的是一則教誨，同時是一則警告。由於基督隱修首要重視道德良知，因此作者一再地提醒，「自性」並不是神，也絕不可能成為神。在這裡有一點是非常重要的，那就是基督隱修所謂的「合一」乃

是一種合作的概念，亦即人的良知和神合作，而不是其中一者的犧牲或削減。人的意識必須經過一層層的晉升才能來到神的寶座前與祂相遇。唯有透過屬靈存有及神子耶穌的引導，人才能戰勝誘惑的試煉，意識到自己不等同信仰的對象，而不至於陷入自我膨脹的危機。作者巧妙地將人和信仰對象之間的那種分離又連結的關係，比喻為呼吸的吐納。與神合一、同時保持獨立，是每一位基督隱修士所渴望的；這是一種自由而充滿愛的完美關係。它代表人已經恢復了屬靈呼吸的本能。按照作者的說法，這便是「基督瑜伽」。透過修煉，人的良知得到充分的氧氣而完全地甦醒或重生。基督信仰的最終渴望就是復活；作者提供讀者的即是復活之路的導引。

完成翻譯工作不久，偶然閱讀到此書英譯者（原著為法文）的心得分享，訝異地發現許多相似而巧合的經歷，譬如在翻譯過程中持續感覺自己得到幫助和指引。英譯者提到許多讀者曾經向他表達過類似的感受。他相信這本書是具有魔法的；透過它，作者在屬靈層次與修煉者有了直接的連結。特別的是，這份連結並不會在讀完此書時中止，反而會繼續發酵。這不僅是真實的感受，更是一股內在的作用力。其中一種現象就是「共時性」（synchronicity）的發生。「共時性」是榮格於 1929 年定義出來的概念。所謂的「共時性」是指生活中的事件與心靈狀態的連結現象。翻譯此書的過程中，共時性現象不斷地發生。最不可思議的是，每當我開始翻譯新的章節或進入新議題的冥想時，周遭的人事物就會「配合地」演繹出具啟發性的相關情節，幫助我產生更深層的理解。相對地，當周遭

的事情令我感到困惑時，我會習慣地翻開此書，而出現在眼前的總是解惑的「關鍵字」。越是深入探討，同步現象就越明顯，彷彿這一切的背後有一種調節的韻律在作用。這種現象完全應證了耶穌告訴門徒的話：「你們祈求，就得到；尋找，就找到；敲門，就給你們開門」（《路加福音》第 11 章，9 節）。種種神奇體驗不禁令我讚嘆神智的偉大以及神的愛無所不在。

此外，作者特別提到大部份的隱修士都是默默地獨自實踐隱修任務，而且通常互不認識。作者本身則選擇以不具名的方式在去世後出版這本書。他一生中做過許多平凡的差事，譬如在農村、藥局、郵局、英國 BBC 電台工作。這位高深的隱修士，將他畢生得到的屬靈智慧獻給了所有不知名的朋友，自己卻選擇平淡而踏實的生活。他深藏不露與謙卑的態度以及樂於服務的崇高精神，令我十分敬佩！他告訴讀者，隱修士應該擁有詩人般的高尚心靈，而他本身就是一位真正的詩人。他在辛勞中讚美生命的詩意，透過創作和世人分享對生命的領悟；實踐自己的同時，也幫助人們得到心靈的啟發、慰藉及擁抱生命的力量。

作者無庸置疑是一名隱修高手。他用自身修煉所得到的直觀智慧，為讀者整合出一個大架構，這個架構概述的就是基督隱修傳統的發展歷史。如同聖奧古斯丁（St. Augustine）說的，今日世人所謂的「基督信仰」，其實早在人類出現之初就已經存在，只不過一直到耶穌化身成人才得以正名。換言之，基督隱修傳統的本質就是人類集體朝向靈性進化的歷程。透過

作者建立的架構，讀者將發現翡翠石板、卡巴拉和塔羅卡奧祕之間的對應性，埃及神祕主義和中世紀經院哲學的同源性，以及認識歷史上東西方各種哲學及靈修派系的宗旨和理念。除了領悟宇宙的一體性，更重要的我們將意識到自己正參與其中。透過作者整合出來的架構，讀者不僅能綜觀自古至今所有靈修傳統的歷史定位，也能微觀宇宙大小生命的和諧互動及無間合作。它形成了一幅生生不息的有機動畫，其中人類不斷地自省、學習謙卑和受聖靈指引，同時得到淨化、啟蒙，逐漸達到與神的密契合一。

翻譯工作接近尾聲的此刻，特別感謝胡因夢老師介紹我認識這本書，讓我有機會透過翻譯工作進入基督隱修的學習。工作中我們一起討論、分享心得，同時互相勉勵。這是一次難忘的經驗。也因為這段過程，我才終於體悟「成為主的婢女」的真正意涵，順服、神貧、守貞的必要性，以及努力付出帶來的喜悅。

親愛的朋友，歡迎進入基督隱修世界。這本書既深且廣，裡頭隱含的寶藏卻是真理尋求者可遇不可求的。其中述說了許多人（包括作者）為人類靈性進展所走過的歧路，經歷的試煉，嘗到的苦果，做出的犧牲及無悔的奉獻。雖然在隱修道路上你必須獨自前進，但你知道你並不孤單。祝福每位讀者和我一樣從過程中得到滿滿的驚喜和收穫，也期盼所有人帶著覺醒的良知和堅定的信心，迎向太陽底下嶄新的每一日。

中文版翻譯體例說明

　　本書關於《聖經》文字與人名翻譯，皆參照現代中文譯本修訂版與和合本《聖經》譯文。另，天主教聖人譯名，則參照一般通行譯法及台灣天主教通行譯法翻譯。

前言

　　我用了書信體形式將塔羅大阿卡納的冥想，呈獻給所有不知名的朋友。受信者是任何一位願意讀完這些信的人；藉由冥想式的閱讀經驗，他將會對基督信仰隱修之道產生明確的認識。他也會發現作者已在信中充分表達清楚自己的完整立論。無論有沒有其他參考資料，他都足以透過這些信完整地認識作者的想法。

　　這些信之所以用法文書寫，是因為法國是唯一從十八世紀至今仍然在研究塔羅奧義的國家，也是唯一仍保有隱修傳統的國家。奉行者可以在那兒自由發揮研究精神。寫這些信的目的是為了讓人「化身為」這項傳統的一部分，為它提供有機的助力。

　　由於這些信真正的目的是為了服務、延續和支持隱修傳統 —— 最早出現於赫密士・崔思莫吉司托斯（Hermes Trismegistus）的時代，之後便消失於久遠的古代而成為傳說——因此是以完全忠於這千年思潮、成就和啟示的方式呈現的。它們的目的不僅是為了復興隱修傳統，更重要的是引領讀者（不知名的朋友）沉浸於這股思潮中——無論是短暫或恆久地。因此，信裡出現許多古代及現代作者的引文，並不是基於文學考量或試圖表現博學，而是要將引文作者的靈魂召喚到這

些書信裡，為的是讓這些隱修大師們的宏遠抱負和思想之光，臨在於二十二張大阿卡納的冥想中。親愛的不知名朋友，這二十二個靈修課題將帶你躍入活生生的傳統思潮，讓你成為古往今來不斷為它效力的族群的一份子。

如上所提到的引文，只是為了提供這個族群一些「輔助」資料。因為隱修傳統不但是源自於無數人的思想和努力，更重要的是他們的存在本身。這項傳統的精髓不在於教義，而在於這個族群代代相傳的集體活力。

有關塔羅冥想的介紹，我該說的皆已說完，至於其他的相關議題，你將會在這些信裡找到答案。

向你問候的不具名朋友

第一張大阿卡納的冥想

魔法師

THE MAGICIAN

風隨意吹動，
你聽見它的聲音，
卻不知道它從哪裡來，往哪裡去。
凡從聖靈生的，也都是這樣。

——《約翰福音》第 3 章，第 8 節

祕密地進入這愉悅的暗夜，
眼前空無一物，
連應當看見的也沒出現，
雖然缺少別的光和指引，
藏在我心底的那個東西依舊燃燒著。

——聖十字若望

第 1 封信

魔法師

親愛的不知名朋友：

　　第一段主耶穌的話語如同鑰匙一樣開啟了「魔法師」的門，而「魔法師」又是進入其他大阿卡納之門的鑰匙，因此我特別選它作為第一封信的開場白。接著我引述了聖十字若望

（St. John of the Cross）在《靈魂之歌》（*Songs of the Soul*）裡的一段詩句，原因是它能喚醒心靈深處的東西，而這正是第一張以及後續所有大阿卡納的主旨。

所謂的大阿卡納其實是可信的、被印證過的象徵系統；人們可以藉由它們所蘊含的「魔法、心智、精神及道德的作用力」，激發出嶄新的想法、概念、觀點和渴望，因此你必須採取比探究或解釋更深的方式來體認它們。你必須處在一種深觀狀態，而且得一直探究下去，才能發揮它們的作用力。以這樣的方式進行塔羅冥想，心底隱密的部分會變得活躍而有所收穫。聖十字若望所謂的「暗夜」，指的就是回到內在這個隱密部分。這項工作只能在獨處情況下達成，所以比較適合隱居生活。

大阿卡納既不是寓言也不是祕密。寓言是運用象徵性故事來表達抽象道理，祕密則是蓄意隱藏某些事實、程序、手法或原理，以免別人因理解而開始付諸練習。大阿卡納兼具了隱藏和揭露的功能，關鍵就在於冥想能進展到多深。事實上，它們揭露的並不是什麼刻意隱藏的祕密，而是必須有真實體悟才能獲益的奧祕。它們必須活躍地存在於意識甚至潛意識裡，這樣我們才有條件發現新的事物、開創新的想法、孕育新的藝術創作。簡言之，大阿卡納豐富了我們在靈性生活領域的創作，它是一種激發心靈與精神成長的「酵母」或「酵素」，它的圖像則是傳達這些「酵母」或「酵素」的媒介——當然，領受者的心智與道德都必須做好準備，也就是尚未罹患最嚴重的靈性病：驕矜自滿。

如果說奧祕比祕密更崇高，那麼神祕又更超越了奧祕。神祕的密契體驗不只是激發心靈成長的酵素，更可以說是一件生死大事。處在密契體驗裡，一切心理與精神的動機都會改變，也就是意識產生了徹底蛻變。教會的七件聖事（the seven sacraments of the Church）就是從同一道神祕淨光放射出來的七彩光芒，而進入這淨光便是「重生」，也是耶穌啟發尼哥德慕（Nicodemus）的那個深夜裡所談到的「神聖啟蒙」（The Great Initiation）。

　　如果將「神聖啟蒙」理解為「重生」或「進入神祕淨光」，我們就會明白主耶穌指的是沒有任何人能夠為人啟蒙。只有上界的主宰可以為人帶來永恆的神聖啟蒙。我們的指引者在天上，地上接觸到的都只是祂的學子；學子們之所以認出對方，是因為「彼此相愛」（《約翰福音》第 13 章，第 35 節）。除了那唯一的啟蒙者之外，世上沒有任何人可以做我們的主人。不過可以確定的是，世間永遠有一些精神導師會繼續傳授他們的教誨和祕密知識，讓學生變成所謂的「入門者」——但這一切都跟神聖啟蒙無關。

　　基於此理，關懷人類的隱修士是不會擅自為別人做這件事的。真正的隱修士不會自稱為他人的「大師」或「啟蒙師」，因為每個人都是彼此教學相長的靈修夥伴。若要舉例，應該找不到比聖安東尼（St. Anthony the Great，又譯聖安當）的為人處事更佳的典範：

他以最真摯的心去對待他所探訪的虔誠信徒，在每個

人身上他都能發現自認不足的熱情和自制力。從某個人身上他觀察到和藹，從另一個人身上他看到祈禱時的認真；他學習他們的平和與仁慈，留意他們如何徹夜禱告、研讀聖經；他讚嘆某人的堅忍毅力，欽佩另一個人能夠斷食和席地而臥；他也仔細觀察他們的溫順和節制；在所有人的身上他都看到了對主耶穌的忠誠皈依，以及彼此之間的愛。他滿載而歸後，回復到節制慾望的生活，將這些人身上的美德全心實踐出來。（St. Athanasius, *The life of Saint Anthony*, ch. 4; trsl. R. T. Meyer, Westminster, 1950, p. 21）

　　隱修士必須有相同的自我要求態度，特別是在各種知識與科學的研習上面──自然科學、歷史、語言、哲學、神學、象徵系統及聖傳等。總地來說，隱修士要通曉的就是「學習的藝術」，但是在其中引領和激發我們的，卻是如酵素般的大阿卡納。換句話說，大阿卡納如同一所完整的、全面的、無價的學院，能夠供人冥思、做學問以及拓展性靈──一所和「學習的藝術」有關的研習院。

　　親愛的朋友，基督隱修之道（Christian Hermeticism）沒有任何意圖與宗教或正宗科學競爭。如果想在其中發現「真正的宗教」、「真正的哲學」或「真正的科學」，那就是找錯了方向。基督隱修士扮演的角色並不是大師而是服務者。他們無法佯稱（這麼做是幼稚的）自己的作為超越虔信者的真誠、科學家的卓越成就，或是藝術天才的傑作。隱修士不會謹守任何

學術祕密，他們和所有人一樣尚未發現治癌藥方。如果發現新的藥方卻不讓世人知道，那真是太荒謬了。若是有專家發明了治癌良藥，他們將會在第一時間向這位人類的恩人致上最大敬意。

同樣地，隱修士也不吝於讚揚像亞西西的聖方濟（Francis of Assisi）這樣的「顯教」派信仰者。他們很清楚所有的虔誠信徒都有潛力成為聖方濟。只要是虔信者、科學家或藝術家，無論男女都是優秀的學習對象。這樣的隱修者不會自認是更優越、更虔誠、更精通或更有能力的人。他們不會以自己認同的密教取代現存的顯教、以特定的科學觀點取代現有的科學理論，也不會以某種藝術派別取代昨日或今日的主流藝術。他們的知識不具備任何現實利益，也不帶有凌駕於現有的宗教、科學或藝術之上的超越性。他們擁有的僅僅是與人分享的精神，但這份精神的使命究竟是什麼？守護它有什麼意義？我想拿以下的例子來說明。

親愛的朋友，你們知道法國、德國、英國和其他國家有許多人——特別是作家——都在傳佈所謂「雙教會」的理念。雙教會指的就是彼得與約翰的宗派，也被稱為聖彼德和聖約翰世代。教義內容是關於彼得世代的終止可能即將來臨，亦即超越彼得世代所象徵的教宗政治，由最後晚餐上靠在主耶穌胸前聆聽其心跳聲的約翰精神取代。換言之，彼得的「顯教派」（exoteric church）將讓位給約翰的「密教派」（esoteric church），這意味著終極解脫的教義會被發揚光大。

約翰雖然自願跟隨彼得這位十二門徒中的領袖，卻不願成

為彼得過世後的繼承人。這位聆聽過耶穌心跳聲的愛徒，自始至終都代表耶穌的心，而且一向是它的守護者。基於此理，他一直不肯扮演教會領導的角色。由於心臟的使命不是要取代腦子，所以約翰的使命也不是要取代彼得。「心」當然是身體與靈魂的守護者，但是在一個完整的有機體中，「腦子」才是主宰，負責做出決策及指揮，為組織找到達成任務方式的方式。約翰的使命是維護教會的活力與精神直到基督再現。這就是他不要求任何教會職位的原因。他活化這個結構卻不指導它的作為。

隱修之道，現存的隱修傳統，一直守護著純正文化的共通精神。我再強調一次，隱修士一直聆聽著人類精神層面的心跳聲。他們不可能不守護宗教、科學及藝術的精髓。在上述這些領域裡他們沒有任何特權，其中的聖者、真正的科學家或藝術天才都是他們的學長。他們願意為這些領域裡的神祕心跳而存在──包括過去、現在和未來。受到約翰的啟發，他們無法佯稱自己是上述領域或政治組織的領袖，但也不會錯過為人類的精神泉源注入活力的機會──與天主教的聖餐式有著類似的意義。隱修之道是──也僅僅是──一種具有活化功能的「酵素」，它激勵著人類在心靈成長的有機過程中產生「發酵」作用。從這個角度來看，隱修之道是一種密修法門，也是密契重生或神聖啟蒙之前要做的功課。

現在讓我們回到第一張大阿卡納。這張卡的內容是什麼呢？

一名年輕男子戴著一頂雙曲線大帽子，站在一張小桌子後

面。桌面上有一個黃色瓶子，三個黃色小圓璧，另外有四個紅色圓璧被分成兩疊，還有一個紅色杯子和兩顆骰子，一把出鞘的刀，最後是可以容納桌上所有物件的黃色袋子。這名男子是魔法師，他右邊那隻手握著一根棍子，另一手拿著一個黃色的球狀物（從讀者的方向來看）。雖然雙手都握有物件，他臉上的表情卻泰然自若，沒有任何緊張、用力或慌亂的樣子。他的動作是如此輕鬆自然——看起來就像是在玩遊戲而非認真工作。他沒有留意手上的動作，眼睛也是看著別處的。

塔羅一系列的象徵符號或揭露奧祕的啟示，就是從這張魔法師卡展開了序幕，而它代表的居然是一個玩雜耍的人，真是令人驚訝！這該如何解釋呢？

這張大阿卡納背後的奧義和個人的實修狀態及心靈真相有關，也是其他二十一張大阿卡納的根基。如果不去理解箇中意涵（認知和實修上），面對其他的大阿卡納勢必不得其門而入。它是「奧祕中的奧祕」，揭露了進入這所心靈研習院必須具備的認識和意願。簡單地說，實修的第一個基本法則就是：

學習不用力的專注；把工作轉化為遊戲；讓你願意承
受的軛變得不費力，讓你背負的擔子變得輕鬆。

這段忠告、指示甚至可以說是訓誡，不論你對它的感受是什麼，都必須認真對待，因為主耶穌說過：「我的軛是容易負的，我的擔子是輕省的」（《馬太福音》第 11 章，第 30 節）。

若想參透「積極卻放鬆」、「努力但不用力」的含義，就必須分別檢視一下上述的三句話。第一句話是學習不用力的專注，這在實修和認知上究竟意味著什麼？

專注指的就是把大部分的注意力集中在最小的範圍內（德國著名劇作家席勒（Schiller）曾說過，若想有所成就或渴望擁有一技之長，「必須學會安靜而持續地集中注意力在一個點上面。」）無論在任何領域這都是成功的關鍵。現代教育學和心理治療，不同的祈禱方式和靈修宗派──方濟會、加爾默羅會、道明會和耶穌會──包括各種類型的玄學，甚至是古老的印度瑜伽，在這一點上都有相同的見解。帕坦伽利（Patanjali）透過《瑜伽經》（*Yoga Sutra*）介紹了瑜伽修練的精髓和理論，其中的第一句話就是入門之鑰或首要祕訣：

藉由克制力讓腦子停止活動。

換句話說，這是一門培養專注力的心靈藝術。腦子裡的思維或想像是一種自動化作用，和專注力恰好相反。人只有處在平靜無念的狀態，擺脫了思維和想像的自動化作用，才可能真正專注。

因此，「靜默」（to be silent）是在發展「真知」（to know）、「意志」（to will）與「膽識」（to dare）之前必須進行的修煉。基於此理，畢達哥拉斯派（Pythagorean school）也規定初學者或「傾聽者」必須禁語五年。只有精通了靜默的藝術、擁有專注力之後，學生才可以開口說話。不再

信口開河，不再被思維或想像牽制，內外都祥和寧靜，而且有能力覺知話語的內涵，學生才擁有說話的「權力」。特拉普修士（Trappist monks）在避靜時所採取的禁語練習，也都遵循著「藉由克制力讓腦子停止活動」、「透過專注來擺脫思維和想像的自動化作用」。

雖然如此，專注還可以細分成兩種；一種是不感興趣的專注，另一種則是感興趣的專注。前者是藉由意志力來擺脫束縛人心的激情、迷戀或執著。後者則是被激情、迷戀或執著掌控而產生的。完全沉浸於祈禱的僧侶和被激怒的公牛都是專注的，但前者是處於寧靜的默觀狀態，後者則是被憤怒沖昏了頭。強烈的激情當然也是一種高度專注的表現，所以某些貪吃的老饕、對金錢吝嗇的人或傲慢自負的人，偶爾也能達到相當程度的專注，但牽動他們的並非專注力而是執念。

正確的專注乃自在地處於清明安祥狀態，先決條件是抽離而淡定的意志，因為意志所處的狀態決定了專注的程度。基於此理，瑜伽的持戒（遵守五種道德規範）與精進（遵守五種節慾準則），通常是在身體鍛鍊（呼吸與體位法）之前進行的，而專注力的修練又可分為等持、靜慮、三摩地（或是專注、冥想、默觀）。

聖十字若望和聖女大德蘭（St. Teresa of Avila）都不厭其煩地重覆告誡信徒，唯有淨化後的意志力才能為靈性祈禱帶來專注力。你的意志力如果被迷惑，就算再努力也無法專注。意志本身如果不投入到靜默裡，你那「不斷活動的腦子」是無法靜止的。只有靜下來的意志能夠讓思維和想像安歇。因此所有

卓越的克己修行者都是精通專注這門藝術的大師。這些道理相當清晰易懂，但我們要討論的並不是一般所指的專注，而是不用力的專注。這究竟是什麼呢？

請觀察一位走高空繩索的人，你會發現他是全神貫注的，因為不這麼做他肯定掉落地面。他賭上了自己的性命，只有全神貫注才能保命。但是你認為他會一直思索或揣度自己要做的動作嗎？你覺得他會不斷臆測或設想著在繩索上移動的每一步嗎？

這麼做他一定會立刻摔下來。若是不想摔下來，他就必須排除思維或想像之類的大腦活動，這樣才有機會發揮早已熟悉的技藝。當他在表演特技時，身體的自律神經本有的智慧——呼吸與循環系統的配合——必須取代頭腦的活動。從理智和想像的角度來看走繩索的特技，簡直就像聖德宜（St. Dionysius）[1] 展現的奇蹟。聖德宜是高盧人中的第一位傳教士，也是巴黎的第一位主教，傳統上人們經常將他和聖保羅的門徒亞略巴古的丟尼修（St. Dionysius the Areopagite）[2] 混淆成同一人：

聖德宜坦白承認了對三位一體的信仰，在墨丘利

1　譯註：聖德宜，又被稱作聖丹尼斯（Saint Denis），於公元 250 年前後受到羅馬帝國對基督徒的迫害而殉教。
2　譯註：亞略巴古的丟尼修是公元一世紀的雅典人，亞略巴古的審判官，聽聞保羅的講道後成為基督徒。公元五至六世紀的歐洲流傳著數本「託名亞略巴古的丟尼修」之基督教密契主義著作，所託用的即是這位丟尼修之名。

（Mercury）的雕像前被斬首。據說他被斬首後身體筆直地站立起來，用雙手捧起被砍下的頭顱；在一位天使和一道光的引領下走了兩英里路，從蒙馬特到達另一個他自己選擇的、也是天意安排的休憩之處。他就在那裡安息了。（Jacobus de Voragine, *Legenda aurea*; trsl. G. Ryan and H. Ripperger, *The Golden Legend*, New York, 1948, pp. 620-621）

再回到那位走繩索的人。當他在表演特技時，同樣也像是用雙手捧著被砍下的頭顱——斬斷所有的思維與想像——藉著頭腦以外的另一種智慧和身體本有的律動，從一個點走到了另一個點。

對走繩索的人、變戲法的人或魔法師來說，特技表演如同聖德宜示現的奇蹟一般，祕訣就在於如何將覺知從頭腦移至胸口——從大腦轉到身體的自律系統。

不用力的專注也是要把大腦的主宰權讓渡給自律系統——從思維和想像的領域轉到德性和意志的領域。魔法師頭上的那頂雙曲線大帽子就如同他從容的態度，暗示著這種意識上的轉變。雙曲線（橫向的數字 8：∞）不只象徵永恆，也象徵著呼吸和循環的節奏——一種永恆韻律或韻律的永恆性。因此，魔法師代表的就是不用力的專注，意志的主宰權已經從大腦「下降」（其實是提升）到自律系統。如此一來，「腦子停不住的活動」終於被克制住而安靜下來，不再阻礙專注力的出現。

不用力的專注——默觀變得像呼吸或心跳一樣自然，沒有任何壓抑的成分——是一種平靜無波的意識狀態，伴隨而來的是神經與肌肉的徹底放鬆。處在這種狀態下，所有的慾望、執著、想像、記憶和妄念全都止息了。我們可以將它形容成風平浪靜的水面，反映著浩翰無邊的星空以及無法形容的和諧。水面下則是深不見底！那是多麼深的一種感受啊！這寧靜持續延展、擴大，透過你的存在一波波地加深。你啜飲過這樣的寧靜嗎？答案如果是肯定的，你就能瞭解什麼是不用力的專注了。

　　一開始練習時，你的寧靜和不用力的專注可能只出現一霎那，接著是幾分鐘，然後是「幾刻鐘」。與日俱增之下，這種狀態會在你的精神生活裡成為永存元素。這就像巴黎蒙馬特聖心教堂內進行的禮拜式，當巴黎人工作、交易、娛樂、睡眠甚至死亡時，它都持續存在著。你可以在心靈中用同樣的方式建立一個「永不間斷的禮拜式」，無論是活動、辦公或與人交談，這份寧靜都存在於內心深處。它一旦穩定下來，就會永遠伴隨你；這樣你不但能保持不用力的專注，即便是在工作也不費力。奧祕公式的第二句話要表達的就是：

　　把工作轉化為遊戲。

　　把工作（或任務）轉化為遊戲，乃「永存的寧靜」在內心建立起來所得到的成效。透過「永存的寧靜」，你彷彿能吸進一種非常親密的氣息。這氣息的甜美與清新聖化了你的工作，

將工作轉變成一種玩樂。「永存的寧靜」不但意味著心正處於放鬆狀態，更代表與天國或屬靈世界已經有了連結，而且和你一同運作著。透過「不用力的專注」學會寧靜的人，永遠不會是孤獨的。你不再需要獨自承擔任何重負；從那一刻起，來自天國的神力，從上界降下來的力量，將隨時和你在一起，與你一同運作。

如此一來，你就能充分體認隱藏在奧祕公式第三句話背後的真理：

讓你願意承受的軛變得不費力，讓你背負的擔子變得輕鬆……

寧靜是心與屬靈世界有了真實連結的印證，這份連結附帶地引發了上界力量的湧入。這就是密契體驗、靈知、魔法及實修功夫的基礎。

一切的實修功夫都奠基於以下的法則：內心處於不用力的專注狀態（與自己合一），它的某個部分一直維持著寧靜（與神合一），如此才能獲得真實、富啟示性的屬靈經驗。換言之，若想嘗試某種真實可信的深奧修煉——不論是在密契體驗（mysticism）、靈知（gnosis）或魔法（magic）的哪一個層次——都必須先成為魔法師，達成不用力的專注，遊戲般把玩著手上的工作，行為舉止都展現出沉著穩重的特質。這便是第一張大阿卡納在實修上的宗旨，也是給所有靈修者的第一個忠告、指示或訓誡。如同所有的數字都是從「一」衍生出來的，

其他的大阿卡納所蘊含的修煉法則，也都是以這個公式為基礎延展開來的。

以上就是「魔法師」的實修意涵，但背後的理論又是什麼呢？

它和實修的宗旨是相互輝映的，也就是要理解「天地人本質上的一體性」。如果說「專注」是實修功夫的基礎，那麼「一體性」就是真理的宗旨，缺少了這層認識，就無法真正瞭解任何深奧的知識。

我們應該在所有的認知活動之前，明白凡是存在都帶有合一性，也就是要先假設萬物是一體的。哲學與科學最終的目標或理想都是發現「真理」，亦即在現象的多元性中發現根本的一體性——在事實中找到法則，在法則中找到原則，在原則中發現存在的本質。所有對真理的探究——密契體驗、靈知、哲學和科學的途徑——都主張多元現象背後的一體性乃存在之本質。缺少了它，如何能從已知進入未知？假設已知的和未知的事物毫無關聯，那麼要如何跨出已知的範疇進入未知？當我們說宇宙是可以被認知的，亦即這樣的知識是存在的，我們指的就是這種一體性或可知性。宇宙不是一幅馬賽克拼圖，它不是由多元且不相關的事物拼湊成的。它是一副完整的有機體，所有部分都是由同一個法則支配；它們同時都在揭露這個法則，也都能還原成它。連結一切事物和生命的就是這份可知性。

從事物或生命的關聯性發展出一套對應的求知方式，被學者們稱為類比法（THE METHOD OF ANALOGY）。巴布士（**Papus**）藉由《玄學基本論述》（*Traité élémentaire de science* *occulte*）闡明了類比法在玄學領域扮演的角色和意義。類比法不是一種教義或前提（一體性才是）；它是發展知識最主要的途徑。由於我們在宇宙的多元現象中發現了一體性，所以理解到萬象雖有相異之處，本質卻是相同的，換句話說，它們既非完全相同亦非截然不同，我們只有在揭露其本質時，才能發現其同源性。

　　類比法的基本公式是大家所熟知的，尤其是赫密士・崔思莫吉司特斯（Hermes Trismegistus）的《翡翠石板》（*Emerald Table*）上第二段詩節所說的：

　　若想成就與「一」融合的奇蹟，必須理解「上界如
　　是，下界亦然」的奧義。[3]

　　這便是大家所熟知的比喻上下界關係的經典類比公式。將其運用在時間上則是：

　　若想成就永恆的奇蹟，必須體悟「過去即未來，未來
　　即過去」。

　　因此，用類比法來說明空間這個議題，就要採用「類型象徵手法」（typological symbolism）來闡明上界原型與下

3　譯註：請參照本書附錄一《翡翠石板》全文。

界現象的對應關係。試圖用類比法來說明時間這個議題，則要採用「神話象徵手法」（mythological symbolism）來闡明過往的神話原型與當下現象的對應關係。由此可知魔法師算是一種類型象徵，代表的是充滿心靈力量的人，至於聖經裡的亞當和夏娃、該隱和亞伯，或是聖依夫‧大亞維德侯爵（Saint-Yes d'Alverydre）在《猶太人的任務》（*Mission des Juifs*）中提到的有關「依疏與兄長決裂」（"the Schisme d'Irschou"）的故事 [4]，則屬於神話象徵：代表在歷史或個人傳記裡不斷出現的原型。這兩種不同屬性的象徵系統藉由彼此的共通點（都是由類比法構成的），形成了一個交叉的十字；

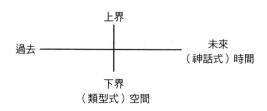

以下是漢斯‧雷瑟岡（Hans Leisegang）在他有關靈知的經典中提到的神話象徵系統：

每個神話都是在藉由一段故事來闡明恆真的理念。任

4　譯註：傳說中依疏是公元前 3200 年的一位古代王子，為了爭奪王位而與兄長決裂。

何再次體驗神話內涵的人，都能直觀到其中的理念真理。（Hans Leisegang, *Die Gnosis*, Leipzig, 1924, p. 51）

接下來是馬克·海溫（Marc Haven）在死後才出版的《塔羅》（*Le Tarot*）中所提到的類型象徵系統：

> 我們的感覺是受外境的影響而產生的反應，但是不能代表外境本身。例如由風堆積成的沙丘不可以代表風，隨日月軌跡形成的退潮及漲潮不可以代表太陽和月亮；它們都只是表象……哲學家康德（Kant）、漢密爾頓（Hamilton）及史賓賽（Spencer）把內在活動化約為底層真相的表徵，其實這樣的想法比天真的唯實論觀點更正確合理。科學應該認定自己只是一套帶著自覺性的象徵系統，而古老的象徵系統才是前人們口中的「科學中之科學」——能證實並說明原型界與物質界的階級關係之普世語言。換句話說，只有象徵系統能夠鮮活具體地說明生命的同源性。

以上是兩種定義象徵系統的方式：一種屬於時間性或神話象徵，另一種則是空間性或類型象徵——前者是由上述德國卓越學者（漢斯·雷瑟岡）於 1924 年在萊比錫（Leipzig）提出的，後者則是由上述法國隱修派學者（馬克·海溫）於 1906 年在里昂（Lyon）發表的。至於《翡翠石板》，其實只運用

了類型或空間性象徵來彰顯上下兩界的一致性，因此若想全面擴大對於象徵手法的理解，就必須加入神話或時間性象徵系統。摩西的「創世紀」便是一個具代表性的例子。

我們要區別不同型態的象徵系統，這麼做有實質意義，因為許多對古資料的錯誤解讀，包括《聖經》在內，都是源自於這兩種系統的混淆。舉例來說，某些作家錯把《聖經》的該隱和亞伯視為類型象徵，而試圖拿他們來代表「離心力與向心力」的關係。這段故事其實是一則神話，意圖透過特定的時代背景傳達一種時間或歷史的永恆理念，與空間的框架完全無關。它描述的是一對有相同信仰的親兄弟如何演變成死敵。它揭露的是無數宗教戰爭的起因：不是源自於教條、理念或儀式的差異，而是始於自命平等，或者可以說是對階級的否定。該隱和亞伯的故事同時也代表世上的第一次革命，也就是一切革命（已發生或尚未發生）的原型。所有的戰爭、革命或乾脆說是暴力好了，起因都是相同的：對階級的否定。在該隱和亞伯的故事中，衝突的原因早已埋藏在兄弟倆對上主獻祭的行為裡——其中的殺傷力才是故事要揭露的重點。只要謀殺、戰爭及革命不斷地發生，人們就能持續地從中獲得深刻啟示；它永遠是一則代表原型或至高法則的神話 **5**。

同樣地，亞當和夏娃的墮落、大洪水與諾亞方舟以及巴別塔等等，都是和時間相關的神話（歷史象徵），所以不能拿

5　譯註：請參照《聖經·創世紀》第 4 章。

來象徵物質界、形上界及道德層面的一體性。亞當和夏娃的墮落並不是在譬喻三位一體所守護的上界的墮落，也不能直接說明原型世界的形上架構。亞當和夏娃的墮落乃人類歷史的寫照，只有在歷史結束時，它的意義才會消失。換言之，這是一則真正的神話。

反之，如果把先知以西結見到的梅爾卡巴（Merkabah）異象——由四隻帶翅膀的聖獸拖著的發光戰車——視為神話，那就是錯誤的解讀了。天國戰車這個異象是一種啟示性象徵，它激發了我們對原型界的想像，因此屬於類型象徵。《光明篇》（*Zohar*）的作者一定瞭解什麼是類型象徵，因為他就是利用以西結見到的異象來比喻宇宙性的智慧——應用類比法來彰顯上下界的一體性：

> 上界如是，下界亦然：天上的日子充滿著天人的賜福，地上的日子也充滿著正義之士的祝福。（"Waera", *Zohar* 25a; trsl. Sperling-Simon-Levertoff, London-Bournemouth, 1949, vol. iii, p. 84）

類似的說法也出現在印度隱修箴言裡，如《維施瓦薩拉·譚崔》（*Vishvasara Tantra*）所描述的：

> 在這裡的，也在別處。不在這裡的，則不在任何一處。（*Vishvasara Tantra*; trsl. Arthur Avalon, *The Serpent Power*, London, 1919, p. 72）

類比法不但被廣泛應用在「受詛咒」的科學上面——魔法、占星學、煉金學——同時也被運用在密契體驗的探討上面。凡哲學、神學或科學都缺之不可。以下是類比法在哲學和科學的邏輯基礎上扮演的角色：

(1)歸納法（inductive method）的第一個步驟就是依照事物之間的相似性來進行分類，但分類前必須先提出事物的相似本質。

(2)不同事物間的相似性乃構成一切假設的基本要素。著名的「拉普拉斯星雲說」（nebular hypothesis）便是應用類比法觀察到行星圍繞著太陽在運行，衛星圍繞著行星在運行，行星又循著軸線在自轉。拉普拉斯因而從不同的太陽系星球的運行發現了它們之間的相似性，進一步推斷出整個太陽系的形成與由來。

(3)如同英國經濟學者約翰‧梅納德‧凱因斯（J. Maynard Keynes）在《機率論》（*A Treatise on Probability*）中所提到的：「科學方法主要的目的是盡可能拓寬已知的類比範疇，以避免採用純歸納法。」（J. Maynard Keynes, *A Treatise on Probability*, London, 1921, p. 241）

　　由於純歸納法（pure induction）是奠基於簡單的例舉和統計數據，所以我們會說：「約翰這個人死了，彼得這個人死

了，麥克這個人也死了，因此凡是人都會死。」這顯然是透過經驗總結出一個數據或「量」而下的論斷。類比法相對地比歸納法多了「質」的元素，因此更具有實際意義。下面是以類比法為基礎的一種論點：「安德魯這個人是由物質、能量和意識構成的。當死亡來臨時，他的肉體並不是消失而是改變了存在形式，他的能量也不會消失，只是改變了運作模式。由此可知他的意識也不會從此消失不見，只不過是改變了存在形式或運作的模式（次元）。所以安德魯是不朽的。」這個論點是建立在《翡翠石板》的倒反公式上面：下界如是（物質、能量），上界亦然（意識）。質能不滅定律若是成立（雖然質會轉成能，能也會轉成質），那麼意識也一定是不滅和不朽的。

凱因斯所謂的科學指的就是設法拓寬已知的類比範疇，避免採用假設性的歸納法，亦即把科學方法轉變成奠基於經驗的純類比法（pure analogy），去除純歸納法中的假設元素。因此科學藉由類比法從已知中發現了未知，形成了豐富的假設，循著定向的規律法則去探索宇宙。類比法既是科學的阿爾法（alpha），也是它的亞米茄（omega）。

至於在推理性哲學或形上學的探討上，類比法也扮演著相同的角色。所有具備形上本質的結論都是藉由類比法，在人類、大自然、超覺和形上世界裡找到共通性而獲得的。最講求方法、最守紀律的中世紀經院哲學界（Scholastic philosophy）的兩大權威，聖多瑪斯・阿奎納（St. Thomas Aquinas）與聖文德（St. Bonaventura）（一位代表亞里斯多德哲學，另一位

代表柏拉圖哲學），不但採用類比法，更讓它成為教誨的理論根據。聖多瑪斯提出過宇宙萬物類比法，聖文德則將整個有形界詮釋成無形界的表徵；對他而言，有形世界就是另一本聖經，另一種天啟：

> 整個宇宙如同一面代表上主智慧之光的鏡子，又像是一整塊發光的黑炭。（Bonaventura, *Collationes in Hexaemeron* ii, 27）

既然聖多瑪斯和聖文德共同被喻為「上主殿堂裡的兩棵橄欖樹或兩架水晶吊燈」，那麼親愛的朋友，你我皆可公然宣布對類比法的信心，大方地稱頌《翡翠石板》上的公式，而不必擔心這麼做會對哲學、科學或教會的正統教義造成不敬或不忠。我們可以和所有哲學家、科學家及天主教徒一樣，本持著道德良知去應用類比法。按照前面闡述的三種觀點來應用它是不會遭到反對的。

對類比法的認同還不只於此，主耶穌就曾藉由「更何況」的推理來傳達寓言式的訊息。寓言這種以具體例證做出假設的象徵系統，最擅長用類比法來傳遞真理、確立故事的合理性；若是沒有類比法，寓言就沒有存在的價值或意義了。簡言之，「更何況」的推理完全是以類比法為基礎的。以下便是主耶穌用此種方式佈道的例子：

> 你們當中有誰，兒子要麵包，卻給他石頭？要魚，卻

給他蛇？你們雖然邪惡，還曉得拿好東西給自己的兒女，你們在天上的父親豈不更要把好東西賜給向他祈求的人嗎？（《馬太福音》第 7 章，第 9-11 節）

　　我們從以上的例子看到了本質相同的兩種關係：地上的或人類的父子關係，以及天上的或神聖的父子關係。所謂「更何況」的推理方式就是藉由「不完美的表現」，來設想若是能合乎「標準典範」，將會是「更加」、「更不只於此」的結果。藉由比較地上的父與天上的父，我們領悟了經文真正想傳達的道理。

　　此刻較為謹慎的讀者或許已經產生下述的疑慮：「看起來有那麼多論點、那麼多官方權威都認同類比法，難道就沒有人因為發現它的弱點和危險而反對它嗎？」

　　坦白說，類比法確實帶來了許多負面效應，造成了錯誤、危險和幻覺。問題就出在類比法是建立於主觀經驗，而所有膚淺、不完整和虛妄的經驗，不可避免地都會導致膚淺、不完整和虛妄的結論。舉個例子，早期人們用不夠精良的望遠鏡去觀察火星表面，看到了像是「溝渠」的線條。以類比法來推斷的話，這些溝渠式的連貫直線應該是人為的，故而證明火星上曾經有文明生物定居。後來人們用更精良的望遠鏡看到以前所認為的溝渠並不是連貫的，都有些斷裂的痕跡。這麼一來，以前的錯誤結論，一種類比法的推斷，便失去了價值和效用。

　　懷著對玄學的信仰，傑洛德‧梵‧瑞恩柏克（Gerard

van Rijnberk）**6** 發布過一套對照表，説明了由不同作者提出的星座與塔羅的呼應關係。其中的第七張大阿卡納「戰車」和以下的星座及行星都有關係；譬如它與雙子座有關（艾特拉，科特藏，修若爾〔Etteila, Kurtzahn, Shoral〕）；與射手座有關（弗馬浩特，某位無名氏〔Fomalhaut, anonymous author〕）；與火星有關（巴西理德斯〔Basilide〕）；與金星有關（沃規隱，慕伽利〔Volguine, Muchery〕）；與太陽有關（依利·史達〔Ely Star〕）；與天秤座有關（史奈德斯〔Snijders〕）；與火星有關（巴西理德斯〔Basilide〕）；與巨蟹座有關（克羅利〔Crowley〕）。光是對應「戰車」這張卡，就有這麼多由不同作者提出的論點，而這些論點都是來自於類比法。

此外，由同樣方式建立的行星與金屬對照表，也一直被古代、中世紀和現今的玄學作者延用著。公元前四世紀的希臘占星家延續了巴比倫傳統──主張「金」是太陽或天神「恩利爾」（Enil）的象徵，「銀」是月亮或天神「安努」（Anu）的象徵──發展出以下幾種基本的對照系統：金─太陽，銀─月亮，鉛─土星，錫─木星，鐵─火星，銅─金星，汞─水星。到了中世紀，占星家與煉金家仍延用同一套對照表，至今依舊被現代隱修士及玄學家認同和採用（包括魯道夫·史坦納（Rudolf Steiner）和其他人智學者在內）。這套對照表也出

6　譯註：與巴布士熟識的荷蘭作家。

現在巴布士的《玄學基本論述》這本著作裡。在此我必須強調，有關這些行星與金屬對照系統是不是放諸四海而皆準一事，以本人四十四年來的學習和經驗，尚未找到任何需要修正之處。我所獲得的諸多證據——直接或間接的——一再證實了它們的可信度。

由此看來，類比法不能算是永無過失或完全可靠的法則，但也絕對有條件引領我們發現真理的本質。它的效力和價值完全取決於支撐它的經驗的完整度與精確性。

現在讓我們回到「魔法師」這張大阿卡納。如果把它當成實修啟示，那麼這張卡要傳達的就是「不用力的專注」。但是當「魔法師」被當成理論時，要傳達的則是類比法的意義。事實上，類比法的應用方式就是「不用力的專注」，亦即從頭腦層面去練習「不用力的專注」，並且視其為一種「遊戲」而非「工作」。

運用類比法是不需要使勁的；你如果不能察覺或「看到」每件事都有可以被類比的關聯，那麼就算再費力也沒用。魔法師或變戲法的人必須經過長時間的訓練才能做到不用力的專注，所以要學會類比法的應用，你的腦子也需要累積長時間的經驗和必要的學習——才可能對關係中的相似性產生立即的洞見。如此你才能成為一位真正的「魔法師」或「變戲法的人」；你才會懂得如何輕鬆地應用類比法，視其為一種遊戲。這種能力是完成任何工作的關鍵所在，連主耶穌也是如此教導門徒的：「你們要記住，凡不像小孩子一樣來接受上帝主權的人，絕不能成為他的子民」（《馬可福音》第 10 章，第 15

節）。

　　孩子們不知道什麼是「工作」，他們視一切為遊戲。但是當他們認真玩耍時，又是多麼專注啊！孩子的注意力是完整的、不散亂的。當你接近天國的時候，你的注意力也會再度變得完整、不散亂。啟發你愉悅地親近智慧，正是這張大阿卡納的奧義：它教導你要不用力地專注在類比法的應用上，也就是透過立即的洞見去看到萬物的一體性。當然，我們的主並不是要我們變得孩子氣；祂要我們學著像孩子一樣沒有沉重負擔，表現出「軛是容易負的」精神。

　　魔法師是能夠在「無意識的自發性」（spontaneity of the unconscious）（榮格〔C. G. Jung〕的說法）和有覺知的行為之間達成平衡與和諧的人。這種和諧的意識狀態是源自於無意識與意識的整合，亦即統合了自發的創造力與刻意謀劃的執行力。這也是榮格心理學派所謂的「個體化歷程」（individuation），「整合人格中的意識與無意識元素」或揭露「本我的完整性」。這樣才可能出現「不用力的專注」和「不用力的洞見」，而我們也才能在實修和理論的學習上有所收穫。

　　德國著名哲人弗里德里希・席勒（Friedrich Schiller）似乎也明白這張卡的奧義，他主張利用人的「遊戲衝動」（Spieltrieb）去整合本能、理智以及外來的負荷和規範。按他的論點來看，所有「真實」和「被渴望」的事物必定會在「美」之中得到整合，因為只有在「美」中玩耍，才能減輕「求真」和「求正義」的負荷，本能驅力的黑暗也才會提升至

光明和覺知層次。換言之，人一旦藉由發現真相而體認到美，就會產生出愛——當愛產生時，才會消除因發現真相而必須守分和自制的沉重感，責任也隨之轉化為樂趣。如此一來，「工作」就成了「遊戲」，也才能實現不用力的專注。

這張充滿實修觀點和理論的大阿卡納除了宣告「認真玩樂」的效用之外（整套塔羅都是需要認真看待的遊戲），還包含了一個鄭重的警告：它提醒你神聖的遊戲和一般的遊戲是不同的，神聖魔法師和一般的魔法師也截然不同；許多人把「缺乏專注力」當成「不用力的專注」，把「簡單的聯想」當成了「不費力地應用類比法」。產生這些誤解的人絕對會變成江湖術士而非魔法師。

「魔法師」這張大阿卡納的奧祕是雙重的：它一方面引導我們培養輕鬆愉快的靈修態度，一方面又提醒我們不要變成江湖術士。在此我必須強調，這種情況實在太常見了，唉！有太多玄學老師既是高手又是騙子；他們的教誨既有天才成分，也有假充內行的嫌疑。但願第一張大阿卡納能帶領我們跨越「努力與費力」的門檻，進入「不用力活動」、「不用力認知」的境界，同時也讓它提醒我們，如果你真想洞見實相，一旦跨越這道門檻，還有更多的實修功夫和考驗等在前面。讓魔法師每天重覆對我們說：

覺知和理解、嘗試和有能力做到是截然不同的狀態。
上界有海市蜃樓，下界有妄想幻覺；你只能透過不同
經驗背後的共識去認清真相——包括感官上的經驗、

道德上的體認、超覺式的領悟、其他真理追尋者的共同領會，以及被賦予光榮頭銜的智者和聖人的體證。學術界和教會為那些願意求上進的人立下了許多學習方式和道德規範。每當你進入「不用力的專注」的前後，都必須謹守這些規矩，如此方能成為通曉萬事的智者或「大魔法師」，否則只會變成假充內行的江湖術士！

第二張大阿卡納的冥想

女祭司

THE HIGH PRIESTESS

智慧建造她的房屋，
立了七根柱子。

——《箴言》第 9 章，第 1 節

女祭司

親愛的不知名朋友：

如同上一封信所闡述的，「魔法師」的奧義就在於心智的運作要變得流暢自在且真誠，亦即展現出真正的自發性。「不用力的專注」、「以類比法看出事物的關聯」，可以說是第一

張充滿靈修奧義的大阿卡納主要的意涵。它代表的是自發智慧的作用力，但這種作用力如同火或風一樣，一旦耗盡能量就會消失不見。

> 風隨意吹動，你聽見它的聲音，卻不知道它從哪裡來，往哪裡去。凡從聖靈生的，也都是這樣。（《約翰福音》第3章，第8節）

自發智慧的作用力是不容易領會的；我們只能透過它的反映，來理解和明白它。換言之，它會反映出一種內在的映像，這種映像又會被記憶保存下來，而記憶就是言語溝通的資料來源；這些溝通所使用的言語被記錄成文字後，便形成了「書」。

因此，「女祭司」代表的就是「魔法師」的自發智慧所反映成的「書」。它要說明火與風如何變成原理與著作，換言之，它闡明了「智慧如何建造她的房屋」。

我們只有透過自發智慧的反映才能覺知到它的存在。我們需要一面內在的鏡子去覺知它「從哪裡來，往哪裡去」。聖靈的氣息或自發智慧顯然是存在的，卻不容易被我們意識到，而「意識」（con-sciousness）乃兩種作用——主動活化和被動反映——的結合。為了瞭解聖靈的氣息從哪裡來，往哪裡去，水成了映照它的要素。所以主耶穌才會告訴尼哥德慕，若想清明地覺知到聖靈、進入上主的國度，必要的條件就是：

我實實在在地告訴你，人若不是從水和聖靈生的，就
不能進神的國。（《約翰福音》第3章，第5節）

　　主耶穌以強調的語氣透露了領悟真理的神聖魔法公式。這
段話要闡明的是：若想對真理有完整透徹的體悟，必須懂得如
何「吸入」和反映它。「神的國」真正指的是重新整合的意
識，也可比喻為重生或復原意識的兩種功能——聖靈的活化作
用和水的映照作用。因此，聖靈必須化為「真息」以取代任性
的小我活動，水也必須化成一面反映著「真息」的明鏡，不再
被想像、激情或慾望所著染。這種重整後的意識是由水和聖靈
孕育成的；水經過還原又變回純淨狀態，心靈也再度和上主的
氣息或聖靈連結。因此當重整後的意識再度降臨一個人的內心
時，往往被比喻為「道」（the WORD）的誕生或化身：

　　藉由聖靈的力量，「道」化身為肉體，透過聖母馬利
亞誕生出來。

　　耶穌指示尼哥德慕要從水和聖靈中重生，意思就是回復到
「墮落」（the Fall）前的狀態。處於這種狀態的人會體認到
聖靈即上主的氣息，這氣息又被處子般的本體反映出來；這
便是「基督信仰瑜伽」的要旨。它的目的不盡然是要你「頓
悟」，進入一種無呼吸、無反映作用的意識狀態，而是要接受
「水和聖靈的洗禮」，因為這才是回應上主的作用力最完美適
切的方式。換言之，這兩種洗禮帶來了主動與被動兩種意識的

重整。缺少這兩種元素就沒有意識可言，而壓抑二元性的修練方式，譬如那些崇尚一元論（或不二論）的法門，必定會導致意識而非存在的熄滅。這意味著意識將得不到重生，反而會退回到原始的初胚狀態。

以下是希臘哲人普羅提諾（Plotinus）如何看待各種形式與層次的意識之中的二元性——主動性及其反映：

> ……當鏡像作用存在時，自然能映照各種影像，鏡子如果不見了，或是處在不正確的狀態，原本應該被它反映出來的客體仍舊存在著。以同樣的道理來看我們的心靈，當內在的那面反映著思維和理智活動的鏡子不受干擾時，我們往往能清晰地覺知到這些活動。但是當身體的協調性被擾亂時，那面鏡子就破了，於是反映思維和理智活動的作用力就會消失，念頭就會在缺乏返觀力的情況下不斷出現。（Plotinus, *Ennead*,I. iv. 10; trsl. A.H. Armstrong, London, 1966, pp. 199 and 201）

這便是新柏拉圖主義對意識的概念。你如果詳盡地去研究它，或許就會明白耶穌與尼哥德慕深夜談話所提到的「兩種意識的重整」了。

基督信仰瑜伽並不渴求直接進入一元狀態，它追求的是二元合一。有心解決合一性與二元性難題的人，必須深切地理解這一點。這個難題既可能為我們開啟通往最深奧祕的那道門，

也可能因為無解而關上了這道門⋯⋯甚至永遠關上了它？凡事都取決於我們的理解。我們可以選擇一元論，認為宇宙只存在著一個本體，一種本質。我們也可以透過可觀的歷史及個人經驗選擇採信二元論，認為宇宙是由兩種法則構成的：善與惡、精神與物質等。我們即使不瞭解二元性是一種根本法則，也必須承認這是無可置疑的存在現象。除此之外我們還有第三種選擇——愛，相信它是比二元性更根本的宇宙法則背後的合一性。

我們可以在吠陀哲學（Vedanta）（不二論）、史賓諾莎（Spinozism）的「倫理學」（一元論）、摩尼教（Manichaeism）和某些特定靈知學派（二元論）以及猶太—基督信仰思潮（愛）的基本教義中發現以上三種觀點。

為了更清晰地去看這些問題，以便獲得更深的見解，我們應該從路易‧克勞德‧聖馬丁（Louis Claude de Sain-Martin）的著作《關於數字》（On Numbers）中的「二」開始思考：

為了理解數字與其基本作用的關聯，首先讓我們檢視一下合一境界與數字二的作用。當我們在默觀一則重要的真理，譬如造物主的萬能、莊嚴、愛、深邃無比的光等等特質時，就是在把自己交託給這位至上的典範；這時我們所有的機能都會停止運作，為的是被祂徹底充滿、與祂合一。這是一種進入合一境界的積極想像，而數字「一」代表的也是無形的合一性；它均勻地存在於和其相關的所有受造物中。但如果把專注

於造物主的注意力轉回到自己身上，則又會回到對自己的覺知，這麼一來我們就會把自己當成是內在之光或圓滿感的源頭，其實這些體認是來自於宇宙本源的引領。接著我們會造出兩個默觀中樞，兩個對立的法則，或是無法連結的基礎；最後我們會造出兩種一體性，一種是真實的，一種是表象的。當完整的存在本源被劃分為二的時候，便形成了兩個部分，於是就衍生出違反宇宙律的雙重性……這個例子可以顯示數字「二」的起源和「惡」的由來。（Louis Claude de Saint-Martin, *Des Nombres*, Nice, 1946, pp. 2-3）

因此，二元性也意味著有兩個默觀中樞，兩個分離且對立的源頭——一個是真實的，一個是表象的——此即「惡」的起因；它來自違反宇宙律的雙重性。但這會是二元性、雙重性和數字「二」唯一的解讀方式嗎？難道就沒有合乎宇宙律的二元性嗎？二元性難道不能豐富合一性，而非得是對它的削減嗎？

現在回到聖馬丁的「兩個默觀中樞」，或是兩個分離且對立的法則上。我們不妨問一問自己，這兩個中樞或法則一定是分離和對立的嗎？畢竟，聖馬丁採用的「默觀」（contemplation）一詞，本身不就是在暗示有兩個中樞同時觀看著——如同有一對上下成直角的眼睛，分別檢視著現象界和終極實相？我們不就是因為有兩個不同的中樞或「眼睛」，才會意識到或有能力意識到「上界如是、下界亦然」嗎？如果只有

一隻眼睛或一個默觀中樞，我們還會有能力闡明《翡翠石板》的這道公式嗎？

卡巴拉的《創造之書》（*Sepher Yetzirah*）是如此敍述的：

> 「二」是源自於聖靈的氣息，由它衍生出二十二種聲音[1]……但神仍舊是這些數字之上的「一」。
>
> （*Sepher Yetzirah* i, 10; trsl. W. Wynn Westcott, London, 1893, p. 16）

換言之，「二」就是神的氣息和其反映作用，也是《啟示錄》的由來，宇宙和《聖經》的起源。因此，「二」這個數字象徵著對聖靈的氣息和「衍生」出來的狀態的覺知。它象徵著重新整合的意識，或是耶穌所說的「由水和聖靈重生」。

事實上，數字「二」不一定代表聖馬丁所謂的「違反宇宙法則的雙重性」，它更是「愛」的代號或必要條件……若是沒有愛人與被愛的人、你和我、此和彼，愛是無法被理解的。

上主若是僅存的「一」，如果祂沒有創造宇宙，就不會是主耶穌彰顯的那位神，或是聖約翰所說的：

> 上帝是愛；那有了愛在他的生命裡的人就是有上帝的

1　譯註：希伯來文的二十二個字母。

生命，而上帝也在他的生命裡。（《約翰一書》第 4 章，第 16 節）

上主若是唯一的存在，就不可能去愛自己以外的生命，然而這是不可能的，因為世人早已意識到祂是永恆的三位一體——慈愛的聖父、被愛與愛人的聖子，以及愛祂們的聖靈。

親愛的朋友，我相信你一定也聽過把三位一體的抽象特質——如「權能、智慧、愛」或「存在、意識、至福」——當成一種教誨的說法。我個人聽到這樣的話總是不太自在，多年之後我才明白原因是什麼。由於上主就是愛本身，所以不能拿來和其他事物對比；祂是超越一切的，包括權能、智慧甚至存在本身。如果願意的話，你可以透過「愛的權能」、「愛的智慧」和「愛的存在」去分辨三位一體的不同，但是不能將愛擺在與權能、智慧、存在等高的秤盤上，因為只有愛可以為權能、智慧、存在帶來價值。缺少愛的存在等於被剝奪了一切價值，因此可以說是最痛苦的折磨——形同地獄一般！

但愛真的超越存在嗎？你能懷疑「各各他山的神蹟」（Mystery of Calvary）經過十九個世紀一再揭示的真理「上界如是，下界亦然」嗎？——難道耶穌的死而復生還不足以說明上主的愛或超越存在的愛？耶穌的復活難道不能證實愛既超越生命，又能滋養和修復生命？

以愛或存在為主的探討可以回溯至古代，柏拉圖就曾經說過：

你可以說太陽本身不是一種繁衍力，卻能讓一切有
形事物變得可見，而且提供了繁衍和生長所需的
養分。你也可以說被認知的事物不僅從宇宙善性
（goodness）中獲得可知性，甚至連它們的存在和本
體也都源自於善。善並不是本體，但是它崇高卓然的
大能超越了本體。（Plato, *The Republic*, 509B; trsl. P.
Shorey, 2 vols., London, 1930, 1935, vol. ii, p. 107）

七個世紀之後，與朱立安大帝（Emperor Julian）為友的
古羅馬著名史學家薩盧斯特（Sallustius）則如此說道：

如果心靈是萬物的源頭，那麼一切都是從心演變出來
的；如果智慧是源頭，那麼一切都會是有智慧的；但
如果存在才是源頭，那麼一切萬有的共性就是存在本
身。事實上，有些人會因為萬物皆有生命而斷定存在
才是本源。這份認知也許是正確的，不過前提是所有
生命的共性乃存在而非善。但萬有若是源自於善，而
其共性也是善，那麼善就應該被視為首要或屬於更高
層次。在這一點上有個清楚的指標，那就是為善而善
的心靈並不看重生命，當它們為了國家、朋友或道
義而遭遇危險時，往往甘願犧牲性命。（Sallustius,
Concerning the Gods and the Universe, v; trsl. A. D.
Nock, Cambridge, 1926, p. 11）

善比存在更崇高這個觀點，其他哲學家也曾深究過，例如希臘哲人普羅提諾（Plotinus）的《九章集》（*Enneads*），新柏拉圖派哲人普羅克洛斯（Proclus）的《柏拉圖神學》（*On the Theology of Plato*），以及託名亞略巴古的丟尼修（Dionysius the Areopagite）[2] 的《關於神之名稱》（*On the Divine Names*）。聖文德則試圖整合以善為首的柏拉圖式論點和以存在為要的摩西律：「我是創始成終的主宰」（"I am that I am"，《出埃及記》第 3 章，第 14 節）——此主張先是由大馬士革的聖約翰（John of Damascus）確立，接著由聖多瑪斯．阿奎納維護。後者曾經言明「祂即存在」（"He who is"）才是對上主最佳、最合宜的稱謂，因為祂代表的就是生命本身。埃基安．吉爾森（Etienne Gilson）[3] 的觀點也符合聖多瑪斯、大馬士革的聖約翰及摩西的想法，以下是他針對存在的相關論述：

> 在此種法則裡埋藏著無盡的形上繁衍力……世上只有一位天主，這位天主就是存在本身，所有的基督信仰哲學皆以此為基石，但這份認知並非柏拉圖或亞里斯多德而是摩西建立的。（Etienne Gilson, *The Spirit of Mediaeval Philosophy*; trsl. A. H. C. Downes, London,

---

2　譯註：此為公元五至六世紀的基督教密契主義作者之託名，並非公元一世紀的聖保羅門徒丟尼修本人。這些託名作品頗具影響力，直至十九世紀才被發現並不是丟尼修本人所作。

3　譯註：十九世紀末至二十世紀的法國哲人。

1950, p. 51）

那麼不以善或是聖約翰所謂的愛為首，反而強調存在，這種概念究竟在說什麼？

從道德生活的角度來看，存在這個概念是中性的，無需透過善或美的經驗去理解。只要觀察一下礦物界，你就會判定「存在」是一種道德上的中性概念，因為礦物永遠是「如實」存在著；它由此而假設萬物或萬象的背後必定有一個永恆的本體。

親愛的朋友，現在請你閉上眼睛，試著想像出一幅最精準、最符合上述概念的畫面。你有沒有發現這個畫面是模糊不清的，既無色彩也無形狀，類似於大海中的水？

不論你對存在的主觀印象為何，此概念在道德上都是中性的，一種自然的原狀。這意味著它是被動、既定而不變的事實。反之，如果你想像的是大馬士革的聖約翰所謂的愛或柏拉圖的善，卻會發現自己面對的是一種主動作為、心的積極作用，而非道德的中性表現。伴隨這項事實浮現出來的畫面會是火或者太陽（柏拉圖把善比喻為太陽，把真理比喻為陽光），而不會是一種模糊流動的意像。

泰勒斯（Thales）和赫拉克利特（Heraclitus）在這一點上抱持不同看法，一位把水視為萬物的本質，另一位則主張火才是萬物的本質。這是因為「善」和其最高層次的展現「愛」，乃源自於「宇宙的演化是一種道德進程」，而「存在」和其最高層次的展現「祂即存在」，則是源自於「宇宙的

演化是一種自然律的體現」。善與愛在本質上都是主觀經驗，有過精神和屬靈體驗的人才能理解它們的含義，至於存在這個概念——就像我們提到過的——則帶有一種客觀性，只要擁有某種程度的外在經驗便足以理解它……譬如對無機物的認識。

在兩者中二選一的結果——我不稱之為兩種「觀點」而是兩種「心態」——會決定你在實修的密契體驗裡將會領悟哪一種內在本質。選擇存在的人會渴望進入真實的存在，選擇愛的人則會渴望得到愛。人只可能發現自己所追尋的東西。追尋「純然存在」的人將會體驗到生命的寧靜，但由於純然的存在不可能有兩種（聖馬丁的「違反法則的雙重性」），也不會有兩個分開且「同等永恆」的本體，所以只可能有一種真實的存在或本體。這麼一來，那個「虛假的存在中樞」就勢必受到壓制（「虛假的存在」意指「小我」，或是將「自我」視為獨立存有的一種幻覺）。選擇在這條道路上修行的人可能會喪失哭泣的能力。一位高等瑜伽士或吠陀哲人永遠不會掉淚，而卡巴拉的大師們，如《光明篇》所記載的，反倒是經常悲泣。基督信仰的密契主義也提到過「淚水是禮物」（"gift of tears"），是聖神的恩典賜予的珍寶。主耶穌就曾經在拉撒路的墓前痛哭。換言之，選擇在另一條道路上修行，亦即選擇天主是愛的人，其特質之一就是擁有祂所賜予的禮物——「眼淚」；這和他們的密契體驗背後的本質有關。與神合一並不代表自身的存在被神的存在吸收了，反而是徹底領受神的愛所散發的氣息、照耀的光輝和傳遞的溫暖。當心靈得到如此神奇的感悟時會由衷地哭泣。處在這種密契體驗裡，心靈的火苗與神的火焰不期

而遇。這時人的個人性非但不會熄滅，反倒會徹底點燃。他體驗到的就是「合乎宇宙律的雙重性」，或是兩個分開且獨立的實體合成了本體。任何實體若是不能在愛中自發地結合，就會繼續分裂下去。

剛才我提到了「兩個實體」與「一個本體」，現在我們必須更透徹地瞭解這兩個名相——實體（substance）與本體（essence）——的差異；現今社會幾乎完全忽略了它。這兩個名相曾經代表著截然不同的東西，無論在概念、存在方式或意識形態上都有顯著不同。

柏拉圖確立了「存在」（being）與「本體」（essence）的差異。對他來說「存在」就是如實地在那裡，「本體」則是「理念」（Ideas）的產物。

> 任何一種事物都是從理念衍生出來的，而理念代表的就是本體，因此，我們不能將「本體」理解為抽象的存在，而該將其視為理念的實相。（A. J. E. Fouillée, *La philosophie de Platon*, 4 vols., Paris, 1888-89, vol. ii, pp. 106-7）

「本體」其實是透過存在所展現的純然作用（在卡巴拉教義裡，第一個質點「王冠」代表的就是這種自發的作用力——與它對應的神聖稱謂「我是」〔I AM〕，則是從無限〔AIN-SOPH, the Unlimited〕顯化出來的）。

……這就有如，存在可以啟動本體的現在進行式，讓本體顯化出來。（Etienne Gilson, *The Spirit of Mediaeval Philosophy*; trsl. A. H. C. Downes, London, 1950, p.54）

嚴格地說，「本體」是專屬於上主的稱謂，其他的萬有都應該歸於「實體」這個類別。這也是柏拉圖派的「教會之父」聖奧古斯丁（St. Augustine）所說的：

……上主顯然不該被稱為一種實體，比較合宜的專有稱謂應該是本體。本體的確是比較恰當的稱呼，因此只有主可以被稱為本體。（St. Augustine, *De Trinitate* vii, 5, 10）

實體和本體、現實和理想、存在和愛（或善）、「祂即存在」和「無限」之間的差異，便是理解約翰福音的關鍵所在：

沒有人見過上帝；只有獨子，就是跟父親最親密的那一位，把他啟示了出來。（《約翰福音》第 1 章，第 18 節）

「沒有人見過上帝」指的是，沒有人能在面對面注視著上帝的同時，仍然保有自我的人格，因為「看見」表示「觀者的面前有一個可以被覺知的對象」。但無庸置疑，耶穌降生

前已經有許多人感應到祂——被主「佔據」心靈（先知的親身經驗）；「沉醉」於主的聖靈中（瑜伽行者與古密契家的體驗）；「了悟」宇宙乃神的傑作（古代智者與哲人的體悟），但從未有人真正見過祂。不論是先知的靈感，密契家感受到的神聖浸禮，或是古代智者從萬物的映像上覺知的神的臨在，都不能和「洞見」到祂這種嶄新的體驗——基督神學所謂的「直接領受主的賜福」——相提並論。這種「洞見」是在超越實體的本體領域裡發生的，但本質不是一種融合而是相遇。處於其中的人格（自我意識）不僅能保持完整無缺和無礙，還能保有真正的自己——如同亙古以來上主為它所設想的那樣。如果以這個角度來理解聖約翰的話語，那麼在他的福音裡，關於主耶穌的比喻就變得清晰易懂了：

> 凡在我以前來的都是賊，是強盜；（《約翰福音》第10章，第8節）

這句話隱藏著極深的奧義。如果把這句話和耶穌說過的眾多有關摩西、大衛及其他智者的話擺在一起，又該如何理解？摩西、大衛和其他智者不都是在主耶穌之前出現的嗎？

其實這並非一件有關賊與強盜的事，它要彰顯的是「耶穌基督降世前與後的啟蒙法則」。耶穌之前的導師們都主張要除去自我，因為只有如此，靈魂才能完全被上主「佔據」，徹底「浸淫」在聖靈中。但這種修行方式卻導致「照上主的形像和樣式」賦予人類的「黃金般人格」（歌德〔Goethe〕

說過：「地上的孩子們被賦予的至寶，就是與生俱來的人格。」）──不是被縮減就是反倒擴張了。那些先來的導師們的確為上主的存在做了見證，但「去個人性」的教導和修練方式，卻令他們變成了見證神的「殉道者」。佛陀或世尊（Bhagavan）的偉大就在於「去個人性」，他在這方面的修行已經臻於究竟。瑜伽派的宗師們也都精通「去個人性」之道。古代的哲人──那些真正活在哲學裡的人──也奉行這樣的修持方式，最顯著的代表就是斯多葛學派（Stoics）的奉行者。

但事實上，「去個人性」的修練就是導致人無法哭泣、永不落淚的原因。人之所以哭泣就是因為具有個人化的人格，憑著人格即能使人得到「眼淚這份珍貴的禮物」，「為罪惡悲傷的人多麼有福啊；上帝要安慰他們！」（《馬太福音》第5章，第4節）

從這個層次來解釋的話，「賊與強盜」這句話中的玄機立即轉成了清明的洞見。當福音書提到在耶穌「之前」來的導師時，這個「之前」指的不僅是時間，更代表啟蒙的等級和層次──由於他們教導的是去除個人的小我，所以才成了偷竊「人格」的賊與強盜。但主耶穌卻說：「我來的目的是要使他們得生命，而且是豐豐富富的生命」（《約翰福音》第10章，第10節）；換言之，主耶穌的到來是為了讓他所疼惜的、有危險之虞的人活得更安全充實，而「羊」代表的就是個人的人格！它和尼采（Nietzsche）的「超人」，和亞歷山大大帝（Alexander the Great）、凱撒大帝（Julius Caesar）、拿破

崙（Napoleon）及現代「偉大人物」追求的理想人格，是不能相提並論的！

不，親愛的朋友，被權勢或榮耀操縱的意志，既不能創造真正的人格，也無法使人格變得偉大。「羊」在主耶穌愛的話語裡既不代表「偉大的人格」，也不代表「渺小的人格」，它象徵的是每一個生命的靈魂。他要每一個靈魂都免於危難，活得像上主所設想的一樣充實熱切。「羊」代表的就是個體生命，因為受到種種危難的包圍，所以成了神保護的對象。難道這樣就夠了嗎？還不夠光彩吧？這樣的形象如果與大法師的法力——隨意招喚善惡勢力的能力——相比，會不會顯得太微不足道？

事實上，我們只需要關注一件事：耶穌的話是愛的語言而非心理學、哲學或科學術語。那些有法力的魔法師、有藝術本能的天才、深刻的思想家以及耀眼的玄祕家，當然都有值得矚目的條件，甚至具備偉大的特質，但這一切都無法眩惑上主。在主的眼裡他們都是可愛的羊；祂希望每隻羊都不要迷失方向，能夠活得有精神，不斷地成長和進展。

在結束對數字「二」、合乎及違反宇宙律的二元性的探討之前，我必須表達對大亞維德侯爵的敬意，因為他以熱忱的睿智讓這個議題的討論有了生機。大亞維德侯爵在《猶太人的使命》（*Mission of the Jews*）這本書裡，比較了希伯來文上帝的全名「耶和華」（YOD-HÉ-VAU-HÉ）和其不完整的別名（HÉ-VAU-HÉ）。在其全名裡，「YOD」被視為一切萬有之上的最高法則；在其別名裡，代表實體的「HÉ」卻成了最高

法則。它們就是唯靈論與自然主義的源頭，故而影響了宗教、哲學、科學和社會學等領域。用它們來解釋與數字「二」相關的議題，後者立即變得清晰易懂，這也就是我特別將它們提出來的原因。不過我必須說明一點，大亞維德侯爵的解釋仍然留下許多想像空間，尤其是他認為「YOD」代表的是純粹的智力，「HÉ-VAU-HÉ」則代表「YOD」的實質內容，或是愛、靈魂及「熱情」的本質。換言之，他把理智視為象徵陽性和精神的法則，把愛視為象徵陰性和靈魂的法則。但耶穌說過天父即是愛。理智如果是愛之火的反映，就應該是陰性法則的作用力才對。根據《舊約聖經》的說法，蘇菲亞（Sophia）或神聖智慧（Wisdom）乃造物主創世背後的助力；在靈知傳統裡，蘇菲亞也被當成陰性法則的象徵。由此可見愛才是主動的作用力，理智則具有反映的功能。

男人比女人知性並不代表理智等同於陽性法則。事實剛好相反，外表陽剛的男性內在反而是陰柔的，外表陰柔的女性內在反而是陽剛的（主動的）。因此理智屬於靈魂的陰性面，豐富的想像力則屬於陽性特質。理智如果缺乏想像力的指引會變得貧瘠。它倚賴的是油然而生的想像力所帶來的驅力。

至於第三種法則，聖靈，則既非理智亦非想像力，而是神的愛與神的智慧。原則上它應該是陰陽同體，事實上卻不一定如此。

以上有關數字二的議題及其含義，是我認為必須提出來探討的內容——因為它們就是開啟女祭司之門的鑰匙。第二張大阿卡納代表的其實是意識的二元性——它的自發活動與反映；

這張卡的奧義就是要將純然的作用力轉化成內在的映像，把內在的映象轉化成記憶，再把記憶變成文字，最後把文字記錄下來成為「書」。

女祭司的頭上戴著一頂三層式冠帽，手上握著一本打開的書。她的冠帽鑲滿了珍寶，暗示著純然的作用力必須經過三階段的結晶化過程，從三個較高的無形次元往下降，才會來到第四個層次——書。因此，卡中的圖像意味著反映、記憶、文字及著作，或是言傳和撰寫下來的啟示與傳統，簡言之就是靈知。

這張女祭司卡涉及的是與科學無關的靈知。不論是整體或細部，它都在表達天啟的下降過程（由實體反映出來的純然作用力或本體，降至最後的層次——書）。反之，科學則是從現實的層次出發，然後把事實提升為法則，再把法則提升為原理。靈知反映的是上界，科學解釋的是下界。靈知的最後一層才是現實界的活動，它在這個層次上形成了「書」；至於科學，它的第一個層次是在現實界，然後經由「閱覽」的累積，逐漸發展成法則和原理。

由於這張卡象徵的是靈知（對合一境界的覺知），所以示現的形象不會是科學家或醫生，而是一位女性大祭司——天啟的守護者。她象徵著天啟向下傳遞的階序，從冠帽最上端的那個圓點，到擱在膝上的那本打開來的書，到坐著的姿勢。她的坐姿代表垂直與水平向度之間的關聯，亦即天啟向下傳遞（垂直，冠帽）和向外投射（水平，書籍）的關係。這個姿勢意味著靈知的實現方式，如同魔法師的站姿代表的是密契體驗的實

現方式。魔法師敢於接受挑戰，所以是站著的；女祭司領略真理，所以是坐著的。從魔法師的站姿變成女祭司的坐姿，我們看到的是從膽識到覺識的變化。

純粹的密契體驗本質上就是一種創造活動。人若是敢於提升自己，「正直地站立著」，而且是正直、正直、繼續正直下去，就能超越所有的受造物，來到上主的本體面前，迎向那神聖的創造火焰。「不用力的專注」在火中燃燒著，它不起煙也不會導致爆裂。人在其中的功能只是展現出渴望體悟實相的膽識；讓這份膽識產生實際效應的辦法，就是擁有寧靜的心和徹底放鬆的身體——不起煙也不爆裂的火焰。

純粹的靈知則是密契體驗的反映。它代表心靈祕境裡發生的事化成了高層認知，也就是覺知到密契體驗的發生。

從密契體驗變成靈知會經歷幾個階段。第一階段出現的是對密契體驗的重覆反映。第二階段是進入到記憶的領域。第三階段是記憶被思想和感覺同化而變成「訊息」或內在信息。第四個階段是內在信息變成了「著作」或「書」。

密契體驗的純然反映只是一種映照作用，其中沒有任何影像或文字；意識被超驗的密契體驗直接觸動，這種體驗和感官上的觸覺一樣真切，卻是無形、無色、無聲的，我們可以稱之為「屬靈的觸動」或「靈性洞見」。

或許這樣的說法還不夠恰當，但至少表達了被神直接觸及的那份感動。在這個階段裡，密契體驗和靈知仍然無法被清楚地區分。

若想瞭解上述的這種意識狀態與隨後出現的三種意識

狀態之間的關係，同時認識它和猶太靈知派或卡巴拉的神之稱謂「耶和華」——יהוה（YOD-HÉ-VAU-HÉ，簡寫為YHVH）——之間的對應性，那麼首先要瞭解的就是神之稱謂的 YOD 是什麼意思。YOD 代表的是一個具有投射作用的原點。這與「屬靈的觸動」有著令人讚嘆的相似度，因為後者也意味著蘊含無限潛能的集中點。

屬靈的觸動（靈性洞見）能夠讓我們的意識和純粹的密契體驗產生連結。人心是藉由它和活生生的上主建立真實關係的——這才算是真正的宗教。密契體驗是一切宗教的起源和根本，缺少了它，宗教就成了一套規範思想行為的準則。上主對人類而言不僅僅是一種抽象概念，是因為有「屬靈的觸動」和密契體驗。密契體驗乃靈修生活——神學、儀式和修煉——的根本，也是靈知的源頭。靈知後來演變成一種密修神學，如同神聖魔法變成一門密修藝術，玄學或隱修哲學變成密修哲學。因此，密契體驗就是 YHVH 的 YOD，靈知是第一個 HÉ，神聖魔法是 VAU——密契體驗與靈知的「孩子」——隱修哲學則是屬於第二個（也是最後一個）HÉ 的範疇。女祭司膝上的那本「書」象徵的就是最後的 HÉ 或隱修哲學，她的三層式冠帽則代表啟示的向下傳遞，從密契體驗到靈知到神聖魔法，最後到隱修哲學——「書」或「教誨」的層次。

如果「屬靈的觸動」是一種密契體驗意識，那麼靈知、神聖魔法或隱修哲學也都有其意識。若想對神的稱謂 YHVH 有徹底認識，必須整合上述的四種意識，這四種意識又必須透過不同的修煉方式來獲得。因為所謂的隱修認識論（Hermetic epistemology），指的就是「每種事物都有專屬的知識和獲取的方法」。這意味著同一層次的事物可以用相同的方式來認知，反之則不行。一個明顯忽略此法則的例子就是「控制論心理學」（cybernetic psychology），因為它試圖用機械性的物理法則來解釋人和精神生活。

當一種體驗或知識拓展到極致時，會變成一種意識或激發出特別的領悟。人若是敢於追求神的本體，便可能出現密契體驗意識或「屬靈的觸動」。如果他還想理解生命的內涵及意義，則會發展出靈知意識。若想進一步地應用從密契體驗得到的啟示，他會開始產生神聖魔法意識。最後，如果他希望自己所體驗到的、瞭解到的以及應用過的所有內容，不再只是對他個人或其時代有益，同時還能傳遞給別人或是後代，那麼就必須發展隱修哲學意識，「寫出他的書」。

從密契體驗這個源頭演變成隱修傳統的轉化過程，就是YOD-HÉ-VAU-HÉ代表的意涵。若想讓隱修傳統延續下去，首先必須建構一套完整的有機系統，一套由密契體驗、靈知、神聖魔法及隱修哲學結合成的體系，否則很可能面臨衰敗。隨著隱修傳統的衰敗，其構成要素也會跟著腐壞或彼此隔絕，如此一來，脫離源頭的隱修哲學勢必會變成被自治性思想寄生的系統。說真的，這絕對會導致精神錯亂，因為它會迷惑人的認知，讓意識變成喪失自由的奴隸。一個人若是不幸成為這套「自治性哲學」的受害者（相較之下，巫師的詛咒帶來的危害反倒輕微許多！），將會喪失認清世界、人類或歷史事件的能力；他會因為受到蠱惑而只能透過變形的稜鏡看著一切。這便

是今日的馬克斯主義者除了「階級鬥爭」之外無法看見其他東西的理由。

　　以上我所說的有關密契體驗、靈知、神聖魔法及隱修哲學的論點，對馬克思主義者而言都只是小資階級的謀略罷了，亦即企圖以帶著神祕色彩和理想主義的煙霧，來遮掩中產階級剝削無產階級的事實……儘管我並沒有繼承父母的任何遺產，也從未經歷不勞而獲的日子，並且始終是以馬克斯主義者所認同的「正當」方式謀生的！

　　另一個被自治性哲學掌控的例子就是佛洛伊德主義。被這套思想體系附身的人會認為，我是因為「（力比多）受到壓抑」（suppressed libido）而尋求發洩才會寫出這些東西。他會認為我之所以投入有關塔羅的寫作，是因為性慾沒有得到滿足！

　　還需要進一步舉證嗎？要不要再舉出黑格爾學派（Hegelians）和它對人類歷史的扭曲觀點，或是中世紀唯實論者所主謀的宗教審判，還是十八世紀的理性主義者被自己的論點之光所蒙蔽？

　　是的，自治性哲學因脫離靈修傳統這個有機體，而成了侵犯人的思想、感覺和意志的寄生組織。事實上，它們造成的問題類似精神官能症或著魔現象，也可以比喻為癌症。

　　至於自治性魔法，那些缺乏密契體驗和靈知的法術，則無可避免地會退化成巫術，至少會形成一種病態的浪漫唯美主義。其實「黑巫術」不過是巫師在暗中摸索的一種表現。他們之所以會在暗中摸索，是因為缺乏靈知和密契體驗之光的

引領。

　　缺乏密契體驗的靈知就是一片不毛之地。它只是一種宗教鬼魅，既無生命也缺乏活力。它是宗教的殘骸，靠著人類歷史餐桌上掉下來的剩菜維持著腦部活動。所謂的「普世靈知教會」！天啊！如果一個人對傳統靈修法則有些淺見，那麼他究竟能説什麼，該説什麼呢？！

　　最後要談到沒有發展出靈知、神聖魔法和隱修哲學的密契體驗——它遲早會退化成一種「靈性享樂」或「迷醉」。一位修行者如果只是待在祕境裡，既不去理解箇中的真相，也不願把獲得的啟示應用在生活裡去為人服務，只是一味地想忘卻所有的人事物，以便繼續享受神聖的至樂感，我們就可以稱他為「屬靈的醉漢」。

　　因此，隱修傳統若要像其他有機體一樣存活下去，就必須整合密契體驗、靈知和有效的神聖魔法，形成一套完整的系統，然後向外體現成隱修哲學。簡單地説，隱修傳統若要流傳下去，應用它的人就必須體驗它、領悟它和實現它。真正整合的人應該同時是密契者、靈知者、魔法師與哲人。換言之，他是具有信仰的，能靜下來默觀的，富有藝術才能的，同時也是理智的。每個人都有信仰、理解、表達和思考的能力；只有人性可以決定一種傳統能否存活下去，能否創造出不斷流傳的完整體系。這是因為以上的四種「意識」都存在於個人的內心裡。

　　在實際修煉上面，女祭司卡與如何發展靈知意識有關，但靈知意識究竟是什麼？

它其實是一種默觀狀態。這種狀態是在專注和冥想之後出現的；它始於推理和邏輯思維暫時停止的那一刻。當邏輯思維找到令它滿意的結論時，默觀便開始啟動。在這個起點上，默觀承繼了推理所尋獲的結論，開始往深處探究。它能夠發現推理無法觸及的一個內在世界。靈知意識就是在探究更深的智慧領域時開始運作的；當頭腦不再執著於真假而去深究背後的意義時，就會進入真相的祕源或本體。然而這是怎麼做到的呢？答案是：傾聽著靜謐。這就像渴望憶起被遺忘的事物一樣。當一個人傾聽著內在的聲音，憶起那被遺忘的夜晚曾經知曉的一切時，他的意識就是在「傾聽著靜謐」。但默觀式的傾聽與安靜地試著回想，兩者本質上是截然不同的。第二種情況是一種水平式的覺知——過去、現在、未來的運作方式。「傾聽著靜謐」的默觀則是垂直式的覺知——上界如是、下界亦然的運作方式。當一個人試著回想時，內心會產生一面映照過去的鏡子；「傾聽著靜謐」同樣是一面鏡子，作用卻是在反映上界，一種上下界之間的垂直式憶起。

　　因此，記憶可以分成兩種：一種是把過去喚回到現實面的水平式記憶，另一種則是把上界重塑至下界的垂直式憶起。若是用第一封信提到的兩種象徵類型來界定它們的差別，一種會是「神話記憶」，另一種則是「類型記憶」。

　　亨利・柏格森（Henri Bergson）在其著作裡正確地描述了水平式或神話記憶：

　　事實上，記憶不是從當下去回溯過往的歷史，而

是讓過往的歷史進入當下的一種作用力。（Henri Bergson, *Matter and Memory*; trsl. N. M. Paul and W. S. Palmer, London, 1911, p. 319）

然後他說：

……純粹記憶是一種精神性顯化作用。我們可以透過這種記憶進入靈性實相的領域。（同前著作，p. 320）

因此，記憶就是讓過往的一切來到我們跟前，但首先必須處在一種安靜或空寂狀態。這種狀態猶如映照過往歷史的一面鏡子，就像柏格森所說的：

腦子的狀態就是不斷地在回憶；它透過賦予當下具體性來抓住當下。（同前著作，p. 320）

垂直式或類型記憶也是相同的。柏拉圖曾經正確地指出「超驗之我」（transcendent Self）能夠將記憶灌輸給「經驗之我」（empirical self）：

如果你知道靈魂是不朽的，歷經多次的重生，而且能意識到上界和其他次元的事情，並具足對一切萬有的知識，那麼任何一種研究和學習都只是憶起罷了。

（Plato, *Menon* 81, c, d; trsl. W. R. M. Lamb, London, 1924, p. 303）

同樣地，當空寂的靜止狀態出現在一個人的內心時，就有了一面反映上界的鏡子，這時超驗之我會自然降臨，與經驗之我連結。

那麼，我們要如何在現實生活中維持覺醒，來反映上層意識的祕境呢？

我們必須「坐著」，也就是必須在意識裡確立一種活化的被動狀態，或是在寂靜中凝神諦聽。我們要像「女人」一樣安靜地等待，而不是喋喋不休地「說話」，亦即在「靜待反映出現和把反映體現出來」的中間地帶罩上一層薄幕。我們必須戴上一頂三層式冠帽，致力於探究與三界以及更高境界有關的深奧議題。最後，我們的視線必須放在膝上的那本打開來的書，才能完全發揮理智的作用，以達成客觀反思的目的，讓隱修傳統透過著作流傳下去，並加入一些個人的體悟。

所有與靈知意識相關的修煉法則，全都清楚地表現在女祭司這張卡上面。女祭司是一位女性，而且是坐著的；她戴了一頂三層式冠帽；一層薄幕懸置在她的頭頂後方，遮蓋了她不想去主動認識的「中界」，而且眼睛正凝視著擱在膝上的那本已開啟的書。

因此，密契體驗如果是一種「屬靈的觸動」，靈知意識就是一種「屬靈的諦聽」。這不代表靈知意識指的是去覺知聲音，而是要在諦聽時保持全觀和安靜的等待，同時聽與被聽的

關係，並不像「屬靈的觸動」或密契體驗那麼直接和強烈。

我們現在仍須探討剩餘的兩種意識——神聖魔法與隱修哲學意識。

所謂的魔法意識就是一種心智的投射能力，隱修哲學意識則是心智的整合能力。「投射」指的是讓內在的東西脫離自身向外放射出去，類似於藝術創作和分娩的過程。

藝術家的才華就在於能夠將自己的想法與感受客觀地描繪或投射出來，比起不是藝術家的平凡人更具有深切影響力。一件藝術品就是這樣被賦予了它自身的生命。女人生產時也賦予了嬰兒自身的生命，使它成為一個和母體脫離、獨立存在的個體。所謂魔法意識也是要將內在的東西向外投射出來，讓它保有自己的生命。因此，魔法、藝術創作和生孩子，都是一種投射作用或生命力的向外顯化。《聖經》所描述的從「無」中投射出獨立萬有的創世之說，為上述一系列的類比加上了神聖的、宇宙性的冠冕。「無中生有」（ex nihilo）的創世論是神聖魔法最完美崇高的範型，其核心意義就是：宇宙是神聖魔法的創作。

相對地，泛神論（pantheism）、流溢說（emanation-ism）和造物論（demiurgism），則拿掉了創世教義的神聖魔法部分。泛神論否定受造物是獨立存在的；它主張萬物皆是神的一部分，宇宙就是神的軀體。流溢說則主張受造物和宇宙都是瞬息萬變的、短暫的存有。造物論宣揚的是「無中生無」的概念，它主張世上必定存在著一種與神同樣永恆的實體，一種神用來創世的素材。因此，神並不是宇宙的創造者或魔法師，

只不過是打造它的藝匠罷了——祂只負責塑形與重組手中的材料。

在此我們並不是要把「無中生有」的創世論視為宇宙、人的內壇及上界的唯一解釋。由於宇宙是浩瀚無邊極其宏大的，其中存在著各種空間與維度，呈現出各種模式的建構活動，所以必須全面性地加以考量，才能解釋我們所經驗到的世界。那我們究竟在探討什麼？我們是以盡可能清楚的方式來確定「無中生有」的創世論乃最高層級的魔法，或是上主創造宇宙的神聖魔法。

但是親愛的朋友，你如果問我相不相信宇宙創生只是神聖魔法的作用使然，在創世前後都沒有任何事情發生，我一定會回答說：不，我不這麼認為。密契與靈知的作用力是在神聖魔法之前出現的；然後才是各種層級的屬靈存有負責的宇宙形成工作。祂們擔負的是藝匠的任務——主要是一種實際執行或整合的煉金術。

卡巴拉傳統教誨讓我們在對立的教義中找到了和解的可能性。卡巴拉十個創生質點（Sephiroth）的論述首先揭露了「永恆密契」（無限，AIN-SOPH）之謎，接著說明了聖光溢出（emanations）乃創世前發生的事；它是「神中之神」，存在於神創生之前——「創生」是一種富有覺知的作用力，而不是源自於衝動或本能。然後它談到將神的創生計劃投射出來的神聖魔法，或是十個質點的顯化。接著才談到不同階層的屬靈存有（包括人類在內）共同參與了宇宙的形成工作。按卡巴拉的這套理論來看，宇宙就是這樣被賦予了生命，我們所經驗到

的現象界也是如此形成的。

由此可知現象界（the world of facts）是在形成界（the world of formation）或受造界之後出現的，形成界則是神聖魔法或創生界（the world of creation）的產物。至於創生界，則是靈知或聖光溢出界（the world of emanations）的體現。聖光溢出界與上主緊密相連無法分割，它的本質就是「無限」。

因此，創世教義的歧見是可以形成共識的，只要把這些解釋放在對應的層次上即可。

譬如從「聖光溢出」的層次來看，泛神論的說法顯然正確，因為一切萬有都在神之內，所以和神是無法分割的；但如果撇開造物之前的永恆來看創生這件事，那麼有神論就是正確的，因為我們可以親眼看見祖先或現象的原型都是被創造出來的。只要默觀一下形成界以及為了與原型合一而不斷演化的生命，就能明白造物論的理路。

如果不去探討形成界、創生界、聖光溢出界和上主的神聖本質，只是去檢視眼前的現實，那麼自然主義的論點就是正確的。

一旦建立起上述諸界的階級次第，原本看似對立的主張就能直接引領我們認識隱修哲學意識——一種整合性的意識狀態。隱修哲學意識對應的是神之稱謂 YHVH 的第二個 HÉ，本質上是對一切萬有的總結。它與靈知意識——對應 YHVH 的第一個 HÉ——之間的差別，就在於它是對分化的整體作出的結論，靈知意識則是反映著仍然在滋生萬物的那個整體本身。我們藉由靈知意識，產生了分析之前的第一層觀照，藉由

隱修哲學意識產生了分析後的第二層觀照。從後者衍生出的創作活動並不具備完整創造力；這是一種藝匠工作，亦即將特定素材塑造成它最後的模樣。

由於《翡翠石板》的公式總結了「整體宇宙的三種哲學」，也由於這三種哲學概述的是神聖魔法、靈知和密契體驗的境界，因此我們可以稱這種綜合上三界的第四界或第四層意識為「隱修哲學意識」。這是一種與垂直次元重疊的整合意識，所以是「縱深上的領會」。由於隱修哲學是建立在神聖魔法、靈知和密契體驗上的學問，所以目標是要涵蓋大宇宙和小宇宙的各個次元。當一個人在單一層面上做結論時——譬如在生物學上——運用到的就會是科學意識而非隱修哲學意識。科學意識大致上比較容易被理解和認同，因為它其實是在單一水平層面將所有的實驗歸納成結論。隱修哲學則既不是也永遠不會是科學。它當然可以利用科學的原理和發現，但不代表它就是科學。

非隱修的當代哲學則概括了一些特定的科學理念，目的是要變成「科學中的科學」——這一點與隱修哲學雷同。但它本身和隱修哲學是不同的，因為後者渴望的是整合所有次元的經驗。這就是我們之所以稱第四種意識為「隱修哲學意識」的理由，因為是一種整合性認知。

以上所述的四種意識必須共同運作，才能讓一個靈修傳統延續而非衰敗——當然到目前為止，我們對這四種意識及其特性的討論仍嫌不足。接下來的兩張大阿卡納將帶給我們更深更具體的內涵，特別是攸關神聖魔法和隱修哲學的部分，因為第

三張皇后卡涉及的是神聖魔法，第四張皇帝卡則跟隱修哲學有關。

第三張大阿卡納的冥想

皇后

THE EMPRESS

我是主的婢女；

願你的話成就在我身上。

——《路加福音》第 1 章，第 38 節

皇后

親愛的不知名朋友：

第三張大阿卡納「皇后」卡，涉及的是與神聖魔法相關的
內涵。世上有三種魔法：如果法師成為神聖能量的工具，施展
的就是神聖魔法；如果法師運用的是自己的能量，施展的則是

個人魔法；如果法師成為自然元素或其他無形能量的工具，施展的便是巫術。從此卡的內容和其居於第二、第四張之間的位置來看，它代表的應該是神聖或神性魔法。

包括巫術在內的所有魔法，都是以精微能量操縱粗鈍次元——以能量影響物質，以人的意識支配能量，以超意識或神聖能量轉化意識。「皇后」卡象徵的就是這種操縱粗鈍次元的職權，卡上的王冠、權杖及盾牌（徽章）則是她行使職權的三種工具。皇后戴著王冠的頭部代表的是被上界力量統馭的意識；她的右手（從觀者角度來看）握著一根頂端是十字架的權杖，十字架則嵌在一個金色的地球儀上，表示意識駕馭著能量；她的左手拿著一個有老鷹徽紋的盾牌，代表能量主宰物質，或是振動頻率輕快的能量可以改變沉重遲緩的物質。

王冠象徵著被神賦予權力的魔法；唯有被上界加冕過的魔法才不是奪取來的。王冠賦予魔法正統性，權杖則代表魔法的能量。權杖讓皇后不至於無力。刻著老鷹徽紋的盾牌顯示了施展魔力的目的：「解脫是為了向上提升」。皇后的穩固王座則象徵著神聖魔法在靈性生活、精神生活及自然生活中不可剝奪的地位。

現在讓我們更深入地探討皇后的王冠、權杖、盾牌或徽章及王座；它們分別代表神聖魔法的正統性、力量、目的及作用。

皇后的王冠與女祭司的冠帽主要的不同之處，就在於皇后的王冠只有兩層而非三層。換句話說，它象徵的或是被賦予的尊榮與職務涉及兩個層面。代表靈知意識的女祭司頭上

戴的是冠帽，因為任務是要把啟示傳遞下去，通過三個層次最後成為「書」或傳統。代表神聖魔法的皇后頭上戴的則是王冠，它和老鷹盾牌的意思一樣，都象徵著昇華自然趨力的任務。

喬瑟分‧佩拉旦（Joséphin Péladan）將魔法定義為「使人昇華的藝術」；無人能夠提出比他更高明的見解了。他所謂的「使人昇華」指的就是「讓人性昇華」。佩拉旦對魔法的標幟——盾牌上刻著飛翔的老鷹——有著極深的瞭解。他所有的著作都能證實這一點。這兩個標幟共同象徵著精彩的翱翔；無論從整體或個體來看，目標都是昇華人性。當魔法的標幟出現在你眼前時，不就是在邀約你把「欲望之鷹拋向風中」嗎？幸福感一旦「提升至理想的高度，而得以從人事物的消極面中解脫出來……便成就了世上真正的勝利」。巴布士的心底一定存在著相同的標幟，因為他也是按照這個觀點來定義魔法的：

> 魔法乃是要強化人的意志，加速自然的演化。
> （Papus, *Traité méthodique de magie pratique*, Paris, 3rd edition, p. 10）

他下這個定義前，提出了另一種說法：

> 魔法是一門愛的科學。（同前著作，p. 2）

皇后盾牌上的那隻老鷹正代表了「加速自然本性的演

化」；權杖則代表「愛的科學」，或是魔法達成目標的方式。

如果説盾牌象徵著魔法「是什麼」，權杖代表的就是魔法「如何運作」的，王冠則代表魔法「具有什麼樣的權能」。

現代施展魔法雖然不再是一種罪行，但是在道德、神學和醫學上的正統性仍遭到質疑。我們還是會像過往一樣撫心自問：渴望被賦予某種超能力來掌控同類，這種心態是否合乎道德標準？我們會質疑這是不是來自虛榮心，是否合適基督徒去追求？畢竟虔誠的基督徒只能接受神的恩寵，不論是直接獲得的，還是由天使或聖徒傳遞下來的。最後我們還會質疑，是不是可以在不違反人性、宗教及形上法則的前提下，去接觸無形次元？

這些疑慮和反對聲浪都是有道理的，我們不該反駁它們，而應該去瞭解，是否有魔法能不受這些質疑和反對聲浪阻礙？換言之，有沒有一種魔法的正統性，可以通過道德、宗教或醫學的標準檢驗？

我們應該從《新約聖經》的這段話開始探討：

彼得走遍各地方；有一次，他訪問住在呂大的信徒。在那裡，他遇見一個人，名叫以尼雅；這個人患癱瘓症，在床上躺了八年。彼得對他説：「以尼雅，耶穌基督醫治好你了。起來，收拾鋪蓋吧！」以尼雅立刻起來。（《使徒行傳》第 9 章，第 32-34 節）

這種靈療的正統性顯然無庸置疑。從道德的角度來看，這

是一件單純的善事；從宗教的角度來看，彼得是以基督之名而非以己之名達成療癒的；從醫學的角度來看，這堪稱是一次完美的治療，因為執行者沒有任何關於身心健康的成見。以尼雅被療癒的事件之所以具有不容懷疑的正統性，是因為彼得的動機是要讓無法行動的人恢復行為能力；他採用的方式是基於耶穌的神能而道出的話語；他行為的源頭也是：「耶穌基督治好你了！」

這三種因素令神聖魔法獲得了正統性。皇后的三個標記——王冠、權杖及盾形徽章——顯然也和它們有關。因為令無法行動的人恢復行動就是使人得到自由，如同盾牌上的老鷹所象徵的意義；只靠著言語就能達成療癒，代表頂端是十字架的權杖產生了作用；至於以耶穌基督之名完成療癒工作，則代表皇后頭上的王冠是來自神的加冕。

但是也有人反對這種說法，認為療癒以尼雅的不是魔法而是奇蹟，亦即是神在做工、與人無關。

那麼彼得的現身就沒有意義了嗎？如果沒有意義，他為什麼還要接近以尼雅呢？為什麼神的靈療工作不能直接發生，必須透過彼得？

不，彼得的出現是有意義的。他的在場以及他的聲音就是靈療生效的必要條件。為什麼？

這個問題很值得深思，因為它和基督信仰的道成肉身有關。的確，為什麼宇宙律（Logos）、天父的聖子需要化成肉身變成神人，才能實踐神聖魔法的最高任務——救贖？

難道耶穌是為了讓自己謙卑嗎!? 但身為神的祂就是謙卑

本身。也許祂是為了經驗人類的命運：出生、存活和死亡？但神的愛曾經參與、正在參與、也永遠參與著人類的命運——祂與受寒的人一同感覺凍僵的滋味，與受難者共苦，也和逝者一同經歷劇痛。在近東的修道院裡，當人心仍然倚靠神的存在而跳動時，曾經出現過一種治療煩惱和痛苦的神奇方法——從口中說出：「榮耀您冗長的苦難，主啊！」

不，救贖工作即是愛的工作，因此必須有兩種自由意志——神的意志與人的意志——在愛中合作無間。神與人的密契就是神聖魔法的關鍵所在，它是救贖工作的基本條件，唯一能和這種神聖魔法比擬的只有創世工作。

所以奇蹟需要的是兩股意志力的結合！它不是由萬能的意志授權而形成的，它只有在神與人的意志結合時才會出現。在呂大的以尼雅被療癒的事件中，彼得絕對是具有重要性的。神的意志需要彼得的意志加入，才能產生令癱瘓的以尼雅從床上起身的力量。這種神與人共同運作所產生的作用力，便是我們所謂的「神聖魔法」或「神性魔法」。

那麼奇蹟是不是「魔法」呢？是的，因為奇蹟必然需要一位懂得魔法的修士參與其中。彼得是用他的話語療癒了以尼雅。他扮演的角色是深諳魔法的修士，因此用「魔法」來形容奇蹟是恰當的，至少這意味著隱形的屬靈能量是凌駕於有形物質之上。

但治癒以尼雅的並非「個人魔法」，而是「神聖魔法」。彼得如果不跟神的意志結合，就什麼也做不了。他完全意識到這一點，所以才會對以尼雅說：「耶穌基督醫好你了。」這句

話真正的意思是：「耶穌基督真的想要療癒你。祂派我來到你面前，就是希望我能完成祂交代的事。對我而言，能遵從我的主又能治好你的病，我親愛的弟兄以尼雅，實在令我倍感欣慰。」

這裡面隱含了皇后的王冠為何有兩層的理由。覺得「倍感欣慰」是因為能同時為上界和下界服務。王冠和冠帽一樣都代表服務的權力。神聖魔法的正統性就是源自於為上界也為下界服務。

修士扮演的角色是上界降下來的魔法鏈的最後一個環節，任務是要成為地上的接觸點和焦點，以便執行上界的計畫、旨意和啟動工作。事實上，一個人扮演的如果是最後環節的角色，頭上就會戴著象徵正統魔法的王冠。讓我再說一遍，所有未經這種方式獲得加冕的魔法都是非正統的。

那麼是否只有教士具備資格修練正統的神聖魔法？

讓我用另一個問題來回答它：神的愛或者鄰人的愛是否僅限於對教士？神聖魔法就是愛的能量，它是神與人的意志在愛中結合所產生的。里昂的菲力浦（Monsieur Philip of Lyons）既非教士亦非醫師，卻透過屬靈力量治癒了許多病患，他宣稱他的療癒能力並不是先天就有的，而是來自於「上界的偉大朋友」。

教士中有許多神蹟實踐者——聖葛利果（St. Gregory，又譯聖國瑞）、聖尼古拉斯（St. Nicholas，又譯聖尼閣）和聖派翠克（St. Patrick，又譯聖帕特力克）——他們都足以說服我們，神聖魔法的確是教士的職務之一。難道不是如此嗎？

聖事（sacrament）的執行本來就是神職人員的主要任務，因此，「上界決定」的各項工作不該託付給這些活在聖事氛圍中的人嗎？每日參與變體聖餐禮（transubstantiation）的人，難道不是神聖魔法召喚的第一人選？

亞爾斯本堂神父（the holy priest of Ars）的生活和工作給了這個問題肯定的答覆。這位神父的生活與工作為我們示範了個人的神聖魔法是多麼崇高，是如何示現在單純鄉下牧師的生活與工作之中。

另一方面，里昂的菲力浦的生活與工作，也為我們示範了個人的神聖魔法是多麼崇高，是如何示現在凡夫俗子的生活與工作之中！

愛只要存在就是主動的。它是每個人的使命，而不是任何人的特權。

因此，如同前面已經說明過的，由密契體驗產生的靈知必定出現在神聖魔法之前。這就是皇后王冠的象徵意義。神聖魔法即密契體驗和靈知的產物。

若非如此，魔法就變成了純屬玄學理論的修練方式：一種個人魔法或帶有侵略性的法術。神聖或神性魔法的使命是實現神祕的天啟。主耶穌向彼得揭露了他該做的事，其中包括內在與外在的，目的是療癒呂大的以尼雅。這顯示了在神聖魔法的運作過程中，事情應該發生的順序：首先是和神實際接觸（密契體驗），然後是對這份接觸產生覺知（靈知），最後則是實現上界的啟示。

個人魔法或者具侵略性的法術，依循的則是相反的程序。

這意味著施法者是靠自己演練玄學理論，而且擅自決定何時以及如何實現它。就算他這麼做是聽從了某位法師、比自己更有經驗的大師的建議，本質還是一樣的：自行決定「何時」及「如何」運用法術。所以巴布士說：

> 魔法與玄學的基本差異就在於前者是一門實用科學，後者則是理論性的學問。不瞭解玄學就想運用魔法，就像還未通過專業學校的考核就想駕駛火車，結果是可以預料的。由於魔法是一門實用科學，因此必須先獲取理論性的知識。事實上，所有的實用科學皆是如此。（Papus, *Traité méthodique de magie pratique*, Paris, 3 rd edition, pp. 4-5）

最後：

> 由於魔法被視為一門應用科學，所以作用幾乎完全侷限於拓展人和大自然的關係。至於研究人與神的關係以及箇中變化的學問，則往往被視為神蹟而非魔法。（同前著作，pp. 4-5, 142）

以上的定義完整地描述什麼是任意而為的個人魔法。這類魔法並不涉及比人更高的上界。人是其中唯一的主人——和他在實用科學裡的角色一樣。

這類魔法的每一個環節都是由人的意志在主導；方式是藉由星光界或自然界的振動能量來達成物質化目的。（Papus, *La science des mages*, Paris, 1974, p. 69）……面對儀式性魔法和自然主義，我們最多只能就其不可忽視的危險性以及對心靈的不良影響，去譴責它們是徒勞無益的……在這種儀式性魔法裡面，人的意志和理智是自行運作的，並沒有獲得神的同意。（Papus, *Traité élémentaire de science occulte*, Paris, 1888, pp. 430-431）

凡直接或間接經歷過這種魔法的人，都形容它帶有「不可忽視的危險性」。亨利·哥內留斯·阿格里帕（Henry Cornelius Agrippa）（《玄祕哲學》〔*De Occulta Philosophia*〕中的第三冊）、艾利佛斯·李維（Eliphas Lévi）（《轉化性魔法：其教義與儀式》〔*Transcendental Magic. Its Doctrine and Ritual*〕）以及巴布士的論點，都足以證明任意而為的個人魔法是最危險的。

至於神聖或神性魔法，則頂多會讓我們遭遇因失誤而無法生效的情況，但並不構成任何危險。

在結束探討破壞性魔法的危險之前，我想加入尚·賀伯（Jean Herbert）為亞瑟·阿維隆（Arthur Avalon）的《靈蛇熱力》（*Serpent Power*）法文版所寫的序言；他提醒讀者要防範因誘惑而私自修練譚崔或喚醒拙火、將其提升至頂輪：

凡是在沒有可信賴的導師指引下而嘗試去做這件事的
人——在西方幾乎是不可能的事——將會發現自己有
如在充滿藥物的藥局裡玩耍，或是如同帶著點燃的蠟
燭走進了煙火工廠。任何一個試圖這麼做的人，將會
面臨無法治癒的心臟病、慢性的骨髓疾病、性功能
失調和神經錯亂。（Arthur Avalon, *La puissance du
serpent*; trsl. J. Herbert, Lyons, 1959, Intro.）

　這段話如同將「災難之花」獻給了那些沒有上師指引的
初學者！

　現在回到神聖魔法上面。完成了對它的「王冠」或正統性
的描述之後，接著應該探討它的「權杖」或權能的議題。

　皇后的權杖是由三個不同的物件構成的：十字架、地球
儀，以及頂端是一顆小球或球莖的權杖。權杖的下半截或是皇
后手握的位置以下的部分，比起上半截要來得細窄。地球儀則
被一條環帶或「赤道帶」分成了兩半，因此我們可以說它是由
兩個杯子組成的，其中一個杯子支撐著十字架、口朝下方，另
一個杯子則由權杖支撐著、口朝上方。

　頂著十字架的杯子與權杖支撐的杯子結合成皇后的權杖，
象徵性地表達了如何實現王冠代表的潛力。頂部是十字架、口

朝下的杯子代表的是神的意志，由權杖支撐著、口朝上的杯子則代表人的意志。它們的結合象徵著權能或神聖魔法的能量。這股能量從頂部的十字架往下流動，先流至上面的杯子，再流入下面的空杯子裡，然後進到底端，凝聚成最後的「橡子」或點滴。換個方式來表達就是：人透過言語和行為，使得上界的聖血凝結成一「滴」人血。

現在你可能會說：這指的不就是保存耶穌寶血的聖杯嗎！?

沒錯，它的確和聖杯或聖體有關。只有駐留在這裡面的，才是神聖魔法的能量。這股能量是神與人的真心在人的言行中結合成的。人如果只靠大腦來產生言行，意味著具備活力的血液並沒有在流動，這麼一來，任何言行都不會是出自真心。人的言行越是真誠，血液裡的活力越是旺盛。當人的願望與神的旨意達成一致時，天使會因為讚嘆而降臨，聖血與人類的活力之血會融合，神與人的密契會再度發生，結合成的奇妙能量也會再度出現。這便是神聖魔法或權杖能量的來源。

親愛的朋友，請勿以為我只是唸過幾本有關聖杯和聖體的祕笈，就憑著頭腦把這些事蹟整理了出來。不，若非多次探訪和回訪過布魯日（Bruges）的聖血禮拜堂（Chapel of Holy Blood），我絕不會提到聖血就是神聖魔法的來源，雖然我「早已知道」這件事。在這座禮拜堂裡，我體驗了無法解釋的神一人聖血顯相。因為有了親身經驗——真的很難形容——我的靈魂不但獲得修復，甚至得到聖彼得對以尼雅所說的：「起來，收拾鋪蓋吧！」的療效。這份經驗也為我揭示了聖血的神祕性和神聖魔法的力量來源。此刻，請不要讓我所選擇的書寫

方式，讓你對這件事感到困擾。我之所以用匿名方式寫這本書，目的只是為了比一般人更能暢所欲言。

如同前面提到的，神聖魔法的目標是皇后手上的盾牌，而非女祭司的書。靈知的目的是要傳達天啟（「書」），神聖魔法的目的則是要「解放生命」，讓喪失自由的人獲得解脫。盾牌上遨翔的老鷹是神聖魔法的標幟之一，可以解讀成：「讓那些被奴役的人得到自由。」這項工作也包含了路加曾經提到的：

> 耶穌治好了許多患病、患疫症和邪靈附身的人，並且
> 使許多瞎眼的重見光明。於是他回答約翰的門徒說：
> 「你們回去，把所看見所聽到的報告約翰，就是瞎眼
> 的看見，跛腳的行走，痲瘋的潔淨，耳聾的聽見，死
> 人復活，窮人聽到福音」。（《路加福音》第7章，
> 21-22節）

此即神聖魔法真正的目的：還給人們看的、聽的、行動的、存在的、追求理想和活出自己的那份自由——換言之，讓盲人恢復視力，讓聾人恢復聽力，讓跛腳的得以行走，讓死人復活，讓窮人接獲福音、達成願望，也讓被惡靈附身的人重獲自由。它從不侵犯自由；恢復自由才是它的唯一目的。

神聖魔法的目的不只是單純或簡單的治療，更是要幫助人從疑惑、恐懼、憎恨、冷漠及失望中解脫出來。掠奪人類自由意志的「邪靈」，指的並不是人們所謂「邪惡的屬靈階級」或

「墮落的屬靈階層」。撒旦（Satan）、彼列（Belial）、路西弗（Lucifer）、曼菲斯特（Mephistopheles）都未曾真正剝奪過任何人的自由。誘惑力是他們僅有的武器，受誘惑的人因而喪失自由意志。但是被「邪靈」掌控卻跟誘惑完全無關。它其實和法蘭肯斯坦創造出來的怪物一樣，是一種人為的基本存有，然後人又被自己創造出來的這個存有所奴役。在今日的精神療法裡，新約裡的「鬼」（demons）或「邪靈」（evil spirits）被稱為「強迫型精神官能症」、「恐懼型精神官能症」、「固著想法」等等。當代精神科醫師證實這是一種不靠人為意志就可存在的能量體，甚至可以說是一種宰制人意志的「寄生型精神有機體」。但惡魔（devil）在這裡面也並非毫無作用——雖然他不是直接參與其中。他非常懂得觀察宇宙法則——此法則保護了人類的自由，而且在「左派屬靈階層」與「右派屬靈階層」之間形成不可逾越的協定——因此他不會去違反它們，就像約伯記的例子顯示的那樣。我們不需要害怕惡魔，反而應該留意內心的邪惡傾向！人類的邪惡心態會使自己喪失自由成為奴隸。更糟的是，它們會利用我們的想像力和發明機制，誘使我們製造出足以摧毀人類的東西。原子彈與氫彈便是最惡名昭彰的例子。

一個想像力被扭曲的人可能做出的變態行為，遠比惡魔及其軍團還要危險。因為人類是不受天堂和地獄之間的協定所制約的；人可以超越宇宙法則的限制，隨意引來邪惡力量，這些邪惡力量的本質和作用都在宇宙法則的結構之外⋯⋯就像摩洛克（Molochs）或迦南（Canaa）、腓尼基（Phoenecia）、

迦太基（Carthage）、古墨西哥及其他地域的「神祇」那樣，會強迫人做出活人祭行為。但我們也必須制止自己去指控這些和摩洛克同樣不幸的邪靈；它們不過是人類的集體邪惡意志和想像力製造出來的產物罷了。它們是一種集體「念相」（egregores），是人類的集體惡性造就的，如同個人引發的「鬼」或「邪靈」一樣。關於這個議題，我們已經說得夠多了；未來在有關第十五張大阿卡納的第十五封信中，我們會更深入地探討「邪靈」帶來的問題。

如同前面提到過的，皇后的王座代表的是神聖魔法在宇宙中的地位，也象徵著神聖魔法在歷史上的位置。它可以說是宇宙的根基，眾所期待與渴望的東西。那麼它究竟是什麼呢？

神聖魔法的作用是解放，以此看來，它攸關著喪失自由和不得已受限的萬物。就這一點，聖保羅曾經說過：

> 一切被造的都熱切地盼望上帝的榮耀從他的兒女們顯示出來；因為整個被造的變成虛空，不是出於本意，而是出於上帝的旨意。然而，被造的仍然盼望著，有一天能擺脫那會朽壞的枷鎖，得以跟上帝的兒女分享光榮的自由。我們知道，直到現在，一切被造的都在呻吟，好像經歷生產的陣痛。不只被造的是這樣，我們這些得到初熟果子，就是得到聖靈的人，也在心裡嘆息呻吟，等候上帝收養我們作他的兒女，使整個的自我得自由。（《羅馬書》第 8 章，第 19-23 節）

因此，礦物、植物、動物及人類的世界——統稱為整個自然界——構成了神聖魔法涵蓋的範圍。神聖魔法是因為整體的墮落——大自然、人類、階級制度的墮落——而產生的。這些存有都「熱切地盼望著」，期待「能擺脫那會朽壞的枷鎖，得以和上帝的兒女分享光榮的自由」。

但神聖魔法該如何達成這個目的呢？它如何能救贖人類？

皇后的王座有一個椅背，看起來十分像兩隻翅膀，所以有些塔羅解讀者才會認為皇后是長著翅膀的，其他人則視其為椅背。從卡上刻著老鷹徽章的盾牌、頂端是十字架的權杖以及兩層式王冠來看，難道你辨識不出這椅背是兩隻因為硬化而無法活動的翅膀嗎？它們曾經是真正的翅膀，現在仍然有潛力恢復原狀。

如果我們可以接受這種解釋，上述的兩種顯然對立的觀點便可能和解，而且也符合了這張卡要教導的神聖魔法內涵，包括其範疇、目的、力量及正統性。讓僵硬的翅膀恢復活力，不正符合了神聖魔法的救贖目的以及聖保羅所說的話嗎？

要彼此分擔重負，這樣就是成全基督的命令。（《加拉太書》第 6 章，第 2 節）

聖人都是如此修煉神聖魔法的。他們不會發放自己的能量、元氣或無形流體到他人身上，而是把危害健康的病氣從對

方身上移除。舉例來說，聖李維娜 [1]（St.Lidwina）在多年從未離開房間和床鋪的情況下，曾聞到過一股嗆鼻的酒精味。同一時間，她居住的小鎮（史契丹〔Schiedam〕）竟然有一名酗酒者不治而癒。

我雖然提出一連串相反的療法——催眠、磁化療法、暗示療法、招魂術、儀式性魔法以及征服「邪靈」的實用卡巴拉——卻不是為了批評或譴責。我主要的用意是想區分神聖魔法與它們的差異。當然它們也可用來做善事，但神聖魔法只能用來做善事，除此之外沒有其他功能。

世上是否存在著有關神聖魔法的魔法書（grimoire）？有的，不過你必須明白，「魔法書」也等同於存放武器的軍械庫。這軍械庫裡有魔咒的公式、魔法的姿勢動作，以及透過這些姿勢繪製出來的圖解；但是我們不可隨意拿來應用。我們必須依照天啟確認過的深奧智慧，以及由經驗累積的知識證實的天啟，審慎地做出選擇再加以應用。

這間軍械庫裡的魔法公式幾乎是公開給所有人的，因為它們主要是來自於《聖經》的舊約和新約。約翰福音在其中佔有重要地位，因為它的內容幾乎都跟神聖魔法公式有關。再來是三福音書和啟示錄。我們也可以在新約書信和使徒行傳裡找到這些公式。至於舊約部分，最主要可以在詩篇、創世紀、以西結書和其它先知書裡看到神聖魔法的公式。在教會的禮拜式、

1　譯註：十四世紀末生於荷蘭的聖徒，身體因意外殘缺，卻一直沒有放棄信仰。

聖徒和密契者的著作或口述傳統裡，也可以看見它們的蹤影。同樣地，《翡翠石板》的內容也等於是一種神聖魔法公式。

至於其中較為「靜態」的部分（姿勢以及有關姿勢的圖解），則必須按天啟的指示來決定是否可以採用。一些傳統教會（羅馬公會或希臘正教）儀式沿用的姿勢，早已被繪製成相當數量的平面圖，所以你才會看到人們時而跪下、時而站挺或俯臥，以及做出祝禱、守護、解脫的姿勢等等。

這些圖解和姿勢雖然都不是祕密，但也不能洩漏出去。所謂的「洩漏」指的並不是暴露它們的內容，因為幾乎所有人都知道了。「洩漏」指的是將它們從合宜的聖土中連根拔起，從神聖的環境移植到較低的層次，換句話說就是濫用它們。每個人都知道彌撒中的祝聖禮（consecration）[2] 是什麼，但是必須由具備權威性的人在彌撒裡將祭文唸出來，它們才能產生作用。使它們產生作用的不是祕訣，而是環境條件、神恩通功以及主祭者的正統性。因此，印製彌撒用書的人並沒有洩漏祝聖儀式的祕訣；但如果是一般人將它們濫用於自創的「彌撒」中，那就是洩漏的行為了。

「神祕」與「祕密」的守護方式是截然不同的。神祕是由自發的光源保護著，祕密則是由自身的晦暗掩護著。至於在神祕與祕密中間的奧祕（arcanum），因為是介於陰陽之間，所以是由曙光維護著。它藉著象徵系統來揭露同時隱藏自己。象

2　譯註：聖化祭台上的餅和酒，使其成為耶穌基督的肉身和寶血。

徵系統就是奧祕的曙光，因此塔羅的阿卡納也是可以顯示給所有人看的公式。它們為無數人帶來了娛樂；有人用它們算命，但只有少數人體驗到被啟發的效益。它們令古·德·傑伯林（Court de Gebelin）驚艷，令艾利佛斯·李維著迷，也激起了巴布士的靈感；還有一些人則被它們奇特又無法抵擋的魅力吸引。許多人研究和冥思它們，受到激勵並且被箇中的「某種」能量啟發。那種能量兼具著揭露和隱藏的功能。至於我們呢？我們與塔羅的關係又是什麼？等到看完第二十二封信（為小阿卡納而寫的）之後，就會有完整的解答了。

皇后的王座代表的是神聖魔法的四字神名（Tetragrammaton）[3]的第二個 HÉ，或是顯化出來的整體。基於此理，我們才會將王座定義為「神聖魔法在世界和歷史上的任務」。她的王冠對應的是 YOD，權杖對應的是第一個 HÉ，盾形徽章對應的是 VAU。王座也代表神聖魔法在過去、現在、未來顯示出的樣貌，它的歷史性體現揭露了它內在的靈魂與靈性特質。所謂的「體現」指的是它在現象界的作用，或是魔法軍械庫裡的圖解和操作方式。天主教為全體人類服務的七件聖事，也是一種神聖魔法的示現。那些身負使命和有能力延續其傳統的人，也是如此。它的整體就像一棵枝葉茂密的大樹，根部是長在天國裡，頂端則是朝著下方。這棵樹的樹幹供給著養分，滋潤並活化了樹枝和葉子。

3　譯註：YHVH，神之稱謂「耶和華」YOD-HÉ-VAU-HÉ 的縮寫。

這是不是卡巴拉的生命樹（Tree of the Sephiroth）[4]？還是善惡知識樹？亦或是生命樹？

善惡知識樹的果實含有三種作用力：辛勞、痛苦和死亡。無法與神合一的代價就是辛勞或費力，因此魔法師卡才會教導不用力的專注。缺乏靈知或不能直接反映啟示的後果是痛苦，因此女祭司卡才會教導啟示的反映方式。皇后卡的主旨則是在強調死亡已進入創造性的神聖魔法領域。神聖魔法代表的是墮落前的「生命形態」，靈知意識代表的是墮落前的「意識狀態」，自發地與神連結則是人類墮落前與神的互動方式。就是因為擁有原始的自發本能，人才具備了發展與演化的方向和推動力。人類墮落前的演化並不像達爾文在上個世紀所說的「為生存奮鬥」，反而是追求「與神合一」。奮鬥或「辛勞」是墮落後才出現的。同樣地，人墮落前的意識也不需要藉由痛苦來喚醒；喚醒意識的是直接反映上界啟示的靈知。那時的人類也不需要藉由死亡來摧毀肉身、解放意識。事實上，人類的肉身並不是遭到摧毀，而是不斷在蛻變。蛻變來自於源源不絕的生命力所帶來的物質性變化，而共同運作的意識也跟著轉化改變。生命這種不間斷的建設性解放工作與功能，曾經是也仍舊是源自神聖魔法的作用力。摩西在《創世紀》裡所指的生命樹，就是這種與死亡的摧毀作用相反的蛻變功能。

墮落改變了人類的命運，於是密契的合一狀態被奮鬥或辛

4　編按：請見附錄二卡巴拉生命樹全圖。

勞取代，靈知也被痛苦取代，神聖魔法則被死亡取代。神聖魔法的藥方之所以帶來了福音，是因為它向世人宣佈墮落的後果是可以改變的。人類的演化可以回歸到合一境界而無需再辛苦奮鬥，天啟的直接反映或靈知可以取代在痛苦中學到真理，神聖魔法或生命的轉化則可以取代死亡的摧毀作用——所以我才會說這套公式的要旨如下：

> 我就是道路、真理、生命。（《約翰福音》第 14 章，第 6 節）

這也是塔羅前三張大阿卡納的奧義總結，包含了密契體驗的自發性或探入實相之謎、真理的揭露或靈知之謎，以及生命的蛻變或神聖魔法之謎。

神聖魔法就是生命樹，但是靠愚魯的辛勞奮鬥是無法接近它的。它之所以能展現在整個人類史上，是因為有些悟道者懂得說：「我是主的婢女；願祢的話成就在我身上」或是「主，我是祢的僕人；我將遵從祢的指示」。神聖魔法在歷史上是藉由一項奇蹟——人類的超級「生命力」——來自我展現的。它歷經數千年和無數世紀仍不斷在延續著，其泉源永不乾枯；神的火焰歷經數千年與無數世紀，依舊在心靈的聖壇與石砌的祭臺上燃燒著，永遠不會熄滅；無論經過多少世紀，真、善、美仍舊未喪失吸引力；無論發生了什麼事，信、望、愛始終存在於世上；聖人、智者、天才、布施者或靈療者還是繼續出現；純正的思想、詩詞、音樂及禱告從未被虛無吞沒；人類史本

身就是一項眾所皆知的奇蹟，因為生命就是一連串的神蹟。可是我們必須明白，「奇蹟」並不是無來由的（或「純屬意外」），它是一種由隱形成因所導致的有形效應，也可說是高層旨意在低層產生的影響力。

奇蹟其實不難理解，它比所謂的「自然」或「已知」現象更容易讓人明白原由。巴伐利亞（Bavaria）的泰莉莎・紐曼（Teresa Neumann）曾經有幾十年，除了每日一片祝聖為聖體的薄麵餅外，不曾吃過其他食物，但這其實是可以理解的，因為物質本來就是被壓縮的能量，而能量又是「被壓縮」的意識。反倒是那些「過度解釋」的理論很難使人聽懂，譬如一個單細胞如何分裂而產生不同的細胞，形成了大腦、肌肉、骨骼、毛髮，然後又組合成一個完整的人或動物。假設有人告訴我這一切都可以用遺傳學來解釋，而且第一個細胞之所以變成有機物完全是「基因」導致的，那麼我也只能點頭示意，不過肯定覺得很懵懂。

生命樹就是創發、轉化、回春、療癒以及解脫的奇蹟祕源。如同《翡翠石板》所說的，帶著覺知「成就與『一』融合的奇蹟」便是神聖魔法的「偉大工作」。

只要拿現代精密科學的理念來做比較，我們就能瞭解「偉大工作」是什麼意思了。科學代表的是技術的力量和智能的力量。在科學理念中，智能一向被用來化約多元現象、使其成為有限的法則，然後再形成簡單的公式。這麼一來，智能就變成是用來計算而非理解眼前世界的工具。

科學理念的實用性可以從十八世紀至近代的科技發展上看

到全貌；其模式是先有發明，再利用發明的結果為人類服務，於是有了蒸氣、電和原子能的出現。它們看起來雖然不同，其實是奠基於相同的法則：破壞物質、藉此釋放能量，供人類重新回收和再利用。舉例來說，利用小量而頻繁的汽油爆炸，便可產生足夠的能量來發動汽車。原子的破壞也是依循同樣的法則，亦即利用中子撞擊產生原子能。煤炭、石油或氫原子也都是藉由破壞物質產生出能量。因此，科學理念的實用方式就是以摧毀或導致死亡的手段操縱大自然。

想想看，親愛的朋友，人類的努力和發明若是用在相反的建設性方向，會是怎樣的結果？想像有一枚不會爆炸的原子彈，能夠建設性地長成一棵大樹。事實上這個景象不難想像，因為每顆小橡實都是富建設性的原子彈，橡樹則是它緩慢「爆炸」的結果。聯想一下，你就會對「偉大工作」或生命樹的概念產生完整的理解。樹本身的形象透露了它不帶有技術或機械的成分。它是天國之光和地球的元素組成的生動綜合體。它不但融合了天與地，還不斷地結合著下降與上升的事物。

隱修理念與科學概念恰好相反。隱修之道不可能用摧毀物質的方式獲取操縱大自然的力量。它只渴望帶著覺知參與世界的建設，建立誠摯的同盟關係。科學強迫大自然屈服於人的意志；隱修傳統或神聖魔法哲學則渴望淨化、啟發、改變人的意志及本性，使其與自然的創造力達成和諧一致，以獲得後者樂於施予的啟示。「偉大工作」如果是一種理想，主旨就應該是與生命和平共處、結盟、相融及合作。這便是生命樹的「果實」。

但《聖經》不是說過，生命樹是不能靠近的嗎？它不是說：「主上帝趕走那人以後，在伊甸園的東邊安排了基路伯，又安置了發出火焰、四面轉動的劍，為要防止人接近那棵生命樹」（《創世紀》第 3 章，第 24 節）？是的，它確實是被守護著，但並不是毫無通融的餘地。請讀一下《聖經》的這句話：「主上帝說：那人已經跟我們一樣，有了辨別善惡的知識；他不可又吃生命樹的果子而永遠活下去。」（《創世紀》第 3 章，第 22 節）。事實上，真正需要防備的是伸手去摘生命樹果實的行為；伊甸園裡的那把火焰之劍要防範的只是這種行為罷了。

科學的動機、方式和理想就是「伸手去摘」。人類的權力意志促成的科學態度，便是伊甸園的那把火焰之劍要防範的東西，以免發生在善惡知識樹的事件再度上演。隱修傳統的動機、方式和理想與科學恰好相反。隱修之道的基本精神是「服務」。它不但教導人「不要伸手去摘」，而且放下智識和意志上的執著，敞開心胸去接受即將被溫柔賜予的禮物。人所追尋的靈感、啟示和直觀智慧並不是靠意志獲得的；它們是人類盡力讓自己變得有資格後所得到的上界贈禮。

伊甸園的那把火焰之劍本是神聖魔法的武器，基本上是用來「肯定」而非「否定」的。它象徵著建設性而非毀滅性。換言之，它邀約、鼓勵和引領所有值得的人，以身上一切值得的素質去獲得生命樹的滋養；但是它也禁止、勸退和驅趕所有不值得的人，以及他們身上所有不值得的素質。對於尋找永恆愛之樹（生命樹）的人來說，這把火焰之劍就是神的恩賜，它熱

烈的能量阻擋了那些想摘果實和接近它的人。伊甸園的守護之劍一直在人類的屬靈生活中運作著。它召喚著求道者前來，也驅使竊盜們離去。幾千年來的隱修傳統不間斷地依循著「偉大工作」的典範，而得以自行延續下去——雖然虛構、幻想和各種形式的江湖數術至今仍伴隨在它的左右。

伊甸園的守護之劍引發了生命樹的啟示功能——它無分別地在每個人身上運作著。這把火焰之劍的功能是一種魔法語言，激發了靈魂對「偉大工作」或神奇生命的渴望。「壓傷的蘆葦，他不折斷，將熄的燈火，他不吹滅」（《馬太福音》第 12 章，第 20 節），因為它的任務是神聖的；它的神性不只挽救了每一顆誠心、每一點愛的火花，而且使其不斷地滋長、散布。就算歷史經驗讓我們認識到人性的墮落，但整體看來人性並沒有被摧毀。傳統教義宣揚的：「人性受了傷但沒有被毀滅」，的確是實在的真理。

生命樹乃意識、能量與物質的綜合體。「三」是它的代表數字……因為它反映了三位一體的合一性。同時它也是密契體驗、靈知、神聖魔法的整合，因此我們不該分開解釋它們。皇后卡中包含著靈知與密契體驗的教誨，以及女祭司與魔法師的奧義。如果分開檢視其中的奧義，便不容易產生完整的理解。基本上，二十二張大阿卡納應該被視為一棵完整的生命樹。

但人的意識總喜歡以割裂的方式看事情，因而忽略了事物背後的一體性。我們渴望能種活一根樹枝，卻忘了它是從樹幹上長出來的。樹枝雖然可以維持相當長的壽命，但最終還是會

腐朽。如果忘了靈知與密契體驗，只是單獨地運用著魔法，那麼後者就會像一根從樹幹上折下來的枝子；它會喪失神聖性而變成個人魔法。後者運用到最後會變成所謂的「儀式性魔法」——曾盛行於文藝復興時期至十七世紀。它在屬人的法術中算是出類拔萃的，但畢竟不是神的而是人的魔法。它不再為神而是為人服務，其理想是用人力去征服大自然的有形和無形能量。之後，大自然無形的能量卻被遺忘了。人們變得只專注在大自然的有形能量上面，目的只是要征服它，使它屈服於人的意志。技術與工業科學就是如此發展出來的。屬人的儀式性魔法一直被沿用著，但是其中的奧祕元素被去除了，這就像魔法喪失了靈知與密契體驗的成分，卻仍然被沿用著一樣。

我所說的這一切與巴布士（以及艾利佛斯‧李維）的想法完全一致，而很明顯地，巴布士的想法絕對有其依據，他說：

> 所謂的儀式性魔法，指的就是人類迫使大自然力量中各種秩序的無形能量，按自己的需求去運作。人類以這種手段掌控大自然，藉由受造物的上下一致效應去突襲它們，以便於獲得它們釋放出的能量；人類不是造物主，卻有驚人的能力開拓出利於自己的方法……儀式性魔法與工業科學的原理是相同的。我們本身的力量與蒸汽、電或炸藥的能量比起來確實微不足道，但我們懂得運用適度的大自然力量，組合成能夠與其抗衡的力量，然後集中和累積它們，驅使它們產生活動或是去撞擊重量，直到足以徹底消滅我們自己

為止……（Papus, *Traité élémentaire de science occulte,* Paris, 1888, pp. 425-426）

我們還需要說什麼嗎？或許可以再參照巴布士的另一種說法，看看他如何定義科學術士或玄祕家與儀式性魔法術士之間的關係：

儀式性魔法術士與玄祕家的關係，就像工人與工程師的關係一樣。（Papus, *La science des mages*, Paris, 1974, p. 68）

因此我們可以說，儀式性魔法術士就是業餘玄祕家。

如果說當代科技是儀式性魔法的延伸物，那麼世俗藝術便是喪失密契體驗的靈知和魔法的延伸物，因為藝術本來的目的就是要揭露宇宙奧祕，而且是以魔法形式達成的。

古老祕儀的源頭也是密契體驗和靈知。這個源頭若是被遺忘或是被拋到九霄雲外，剩下的就只有喪失密契體驗的靈知了。「藝術創作」就是這樣發展出來的，於是祕儀逐漸演變成戲劇，啟示性真言演變成詩詞，讚美詩則化成歌曲，富啟發性的「默劇」變成舞蹈，宇宙性的神話淪為純文學。

藝術一旦脫離四字神名代表的完整有機本質，勢必和靈知及神聖魔法隔絕，然後靈知啟示就逐漸淪為想像力的遊戲，神聖魔法也跟著退化成一種美學。理察・華格納（Richard Wagner）十分清楚這一點而試圖予以補救。他的創作目標就

是要讓藝術恢復原有的完整性——讓靈知與密契體驗重新結合，回歸到神聖魔法的本質上。

喬瑟分·佩拉旦也力圖這麼去做。他甚至有過輝煌的成就，但為時短暫——他後來也體認箇中原因。靜默乃是獲得啟示不可缺的基本氛圍；噪音只會令它無法存在。

如同眾所皆知的，宗教生活不可能免除墮落——當它停止在密契體驗中尋根、被靈知啟發、被神聖魔法激勵，便可能逐漸墮落。缺乏密契體驗的火苗會熄滅，缺乏靈知的光輝會變得暗淡，缺乏神聖魔法的能量則顯得欲振乏力。剩下的只有被律法支撐的教條了——此即新約時代的法利賽人所標榜的宗教。這也是宗教的暗夜和死亡前的暮光。

「信」是源自於體驗到神的氣息；「望」是源自於體驗到神的光輝；「愛」則是出自於神的火焰。真摯的宗教生活不能缺少信、望、愛；但缺少了密契體驗，就不容易擁有信、望、愛或是神的恩寵。任何理性觀點都無法喚醒信德；它最多只能排除障礙、誤解和偏見，讓內心變得寧靜以便呼吸到神的氣息。因此，信德的根源不是理性邏輯、對美的印象或德性；它的源頭就是神的氣息。

神聖炙熱的太初之道在靈魂的靜謐世界裡照躍著，「推動」著。這股動力就是由活躍而真切的信德釋放出來的，它的光輝帶來了希望和啟蒙；這一切都是從神的火焰、與神合一的大愛中綻放出來的。傳統密契主義的三種修行階序——淨化、啟蒙與合一——指的就是對神的氣息或**信德**、神的光輝或**望德**以及神的火焰或**愛德**的體驗。這三種基本經驗構成了生命的

大三角——沒有任何心靈、靈魂或人能夠在信、望、愛被徹底
剝奪的情況下存活。這樣的生命會喪失一切活力（按亨利·
柏格森的論點，此活力是人類演化的原始推動力）。在生命基
礎中運作的，不就是某種形式的信、望、愛嗎？正因為「宇宙
被造以前，道已經存在」、「上帝藉著他創造萬有」（《約翰
福音》第 1 章，第 1,3 節），而且「道」[5] 仍然在萬物中振動
著，世界因而繼續存在、維持著生命力。

從這個視角來看詩人白朗寧所說的：「萬物的本體是超自
然的」，就是正確的觀點了。萬物的超自然本體仍然顯現在生
命的活力中。渴望活下去！天啊！這真是信的表白、望的展現
和愛的熾熱啊！

信、望、愛同為密契體驗、靈知和神聖魔法的本質。**信德**
就是神聖魔法的能源，福音書裡提到的奇蹟都歸因於它。而啟
示——靈知啟示只有一個目的：賦予、維護並增強**望德**。女祭
司膝上的書就是為了永遠延續希望而撰寫的。無法為人帶來希
望的啟示是無用和多餘的。密契體驗則是沒有映像的火焰，是
在**愛德**之中與神達成合一；它是萬物存在的根基，包括宗教、
藝術及知性生活在內。缺少了它，就只剩下簡單的技術了。這
麼一來，宗教便淪為技術性的律法，法利賽人則是它的工程
師；而藝術也變成了傳統或創新的技術表現，一種供人模仿和
經驗的場域；科學也成了掌控大自然的數術。

5　譯註：也可譯為太初之言（聖言）。

但這張皇后卡召喚著我們選擇另一條路。它呼籲我們要選擇重生之道而非退化之路。它邀約我們放下機械化的運作方式，一些純理性、純美學和道德主義的技術行為。人必須放下機械化的行為才能成為魔法師，因為神聖魔法指的就是不斷地「體驗」生命——由聖血的神祕本質所體現的存在。因此讓我們的困擾變成發自血液的吶喊，讓我們的言語從血中誕生，讓我們的行動從血中湧出！這便是成為大魔法師的方式。若是能做到這一點，人的存在就得以回歸本體——如同血液一樣根本。

　　艾利佛斯·李維在《轉化性魔法：其教義與儀式》有關第三張大阿卡納的章節裡，用了以下的副標：「全然地發聲」（*Plenitudo Vocis*）。李維的用字不僅恰當，而且是受到啟發的！確實如此！全然地參與的確是神聖魔法的本質。是的，神聖魔法就是「全然地參與」，它是充滿著熱血的聲音，也是聲音變成的血液。這樣生命的存在方式才會是完整鮮活的。

　　由於塔羅第三張大阿卡納攸關的是神聖魔法之謎，所以也和「創發」的奧祕有關，雖然創發只是神聖魔法的一個面向。如果說神聖魔法是兩股意志的結合——人與神的——然後從中產生了奇蹟，那麼創發的條件必然包含著促成者、執行者以及激發出來的活力。激發出來的活力就是促成者與執行者的推動力結合而成的奇蹟。不論是一個新點子、藝術創作或嬰兒的誕生，遵循的永遠是創造法則，背後是同一個奧祕——創造力——在運作著；其神聖典範也永遠是那位太初之音（the Word）或道的化身。

如上述所言，神聖魔法本是人類墮落前的生命運作方式。由於生命永遠具有創發性，因此神聖魔法的奧祕就在於墮落前的垂直式創造力，亦即從上到下而不是水平式的能量運作，因為水平式的生產力只能作用於單一層面。

「『道』化為肉身，透過聖母馬利亞誕生出來」，這個神祕公式是大家都熟悉的。它包含了上界的促成者、下界的執行者以及創造出來的生命——聖父、聖母與神子。基本上，這也是神聖魔法的公式，因為它表達了神的意志與人的意志在血中的結合。血液——就其密契體驗、靈知和神聖魔法的三重性而言——一向是由神聖魔法的「權杖」或力量所代表的。

親愛的朋友，此刻該是我讓你和你的守護天使獨處的時候。我如果再擅自深入地詮釋以上所概述的內容，就不太恰當了。

第四張大阿卡納的冥想

皇帝

THE EMPEROR

願上帝賜福給那位奉主名而來的！

——《路加福音》第 13 章，第 35 節

皇帝

親愛的不知名朋友：

一個人越是不膚淺──懂得越多和越有能力──就越能擁有權威性。成為某某人、知道某些事或擁有某種能力，往往會讓一個人變成權威。但是我們也可以說，一個人的權威性和他

的內在是否融合了密契體驗的深度、靈知的直觀智慧和神聖魔法的生產力，是成正比例的。人要是在這些方面有足夠的成就，便可創立一種「學派」。成就若是更高，此人便可以「制定律法」。

權威性是律法真實且獨特的力量來源。強制力則是人在無威信的情況下所倚仗的權宜之計。人只要真的擁有權能，換言之，只要神聖魔法的氣息裡充滿著靈知的光輝，而且是從密契體驗的火焰釋放出來的，那麼強制力就是多餘的。

塔羅第四張大阿卡納的皇帝並沒有配戴任何武器或者劍。他是用權杖來統治的，而且只是用權杖罷了。因此，這張卡所引起的第一個聯想就是：權威性是律法的基礎。深思過前面的三張大阿卡納之後，我們已經明白權威性的源頭就是難以言傳的神之稱謂 YHVH，而所有的律法都是從其中衍生而出的。

這意味著真正具有權能的人不會想取代神的威權，反而會讓位給神的威權；他必須為此捨棄一些東西。

這張卡從一開始就告訴我們，皇帝放棄了強制力或暴力。他沒有任何武器。他的右手握著權杖並伸向前方，眼神也是注視著前方，左手則握著腰上緊束的皮帶。他既不是坐著亦非站著，而是向後靠在一個降低的王座上，只有一隻腳放在地上。他的雙腿是交叉的。一面刻著老鷹圖像的盾牌擱置在他腳邊的地面，此外他還戴著一頂又大又重的皇冠。

卡上的內容暗示的是主動而非被迫棄權。皇帝放棄了舒適，因為身體不是坐著的。他也放棄了行走，因為身體是靠在王座上、雙腿是交叉的。他既不能為了進攻而向前移動，也不

能為了防守而後退。他必須留守在王座與盾牌旁邊。由於他有站崗的職責，所以不能自由行動。他是必須留在崗位上的守護者。

他所守護的基本上就是權杖。權杖並不是賦予人權力去執行某些事或任務的工具。從務實的角度來看，這是一個沒有任何作用的象徵。皇帝的右手握著權杖並伸向前方，左手則握著腰上緊束的皮帶，意味著放棄了所有的作為。他的左手是不自由的，因為皇帝藉此把自己束縛住了。皮帶的功能就是在制約皇帝的本能驅力，使他不受干擾地扮演好留守崗位的角色。

皇帝的雙腿代表的是放棄行動自由，雙手則代表捨棄活動的自由。他同時還戴著一頂又大又重的皇冠──如同我們在「皇后」那一章裡已經探討過的，皇冠具有雙重意義。它既是正統性的象徵，也代表上界委託的任務或使命，因此每頂皇冠上都有荊棘。它不僅沉重，還帶來了一種痛苦的約束力，限制著思維之中的妄想和性格裡的放任傾向。它看起來顯然是向外散發著光芒，但這些光芒對內在人格來說卻形同荊棘。它們扮演的角色是釘子，刺穿並釘住個人意像中的每個念頭與畫面。但純正的思想仍然會得到認可和進一步的啟蒙；虛妄或不恰當的念頭則會被釘住、削弱、不再起作用。皇帝的皇冠象徵的是捨棄了智力的任意運作，就像他的雙手雙腳代表放棄了活動與行動的自由一樣。他被剝奪了人的三種所謂「本性」裡的自由──論斷、言語和行動的自由。這些都必須奉獻給上主的威權。

然而還不只如此，皇帝的盾牌是被擱置在腳下的。皇帝並

不像皇后一樣將它握在手裡。盾牌當然有存在意義，不過比較像是王座而非皇帝的附屬品。意思是說，他留守崗位的目的不是為自己而是為了王座。他沒有個人使命；為了王座他放棄了個人使命。以塔羅玄學的說法，皇帝是沒有姓名的；他是個無名氏，因為姓氏就等同於使命，而這是隸屬於王座。因此，皇帝捨棄的第四樣東西就是個人使命或所謂的「名字」。

有人說：「大自然的空寂令人顫慄」，與此相對的靈性真相則是：「神性的盈滿令人敬畏」。我們必須在內心創造出自然的空寂，這必須透過棄權來達成，如此神性才能自由展現。山上寶訓（《馬太福音》第 5 章，第 3-12 節）闡述的便是這個基本道理。寶訓中的第一句──「承認自己靈性貧乏的人多麼有福啊；他們是天國的子民」──意思是自滿的人因為內心被「個人的精神活動」佔據，所以沒有空間可以容納「天國的精神」。領受天啟之前必須先有空寂──可以運作的空間──這樣啟示才能自由開顯。人若想得到真正的啟示，必須先捨棄個人見解；若想成為神聖魔法的執行者，必須放下個人作為；若想得到主耶穌的指引，必須先放棄自行發展的道路（或方法）；若想接收上界委任的天命，則必須拋下個人選擇的使命。

皇帝在內心建立了四重空寂，這便是他成為皇帝和權威的原因。他的內心為神之稱謂 YHVH 留了一個空位，因為 YHVH 乃一切權能的源頭。皇帝放棄了理智的主動運作，騰出來的空間充滿了神的開創性或聖名中的 YOD。他放棄了個人的行動與活動，換來的空間令上界的啟示和魔法得以運行，

也讓內心充滿著聖名中的 HÉ 與 VAU。最後，他放棄了個人使命而成為無名氏，由此得來的空寂裡充盈著上主的權能（聖名中的第二個 HÉ），他則成了律法與制度的紮根者。

老子也在《道德經》裡揭露了權威的奧祕，他說：

三十根輻條匯集到一個轂當中，有了車轂中空的地方，才有車的作用。

揉合陶土做成器具，有了器皿中空的地方，才有器皿的作用。

開鑿門窗建造房屋，有了門窗四壁中空的地方，才有房屋的作用。

所以「有」給人便利，「無」發揮了它的作用……。

（然後是）

委曲反能保全，屈就反能伸展，低窪反能充盈，敝舊反能生新，少取反能多得，貪多反而迷惑。

所以有道的人堅守這一原則作為天下事理的範式。不自我表揚，反能顯明；不自以為是，反能彰顯；不自己誇耀，反能見功；不自我矜恃，反能長久。

正因為不跟人爭，所以天下沒有人和他爭……（老子《道德經》第十一章與第二十二章，摘自陳鼓應教授的《老子註譯及評介》）

……理由是他擁有真正的權能。

上主用來統理世界的是權能而非威力，否則世上將不會有

法律與自由，而主禱文的前三句：「願人都尊祢的名為聖。願祢的國降臨。願祢的旨意行在地上如同行在天上」也將喪失意義。事實上，如此祈禱的目的就是為了肯定和增強上主的權能而非威力。萬能的主根本無需藉由人的祈請來行使旨意或降臨國度。這三句話真正的意思是：人對神的認同和接納必須是出於自願，這樣神的權能才會是萬能的。祈禱便是這種認同和接納的動作。人有權選擇信或不信，任何事或任何人都不能逼我們產生信仰——科學的發現、邏輯的論述、肉體的酷刑，都不能逼我們相信、認同及接納上主的權能。相對地，人一旦認同和接納了祂的威權，無力感自然會轉化成強大的力量。然後神力就會示現出來——一粒沙的信心足以移動一座山。

權能議題也帶有密契體驗、靈知、神聖魔法和隱修哲學的意涵。它促成了耶穌被釘在十字架上的基督信仰之謎，也構成了魯利安體系的卡巴拉（Lurianic Cabbala）[1] 所提出的「上主幽隱論」（mystery of withdrawal）。以下的探討或許可以幫助我們進入這個奧祕議題最深的冥思。

基督信仰的世界尊奉的是耶穌被釘在十字架上的聖像，它表達了萬能的神被削弱成徹底無能的矛盾狀態。我們從這種矛盾狀態看到了人類史上神所賜予的最高啟示；這也是神的愛的最高展現。《使徒信經》説道：

1　譯註：創立於 16 世紀的一個卡巴拉教派。

為了我們，他受到彼拉多的判處而被釘上十字架；他
承受死亡之苦，然後被埋葬。

永恆天父唯一的子，為了我們被釘在十字架上。這對所有
開放的靈魂，包括耶穌右邊同樣被釘在十字架上的強盜而言，
都是神性最動人的部分。它所帶來的觸動是令人無法忘懷也難
以描述的。它（神的氣息）一直且持續地啟發著千萬的殉教
者、不屈服的虔信者、修女與遁世者。

但並不是所有見到耶穌受難像的人都會被上主感動。有些
人的反應是相左的。在耶穌受難的時代裡是如此，現今亦是
如此。

從那裡經過的人侮辱耶穌，搖著頭，說：「……你若
是上帝的兒子，救救自己，從十字架上下來吧。」
（《馬太福音》第 27 章，第 39-40 節）

祭司長、文士和長老們同樣也取笑他：

「他救了別人，卻不能救自己！他不是以色列的王
嗎？要是他現在從十字架上下來，我們就信他！他信
靠上帝，自稱為上帝的兒子；好吧，現在讓我們看看
上帝要不要來救他！」（《馬太福音》第 27 章，第
42-43 節）

這就是另外的一種反應。如今我們見到的是同樣的反應，例如從莫斯科蘇聯電台播放的一貫辯詞：如果神真的存在，祂一定知道我們共產黨會罷免祂。為何祂不顯示清楚的徵兆讓我們見識祂的威力，至少是祂的存在呢？為何祂不捍衛自己的權利？這就像古早的論調一樣：從十字架上下來，我們就相信你。

　　我之所以舉出這些為人熟知的事情，是因為它們突顯了一種定論或哲學立場：力量即是真理，無力則代表虛假。依照這種定論或哲學立場（已成為現代科技信條），力量才是真理的絕對標準和最高理想。凡有力量的都具有神力。

　　許多人公開或祕密地奉力量為偶像（力量本身就是一種偶像，也是偶像崇拜的根源），甚至在基督教的某些派別或靈修圈子裡，情況也是如此。我指的不是那些覬覦權力的基督徒或嚮往靈修的貴族及政客，而是那些信奉「力量至上」這類教條的擁護者。他們可以分成兩類：一種人尊崇完美的「超人」典範，另一種人則因為上主是萬能的而相信了祂的存在，所以祂必須為世上發生的一切負責。

　　在密修者、玄祕家和魔法師當中，一直有人公開或暗地裡崇拜「超人」典範。他們也時常把自己當成精神導師或大祭司，認為未來自己也有資格成為超人。他們一致同意把上主推到最高、最遠的位置，直到祂處在抽象的絕對高度為止。在那裡，祂就不會因為變得太具體而令這些人感到不安。如此一來，這些人就有了空間去發展自己的光榮事蹟，不會被神的偉大威脅。他們建造了自己的高塔，但是依照巴別塔的興建法

則，它遲早因為必須維護建造者的身心健康而倒塌。這就是第十六張大阿卡納要教導的道理。不過人從塔上摔下來，也不是落到深淵裡，而只是掉回到地面罷了。換言之，他們得到的教訓，就是今日我們所學到的以及仍須遵循的訓誡。

把自己崇拜的人視為超人，特別是形成一種自我認同，相對來說是比較無害的──基本上只是一種幼稚行為。但另一種類型的力量崇拜者，也就是把完美形象投射到上主身上的人，情況就不一樣了。他們對上主的信仰完全取決於祂的力量；假如祂是無力的，他們就不會去相信祂。這些人宣稱上主創造了註定被永遠詛咒的靈魂和需要被拯救的生命，所以必須為人類的整體歷史負責，包括一切暴行在內。他們說神是在「懲戒」不聽話的孩子，所以才製造出戰爭、革命、暴政和其他類似的事件。否則又該如何解釋？神既然是萬能的，那麼一切都是透過祂的作用力和旨意才發生的！

力量崇拜對某些人的心智有著極強的吸引力，甚至強烈到寧願相信神是善惡綜合體，只要祂是有力量的。他們不願接受只藉著真、善、美來統御世界的懷愛之神。他們會選擇一位萬能的上帝，而不是被釘在十字架上的神。

但是在浪子的寓言故事裡，那位父親既不是樂意讓兒子在外頭闖蕩而答應他離家，也沒有因為自己的期待而禁止兒子離家或留住他。他唯一做的事只有等兒子歸來，在他快要到家之前出門去迎接他。這則故事裡所發生的每一個情節，除了浪子平安歸來以外，顯然都與父親本身的意願相左。

人類墮落後的發展就像浪子的遭遇一樣。人類墮落後並不

像現代神智學者所說的，是按照「上主所規劃的複雜又利於進化的法則」在發展，而是如同浪子一樣濫用自由意志。我們無法找到任何有關文明發展或演化的關鍵性論點，但卻可以在浪子的寓言故事裡發現它：

> 爸爸，我得罪了天，也得罪了你。我再也不配作你的兒子；請把我當作你的雇工吧！（《路加福音》第15章，第18-19節）

所以，人類該不該為自己的歷史負全責呢？答案是無庸置疑，因為人類史的發展並沒有按神的旨意進行。在人的歷史中，神被釘上了十字架。

如果我們想對這個論點有所瞭解，就必須一併思考人的自由和上界九層屬靈存有——天使（Angels）、天使長（Archangels）、權天使（Principalities）、能天使（Powers）、力天使（Virtues）、主天使（Dominions）、座天使（Thrones）、智天使（Cherubim）以及熾天使（Seraphim）——的自由和意義。這些存有——包括人類在內——肯定是非真即假。如果他們是真實不虛的，那麼必定是獨立的個體，不但具有現象上的自主性，也擁有實質上的獨立性。其實上主創造的一切存有都是自由的。從道德和靈性的角度來看，自由與存在是同義詞。缺少了自由，就不可能擁有道德的選擇權，如此一來，不自由的靈魂勢必無法為自己而存在，只會成為自由真實的屬靈存有的一部分。因此，自由是生

命的靈性特質之一。

當我們在《聖經》裡讀到上主是萬物的創造者時，它真正的意思是神賦予了萬物存在的自由──生命。神一旦賦予自由就不會再收回。此即十層屬靈存有皆是「無限」的原因。死亡──不是靈魂脫離肉體而是真正的死亡──則以絕決的方式剝奪了自由，導致神所賦予的生命被徹底毀滅。然而有誰或什麼東西能奪走一個生命的天賦禮物：自由或存在呢？「自由或存在都是無法被奪走的」；它也可解讀為最大的禮物，擁有想像得到的最高價值──讓我們預先嚐到天國的滋味──但也可以說是判了人的罪，使人活在惡性循環裡──讓我們預先嚐到地獄的滋味。沒有人將我們遣往任何一處──譬如戲院，是我們決定了自己的去向。熱愛生命，你選擇的就是天堂；憎恨它，你選擇的就是地獄。

自由的生命既可讓上主成為統治子民的王（第四張大阿卡納所教導的權威性），也可以將祂釘上十字架。對於自願接受（相信）神權的子民來說祂是王；至於那些濫用自由又「崇拜偶像」的人，則是把神權讓給了替代者，於是神被釘上了十字架。

既是王又被釘在十字架上，乃彼拉多在耶穌的十字架名牌上寫下的謎：「拿撒勒人耶穌，猶太人的王」（《約翰福音》第 19 章，第 19 節）。萬能和無能同時存在，因此歷史上會出現聖徒治癒病患的奇蹟，血腥的戰爭和災難卻同時肆虐各地。

自由既是神的寶座也是祂的十字架，此即神在人類史上扮演的角色的重點──既是王也是愛──我們無須將祂當成暴君

來褻瀆，也無須因懷疑祂的能力而對祂不敬⋯⋯只要懷有信心，神在歷史上就是萬能的；一旦對祂感到厭倦，祂就被釘上了十字架。

由此可見，神被釘上十字架是因為祂賦予十層屬靈存有真正的自由或真實的存在，因此這是聖神的權能而非衝動所致。

現在讓我們回到魯利安體系的卡巴拉所倡導的「上主幽隱論」，它揭露了卡巴拉「三個謎」中的一個。這三個謎分別是：合一之謎，向內凝縮集中或上主幽隱之謎，轉世或「靈魂的改造」之謎。我們會在別的信裡提到（如第十封信）其中的兩個謎——合一之謎和靈魂改造之謎。我們此刻要探討的是「上主幽隱論」（向內凝縮）之謎，它敘述了宇宙如何因上主向內縮回而誕生出來。神為了讓出一個「位置」給宇宙，所以捨棄了內在的一部分。

> 無限的存在（En-Soph）的第一個動作不是向外跨出一步，而是向內縮回了一步。這是一種收回的動作，亦即撤回到自己的本體、幽隱於內在。它和溢出的作用恰好相反⋯⋯無限的存在第一個出現的動作不是顯化而是制約。神是在第二個動作裡放出了一道光，開始了祂的顯化工作，換言之，祂開始在創造的原始空間裡顯示出造物主身份。不只如此，在每一次新的溢出或顯化之前，祂都必定會收縮和撤回。（Gershom G. Sholem, *Major Trends in Jewish Mysticism*, London, 1955, p. 261）

換句話說，上主為了創造宇宙，必須先造出一個空間來。祂必須幽隱到自己的內在，才能造出一個神祕的、沒有祂的空間。思索著這件事的同時，我們也促成了自由的誕生。就這一點，別爾佳耶夫（Berdyaev）[2] 如此說道：

> 自由不是神所決定的；它本是虛空的一部分，而神就
> 是從這虛空創造出宇宙的。（Nicolas Berdyaev, *The
> Destiny of Man*, London, 1937, p. 33）

　　虛空是神幽隱至內在所創造的神祕空間，這就是自由的發源地，在這發源地中的「存有」都具備無限潛力，因為一切都尚未顯化。十層屬靈存有皆是神與自由的孩子，祂們從神的圓滿及虛空中誕生。祂們身負著些微的虛空和一丁點上主的火花。祂們的存在或自由是來自內在的空性。祂們的本質或愛的火花則是內在的「聖血」。祂們永生不朽是因為空性無法被摧毀，而上主創造出來的單子（monad）也不會毀滅。不但如此，這兩種不滅的元素——虛空與圓滿——本是緊密結合無法分開的。

　　因此，上主為創造自由而幽隱，和神因賦予自由而被釘上十字架，意義是相通的。上主為了給自由一個空間而幽隱，和神放棄用祂的力量去抵擋自由的濫用，乃一體兩面的

2　譯註：尼古拉・別爾佳耶夫，俄國宗教及政治哲學家（1874-1948）。

概念。

以泛神論的角度來看上主，幽隱論（神被釘上十字架）是不適用的。泛神論如同唯物論一樣，並不承認個體生命是實有；自由之說因而遭到了否定。在泛神論和唯物論的觀念裡，上主的幽隱或是被釘上十字架這些事既不會也不可能發生。相對地，卡巴拉的幽隱論卻是我所知道唯一認真解釋了「無中生有」的創世說，它與泛神論那種單純簡明的論調恰好相反。除此之外，它還促成了舊約與新約之間的深層連結，因為它揭露了「基督被釘上十字架」這個概念的深義。

從塔羅的第四張大阿卡納「皇帝」，我們看見了上主的幽隱和被釘上十字架的概念反映出來的圖像。皇帝純粹是以神權在執政；他統理著自由的人民，仰仗的並不是寶劍而是權杖。這權杖支撐著一個頂端是十字架的地球儀。它以最顯著的方式表達了這張大阿卡納的中心思想：世界（地球）是由十字架統治的，皇帝在地上的職權也歸屬於十字架；皇權反映的就是神權。如同後者的幽隱和自願放棄力量（被釘在十字架上）一樣，皇帝也收縮自己的意志力量（勒緊的腰帶），為留守崗位（王座或座位）而放棄行動自由（交叉的雙腿）。

皇帝的職位……這個職位曾引發多少聯想——它的歷史使命，與生俱來的權能，天子的角色等等——基督信仰的皇帝職位曾經是無數中世紀作家筆下的題材！

按宇宙的受造模式去建設城市或王國是非常恰當的做法，同樣地，城市的政體也應該按神的體制來規劃——此即聖多瑪斯·阿奎納在這個議題上的基本論點（《王權論》〔*De regno*〕，第 16 章，第 1 節）。中世紀作家無法想像沒有皇帝的基督信仰，就像他們無法想像沒有教皇的普世教會一樣。宇宙若是按照階級制度治理，那麼基督信仰的教會或至高的聖所也不該是例外。階級制度如同金字塔一樣，整個結構必須完善才算是竣工，而皇帝就是金字塔的頂峰。接下來是國王、公爵、貴族、市民及農人。皇帝的皇冠授予了王室應有的權能，公爵的冠冕又從王室的冠冕得到威權，較低階級的冠冕再依序獲得屬於它們的權力。

皇帝的職位不但擁有終極的正統權力，還具有神聖魔法的力量，因為神聖魔法本來就是上下界交感所形成的作用力。由最高威權設定的法則，賦予了居於其下的權威正統性和管理人類意識的權力。這就是為什麼當皇帝的皇冠喪失威望時，所有王室的冠冕也會喪失光彩而變得黯然。沒有皇帝的君主體制無法長久存在；國王不能奪取皇帝的皇冠與權杖，然後在國土上宣稱自己是皇帝，因為後者的影子無所不在。如果皇帝過去曾經把光榮賦予王室的冠冕，那麼失去皇帝後的所有冠冕，從王室的、公爵的、貴族的到伯爵的等等，也都會被他的陰影壟罩而失色。沒有頂峰的金字塔是不完整的；不完整的階級制度等於不存在。缺少了皇帝，遲早會沒有國王。缺少了國王，遲早不再有貴族。缺少了貴族，中產階級和農民遲早會消失。這便是無產階級獨裁體制之所以產生的原因。他們排斥階級制度的法則，但階級制度反映的就是神的體制，因此無產階級才會自稱為無神論者。

如今皇帝的陰影仍然像鬼魅一般纏繞著整個歐洲。你清楚

地意識到他不復存在，如同前人能鮮活地感受到他的存在一樣。這是因為創傷的窟窿會說話，我們暗自懷念的東西總會設法讓我們意識到它。

拿破崙親眼目睹了法國大革命，他很瞭解歐洲當時的走向——階級制度的徹底瓦解。他察覺到失去皇帝造成的心理陰影。他知道歐洲需要修復的是什麼，那將不會是法國的王位而是歐洲的帝權——缺少了皇帝，國王不可能長存。所以他決定由自己來填補這個空缺。他讓自己成為皇帝，讓他的兄弟們成為國王。可他是靠著劍達成的。他不是用權杖——頂端是十字架的地球儀——來統治，而用劍來統馭。但「凡動刀的，一定在刀下喪命」（《馬太福音》第 26 章，第 52 節）。後來希特勒也瘋狂地想佔據皇帝空出來的寶座。他相信他可以用劍樹立一個專制的「千年皇朝」，結果還是一樣，「凡動刀的，一定在刀下喪命」。

不，皇帝的職位不再屬於任何野心勃勃企圖得到它的人，也不屬於由百姓決定的人選。只有上天能做決定。這儼然成了一種玄機。皇帝的皇冠、權杖、寶座、盾型徽章都保存於地下墓穴……於地下墓穴的意思其實是：在絕對嚴密的保護下……。

第四張卡上的皇帝，沒有任何朝臣或隨從，只是獨自一人。他的寶座不在皇宮的室內而是在戶外——在戶外的野地而非市鎮裡。他的腳邊有一撮稀疏的雜草，代表著輝煌帝國僅有的見證者。他的頭上是一片晴空。在晴空的背景下顯出的是他側面的輪廓。於晴空下卓然而立，就是真正的皇帝。

也許有人會問：為什麼許多塔羅作者忽略了皇帝和寶座是在戶外這個驚人的事實？他們為何不說明皇帝是獨自一人，既無朝臣也無隨從？我相信這是因為很少有人願意讓卡上的圖像自己說話。大部分的人都不讓它有機會「說太多話」；人都只是對自己的想法感興趣。他們因為有自己的想法而忽略了這些象徵真正代表的意涵。

　　這張卡的意涵的確很特別：皇帝獨自一人在戶外的野地上，只有一撮小草陪伴著他──空出來的部分留給了天和地。這張卡要教導的就是皇帝的權力背後的奧祕，雖然它不容易被認出來、理解或欣賞。它要說的是皇冠、權杖、寶座和盾型徽章如何在天地之間，沒有任何見證的情況下被一個人獨守著，而這個人的身體是靠在寶座上、雙腿交叉、戴著王冠、一手握著權杖，另一手則握緊腰帶。權威或威權職位背後的奧祕就蘊含在這些圖像中。

　　當屬靈的神奇魔法充滿智慧時，就會產生權威性。換言之，它是藉由密契體驗、靈知和魔法產生的結果。權威是神之稱謂 YHVH 的第二個 HÉ，但這第二個 HÉ 不能被單獨解釋，而應該被視為神之稱謂的完整展現。因此，比較正確的說法應該是：權威乃神之稱謂的完整展現，而這也代表皇帝的職位，或是密契體驗、靈知和神聖魔法的整合意識狀態。所謂神聖啟蒙就是意識的整合……啟蒙指的並不是祕儀或是握有奧祕信息的特權。它其實是永恆與當下的合一，或同時洞見上界的永恆與下界的無常。

　　神聖啟蒙的法則一向是：

真理是如實的，不虛妄的，恆真的，確鑿的：若想成就與「一」融合的奇蹟，必須理解「上界如是，下界亦然」的奧義。（《翡翠石板》，1-2）

落實地默觀、修煉和體悟合一性，就能得到上界的啟蒙，或者也可以說是「神的稱謂聖化了人」。此即主禱文的第一句：「願人都尊祢的名為聖」所蘊含的深意。

皇帝象徵的就是神聖啟蒙和啟蒙者的權威性。從卡巴拉的論點來看，這種特權是源自於神之稱謂的完整本質；從魔法的角度來看，它是源自於「神聖魔法的偉大奧祕」；從煉金學的角度來看，則是源自於「哲學家的點金石」。換言之，它就是密契體驗、靈知和神聖魔法的融合與合一。在第二封信裡，我們稱其為「隱修哲學」；它同時還融合了隱修哲學意識。我必須再一次地強調，隱修哲學不是從密契體驗、靈知及神聖魔法的完整有機體中脫離出來的哲學。它本身就是一體性的示現。隱修哲學與「密契體驗—靈知—神聖魔法」是不可分的，如同它是神之稱謂中的第二個 HÉ 一樣。它本身就象徵著權威性，示現的則是「密契體驗—靈知—神聖魔法」的合一性。

隱修哲學對應著《翡翠石板》所說的：「真理是如實的，不虛妄的，恆真的，確鑿的」之「確鑿」這個部分。它是由自發的密契體驗轉化成的靈知，透過神聖魔法的作用形成了「恆真」，然後在純思維領域裡反映出神之稱謂 HÉ 或「第二靈知」，經由檢驗而總結成「確鑿的」認識。

因此，《翡翠石板》所謂的真理以及檢驗的三種標準，就

是隱修哲學認識論的基礎：「在我們的意識裡，絕對主觀的（密契體驗）必須先客觀化、被視為真相（靈知啟示），然後再去印證它的客觀成果（神聖魔法）、形成確鑿的認識，最後還要在純正思想的光照下按主客觀經驗（隱修哲學）去證實它是終極實相。」此法則與四種不同的意識有關：密契體驗意識或屬靈的觸動，靈知意識或屬靈的諦聽，神聖魔法意識或屬靈的洞見，最後是隱修哲學意識或屬靈的縱觀理解。換言之，隱修哲學的三種檢驗標準要確認的就是天啟的內在價值、成果的建設性、與前人啟示的一致性，包括是否符合前人的啟示、想法及經驗。隱修哲學裡存在著一種絕對真實的東西，因為源頭是神聖的，成果也是依循這個源頭的法則產生的，而且完全符合過往的經驗。

因此，隱修士同時是密契者、靈知者、魔法師以及務實兼理想主義的哲人，原因是他倚靠經驗同時也仰仗邏輯推理。對他而言，事實與理念、現實與理想乃一體之兩面；它們都是真實的。

隱修哲學不是一種哲學，也不屬於特定的派系。這就像天主教是普世性教會，所以不能被視為眾多派別的一種，其教義也不是某種宗教主張。隱修哲學整合了人類靈修生活的所有內涵，因此不是任何一種哲學。這只是一種假說嗎？如果我們是在討論人為的發明而非上界的啟示，那麼無庸置疑，這必然是個不合理的假設。事實上，你如果確實領受過上界揭示的真相，也領受過它為你帶來的奇蹟般療效、寧靜與活力，以及它為你解答的上千件不曾被解釋清楚的事——除了它以外無法得

到答案的事情——那麼你還會視其為眾多意見中的一種嗎？

這會是教條主義嗎？是的，如果「教條」的確鑿性是源自於天啟，而且被證明確實帶來了收獲和建設性影響，換句話說，通過了邏輯與經驗的印證。如果一個人的「確知」是來自於天啟以及神人的共同合作，加上此人本身的理解，那麼他能佯裝成不確知嗎？難道真有必要「在雞鳴前否認三次」[3]，才能加入「自由的靈魂」和「非教條主義」的行列，享受到人為創作的激情火焰之護送？這會是異端嗎？是的，如果「異端」是以普世天啟為首、以普世認同的善事為先、以普世哲學範型為要的話。

隱修哲學不是一種現有哲學，因為它不是以定義明確的概念在陳述事情，而是以奧義及象徵系統在表達理念。如果你把《翡翠石板》和康德的《純粹理性批判》（*The Critique of Pure Reason*）拿來比較的話，就能明白它們之間的差異。《翡翠石板》陳述的是密契體驗—靈知—神聖魔法—隱修哲學的奧義；《純粹理性批判》則是由明確的概念（數量、質量、關係、形式的種類）與思想統合成康德所說的「先驗法」，亦即「思考思維活動」或「反思映像」的方法。此法只是第十八張大阿卡納（月亮）之中的一個觀點。我們將會明白「月亮」主要教導的是如何透過隱修哲學去理解康德的先驗法。

那麼隱修哲學只是一套象徵系統，它和一般的哲學或推理

3　編註：典出《路加福音》，耶穌門徒西門彼得曾因恐懼被捕而失去信心，於破曉雞鳴之前三度不認主。

方式完全無關嗎？

答案既是肯定也是否定的。只要隱修哲學帶有奧祕性，是朝著上主之謎的方向在解密，而且是透過象徵系統在表達，那麼答案就是「肯定」的。但如果它的目的是為了激發哲學及科學擁護者去進行推理性思考的話，那麼答案就是「否定」的。我們可以說它被裹在了哲學與科學的半影區裡，原因是這些思想領域的擁護者竭力將奧義和象徵系統變成定義明確的概念。這是一種結晶化過程，因為多義概念或奧義被轉成了單義概念，如同有機生命體被轉成礦物一樣。由此可見，卡巴拉、占星學及煉金學之類的玄學，也都是從隱修哲學衍生出來的。這些玄學各自保留了獨門絕活，但反映的奧義全都在隱修哲學範疇內。隱修哲學雖然帶有評論和邏輯推演的特質，傳達奧義仍然是它最重要的任務。雖然人們把箇中奧義轉成了各種單義概念——譬如三種——理智仍然能協助我們用隱修哲學的思考方式，去探索那些概念中的多重意涵或奧義。但隱修哲學的理性運作如果只是為了建立自治性思想體系，其中的概念和真理又沒有真正的對應關係，那麼它就會被濫用。它不但無法幫助人瞭解推理思維的更高陳義，反而會製造更多麻煩。它不但無法協助人脫困，反而會把人綁得更緊。

因此，玄學是透過理性思維，從隱修哲學演變出來的。也因此，我們不該把象徵系統——大阿卡納——視為表達玄學理論或概念的寓意方式。事實恰好相反，玄學是從塔羅或其他象徵系統衍生而出的，所以應該視為表達隱修哲學的奧義及寓意的方式。我們不能說「皇帝」這張卡象徵的是占星學中有關木

星的部分；我們只能說「皇帝」的奧義顯示在占星學有關木星的詮釋中。這兩句話雖然是呼應的，含義卻有著天壤之別。因為在第一句話裡我們是以「占星家」自居；在第二句話裡我們是從隱修士的角度去理解事情。假如我們也懂得占星學，那就毫無衝突地同時是一位真正的占星家了。

　　隱修哲學不是由卡巴拉、占星學、魔法及煉金學構成的。這四門學問是從同一根樹幹生長出來的，但不代表它們就是樹幹本身。正確的說法應該是：它們的生命都依附在樹幹上面，而樹幹就是密契體驗、靈知及神聖魔法的合體。這一套修行系統強調的是體驗而非理論，包括對奧義和象徵系統的智識體驗在內。密契體驗可以說是它的樹根，富啟示性的靈知是它的汁液，神聖魔法的實際運用則是木材的部分。因此隱修之道是一套實修課程，目的是要喚醒沉睡中的意識，去覺知越來越深的內在次元。伴隨著實修而來的註解和推論構成了樹幹的「樹皮」。基於此理，我們完全找不到理解約翰《啟示錄》的線索……因為讀《啟示錄》的目的並不是要從中汲取哲學、形上學或歷史的觀點。理解《啟示錄》的線索就埋藏在實修功夫裡，你必須視其為一套靈修練習以喚醒沉睡的覺知，去意識到越來越深的內在次元。《啟示錄》致七教會的信中印有七封印的書卷、七個號角和七個金碗，它們其實是在隱喻由二十八種修煉方式構成的一套靈修體系。由於《啟示錄》是一部被撰寫成的天啟，因此若想完全理解它，必須把自己的意識建設到相當程度，才能領悟它的內涵。它的課程包括不用力的專注（第一張大阿卡納的教誨），警醒的內在靜默狀態（第二張大阿卡

納的教誨），被激發的想像力或思想與超意識共同運作（第三張大阿卡納的教誨）。最終理智會停止造作而開始默觀——檢視以往發生過的一切，以統觀邏輯推演出過往經驗的總結（第四張大阿卡納的教誨）。通曉這心靈解剖學的四種運作方式，「魔法師」、「女祭司」、「皇后」、「皇帝」所象徵的發展歷程，才是《啟示錄》的靈修祕訣，其他的辦法都是徒勞無益的。

　　新約四福音書同樣也是在教導靈修；我們不但要一再地閱讀，更要全心投入於箇中元素，吸取它們的氣息，以見證者的身份參與其中，彷彿正處在當時的情境裡——我們不該用一種檢視的態度去閱讀，而是以「仰慕者」的心態和持續增長的欽佩之情去體認它們。

　　舊約裡也包含著實修練習的部分。猶太的卡巴拉門徒——如《光明篇》的作者——便十分懂得善用它修行，視其為精神和動力的來源。卡巴拉門徒和其他派別的信徒之不同，就在於前者會從《聖經》中找出實修方式來薰習，後者則是研讀和信奉它。

　　實修的目的主要在於發展深度。我們本身必須具備深度，才能對奧祕事物有所體認，而象徵系統就是一套深度語言——因此，大阿卡納的圖像既是隱修哲學的實修方式，也是要達成的目標。

　　實修的共通體驗形成了隱修士之間的連結。連結他們的並不是知識而是體悟。假設有三個從不同國家來的人見到了彼此，他們分別撰寫了摩西的《創世紀》、《約翰福音》、先知

以西結的異象，這些多年來被認為與靈修有關的經典。他們會對待彼此如手足，雖然三者之中有一位通曉的是人類史，另一位深諳治療科學，最後一位則有潛力成為淵博的卡巴拉學者。知識一向源自於個人經驗和發展方向，深度則取決於知識的通達與否。隱修哲學代表的就是相當程度的深度和覺知，守護它的則是真正的實修體悟。

至於隱修士個人的知識發展方向，則取決於被賦予的天命。人的天命決定了他認知的內涵，以及這份認知所依附的經驗。人會按自己的天命去經歷並獲得所需的知識。換言之，他自然會知道如何獲取與天命相關的知識，然後立足於這個領域裡。所以，一位隱修士的天命如果是療癒，他就會去弄清楚意識的各個次元之間的關係、脈輪的結構、神經系統以及內分泌系統。另一位隱修士的天命如果和人類的靈性史有關，那麼他就不會知道上述的那些知識。後者所通曉的也可能是前面那位療癒師所不明白的，包括古今都在探討的屬靈世界的階級區分和人類的關係，或是上下界已經發生、正在發生的事件之間的關係。

這類知識是由事實而非理論構成的──當然事實通常都帶有靈性本質。譬如輪迴就不是可信或不可信的一種理論。隱修士不會想去說服或勸阻別人相信「輪迴理論」的真實性。對隱修士而言，輪迴本是一項事實，人們要不是透過親身經驗認識了它，就是完全忽略掉它。如同我們每晚都得睡覺，每個早晨醒來都會面臨嶄新的日子一樣，人們不會四處宣揚或反對這項事實──因為這是一種經驗談──同樣地，死後又重生這個事

實也是根據經驗得知的。人們要不是確切地體驗到它，就是完全不知道它的存在。但確切知道輪迴存在的人必須瞭解一點，那就是忽視輪迴的人都有深切崇高的理由，而這往往和他被賦予的天命有關。舉例而言，倘若一個人的天命需要全神專注於當下，那麼他就必須忘卻所有的往世記憶。這是因為被喚醒的記憶並非全都有益；它們也可能變成包袱，特別是天命要求他必須放下一切偏見，譬如從事神父、醫師或法官的職務必須全神貫注於當下，絕不能被過去世的記憶干擾。

事實上，缺乏過去世的記憶也能創造出奇蹟，亞爾斯本堂神父（the holy vicar of Ars）就是一個例子；完全保有過去世的記憶同樣能創造出奇蹟，譬如里昂的菲力浦（Monsieur Philip of Lyons）。原因是輪迴之說既非救贖的必要真理，也不是和真理牴觸的異端邪說。它只是根據經驗而得知的單純事實，如同睡眠或遺傳一樣；依此看來它應該是中性的。凡事都取決於詮釋方式，因此我們可以把輪迴詮釋成稱頌神的讚美詩，也可以解釋成瀆神的言論。譬如有人說：寬恕是賦予重新開始的機會；上主寬恕我們的次數多於七十乘七，因此祂是多麼無限啊！以上的這種說法就是對神的稱頌。

但是也有人會說：人類的無限期演化是一種機制作用，我們的道德命運已經被往世決定了；所以世上沒有神的恩典，只有因果定律——這就是一種瀆神的解釋。它把神的角色貶為工程師或是一台道德機器了。

輪迴理論不例外地也很容易導致雙重解讀，事實上與它相關的任何事物都容易導致雙重解讀。舉例來說，遺傳可以說是

一種完全決定論，故而排除了自由意志和道德的作用力。但遺傳也可說是生物為造就出更完美的「後代」而產生了自我進化的可能性。亞伯拉罕不就被允諾在後代中將會出現一位彌賽亞嗎？牧者大衛不也得到了相似的許諾？

　　無論個人的解釋是什麼，事實就是事實，而且必須在相關領域裡深入探索後，才能知道最深的真相是什麼。隱修士會依照個人天命、為理解真相而尋求廣泛的知識，但隱修哲學並不是人所能汲取的知識總結。它是藉由象徵系統體現出來的奧祕有機體，這些象徵系統既是實修的薰習方式，也是最終培養出來的心靈素質。運用大阿卡納靈修一段時間，會自然形成一些傾向。這些傾向並不會為行者帶來與嶄新事實相關的知識，卻會讓行者培養出適當的能力，在他需要的時候獲得必要的知識。「啟蒙」的意思是，無論在任何領域都能找到自己的正確定位，而且有能力取得與嶄新事實——「關鍵性事實」——攸關的真相。入門者應該是懂得如何汲取知識的人——懂得如何發問、尋找、用恰當的方式達成目標。靈修教會了他這些事情——任何理論或教條，不論多麼清晰易懂，都無法使他「曉得怎麼認知」。靈修教會了他從實際經驗去體悟人生（發展隱修哲學，除了實修體悟之外沒有別的方式了），同時也讓他認清了三合一的學習祕訣所擁有的絕對效用；它們是每一種靈修方式和通曉奧義的基礎：

　　你們祈求，就得到；
　　尋找，就找到；

敲門，就給你們開門。

（《路加福音》第 11 章，第 9 節）

隱修哲學並不是要我們相信與神、人類、大自然有關的事情，它是在教導人如何祈求、尋找和敲門，才能從密契體驗、靈知啟示和神聖魔法中獲益，同時它也教導了認識神、人類及大自然的方式。這是一個人歷經祈求、尋找、敲門之後——而且是接收到、找到、得到了之後——才會真正明白的道理。這份確知——源自於密契體驗、靈知啟示與神聖魔法帶來的效益——便是皇帝權能的由來；這也是塔羅的第四張大阿卡納要教導的內涵。

我們此刻探討的是如何發展和運用第四種隱修哲學意識，這是在發展和學會運用密契體驗、靈知及神聖魔法意識之後要下的功夫。「曉得怎麼認知」是發展這種意識需要培養的能力。我們在第二封信裡將它定義為一種「綜合性的認識」。現在我們可以進一步地，以更有深度的方式稱其為「啟蒙意識」、認知上的定位，或是在各個領域裡發現根本真相的能力。

這種意識是如何運作的呢？我們在一開始就說明了它和一般所謂的「形上認知」是不同的，因為形上學者的認知方式是一種活在抽象理論中的品味及能力，一種對抽象事物的喜好；隱修哲學意識則是定位在具體事實上面，包括靈性、精神和物質界的事實。形上認知是本持「上主」這個概念在運作著，隱修哲學意識則是以活著的上主為重心——上主是真實具體的存

在。基督信仰裡的天父與卡巴拉的亙古之神都不是一種抽象概念；它不是一種理念而是真實的存在。

形上意識是以邏輯——抽象方式——推敲出事實背後的法則和原理。隱修哲學意識則是透過事實和各層屬靈存有去認識活生生的上主。對已經接受神聖啟蒙的人而言，「終極實相」和眼前事實之間的空隙，並不是充斥著「法則」和「原理」，而是被活生生的屬靈存有所佔據；每一位屬靈存有都具備自己的風格、長相、聲音、說話的方式和名字。對這些入門者而言，天使長米迦勒（Archangel Michael）並不是一種法則或理念。祂是一位活生生的存有，臉孔由於讓給了上主的臉而無法被看見，所以才會被稱為「MI-KHA-EL」，意思是「祂（MI）貌似（KHA）上主（EL）」。沒有任何人能一直看著米迦勒的臉，因為祂是 KHA-EL，「如同上主一般」。

隱修意識（或神聖啟蒙意識）則是對具體屬靈實相的覺知。隱修士不是以抽象法則來解釋事實，更不是藉由積極思考獲得的理念來解釋現象；他為了得到最確鑿的結論，反而會從抽象事實轉為關注真實的存在本身，直到他發現絕對真實的存在「上主」為止。對於神聖啟蒙意識而言，上主才是最真實最具體的。在一切存有當中，唯獨上主是絕對具體的，所有的受造物只是相對真實和具體罷了；而我們所謂的「確鑿事實」，也不過是從上主的實相中分離出來的抽象事實罷了。

這並不代表隱修士缺少形上思考能力，或者必須忽略法則和原理。他也是人，所以也擁有抽象認知能力。但是讓他成為一名隱修士的——成為塔羅的皇帝——其實是隱修哲學意識。

如果他善用天生具備的隱修哲學意識，便能成為名副其實的隱修士。

這不就是雷內·格農（René Guénon）[4] 的悲哀嗎？他天生具有形上才能，唯獨缺少了隱修哲學意識；他不斷地尋找靈性體悟，終於在厭倦抽象世界之後，全心投入於伊斯蘭狂熱信仰，變成在開羅伊斯蘭清真寺裡虔誠膜拜的信徒，希望藉此脫離理性主義的綑綁。難道這就是渴求密契體驗、因為受理智綑綁而焦慮的靈魂最後的一線希望嗎？如果是，那只有祈求慈悲的聖神賜予他竭力追求的事物了。

對於雷內·格農最後的自我定位──選擇一種簡單之人所固守的簡易信仰──應該還有探討空間，因為這不是毫無理由的事。其實隱修哲學意識和簡單之人的真誠信仰，兩者的共同點遠遠多於抽象的形上學。一般信徒都認為上主是活的，隱修士也相信這一點。一般信徒所稱頌的聖人與天使，隱修士同樣相信是真實存在的。一般信徒深信有奇蹟，隱修士則是活在奇蹟裡。一般信徒會替生者和死者祝禱，隱修士為了生者與死者的裨益，往往將全副精力都放在神聖魔法的領域裡。一般信徒尊崇所有的傳統，隱修士也是一樣。還需要說什麼嗎？……或許我們還可以說，皇帝的權威性不該歸功於力量，無論是有形或無形的，他擁有權能是因為在上主面前成為了人類的表率。他的權能不是源自於超人的力量，而是擁有豐富的人性；他代

表了完整的人性。大衛王比起他同時代的所有人都更像人。所以他能接到神的指示，被先知撒母爾徹底淨化。基於此理，永恆之神給了他鄭重的承諾，允許他永久保有自己的寶座。皇帝的寶座代表的是一種永遠不會腐朽的人性化職位。施展純淨無私的權能，才是皇帝真正的職責。

隱修哲學在人性層面也有自己的典範：成為擁有權能的、「與父一樣」的人；他比所有的人都更像人……他是配得上「大衛之寶座」的人。

隱修士在人性上展現的典範既不是尼采所謂的超人，也不是印度的那些持續處於深定的超人。他既不是葛吉夫（Gurdjieff）所指的超人祭司，也不是思多葛或吠陀學派的超人哲學家——不，他是一位包容所有人性特質的人，這樣的人才能成為「大衛之寶座」的守護者。

至於神性呢？這與神性的展現又有什麼關聯？

實用的隱修哲學即是煉金學。隱修哲學本質上就是煉金學，意思是：越能恢復真實人性的人，越能以人的特質展現神性，體現「上帝的形象與樣式」（《創世紀》第 1 章，第 26 節）。抽象主義則是在邀約人去除人的特質或是人性。反之，隱修的煉金轉化之道，卻提供了實現真實人性、體現神的形象與樣式的方式。隱修哲學能夠使人性變得更人性化，如同所有的基本金屬都能轉化成銀或金一樣。

但若想恢復原來的本質，必須順服於昇華作用。這種作用猶如釘上十字架一般；它既是人性的根基，又是核心本質的向外拓展。十字架與玫瑰，玫瑰十字，象徵的就是實現人真正本

質的作用方式。所以塔羅的皇帝捨棄了人性的四種隨心所欲的自由，就這一點而言他的確是被釘上了十字架。捨棄自由而體會到空性的代表符號就是「傷痕」，因此我們可以說皇帝是帶有四傷的人。這四種傷痕使得人性裡的神聖形象與樣式，得以在皇帝的身上體現出來。

人性中的神性……那麼轉化它的神聖作用力又是什麼呢？

答案是必須出現另一種傷痕，才能示現上述的作用力，也就是必須俱足五傷才行。接下來的「教皇」卡將會以五傷的含義來教導神性如何產生轉化人性的作用。

第五張大阿卡納的冥想

教皇

THE POPE

至高者上帝的祭司撒冷王麥基洗德帶著餅和酒出來迎接亞伯蘭，

祝福他，說：

「願至高者上帝、天地的創造者賜福給亞伯蘭！」

——《創世紀》第 14 章，第 18-19 節

我就是道路、真理、生命：

若不藉著我，沒有人能到父親那裡去。

——《約翰福音》第 14 章，第 6 節

從今以後，別在這些事上找我的麻煩，

因為我身上帶著耶穌的傷痕。

——《加拉太書》第 6 章，第 17 節

教皇

親愛的不知名朋友：

「教皇」這張卡帶領我們來到了「賜福行為」面前。當我們試圖解讀整張卡的結構以及每一個元素時，必須記住上述這句話。永遠不要忽略這張卡涉及的是賜福及相關事宜——

教皇、跪在他面前的侍祭、身後的兩根柱子，他的冠冕與手中握著的三重十字法杖。然而賜福究竟是什麼？來源和作用又是什麼？誰擁有賜福的權力？這在人的靈性生活中又扮演著什麼角色？

賜福不是一個簡單的為他人許善願的舉動，也不是把個人的想法和意志加諸他人身上的魔法。它可以引發神力，令受福者與賜福者都能超越個人的想法和意志。換言之，就本質而言，這是神父的職責。

卡巴拉將祈禱與賜福比喻成一種雙向作用（上升與下降），類似血液循環。人的祈禱上升至神的面前，被神性「氧化」而轉成至福，然後從上界降臨至下界。這就是為什麼卡上的那位侍祭的左手是向上舉起的，另一位侍祭的右手則是向下壓低的。教皇身後的兩根藍色柱子所象徵的，就是這種雙向——上升與下降——的祈禱與賜福。同時，教皇的左手舉著一根十字朝上的三重法杖，它的位置是在「祈禱之柱」與祈禱中的侍祭這邊。教皇的右手——在「賜福之柱」和正在接受（或鼓舞）這場儀式的侍祭那邊——則做著賜福的手勢。

卡巴拉生命樹圖形的右側與左側分別是慈愛之柱與嚴峻之柱，它們和所羅門聖殿前的雅斤及波阿斯神柱（Jachin and Boaz），都代表著賜福與祈禱的行為，因為嚴峻能促成祈禱的力量，慈愛則能降福於人。波阿斯是一股上升的作用力，代表靜脈的「藍色血液」，雅斤則是下降的作用力，代表動脈含氧的「紅色血液」。紅色血液運送著含有生命力的至福氧氣；藍色血液則能清除「烈性」的碳酸機體。靈性生活的運作方式

也是如此。不做任何祈禱的人會被靈性的窒息感所威脅；經常祈禱的人則會得到活力十足的至福感。因此，這兩根柱子也象徵著靈修上的實用價值——如同呼吸對有機體的意義一樣。

換句話說，第五張大阿卡納的第一種修煉方式與屬靈的呼吸有關。

呼吸可以分為兩種：水平呼吸是介於內外之間，垂直呼吸則介於上下界之間。死亡的創痛或臨死前痛苦至極的感受，就是從水平呼吸急速轉變成垂直呼吸所引發的。然而一個人生前如果已經學會垂直呼吸，便可免於承受「死亡的痛苦」。對他來說，呼吸的轉換不再像直角一樣尖銳，比較像是圓弧形的轉化過程。這種轉化過程不是突發的而是漸進的，是弧形的而不是直角的。

垂直呼吸就是祈禱與賜福或恩寵之間的轉化作用。垂直呼吸的兩種元素會在不同層次上——心智、情緒和意志——示現出來。因此，心中生起的問題若不是源自好奇或頭腦的搜證癖，而是出自於對真相的渴望，基本上就算是一種祈禱。接著可能發生的是啟蒙，也就是隨祈禱而來的賜福或恩寵。同樣地，真正的受難基本上也是一種祈禱。隨之而至的撫慰、祥和與喜樂，則是祈禱獲得的賜福或恩寵。

真正的、百分之百的努力，或是下了最真實的工夫，也是一種祈禱。當我們將努力用在智力工作時就是在祈請：願人都尊你的名為聖。當我們貢獻創意時，則是在祈請：願你的國降臨。當我們為人提供生活物資時，也等於是在祈請：我們日用的飲食，請今日賜給我們。一切以工作形式進行的祈禱，都有

與之呼應的賜福或恩寵。

我們可以在山上寶訓耶穌論福裡找到祈禱之柱（困難、受苦、努力）和賜福之柱（啟蒙、撫慰、成果）的呼應法則。因此這九個論福（是九個而不是八個）也可理解為垂直呼吸。

這種呼吸方式便是使徒保羅所謂「活在神的自由中」。這新的呼吸方式可以讓我們毫無拘束地享受神的氣息：自由。

主就是聖靈，主的靈在哪裡，哪裡就有自由。（《哥林多後書》第 3 章，第 17 節）

水平呼吸帶來的是從外到內的轉化，或是從客觀的外在生活轉換到主觀的內在生活。水平呼吸的法則是：「愛鄰人像愛自己一樣」（《路加福音》第 10 章，第 27 節）。

垂直呼吸則是：「你要全心、全情、全意愛主」（《馬太福音》第 22 章，第 37 節）。這是祈禱與賜福之間的關係。

水平呼吸有三個層次，如同垂直呼吸有三個階序一樣。

它的三個層次分別是：

對大自然的愛；
對鄰人的愛；
對不同階級的屬靈存有（如天使等等）的愛。

垂直呼吸的三個階序則是：

淨化（來自神的氣息）；

啟蒙（來自神的光）；

密契合一（於神的火焰中）。

　　此即教皇會高舉三截十字法杖的原因。它的三截十字把中間的直線隔成了三個部分，代表的是水平與垂直呼吸結合成完美的屬靈呼吸：丰。它代表的是對鄰人的三重之愛（下界的鄰居＝大自然，同等級的鄰居＝人類，上界的鄰居＝層級較高的屬靈存有），也是對神的三重之愛（氣息或信德、光或望德、火或愛德）。

　　卡上的三截十字象徵的是教皇的權威，如同頂端鑲著十字架、由兩個杯子形成的球體象徵著教皇的權力一樣。就天國而言，皇帝代表的是完整的人性、擁有神的形象與樣式的人，教皇則代表在賜福與祈禱之柱前面的守門人；他具備的是轉化人性的神性。皇帝與教皇這兩種職位分別代表靈性上的兩個真實面。它們真實的程度如同人的頭部與心臟一樣。心臟是呼吸和血液循環的中心；頭部則是神經系統的中心，也是思想所在之處。

　　如同皇帝的職位不是眾議會可以取代的——意即大衛的王冠不能被集體取代——教皇的職位或麥基洗德（撒冷王）的王冠也無法被基督信仰普世教會取代。不論西方玄學家預言的「天火」是否已經發射，不論神父的寶座是否依舊可見，還是已經被擱置在地下墓穴裡，無論那些破壞性的預言說了什麼，它仍然會在人類未來的歷史中現身。

歷史就像人的生命一樣不分晝夜地「運行」著。它有白天的一面，也有夜晚的一面。前者是外顯的，後者是內隱的。夜晚的寂靜與晦暗裡充滿著蓄勢待發的事件，因此人類的無意識與超意識都屬於「夜晚」的範疇。它代表著歷史的魔法面向，躲在「白晝」後面隱匿地運作著。當福音書藉由「日光」在地中海國家四處被宣揚時，「夜光」卻造就了佛法的深層轉變。原本追求個人解脫的涅槃思想被捨棄，取而代之的是解救苦難眾生的慈悲行為。於是大乘佛法開始興起，人們追求的精神理想有了輝煌的躍昇，形成了代表亞洲道德價值的淨土（天堂）思想。

　　日日述說，夜夜傳播。（《詩篇》第 19 篇，第 1 節）

　　這段句其實是一種雙重教誨公式——透過日間的言語和夜間的感悟來進行；也是靈修傳統的雙重運作方式——口傳教導和直接啟發；這也是雙重魔法的公式——透過言語和寂靜之光來運作；最後則是雙重歷史——白晝「彰顯」的歷史和夜晚「隱藏」的歷史。

　　皇帝與教皇的職位不僅實存於晝夜分明的世界，也存在於晝夜的門檻外，那不分晝夜的世界裡。第五張卡的教皇就是這道門的守護者。他坐在兩根柱子——日間或祈禱之柱，夜間或賜福之柱的中介地帶。

　　第四張卡的皇帝是日間的主人，也是在白晝裡守護夜晚神

祕聖血的人。教皇守護的則是呼吸作用或日夜的關係。他維護著日與夜、人為努力與神的恩寵之間的平衡。他的職位是建立在最初的創生上面，因此摩西才會說：

> ……上帝看光是好的，就把光和暗分開了，上帝稱光為「畫」，稱暗為「夜」。（《創世紀》第1章，第4-5節）

從創生的神祕聖事衍生出的辨識作用，同時預告了宇宙呼吸作用的形成，我們將它比喻為「主的聖靈運行在水面上」。上主的氣息本是呼吸作用的神聖原型；它存在於深幽寂靜的大海上方（海一向代表宇宙性的涅槃寂靜）。因此，當大乘佛法提升自己朝著上主的氣息——高於涅槃之海的慈悲——去發展時，小乘佛法仍渴望進入止息境界，目標是渴望被寂靜之海淹沒，進入如如不動狀態，變得既無呼吸亦無變化。

但上主的氣息是超越涅槃寂靜的；是上主的氣息在吹拂著海面。已經來到涅槃的門檻還能選擇不進入，等於在說：超越後者的解脫、投入那轉化它的上主氣息吧！

被主的氣息滲透的太初之水就是血液的本質；被水反映出來的氣息則是光；水所吸收和反映的氣息形成了交替的韻律，便是呼吸作用的原理。「光」是白畫，「血液」是夜晚，「呼吸」則是圓滿（撒冷〔Salem〕）。撒冷王麥基洗德（MELCHIZEDEK, king of Salem），至高神的祭司，因而被指派去守護「圓滿」或「呼吸」，至於那被塗油禮淨化過的

王，大衛之王座的守護者或皇帝，則負責掌管白晝。雖然他被指派去掌管白晝，但權能是夜晚賦予的，而且是被夜晚所聖化，因此他也在白晝裡守護著夜晚的神祕聖血。

親愛的朋友，你也許會好奇是否存在著第三種掌管夜晚的職位？

是的，夜晚的主人這種職位的確存在（所謂「夜晚的統治者」）。我們將會在第九張大阿卡納的第九章裡探討與它相關的議題。

在此我們只需要指出以色列的三種較高的職位——國王、大祭司和先知。我們也要特別留意重點是職位而非在位的人；同一個人有時可以身兼兩種甚至三種職責。

現在讓我們來探討一下教皇的職責，因為這就是第五張大阿卡納的主題。我們已經發現它和屬靈的呼吸有關，因此教皇代表的是與科學有別的另一種真理和標準。對教皇而言，和諧的呼吸就象徵著「真理」；「虛假」則會讓屬靈的呼吸變得不協調。從客觀現象來看，以太陽為中心的現代天文學觀點可說是真實無誤的，但是從屬靈的呼吸來看，卻是錯誤的認識。從耶穌身上流至地面的血是何其珍貴，它讓地球擁有了宇宙的核心價值。因此，從屬靈的呼吸或祈禱及賜福來看，以地球為中心的宇宙觀才是正確的。以太陽為中心的宇宙觀雖然有現象界的一切根據在支撐著，仍然是個錯誤的觀點，因為它忽略了真正的核心——道的化身耶穌——反而以邊緣地帶的另一個被除核心價值的中心來取代。太陽只是現象界的一個中心，如果有人視其為核心角色，那麼此人就犯了偶像崇拜的錯，因為核心

角色應該是聖化後的地球——它被道的化身聖化，所以成為了核心。

再舉另一個涉及密契體驗的例子。前面我們已經提到過，輪迴——同一個人的連續轉世——是一種經驗性的事實，它就像白天持續的清醒狀態被夜晚的睡眠中斷了一樣。佛陀雖然認同輪迴是真實存在的現象，卻視其為遺憾的事情，所以教導八正道來終止輪迴，而真正能終止它的就是涅槃。

佛陀雖然認同輪迴是事實，卻否認它是無可爭議的真理，因為事實永遠是無常變易的。輪迴曾經不存在過，未來也終將停止。輪迴是在人類墮落後才開始的，未來當人性重整以後，輪迴終將靜止下來。

換言之，真理有兩種：一種是事實的或暫存的，另一種則是無可爭議的或永恆的。前者是奠基於現實邏輯；後者則是奠基於道德邏輯。《詩篇》第八十五章裡的「忠信」指的就是「現實邏輯的真理」，「仁愛」則是建立在「道德邏輯的真理」上面。詩篇說：

慈愛忠信彼此相迎；
正義和平互相擁抱。
人的忠信從地上發出。
上帝的公義從天上顯現。

（《詩篇》第85篇，10-11節）

這真是一段對「雙重真理」的完整闡述——也是一則感

人的預言：現實的與道德的真理，將會在某個時間點上相遇，它們對人性的啟發——正義與和平——也將會彼此相親！但是它們只能逐漸趨近彼此，而且以實際情況來看仍然會產生衝突，至少表面上是如此。因此聖保羅才會提到：「這世界所認為有智慧的，在上帝眼中卻是愚拙的。」（《哥林多前書》第3章，第19節）反之，上帝的智慧在人們眼中也顯得不太理智……

教皇既是屬靈呼吸的守護者，也是道德邏輯的表率。

教皇的座位在賜福與祈禱這兩根柱子當中。對他而言，只有符合最高理想的才是真實的。他之所以認為婚姻不可毀損，也是基於此理——雖然世上有千千萬萬的婚姻災難；而這也是告解與懺悔能抹去任何一種罪孽的原因——雖然千千萬萬的法庭一直在懲戒有罪之人；同時這也是教會之所以由聖靈引領的原因——雖然它縱容了宗教審判的執行；此外，這也是單憑一人就能達成永恆救贖的原因——雖然靈魂仍然在輪迴。

因此，教皇總是在理想的真理與現實的真理、慈愛與忠信之間掙扎。這種衝突就是第五傷——心的創傷——的由來。如果說皇帝擁有四傷，那麼教皇就是帶有五傷的人。

親愛的朋友，假設你熟悉卡巴拉的象徵系統，你會知道第五傷意味著生命樹的第四個創生質點「慈愛」（CHESED），與第五個創生質點「審判」（GEBURAH）是衝突對立的——這道傷口與第六個創生質點「美或本質」（TIPHERETH）也有關聯，因為後者就是上述兩個創生質點的融合。（編按：請見附錄二卡巴拉生命樹全圖）

如果進一步深思基督信仰玄學，你會明白第五傷其實和「聖心」的由來有關；它是耶穌被「一個士兵用槍刺他的肋旁，立刻有血和水流出來」（《約翰福音》第 19 章，第 34 節）所形成的。同時你也會瞭解，血與水代表的就是慈愛與忠信，因此福音派才會強調，從耶穌身上流出的血和水並沒有混在一起。這第五傷正是靈性觀點上的衝突所導致的，亦即慈愛與忠信、理想的真理與現實的真理無法融合所致。

現在我們已經進入到第五傷，也就是閃耀之星、五角星、五元性或數字五的玄學範疇……路易·克勞德·聖馬丁曾經說過：

> 數字只要結合在一起、與「十」產生連結，就沒有任何一個是象徵墮落或缺陷，只有分開時上述的特質才會顯現。在這些分開的數字當中有幾個是絕對邪惡的，譬如二與五，因為這兩個是唯一能整除十的數字。（Louis Claude de Saint-Martin, *Des nombres*, Nice, 1946, xxi）

按聖馬丁的說法，五元性（關於二元性請參考第二封信，在其中你會發現聖馬丁所描述的數字二的邪惡本質）如果不跟十結合或連結，就是絕對邪惡的。因此他說：

> 動物的狀態比較能承受數字五所代表的物質界的折磨，這種折磨是我們人類會竭力反制的，方式就是去

模仿數字五的物質性。（同前著作，xxxi）

但艾利佛斯‧李維卻說：

五角星象徵的是我們的心智對四元素的掌控能力；氣靈、火靈、水靈和地鬼，都會被這個符號制伏住。如果善於利用此種能力加上恰當的處理方式，你也許可以藉由這靈魂之眼的工具瞥見無限，同時會在過程中得到眾多天使和靈界朋友的協助。（原譯註：第63頁）。〔接著是：〕我在此章的第一段曾經提到過（原譯註：第67頁），受意志支配的星光體就是四元素的精隨，而魔法裡的五角星代表的便是這種支配力。〔然後是：〕本書作者艾利佛斯‧李維於1854年7月24日，利用五角星做了一次招靈實驗，他照著《儀式》第十三章提到的方式準備實驗（原譯註：第67頁）。〔最後：〕但是我們必須注意，對於尚未徹底瞭解它的施法者來說，五角星的使用是最具有危險性的。它的五個角朝往的方向絕不是無意義的；它們會改變整套儀式的運作方式。關於這一點我們將會在《儀式》裡加以說明（原譯註：第69頁）。（Eliphas Lévi, *Dogme et rituel de la haute magie*; trsl. A. E. Waite, *Transcendental Magic. Its Doctrine and Ritual*, London, 1968, pp. 63, 67, 69）

在《轉化性魔法：其教義與儀式》第五章裡，艾利佛斯‧李維對五角星的意義做出了以下的結論：

> 靈知派稱五角星為「耀眼之星」，象徵的是理智的無所不能和獨裁傾向。（同前著作，p. 237）

但是在《神祕之鑰》裡，艾利佛斯‧李維卻說：

> 五（或五元性）是一個象徵宗教的數字，因為它是由代表神與女性的數字結合成的。（Eliphas Lévi, *The Key of the Mysteries*; trsl. A. Crowley, London, 1969, p. 30）

艾利佛斯‧李維在去世後才發表的《偉大的阿卡納或玄學的揭露》裡也提到：

> 自從基督信仰出現後，古老的祕儀就失效了。事實上，基督教或天主教都是耶穌這位「大法師之王」的合法女兒。一位真正的基督徒身上穿著的簡單肩衣，比起所羅門王的指環或五角星，可以說是更所向無敵的護身符。彌撒其實是最大的召神活動。降靈術士招喚的是亡魂，通曉巫術的巫師招喚的是惡魔，而且會受其操控而顫抖，天主教的神父卻不會因召請活的上主而顫慄。唯獨天主教有神父，因為只有天主教

有祭臺和祭品，真正具備宗教儀式的完整性。修練高階魔法等於在挑戰天主教的神職工作；你只可能成為一名持異議的神父。羅馬是偉大底比斯（Thebes）[1]的另一個開端……它的地窖可以充當地下墓穴，它的念珠和圓形勳章可以當成護身符；它的會眾是魔法的鏈鎖；它的女修道院則是吸引人的火焰；它的懺悔室能夠引人前來；它的佈道和主教演說是拓展的方式；最後它還有一位能夠代表神與人的典範教皇。（Eliphas Lévi, *Le Grande Arcane ou l'occultisme dévoilé*, Paris, 1921, pp. 67-68, 83-84）

讓我們引述喬瑟分‧佩拉旦的說法來做個總結，從他的字句當中可以看出他贊同李維的上述論點：

聖體代表完整的基督信仰；透過它，基督信仰變成了活的魔法……自耶穌以來一直有巫師存在，卻再也沒有出現過真正的魔法師了。（Joséphin Péladan, *Lócculte catholique*, Paris, 1898, p. 312）

在這麼多的引述之後，我們現在到底要探討什麼呢？

我們現在面臨的是一個非常嚴肅的問題：五角星或邪惡的五元性，以及五角星或善良的五元性。

1　編註：底比斯為上埃及古城。從公元前 22 世紀到 18 世紀是皇室居地和宗教中心。

按聖馬丁的說法──他清晰的說明最適合當成探討這個問題的起點──數字五只要是跟十「結合或連結在一起」就是良善的，一旦與十分開來，它就成了「絕對邪惡的」。換言之，五角星代表的是理智的獨裁傾向，從上主的神力中脫離出來的人格。但是，人格只要能展現完整（十全）的意志、與合一性緊密相連，並且讓後者充分體現出來，那麼本質上就是良善的。因此，五角星如果代表人格中與合一性背離的意志，本質上就是邪惡的。或者可以說，當這個符號代表的公式是「完成祢的旨意」時，它就是良善的；如果是「完成我的旨意」，它就是邪惡的。這便是聖馬丁的論述中有關道德與實修部分的意涵。

　　艾利佛斯・李維與喬瑟分・佩拉旦除了提出上述的論點，更堅信普世教會或天主教會是「十」或合一性的完整展現。對他們而言，良善的五角星象徵的就是與教會的本質緊密連結的意志，個人性的意志則是由聖馬丁所謂的邪惡五角星所代表。此即勃拉瓦斯基夫人（Madame Blavatsky）指控李維操弄耶穌會的原因，這也是為何佩拉旦的玄學圈老友們會為他重新投入羅馬天主教意識深感遺憾。

　　但這並不是「玫瑰戰爭」**2** 的選邊站議題，也不是指控或遺憾能解決的問題。這其實涉及到個人恣意操控的魔法（與十脫離的數字五）與個人性的神聖魔法（與十結合且緊密連結的

2　譯註：公元 1455-1485 年，英王愛德華三世的兩支後裔為了爭奪英格蘭王位而發起的內戰。

數字五）的探討。我在隱修之道領域親身體驗四十三年之後，總結出以下的論點：唯獨帶有五傷的五角星才是個人神聖魔法的有效符號，帶有五種能流（currents）的五角星則代表個人的意志，而且不論其五個角朝往何方，都意味著施法者是用個人意志來掌控比他軟弱的存有——基本上這永遠是一種暴行。

這就是我個人的觀點。現在讓我對它做出說明。

魔法首先需要的是凌駕於施法者正常能力之外的力量。這股添加進來的力量可能聽命於施法者，也可能是施法者借力使力，再不然就是被外力所掌控。

如果這股力量臣服於施法者、任其擺佈，那就是我們（在第三封信裡）所提到的「個人性或恣意」操縱的魔法，其源起、方式與目的完全來自於施法者的個人意志和理解。在這樣的運作方式之下，當事者只能利用低於自己的能量，因為人是無法掌控天使的。這樣的施法者就像是獨立作業的魔法師，必須為自己的行為全權負責，獨自承擔所有風險。我們也可以稱這類魔法為「浮士德式」（Faustian）法術。

另一種情況則是施法者借力使力，形成一種集結力量的魔法。它的作用如同「魔鍊」一般，「提供」了集體力量給施法者利用，因而增強了他個人的力量。在這種情況下，施法者接受了與他相當的集體力量的協助（這股力量並不低於他個人的力量，所以不是浮士德式法術），效應完全取決於魔鍊圈住的人數。我們可以稱這類魔法為「合力」的法術。

最後一種情況則是施法者臣服於上界的力量，成為一個居中的媒介，雖然這也是一種「鍊圈」，卻是垂直與質量的屬靈

（階級）鍊圈，不是水平與數量的鍊圈（合力的魔法）。從水平向度來看，這種魔法是獨立運作的，從垂直向度來看卻不是如此：在他之上的屬靈存有會協同他一起運作，藉由他共同產生作用。這類魔法的先決條件是施法者必須與屬靈存有建立有覺知的關係，換言之，他必須有真正的密契和靈知體驗。我們稱這類魔法（在第三封信裡）為「神聖魔法」，因為在其中主動運作的能量是凌駕於施法者的。歷史上人們稱其為「通神術」。

上述的三類魔法對應著個人意志裡的三種不同的態度，它們的公式分別如下：

完成我的旨意（浮士德式魔法）

完成我們的旨意（合力式魔法）

完成祢的旨意（神聖魔法）

前兩種形式的魔法——浮士德與合力式——通常由五種暗流所組成的，以五角星來象徵，代表的是個人與集體的意志。它們的基礎法則就是強者掌控弱者。

第三種形式的魔法——神聖魔法——側重的卻不是意志的「力量」而是「純正性」。但意志不可能是完全純正的——帶著原罪聖痕的不是肉體或思想，而是意志——意志與生俱來的五種暗流（壯大、獲取、保有、領先、不顧他人的佔有慾），必須被癱瘓或「釘」住。由此可知，五傷就是意志的五種暗流靜止後所揭露的五種真空。這五種真空被上界的意志充滿，就

會轉化成完全純淨的意志。此即帶有五傷的五角星魔法背後的原理。

在我們還沒有探討意志的五傷是如何形成的、五傷的五角星法則要如何實踐之前，必須先思考一下「傷」的概念。

「傷口」如同一扇敞開的門，讓客觀的外境得以闖入主觀的內境，進入封閉的系統裡。用生物學的語言來說，則是有機體的外牆上出現了一道缺口，使得外力可以侵入這個有機體內。例如皮膚的割傷象徵的就是這道缺口，在某個時刻給了空氣（空氣裡滋生的一切東西）進入有機體的機會，而這是在肌膚未損時不會發生的事。

拿眼睛這個視覺器官和人體的皮膚做比較的話，前者就像是被可移動皮膚——眼皮——覆蓋的傷口。客觀的外境透過這道傷口滲透到我們的內在世界裡，視覺受到的震撼遠比觸覺更強烈，也更徹底。當我們的眼睛閉上時，強烈的「視覺」經驗就會回到較為單純的觸覺經驗——皮膚所能感受到的一般狀態。

眼睛就如傷口，太過敏感，任何一點光線或顏色都可能令它感到不適（或有所反應）。其他感官也是一樣的，它們都是強制我們去感覺外境的傷口。譬如，我也許想看到美麗的鮮花，眼睛卻讓我看見一坨糞便。眼睛「迫使」我看到它所顯示給我的客觀世界，猶如一根釘子從外面釘住了我的意志。

當感官運作正常，情況良好時，外境往往無視於我們的意志，強制地透過這些傷口進入我們的覺識裡。但感官畢竟是感覺而非行動器官。請想像一下我們的五種行動器官——包括腦

子在內——如果也有類似的傷口，那麼意志的五種暗流透過這些器官所展現的行動，勢必會被客觀意識制伏，如同慾望嚮往的幻境被客觀意識取代了一樣。

這便是傷口在密教裡的意涵。傷口的概念可能會促成靈性的實相，然後演變成心理真相，最後逐漸化成物質現實。從義大利的聖方濟和聖碧岳（Padre Pio）[3] 到現代德國的泰莉莎‧紐曼，身上都帶有五傷印記。這些聖痕其實是正在成形中的意志的未來器官。這些帶著五傷的行動器官的象徵符號就是「神聖五角星」——按聖馬丁的說法，則是與十結合或連結的五元性。

我們還要釐清的是五傷與意志暗流的對應關係。五種暗流對應的就是五個肢體部位（包括頭部在內），但只有四種暗流會分布到相關的四肢上面。獲取或爭取的慾望與右手相連；保有或留住的慾望則屬於左手；領先和不顧他人的佔有慾分別對應著右腳與左腳；但壯大自己的慾望和頭部無關。頭部不必承受第五傷，原因有兩個：第一，因為它承受的是「荊棘王冠」（我們已經在第四封信裡盡量說明過），原則上每一個能客觀思考的人都能承受這個王冠——打從歷史的開端起，人類已經被賦予「荊棘王冠」。這個精微組織在東方被稱為「八瓣蓮花」，在印度則被稱為「千瓣蓮花」或薩哈斯拉（頂輪）。頂輪乃「天賦的禮物」，每個正常人都擁有它。頂輪上的「荊

3　譯註：義大利神父（1887-1968），又稱為聖五傷碧岳神父，於 2002 年被冊封為聖人。

棘」就是確立客觀意識的「釘子」，它們賦予了思想一種良知作用。幸虧有它們，思想才不至於變得獨斷專橫、恣意放任，如同想像力那樣。

因此，並不是思想縱容我們去追求個人成就或自大的慾望，其實是我們的意志挾持了我們的想法，把頭腦降級為它的工具。這也就是為何第五傷——以謙虛取代壯大自我的意志——不在頭上，而是在心的部位。它是從右肋貫穿到心臟的。右邊才是自我意志的源頭；意志就是在此挾持了我們的頭腦，把它當成了工具。許多思想家與科學家為了保持客觀而選擇不用「心」去思考，這顯然是一種錯誤的態度。心本來就是啟發思想的智慧之源；我們應該以謙虛溫暖的心去思考，而不是以冷默造作的心去思量。

因此，第五傷（以其重要性來看算是第一傷）應該是心而非頭腦的創傷。與意志相關的頭腦本是心的工具或「肢體」。

現在讓我們來探討一下五傷的來源——它們是如何產生的——以及如何具體修煉神聖五角星魔法。

人究竟是如何得到五傷的？

世上只有一種得到五傷的方式。無論是出自本能或源自於知識，每一位密修者、密契主義者、理想主義者、靈性追尋者以及善良人士，都是藉由它而得到五傷的。不論在歐洲或亞洲、今日或二十世紀前，這個普世性的方式早已存在於舊時代和文化裡，它們分別是三種傳統誓願的靈修方式：順服、神貧與守貞（obedience、poverty、chastity）。

順服釘牢了心中自我壯大的意志；神貧約束了右手和左手

獲取及保有的慾望；守貞則制伏了「獵人寧錄」[4] 的慾望——
一種領先和不顧他人的佔有慾，也就是獵取和設下陷阱——制
服了運用右腳與左腳的慾望。

順服的誓願，是在修煉如何用理智和良知去克服個人的慾
望、情緒及想像。它是以理想而非現實為首，以群體而非個人
為要，以人性而非國族性為先，以神性而非人性為準。它是宇
宙和人類階級秩序的活力泉源；它賦予熾天使、智天使、座天
使、主天使、力天使、能天使、權天使、天使長、天使，以及
神職人員、爵士、平民存在的理由和意義。順服會帶來秩序，
它就是國際法、國家、教會、世界和平的基礎。順服與暴政及
奴役完全相反，因為其根源是信仰和源自於信心的愛。上界服務
下界，下界順服於上界，當一個人發現了在他之上的存有時，
順服就是自然會產生的結果。認識上主的人自然懂得順服。

在宗教制度和天主教的騎士精神裡，訓練人順服是一種靈
修方式，而且是非常有效的。這是一種意志上的修煉，目的是
要釘住那不斷想壯大自我的企圖。在印度和西藏，闕拉[5] 對上
師的順服，原則上也是出自同一種動機。在猶太教的哈西德派
組織（Hassidic communities）裡，教徒也絕對順服於他們的
義人（tzadekim ／ righteous ones）。同樣地，在布爾什維克
（Bolshevik）[6] 出現前的蘇聯，東正教的信徒也是完全無私地

4　請參照《創世紀》第 10 章，8-9 節。
5　譯註：門徒。
6　譯註：俄國社會民主工黨的一個派別。

順服於他們的靈性導師。

順服的普世公式就是「完成祢的旨意」。

神貧的誓願要達成的則是內在的空性，它是在個人的慾望、情緒及想像靜止後才出現的。這樣我們的心靈才有空間接受上界的話語、生命力及聖光的啟蒙。神貧乃是不間斷地積極祈禱以及對永恆創造力的期待；靈魂靜待著嶄新和意想不到的心靈體驗；這是一種隨時隨地都受教的精神素質，是一切的啟蒙、啟示和入門不可或缺的條件。

下面這則小故事以巧妙的方式說明了神貧於心靈層面的意義：

從前有四個兄弟為了尋找世上最大的寶藏而一同去旅行。一週過後，他們來到一座鐵礦前面。其中一個兄弟禁不住大聲喊著：「我們找到要發掘的寶藏了！」另外三兄弟卻說：「這不是世上最大的寶藏，」然後繼續往前走，把那位願意待下來的兄弟留在鐵礦旁。那位留下來的兄弟因此致富，其他三兄弟則和往日一樣貧窮。一個月過後，三兄弟來到一片佈滿黃綠色石頭的礦區。其中一位禁不住大聲喊道：「這是銅礦啊！」「這絕對是我們要找的寶藏了！」但另外兩兄弟不以為然。後來那個留下來的兄弟也成了銅礦主人，另外兩兄弟則繼續往前走，仍舊和往常一樣窮困。一年過後，他們來到了一座山谷，山谷裡佈滿閃爍著白光的石頭。其中一名兄弟又喊道：「這是銀啊！」「我們終於發現要找的寶藏了！」另一個兄弟卻搖頭繼續往前走，留下來的也成了有錢的銀礦主人。七年過後，剩下的那位兄弟來到一片乾枯的沙漠地帶，他在那兒發現

了一小塊石地。他已經累得剩下半條命，只好坐了下來。這時他察覺腳下的石頭居然閃閃發光，原來它們都是金子……

守貞誓願是要按照太陽的法則生活，既不貪求也不懈怠。美德容易令人感到乏味，惡習又令人厭倦，然而存在於我們心底的那個東西，既不令人感到乏味也不讓人厭倦。心的基礎就是愛，愛能產生活力，如同太陽一樣。守貞指的就是一個人的心變成了太陽般的狀態；它會成為引力中心。

換句話說，守貞指的就是東方玄學所謂「十二瓣蓮花」的心輪是覺醒的，而且變成了精微體內的「行星系統」的太陽。然後底下的三個脈輪（十瓣蓮花，六瓣蓮花與四瓣蓮花），就會開始跟著它（十二瓣蓮花）協調一致地運作，「按照太陽的法則」運轉。人在這種情況下會變得純潔，不論是單身還是已婚。因此，許多已婚的女性甚至有兒女的母親仍然是「處子」，而擁有處女之身的人卻不一定是真正的處子。傳統教會（天主教與東正教）推崇的「聖母」（Virgin-Mother）便是值得尊敬的楷模。戰勝貧弱與冷漠一向是守貞的理想典範。

守貞的修煉不只和性有關，同時也涉及到其他領域。只要是在太陽的法則和陰暗的執著之間做出選擇，都和守貞的修煉有關。因此，任何一種狂熱傾向都違反了守貞法則，因為狂熱意味著已經被人格的暗流牽制。法國大革命便是放縱的集體執迷所導致的，俄羅斯的革命也是如此。民族主義——譬如希特勒時期的德國——同樣是某種形式的執迷，它淹沒了內在的良知，因此無法與守貞的典範和諧共存。

某些玄學修煉形式也會強化不健康的執著，喬瑟分·佩拉

且因而坦誠地説：

> 我不想掩飾什麼；一開始我們都被玄祕之美所迷惑，
> 也曾經迷戀過奇妙的特異功能；我們像神經質的女人
> 一樣自娛過；我們得到過無形及形上事物賦予的快
> 感，也追求過無實體的興奮感。（Joséphin Péladan,
> *L'occulte catholique*, Paris, 1898, p. 309）

守貞的修煉降伏了人性裡的獵人天性，亦即男性追捕獵物和女性佈設陷阱的把戲。神貧的修煉則約束了人性裡的偷竊傾向，因為男性天生有擄獲的衝動，女性則無止盡地想要佔有，而不能靜待自然降臨的禮物或應得的收穫。最後，順服的修煉釘住了壯大自我的意志或人的篡奪本能，也釘住了男性自以為是的傾向和女性不斷尋求他人讚許的渴望。

這三種誓願因而成為不可或缺的發展五傷的方式，也是得到神聖魔法五角星效能的辦法。不過我們仍然得聲明，這並不意味人必須徹底實現謙卑、神貧與守貞的美德——沒有任何一個活著的人能完全擁有這些美德——我們其實是在討論如何修煉它們，也就是如何誠懇地付出努力以實現它們。這些努力是可以換得收穫的。

此即如何發展五傷的答案。接下來的問題則是：五傷的神聖五角星魔法究竟是如何運作的？

如前面所説的，它是建立在意志的純度而非力量上面。與它對應的神聖魔法就是不用強制力，只是藉由真、善、美的存

在去確立（或重新確立）選擇的自由。在五傷的神聖五角星魔法中，施法者的意識裡存在著顯著的善意。善是不會去對抗惡的，它之所以勝利是因為善性一直存在，失敗則是因為善性被迫缺席。五傷保住了源自上界的純潔意志，讓善性得以存在。

下段故事摘自於「論聖方濟的五傷」（"Considerations on the Stigmata of St. Francis"，第五論題），它很適合解答我們所討論的議題。

一位方濟會修士在聖方濟過世後的八年裡不斷地禱告，祈求六翼天使撒拉弗為他揭露聖方濟出現五傷印記時耶穌現身的那段祕密。有一天，聖方濟真的出現在他和另外七位方濟會修士的面前，對著這位修士說道：

> 相信我，最親愛的兄弟，當年我在安微尼亞山上，全神貫注地默觀著耶穌的受難時，突然見到了撒拉弗，然後耶穌現身在我身上烙下了五傷印記；接著對我說：「你知道我對你做了什麼嗎？我給了你我受難的印記，所以從現在起，你就是我的倡導者了。我在死亡那日曾降到中界，五傷的效能引領我在那兒發現的所有靈魂，都隨著我一同進入了天堂，所以從眼前這一刻起，我要授予你權柄（你死亡時要像生前一樣順服於我），這樣你在死後，每年到了自己的忌日那天，都會進入煉獄裡，超拔和淨化你三個修會的修士、修女、懺悔者以及忠實追隨者的靈魂，而這是藉著我賜予你的五傷效能達成的。」這些話都是我生前

沒有告訴你們的。（"Considerations on the Glorious Stigmata of St. Francis" in *The Little Flowers of St. Francis*, book ii, ch. 9; trsl. T. Okey, London, 1963, pp. 129-130）

話一說完，聖方濟就消失了。許多方濟會的修士後來都從那八位修士口中聽說了聖者現身一事。羅馬誦經師傑克伯斯‧柏蘭可斯兄弟（Brother Jacobus Blancus）宣稱從八位修士當中的一位那裡聽到了上面的故事，並在這段故事的後面加上了在聖伊西多羅修院（Saint-Isidore）發現的手稿內容（保羅‧薩巴捷〔Paul Sabatier〕曾經探討過這一段故事）。

現在讓我們根據象徵五傷的神聖五角星魔法，來分析這個事件。

首先我們可能會注意到，聖方濟的五傷既是靈性印記也是肉體印記，因為，它們的效能（魔力）在他過世後仍持續發揮作用。故事中提到他的五傷效能與耶穌身上的五傷一樣，都顯現了降至中界和煉獄超拔受煉的靈魂回返天堂的能力。更值得注意的是，這段故事非常明白地道出，在耶穌復活之前，完全是以五傷的效能拯救了中界的靈魂，同時引領他們進入天堂，而聖方濟也是藉著此種效能，在每年自己的忌日當天，為那些和他在靈性上有連結的靈魂滌罪，帶著他們脫離煉獄進入了天堂。

如果從「中界」（limbo）、「煉獄」（purgatory）和「天堂」（paradise）的含義來理解神聖五角星魔法的運作公

式，你就會明白它能夠引發一種改變，讓人們從自然狀態（中界）和人類的受苦狀態（短暫煉獄），轉變成神聖的至樂狀態（天堂）。象徵五傷的神聖五角星魔法，因而帶動了從自然本性、人性到神性的轉化。這便是靈魂的煉金工作，以傳統的三分法來說，就是從自然、人到神的蛻變過程。

現在讓我們從神聖五角星魔法的轉化或是「解放」的階序，來仔細地思考一下「中界」、「煉獄」和「天堂」的實修意涵。

它們的真實意義和空間無關，因為指的並不是「地方」，而是人的身心靈三種狀態。當我們真的深入瞭解時就會發現，這是親身體驗到的三種狀態。親身體驗提供了類比的鑰匙，讓我們得以理解「中界」、「煉獄」和「天堂」在實修層面上的次元和層級——心理的、形上的與神學的。

我們每個人都經歷過健康和諧的狀態，隨之出現的是一顆自在的心和安祥的靈魂。這便是所謂「活著的喜悅」（joie de vivre），或是一種素樸狀態。如果沒有重病或憂煩，這會是我們慣常的自然存在狀態。這是純潔的、未墮落前的自然本性賦予我們的禮物，而我們的確能不間斷地活在其中，假如本性裡不具備墮落元素——無疾病、罪孽、悲傷、恐懼或自責——更重要的，假如生命整體不是一片由死亡不斷收割的田地。不過我們仍然會在某個片刻、幾小時甚至幾天裡，經歷到生命自發的喜悅，其中沒有任何憂傷或煩惱。這種經驗提供了我們「類比法的鑰匙」，去理解「中界」的含義是什麼。「中界」指的是一種沒有超自然力量或神恩協助的身心健全狀態——包

括外境與內心。這是根據傳統教義：「本性受了傷卻沒有被毀滅」來解釋的。認識《博伽梵歌》（*Bhagavad-Gita*）或研究印度靈修傳統的人，都能輕易辨認出「中界」或本性狀態是什麼，亦即印度人所稱的清淨悅性（sattva）（另外兩種是惰性 tamas 和激性 rajas）。

「煉獄」經驗則包含著身心靈三個層次的罪業帶來的痛苦。這是肉身、道德與心智的業力總結成的苦難，也是靈魂在「中界」和「天堂」的至樂之間會經歷到的體驗。

在下界的我們其實早已嚐過「煉獄」和「天堂」的滋味。我們遭遇過各種苦難，也被賜予了來自天國的撫慰。人的生命本是純淨喜悅的，禍根就是罪業；隨罪業而至的則是痛苦，但天國的至福之光可以帶給我們撫慰與平安。我們的人生正是由「中界」、「煉獄」和「天堂」的真實經驗所構成的。

五傷的神聖五角星魔法「超拔靈魂脫離中界與煉獄，並帶領他們進入天堂」。這句話真正的意思是，它讓天堂存在於「中界」和「煉獄」裡，也讓天堂降至純真又痛苦的自然本性裡。我們也可以說它將超自然引入自然，療癒疾病、啟發意識，賦予人們投入靈修生活的能力；因此「煉獄」包含著所有的疾病與苦難，離開它則意味著從中解脫出來，也就是被徹底療癒和得到啟蒙，與屬靈的世界再度連結。

五傷的魔法是以五傷效應透過屬靈世界的存有在運作著。它能夠帶來蛻變，使人從「中界」、「煉獄」轉化成與神合一或「天堂」的狀態。有關神聖五角星魔法儀式或技術的議題，可以在第三封信裡找到概要；它和「皇后」這張大阿卡納有著

直接的關聯。

聖馬丁所說的「與十結合並連結」的五元性，就是五傷的五元性。另一種五元性則被聖馬丁認定為「絕對邪惡」，因為它與「十」是分開的，它所代表的五種意志暗流（或五肢體），和神聖旨意的五傷是分開的。（被賦予五傷的五種意志能流呼應的是耶穌（IHSCHUH, Jesus）這個名字的字母 YHSVH——它被昆拉特〔Khunrath〕[7]、基歇爾〔Kircher〕[8]、聖馬丁以及其他人象徵性地接受了，雖然希伯來文裡耶穌的名字是 IHSCHUAH。）

但我不像聖馬丁那麼激進地主張與十分開的五元性是絕對邪惡的；它只是比較恣意放任罷了。如果預設從神性和自然本性釋放出來的人性是邪惡的，那我們才能說與十分開的五元性是邪惡的。

總之，五角星除了帶有五傷的意涵之外，並不是一個「黑巫術」的符號，卻是任意施展魔法或「灰巫術」的象徵，如果你想這麼稱呼它的話。由於它是代表人格力量的符號，所以不可避免地是善與惡的綜合體，就算是出自於世上最良善的意圖也一樣。關於它，奧斯維德・沃爾斯（Oswald Wirth）[9]曾經說過：

一般的魔法會在這個符號的能量上自欺，其實它本身

7　譯註：德國物理學家暨煉金術士（1560-1605）。
8　譯註：十七世紀德國耶穌會士暨學者。
9　譯註：瑞士玄學家，奧斯維德塔羅牌的創作者（1860-1943）。

是給不出力量的。只有當個人意志和另一種較為全面性的力量結合時，它才是真正強大的……切莫以人為的方式去施展意志力，也不要把自己變成強用意志的運動員……（Oswald Wirth, *Le Tarot des imagiers du moyen âge*, Paris, 1927, p. 123）

　　至於五角星的兩種形式——單角朝上與單角朝下——則完全不代表「白巫術」和「黑巫術」的差異。你當然可以把「倒過來的五角星」畫成一個山羊頭，但這個符號不會因此變成黑巫術的象徵。五角星的兩種形式分別代表人類的頭部與雙腿的電能，因此和「角」完全無關；它們象徵著伴隨人的意志出現的電能。這兩種形式的能流是相似的，不同之處就在於單角朝上的五角星運用的是理性的意志，單角朝下的五角星運用的則是意志的理性。意志的兩極既可為善亦可為惡，因此兩者都代表善惡法則的融合。不過沒錯，單角朝上的五角星比倒五角星更有機會發揮理性與良知，繼而達成最佳的施法效果，不過一切仍取決於運作者的理智與道德層次。當一個邪惡的智力中樞運用正五角星時，絕對比懷著善意的頭腦更容易朝惡的方向去利用倒五角星。因此，讓我們不要懼怕倒五角星，也不要過分仰賴正五角星。

　　現在讓我們回到與十的完整性連結並結合的五元性，亦即代表五傷的神聖五角星議題。我們要把它看成是全人類而不僅只是個人之事。

　　人類的歷史——從它「夜晚」的那一面來看——可以說是

由幾個有限的魔法公式和符號所推動的。人無論做什麼都是在這些符號與法則的支撐下完成的。十字、五角星與六角星就是推動人類歷史的符號與法則。十字象徵著順服的誓願與美德，同時也象徵著信仰，尤其是當水平呼吸與垂直呼吸結合時。五角星是一種主動的作用力；它既代表努力和工作，也代表神貧的誓願與美德——或是聖光照耀於下界的結果，更是象徵希望的公式。六角星則是守貞的誓願與美德的符號，也是愛的法則與象徵，更是聖父、聖子、聖靈以及聖母、聖女、聖魂的合一。人的屬靈歷史就是從十字到五角星到六角星的進程，換言之，這是一所修煉順服、神貧與守貞的學校，也是透過信、望來達成愛的神聖魔法學院。

中世紀這個時期，十字架正樹立於歐洲的國家、社會、願景及思想之上。這是個順服和充滿信仰的時代——隨之而來的卻是可以想像得到的各種虐行。接著是希望的曙光展露的時期，人本主義促進了文藝復興在藝術、哲學及科學上的發展，它們都是在希望的符號下誕生的。五角星的符號此時開始向上躍升，神聖五角星和代表解放的五角星之間的對立也隨之出現。強調人本精神的藝術、科學及魔法，在相信人性是有希望的五角星符號下展開，反之，代表五傷的神聖五角星精神，則在基督信仰隱修主義的符號下有了進一步的拓展。

自由背後的驅力——對解放的人性抱持希望——帶來了極大的建設與破壞。它創造出無以倫比的物質文明，也摧毀了階級制度，也就是屬靈的順服體制。接踵而至的是一連串的宗教、政治和社會革命。

但階級制度永遠存在，順服精神永不可缺。眼前有一些新的階級已然形成，暴政和獨裁正在取代順服。「他們播種的是風，收割的是暴風」（《何西阿書》第8章，第7節）——這則真理是我們在苦難重重的今日仍需學習的。對解放的人性抱持希望的五角星以往播下了風的種子，如今我們和同時代的人正在收割暴風。

在人類的靈性史上，教皇就是神聖五角星的守護者。換言之，他守護的是唯一的正道——從十字到五角星到六角星的進程。教皇神職的功能就是要確保人們遵奉十字之後，五角星能夠向上躍升，而且只有在遵奉代表五傷的神聖五角星的前提下，六角星才能躍升。教皇關切的是靈性上的順服、神貧與守貞的修煉，他要確保它們不至於從世上消失，並且要讓世上永遠有人信奉和代表它們。這三個誓願是形成強大的信心、光明的希望和熱切之愛的初階條件，也是屬靈呼吸作用的起步條件。若是沒有信、望、愛或慈善，人類在精神上將會窒息。屬靈的順服、神貧與守貞修煉如果中止，人類將徹底喪失信、望、愛。

在人類史上，教皇或教廷的聖座（Holy See）象徵著神聖魔法的一種法則——如同皇帝的職位一樣。此即磐石（Petrus〔Peter〕）這個神祕稱謂的真實意涵。在舊約和新約裡，磐石指的都是不可動搖的法令，或是神聖魔法的公式。教皇的職位就是建立在磐石般的精神之上；

我告訴你，你是彼得，是磐石；在這磐石上，我要建

立我的教會，甚至死亡的權勢也不能勝過它。（《馬太福音》第 16 章，第 18 節）

五個「地獄之門」——壯大自我的意志、獲取與保有的慾望、領先的衝動和不顧他人的佔有慾——是無法勝過五傷的，而五傷就是「進入天國的鑰匙」。

這五傷的道德魔法力量在地球上造成的約束力，會連結到天國的相關存有；當它們不再有約束力的時候，也會讓人失去與天國存有的連結。上下界是彼此呼應的。當違逆、貪婪和不貞史無前例地盛行於地面時，只有這些鑰匙的美德效能足以讓上下界重新結合，讓我們用一句話來總結心中的願景：

但願上界轉成下界，下界形同上界。

第六張大阿卡納的冥想

戀人

THE LOVER

她擁抱那年輕人，跟他親吻，

嬉皮笑臉地說：

今天我還願獻祭，

家裡留著祭肉，

所以我出來找你。

我要找你，你果然在這裡！

——《箴言》第 7 章，第 13-15 節

我是智慧，我有見識，

我有知識，有健全的判斷力…

愛我的，我也愛他；

尋找我的，一定找到。

——《箴言》第 8 章，第 12、17 節

願你的心只向我敞開；

願你的手臂只擁抱我；

愛情跟死一樣堅強；戀情跟陰間一樣牢固。

它爆出火焰，

像烈火一樣燃燒。

——《雅歌》第 8 章，第 6 節

戀人

親愛的不知名朋友：

　　在這張卡的構圖中，塔羅的視覺語言轉成了所羅門的詩句。一名暗色頭髮的女子一臉輕率，身上披著紅袍、手抓著一名年輕男子的肩膀。另一名穿藍色斗篷的金髮女子則用左

手做出貞節的手勢，懇求著這名男子的心。上方同時有一個生著翅膀的嬰兒射手，背對著散發紅、黃、藍光芒的白色天體，正準備射出一支箭，箭頭瞄準著年輕男子另一邊的肩膀。當你在默觀這張卡時，難道聽不出有個聲音在說：「我要找你」，另一個聲音卻說：「尋找我的，一定找到」？你難道分不清慾望之聲和內在的心聲，認不出所羅門王指的火就是上界之火嗎？

因此，第六張戀人卡與守貞的戒律有關，如同第五張卡的主題是神貧，第四張是順服一樣。此外，這張大阿卡納也是前兩張的總結──順服與神貧的成果便是守貞。它要探討的是靈修的三種守戒方式，對應著與其相反的三種試煉或誘惑。卡上的年輕男子面臨的挑戰比起善惡的抉擇，具有更深的意義。他既可選擇順服、神貧與守貞之道，也可選擇權力、富裕與放任之道。因此，「戀人」探討的是三種戒律和三種對應的誘惑，其中包含了六角星或六元性的實修意涵。

這三種戒律的核心本質就是人對天堂的記憶；人與上主曾經是一體的（順服），而且早已具足一切（神貧），其伴侶同時兼具了妻子、朋友、姊妹和母親的特質（守貞）。人只有臣服於「比自己更是自己」的神，祂才會示現──這意味著世間萬有必須以「神的花園」（伊甸園）為典範，而無須選擇或緊抓不放，也無須佔有與圓滿神性背離的任何事物──這就是要遵循神貧戒律；最後要提到的是自他的徹底融合，這意味著雙方必須在各個層面建立緊密關係，讓彼此在愛中整合自己的身、心、靈──這就是要遵循守貞戒律。

人只有全心全意去愛另一個人才是貞節的。守貞指的並不是一種冷漠抽離，而是活在「像烈火一樣燃燒，跟死一樣堅強的愛情」裡。這是一種充滿著生命力的合一狀態，不但自己的身、心、靈是合一的，而且與對方的身、心、靈也合一了；三加三等於六，六又來自於二，而二又合成了一。

此即亞當與夏娃相處的準則，也是一種守貞法則，更是人對天國的鮮活記憶。

但我們又該如何看待修士與修女的獨身生活呢？他們要如何應用「亞當—夏娃」的守貞法則？

「愛情跟死亡一樣堅強」指的是死亡無法摧毀愛。死亡既無法令人忘懷過去，也無法制止人們的期望。今日的我們仍存留著對伊甸園的記憶，故而無法停止對它的渴望。人的靈魂若是帶著這份記憶來到世上，並且還存留著一種印象，知道在下界的此生中將不會遇到真正的另一半，那麼這些記憶就會像戒律一樣，讓他或她在此生過著守寡般的生活。真正的修士在內心深處都是鰥夫或未婚夫，真正的修女在內心深處則是寡婦或未婚妻。真正的獨身主義者見證的是愛的永恆性，真正的婚姻見證的則是愛的真實性。

是的，親愛的朋友，生命的確是深奧的，其深度就像是一個無止境的淵壑。尼采意識到這一點，將其表達在「夜之歌」（Song of the Night）中（摘自《查拉圖斯特拉如是說》〔*Thus Spake Zarathustra*〕第三段，第十五章）：

人哪！留意啊！

那幽暗的子夜究竟在訴說著什麼？

我躺下入睡，進入了夢境——

我從夢裡醒來——

發現了一個深不可測的宇宙，

比每日所見的更為深奧。

但深奧就是它的悲哀，

而喜悅——甚至比悲傷更深：

於是悲傷說：你快點走吧！

可喜悅終將贏得永恆——

淵遠高深的永恆！

（Friedrich Nietzsche, *Thus Spake Zarathustra*）

因此，是那同一支箭——永恆的火焰之箭——帶來了真正的獨身生活與婚姻。修士的心被射穿了——所以才成為出家僧眾——它就像新婚之夜未婚夫的真心一樣。試問何處還能讓我們發現更多的美與真？誰能告訴我們？

至於對鄰人的那份愛……和「亞當—夏娃」之愛的原型又有著怎樣的關係呢？

我們的周圍存在著無數有覺知的生命——有形與無形的——我們雖然知道這些存有也是活生生的，但真實的程度似乎遠不及我們。我們以為只有自己在經驗現實，相較之下，其他生命似乎像影子一樣。雖然頭腦會說這是一種錯覺，但我們仍然覺得自己才是現實的中心。有人稱這種錯覺為「自我中心」、「自我本位」、「自我實存的幻覺」或「墮落造成的結

果」，可是這些說法都不能改變我們的認知。

　　真正的愛就是徹底去感受一件事物的真實性。愛喚醒我們去認識自己、他人、世界以及上主的真實性，然而我們並不像愛自己一樣地愛著其他生命，因為對我們來說，它們就是不夠真實。

　　世上有兩種方式可以讓我們脫離「我是活的—你是影子」的錯覺，而且是可以選擇的。其中一種就是消除對自己的愛，成為「影子中的影子」——等同於自我漠視。印度提供了這種修行方式，使我們得以從自我實存的幻覺中解脫出來。這種方式就是把對其他存有的漠視延伸到自己身上，讓自我縮小成一種影子狀態，如同其他的影子一樣。馬雅（**Maya**），大幻相，意味著認同個體並非實有，你和我都只是影子罷了——一種沒有實存性的表象。體悟這一點的公式就是：「我是影子——你也是影子」。

　　另一種靈修方式則是把對自己的愛擴大到其它存有身上，如此才能實現「我活著—你也活著」的法則。這意味著其他的生命和我們一樣真實，因此要愛人如己。愛不是一種抽象法則，它是具有實質性和強度的，人必須先對另一個人產生真實又強烈的愛，才能將其放射到各個方向。「人要先有黃金才能造出金子」，煉金者如是說。對應這句話的靈修箴言則是：若想博愛每個人，必須先愛某個人。這某個人就是「鄰人」。

　　但隱修之道所指的鄰人又意味著什麼呢？從密契體驗、靈知、神聖魔法和形上的角度來理解，鄰人究竟是誰？他就是自始以來最接近你的那個生命，你永恆的孿生靈魂，與你一同觀

賞人類黎明的存有。

人類的黎明便是《聖經》所描述的天國。神就是在那個時段建議道：「人單獨生活不好」（《創世紀》第 2 章，第 18 節）。

存在意味著去愛，孤獨地存在則是愛自己。「人單獨生活不好」指的是人不能只愛自己，所以神才會說：「我要為他造一個合適的伴侶來幫助他。」夏娃本是亞當的一部分，因此他才會愛她如己。夏娃便是亞當最接近的那位「鄰人」（「我骨中的骨，肉中的肉」——《創世紀》第 2 章，第 23 節）。

此即男女之愛以及對鄰人之愛的源起。最初存在的只有一種愛，其本源就是一體性。

任何形式的愛（慈愛、友愛、父愛、母愛、子女之愛、兄弟之愛）都和亞當—夏娃之愛來自相同的源頭。深刻地去感受其他存有的真實性，愛才能發生和拓展。第一對戀人的愛發出的熱力，會反映在親子和手足之愛上面，接著會反映在所有的親屬關係上面，然後會超越直系親屬延伸至萬物身上……真實而強烈的愛一旦產生出來，就會循著各種形式的關係拓展、延伸和變化。它會如同瀑布的激流一般，充盈和淹沒一切。因此，父母之間如果有真愛，孩子們也會如此地愛父母，乃至於彼此相愛；他們會愛那些情同手足的人，譬如學校裡的同學和鄰近的朋友；愛於是從父母身上延伸至老師、監護人、牧師等其他人身上。這些孩子長大之後也會愛丈夫和妻子，如同父母相愛的方式一樣。

這一切顯然都和西格蒙德・佛洛伊德（Sigmund Freud）

的泛性論相左。對佛洛伊德而言，「力比多」或性慾才是人類心理活動的基礎，它形成了人類的本能驅力，透過昇華作用或性慾的轉化，演變成在社會、藝術、科學及宗教上揮灑自如的創造力。完整的愛和性慾的關係，如同帶著七彩的淨光與紅光的關係。「亞當─夏娃」之愛包含了尚未分化的七彩，佛洛伊德所說的本能驅力，只能算是從整體脫離出來的單一顏色。背離了完整的愛就是失貞。失貞意味著肉體的慾望獨立存在，導致身心靈的完整性被破壞。性慾本是愛的一個面向，屬於「四瓣蓮花」這個脈輪的範疇——只佔了人這個有機體的七分之一。其他六個脈輪的重要性絕不亞於四瓣蓮花的海底輪——此即佛洛伊德的理論忽略（甚至否認）的部分。

這就像馬克思被某種不完整的真理觸動了一樣。他認為人必須有東西吃才能思考，因此把經濟捧成了文明的首要之事。同樣地，佛洛伊德也被某種不完整的真理所觸動。他認為人必須誕生出來才能吃東西和思考，而由於繁殖這件事必須先有性慾，所以他就把性慾視為文明的首要之事。如同馬克思將經濟利益看成是人的生命基礎，佛洛伊德也把性慾當成了人的存在基礎。

阿爾弗雷德·阿德勒（**Alfred Adler**）卻無法把導師的性理論視為存在最重要的事情，因為他的許多經驗都和此理有所牴觸。這位深層心理學另一個學派的創始人，後來發現權力意志在人的生命中扮演著重要角色。他將權力意志升級為人的存在基礎，而非十八世紀的科學理性精神或馬克思側重的經濟利益，亦非佛洛伊德強調的性慾理論。

榮格則不但接受了佛洛伊德與阿德勒的思想，還透過臨床經驗發現了更深的心理活動。他不得不承認還有一個比性和權力意志更深的次元。幸虧有榮格的貢獻，心理學才確定人是以靈性為基礎的。人類本是一種屬靈存有，雖然也重視經濟利益，具有性慾和權力意志。

榮格在心理學上重新樹立了守貞法則——剛才提到的理論都和這個法則相左，因為它們都分化了人的身心靈合一性。榮格在人的本質中發現了神的氣息。

同時他還揭示了一種嶄新的探索方式。他一層一層地揭露精神的無意識領域，就像考古學、古生物學及地質學的探索一樣。這三種學科都將地層視為過往歷史的檔案庫，而深層心理學也將意識的各個層次視為靈魂生命史的記憶庫；過往的生命史距今有多遠，榮格探究的精神層次就有多深。他所認同的心理深度與靈魂的生命史一樣，可以回溯至誕生前的過去世。我們當然可以花時間討論這些層次究竟屬於集體還是個人，其延續性究竟是遺傳還是轉世造成的，但重點在於靈魂的印記確實是人類意識發展史的線索。不僅如此，靈魂的印記是不會消失的，所有的過去世都鮮活地存在於無意識裡。因此，古生物學和地質學是在探究逝去的歷史印記或化石；靈魂層次的探究卻是在當下見證一個人的轉世紀錄。屬於靈魂層次的任何紀錄都不會消失，尤其是真正的喜悅和痛苦、真正的屬靈經驗和啟示。根本性的生命史會持續地存在於我們內心，所以必須向內尋求啟動這些記憶的鑰匙。

「伊甸園」、天堂和墮落所屬的次元都在人心深處，我們

可以在摩西的《創世紀》中讀到相關說明。你是否懷疑過這個說法的真實性？事實上，只要降至靈魂深處或根部——感受、意志和理性的源頭——你就會明白它是真的。換言之，你會「徹底」明白《聖經》的描述是最根本而真實的——你必須否定自己，否定對靈魂精微結構的見證，才足以懷疑摩西說法的真實性。當你默觀創世紀對天堂的描述時，只要降至內心深處，就無法產生任何懷疑。這份確鑿性一直存在於靈魂深處。

不過當然，我們並不是在探討伊甸園的樹、蛇或禁果是否屬實。我們是在研究這些象徵語言揭露的實相和人類靈命的起源。

在拉丁文裡，「回到源頭」（initium）本是啟蒙的意思。啟蒙就是有覺知地體驗到最初的小宇宙（隱修的啟蒙方式）和大宇宙（畢達哥拉斯式的啟蒙方式）。前者是帶著覺知降至意識深處最初始的地帶，亦即進入內在的根基去體驗最深的部分。這會讓人越來越深入，直到喚醒內心最根本的神性——「上帝的形像及樣式」為止。這種「入神」（enstasy）經驗是透過屬靈的觸動產生的，我們可以將其比喻為心靈或屬靈的內在煉金實驗。

第二種啟蒙方式——畢達哥拉斯式——主要是建立在聽覺或屬靈的諦聽上面。這是一種狂喜或意識擴張的「出神」（ecstasy）狀態，處在這種狀態下，大宇宙（「天體」或「天界」）會讓我們意識到它們的存在。畢達哥拉斯所謂的「天籟」（music of the spheres）就是這種經驗，他的大宇宙原音及數學結構理論也是源自於此。對聲音、數字、神聖幾何的三段式體驗，也可歸類為聽到「天籟」的出神狀態。

我們雖然稱這種大宇宙啟蒙經驗為「畢達哥拉斯式」，但並不代表這是基督教出現之前的世代的特權。聖保羅如此描述自己在出神狀態下經驗到的「天體」或「天界」：

> 我知道有一個基督徒，他在十四年前被提到第三層天（我不知道是他的身體上去，還是他得了異象，只有上帝知道）。我再說，這個人被提到樂園（是他的身體上去，還是得了異象，我也不知道，只有上帝知道）。在那裡，他聽見了不能用言語表達、也不能用口舌描述的事。（《哥林多後書》第 12 章，第 2-4 節）

聖保羅被提升到大宇宙的第三層天之後，又被領入了天堂，他在那裡聽見了一種難以形容的語言。他的大宇宙啟蒙經驗是藉由狂喜達成的，但重點在於他是「帶著覺知」聽見了無法描述的語言，如同「帶著覺知」以入神方式進到內在最深的小宇宙一樣。天堂的大宇宙或伊甸園的小宇宙都是「源頭」。出神是一種超越個人性的高昂狀態，入神則是進入了內心的根基，兩者同屬一個實相。

在基督信仰隱修之道裡，這兩種啟蒙方式合而為一了，因為主耶穌有兩種類型的門徒——「日間的門徒」與「夜間的門徒」——第一種人的啟蒙方式是入神，第二種人的啟蒙方式則是出神。此外還有第三種「日夜兼具」型的門徒，同時握有兩把啟蒙的鑰匙，因此約翰才會成為福音書的作者和聆聽耶穌心

跳的人。他擁有的是兩種體驗——對大宇宙太初之音和小宇宙聖心的體悟——所以連禱文才會出現「耶穌之心乃眾心之王和中心點」這句話。就是因為他擁有兩種體驗，所以《約翰福音》才能兼具廣博與親切，同時具足高度與深度。

　　天國實相乃大宇宙和小宇宙的結合。基督信仰的啟蒙方式就是帶著覺知去經驗宇宙的本質和人性的光輝，而耶穌是唯一的啟蒙者，也是早期基督徒所說的「主」。在這一點上面，隱修士從過去到現在一直秉持著赤誠之心，讚誦著《使徒信經》的下述內文：

> 我們只相信唯一的主，耶穌基督，神獨一的聖子，
> 天父的永恆之子，
> 神是來自於神的源頭，光是來自於光源，
> 真神是來自於真神之源，
> 他與聖父本為一體。
> 透過他萬物被創造出來。
> 為了人類和人類的救贖他從天而降：
> 藉由聖靈的力量聖母馬利亞生下了他，
> 並化身為人。

　　我們應該懷著崇敬和感恩的心去禮敬古往今來的偉大靈魂——各個世代的智者、正義之士、先知及聖人——我們要學習他們有能力又願意教導的事物，但是我們只有一位真正的啟蒙者和主；為了確立這份認知，在此我必須重申一次。

現在讓我們回到天國的主題上面。

「天國」同時是小我的靈魂源頭和大宇宙的根基。我們藉由入神和出神的方式發現了它。它既是萬物的起源，也是宇宙律之所繫。我們在前面的章節裡已經闡述了順服、神貧及守貞這三種戒律。天國既然是萬物的起源和宇宙律之所繫，那麼在其中一定也會發現墮落和誘惑的源頭，亦即將順服轉為反叛、將神貧轉為貪婪、將守貞轉為失貞的人性本質。

天國的誘惑是三重的，如同耶穌在曠野裡受到的試探一樣。以下是天國的三重誘惑的三種構成要素，它們被記錄在《創世紀》有關墮落的描述中：

1. 夏娃聽從了蛇的意見；
2. 「那女人看見那棵樹的果子好看好吃，又能得智慧，就很羨慕」（《創世紀》第3章，第6節）；
3. 「她摘下果子，自己吃了，又給丈夫吃；她丈夫也吃了」（《創世紀》第3章，第6節）。

蛇是所有動物中智能最高的（「最狡猾的」），其覺知方向屬於水平式（朝向「野性」發展）。在墮落之前，亞當—夏娃的心靈活動本是縱向的；他們的眼睛尚未「打開」，「光著身體，而且並不害羞」（《創世紀》第2章，第25節）；換言之，他們能夠意識到一切縱向的事物——從上界到下界的、在神之中的、透過神和為了神而存在的。他們對那些與上主脫

離的「顯化」事物沒有任何覺知。他們感知的方式是「上下界如一」，所以才會對赤身露體不感覺羞恥。他們看見的現象界就是上主理想的顯化；此為縱向意識真正的含義（虛實不分），《翡翠石板》有記錄相關法則。至於蛇的橫向意識所能覺知的，很顯然只是示現出來的表象：「在我之內的如同在我之外的，在我之外的如同在我之內的」，這意味著它不是在上主之內去看事物，而是脫離了祂去看顯化出來的表象——一切都是內在的投射，而且目的都是為了自己。由於自我取代了上主（主客對立的意識狀態），因此蛇才會說亞當與夏娃吃了伊甸園那棵樹上的果子，視野就會像神一樣地開展，意思是自我將取代上主，開始懂得分辨善惡。他們之前是藉著聖光去看宇宙，吃了果子後便開始以自我之光去看世界——換言之，上主的啟蒙工作落到了他們自己身上，於是光源不再是神而是人。

這便是夏娃聽從蛇的意見所受到的誘惑，本質上就是追求權力和意識的自主性。夏娃雖然聽從了蛇的意見，卻仍舊記得上主的訓誡：「園子裡任何樹的果子你都可以吃，只有那棵能使人辨別善惡的樹所結的果子你絕對不可吃；你吃了，當天一定死亡。」（《創世紀》第2章，第16-17節）。

因此她聽到了兩種聲音，兩種來自相反源頭的指示，這便是懷疑的開端。懷疑源自於有兩種指示，信仰則是只堅信一種指示。堅信意味著克服懷疑之後重拾信仰，順服則是對上主的話全然虔信。但夏娃卻聽從了上主之外的建言。這件事告訴我們，她把兩種說法做了比較，對她來說，它們屬於同一個層次（因此才產生了懷疑）。這件事本身就是一種靈性上的反叛，

也是墮落的由來與開端。

然後她「看見那棵樹的果子好看好吃，又能得智慧，就很羨慕」──此即誘惑和墮落的第二階段。她是聽取了蛇的意見後才注意到那棵樹的；她開始從一種嶄新的視角去看那棵樹──以往她只感覺到上主音聲的振動。以往她對那棵樹完全無動於衷，現在蛇的話令她開始心動──帶著質疑的、衡量的、不信任的眼神準備親自去經驗世界。人內在有懷疑，又不能提升到更高的層次去克服這份懷疑，就會被誘使去追求新的生命經驗來排除懷疑。

就是這種嶄新的視角令那棵樹的果子看起來「好看好吃」。追求新的生命經驗便是貪婪的開端，也是與神貧相左的一種發展方向。

夏娃從嶄新的視角去看那棵樹之後，便伸出手來「摘下果子，自己吃了，又給丈夫吃；她丈夫也吃了。」誘惑和墮落的第三階段於焉開展：為逃避懷疑而躍入新的經驗裡，並促使他人加入參與。

這也是與守貞法則相左的失貞的開端。基於懷疑而追求新的經驗，乃身、心、靈失貞的主要原因。隱修士一旦有了這份認識，就不會為了驅散懷疑而主動追求新的經驗，不過當然還是會深刻地經驗生命。因此，伸手摘下善惡樹的果實是違背守貞戒律的。屬靈世界不允許人擅自做實驗。人可以祈求、尋找或敲門，但不可強行開門。他必須等著門自動開啟。

基督信仰的教誨和恩寵體驗要彰顯的就是順服、神貧與守貞的精神。神不是客體也不是被認知的對象，祂是啟蒙與恩寵

的源頭。祂不能被擄獲，但絕對會適時展露自己。

守貞、神貧與順服是所有教誨和恩寵的基石。基督信仰的隱修方式，包括密契體驗、靈知和神聖魔法，都是建立在恩寵和三聖戒上面，其中的一項成果就是獲得上界的神聖啟蒙。神聖啟蒙乃上界賜予的恩寵；人無法以外在或內在的任何技巧去達成它。人無法自行達成神聖啟蒙，只可能成為被啟蒙的對象。

恩寵……這個主題在佈道會、神學論述、形上著作和君主的誇大宣言中不斷地被提出來，無論複述者是高派基督徒、天主教徒、東正教徒或是基督信仰的捍衛者。難道我們聽不厭嗎？凡是在聞到薰香或聽見聖詩的時間及地點，我們都會讀到它或聽到它，難道它沒有被過度複述嗎？準備踏上大阿卡納探索之旅的現代隱修士，難道沒有權利不去聽這類乏味的佈道嗎？如果有人勸他放棄神聖魔法的四要素——「勇氣、意志、靜默與真知」——只用可憐的聲音說：「主啊，我懇求祢的憐憫！」，會不會太小看他了？

然而，沒有任何事比太陽日復一日地升起更平常了。幸虧有這麼平常的現象存在，我們才得以見到生命帶來的新鮮事物。如同陽光讓我們看見了物質界的一切，屬靈的陽光——恩寵——也讓我們見識到靈性世界的一切，不過想看見必須先有光。

同樣地，想要呼吸和活著就必須先有空氣。環繞在我們周圍的空氣，不正是恩寵的最佳表徵嗎？若想活在聖靈中，靈魂必須先活化，而活化靠的就是屬靈的呼吸。

但人能夠刻意製造出智力、道德或藝術上的靈感嗎？難道肺臟可以自行製造呼吸所需的空氣？

地球的生命和屬靈的生命都是依循恩寵法則在運作著，它們完全是按照順服、神貧與守貞的法則存活著，上下界皆是如此。連肺臟都給我們上了一堂有關恩寵的課，因為它知道自己需要呼吸，所以會順服；它知道自己需要空氣，所以會吸氣；它愛好潔淨，所以會吐氣。呼吸作用教導的就是順服、神貧與守貞的法則。帶著覺知自然地吸進恩寵，便是基督信仰的哈達瑜伽，縱向呼吸指的則是祈禱與賜福的循環，或者可以說只要敞開自己接受恩寵，便能接收到上主的氣息。

至於神聖魔法的四元素「勇氣、意志、靜默與真知」，則被主耶穌隨機地運用在以下的法則裡：

你們祈求，就得到；

尋找，就找到；

敲門，就給你們開門；

因為凡祈求的，就得到；

尋找的，就找到；

敲門的，門就開了。

（《馬太福音》第 7 章，第 7-8 節）

所以一個人要勇於祈求，有意願尋找，能夠安於靜默，當門為他開啟時要帶著覺知。智慧不是自動出現的；門開了，它才會現身。

這便是努力必得恩寵、勞而有穫、具德必有賞賜的法則。無論修煉者是獨修的隱士，還是屬於某男女僧團、密契派或隱修派，都必須遵守這些法則，才會有靈性上的進展。基督隱修之道一向是密契體驗、靈知、神聖魔法及隱修哲學的整合，因此毫無例外地，它也必須透過基督的光、熱及精神的洗禮才能得到轉化。不涉及恩寵的隱修之道只會是呆板博學的宗教研究，無需付出努力的隱修之道則是膚淺而多愁善感的唯美主義。隱修之道本是一項研究真理的工作，但這項工作絕對是恩寵和努力的結晶。

親愛的朋友，如果你對神學有所認識，就會瞭解天主教是如何看待努力與恩寵之間的關係。你會發現，它並不接受伯拉鳩派（Pelagianism）的主張，因為他們認為凡事都得靠努力，也不接受路德派的新教主張（Luther's Protestantism），因為他們認為凡事都得靠恩寵。同時你會發現，其中也隱含著「萬物的本體雖然脆弱，卻無法完全被摧毀」這則天主教的教誨──也就是說，人性裡一定具備勞而有獲的因子。

那麼隱修之道是不是直接以天主教的神學思想作為基本教義？

不，隱修之道並不屬於任何一種教派或教會，也不是獨立存在的學問，如果是的話，它就會跟宗教、教會或科學競爭。它其實是整合了密契體驗、靈知和神聖魔法，透過象徵符號表達深層奧義的途徑──象徵符號乃展現心靈深度和高度的媒介（入神與出神的媒介），也是一切普世知識（寬度）和傳統教誨（長度）的媒介。由於隱修士都是基督信仰者，所以能接受

普世與傳統的交集、基督信仰深度與高度的結合，如同聖保羅所言：

> 使你們在他的愛中有根有基，好使你們能夠跟所有上帝的子民一同體會基督的愛是多麼長闊高深。願你們能理解基督那超越知識所能領悟的愛，好使你們能完全被上帝的完美所充滿。（《以弗所書》第 3 章，第 17-19 節）

這便是神聖啟蒙的完整運作方式。

我們在認識和體驗了普世基督信仰的深度和高度之後，還必須明白隱修之道並沒有從天主教和傳統教派擷取任何東西，事實上也無從擷取，因為隱修之道就是基督信仰的垂直面向，它的血中之血、肉中之肉，深度和高度所在。但這並不意味每位隱修士都代表教會的深度與高度；舉凡能意識到和經驗過基督信仰普世傳統的深度與高度的人，便稱得上是隱修士，同時也足以代表隱修之道了。那麼，所有在教會裡分享屬靈經驗的長老們，以及那些擁有密契體驗的教會聖人和密契者，也都稱得上是隱修士嗎？是的，只要能見證和代表基督信仰的深度與高度，便足以被稱為隱修士。他們都有許多體認可以分享給現代隱修士，就如在聖文德的「靈程三路」[1]（The Threefold

---

1　譯註：心靈邁向天主的三條路：煉路、明路與合路。

Way）裡，你會讀到：

請留意，見證真理必定會經歷下面的三個階段：

1. 第一階段：

以默禱來激發對真理的見證，

這是成為天使要下的功夫；

學習、閱讀和聽聞真理，

這是成為天使長要下的功夫；

以身作則來宣揚真理，

這是成為權天使要下的功夫。

2. 第二階段：

成為他人信仰的庇護所、與真理同在，

這是成為能天使要下的功夫；

藉由熱誠與仿效來體悟真理，

這是成為力天使要下的功夫；

藉由克制慾望與真理連結，

這是成為主天使要下的功夫。

3. 第三階段：

透過奉獻和讚美以示對真理的尊崇，

這是成為座天使要下的功夫；

透過狂喜（出神）和默觀來展現對真理的仰慕，

這是成為智天使要下的功夫；

透過愛與無我擁抱真理，

這是成為熾天使要下的功夫。

請留意我在此所說的話，

因為上述的一切都是生命的活泉。（St. Bonaven-
tura, *De triplici via*, iii, 14）

多年的靈修功夫就這樣濃縮在幾句話裡了！身為一名隱修士，你能允許自己忽略箇中的真實體驗嗎？此外，法伯‧道利維 [2]（Fabre d'Olivet）、李維、大亞維德侯爵、科依塔 [3]（Guaita）、巴布士與佩拉旦的思想，也都值得我們研究——包括其他的隱修士與玄學家的思想在內——但只是研究這些還不夠。難道唯獨他們的思想才是可信的見證，唯獨他們的體驗才是屬靈實相的第一手資料？我們應該關切的是所有透過親身經驗而具備真知灼見的人，同時還要尋求切實的體悟而非表面的知識或理論。

讓我們回到誘惑這個主題上。之前我們已經說過它有三個面向，這三個面向和天國的三種恩寵——順服、神貧、守貞的成果——息息相關，它們也是人類墮落後的靈修基石，亦即六角星或所羅門的封印：✡ 在實修上的意涵。此封印使人憶起了天國與墮落，換言之，它關係著靈修上的律法。

由於新聯盟的目標是在完成「舊聯盟」[4]（the Old Alliance）的工作，所以主耶穌的救贖才會從解除三種原始

2　譯註：法國作家及玄學家（1767-1825）。
3　譯註：史坦尼斯拉斯‧德‧科依塔（Stanislas de Guaita），法國玄學家及詩人（1861-1897），與佩拉旦一起創立「玫瑰十字卡巴拉教派」。
4　譯註：耶穌出現之前，以色列的多神崇拜者於耶和華信仰下組成的聯盟。

誘惑入手。但這一次是人子耶穌受到了蠱惑，發生的地點不再是伊甸園，而是在地球的曠野裡。這一回的誘惑者不再是蛇（「曠野中最狡猾的動物」）而是「撒旦」，亦即「新人類」、「超人」或其他的「人子」——他們化為肉身，實現了蛇所允諾的自由。

「反基督」（antichrist）其實是脫離恩寵的橫向演化產物，由蛇所促成的生物及歷史性演化念相。換言之，蛇就是科學所教導和研究的演化論原創者，反基督則是脫離恩寵的演化論產物；一種下界的集體意識導致的人為能量體。

讓我們仔細思考一下「念相」（egregore）這個概念，以便深入瞭解什麼是「反基督」，這個密教或隱修之道裡謎一般的角色和曠野誘惑的源頭。

首先要思考的是羅伯・安伯蘭[5]（Robert Ambelain）在《實用卡巴拉》（*La Kabbale pratique*）中提到的：

> 我們可以用「念相」這個詞彙來表述一種強大的精神能量體，它循著萬物的節奏規律地接受滋養，並且藉由萬物的共通性形成了一種實體。（Robert Ambelain, *La Kabbale pratique*, Paris, 1951, p. 175）

以上這個定義，我們無需再加以說明。但很不幸地，人們把它和緊接著的一段話混淆在一起了：

5　譯註：法國玄學作家（1907-1997），專研玄學及占星學。

在超越人類覺知的無形次元裡，存在著許多人為
能量體——由奉獻、熱情與狂信所導致的「念
相」。這些精神能量體都擁有巨大的能流。「神祕
教會」（Mystical Church）、「天上的耶路撒冷」
（Heavenly Jerusalem）、「基督的聖體」（Body of
Christ）之類的稱謂，經常被視為天主教的念相。共
濟會、基督教新教、伊斯蘭教與佛教也都形成了各自
的念相。重要的政治意識形態同樣促成了某種類型的
集體念相。（同前著作，p. 175）

上述的說法其實有對也有錯。對的部分是，無形次元的集
體能量的確存在，「念相」是實存的。錯誤的部分則是，「基
督的聖體」和「政治意識形態」完全是兩回事，作者卻沒有加
以區分。如果把神祕教會、基督的聖體、共濟會和佛教的集體
意識都歸為念相，也就是將其視為由奉獻、狂熱與盲信引發的
精神能量體，那麼上主不也是一種念相了嗎？

不，超越人類的屬靈存有的確存在，可祂們不是靠人為的
方式形成的，而是自己顯化出來的。把上下界發生的事混為一
談，是物質科學家和玄學家經常會犯的毛病。許多生物學家都
認為人的靈魂是神經系統無數感知細胞結合成的副現象；對他
們而言，「靈魂」不過是無數細胞合成的念相罷了。但事實
絕非如此，因為，細胞的念相本質上是一種由電磁場形成的魅
影，會在人死後因為抗拒肉體的分解而顯相在「鬼屋」裡。這
種魅影和靈魂本身無關，和精微體（靈光圈的乙太體和星光

體）也無關。

如果說神祕教會或基督的聖體是一種念相，那就等於在說神祕教會是無數信徒的意識引發的幻相，或是由無數的細胞形成的魅影。分不清靈魂和魅影的差別是十分嚴重的錯誤。嚴重的程度不下於分不清天啟和捏造的啟示——上界屬靈存有的主動顯相和下界的念相。因為念相雖然強而有力，畢竟只是一種短暫的存有，其持久性完全仰賴製造者供給的能量。而上界的靈魂或屬靈存有——促成、啟發和引領人類群體的存有——才是滋養和活化人類靈魂的能量供應者：譬如大天使（「國家的守護靈」），權天使（「時間的守護靈」），藏傳佛教背後的護法尊；更別提耶穌基督每日以聖體和聖血活化和連結的教會了。因此，念相是由人類供給養分，後者則是由上界的屬靈存有施予養分。

上主、基督、聖母、各種層級的天使、聖人、神祕教會（基督的聖體）都是真實的屬靈存有，但是這裡還存在著另一種教會的魅影或念相，亦即教會的「分身」（double），就像每個人、國家或宗教都有「分身」一樣。每當我們想到俄國，就會聯想到熊，一想到法國便聯想到公雞，德國的象徵則是狼；這麼一來，我們就看不到俄羅斯是保有聖心的國家，法國是擁有才智的國家，德國則是具有開創精神的國家。同樣地，每當人們想到天主教會時，如果聯想到的不是基督的聖體而是狐狸（天主教會的歷史魅影），顯然也是不公平的事。若想認清事實就必須正確看待事物，而正確看待事物，就意味著盡力看破幻相。這也是隱修之道主要的實修訓戒之一。人如果能盡

力看破幻相，便能獲得聖保羅所謂智慧的深度與高度，亦即隱修之道的本質。

至於反基督，其實是人類的集體魅影，經過歷史的演化產生出來的存有。這種集體魅影會變成人們心目中的「超人」，纏繞著那些背離恩寵、企圖靠自己奮鬥的人。它曾經出現在尼采面前，並且「把世上萬國和它們的榮華都給他看」，也讓他在輪迴的永恆循環中看見了過去、現在及未來；它也邀約尼采躍入不分善惡的國度，同時要求他信奉和宣揚演化論，以及擁護人類權力意志的福音——它說，只要信奉這福音（等於宣告「上帝已死」），就能把石頭（無機物）變成食物（有機物），把有機物變成動物，把動物變成人，再把人變成超人，也就是一個不分善惡只聽從自己意志的人。

它也曾經出現在馬克思面前，而且讓他看見了「世上萬國和它們的榮華」。後來這些國度裡的奴隸都成了擁有權力的主人而不再順從上主，因為上主被罷黜了；他們也不再臣服於大自然，因為大自然已經被征服；他們憑著把石頭變成食物的知識和努力，獲得了自己需要的食物。

人為魅影還出現在其他人面前。它曾經出現在曠野的耶穌跟前，造成聖神律法的化身與蛇的法則製造的能量體相遇。

聖神的律法就是一種恩寵；耶穌在曠野遭受試煉的四十天前，當施洗約翰在約旦河為他進行洗禮時，聖靈便降臨到他的身上。蛇的法則卻是在摸索中行進的意志，以爬行方式歷經生物演化的不同時期和階段，從一個形態演變成另一個形態；它是權力意志、「摸索中的嘗試」以及從粗鈍轉成精微的歷程。

因此，耶穌在約旦河受洗後的第四十天，三位一體的垂直式恩寵和三種水平的演化方式，就在這位神人的意識中結合了。如同耶穌在約旦河受洗是所有聖洗聖事（Holy Sacrament of Baptism）的原型一樣，恩寵與演化的結合也是所有「堅振聖事」（Holy Sacrament of Confirmation）的原型。按照這樣的原型，上界的恩寵才能穩定地呼應著下界的法則，演化也才能朝著恩寵邁進。

耶穌在曠野受到的三重誘惑就是三種橫向演化的驅力，亦即權力意志、「摸索中的嘗試」、從粗鈍變成精微的作用力。它們也象徵著三種戒律──順服、神貧、守貞──遭遇的考驗。

馬太是在耶穌最後一次遇到考驗時，才開始敘述他所受到的誘惑。耶穌受洗時，天國的豐饒降臨人間，同時也為地球帶來了空性；《馬太福音》將其描述成孤獨、荒野和絕食。

> 接著，耶穌被聖靈帶到曠野去受魔鬼試探。禁食四十晝夜後，耶穌餓了。（《馬太福音》第 4 章，第 1-2 節）

身心靈的飢餓等同於體驗到空乏。因此當試探者前來對他說：「既然你是上帝的兒子，命令這些石頭變成麵包吧」，便是遭遇了神貧誓願的試煉。「命令這些石頭變成麵包」代表的是科學戰勝空乏的渴望。人造樹脂、人造橡膠、人造纖維、人工合成的維他命、人工合成的蛋白質……最後可能是人造食物！何時會發生這樣的事？也許就在不久的將來，誰知道呢？

「命令這些石頭變成麵包」——對一些學者而言，這個演化公式就是「演化變種說」，亦即植物（「食物」）是從礦物（石頭）進化成的，有機物（食物）則是「聚合作用」的結果——物理與化學的重組作用讓小分子變成了大分子。這種聚合作用被今日的一些科學家視同為將石頭變成麵包的魔法，也就是誘惑者提出的建議。

誘惑者的建議如今變成了社會信奉的教條，人們已經把經濟活動視為首要，把精神生活看成是次要的，或只是經濟基礎上的「意識形態上層結構」（ideological superstructure）。由於「實利論」（economicism）和「變種說」（transformism）主張啟發靈性的是物質，所以下界的一切變成了最重要的東西，上界的一切反倒成了次要的。對於這樣的思想，耶穌的回覆是：「人的生存不僅是靠食物，更要靠上帝所說的每一句話」（《馬太福音》第4章，第4節）。

讓我們仔細深思一下這則教誨的含義。

首先它表達了神貧戒律的精髓。神貧就是盡可能依照神的話語生活，如同依靠入口的食物存活。其次，它在人類的生存法則上注入了一種新的養分；原本人類是靠著低層生物維生的，現在增添了一種源自恩寵的嶄新養分，可以讓人接收到更高次元（天國）的滋養。意思就是，不但靈魂可以接收到上界的能量或勢力，肉身也可以享受到這些能量。神聖魔法或恩寵活化了人類的靈魂，這是幾千年來的虔誠基督徒共享的經驗。比較不為人熟知的是，過去和現在都有些案例，證實了人的身體可以長期不靠食物維生。以飢餓的程度來看，這麼長的時間

不吃東西，人應該已經死亡一百次了，但巴伐利亞的泰莉莎·紐曼（Teresa Neumann）單靠聖餅存活了數十年；瑟納的聖女加大利納（St. Catherine of Sienna）也倚賴聖餅存活了九年的時間；斯希丹（靠近荷蘭的鹿特丹）的聖李維娜（St. Ladvina of Schiedam）同樣藉著聖餅活了許多年——這裡舉出的只是幾個經過充分證實的例子。

「人的生存不僅是靠食物，更要靠上帝所說的每一句話」的寓意是：蛇或演化的法則造成人類為生存奮鬥，於是食物便成了存活下去的要素，但耶穌基督的出現解除了生存奮鬥導致的艱辛。幫助我們解除它的就是神貧戒律。

> 魔鬼又帶耶穌到聖城，讓他站在聖殿頂的最高處，對他說：「既然你是上帝的兒子，你跳下去，因為聖經說：上帝要為你吩咐他的天使，他們要用手托住你，使你的腳不至於在石頭上碰傷。」耶穌回答：「但聖經也說：『不可試探主——你的上帝。』」（《馬太福音》第4章，第5-7節）

這段話隱喻的是「摸索中的嘗試」即自然界的進化方式。打從人類墮落以來，這個方式已取代神的國度的發展方式。進化就是從某種形態演變成另一種形態，在試誤中嘗試再嘗試……在演化的過程裡單細胞生物變成了脊椎動物，脊椎動物又進化成哺乳動物，接著變成了猿類和直立猿人，這一切既和終極智慧無關，也不是終極良善帶來的結果。它是由世智辯聰

和堅定的意志力促成的。它追求的是明確的目標，而這目標是以「試誤」的方式確立的。它其實是在突顯演化背後的科學智識和實驗者的意志力，因此和神的智慧及良善毫無關聯。演化的動人景象乃是自然科學透過浩大工程獲得的成果，它無疑展現出極為精密卻不完善的智識，一種格外堅定卻不完美的意志。因此，我們是藉由「田野中最狡猾的動物」而非上主進入了演化。蛇就是物質世界的「王子」，也是人類墮落後的演化形式的創立者與指導者。不妨閱讀一下德日進 [6]（Pierre Teilhard de Chardin）的《人之現象》（*The Phenomenon of Man*），據我所知，這是有關演化的最佳論述及詮釋；閱讀此書，你就會明白這是天國裡的蛇的作為，除此之外你找不到其他結論了。只有在預言式的宗教和基督信仰出現後，人們才開始知道，除了蛇的演化形式之外，還有其他的發展方式。

因此，誘惑者向耶穌提議的生存法則就是「親自實驗」。「往下跳，你就會知道自己真的是神子，還是像我這樣的蛇之子。」此即對神貧的誘惑，而拒絕親自實驗，便是堅守神貧精神。實驗的本質即是《聖經》所說的「淫亂」，淫亂又像其他的惡行及善行一樣，會在身心靈三個層面產生效應，它的根基和發展同樣是在靈性層面進行的，肉體只是呈現結果的地方。靈性上的誤謬會變成罪行，罪行又會形成病態。

基於這個原因，當舊聯盟一次又一次地放任自己被「異

6　譯註：法國神學家，天主教耶穌會神父（1881-1955）。

端之神」——巴力（Bel）、摩洛克（Moloch）與亞斯他爾特（Astarte）——蠱惑時，以色列的先知立即譴責和指控他們犯了靈性淫亂罪。其實，這些神只不過是念相的產物罷了，至於以色列人唯一的上帝，則是無法思議之神，也是超越人為意志的宇宙律；祂與人的意志沒有任何關聯。「異端之神」之所以對以色列人產生不尋常的吸引力，是因為祂們屬於現世而非上界。以色列人如果順服於上界的主宰，就必須返回「屬靈的隱修院」，不再生活於「現世和異端之神」當中。然而，他們總是受到「往下跳」的誘惑，亦即從聖殿的孤獨頂端跳到人類集體生存本能的層次，去試探天使是否會用手托住自己，免得自己的腳碰到石頭。換言之，他們不想停留在上主的高度、聖殿的頂端，去尋求稀薄空氣裡的指引和保護，而總是徘徊在濃重的演化層次，以不盡力的方式尋求協助。靈性上的淫亂指的就是選擇活在無意識而非有覺知的超驗層次，也可說是偏好直覺本能而非上主的律法，或是選擇了蛇的現世而非上主的世界。

如果說前兩種誘惑是在挑戰神貧和守貞的戒律，那麼第三種誘惑就是在挑戰順服的戒律。它攸關著權力意志，或是尼采所謂的超人意志。

最後，魔鬼帶耶穌上了一座很高的山，把世上萬國和它們的榮華都給他看。魔鬼說：「如果你跪下來拜我，我就把這一切都給你。」耶穌回答：「撒旦，走開！聖經說：『要拜主——你的上帝，惟獨敬奉

他。』（《馬太福音》第4章，第8-10節）

讓我們留意這個誘惑的幾種元素：很高的山、世上萬國和它們的榮華，以及拜那個讓你攀上頂峰、賜給你世間所有財寶的他者。

因此，這件事和接受「超人」的理想有關（「跪下來拜我」），因為他就是演化的頂峯（「魔鬼帶耶穌登上了一座很高的山」），而且在歷經礦物界、植物界、動物界與人界之後，他已經能讓萬物服膺於他，進而成為萬物的主宰。換言之，他的法則變成人類最終的目標、理想及典範，他本身也因為接管了後續的演化進程，成了凝聚的集體意志和主宰。主耶穌必須在超人和上主之間做出選擇。

因此，順服就是對上主本身具有信心；反抗或違逆則是選擇擁護超人（權力意志的體現）。

「戀人」這張大阿卡納教導的是克服與守貞相關的誘惑，卻引發了對三種誘惑和三種戒律的討論——天國裡的三種誘惑、曠野中與現實不可分割的三種誘惑，以及對應它們的戒律。人若是做不到「神貧」和「順服」便無法「守貞」，這就像放棄了神，去選擇超人，不可能不掉入實驗的陷阱一樣。在那裡，一切都沒有立即的確鑿性，進入蛇的世界等於信奉了下述的法則：「你要用肚子爬行，終身吃塵土」（《創世紀》第3章，第14節）。換言之，那是一個沒有恩寵的世界。

那麼，克服誘惑的立即收穫又是什麼呢？福音書給了以下的答案：

於是，魔鬼離開了耶穌，天使就來伺候他。（《馬太福音》第4章，第11節）

這個答案屬於第七張大阿卡納「戰車」的探討範疇，卡上有一名男子，站在由兩匹馬拉著的凱旋戰車上。

第七張大阿卡納的冥想

戰　車

THE CHARIOT

於是，魔鬼離開了耶穌，
天使就來伺候他。
　　　　　　　——《馬太福音》第 4 章，第 11 節

靈離開了所附的人，
走遍乾旱區域，尋找棲息的地方，
都找不到，就說：
「我要回原來的屋子去。」
於是他回去，那屋子打掃得又乾淨又整齊。
他又出去，帶回七個比自己更邪惡的靈來，
跟他住在一起。
這樣，那個人後來的景況比從前更壞了。
　　　　　　　——《路加福音》第 11 章，第 24-26 節

我奉我父親的名而來，
你們卻不接納我；
可是有人奉自己的名來，
你們反而會接納他。
　　　　　　　——《約翰福音》第 5 章，第 43 節

戰車

親愛的不知名朋友：

「戰車」這張卡如前一張大阿卡納，也帶有雙重意涵。它既代表戰勝了三種誘惑而得以維持順服、神貧和守貞的戒律，同時也代表第四種誘惑——內在最微細的靈性誘惑——的危險

性。這是一種「以己之名」或是以主人而非侍者的身份行事的誘惑。

第七張大阿卡納是從誘惑和成功的觀點來探討「作主」的意涵，開頭的三段福音描述的便是此觀點的本質。

保羅‧馬爾托[1]（Paul Marteau）曾說過，第七張大阿卡納的概要是「內在七種能量同時協調運作」，而所謂的「作主」也正是此意。作主指的是不再受外境影響，能夠化被動反應為主動作為。

耶穌在曠野戰勝了三種誘惑，因此啟發了天使前來服伺他。「於是魔鬼離開了耶穌，天使就來伺候他」。

這也是神聖魔法的基本原則之一，它可以用下述的公式來顯示：上界如是，下界亦然。捨離下界的事物會啟動上界的成就，捨離上界的事物則會啟動下界的成就。但我們該如何應用這個法則呢？

答案如下。

當你抵擋了一種誘惑或捨棄了下界你所渴望的事物時，這件事本身就能激發一種來自上界的能量。此即主耶穌所說的「獎賞」一詞的真諦。譬如，他曾經說過，我們必須制止自己為得他人尊敬而做出公正的表現，「這樣做的話，你們就不能從天父獲得獎賞」（《馬太福音》第 6 章，第 1 節）。因此，獎賞也意味著捨離下界的事物，便啟動了上界的能量。這是下

1　譯註：法國作家，著作 1949 年所出版的《馬賽塔羅》（*Le Tarot de Marseille*）。

界的「捨離」與上界的「回應」之間的關係。這種對應關係便是神奇感悟的基礎，也是基督隱修之道的基本法則之一。我們不該輕視其意義，因為這是一把能夠開啟神聖魔法之門的鑰匙。顯然離慾才能有所感悟，不過當然，你所捨棄的必須是你曾經執取的。如果是基於不在乎而捨離，本質上是沒有道德價值的，因此也就不具備神奇的作用了。

人若是捨離一心渴望的事物，就是在修煉三種聖戒——順服、神貧與守貞。「捨」必須是發自內心的，如此才能啟動上界的能量。缺少了三聖戒的精神、亮度和熱度，就不能算是真正的赤誠。如此一來，不但不可能施展神聖魔法，也不可能進入密契體驗、靈知或隱修之道。這三種戒律的靈修很困難嗎？其實並不難，它就像第一封信所提到的「不用力的專注」一樣，也應該以輕鬆自然的方式達成。

現在讓我們思考一下福音書裡緊接著三種誘惑後所闡明的教誨，例如《馬太福音》所敘述的「於是魔鬼離開了」這句話，卻被路加在其福音書裡增添了「暫時」這個註腳（《路加福音》第 4 章，第 13 節）。這個註腳預告了試探或誘惑——第四種最微細的內在惑業——即將出現。這也是第七張大阿卡納要教導的部分內容：一位戴著冠冕的男子，駕著由兩匹馬牽引的凱旋戰車。

「天使就來伺候他……」意味著天使已經在接近他，因為祂們有了可以臨在的「空間」。但這種情況是如何發生的？又為何會發生？

天使是在上下界之間垂直移動的屬靈存有。祂們「呼吸」

時就是在「移動」，呼吸的次數和用力的程度則決定了移動的距離。舉個例子，「離地面三百英里之遠」，對天使來說等同於「三次呼吸」。天使的「接近」就是吸進；「無法接近」則意味著對方的周圍充滿著令祂們無法呼吸的「濁氣」，一接近便可能窒息而「昏厥」。

這也是當物質性的高濃度演化力──「蛇之子」的能量──活躍在地球時，天使之所以無法接近人子的原因。這種能量「充塞」著人子四周的場域，導致天使完全無法呼吸──無法進入這氣場而不「昏厥」。但是當「魔鬼離開了」，周圍的氣場改變了之後，天使就能接近人子而前來協助。

以此類推，我們會發現，天使「出現」的條件給了我們充分的理由，去承認教堂或聖所的確有必要存在。當然聖所還有其他必須存在的理由，但就算是沒有，上述的理由也足以使我們樂意守護它們。我們應該透過思想和言行去維護每一所教會、禮拜堂和聖殿，因為這些都是人們禱告、敬神、冥想和讚美主及其侍者的場所。

「……祂們協助他」：這裡的「祂們」指的是三位天使，因為每一種戰勝誘惑的勝利，對應的都是一位帶著上主的獎賞和特定任務前來的天使。

祂們的任務又是什麼呢？

耶穌雖然飢餓，仍然拒絕將石頭變成食物，這使得「神口中説出的每句話」都成了食物，而且是神貧天使賜予他的。耶穌拒絕從聖殿頂端往下跳，守貞天使因而帶給了他上主寶座的氣息。他拒絕扮演超人角色──以崇拜蛇為代價，進而成為世

界的主宰——於是順服天使將上界的冠冕獻給了他。

如同東方三賢士送給聖嬰三份禮物——黃金、乳香與沒藥——三位天使也在耶穌受洗和通過曠野試煉後，分別送給了他金冠、寶座之香以及由神的話語變成的食物。

這是緊接著曠野的誘惑之後發生的事，也是上界對耶穌的三種捨離做出的回應。但戰勝誘惑除了帶給勝利者短暫的個人成就，還會在四元素構成的物質界裡帶來何種長期效應呢？

其長期效應就是令勝利者成為世間四元素的主人——達成《約翰福音》所描述的七種神蹟：迦拿的婚禮、治好官員的兒子、在畢士大池邊療癒癱瘓的病人、餵飽五千人、在水上行走、治好生來瞎眼的人以及在伯大尼令拉撒路復活。這七種作主或「榮耀」的能力，對應的是以主耶穌之名揭露的七種啟示：「我是真葡萄樹」、「我是道路、真理、生命」、「我是羊的門」、「我是生命的食糧」、「我是好牧人」、「我是世界的光」以及「我是復活，是生命」。因此，成為主人的「榮耀」形成了一道七色彩虹，而它也代表以耶穌之名戰勝三種誘惑，以耶穌之「名」發出的七個音階。這道七色彩虹會顯現在誘惑發生的地點周圍，籠罩那空曠陰暗的荒野。

整體而言，《約翰福音》裡的七種神蹟對應的就是以三種戒律戰勝三種誘惑的「榮耀」，同時也代表與「質」有關的美好數學概念：當三種善德戰勝三種邪惡時，產生出來的是七重善德，但是當三種邪惡戰勝三種善德時，產生出來的只會是三重邪惡。這是因為善德是一種品質，當它展現時，會徹底示現不可分割的完整性。完整性便是數字七的本質，它展現的是聖

約翰所謂的「榮耀」：「我們看到了他的榮耀……從他豐滿的恩典裡，我們都領受了，而且恩上加恩。」（《約翰福音》第 1 章，第 14,16 節）。耶穌在迦拿的婚禮上顯現的第一種神蹟，便是這種完整性或「榮耀」體現的開端：

> 這是耶穌所行的第一個神蹟，是在加利利的迦拿城
> 行的。這事顯示了他的榮耀；他的門徒都信了他。
> （《約翰福音》第 2 章，第 11 節）

「門徒都信了他」，意味著他們認同了主耶穌的使命和《約翰福音》以耶穌之名揭示的七個「我是」。

耶穌於曠野戰勝誘惑，結果展現出七種神蹟的「榮耀」、揭示了「主」之名及其使命。

但世上還存在著另一種「榮耀」：以己之名去展現靈性上的成就。這封信前面的引言，主耶穌的話——「我奉我父親的名而來，你們卻不接納我；可是有人奉自己的名來，你們反而會接納他。」（《約翰福音》第 5 章，第 43 節）——清楚地說明了這一點。人們在玄學、密教、隱修派、卡巴拉派、靈知派、魔法體系、路德教派（Martinist）、神智學、人智學、玫瑰十字會、聖殿騎士團（Templar）、共濟會（Freemasonry）、蘇菲派（Sufi）、瑜伽思想以及其他的當代靈性運動領域裡的經驗，再再證明了主耶穌的話始終未喪失真實性，就算是在科學領域以及社會、民族或半科學的思想運動中也是如此。究竟是什麼原因，讓神智學者寧可相信喜瑪拉

雅的成道者（那些能夠將星光體投射至遠處，「凝結」出藍、紅色筆跡的人），卻不願相信出現在我們當中和身旁，從未停止過教導、鼓舞、啟蒙和療癒我們的主耶穌——法國、義大利、德國、西班牙都有人確實見證過他的存在——何況他自己也說過：「我要常與你們同在，直到世界的末日」（《馬太福音》第 28 章，第 20 節）？

究竟是什麼原因，導致人們在印度瑜伽行者或西藏喇嘛身上尋求教誨，而不給自己半點機會在我們的修道院或教堂裡，去尋找能夠透過屬靈體驗來啟發我們的這位導師？或許這位導師就是在我們身邊修煉主耶穌教誨的弟兄姊妹？此外，為什麼密修會或共濟會成員認為聖體聖血儀式（Sacrament of Flesh and Blood）對新人類的養成仍嫌不足，還得尋求更特殊的儀式以補足甚至取代它呢？

是的，這些問題都和主耶穌說過的前面那段話有關：「我奉我父親的名而來，你們卻不接納我；可是有人奉自己的名來，你們反而會接納他。」但原因究竟是什麼？因為對某些人來說，「超人」比主耶穌更有吸引力；超人能夠強化他們的力量，主耶穌卻只能提供他們「為人洗腳」的經驗。

親愛的朋友，請不要誤解我的話，以為我反對上述的組織、兄弟會或靈性思想運動，也不要誤以為我指控它們有反基督心態。請勿以為我對印度聖者和精神上師缺乏敬意。我只是純粹從心理傾向的角度去解釋，人為何偏好超人而非主耶穌的理念。若要把公道還給上述的組織和兄弟會，我還可以補充說明一點，那就是他們之中或多或少也會出現對抗超人傾向的力

量，只不過較為薄弱罷了。

總言之，「戰車」的駕御者乃戰勝試煉或誘惑的勝利者，他獨自一人在戰車上，沒有任何人在一旁鼓掌或表示敬意，而他也沒有攜帶武器——權杖並不是武器。他靠自己成為了主人，在沒有任何人事物的幫助下獨自戰勝了試煉。

獨自戰勝試煉……這是何等的殊榮與危險啊！不仰賴他人的贊同或評價而發出耀眼光芒的同時，他也面臨了最嚴重的靈性危機——一般人所謂的「傲慢」和「虛榮」都不足以描述其本質——追求密契體驗的妄想症。當一個人聖化了自律系統或自我時，會變成只看到自身的神性而忽略上界或自己以外的神。他會誤以為自己體驗到的「高層我」（higher Self）便是世上最崇高最獨特的存有，其實他所謂的「高層我」只比他所認識的自我高了一層而已。這種成就距離那位至高無上、獨一無二的神還差得遠呢……換言之，離「成為神」還遠得很。

在此我們可以思索一下，把高層我視為神，或是認為自己已經發展出這種境界，會引發哪些心理問題。

榮格在無意識領域探索了佛洛伊德的性理論以及阿德勒的權力意志理論，然後又在臨床經驗和心理治療中發現了一個靈界次元。他並沒有透過腐蝕性的詮釋去擺脫這個次元或是藉此脫身，反而大膽地進入了這個無意識領域，去實驗和探究在其中發生的現象。他的投入後來證實是有收穫的。榮格不但因此發現了某些心理失調的原由，同時還發現了一種被他稱為「個體化歷程」（process of individuation）的深層運作模式，亦即人會逐漸發展出比平時的自我更高層次的我（他稱之為「自

性」〔Self〕）。他因為發現了這個「再生」作用而大大拓展了探索範疇，包括對象徵系統、神祕儀式以及現代和古老信仰的比較與研究，故而有了實質的收穫。

他在一開始因為這些研究飽受折磨，在長達十五年的時間裡，甚至無法與任何人談及此事。但他在過程中卻有了一連串的發現，包括靈修啟蒙和個體化歷程涉及的危險與誘惑。其中的一種危險，一種靈性的試煉或誘惑，就是榮格所說的自我膨脹（inflation）。這是源於自我意識過度擴張，發展到極致時，便是精神病學所謂的「妄想症」（megalomania）。

我們在此探討的是一種複雜的心理現象，一開始是以相對單純的形態出現的，譬如莫名地自視甚高或過度率性而為，一旦演變成對所有人的蔑視和否定，就變得十分危險了……這時欣賞、感激和尊敬的對象全都變成了自己，最後當十分明顯的幻覺和自大狂傾向出現時，就意味著一場不可救藥的災難已然降臨。因此，自我膨脹主要是源於誇大自己的重要性和執迷的優越情結，最後則會演變成妄想症。如果出現的是第一種程度的危險，代表此人必須在心地上「下功夫」了；如果出現的是第二種程度的危險，則代表他已經面臨嚴重的「試煉」；當第三種程度的危險出現時，等同於面臨了無比嚴重的「災難」。

自我膨脹的過程中到底出了什麼問題？讓我們來看看榮格自己的說法：

「全我」（superordinate personality）乃人格之整體，是一個人真實的而非自認為的我。這個整體中

包含著無意識的活動，它和顯意識一樣也有自己的
需求和要求……我通常把「全我」稱為「自性」，
以此來區分和「自我」（ego）的明顯不同。由此可
知，「自我」只存在於顯意識層面，「自性」則包含
了無意識和顯意識兩個層面。自我與「自性」的關係
如同局部和整體的關係，而這也說明了「自性」才是
人格的全部。此外，透過經驗所感知到的自性，是一
種客體而非主體，由於其活動屬於無意識領域，所以
只能藉由投射間接地予以覺知。（C. G. Jung and C.
Kerényi, *Introduction to a Science of Mythology*; trsl. R.
F. C. Hull, London, 1951, pp. 223-224）

這種「投射方式」藉助的是活躍的象徵意像——包括傳統
的象徵符號、夢境裡顯現的意像、「積極想像」以及內在的洞
見。觀察了一系列的夢境之後（通常是上百個），我們會發現
它們都是按某種方式在運作；它們之間似乎有關聯，而且是循
著共同的目標發揮作用：

從最深的角度來看……它們似乎是……循著共同的目
標在進行，因此一系列的夢境並非毫無意義或不相連
貫的事件，而是有脈絡、有條理的發展歷程。我稱
這種自發的、藉由象徵方式顯現在夢境裡的無意識
作用為「個體化歷程」。（C. G. Jung, *The Structure
and Dynamics of the Psyche*; trsl. R. F. C. Hull, *The*

Collected Works of C.G. Jung, vol. 8, London, 1972, pp. 289-290）

　　個體化歷程是一種「自發地逐漸意識到全我」的作用力，因此瞭解「靈魂」這個概念的公式就是：自我意識＋無意識＝靈魂。至於這個公式裡，無意識到底扮演什麼角色，就必須思考下述的論點了：

　　每個孩子都會在短短幾年間，從無意識裡發展出顯意識，但由於顯意識的運作是奠基於最佳心身狀態上的暫時作用力，因此會定期地被無意識的活動（睡眠）中斷，最後無意識的活動不僅占據了生命大多數的時間，而且會一直持續下去（以確保生命的延續）。（同前著作，p. 91）

　　個體化歷程就是靈魂的顯意識和無意識之間的調和作用，但是當顯意識或無意識的一方被對方壓制而受傷時，便無法形成完整的人格。唯一能恢復和諧的方式，就是重新建立一個人格中心，這個新的人格中心必須參與顯意識的活動，也必須參與無意識的活動——一個不斷覺知無意識活動的中心。此即個體化歷程的目標，也是心靈獲得啟蒙的發展階段。

　　總言之，個體化歷程主要是在確立顯意識與無意識的合作，而象徵系統正好提供了促使這種合作發生的場域。在個體化歷程中，人會感覺到——其實是被喚醒——象徵系統蘊含的

能量，榮格稱其為「原型」（archetype）。

> 不要忘記，原型是每個人都具有的心理機制作用。
> 如果對它做出錯誤的詮釋，就會形成不良的態度而
> 造成傷害。受害者往往是詮釋者本身。因此我們在
> 「詮釋」的時候，必須避免誤解其作用的意義，換言
> 之，我們應該確保意識和原型間有一種適切的關係。
> 由於原型是心理結構中一個不可或缺的元素，……因
> 此沒有任何「合理」的替換物可以取代它，就像小腦
> 或腎臟是無可取代的器官一樣。（C. G. Jung and C.
> Kerényi, *Introduction to a Science of Mythology*; trsl. R.
> F. C. Hull, London, 1951, pp. 109-110）

我們絕不能小看原型。它們都是巨大的精神能量，會侵
襲、淹沒和吞噬我們的意識，尤其是把自己和它們畫上等號
的時候。這種認同感一旦產生，就會出現自以為是英雄的情
況——把自己和「智慧老人」或「偉大母親」的原型畫上等
號。

> 這個階段會出現另一種自我認同的對象，一種英雄形
> 像。它之所以富有吸引力，理由有幾種。其實就心智
> 的平衡而言，它是極端不易駕馭又危險的，但若是能
> 予以化解，回歸到正常意識狀態，這種英雄形像就會
> 逐漸被視為象徵自性的符號。（同前著作，p. 137）

接著我必須補充的是，這種危機若是未能成功地予以化解，自我英雄形像往往會佔據我們的意識，然後就會發生「第二階段的認同」（second identification）或「神藉由英雄形像顯相」（epiphany of the hero）：

> 「神藉由英雄形像顯相」（第二階段的認同），會出現相關的自我膨脹方式：強大的自負感此時會變成一種自命不凡的信念，如果當事者始終無法實現它，往往會形成自卑情結，接著受難英雄於焉誕生（反向膨脹）。雖然自負與自卑的狀態相反，本質卻相同，因為無意識地彌補自卑感等同於有意識的自大，而無意識地自大也等同於有意識的自卑（永遠不會只出現其中一種）。但若是能成功地繞過這種「第二階段認同」的暗礁，我們的意識便能清楚地和無意識分開，而得以從客觀角度覺察後者。這帶來了意識與無意識和解的可能性，也帶來了行動和認知中的意識與無意識的整合。如此一來，我們就會從自我中心轉換到以自性為中心。（同前著作，p. 137-138）

這是個體化歷程的目標之一。

自我膨脹是每個追求深層玄祕經驗的人都會面臨的重大危機，它隱藏在正常意識活動背後。換言之，自我膨脹對玄學家、隱修士、魔法師、靈知者及密契家都構成了重大的危機和試探。修道院和靈修會一向明白這一點，因為他們已經在

生命的深奧領域裡累積了數千年的廣泛經驗。這便是其靈修方式都奠基於謙卑的原因所在，其中包含著遵守順服戒律、檢視個人良知、強調群體之間的友愛互助。假如沙巴蒂・薩維[2]（Sabbatai Zevi，1625-1676）是某個基督信仰修會或修院的門徒，他的開悟就不可能誘使他向一群信徒宣稱自己是預言中的彌賽亞，他也不會為了保命或延續個人使命而不得已成為土耳其人（他在士每拿寫給追隨者的信中提到：「在我重生後的第九天，神讓我成為一位依許馬來特土耳其人（Ishmaelite-Turk），祂如此命令我，於是我遵從了祂」）。如此一來，他就能免於積極的或消極的自我膨脹。關於他消極的自我膨脹這個部分，其門徒薩繆爾・甘道爾（Samuel Gandor）做出了以下的描述：

> 有人說沙巴蒂・薩維遭受下述的折磨長達十五年之久：他被一種憂鬱症困擾而不得安寧，甚至無法覺知或解釋背後的原因。（Gershom G. Scholem, *Major Trends in Jewish Mysticism*, London, 1955, p. 290）

沙巴蒂・薩維這位開悟的卡巴拉門徒的遭遇，只不過是所有密修者必須面對的一般危機與試煉過程中一個比較極端的例子。而哈格里夫・詹寧[3]（Hargrave Jennings）也清楚地描述

2　譯註：土耳其猶太教牧師，沙巴蒂彌賽亞運動的創始者。
3　譯註：英國玄學作家（1817-1890）。

過玫瑰十字會曾面臨的相同危機和試探：

> 他們把所有人都看得比自己低下，其傲慢是隱藏在理念背後的，雖然表面上是最謙遜最安靜的人。他們以神貧為傲，並宣稱是受到啟示而這麼做的，可卻又藉此吹噓自己擁有世上最大的財富。他們謝絕所有人的善意，即便接受了，也只是一種有利的逃避方式——以接受他人的善意來表現愛，或是把他人的善意當成世間通行證。他們優雅地穿梭在女性社團裡，但是內在並不柔軟；他們其實相當可憐和藐視這些女性，而無法平等地看待她們。表面上他們是最簡樸謙恭的人，其實根本無法停止自豪和自我膨脹……他們認為相較於密修的智者們，所有的君王都是窮人；他們的巨大財富全都毫無價值。與聖賢相比，學識淵博的人根本是傻瓜和蠢蛋……總之，他們對人類的感受是負面的；對其他的一切，態度則是正向的；他們自我滿足、自我啟發，一切以自我為中心；在可能或安全範圍內又隨時準備從善如流。這種無止境的自我抬舉，到底該用何種標準去欣賞呢？一般的揣測是得不到答案的。這些玄祕家要不是已經達到最高境界的修行，就是進入了最荒謬的狀態。（Hargrave Jennings, *The Rosicrucians. Their Rites and Mysteries*, London-New York, 1887, pp. 30-31）

我們應該說他們是既崇高又荒謬，因為自我膨脹一向會同時顯現出崇高和荒謬的特質，關於這一點，李維說過：

> 還有一種學問能夠賦予人超凡的力量。這些力量被列舉在十六世紀的一篇希伯來手稿中：
>
> ALEPH —— 他能夠與神面對面而不會致死，同時還能與掌管眾天使軍團的七位天使貼近交談。
>
> BETH —— 他能超越所有苦惱和恐懼。
>
> GHIMEL —— 他能統治整個天國，而整個地獄也聽命於他。
>
> DALETH —— 他能掌握自己的健康和生命，對他人的健康和生命也有同等的影響。
>
> HÉ —— 他能處變不驚，不被災難擊垮，更不會被敵人征服。
>
> VAU —— 他能瞭解過去、現在和未來的起因。
>
> ZAIN —— 他持有死而復生的祕訣和永生不死的鑰匙。
>
> （Eliphas Lévi, *Dogme et ritual de la haute magie*; trsl. A.E. Waite, *Transcendental Magic. Its Doctrine and Ritual*, London, 1968, p10）

以上這些到底是假設性的說法還是來自實際經驗？如果是

實際經驗，那也太過於自我膨脹了。但如果是一種假設性的說法，那麼把它當真的人勢必會成為自我膨脹的獵物，不論是顯現成積極的自大還是消極的自卑。

李維引述的這篇十六世紀希伯來手稿，無論是假設性的說法或是實際經驗，都跟約翰‧庫斯坦絲（John Custance）在其著作《智慧、瘋狂及愚蠢：一名瘋子的哲學》（*Wisdom, Madness and Folly：the Philosophy of a Lunatic*）中提到的親身經驗非常相似：

> 我感到與神如此接近，祂帶給我的啟示使我覺得自己就是神。我看見了未來，我規劃著宇宙萬物，我拯救人類；我是永垂不朽的，甚至同時是男也是女。整個宇宙，一切有情與無情，過去、現在和未來都在我之內。大自然的生命和所有的靈魂都與我配合、連結；一切都是可行的。在某種程度上，我就是從神到撒旦的每一種屬靈存有。我讓善惡和解，並且創造出光明、黑暗、世界和宇宙。（John Custance, *Wisdom, Madness and Folly：the Philosophy of a Lunatic*, London, 1951, p. 51）

約翰‧庫斯坦絲描述的其實是一種重度瘋狂狀態，而他本人對此也絕不否認。但假設他發現自己的經驗與《奧義書》[4]

4　編註：古印度婆羅門教的經典。

（Brhadaranyaka Upanishad）中的描述是相同的，難道還會堅持自己是瘋子嗎？

> 那位發現或意識到聖靈而進入混沌境界的人便是萬物的創造者，因為一切都源自於他；宇宙是隸屬於他的，他就是宇宙本身。（*Brhadaranyaka Upanishad* 4.4.13; trsl. R. E. Hume, *The Thirteen Principal Upanishads*, Oxford, 1962, p. 142）

有人能確定上述的《奧義書》引言與庫斯坦絲的親身經驗是不同的嗎？

三十八年前，我結識了一位平靜而成熟的長者，他在波羅的海某國首都的基督教青年協會裡教英文。有一天，他向我透露他已經達成「永恆的凝視」，體悟了自性便是永恆實相。從他所覺知到的不朽高臺往下觀看，過去、現在、未來皆可一目了然。他再也沒有任何問題了，但並不是因為已經解除所有的煩惱，而是它們全都消失、變得不重要了。這是由於煩惱存在於時空範疇內，既然他已經超越時空到達如如不動境界，那麼一切問題都不存在了。

他在向我說明這些想法時，他美麗的藍眼睛閃爍著誠懇自信的光芒。就在那個當下，我向他提出了一個問題：倘若一個人無法意識到人類的需求是什麼，也無法客觀地為人類做出有利於靈魂演化、減輕身心靈痛苦的貢獻，那麼他即使能「主觀地覺知到永恆實相」，又有什麼價值呢？他聽完了我的問題，

眼睛裡閃爍的光芒頓時被一股黯淡深切的憤怒所取代。他無法原諒我而轉身離去，這便是我對他的最後印象（後來他去了印度，不久後即死於傳染病）。

　　我之所以重述這段往事，只是為了讓你明白，我何時開始意識到妄想症的危險和嚴重性，而我又是如何藉著這個客觀經驗開始學習面對它，其中的一些結論正是我在逐步說明的內容。

　　靈性妄想症如同這個世界一樣古老。根據路西弗墮落的千年傳說，妄想症在宇宙出現前就存在了。關於這一點，先知以西結做了一段感人的描述：

> 你曾經是完美的典範，
> 充滿智慧，多麼英俊。
> 你住在上帝的園子——伊甸園裡，
> 用紅寶石、鑽石、黃寶石、綠寶石、
> 紅玉髓、碧玉、藍寶石等裝飾自己，
> 也用金首飾打扮。
> 你被造那一天
> 我就為你準備了這一切。
> 我差令人畏懼的基路伯保護你。
> 你住在我的聖山，
> 行走在閃耀的珠寶之間……
> 你因英俊自負；
> 你的名望使你狂妄。

所以我把你摔在地上，

藉此警告列王。

（《以西結書》第 28 章，第 12-17 節）

這便是自我膨脹、優越感與妄想症在高層屬靈次元（天國）的起因。由於「上界如是，下界亦然」，所以在人類的世界裡，這種問題也一再發生，從一個世紀到另一個世紀，從一個時代到另一個時代。它尤其會重複發生在那些離群索居的人身上，也會反覆出現在超俗的渴望中，包括高度、寬度或深度上的超驗需求。追求比塵世更高境界的人很容易感到驕傲；尋求超塵的任務和樂趣的人，也很容易覺得自己無比重要；至於那些尋找生命的深度、渴望看破世間表象的人，往往會面臨最大的危險：罹患榮格所謂的膨脹式妄想症。

一位擁有抽象意識的形上學者，經常會因為習慣以自己的方式看世界，而對特定的人或個體喪失興趣，最後幾乎把人看得像蟲子一樣微不足道。他是從上方在俯瞰著下方的他們。從他的高度往下看，人類顯得既渺小又卑微——他則是偉大的形上學者，因為他所涉及的形上事物才是最崇高的。

至於那些想要糾正或拯救人類的改革者，則很容易受到誘惑，自視為被動人群裡的主動正能量中樞。他會自認為擁有改善整體人類生命的使命，因此覺得自己無比重要。

那些還在修行中的玄學家、密修者或隱修士（若是不實修，就只是形上學者或改革者罷了），往往都是體驗到比自己更高的力量之後開始靈修的。他們為此付出的代價是什麼

呢？……若是不能謙卑地跪在地上崇敬神，他們就會自認為是那股高層力量，進而落入妄想症的陷阱裡。

人們經常論及玄祕修練的危險性，一般的「大師」也會提醒初學者不要觸碰黑魔法；其他人（特別是多少懂點醫術的人）則認為，玄祕修練的危險在於容易導致神經系統錯亂。

但是以我四十三年的經驗來看，其危險性既不在於黑魔法，也不在於神經系統錯亂——不只是玄祕家會面臨這些危機，所有的從政者、藝術家、心理學家、信徒和不可知論者也可能遇到類似的危險。在我所知道的玄祕家當中，沒有任何一位是黑魔法師，但某些從政者的名字卻不難被納入其中。這些人也許從未涉獵過玄奧事物——甚至可能對它充滿敵意——但其影響力卻非常類似「黑魔法」的作用。事實上，若想舉例說明，哪位政治人物曾經對大眾施展過致命的暗示性影響，或欺騙過大眾、煽動他們做出殘忍、不公和暴力的行為，而這些事都是個人做不到的，難道會很困難嗎？……這些從政者發揮了魔法般的影響力，藉此剝奪他人的自由，令其著魔，難道這種剝奪道德意志和迷惑他人的行為，本質上不是黑魔法？

親愛的朋友，玄祕家——包括修練儀式性魔法的人——既不是黑魔法的傳授者亦非門徒。事實上，他們與黑魔法是最無關的。不過當然，他們——特別是儀式性魔法的老手——經常會因為被幻象迷惑而誤導自己或別人，可這就算是黑魔法了嗎？更何況有哪一群人未曾犯過錯呢？就算浮士德（Doctor Faust）——與惡魔交易的人（包括從古至今的此類「交易者」）——不也是曼菲斯特惡作劇下的無辜受害者嗎（熟悉

「玄祕領域」的人都知道曼菲斯特是出了名的搗蛋鬼）？雖然說浮士德企圖出賣自己的靈魂，但一個人如何能出賣不屬於自己的東西？無論他與惡魔的協定有多麼正式，無論是用血或正常的墨水簽下了它，他永遠無法達成出賣靈魂的交易。

曼菲斯特其實是想透過這個方式，給那些渴望成為「超人」的人一記當頭棒喝；他要讓這些人知道，他們的自負多麼幼稚。在深深為浮士德的無辜感到遺憾之餘，我們不得不承認曼菲斯特的「惡作劇行為」對人類是有益的，因為其作風（以及類似的教訓人方式）是要彰顯自視為「超人」或渴望成為「超人」的想法多麼荒謬可笑。在歌德的《浮士德》裡，神是如此形容曼菲斯特的：「在所有與我作對的靈魂中，搗蛋鬼最容易應付」。

因此我們不該譴責靈界的搗蛋鬼，更重要的是不該畏懼他。我們也不該指控浮士德弟兄運用了黑魔法——如果真要譴責他，也只能說他犯了幼稚病。無論如何，這比起我們同世代的原子彈發明家在人類身上犯下的罪行，可以說是輕了一百倍……這樣的人還被視為好公民和優秀的科學家呢。

不，黑魔法或神經錯亂都不是玄祕家獨有的挑戰。他們最主要的問題是容易落入優越感、自我膨脹及妄想症的陷阱裡。

事實上，尚未得到或從未得過這類道德病的玄祕家（初學者例外），真可以說是鳳毛麟角。妄想症在玄祕家當中四處可見，這是我多年來的親身經驗以及閱讀玄祕文獻所得知的真相。這一類的道德缺陷可以分成許多等級。這些人一開始會顯現出一種自信，每當論及有關高層次元或神的主題時，他們往

往會展露出浮誇的態度，表示自己「懂得比較多」或「什麼都知道」。換言之，他們會要求所有人都遵從他們的意見。最後他們會含蓄甚至明目張膽地自視為絕無缺失的完美指標。

　　我不願為了想證實這一點而舉例說明，或是引用玄學文獻的資料、提出具體的姓名，也不願找出一些知名玄學家傳記裡的例證。親愛的朋友，你很容易就能找到相關例證的。我的目的一方面是要反駁人們對玄學的錯誤指控，一方面則是要揭露探索奧祕次元時真正的危險——這是為了提醒人們對它有所防範。但是該如何防範？如何才能保全品德？

　　古老的說法「工作和祈禱」，是我唯一能找到的答案。據我所知，工作和祈禱是對治妄想症唯一具備防範功能的有效解藥。人們除了尊崇我們之上的屬靈存有，還得盡量保持客觀，以免對自己是誰以及有何能力產生幻覺。人若是提升自己的祈禱和冥想到純然敬神的程度，自然能明辨崇敬者與被崇敬的對象之間的差距。這樣他就不致於受誘惑而崇拜自己、罹患妄想症。他永遠能覺知自己和被尊崇的對象之間的差距，絕不會自視為神。

　　另一方面，如果能盡量保持客觀、實事求是，就不易產生超人的幻想。舉個例子，一位習慣高估自己治療能力的醫師，歷經種種挫折之後，很快會發現自己的能力實在有限。

　　雅各布・伯麥（Jacob Boehme）既是一名鞋匠，也是一位受到啟蒙的人。在他的一次啟蒙經驗裡（「……大門為我而開，短短一刻鐘內我所觀察和學習到的事，比起在大學裡得到的還要多……」，他給稅吏林德尼爾的信中如此提到），他

「見識到萬物之神、蒼穹與創世前的混沌」……卻沒有因此認為自己的能力高出其他鞋匠，聲稱自己變得更有能力。不但如此，他透過啟蒙認識了上主和宇宙的偉大，他說：「……對此我感到極為震驚，在不知事情是如何發生的情況下，我的心開始讚美主」，這使得他充滿著對上主的敬意。

由此可見，努力工作以及對神的崇敬保全了雅各布・伯麥的品德。我從個人的密修體驗中明瞭到，他的啟示適用於同樣渴望超覺經驗的人。

因此，祈禱和工作構成了靈修不可或缺的基礎，目的是為了防範妄想症的發生。但如果想對它免疫，除了防範之外還必須具備更多的條件。首先，你必須確實而具體地見過比自己更高層次的存有。所謂「具體相會」指的並不是對「高層我」的感知，也不是隱約地覺知到「高層存有」，甚至不是充滿著生命力和光輝的「靈能湧入」──不，我所謂的「具體相會」是一種真實確切的面對面相遇。這也可能是在腦海裡出現了面對面的景象，或是真正見到了神的顯相。譬如大德蘭就遇見過主耶穌，她與他曾經在一個客觀的屬靈次元裡對話，向他提出了一些問題，而且得到了建議和指示（是的，靈性體悟也可能是在客觀次元裡發生的）。另一方面，巴布士和玄學圈友人則實地探訪過里昂的菲力浦。上述兩個例子都算是所謂的「具體相會」。

一位確實見過高層屬靈存有（聖人、正義之士、天使、其他高層存有、聖母馬利亞、主耶穌……）的人，往往會因為這樣的經驗而對妄想症免疫。與高層屬靈存有面對面的經驗顯然

能根治任何一種狂妄症。有過這種見聞的人絕不會再把自己當成偶像。此外，這種經驗的真假也取決於是否具有道德效應，亦即體驗者是因此而變得更謙卑還是更自滿了。大德蘭在遇見主耶穌之後變得越來越謙遜，巴布士與玄學友人也因為拜會了菲力浦而變得更加謙虛。這兩種經驗——雖然主角與內容都不同——皆是真實可信的。巴布士並沒有因此將「靈性導師」視為偉大的崇拜對象，大德蘭也不曾懷疑過她所遇見的主耶穌是否真的存在。

親愛的朋友，聖經裡有許多涉及下列法則的例子：凡有過真實與神相會經驗的人都是謙卑的，反之則是從未有過真實密契體驗的人。想想那些「見證」復活後的耶穌的門徒，以及「見證」過以色列之神的先知們——你在他們身上不會看到任何傲慢傾向，但這種傾向卻總是出現在未曾有過「真實洞見」的靈知大師身上。

那我們又該如何看待天生謙卑卻從未有過真實體驗的人呢？

我認為比較妥當的答案會是：真正謙卑的人多少都有過一些屬靈體驗——不論在何時何處，也不論是否記得。一個人之所以謙卑，可能是因為仍舊記得生前的靈性經驗，或是對無意識的夢境仍然保有印象。他的謙卑也可能來自某種經歷，只不過他自己或別人沒有察覺其作用罷了。謙卑如同慈悲一樣，並不是人之天性；在人的自然演化過程中，我們找不到它的源頭，因為這不可能是「生存奮鬥」、「物競天擇」、「適者生存」的結果。為求生而奮鬥的環境無法造就這樣的人；它只會

製造各式各樣的鬥士與戰士。因此，必定是領受過恩典的人才能真正具備謙卑的特質，換言之，這一定是上界賜予的禮物。所謂「面對面、真實見證」之類的經驗，永遠是來自上界的恩典，因為這是高層存有願意接近低層存有才會發生的事。法利賽的掃羅之所以成為使徒保羅，就是因為見證過神，但這並不是他自己爭取來的，而是神賜予他的。我們的任務僅僅是「尋找」、「叩門」和「祈求」，最終的決定永遠屬於上界。

讓我們回到「戰車」這張大阿卡納上面，在傳統裡，它象徵著「勝利、凱旋、成功」。

> 這些特質當然是源自於此人（戰車的駕御者）的擔當
> 能力，以及他表現出的從容不惑。（J. Maxwell, *Le
> Tarot*, Paris, 1933, p. 87）

可是這張卡仍然彰顯出一個難題：它代表的究竟是一種警告還是理想，或者兩者皆是？

我傾向於認為，所有的大阿卡納都意味著警告和必須達成的目標——至少這是我四十年來藉由對塔羅的學習與冥想得到的答案。

因此，「魔法師」是在警告形上學者不要賣弄智力、生命態度不可輕率，而且要避免成為江湖術士，同時也教導了「不用力的專注」和類比法的應用。

「女祭司」則是藉由傳授正確的實修方式，來提醒學習靈知的危險性。

「皇后」是透過揭露神聖魔法的奧祕，來提醒通靈活動和魔法的危險性。

「皇帝」是在提醒不要誤用權力意志，而且教導了十字架的力量。

「教皇」則是要我們以神貧、順服和五傷的神聖魔法，來避免對人和五角星式的人為魔法形成狂熱崇拜。

「戀人」是要我們提防三種誘惑，並教導了三種戒律。

「戰車」提醒的是罹患妄想症的危險，同時教導人們透過自性或覺性來逐漸達成真正的勝利。

透過自性或覺性來達成真正的勝利，指的就是榮格所謂的「個體化歷程」的完成，或是逐漸得到真正的自由；根據西方的神聖啟蒙傳統，這也是淨化、啟蒙、合一的整個歷程。

因此，戰車上的「勝利者」可能是飽受妄想症折磨的病人，也可能是完成神聖啟蒙第一階段修煉（淨化）的人。

我想說的是，第七張大阿卡納和其他的大阿卡納一樣帶有雙重意涵。卡上的人物既代表「小勝利者」也代表「大勝利者」——前者是狂妄之徒，後者則是擁有完整人格、有能力駕馭自己的人。

人格已經完全整合、能夠駕馭自己和戰勝所有試煉的人，究竟是怎樣的人呢？

他是對四種誘惑一直保持警覺的人——四種誘惑指的就是福音書描述的三種曠野的誘惑，加上綜合後的第四種誘惑：傲慢。這第四種誘惑就是前面三種誘惑的三角形的中心點。他也是由四元素（火風水地）構成的戰車的主人——他以清晰、流

暢和確鑿的思維來展現創意（它們是四元素在理智領域展現出的特質）。身為四元素的主人也意味著擁有熱情、寬大、柔軟和忠誠的心（它們是四元素在情感領域展現出的特質）。他同時具備了熱切、充盈、融通和堅定的意志（它們是四元素在意志領域展現出的特質）。總言之，身為四元素的主人，他不但是一位積極的開創者，也是平靜、靈活和堅定的。他代表著天主教神學的四樞德：智、義、勇、節，也代表柏拉圖提出的四種基本美德：智慧、勇氣、節制和正義，或是商羯羅所指的四種完美特質：辨識力、定力、六種正行以及對解脫的渴望。無論四種美德的定義是什麼，永遠源自於四元素，換言之，永遠都是四字神名——Tetragrammaton——在人性裡的投射。

第七張大阿卡納描繪的是由兩匹馬牽引的戰車，戰車的頂篷由四根柱子支撐著，而這四根柱子代表的就是四元素在靈性、心理及生理次元展現的特質。

由它們支撐的頂篷又象徵著什麼呢？

當成物件來看的話，頂篷的作用就是保護下面的人，因此具有屋頂的功能。若是以類比法來推敲其精神意涵，那麼上方的頂篷就會有兩種相反的意義：其一，頂篷下的男子是一個被孤立在「輝煌成就」中的狂妄之徒，因為頂篷隔絕了他和天國的連結；其二，他是受到啟蒙的人，其靈修態度是健康的，因為他並沒有把自己當成神，能夠清明地意識到自己和上主是截然不同的。換句話說，頂篷代表的是謙卑和妄想的原由。心靈健康的法則就是保持謙卑，或是能夠意識到人神的差異。在他的意識裡存在著一層「皮」——頂篷——區隔著人性和神性，

但是也連結著它們。「靈性的皮層」保障了人的心靈健康，防止人把自己當成神或說出「我是神」之類的話（參照《大林間奧義書》〔*Brhadaranyaka Upanishad*〕，1.4.10：「吾即梵」），同時它也允許人與神的氣息保持連結，藉由呼吸共同創造愛的生命。若想創造出愛的生命，靈魂必須與「無身份認同」的意識狀態不斷地分合，就像吸氣和呼氣一樣。在《詩篇》第四十三章的摘句中，我們不是很清楚地看到了相關的描述嗎？彌撒第六段：「求你用你的真理和光亮引導我，帶我回到你的聖山錫安，到你所居住的殿宇」（《詩篇》第43章，第3節）。是的，你的聖神之光（拉近）以及反映在我內心的真理（分開），引導我來到了你的殿宇。

殿宇……不就是所謂的帳篷、華蓋或頂篷嗎？在下方的人因為它而不致於自視為神，也不會因為被神吸引而喪失自我？這殿宇不就是以「謙卑之皮」搭建起來的嗎？它保護我們免於自視為神而抹殺了愛，或是把人性當成了神性。它讓我們不至於遭受妄想症的危害。

密契體驗可以分成三種形式：與大自然合一，與超驗的自性合一，以及與神合一。若想擁有第一種經驗，首先得消除內外的隔閡；這便是李維·布爾[5]（Lévy-Bruhl）所謂的「與大自然密契交感」；他在研究原住民的心理時創立了這個概念。當人的主觀意識與外境間的隔閡消失時，經驗到的就是這種主

5　譯註：法國人類學家（1857-1939）。

客合一境界。這種經驗不僅構成了原住民的薩滿信仰和圖騰，也產生出所謂「大自然的神聖性」，而這也是哲人與詩人嚮往與大自然合一的原因所在（恩比多克勒斯 **6**〔Empedocles〕為了與大自然合一，竟然縱身跳進埃特納火山口）。佩奧提仙人掌（peyote）、麥斯卡林 **7**（mescalin）、大麻、酒精等的作用，有時也會產生類似於「與大自然密契交感」的經驗。這種經驗的典型感受就是「迷醉」，亦即人與自我意識之外的能量暫時融合了。神話裡戴奧尼索斯的狂歡慶典（The Dionysian orgies）**8**，就是一種「迷醉在神之中」的經驗，它去除了自我與非我之間的隔閡。

第二種形式的密契體驗則是對超驗自性的體悟，它將平時的我與高層我區隔開來，使我們體驗到超越一切行為及時空的自性──不朽和自由的心靈境界。

如果說與大自然合一的密契體驗是一種「迷醉」狀態，那麼與自性合一的經驗就是一種朝著「頓悟」發展的進程。印度的數論派（Sankya）以最單純、最不被理性臆測扭曲的方式，描述過這種與自性合一、與現象界區隔開來的不朽及自由。雖然吠檀多（Vedanta）哲學也是奠基在同樣的體悟上，但追隨者卻無法對它所描述的完整實相感到滿足：「人的自性是不朽及自由的」，於是在上面加了另一種假說：「高

6　譯註：公元前五世紀的古希臘哲學家。
7　編註：一種迷幻藥物。
8　譯註：戴奧尼索斯（Dionysus）為希臘神話中的酒神。

層我即是神」（「靈魂本身即是神」——《曼圖加奧義書》
〔*Mandukya Upanishad*, 2〕）。相對來說，數論派教導的是
對高層我的體驗，但未曾否認自性的多維度性，也未曾宣稱個
人的自性與至高之神同屬一個次元——可能就是因為沒有說明
清楚，所以被當成了無神論哲學。如果有人把以下的告白定義
為無神論，那麼數論派的確會被誤解成無神論哲學：「我從未
經驗過比自性的不朽和自由更高的悟境，因此如何能信心十足
地證明神的存在？」但數論哲學並不是一種宗教，所以不具備
被歸類為無神論的基礎，就像現代榮格心理學派一樣。另一方
面，我們能不能試著把數論哲學對高層我的終極體驗，看成是
對神的見證呢？

　　第三種密契體驗則是對活生生的神的見證，這包含了猶
太—基督信仰的亞伯拉罕、以撒和雅各敬仰的上主，天主教
的聖奧古斯丁、聖方濟、大德蘭與聖十字若望所信奉的上帝，
以及印度教的博伽梵歌、羅摩難陀（Ramanuja）、摩陀婆
（Madhva）與柴坦尼亞（Caitanya）所描述的神。這是一種
與神在愛中合一的經驗，意味著兩種實有的融合。

　　這種經驗融合了大自然密契體驗的迷醉與高層我的覺醒。
傳統上，熱忱與寂靜結合的體驗一向被稱為「至福」或「至福
中的洞見」（beatific vision）。這種洞見一方面暗示著觀與被
觀的二元性，同時也意味著兩者在愛中的結合。這段話清楚又
精準地表達了密契體驗的本質：靈魂與神面對面地在愛中結
合。人越是能察覺靈魂與神之間的差異，就越可能擁有高層密
契體驗。基於此理，卡巴拉將靈修的核心經驗詮釋成見證互古

之神的偉大面容，而最崇高的密契體驗或死亡方式，就是人的靈魂被上主擁抱。《創造之書》（*Sepher Yetzirah*）是這麼描述的：

> 我們的父親亞伯拉罕有了親身見證，於是就把神現身在他面前所經驗到的一切記載下來。神稱他為祂的摯愛，並且與他及其後代立下了盟約……（*Sepher Yetzirah* vi, 4; trsl. W. Wynn Westcott, London, 1893, pp. 26-27）

聖十字若望則是採用愛的語言，去描述他和神在愛的居所中的經驗。

密契體驗的這三種形式都帶有它們的「保全法則」——「殿宇」或「皮」。它們都必須遵守自制的規範，否則就算老手也會受到重度癲狂、妄想症和徹底與世隔絕的危害。鎧甲、頂篷、冠冕分別代表三種保全措施，它們對應的是與大自然、自性或神的合一經驗。

第七張大阿卡納上的「勝利者」身穿鎧甲，站在頂篷下，頭上戴著一頂冠冕。這意味著他不會迷失於「大自然密契體驗」裡，也不會在經驗到高層我的同時喪失神性，更不會在見證到上主的愛時喪失與世界的連結。他對癲狂、妄想症、與世隔絕的危險性隨時保持警覺。他是一位神智清醒的人。

第七張大阿卡納的「勝利者」是一位真正精通隱修之道的人，他有能力整合密契體驗、靈知、神聖魔法，或是神性、

自性及自然性。他並沒有在狂奔，也沒有坐著或陷入冥思，而是挺直地站立著。他用手中的權杖控制著那兩匹牽引戰車的馬（一匹是藍色的，一匹是紅色的），既沒有失神也沒有陷入狂喜狀態，只是直立在馬車上向前行進著。那兩匹馬讓他免除了靠自己行走的辛勞。他之所以願意臣服於權杖的力量，是因為權杖代表著判斷「對」與「錯」的直覺、吸引力與排斥力、動脈血與靜脈血、相信與懷疑、生與死、「右側」與「左側」——雅斤與波阿斯這兩根柱子象徵的意涵。權杖和兩匹馬自動地為他服務，因為他是它們真正的主人。他信任它們，它們也信任他——這便是隱修之道所謂「作主」的意思。這指的不是上位者駕馭下位者的制服力，而是整合超意識、意識和潛意識的能力。此即隱修之道所謂的達成了內在小宇宙的和平——人內在的這種和平原型又會延伸至種族、國家、社會階級和信仰上面。

內心的和平代表的是平衡或公正的狀態，它象徵著小宇宙之中的每一種能量都稱職扮演自己的角色，而且在整個身心有機體中被分派到恰當的位置。

平衡或公正就是下一張大阿卡納「正義」的主題，也是下一封信的標題。

若要概述第七張大阿卡納的實修教義，我們可以說「勝利者」是一位「康復中的病患」，意指他戰勝了身心靈各方面的疾病或失調，換言之，他變得「正直」了；他不只是藉由對三種神聖戒律的忠誠而戰勝了四種誘惑，同時也奉行無阻地展現出三種聖戒合成的精神：謙卑。他變成了「解脫的人」或「主

人」。他不再被占星學所說的行星勢力影響——榮格當時藉由「集體意識」之名，重新詮釋了七種（！）主要的精神能量或「原型」如何受到七種行星的影響。這位勝利者因而變成了「原型」（行星的作用力或古代靈知派所稱的主宰能量）的主人，這些原型分別是：「陰影面」、「人格面具」、「阿尼姆斯」、「阿尼瑪」、「智慧老人」或「父親」、「母親」甚至「自我」，以及在這一切之上的「自性中的自性」或上主[9]。

　　換言之，當月亮、水星、火星、金星、木星、土星甚至太陽的能量危害到他的時候，他會立即有所警覺，並且知道在太陽之上還有一個「太陽中的太陽」或神。事實上，他不可能除去這些行星、原型或主宰能量（就像他不可能除去地水火風四元素一樣），因為從玄學的角度來看，其「星光體」就是這些能量結合成的。由於星光體中存在著潛意識、集體或「行星的」精神勢力，所以才被稱為「體」，星光體的「材料」就是占星學裡的行星（或榮格所謂的「原型」）。因此，星光體的主人便是這張大阿卡納中的「勝利者」，亦即能夠讓內在的七種行星勢力達成平衡的高手。

　　那麼，讓星光體的七種勢力達成平衡的第八種力量又是什麼呢？

　　塔羅第八張大阿卡納「正義」將會就這個問題提出深入的解答。

9　譯註：作者此處列出的榮格原型範例與七大行星並不是完全對應的。

第八張大阿卡納的冥想

正義

JUSTICE

我們被賜予的只有聖子和聖靈。
至於與聖父全然合一，
則沒有人在世上達到過，
唯有探入內在的第八次元才能與祂相會。
　　　　　——路易・克勞德・聖馬丁，《關於數字》

誰又能防範那些法律的守護者呢？……
這才是法律體系的根本問題

正義

親愛的不知名朋友：

第七張大阿卡納教導的是如何得到內心的祥和，第八張的
主旨是得到之後要如何維持，第九張則是針對那些已經有能力
維持內在和平的人，提供進一步的整合之道。換言之，第七張

大阿卡納闡述的是如何達成內在的平衡（健全），第八張讓我們理解了小宇宙和大宇宙的平衡機制，第九張涉及的則是如何踏上「中道」或「和平之道」，因為隱修途徑就是密契體驗、靈知、神聖魔法及隱修哲學的整合。

第八張大阿卡納的圖像中有一名女子，坐在由雙柱形成的黃色座椅上。她身穿紅袍，外面罩著藍色斗篷，手中拿著黃色的劍與天秤，頭上戴著一頂三層式冠帽。

這張卡真正要傳達的訊息是：法律乃個人意志與存在本質之間的仲裁機制。人可以按自由意志行動，但法律會透過有形和無形的仲裁機制來對治人的行為。此機制背後的基礎就是終極實相（聖多瑪斯・阿奎納稱其為「最真實的實相」），它賦予了法律普世性、規律性和不變性，引領著後者在人的自由與神的自由之間達成平衡。卡上的女子坐在意願之柱（雅斤〔Jachin〕）和儉約之柱（波阿斯〔Boaz〕）中間。她不是行動者而是仲裁者，所以畫面呈現的才會是女性而非男性。她頭上的三層式冠帽說明了其權威和使命是來自上界——至高上主的旨意。她手中的天秤和劍則象徵著如何在個人意志範疇內去捍衛正義，因此她說：「我的座位是在個人意志與上主的普世旨意之間。我維護著個人意志與普世旨意的平衡。每當它被破壞時，我都有能力重新恢復它。我代表秩序、健全、和諧及正義。」

天秤象徵的就是平衡——秩序、健全、和諧及正義，劍則象徵個人意志侵犯上主的普世旨意時恢復平衡的力量。

這便是第八張大阿卡納的概要，也是冥想時首先要留意的

部分，然而概要只是進入隱修內室之前的玄關罷了。事實上，以濃縮方式得到概要本身，也是深入探索時需要進一步解決的問題，因為概論越是抽象就越膚淺。哲學的「絕對精神」（Absolute〔參照黑格爾 Hegel 的理論〕）可以說是最籠統抽象的理念，所以也是最膚淺的。當理念涵括一切意義時就沒有任何意義了。你可能願意為上主而死或是為祂而活，但你不可能為「絕對精神」殉難；為「絕對精神」殉難等於為一個非實存的東西犧牲自己；這個東西只是影子中的影子，但活生生的上主卻是原型中的原型⋯⋯宇宙的聖父。

十誡裡的第一誡 ——「除我以外，你不可有別的神」（《出埃及記》第 20 章，3 節）—— 其中的一個含義就是：我們不可用代表神的抽象理念來取代神這個實相。如果有人以抽象「法則」或「理念」——無論是「第一因」或「絕對精神」——取代熱切的、光明的、充滿生命力的神，便是觸犯了第一誡。事實上，所謂的「第一因」或「絕對精神」，不過是人心製造出來的偶像或崇拜對象罷了。

因此我們不該違背第一誡，不該以偶像或抽象理念取代大公無私的實相，同時也不該支持聖像破壞者的主張，因為在所有理念中，他們唯獨聚焦於偶像崇拜這件事。只要把抽象理念當成瞭解實相的工具而非目的，它們都可以變成是偶像或聖像。任何「假說」（hypotheses）皆是意像而非本尊。沒有人會把「假說」視為絕對真理，因為其作用只是要引導我們在經驗中發現實相。雖然聖像崇拜僅僅是認識實相的起步，卻能提供求道的動力與方向，因此我們要避免夾在錫拉（Scylla）和

卡力布狄斯（Charybdis）女妖當中[1]。我們既不需要支持偶像崇拜，也不需要支持聖像破壞，但是可以藉由聖像和抽象理念去達成實修體悟或探索實相。塔羅是一套有機的靈修系統，主要功能乃實修上的應用，否則不值得在這上面花任何時間。

「正義」是一張邀約我們去體悟實相與真理的請帖，不過首先要瞭解，我們只有靠自己的判斷力才能揭露實相與真理。判斷的目的就是要達成合乎正義法則的結論。下判斷的人不限於法庭裡的法官；每個人的思想裡都有審判成分。舉凡有思想的人皆是審判者。每當我們遇到問題或麻煩時，內心立即會出現一座法庭，過程中「正反方」的供詞都會被檢視和衡量，直到判決宣布為止。總之，我們所有的人從早到晚都在不停地扮演法官角色。基督教的訓誡——「不要評斷人」（《馬太福音》第 7 章，第 1 節）——就是要人放下思維裡的批判活動。對錯、美醜與善惡都是經常出現的想法，然而判罪就不同了。我們可以為現象和行為下判斷，但是不能用這種方式去定別人的罪，因為這就逾越了思想的權限。由於我們只能以現象界的經驗作為判斷基礎，所以並不真的具備這方面的能力。換言之，對別人的任何負面批評或責難都是無法真正成立的。如果你瞭解箇中的道理，就能領悟「不要評斷人」的深義是什麼。人是沒有能力定他人之罪的。人聲稱自己的判決是在伸張正義與真理，其實他並沒有足夠的證據。因此我們寧可對鄰人

1　譯註：比喻夾在兩個魔鬼之間的狀態，典故源自於希臘神話。

説：「你表現得像個瘋子」，也不能説：「你是瘋子」，否則很可能逃不了地獄的火煉（參照《馬太福音》第 5 章，第 22 節）。

因此每當我們評斷他人時，必須意識到自己的認知能力有限。我們往往容易忽視人的靈魂本質，所以下的評斷永遠與本質無關。

那麼直覺呢？它有沒有作用？它當然有作用，但由於這是一種愛與同情方面的感知，所以不會去非難人。它扮演的角色永遠是捍衛者與辯護者。它感知到的是人內在的靈魂本質，所以看見的也是對方內心深處的神性。它明白罪惡或罪行的受害者永遠是犯罪者本身的靈魂，因此除了辯護者之外不會飾演其他角色。「完全理解就能徹底寬恕」指的是一種「發自內心」的體認──「直覺」──而不是對現象或表象的認知。主耶穌被釘上十字架後説道：「父啊，赦免他們，因為他們不知道自己在做什麼。」（《路加福音》第 23 章，第 34 節）耶穌的這句話指出了三項事實：

1. 表面上看來，他們的所作所為是有罪的；
2. 審判他們的工作交給了天父；
3. 這是和「寬恕他們」的請求一起交出去的，因為耶穌直覺地意識到「他們不知道自己在做什麼」。

幸虧採用羅馬法系和英美法系的國家意識到直覺判斷有別

於搜證和檢調，所以才藉由「衡平法」（equity）補足了後者要求的嚴正性。普通法（common law）的程序是將事實與法條逐一比對再推出結論；衡平法的程序則是將普通法的結論與搜證結果比對之後，再藉由直覺判斷去修正後者的結論。基督教文明裡建立陪審團制度，就是為了樹立衡平法和理性的直覺判斷。陪審團制度在基督信仰出現之前是不存在的。彼拉多的妻子或是「許多為耶穌痛哭和哀悼的民眾及婦女」，都無法改變彼拉多的判決。「陪審團」只能哭泣（耶路撒冷的婦女）或私底下與「審判者」溝通（彼拉多的妻子）。後來在耶路撒冷的街道上響起了衡平法的吶喊，因為彼拉多的妻子被理性直覺喚醒，於是在丈夫耳邊輕聲警告。由於當時沒有陪審團制度，審判者彼拉多被迫採用一種醜惡的方式主持正義——放棄公平審判、擔任起劊子手的角色。

伸張正義的過程是先搜足原告和被告雙方的證據，經過瞭解與衡量之後，交由理智做出判決。正義的三種作用——告知、辯論、判決——對應著知識的三種層次——假設的、可辯論的、直覺的——柏拉圖稱之為「假設性看法」（doxa）、「辯論式歸結」（dianoia）以及「直覺式確知」（episteme）。原告和被告在陳述過程中以搜證為基礎，提出了「有罪」或「無罪」的假設性看法，接下來雙方開始為自己的假定辯護，試圖從中得到利己的結論，最後陪審團會透過直覺洞見，從人性角度盡力突破表象及邏輯論證的形式以達成判決，因此判決的結果是藉由衡平法獲得的。

人類在伸張正義的過程中可說是用盡了上述三種求知方

式：以常識判斷證據的真偽作為假設的基礎（doxa），以邏輯衡量先前的假設是否成立（dianoia），最後則是藉由直覺做出最後判決（episteme）。

因此，人類的「司法結構」只是、也只可能是神的正義法則之「投影」。在傳統思潮中把這點表達得最清楚的就屬卡巴拉的「生命樹」（Sephiroth Tree）了。[2]

「生命樹」是由左、右及中間三排柱子構成的。右柱或慈愛之柱，是由智慧（Chokmah）、恩寵／慈愛（Chesed）或壯麗／莊嚴（Gedulah），以及勝利（Netzach）的質點所構成。左柱或嚴峻之柱，則是由智力（Binah）、嚴峻（Geburah）或恐懼（Pachad）及榮耀（Hod）的質點所構成。至於中間的柱子，則是由王冠（Kether）、美（Tiphereth）、基礎（Yesod）及王國（Malkuth）的質點所構成。

從正義的角度來看，左右兩排柱子代表的是辯方與控方（在《光明篇》裡分別代表善惡），中間的柱子則等同於衡平法。由十個質點形成的這套系統是建立在動態平衡的機制上，當不平衡的情況發生時，它可以瞬間恢復平衡。本質上，這是一套天秤式運作系統。

最簡便的天秤，是由一根固定的垂直柱、一根和垂直柱形成 T 字或十字的橫桿，以及吊在橫桿兩端的

2　編按：請見本書附錄二卡巴拉生命樹全圖。

秤盤所構成的。天秤的結構形成了三種基本關係：（i）兩端的秤盤形成的是一種制衡關係；（ii）秤盤與中柱形成的是一種從屬關係；（iii）秤盤的重量決定了天秤往哪一方傾斜。（Francis Warrain, *La théodicée de la Kabbale*, Paris, 1949, p. 50）

　　在生命樹的結構中，天秤的制衡作用同時被建立在四個次元裡：聖光溢出界、創生界、形成界和行動界。它不但在上下界之間建立與重建平衡，也在橫向世界裡維持著左右兩柱（嚴峻和慈愛之柱）的平衡。因此，左右上下的平衡程度都會帶來影響。正義和因果律維繫著個人的自由與萬有的秩序，並且調節和掌理萬有之間的因果平衡。但「天與地」的縱向法則是超越因果的；它是上主的恩典所賜予的大公無私。

　　「無條件的恩寵……」意味著太陽照在好人身上，也照在壞人身上。難道這就是最正確的道德觀嗎？比起保護好人、分辨善惡及懲處壞人的法律正義，恩寵的正義是否屬於更高次元？是的，這是一種「另類的」至高正義法則，也是《新約》真正的意涵。《舊約》與《新約》的關聯就像因果律與恩寵的關係一樣。但上主的恩典也是以制衡（正義）方式在作用著；其天秤的一端是在地球上，另一端則是在天國裡。主禱文使我們瞭解了何謂恩典的正義法則以及「天與地」如何維持平衡：「免我們的債，如同我們免了人的債。」主耶穌也說過：「你們若饒恕別人的過錯，你們的天父也會饒恕你們；你們若不饒恕別人的過錯，你們的天父也不會饒恕你們的過錯」（《馬太

福音》第 6 章，第 12、14-15 節）。

　　主耶穌把天地之間的平衡法則解釋得非常清楚；它的運作方式正確無誤可是也毫不容情。它不但能帶來寬恕，也為世人帶來了上界賜予的禮物：聖靈，就像《路加福音》裡主耶穌所說的：「你們雖然邪惡還曉得拿好東西給自己的兒女；那麼，你們的天父豈不更要把聖靈賜給向他祈求的人嗎？」（《路加福音》第 11 章，第 13 節）

　　太陽照在好人身上也照在壞人身上，但只有打開暗室的窗戶，光線才能照入室內。陽光絕不是我們創造出來或努力得來的，它是神賜予的禮物，不過窗戶必須打開陽光才能照進室內，如同必須睜開眼睛才能看見光一樣。若想達成天與地的平衡，人必須付出努力、與神合作，如此才能得到恩典。完全倚賴上界的揀選（加爾文派〔Calvinism〕）或全憑自己的信仰（路德派〔Lutheranism〕），都不足以達成平衡。無論是否被揀選、是否懷有信仰，我們都必須在世間「免了人的債」，唯有如此，上界才會免了我們的債。在「天—地」之秤的兩端，在下界的「努力」和上界的「恩寵」之間，存在著一種「質」而非「量」的關係。讓我再重申一次，下界的努力和上界恩寵的呼應關係，是以「質」而非「量」來評定的。如果我能寬恕他人在我身上犯下的一個錯，他人或許就會原諒我所犯下的無數相似過錯。天與地的平衡不是以量來評定的；它完全是質上面的議題。理解這點非常重要，尤其是聯想到人生有限，卻可能因犯錯而墮入「無間」地獄。如果從「量」的角度來看無間地獄，的確是不公平的觀點。把一生有限的時間——

或幾世的時間——拿來和永恆對比，確實會發現「無間」的懲罰與犯下的罪不成比例，所以是不公平的。但我們不該從「量」的角度來看無間地獄這個概念（它有點荒謬，因為永恆凌駕於時間之上），而應該從「質」的角度來看它。

那麼這個議題該如何思考呢？

如果放棄從「量」的角度來思考時間與永恆，就會得到以下的答案：一個絲毫沒有愛心的人即便進入了永恆之域，心中仍然不會有愛，正如同進入了無間地獄一般。

> 地獄指的是靈魂無法自我解脫，一種以自我為中心、陰暗又險惡的孤絕狀態，也就是完全沒能力去愛。
> （Nicolas Berdyaev, *The Destiny of Man*, London, 1937, p. 351）

這種主觀的存在狀態雖然與時間無關，感覺上卻像永恆一般難熬。同樣地，聖徒見到上主顯靈時所體驗到的至福，也像永恆一般強烈——即便不持久；或許只維持了幾分鐘的時間。永恆世界的經驗是極其強烈的，遠遠超越數量代表的時間和空間經驗。「永恆」指的不是無限久而是「感知上的強度」，如果拿來和時間相比，它的「量」可以說等於無限。尼古拉・別爾佳耶夫就這一點做了闡述：

> 在世上生活乃是要我們體驗到痛苦似乎永無止境。它們不像是只出現片刻、一小時或一天，而比較像是沒

完沒了地一直延續著……從客觀角度來看，痛苦或許只持續了片刻、一小時或一天，卻足以冠上「無間地獄」的稱謂……俄利根[3]（Origen）所說的「只要世上還有人處在地獄裡，耶穌就會繼續留在十字架上」，便是在闡明與永恆有關的真理。（同前著作，p. 342, p. 347）

除了「阿門」之外，我們還能說些什麼？無間地獄指的就是靈魂自囚又缺乏脫逃的希望，因此「無間」帶有「絕望」之意。所有因絕望而自殺的行為都成了「無間地獄是一種心態」的例證。人在自殺前會感到徹底絕望，這種感受就像是進入無間地獄一般，所以寧願結束一切也不願面對它；結束一切就是他最後的希望。

反之，永恆的喜悅——「天國」——指的則是內心充滿著無限希望。這種喜悅並不是因為持久而被視為「永恆」；其永恆感是源自於強烈的希望。

耶穌在客西馬尼園時，由於心中極度痛苦而流下血汗。客西馬尼園的那一晚是不能用時間衡量的。無論是當時或現在它都不可估量，所以是一種永恆狀態。耶穌流下血汗，並不是因為他即將受審，而是感到極度痛苦。透過那個經驗他進入了無間地獄，當他從地獄出來時，卻帶來了一則「福音」：他的復

3　譯註：希臘的基督教神學家（182-254），亞歷山大學派的重要代表人物。

活不僅意味著戰勝死亡，同時也戰勝了地獄。耶穌以「我就是（It is I）！」這句話，宣示著面對和戰勝地獄的榮耀，這使得前來逮捕他的士兵、軍官、祭司長和法利賽人，皆退倒在地上（《約翰福音》第 18 章，5-6 節）。俄利根的心靈也被耶穌戰勝地獄的榮耀以及解脫時所說的「我就是」深深打動。基於此點俄利根才會確信，世界末日之際地獄將不再有人，就算是惡魔也將得救。凡冥思過耶穌在客西馬尼園流下的血汗以及「我就是」這句話的人，多少會知道無間地獄是存在的，然而到了時間盡頭，它終究無法困住任何人。因此，「俄利根主義」的來源及靈感出處，就是耶穌在客西馬尼園流下的血汗。

「希臘人」（追求智慧的族群）或「猶太人」（渴望奇蹟的族群）卻無法理解這個戰勝無間地獄的「福音」。理解它的只有基督徒。「希臘人」拒絕接受無間地獄的概念，他們認為它與良善全能的上主是不可能並存的。「猶太人」則能夠忍受無間地獄的存在，因為他們堅信必定有許多人居於其中，否則身為審判長的上帝便失去了懲處人的絕對威權。換言之，他們不認為神的愛可以包容一切。只有基督徒能接受和理解十字架所代表的「愚拙和軟弱」（《哥林多前書》第 1 章，第 22-25 節），而且明白只有這樣的愛才是無限的。對基督徒來說，手段無法聖化目的；手段和目的必須是一致的。他們知道不能用嚴厲或令人恐懼的方式教導愛。他們是直接透過真、善、美去體認人心，至於地獄以及對地獄的恐懼，則從未在任何人的心中激發出愛——而且永遠不可能達成。嚴峻的正義法則無法使我們理解那位父親對浪子的愛；我們理解這份愛，是因為父親

以歡喜的心情迎接浪子歸來。

但「希臘人」卻認為那位父親早就知道他的兒子會歸來，因為除此之外兒子沒有任何選擇，所以一切只是一場「戲劇性的演出」；父親的表現是一種「權宜之計」（黑格爾的「智力的狡計」）。「猶太人」則認為是父親的威權管制了兒子放蕩的心，令兒子不得不遵從父命回到家中，因此兒子無法抵抗的是父親的威權。

崇尚神智的希臘人與崇尚神權的猶太人，都不能理解父親為何歡迎兒子歸來，只有崇敬上主之愛的基督徒才真正明白「喜悅」和「歡迎」的意義。他們明白浪子的故事闡述的是真正的愛和全然的自由，父親的喜悅乃出自真心，就像與兒子重逢前的痛苦也是真實的。此外他們也意識到浪子的故事是在點出人類與上主的關係，揭露神的真愛和全然的自由。

「希臘人」、「猶太人」、「基督徒」分別展現出對神智、神權、神之愛的尊崇！在基督信仰的教會圈子裡一向存在著許多「希臘人」和「猶太人」。散播異教信仰和道德異端的就是他們，在普世教團中煽動宗派對立與分裂的肇事者也是他們。事實上，「猶太人」和「希臘人」打從一開始就把神子——神的愛和道的化身——設定為改造對象，目標是要將他塑造成權威或智慧的人類表率。「猶太人」（伊便尼派〔Ebionites〕與塞林則派〔Cerinthians〕）拒絕接受神子與萬能的神是一體的，因此說：「耶穌基督不過是一位彌賽亞，他是因為上主的揀選才變得神聖的。他只是主派來的使者罷了。」第四世紀的「猶太人」——阿萊亞斯（Arius）派門

徒——也説：「道的化身並不是神本身：道是由神創造出來的。」他們認為神的大能既然足以創造如此完美的生命，那麼祂無需化身成人也能完成救贖。

那些被稱為「涅斯多留派」（Nestorians）的「希臘人」則説：「耶穌基督有兩種本質，一是神性，一是人性」，他們認為神智與人智間存在著一道無法跨越的鴻溝，而且前者不可能在不縮減、不變弱的情況下與後者合一。相對地，被稱為「歐迪奇派」[4]（Eutychians）的「猶太人」卻説：「耶穌基督只具有一種本質」——他們不相信神與人可以藉由愛合一，而且認為那樣的合一必定造成其中一方的犧牲，或者雙方都可能為了成就第三種特質而遭到犧牲。他們認為，兩種本質只有徹底融合才算是合一，而萬能的神絕對可以實現煉金般的奇蹟。後來「一性論派」[5]（Monophysites）與「雅各派」（Jacobites）的「猶太人」又將歐迪奇派教義發揚光大，創立了各自的教派。

由於「希臘人」認為世上只有智者和愚者這兩種人——前者具有靈性，後者屬於物化存有——因此不相信世上有神人，也不相信人與神真的可以合一。換言之，他們不相信化身這件事，而且主張智慧經由化身作用會縮減成無知狀態。基於此理，「幻影派」[6]（Doceta）才會認為道的化身是一種幻相，

4　譯註：主張基督的本質既非神性亦非人性。
5　譯註：主張耶穌基督只具有神性。
6　譯註：主張基督不是實體。

耶穌的肉身是一種幻影。

希臘的亞波里拿留派（Apollinaris）（四世紀）則認為耶穌基督的神格與人格的比例有必要調整，而將其人性削減了三分之一。他們認為完整的人是由三種要素——身、心（心理）、靈（精神）——所構成，由於耶穌基督的靈性完全被「道」所取代，因此人格只剩下兩種要素——身與心。這使得我們再度看到「希臘人」是多麼謹慎地呵護著神的智慧，以確保它不被人性減損。

因此，崇尚神智的「希臘人」與崇尚神權的「猶太人」，多少世紀以來費盡心思企圖推翻愛的法則，目的只是為了擁護智慧和威權。

從古代到中世紀一直到其後，人類不斷地為愛的法則爭辯，這種氛圍直到今日仍持續環繞在教會四周，而且依舊存在於教會的核心以及每位基督徒的心中。否則那些中古和現代經院哲學派（Scholastic School）裡的「極端唯實論者」（extreme realists）與「極端唯名論者」（extreme nominalists）的爭執又是為了什麼，還不就是「希臘人」（「唯實論者」）與「猶太人」（「唯名論者」）之爭嗎？……此外，同一學派裡的「唯理論者」（rationalists，「理智至上」）與「唯意志論者」（voluntarists，「意志至上」）之間的紛爭，不也是同一回事嗎？對「唯實論者」和「唯理論者」來說，理念即客觀現實，而且神的理智勝過了意志的作用。但是對「唯名論者」和「唯意志論者」來說，理念只是人用來歸納現象的一些說詞罷了——以抽象的說法區分不

同類型的現象——因此神的意志是超越理智的。對後者而言，神代表的是萬能意志，對前者而言，神代表的是無限理智。

那麼神的愛呢？這才是基督信仰的精髓，多少世紀以來它平衡也穩定了基督教的體系，使其免於徹底分裂和瓦解。基督教之所以能維持核心深處的平靜，全要歸功於這至高之愛。

如果「唯實論者」贏得全面勝利，那麼基督信仰將飽受摧殘，因為唯實論者會採取大眾的意見、犧牲個人的聲音。歷史上發生過的宗教審判完全可以證明這一點——宗教審判就是唯實論者的「寡不敵眾」主張所導致的結果。

但如果是「唯名論者」贏得全面勝利，那麼基督教就會面臨徹底瓦解的命運，因為每個人的意見、信念和想法都有所不同；現今上百種新教派系的信仰方式皆能證實這一點。

基督信仰在空間（教會）和時間（傳統）上一直維持著合一精神，絕非「唯實論者」的嚴峻或「唯名論者」的放任造就出來的。「希臘人」與「猶太人」之間的和平是「基督徒」用愛建立及維持的。若非如此，整個基督教體系現在已經分成兩派：一派會遭受「道德規範的嚴控」，如同以往的雨格諾派（Huguenot）和加爾文派的做法；另一派則會認為每個家庭或個人都是一個宗教小團體，而這會導致基督「信仰」變成抽象的主義、說法或空洞的詞彙。

以上種種都與平衡議題有關。

上述的問題同樣也出現在隱修傳統或「玄學運動」中。我們一樣會看到「希臘人」、「猶太人」與「基督徒」的身影。「猶太人」渴望奇蹟發生、魔法得到應驗，「希臘人」則追求

一種絕對真理，它與通俗哲學的關係如同代數與算術的關係一樣。馬丁內斯‧德‧帕斯喀里[7]（Martinez de Pasqually）與徒眾一同修練儀式性魔法，為的便是召喚復活者耶穌基督。歐恩尼榮斯基（Hoené-Wronski）與徒眾建立「哲學中的哲學」，試圖在這個架構下去瞭解過去、現在、未來的所有理論，將其歸納到恰當位置上。

在隱修和玄學運動中，法伯‧道利維與聖依夫侯爵一向被視為「希臘」範型的依循者。相對地，艾利佛斯‧李維和至今仍延續其理念的後進們，以及撰寫了魔法及實用卡巴拉的作者們，則是「猶太」範型依循者。

路易‧聖馬丁自從與帕斯喀里的幾位入世弟子交往後，便脫離了帕斯喀里教義以及那個圈子裡的人。他是以朋友而非敵人的身份這麼去做的，因為他從未懷疑過他們修練的魔法及真實性。他脫離他們是因為發現了一種「內修方式」，它帶來的體悟遠遠超過魔法、淨化神通術、招魂預知術和磁化療法的價值：

> 一個人能夠如此清明地運用高層淨化神通術，勢必是直接蒙召而以此法來榮耀神的。他們對自己受到的召喚沒有任何不安，因為其中有各式各樣的啟示，而且沒有任何隱晦成分，比起我這個初學者所能提供的訊

7　譯註：法國神智學家（1727-1774）。

息要確切了上千倍。

渴望告訴別人這類神蹟，尤其是透過出版來告知大眾，就是在漫無目的地刺激人們的好奇心，為的只是滿足自己的虛榮而非真的想利益讀者。如果我以往在著作中犯過這樣的錯，那麼堅持原地踏步一定會繼續犯錯。因此，在近期的著作裡我越來越重視另一種靈修啟蒙方式；它教導我們要透過與神合一，去體認我們需要知道的一切。至於你們想要我發表的個人見解，那些有關精微次元的意見與分析，勢必將鮮少出現在我近期的著作裡了。（Louis Claude de Saint-Martin in a letter dated 1797; cf. Robert Ambelain, *Le Martinisme*, Paris, 1946, p. 113）

聖馬丁在心靈世界裡發現了「真正的神力」，因而捨棄外在的儀式性魔法，不再用「希臘人」的方式去展開一場宏大的智能冒險，來創立一種絕對真理的哲學體系。他只維持著實事求是的態度，改為修煉建立在密契體驗與靈知啟示上的神聖魔法。因此在西方隱修運動中，聖馬丁代表的是第三種基督精神。

隱修之道沒有被徹底瓦解，就是因為以基督的愛為核心精神，才得以在「猶太人」與「希臘人」之間保持平衡，否則今日我們面對的將會是極少有共通語言的兩個分歧派別和思潮。或許其中的「希臘人」這一派將會有所成就，進而提出「過去、現在與未來的考古定年學總論」。「猶太人」的那一派

則或許會得到「神奇的法力,而擅長運用十二星座的宇宙勢力」。

但隱修傳統的活力及生存之道從來都不是以理論探討或魔法的操作為主。赫密士‧崔思莫吉司托斯這位誕生於基督信仰之前的智者,明確地在其著作《阿斯克勒庇俄斯》(*Asclepius*)中闡述了這一點:

> 我從先知的角度對你們說,未來將不再有人專心致志地追求哲學。真正的哲學乃是不斷地藉由虔誠默觀來認識神,然而未來會有許多人把哲學搞成艱深難懂的學問,並且以各種形式的理論敗壞它……將它和難懂的科學,譬如數學、音樂或幾何學混淆在一起。如果還有一些哲學追求者未被玷污,那是因為當他們在研究上述科學時,仍懂得敬仰和讚嘆神的智慧與大能……當人的心智和靈性全然崇敬神、懂得感恩時,意志(唯有這樣的意志)裡就會充滿著良善——以此種態度追求哲學,才不會渴求無益的知識而被玷污。(*Asclepius* i; trsl. Walter Scott, *Hermetica*, vol. i, Oxford, 1924, pp. 309-311)

我們把這段隱修之道出現以前的闡述引進基督信仰的世代,再加上這麼做所帶來的影響和改變,就能理解這個途徑的恆久精神與活力從何而來了。

從知識的價值來看,上述引言顯然無足為奇。任何一位

十二世紀的熙篤會（Cistercian）僧侶──以虔誠的無知態度為傲的人──都能成為這個方向的作者。但若想從意志的面向來理解過往乃至未來數千年的人類行為，它又告訴了我們什麼？

首先，它讓我們理解到人的求知傾向是由三種驅力促成的，目的都是為了建立哲學與科學的體系架構。它們分別是：基於「好奇心」，按照「為藝術而藝術」的原則求知；追求「有效性」，為生命的需求投入於研究、實驗及發明，因為這麼做可以換來豐碩成果，使人保持健康長壽；最後則是為「榮耀神」而求知，動機既非好奇亦非為了謀利，而是如同當代古生物學家德日進所說的：「……被神的大能所吸引……其效應是聖化人的努力」。

因此，人可能為求知而求知，可能為服務鄰人而求知，也可能為了更愛神而求知。為求知而求知就是天國裡的蛇所允諾的：「你們會像上帝一樣能夠辨別善惡。」（《創世紀》第3章，第5節）這麼做的人無疑是為了榮耀自己。此即密教派、卡巴拉及隱修之道為何一致認為好奇心、「為求知而求知」是有害的[8]。赫密士的經典《世界的聖母》（*The Virgin of the World*）或《世界的瞳孔》（*The Eye-Pupil of the World*）裡也提到：

8　譯註：亦即為學日益，為道日損。

赫密士，你創造人類的決定真是輕率啊；人這種動物總是以好奇的目光看著一切，探聽著不該探聽的事物，也總是貪婪地沉迷於味覺享受，放縱於嗅覺的滿足，而且完全濫用觸覺功能。請告訴我，人類的創造者，難道放縱他們、讓他們自生自滅是你的本意嗎？他們可是會用魯莽愚勇的眼神去看那美妙神祕的大自然啊！……他們會把植物連根拔起，不惜代價地研究礦石的屬性。他們會解剖低等動物——是的，甚至解剖同類——為的只是瞭解自己如何來到世上、埋藏在各種答案背後的祕密是什麼……他們挖掘礦物，進入地球最深的黑洞裡探索。或許這些行為還可以被接受，但是他們絕不會就此罷休：接下來他們會往上探索，藉由觀察星象去發現天體的運作方式。難道他們不該遭到阻撓，不該被尖銳的恐懼突襲？他們就該如此放任地生活嗎？……他們的確該嚐一嚐希望落空的滋味，受一受創傷造成的痛苦。就讓他們放肆的熱情受挫吧。（*Kore Kosmu*; trsl. Walter Scott, Hermetica, vol. i, Oxford, 1924, p. 483）

以上是魔神摩墨斯（Momus，一種強大的靈界存有……有著巨大身軀與超凡智力）對人類的指控。接著是赫密士與兒子撻特（Tat）交談時，為人類的求知行為做出的辯解，其標題為「鑰匙」：

由於人類是具有神性的動物，所以不能與地上的其他生物相比，只能與天上的眾神並論。我們甚至可以斗膽地說人類是超越天上眾神的，至少具有和神祇一樣的力量。沒有任何神祇可以離開眼前的天國降臨人間，人卻能在不放棄塵世的情況下進入天國；他可以讓能量擴張到極遠的距離外，因此我們可以大膽地說世上的人就是必朽的神，天上的神則是不朽的人。

（*Corpus Hermeticum*, book x, "A discourse of Hermes Trismegistus, The Key"; trsl. Walter Scott, *Hermetica*, vol. i, Oxford, 1924, p. 205）

以上是控方與辯方的說詞，判決的結果是：控方摩墨斯所質疑的「為求知而求知」的罪狀是成立的，因為人確實有「為求知而求知」的慾望及衝動。另一方面，赫密士的辯解也是正當合理的，因為他相信人求知是為了榮耀神或服務鄰人。由此可見，世上存在著兩種知識，一種是正當甚至神聖的，另一種則是不正當、虛榮、輕率和愚勇的。

人類史上的隱修之道是一股「為榮耀神而求知」的千年潮流。現代正統科學則是由「為謀利而求知」、「為求知而求知」（好奇心）所驅動的。

我們隱修士是研究神如何在「世間」顯化的神學家，詮釋《聖經》的神學家則是透過揭露神來榮耀神的修士。宇宙不但具有物質性還富有靈性，《聖經》也不是「失效的律法」而是具有深奧內涵的經典。無數世紀以來，隱修之道透過三重智慧

（密契—靈知—神聖魔法）見證了三位一體，神學家則是透過《聖經》的三重啟示（舊約、新約與啟示錄）見證了三位一體。我們隱修士可以說是研究宇宙的神學家，你們則是研究《聖經》的神學家，難道兩者守護的是不同的聖壇嗎？我們的共同使命，不就是讓神的那盞榮耀之燈不滅地照耀世界？我們身為人的共同職責，不就是付出努力，讓這燈火不致於缺少聖油而熄滅，能夠世世代代燃燒下去，繼續為神做見證？身為隱修士的我們是否應該接受一個無庸置疑的事實：活在這充滿物質主義、帝國主義、國家主義、科技主義、生物演化主義與心理學至上主義的世界裡，我們之所以有空氣可以呼吸、有庇護所可以避難，不都歸功於教會的存在嗎？因為有教會存在於世上，我們才能吸收到新鮮空氣。教會的鐘聲一旦停止，人類渴望榮耀神的聲音也將中止。我們都需要空氣才能存活；我們需要透過虔誠、奉獻及感恩來吸取高層實相的氣息。這種氣息之所以存在於世上，完全是因為有教會的緣故。若是缺少了它，隱修之道——所有非現實的哲學與形上理想——就會被實利主義、物質主義、帝國主義、國家主義、科技主義、生物演化主義與心理學至上主義淹沒。親愛的朋友，試想你是活在一個沒有教會的世界裡，一個由工廠、俱樂部、體育活動、政治集會、功利大學、功利藝術或各種娛樂組成的世界——在那個世界裡你聽不見任何對三位一體的讚頌，也恭聞不到以其名施予的賜福：「一切榮耀歸於聖父、聖子與聖靈，從最初、現在到未來皆是如此，永無窮盡」，或是「願全能的神，聖父、聖子與聖靈賜福予你」。那將會是一個沒有信仰與恩典的宇宙……

裡面少了屬靈的新鮮氣息。多麼空虛淒涼的世界啊！你認為隱修士能存活其中嗎？

因此，請善用正義法則的天秤做出公允判斷。當你這麼做的時候，無疑地就是在說：我絕不能對教會丟石頭，它為了榮耀神而成就、激勵、維護著人類付出的努力。由於隱修之道的精神代表的正是這份努力，所以教會如果不存在，隱修之道也將無法存活。身為隱修士的我們若是以陌生或敵視態度面對它，就會活得像寄生蟲一樣（寄生在教會之下）；但如果能理解自己對它的虧欠而開始愛護它，就能以其忠友或侍者的身份活在世上。

隱修士應該與教會建立真正符合基督精神的關係，不該再繼續扮演她的「私生子」角色，或是為了生存忍辱地活在它的陰影下──即使隱修士無法成為教會認可的「合法子女」，也應當設法成為其「養子」。但「愛是雙方的事」，為了愛彼此都得卸下許多偽裝。我們可以確定的是，如果雙方都能真心榮耀神，那麼為了和平所遭遇的一切困難必定迎刃而解。

但願某些隱修士的虛偽行徑得以從世間消失，我指的是創辦小教會、為反祭臺而蓋祭臺，為反階級制度而自創階級制度。

另一方面，但願某些神學家的虛偽行徑也得以從世間消失──他們自以為是最高法院的法官，每當面臨超乎正常感官覺知的現象時，總是不接受他人的上訴就做出最後判決。這些自以為擁有現象界最高判決權的神學家，透過哥白尼（Copernicus）和伽利略（Galileo）學到的教訓，也理當實踐在與高層次元相關的事物上──避免像審判伽利略的那些人一

樣，以傲慢態度斷言其他次元是不存在的。救贖事蹟可以被看到的部分、《聖經》所揭露的真理，已經交由教會裡有能力的神學家予以詮釋、說明及呈現。但救贖涉及的浩瀚領域——物質界、乙太界、星光界和屬靈世界：它們的結構、勢力與存有，以及彼此之間的交互作用、轉化作用及歷程——這些大宇宙和小宇宙各個次元的作用力，難道不是想榮耀神、幫助鄰人的修行者應該努力研究的範疇？他們不就是因為不想埋沒主耶穌賜予的能力（參照《馬太福音》第 25 章，第 14-30 節），才願意不計報償地做神的侍者嗎？

因此，讓我們懇求正義法則為我們帶來平衡與和諧，同時樂意為它奉獻與服務，如此才能善用它的普世性魔法為大眾謀福利。凡能依照正義法則來修煉思想、覺受及意志的人，便是「山上寶訓」第四段論福所提及的：「渴望實行上帝旨意的人多麼有福啊；上帝要充分地滿足他們」（《馬太福音》第 5 章，第 6 節）。「滿足」的意思就是：正義將得到伸張。

所以讓我們公平地對待神學家，這樣神學家也會公平地對待我們。讓我們承認對教會有所虧欠，這樣教會也會正視我們的權利。唯有如此才能出現和平，也才能實踐正義法則。

我們既然要實修正義卡的天秤法則（所有的大阿卡納都和實修有關），就該貫徹到底地實踐它——如果不能在思想或內心裡將它充分實現出來，那麼進入正義尚未被建立的領域時就很可能會違背它。此乃隱修之道和正統科學互動時應該遵守的本分。

此刻不僅是隱修之道與教會和解、爭取教會重視的好時

機，也是與學術界和解、爭取學術界重視的好時機。因為到目前為止，學術界一直視隱修之道為私生子：由不忠於自己的宗教及科學所孕育成的曖昧混合體。換言之，隱修之道被惡意捏造成由錯誤的宗教理念與錯誤的科學精神結成的混合體。在學術人士眼裡，隱修之道不過是一種宗教派系，其成員盡是一些思想錯誤的徒眾和觀念錯誤的科學研究者。

再一次地，讓我們用正義法則來檢視這項指控是否有根據。答案是：的確有根據。

這項指控之所以成立，是因為學術界和教會皆以順服、神貧及守貞為基礎，但身為隱修士的我們，卻表現得既像是不遵守聖事條約的大主教，又像是缺乏經驗和訓練的科學家。我們不願遵守宗教或科學的紀律，但順服與紀律正是教會具足德性、學而有術的原因。

學術上的「節制法則」裡包含著「順服」於事實的權威性、搜證的嚴格標準、與他人合作的嚴謹態度，以及偽裝成清明客觀性的「守貞」精神，還有以保持開放、提出假設來呈現「神貧」精神的做法。真正的科學家一定是客觀的——以穩妥開放的態度面對嶄新的經驗或想法。

雖然真正的科學家如同教會的聖徒一樣為數極少，代表的卻是真正的科學精神。畢竟，一個家庭的表率通常不會是其中的病患或有殘疾者，而是身心健康的成員。

真正的科學必須設定客觀、嚴謹與勤勉的紀律，換言之，必須遵守順服、守貞與神貧戒律。人若是不貧困就不會勤奮，財富往往令人產生惰性。人若是不拒絕誘惑便無法保持清醒，

也就無法守貞了。最後要強調的是，人不順服於自己的經驗和做研究的周密性，是很難客觀看待事物的。

因此，真正的科學進展也都歸功於三聖戒的修煉，如此才能往更深的隱修層次發展。科學曾經有過三項重大發現：它探入生物學領域發現了演化論；它穿透到物質深處發現了精微能量；它挑戰精神的無意識領域發現了意識的奧祕。科學的三項重大發現——演化論、核能與無意識——使它和隱修之道的關係變得亦敵亦友，因為當它進入更深的領域時，涉及的正是隱修之道的範疇。

換句話說，隱修之道和現今的科學共同探入了深層次元……它們的關係究竟是敵是友，完全視情況而定。

答案完全取決於我們的選擇：身為現代隱修士的我們，到底是選擇為科學服務還是與它對立。如果選擇為科學服務，就必須停止為玄學代言，因為它並不是普世性科學。我們必須做到不「以權制權」，如同教會的人必須捨棄「為反祭臺而蓋祭臺」一樣。假設隱修之道佯裝成科學，那將會是極不成功的嘗試，因為本質上它是一種玄奧、私密和個人性的學問，根本無法偽裝成大致上可以確立或論證的科學。隱修之道的奧祕性與科學的概略有效性是相互牴觸的。我們無法也絕不能以科學的概略認知去解釋深層的個人密契體驗。

是的，我百分之百地確定隱修之道裡面包含著偉大的真理，但這種真理並不是科學性的或概略有效的。它只能在像我這樣對它懷著渴望和理想、仍然有輪迴記憶的人身上產生意義。它只會在「我的家族」、被我稱為「不知名朋友」的各位

身上產生價值。

　　隱修之道不是一門與其他科學有別甚至對立的學問；它也不是一種宗教。它是被揭露的真相以及透過體證得來的真理，在人的內心裡達成的親密融合。身為宗教與科學的混合體，它不可能和自己的一部分作對。一個連字符號無法取代它所連結的兩個單字，因此真正的隱修士會以雙重紀律——一種來自教會，一種來自學術界——磨鍊自己。他禱告並且深思；禱告時他會展現教會之子的熱忱與誠懇，思考時他會表現出學者應有的勤奮與紀律。「祈禱和工作」絕對是他的座右銘，這句話裡面的「和」字說明了隱修士的立足點：介於內心的祈禱室與實驗室之間的那道敞開的門。它是兩室之間的門而不是另一間祈禱室或實驗室。

　　「祈禱和工作」讓內心的兩室有了連結……這不就是在修煉正義法則嗎？

　　隱修之道象徵的就是祈禱和工作之間的平衡，這意味著隱修士必須大幅調整自十九世紀下半葉以來養成的思維模式。以下的例子在實修上有著極深的意義。

　　隱修士們一致認同耶穌基督在人類靈性史上的卓越表現與使命。對他們而言，耶穌基督與其他靈性導師（克里希那〔Krishna〕、佛陀、摩西、奧菲斯〔Orpheus〕等等）的關係，如同太陽與星星的關係。他們認為隱修之道有別於勃拉瓦斯基（Blavatsky）夫人創立的現代神智學，迥異於東方玄學和西方密修體系：例如印度瑜伽、吠陀哲學、蘇菲派、馬茲達教（Mazdaznan）、葛吉夫學派等。由於隱修士皆為基督信仰

者，因此一致主張耶穌是上主唯一的化身。

但是有越來越多的現代隱修士熱衷於宣揚「宇宙律」（Logos）或「基督宇宙律」，故而對拿撒勒的耶穌失去了興趣。這種趨勢就算不普遍，也的確日漸受到世人關注。主耶穌的豐富人性和具體性，逐漸被象徵他的神性和神人理念所取代。

讓我們再次按正義法則來審視一下「宇宙律」和「耶穌的具體性」。

首先我們必須瞭解，「基督信仰」並不是使徒、殉教者及聖人揭示的宇宙律所啟動的一股新的屬靈勢力，基本上它和耶穌基督的誕生、死亡及復活有著不可分的關係。邪魔被驅除、病患被療癒、亡者起死回生，都是以耶穌之名而非宇宙律之名達成的。（參照《使徒行傳》第 4 章，第 12 節；《以弗所書》第 1 章，第 21 節）。

> 因此，上帝高舉他，及於至高，賜給他那超越萬名的
> 稱號。為要尊崇耶穌的名，天上、人間和地底下的眾
> 生都得向他下拜，眾口要宣認：耶穌基督是主，同
> 頌父上帝的榮耀。（《腓立比書》第 2 章，第 9-11
> 節）

奇蹟和蛻變透過與主耶穌的親密連結接踵而至，現今亦是如此。

「宇宙律」既不新穎，亦非始於基督信仰草創期。古希

臘時代的兩位隱修士，斯多葛（Stoics）與亞歷山大里亞的斐洛（Philo of Alexandria），曾經使用哲學、靈知及玄學的語言，幾乎已全盤探討過這方面的議題。因此《約翰福音》並不是要推廣和它有關的新學說，而是要見證「道成為人，住在我們當中」（《約翰福音》第1章，第14節）。

耶穌為宇宙律（道）注入了熱度和生命力，因此是他創立了鮮活的基督信仰。古代智者信奉的宇宙律雖然是真理，卻少了熱度與活力。它雖然光亮，但缺乏魔法，現今亦是如此。

里昂的菲力浦（1849-1905）是一位擁有特異功能的魔法師，他將療癒病患的所有奇蹟以及發生在自己身上的各種事蹟，都歸功於一位友人：「我的工作只不過是替別人懇求你罷了」。他的這位友人就是耶穌基督。

菲力浦是巴布士的「靈性導師」。巴布士還有另一位「學術上的導師」，大亞維德侯爵，他是《猶太人的任務》與《考古定年學》（*Archeometry*）的作者。後者付出了全部心力去理解和推廣宇宙律或基督宇宙律。被稱為「窮人之父」的菲力浦則承繼了耶穌的工作──療癒、撫慰、啟蒙來自所有階層的人（從俄國的皇室成員到里昂的工人）。大亞維德侯爵發明了考古定年學的求知工具，並透過它去理解和詮釋宇宙律在人類史上的作用；菲力浦則為了服務身邊的人而讓自己成為主耶穌的工具。

因此，巴布士發現自己夾在兩位恩師的思想之間；一位教導的是宇宙律的邏輯概念，另一位教導的則是神聖魔法的運作方式。他發現自己面臨了一個抉擇：究竟是依循道利維、歐恩

尼榮斯基、大亞維德侯爵的宇宙律，還是追隨菲力浦以及諸多基督聖徒示現的神聖魔法——與主耶穌面對面的親身體驗。他後來有沒有做出選擇呢？答案既是肯定也是否定的。他選擇了神聖魔法，因為他知道愛的法力遠遠超越儀式性魔法，而且宇宙律的理論和知識以及相關的「魔鏈」，都無法勝過與主耶穌的親密連結。但是他並沒有拒絕大亞維德侯爵及其理念，一直到這位導師過世前甚至之後都對他保持忠誠——這種忠誠精神足以讓那些「數典忘祖」的人感到慚愧。總言之，當巴布士必須在兩位導師及其教誨之間做選擇時，不但展現出超凡的品德，也透露了更深的訊息。

巴布士展現的就是隱修之道的「忠誠精神」。隱修之道是每個人意識裡的一座「煉金爐」，它能夠把理智的水銀轉化成靈性的黃金。聖奧古斯丁就是以隱修士身份將柏拉圖主義修正為基督思想。同樣地，聖多瑪斯·阿奎納也是以隱修士身份重新詮釋了亞里斯多德學說。兩者都為希臘的智慧傳承做了施洗工作。

巴布士也做了相同的事，我指的是他遇見靈性導師菲力浦之後，仍然對大亞維德侯爵及其先驅保持忠誠。他並沒有在兩者間尋找折衷辦法或猶豫如何做選擇；他繼續抱持隱修士精神，在內心裡實踐理性與靈性的融合。巴布士投入的內修工作一開始的確面臨矛盾。我們無法知道他的努力是否得到或得到了多少回報——他的早逝令我們無法見證其修煉成果。表面上看來，他未能促成菲力浦與大亞維德侯爵之間的連結，事實證明後者不願意也不曾邀約前者見面。但是對某些人來說，巴布

士的努力仍然有成果，特別是他介紹了一群知識菁英認識菲力浦——多半是玄學家和醫師——這種連結對雙方而言都具有重大意義。

巴布士生前並沒有完成他的工作，至少表面上是如此。他的目標是實踐理性與靈性的融合，亦即結合宇宙律與道的化身——繼續拓展基督信仰隱修之道。然而我們關切的並不是隱修之道的「復興」（十二、十五、十七及十九世紀的復古運動）而是它的「復活」。復興是每隔一段時間從人心深處湧現的懷舊運動，復活則是一種呼喚，呼喚著現代和未來的人去完成必須完成的使命，就像耶穌的呼喚讓拉撒路復活了一樣。

基督信仰史是藉由永恆智慧的不斷重生而形成的歷史。它使我們瞭解了愛的魔法能夠讓逝去的東西再現。柏拉圖主義因而獲得永生——這必須歸功於耶穌基督，他「就是復活，就是生命」（《約翰福音》第 11 章，第 25 節）。亞里斯多德學說也因此而變得不朽。所以隱修之道將永遠存在，直到世界末日甚至更久遠。

摩西與其他先知也將永垂不朽，因為他們在道的化身——耶穌——的生命與復活中扮演了重要角色。奧菲斯的詩歌將會以象徵復活和生命的色彩及太初之音永傳下去。查拉圖斯特拉的大法師也將恢復法力，成為人類追求光明與生命的象徵；克里希納揭露的真理將會加入「喚醒永恆生命」的行列；印度古先知的宇宙啟示則會重新恢復作用，再度引發人們讚嘆藍白相間的璀璨星球。

人類靈性史上的這些靈魂都將甦醒，它們將承蒙道的化

身——耶穌——的召喚前來。耶穌之所以死而復生，目的就是為了實現允諾——「他所賜給我的人，一個也不失落，並且在末日要使他們復活。」（《約翰福音》第 6 章，第 38-40 節）

隱修之道也會蒙主召喚而重生，但目的不是為了懷舊而是要喚醒人們的意識。隱修之道的重生意味著所有尊崇它的人——仍然對它保有記憶的人——都能明白人類就是開啟宇宙奧祕之門的鑰匙，耶穌基督則是開啟人類奧祕之門的鑰匙；宇宙的形成是源自於道，道的化身就是主耶穌，他所揭示的神則存在於人和宇宙之上。

透過基督我們認識了宇宙律或道；透過宇宙律或道我們認識了世界；透過對宇宙律和世界（兩者的合一即是聖靈）的認識，我們將不斷增長對上主的認識。

以上就是正義法則所要傳達的靈修教誨之一，它也可以解答因果律、人類的集體歷史與個人史之間的關係；或是人的命運（歷史的、生物的、星象的）、自由意志及天意之間的關係；抑或是三支守護劍（一支屬於伊甸園的基路伯，一支屬於天使長米迦勒，一支屬於啟示天使）之間的關係，以及宇宙正義法則的人間制度議題；最後則是靈知意識「八重性」之間的關係。這些議題都值得我們按正義法則去檢視和化解。我無法以書信方式揭露所有大阿卡納的奧義，因此不得不放棄許多原本想要提出的內容，但我仍然希望讀者能積極地接受和善用它。

這麼做不僅能得到新的啟示而感到滿足，甚至可以吸收正義散發的凜然氣息。説不定你還能透過親身體驗解答上封信尾

提出的問題：讓星光體的七種勢力均衡運作的第八種力量是什麼？其實這第八種力量就埋藏在意識的內部結構裡，按正義法則判斷著一切。在傳統占星學裡，這「第八顆行星」或未知元素的作用力，完全取決於我們對出生盤的七大行星位置及關係所構成的七種人格特質，能有多麼深刻完整的體認。

不論你怎麼解釋星盤或人格特質，背後都有一個更重要的 X 元素：自由意志。這也是傳統占星學所說的：「星星的能量使人產生傾向，但永遠不會強迫人去做什麼」。同樣的法則也可用在「個人占星學」或「性格學」上面。自由意志是一種不定因，由於它的存在，我們永遠無法精準地預測一個意志堅定的人會在哪種情況下做出哪種決定。人之所以做出公正的判斷與符合良知的抉擇並非「個性」使然，而是內心存在著一股按正義法則判定一切的力量。當人按照正義或良知而非性情（「乙太體」）或性格（「星光體」）做判斷時，他所經驗到的就是自由。「良知」（"con-science"）這個字帶有平衡之意，意味著秤盤上的兩端「同時在進行認識」。良知不是來自於性格或其作用力；它存在於其上。只有在良知的層次上我們才能發現自由、讓它充分發揮功能。透過性情或情感去判斷事物，不可能讓我們得到正義或良知換來的自由。不過，按正義法則行事也只是發展良知或促進自由的起點罷了。

下一張大阿卡納「隱士」將會引領我們以冥想方式探索良知之道。

第九張大阿卡納的冥想

隱士

THE HERMIT

艾瑟斯（Isis）說：

「留意啊，我兒赫若斯（Horus）；

你將會聽聞到由我們的祖先坎莫菲斯傳下來的祕密教誨。

後來赫密士從坎莫菲斯那兒聽見了這則教誨，

於是將它記載下來，

因此當赫密士以至高黑祕儀為我啟蒙時，

我也聽到了它。」

———艾瑟斯語錄，摘自赫密士·崔思莫吉司托斯的聖典

《世界的聖母》

我不知道崔思莫吉司托斯是如何辦到的，

他幾乎發現了全部的真相，

他經常提及太初之音的偉大與威力，

如同他（赫密士）曾經宣稱的，

神聖而無法言傳的太初之音的確存在，

這是一種人類發不出的聲響。

———拉克坦提烏斯[1]〔Lactantius〕，

《神聖制度》〔Divinae institutiones〕第 6 章，9-3 節

那通向生命的門是多麼窄，

路是多麼難走，

找到的人也很少。

———《馬太福音》第 7 章，第 14 節

1　譯註：古羅馬基督教作家（240-320）。

隱士

親愛的不知名朋友：

隱士終於出現了！在一系列有關塔羅冥想的信件中，我很高興來到這位可敬的神祕人物面前。這位雲遊長者身上穿著紅袍，外面罩著藍色斗篷，右手提著一盞紅黃相間的燈，左手挂

著一根拐杖。對少年時期的我來說，這位可敬的神祕人物代表的是我內心深處最嚮往的精神導師。對任何一個國家的青年而言，他都象徵著蒙召去尋覓苦行窄門的尊者。請告訴我，有哪個國家哪個時代裡的青年——真正「年輕」、為理想而活的人——不曾被這位睿智寬大的心靈教父、真正的隱修士所吸引？他穿越了窄門，也走過艱辛的苦行之路，所以是完全值得信賴、足以被全心崇敬的對象。請問有哪位俄國青年未曾長途跋涉地尋找過可以指引他的賢者？有哪個來自波蘭、立陶宛、白俄羅斯、烏克蘭或羅馬尼亞的猶太青年，不渴望遇見一位哈西德派 **2** 義人（Hassidic tsadik）？哪個印度青年未曾全力尋找過理想的精神上師？

那些在俄利根、亞歷山大的革利免（Clement of Alexandria）、聖本篤（St. Benedict）、聖道明（St. Dominic）、聖方濟與聖依納爵·羅耀拉（St. Ignatius of Loyola）身邊的年輕弟子不也是一樣嗎？那些在蘇格拉底（Socrates）和柏拉圖身旁信奉異教的雅典青年，難道有所不同？

古波斯的查拉圖斯特拉、歐斯廷（Ostanes）和其他祆教大法師身邊也不乏年輕的追隨者。以色列先知學派、拿撒勒派 **3**（Nazorenes）和艾賽尼派 **4**（Essenes）圈子

2　譯註：公元 1750 年在烏克蘭和波蘭的猶太教內出現的宗教運動。
3　譯註：古猶太密教。
4　譯註：古猶太苦修教派。

都出現過相同的情況，連古埃及也是如此。這位「睿智寬大的心靈教父」——赫密士‧崔思莫吉司托斯（Hermes Trismegistus）——不但是埃及歷代的智者之父，更是希臘—羅馬人心目中的隱修士原型！

艾利佛斯‧李維一定完全理解隱修士在人類歷史的意義。以下的精準描述證實了這一點：

> 啟蒙者乃擁有崔思莫吉司托斯的明燈、阿波羅尼奧斯[5]（Appolonius）的斗篷和大主教的拐杖之人。
>
> （Eliphas Lévi, *Dogme et ritual de la haute magie*; trsl. A.E. Waite, *Transcendental Magic. Its Doctrine and Ritual*, London, 1968, p. 92）

的確，這位經常出現在青年想像中的行者，傳說和歷史中的雲遊者，永遠是獨自一人提著燈、穿著斗篷、拄著拐杖。他擁有照亮黑暗的「明燈」，能夠脫離集體氛圍，超越種族、國家、階級和家庭的偏見及願望，亦即有能力隔絕周遭的集體噪音，去傾聽與領略和諧美妙的天籟——「斗篷」的作用；他還擁有高度發展的現實感，所以不是用雙腳而是三隻腳走路，這意味著透過當下的第一手經驗來接觸現實——「拐杖」的作用。他創造的是光明、寧靜與確知，因此完全合乎《翡翠石

5　譯註：古希臘幾何學家（262-191B.C.E.）。

板》檢驗真理的三重標準：清晰無誤，符合所有已經揭示過的真理，源自於當下的親身體驗：

> 真理是如實的，不虛妄的，恆真的，確鑿的。（《翡翠石板》，1）
>
> 不虛妄的——清晰無誤（明燈）；
>
> 恆真的——清晰無誤，符合所有已經揭示過的真理（「明燈」與「斗篷」）；
>
> 確鑿的——清晰無誤，符合所有已經揭示過的真理，源自於當下的親身體驗（「明燈」、「斗篷」與「拐杖」）。

由此可見「隱士」不只是符合上主形象的教父，也代表著隱修的方法和精神。隱修之道的基礎是建立在三種認知的整合上：超越知識的直觀智慧（明燈），以類比法達成所有認知之間的和諧性（「斗篷」），以當下的親身體驗得到確鑿的認識（「拐杖」）。換句話說，隱修之道是三種二律背反（antinomy）的整合：

1. 「唯心論—唯實論」（idealism-realism）的整合；
2. 「唯實論—唯名論」（realism-nominalism）的整合；
3. 「信仰—經驗科學」（faith-empirical science）的整合；

由於這三種二律背反的整合是個人性的——發生在個人意識的內壇裡——它們分別會產生出第三種中和論述，因此代表數字是九。第九張大阿卡納教導的就是這三種對立觀點的整合。

　　現在讓我們來瞭解一下隱修之道為何是兩極中和之道。

1.「唯心論一唯實論」的二律背反

　　化約後變成了兩道相反的公式：
　　「意識或思想先於一切事物」——唯心論；
　　「一切事物先於意識或思想」——唯實論。

　　唯心論者（如黑格爾）主張思想創造了外在事物，唯實論者（如史賓賽）則主張客觀事物獨立存在於主觀意識之外。

　　唯實論者認為，人類藉由抽象思考在被認知的事物上形成了見解、法則及概念；唯心論者則主張，人是先有見解、法則及概念，再藉由具體化作用將這些主觀經驗投射成外在現實。

　　唯實論者進一步提出了「真理符應論」（correspondence theory of truth），主張想法與事實一致乃真理之基礎；唯心論者則倡導「真理貫通論」（coherence theory of truth），主張見解或概念不相衝突、彼此融通乃真理之基礎。

　　按唯實論者的說法，真理是出自於事實和理性見解相符。按唯心論者的說法，真理是源自於前後貫通的理性見解。

　　唯實論者認為的理想知識是：心智確實無誤地表達在外境

之中。唯心論者認為的理想知識是：外境真實無誤地反映著貫通的理性邏輯。唯實論者宣稱擁有發言權的是客觀世界，主觀理智不過是它的傾聽者罷了。唯心論者則宣稱擁有發言權的是主觀理智，客觀世界不過是它的反映罷了。

「先有現象後有理智活動」乃唯實論者數千年來倡導的觀點。「先有理智活動後有現象」則是唯心論者提出來的對立主張。

但哪一個才是正確的？是唯實論者的「事物先於思想」，黑暗（事物）與光明（思想）對立的「馬茲達絕對二元論」（Mazdean dualism）？還是唯心論者所主張的「理智至上」，如同神的寶座一般崇高──如果主張「理智是全能」的一元論被確立，那麼赫密士在《世界的聖母》中提到的「完美之夜的禮物」（gift of Perfect Night）或超凡智慧便失去了存在空間，而且我們每天都經驗到的邪惡、醜陋與假象也都不存在了？

不，我們既不該拜倒在現象跟前，也不該屈服於人的理智，讓我們一起懷著崇敬之心伏首於現象和理智的共同本源──上主；上主的「道」（太初之音）才是「普照世人的真光」（《約翰福音》第 1 章，第 9 節）──宇宙的創生源頭──「上帝藉著祂創造萬有，在整個創造中，沒有一樣不是藉著祂造的」（《約翰福音》第 1 章，第 3 節）。

宇宙的源頭就是上主的「道」，人的理智也是源自於它。這便是現代隱修傳統與過往的非宗教密修傳統，之所以不偏向唯實也不尊崇唯心的原因。他們依循的是宇宙律的「法則性」

（"logoistic" of the Logos），但這種法則性並不是源自於事物或理智，而是建立於「太初之音」之上；它會客觀地顯化成現象底端的原型，也會主觀地顯化成人類理智背後的光或原型。「光照射黑暗，黑暗從沒有勝過光」（《約翰福音》第1章，第5節），這指的是，外在世界和人的意識裡都有未曾被光穿透的黑暗，所以才會出現邪惡、醜陋與幻相。

但無法被上主之道穿透的黑暗並不是人的意識源頭，未受「道」所啟蒙的理智也並非宇宙的本質。現象界的確存在著「客觀幻相」，但這些「不真實的東西」並不是由道所創造；它們是從黑暗底端浮現出來的短暫現象。人的主觀意識裡也存在著幻相或不實的想法、概念及標準，它們同樣不是由道所創造，而是從無意識深處浮現出來的短暫存有。

換言之，由客觀幻相和理智產生的概念，對應的不會是真理而是雙重幻相，因此唯實論者將所謂的「符應論」升級為真理時，特別要留意這一點。另一方面，一套思想體系的貫通性若是建立在幻相上，也勢必無法成為真理的衡量標準，而且思想越是貫通，執迷傾向也越嚴重，因此唯心論者也要特別留意這一點。

事實上，唯實論所謂的「現實」必須是源自於道，才可能是「真實」的，唯心論的思想結構也必須是源自於道，才可能是真正理性的；這樣的理智就不再是仿效蜘蛛吐絲的真理偽造者。外在或內在現實只要是真實不虛，理智便無需借助真理去識破幻相或其歷史，包括大自然或人類所投射的幻影在內。

我們所經驗的宇宙是兩個不同次元的顯相，一是道的次

元，另一個是蛇的次元。我們所經驗的理智活動也是由兩個元素顯化出來的，一個是道的光輝，另一個是蛇的「伎倆」（套用《聖經》的說法，黑暗會模仿光明）。因此，宣稱自己崇尚唯實論之前，應該分清楚上界與下界的差異。同樣地，崇尚唯心論之前，也應該分清楚神智與人智的差別。

我們一旦有了清晰的理念，就會毫不猶豫地同時遵循唯實論和唯心論──古代及現代隱修之道所推崇的「唯心兼唯實法則」或是「中和的宇宙律」。

如此一來「符應論」就會成為隱士的枴杖，「貫通論」則會成為隱士的斗篷。這全要歸功於他手上的那盞明燈，因為這個神聖法器融合了道之光與人智付出的努力。

2.「唯實論─唯名論」的二律背反

此處的唯實論截然不同於前面提到的與唯心論對立的唯實論。此處所指的唯實論就是中世紀哲人所謂的「普遍性」（universals）概念，也是現代西方學界所說的「抽象」理念或客觀現實的起因。唯名論則否認了普遍性，只承認個別實體才是真實的。

因此，這裡所探討的是西方思潮中與唯名論對立的唯實論，而不是與唯心論對立的唯實論，因為主旨是客觀現實的普遍性，而非理性見解與客觀現實的對應關係。事實上，關切普遍性議題的「唯實論者」乃極端的「唯心論者」，因為他們執著的是理智與現實哪一個居先。

哲學史上唯實和唯名論之爭首度出現在波菲利（Prophyry，A.D. 234-ca. 304）的《序論》（*Isagoge*）裡；作者開門見山地，以最清晰的方式陳述下述議題：

> 我應該把下列有關「種」與「類」（普通性）的深層議題先擱置一邊，因為研究它們需要更仔細的檢視：（1）種與類是否真的存在，還是純屬抽象理念？（2）如果它們真的存在，那麼是物質的還是非物質的？（3）它們是獨立存在的，還是必須寄託在客體上面？（Porphyry, *Isagoge* i, 9-14; trsl. E. W. Warren, *Mediaeval Sources in Translation*, vol. 16, Toronto, 1975, pp. 27-28）

事實上，從鮑修士[6]（Boethius）到文藝復興甚至是我們的時代，一直有人在探討這個被波菲利視為值得仔細檢視的議題。中世紀學者清楚地意識到哲學的核心就是普遍性議題，由此哲學主張被分成了兩大派系，其中的「唯實論者」堅持「種」與「類」是超越實體獨立存在的；「唯名論者」則堅持「種」與「類」不但無法獨立存在，而且只是用來區分個體差異的「名相」罷了。此外還有第三種派系——「概念論者」（conceptualists），他們會依照情況變成「溫和唯實論者」或

6　譯註：中世紀最權威的音樂理論家。

「溫和唯名論者」；他們認為客觀現實的確存在，不過只存在於能察覺它的人的心中。這第三種派系原本出自於唯實論與唯名論的爭議，不過扮演的並非整合而是調解角色，類似於洛泰爾一世 [7]（Emperor Lothar I）指派洛林公國（Lorraine）在德、法之間擔負的任務。

唯實論與唯名論的激烈爭執持續了上千年，它們不但為已知觀點辯論，更引發了其他形式的爭議，包括教會會議的某些裁決，譬如 1092 年蘇瓦松大會（council of Soissons）對唯名論的譴責。

唯實論的起源應該回溯至柏拉圖及其教誨。唯名論尊崇的則是安提斯泰尼 [8]（Antisthenes）的論點：「我能看見馬，但是看不見馬性（horseness）」。此論點的關鍵在於：「馬性」究竟是在馬出現之前就存在還是內建的特質，亦或是源自於有關馬的後發概念。按柏拉圖的說法，馬性是先於馬的一種理念；按亞里斯多德的說法，馬性只是存在於馬之中的形式法則；概念論者（康德）則認為馬性是人的頭腦製造的抽象概念，方式是從馬的個別特質總結出所有馬的共通性。

「馬性」是否先於馬或者能不能代表馬的普遍性，亦或是透過感官經驗形成的一種概念，老實說引不起太熱烈的討論。但如果涉及的是人類和宇宙，那爭議就大了，因為這會牽扯到有別於「起源論」（genesis）的「創世論」（creation）。創

7　譯註：羅馬帝國皇帝（840-855）。
8　譯註：古希臘哲學家，蘇格拉底弟子之一。

世論主張宇宙形成之前「生命藍圖」已經存在，起源論或演化論則認為萬物不是按任何概念或藍圖打造成的；它本身有一種內在潛力，可以藉由試誤找到演化機會。因此我們要探討的是，人性究竟是與生俱來的，還是出自於天國的亞當原型。換言之，人性到底是被創造出來的，還是經由演化發展成的。

現在讓我們更仔細地研究一下唯實論與唯名論的基本概念。

「普遍性先於個別性」──唯實論的基本概念。

「個別性先於普遍性」──唯名論的基本概念。

從唯實論的角度來看，普遍性比個別性更真實、更具有客觀價值，從唯名論的角度來看，個別性則比普遍性更真實、更具有客觀價值。換言之，唯實論主張人類比個人更真實和富有價值。反之，唯名論則主張個人比人類更真實和富有價值。

按唯實論的觀點來看，人類如果不存在，個人也不可能存在。唯名論則主張個人如果不存在，實無人類可言。人類是由個人組成的，唯名論如是說。個人是從人類隱形卻又真實的子宮裡孕育出來的，唯實論如是說。

那麼誰才是正確的？由於唯實論者主張集體勝於個人，所以導致該亞法將判耶穌死罪的決定合理化，也合理化自己所說的：「讓一個人替全民死，免得整個民族被消滅。難道看不出這對你們是一件合算的事嗎？」（《約翰福音》第 11 章，第 50 節）⋯⋯宗教法庭同樣透過宗教審判消滅「敗類」，但犧牲他們究竟是為了人類還是教會的利益？⋯⋯最後，唯實論者

因重視種族或階級而漠視個人價值，導致數百萬猶太人與吉普賽人被納粹殲滅。同樣地，無數的富農及上層社會人士也因而死在布爾什維克共產份子手中。

那麼唯名論者呢？

唯名論者對概念或法則視而不見，認為這些都是文字遊戲。他們心目中的真、善、美不是客觀現實而是個人品味問題。假如唯名論是人類獨尊的哲學理念，那麼真正嚴肅的科學或哲學都會絕跡，因為它們勢必會朝著個別性發展而忽略普遍性。它們會一味搜集事實、不再重視其普遍性，因此也就無法在事實間找到共通法則或定律，最後只會形成陳列各種事實的博物館。這間博物館唯一能做的就是枯等有益的科學或哲學新理論出現。唯名論無法在這方面有所貢獻，是因為與科學精神相左。

雖然唯名論無法帶來科學或哲學的進展，卻能造就各種形式的主觀品味，因為品味通常出自於個人的喜好和想法。這便是教會為何譴責唯名論、科學也不採信它的原因，否則的話，教會將按個人喜好分裂成許多小派系，科學也將退化成一種無用的、只是搜集個人意見的系統。

因此，若想賦予客觀真理（科學）和超驗主觀真理（宗教）存在的價值，就不能廢除唯實論的主張；若想了悟生命的一體性，就必須承認客觀真理和超驗主觀真理的價值。

那麼唯名論難道缺乏存在意義嗎？

不，唯名論的世界是由各種獨特又無法取代的生命構成的。那是一個美好的大同世界，不是原則、律法或概念的世

界。在那個世界裡，聖父、聖子與聖靈化成了活生生的人，藉由父權、孝道、兄弟愛和統治權的恆久鍊接團結在一起。祂們統治著唯名論的世界，圍繞四周的還有熾天使、智天使、座天使、主天使、力天使、能天使、權天使、天使長、天使、人類、自然界萬物以及一切有形無形存有。人若是誠心向天父祈請：「願人都尊祢的名為聖」，怎可不明白一切生命皆有獨特又神聖的「名號」？讓一切變得神聖的，並非至高無上的「第一因」或「絕對法則」。人真的可能鍾愛由無形的「第一因」所構成的法則世界嗎？

如果缺少唯心的唯實論，人對宇宙的認識（科學）、由上界啟發的思想（哲學）就不可能存在。如果缺少唯實的唯名論，人透過愛所達成的密契體驗、靈知或神聖魔法也不可能存在。

事實上我們根本無法獨尊唯實論或唯名論，也不能漠視它們各自的價值，因為愛與理智都是人性基礎。從理智的角度來看「人性」，它應該屬於強調普遍性的唯實論，從愛與關係的角度來看它，則應該屬於強調個別性的唯名論。

靈性史上道成肉身的奇蹟，徹底解決了普遍性與個別性帶來的「困擾」。由於普遍性的宇宙律化身為個人性的耶穌基督，於是普世中的普世變成了個體中的個體。

《約翰福音》特別能突顯宇宙律與人心中的神融合的事實。《約翰福音》把這個神聖煉金過程形容成水火交融——水因而變成了活水，火舌則變成了人人皆懂的五旬宗方言。洗禮涉及的水與火不會吞沒個別性，反而會促使它參與「永

恆」——化身出現後開始進行的救贖工作。洗禮在靈性史上也代表唯名論與唯實論的結合，亦即「道成肉身」反映的心腦合一。

只要唯實的唯名論渴望透過愛去達成存有之間的密契神交，只要唯心的唯實論依循的是宇宙律，兩者都會成為隱修之道的盟友。隱修之道的基本主張就是藉由個人來彰顯普世智慧，它認為「原則」、「律法」或「概念」都無法脫離個體生命獨自存在，因此既不依循「地心引力法則」，也不受制於「輪迴法則」；如果真要談地心引力，隱修士只會考量生命的相吸與相斥作用；如果涉及的是輪迴，他們則會考量個體生命對世間悲歡離合的眷戀。就算「地心引力」或「輪迴法則」不存在，地球上的生命仍然會凝聚出共同的願景，相互連結組成分子、有機體、家庭、社會、國家……就是這份願景或是對普遍性結構的需求促成了「律法」。「律法」是內建於所有生命的，如同邏輯本是思想的一部分。生命之所以有真正的進展或演化，是因為其依循的律法也不斷在改進。「以眼還眼，以牙還牙」會逐漸被寬恕取代。「弱者服侍強者，人民服侍國王，學徒服侍導師」，終有一天會被主耶穌為人洗腳的精神取代。按高層律法來看，強者理應服務弱者，國王理應服務人民，導師理應服務學徒——就像天國的天使服務人類，天使長服務天使及人類，權天使服務天使長、天使及人類一樣。那麼上主呢？祂當然不例外地服務著一切眾生。

達爾文提出的「生存競爭」終有一天會被「互助共生」的法則取代。事實上，互助共生的精神早就存在於花與蜜蜂、有

機體的各個細胞以及社會的人與人之間。先知以賽亞曾經預言「獨自奮鬥」終有一天會變成「互助共生」：

豺狼和綿羊將和平相處，

豹子跟小羊一起躺臥，

小牛和幼獅一起吃奶，

小孩子將看管它們。

（《以賽亞書》第11章，第6節）

新的「法則」——身心深層結構的變化依據——將取代老舊的「律法」，一開始它會出現在人的意識裡，接著會出現在願景與喜好中，最後則會在有機結構內造成變化。

新的「法則」不但逐一出現，而且隨時在改變。它們不是永恆不變的，「原則」和「概念」亦非如此。「安息日是為人而設的；人不是為安息日而生的。所以，人子也是安息日的主。」（《馬可福音》第2章，第27-28節）——這便是生命和律法、原則及概念之間的關係。

可是純形而上的律法、原則及概念難道不存在嗎？

它們當然存在，但永遠無法與真實生命脫離關係。屬靈世界不是律法、原則及概念的世界；它是由人的靈魂、天使、天使長、權天使、能天使、力天使、主天使、座天使、智天使、熾天使以及聖父、聖子、聖靈組成的宇宙。

那麼律法、原則及概念究竟以何種方式存在呢？

它們潛存於萬物的共同結構——身、心、靈——之中。萬

物都具有普遍共通性，也都來自同一個源頭和原型。這共通的原型——卡巴拉的「亞當光體原型」（Adam Kadmon）——就是萬物的基本律法、原則及概念。亞當擁有「神的形象及樣式」，因為神要人類「管理魚類、鳥類，和一切牲畜、野獸、爬蟲等各種動物」（《創世紀》第 1 章，第 26 節）。

唯實論強調普遍性是正確主張，因為萬物來自同一原型，此原型就是它們的共通本質。但唯名論所謂的世上只存在著個體生命，在其上找不到普遍性，也是正確觀點。

隱修之道則把「道成肉身」視為普世原型化成的完美個體，因此對隱修之道來說，唯實論與唯名論的二律背反是不存在的。

3.「信仰—經驗科學」的二律背反

「我實在告訴你們，假如你們有像一粒芥菜種子那麼大的信心，就是對這座山說：『從這裡移到那裡！』它也會移過去。沒有任何事情是你們不能做的。」（《馬太福音》第 17 章，第 20-21 節）——這是主耶穌說過的話。

「科學能夠將一粒氫氣體的能量釋放出來，讓一座山頓時化為塵土」——這是二十世紀人類的回應。

這兩段文字清晰地彰顯所謂的信仰與經驗科學之間的對立。我們的信仰雖然無法讓山移動，但是透過科學我們學會了操縱能量、令山化為塵土。

難道這是因為我們連一粒芥子的信心都沒有嗎？

難道這是因為我們把所有心力都灌注於解開氫氣之謎，而沒有試著像一粒芥子般建立信心？

若要回答以上的問題，必須先探索何謂信仰及經驗科學。

信仰：

只要抱持信仰，憑著一粒芥子的信心也可移山：此處的信仰指的是不是對某種教條的信念？還是對某位證人或證詞的權威性毫不懷疑？……亦或是一種與悲觀相左的樂觀態度？簡單地說，是否只要心無懷疑就能「天下無難事」？

但許多精神失常的人也從不懷疑自己的幻想或執念，因此信仰如果是心無懷疑，或是擁有強大的信念、自信心和希望，那麼精神病患皆可製造奇蹟，因為他們絕對具有上述的強烈特質。但強烈的信念、自信心和希望並不是福音書所指的信仰；信仰顯然不是強烈地確信某個東西，而是深切地明白「真理」的重要性。否則，失常者也能成為奇蹟實現者，這麼一來瘋狂不就成了理想典範？

移山之力等同於堆積一座山的力量，因此移山的信心不可能源自於理智的見解或個人感受；它只可能是有思想、有感覺、有渴望的人與神合一的產物——即便僅僅出現了一霎那。

這就是幻覺永遠無法使人產生信心的理由，因為奇蹟體現的是真理而非製造者的強烈意願。奇蹟就是全神貫注的人與宇宙的真善美——神——合一的成果。奇蹟一向是神與人共施的魔法，而且是奠基在神人的一體性上面，換言之，奇蹟永遠是以「主耶穌之名」按下列公式促成的：

我父親一直在工作，我也該照樣工作。（《約翰福音》第 5 章，第 17 節）

「我父親一直在工作，我也該照樣工作」促成了「天下無難事」的信心。人只要貫注在真理上面，神就會賦予他足夠的信心和能力去實現奇蹟。這是兩位大法師——神與人——協力施展的魔法。

基於此理，邏輯、權威或值得相信的見證，都無法使人擁有真正的信仰——真正的信仰來自於心靈與神合一；人只有努力藉由深思、合宜的自信心、值得相信的見證、祈禱、冥想、默觀、道德修煉等等，才能敞開心門接受上主的氣息。

「信」就是靈魂內在的神聖氣息，「望」是靈魂內在的神聖之光，「愛」則是靈魂內在的神聖火焰。

經驗科學：

熱能、蒸氣、磁力、電力、核能——這些強大的能源，都是人在經驗科學上的努力得到的偉大收穫！我們能夠與跨洋的友人交談，看見發生於千里之外的事情，在一小時內到達另一個國家去探視生病的朋友，在大海、深山或沙漠裡發出求救訊號，隨即獲得飛機、船隻或救護車的援助，這一切都歸功於科學。同樣地，我們能夠聽見過世多年的某個人的聲音，失去一條腿還能照常行走，近視還能看見遠處的東西，耳朵幾乎全聾還能聽見聲音等等，也都得歸功於經驗科學。

但科學的偉大成就又該歸功於什麼？科學的基礎究竟是

什麼？

　　它的基礎就是質疑精神。由於人質疑自己的感官經驗，所以才會透過科學認清地球繞著太陽運轉的事實。由於人質疑命運的力量，所以才會尋求且發明不治之症的療法及藥物。由於人質疑過去的傳統，所以才會藉由經驗科學發現生物的演化、賀爾蒙、酵素和維他命、原子的構造及心理的潛意識層面……

　　任何問題意識皆源自於質疑精神，而問題意識的產生又是探索和研究的基礎，因此質疑精神就是科學創造之父。這是一種「原動力」，也是促成實驗室、天文台、圖書館、博物館、收藏館、大學、科學研究所及相關組織的思想法則。

　　質疑精神啟動了一切，但科學的豐碩成果是否完全歸功於它？難道憑著它就可以有新的發明？在新的發明出現之前，不需要先有某種信念嗎？

　　顯然擁有信念是必要的。如果說經驗科學之父是質疑精神，那麼經驗科學之母就是信念。前者乃經驗科學運作之依歸，後者則為其帶來豐碩成果。牛頓起初質疑傳統的「地心引力論」，但由於他深信宇宙的一體性就是宇宙的本質，故而相信了類比法則。這便是樹上掉下的一顆蘋果會使他發現萬有引力的原因。質疑精神啟動了他的想法，信念則使他得到了成果。

　　那麼科學信條又是什麼呢？內容如下：

　　我相信有一種本質性的東西，是孕育萬物和意識的能量之母，無論有形或無形皆源自於它。

我相信人的理智（Human Mind）主宰著宇宙，它是從這母體中誕生出來的獨子，經由無數世紀的演化而形成。它是偉大宇宙的縮影，黑暗太初的偶發之光，實相的真實反映——經由試誤不斷地演化而成的非受造物。它為了人類而從母型本體的陰影中升起，藉由它宇宙被完整地反映出來。

透過演化作用，人的理智物化成肉體，最後變成人腦。

雖然生命結束時它也會跟著毀滅，但遺傳會令它隨著下一代生命重新出現。它因蒙召而汲取世上所有知識。它被喚至母型本體右方 **9**，以便後者協助它扮演審判者與立法者角色，而且無盡地保有統馭地位。

我相信演化作用就是萬物的主宰，它將生命賜予了所有源自母型本體的無機物，也將意識賜給了一切有機物，同時創造出擁有思考能力的理智。演化作用藉由母型本體和人的理智，得到了與它們相等的權力和重要性。

我相信有一種勤勉的、普遍的、能促進文明的科學。我相信它是唯一可以減少錯誤的養成訓練，我也期待人類過往的努力可以在未來得到豐碩成果。

9　譯註：「右」的英文 right 也帶有正義之意。

人類經由幾世紀的努力才樹立了以上的十二段科學信條，過程中許多人甚至為此殉難。我們只要將它們和傳統基督信仰教義對比一下，就能明白「信仰—經驗科學」二律背反的完整意義。

兩者的整合：

　　多元現象底端的「本體」；能夠將多元現象化約成一個整體的「人類理智」；為人類理智帶來無盡發展、使其成為主宰的「演化作用」；根據質疑和經驗有系統地付出努力而形成的知識法則──這四種條件就是科學信念的基礎。因此，母型本體、人的理智、演化作用及科學方法，組合成了科學的「四字稱謂」。

　　艾利佛斯・李維曾詳述「HVHY」的排列與神之稱謂「YHVH」是顛倒的，而且在黑魔法招魂術中扮演了重要角色。由於神之稱謂「YHVH」是按因果律的邏輯排列的（主動因〔active principle〕、被動因〔passive principle〕、中立因〔neutral principle〕以及它們的顯化，或有效因〔effective cause〕、物質因〔material cause〕、決定因〔final cause〕以及它們三者促成的現象），所以李維認為以顛倒方式運用「YHVH」，就是黑魔法招來混亂和失序的手段。

　　科學的奧祕就存在於顛倒的四字神名之中。經驗科學認為首先存在的是物體或物質，因此視物質為「被動因」，接著出現的是「中立因」（人的理智），最後才是主動因（科學實證）。假如「YHVH」之中的第一個Y是主動因（有效

因），H 是被動因，V 是中立因（決定因），第二個 H 是所有因素產生的結果，那麼顛倒過來的順序就是：「被動因—中立因—被動因—主動因」，或是「物質—人的理智—演化—科學實證」。

「HVHY」的排列順序意味著沒有任何東西存在於物質之先；沒有任何東西可以驅動物質；物質是靠自己移動的；人的理智是物質的產物；物質經由演化產生人的理智；理智一旦形成，就會逐漸生出自我意識而開始主導物質的演化。因此毫無疑問地，神之稱謂顛倒過來就是經驗科學的公式。

但經驗科學的公式真是混亂失序的嗎？

不，它其實是神之稱謂「YHVH」——靈性、物質、演化、個體性——的倒影。它並非毫無章法但也不合乎理性——它是一種狡猾（「耍伎倆」）的運作方式。

它既不符合邏輯也不符合宇宙律；它就是《創世紀》中的蛇，「動物當中最狡猾的」（《創世紀》第 3 章，第 1 節）所宣揚的運作方式，目的是追求橫向意識的發展。蛇是最狡猾的，其終極目標不是成為神，而是變得「像神一樣」。「像什麼一樣」本質上就是狡猾的，此即科學信念或信條之基礎，同時也是蛇的允諾帶來的結果：「你們一吃了那果子，眼就開了；你們會像上帝一樣能夠辨別善惡」（《創世紀》第 3 章，第 5 節）。

張開雙眼、變得像上帝一樣能夠辨別善惡，乃經驗科學的奧祕所在。基於這個動機，經驗科學才會致力於為人類啟蒙（「開啟人的橫向視野」），替人類爭取「像上帝一樣」的絕

對主權，但本質上完全缺乏道德意識，而且在道德價值上一向保持中立（「善惡「兼容」）。

這麼說我們是被經驗科學蒙蔽了？不，它還是拓展了我們的視野，使我們眼界大開；它讓我們有能力操縱大自然，成為其統御者；無論結果好壞，對我們來說它還是十分有用。經驗科學沒有蒙蔽我們，如同蛇未說謊一樣──至少不能因聽見它的聲音和允諾而怪罪它。

就發展橫向視野來說，蛇確實遵守了它的允諾……但是以縱向角度來看，人類聽從蛇的允諾究竟付出了什麼代價？

科學為我們「拓展視野」，以此去辨認萬物的種類與數量，為此我們究竟付出了什麼代價？答案是萬物的本質反而被掩蓋了。人越是看見事物的「量」，就越看不見它的「質」，而屬靈經驗全都和「質」有關。因此我們必須「睜開眼睛」認清事物的本質，看清楚宇宙的縱向次元。在屬靈世界裡，連數字都得從質的角度去理解。譬如「一」代表「合一」，「二」代表「二元」，「三」代表「三位一體」，「四」代表「雙重二元性」。縱向宇宙既是屬靈的世界也是價值的世界，其中的每位存有，包括天使、天使長、權天使、能天使、力天使、主天使、座天使、智天使以及熾天使，都有其獨特價值，但只有上主具備至高無上的價值。

科學將事物的「質」化約成「量」，然後稱其為「知識」。彩虹被科學化約成七彩──紅、橙、黃、綠、藍、靛、紫──每種色彩因此喪失了原有的特質，譬如紅色或橙色的特質等等。我們見到的「光」經由科學方法化約之後，也變成了

代表不同頻率或波長的數字。「光」一旦被化約成數字，便失去了原有的性質。

那我們是否該拒絕運用經驗科學？它雖然實現了蛇的允諾，使我們看見了「量」的世界，但也使我們忽略了萬物的本質。

科學和宗教到底該選擇哪一個？

選擇是否真有必要？難道它們無法在自己的位置上發揮所長？

世上就算沒有宗教性的實證科學或科學性的宗教，也還是有虔誠的科學家或具備科學精神的虔信者。若想成為虔誠的科學家或具備科學精神的信仰者，就不能放棄自己的良知，而且除了拓展視野之外，更應該發展對縱向宇宙的覺知，懂得按照十字架法則生活：

此符號能夠幫助人清晰地分辨「量」與「質」、機械作用與聖事活動的不同。宇宙既有機械性的一面也有神聖的一面。摩西在《創世紀》裡描述的是神聖的宇宙；現代天文學描述的則是機械性的世界。前者告訴了我們宇宙是由「什麼」形成的，後者則說明了它是「如何」形成的。「如何」代表的是它的機械作用，「什麼」代表的則是它的本質。我們透過

「量」，認識了機械作用，我們透過「質」，認識了事物的本體。

那麼前面提到的科學信條呢？它們又該如何與基督信仰的教條達成和解？……科學不但重視數據，更重視事物的「利用價值」，這和基督信仰的理念恰好相反。

以下是我唯一的答案：把蛇釘在十字架上。把蛇——信條——釘在宗教與科學的十字架上，科學的「本質」就會取代信條而反映出「道」的創造力。科學信條將不再是真理本身，而是發現真理的「方式」之一。它不會再宣稱「宇宙最初只有物體或物質」，而會開始說：「若想瞭解物質界是如何形成的，就該運用方法去分析物質的由來或探討上界的動能。」同時，它也不會再斷言「意識是從腦子產生的」，而會改口說：「若想瞭解腦子的功能，必須先考量意識是不是出自於它。」

如此一來，科學信條的第一層轉化就會形成合乎邏輯的假設，而不接受上主、創世論和屬靈世界的態度，也會轉化成「無既定成見的科學精神」（或尼古拉·古撒努斯 **10**〔Nicolaus Cusanus〕所謂的「有知識的無知」〔"docta ignorantia"〕），繼而懂得在恰當範圍內進行研究。

第一層轉化會帶來第二層的蛻變，對象是不分善惡、只想操控大自然的權力意志；它會逐漸擺脫中立態度，越來越朝著善的方向——服務他人的意願——趨近。這樣科學信念才能經

10　譯註：又名庫薩的尼古拉（Nicholas of Cusa），文藝復興時期的德國神學家。

歷一段煉金過程，經驗科學也才能擺脫無道德或中立的態度，轉而致力於富建設性和有益於人類健康、生命及安寧的研究。之後科學才會致力於探究和發展建設性能量，如同致力於探究和發展破壞性能量一樣（以燃燒產生熱能、以分解或摩擦製造電力、以破壞原子引發核能）。當那一天來臨時，刻意忽視屬靈世界的科學態度將會顯得過時而不再適用。

但除非有一群科學家願意「將銅蛇釘在十字架上」，否則一切都不會發生。我們必須在意識裡將宗教的直線架在經驗科學的橫線上，這樣才能中和並轉化科學信念的毒素，使它變成生命的侍者。

摩西在何珥山、以東地之間的沙漠得到的聖諭，闡明了上述想法：

> 摩西便製造一條銅蛇，掛在杆子上。凡被蛇咬的，一望這銅蛇就活了。（《民數記》第 21 章，第 9 節）

如今我們同樣身陷沙漠，所以也需要一條掛在柱子上的銅蛇；只有看著它，心靈才能得救。科學和宗教的整合並不是空談，我們必須在意識裡將宗教的直線架在經驗科學的橫線上。換言之，銅蛇必須掛在十字架上。

這不但是《聖經》的建議，也是飽受科學信念折磨的孤獨行者，因見證經驗科學對心靈的殘害而許下的心願；如今這份理想已經成為現實。法國有幸培養出像德日進這樣的偉大科學家（兼神父）。由於他精通科學與宗教，所以有能力將銅蛇高

高架起。他的著作《人之現象》和其他著作（發行了五部）完整地化解了「信仰—經驗科學」的對立；他是真正的科學家和信仰者，一生都致力於整合科學的橫向世界與宗教的縱向宇宙。但是他並不孤獨，因為還有許多人守望著十字架上的銅蛇，看護著萬物的靈魂。

身為隱修士的我們之所以未能完成理當完成的工作，是因為我們的養成訓練阻礙了我們全力擁護科學的主張和紀律、全心效忠於宗教及其戒律。我們一直有著自己所堅信的科學和宗教，而這也就是為何我們當中未曾有人為這個時代架起銅蛇。擁有此能力的人必須是真正的科學家和信仰者；他必須同時遵守學術界與教會的規定。

我們之中有誰不曾——至少在年少時——讚賞過巴布士的大膽主張：「不支持伏爾泰，也不支持羅耀拉！」……難道他的意思是人不能質疑也不能有信仰嗎？

這導致我們隱修士只擁有些許的質疑能力和信仰。我們往往在需要時缺乏質疑精神，在遇見值得讚賞的屬靈價值時，又因為懷疑而無法毫不猶豫地接受它。「不支持伏爾泰，也不支持羅耀拉」真正的意思是「帶有一點伏爾泰，也帶有一點羅耀拉」，理由是人不能完全沒有質疑能力或信仰。曾經有人——我指的仍然是德日進——勇敢地承認他「有伏爾泰的思維，也有羅耀拉的想法」，他是真正的科學家，也是真正的基督徒。他勇敢地接受了「伏爾泰」的質疑精神和「羅耀拉」的信仰形成的十字架，以至於最終發現了光的世界——透過蛇的驅動，逐漸進入神所設定的終極境界。

我們不該懼怕像隱士一樣，穿著象徵信心的宗教服飾、挂著象徵質疑精神的拐杖，一邊探測地面一邊往前行進。他手中的明燈，綻放的是信仰與質疑相互交輝的光芒！

黑夜的禮物（或完美之夜的禮物）

我必須再次強調，塔羅的所有大阿卡納都和靈修相關，包括第九張「隱士」卡在內。

基於此理，前面三種有關二律背反的冥思，目的並不是以整合的方式來取悅所有人，而是要鼓勵人朝著清除對立的方向去靈修。我只是按我個人的修行經驗提出了一些具體建議；你應該可以找到更理想更深刻的方式。若想按我的建議去做，必須提出一個論點和相反論點，而且兩者都得盡可能明確──像結晶的光一樣透澈──明確到你所有的理智之光全都運用在這兩個對立的論點上。然後你就會進入一種狀態，你會將你所認識和察覺的一切，全都歸納到這兩個猶如光束的對立論點上，而你的心則會潛入黑暗裡。除了這兩道光，你什麼都看不見也覺知不到；除此之外的一切都是黑暗的。

這時你必須做出最重要的舉動：努力從黑暗中引出光，盡力拓展你似乎不明白或無從明白的智慧。

事實上，二元對立真正的心態是：「中間都是黑的，只有兩端有光」。因此我們必須在黑暗中引出一道光，去解除或整合兩端的對立。我們必須為黑暗創造光明，如同神在創世第一天讓光出現一樣。

經驗告訴我們意識裡存在著兩種黑，一種是無知的、被動的、怠惰的「低頻之光」導致的黑；另一種則是高層智慧、專注的活動和蓄勢待發的「高頻之光」帶來的黑。後者才是解除或整合對立的那種黑。

現代隱修哲學（十九、二十世紀）思索的就是「兩極中和法」（neutralisation of binaries），亦即在積極和消極間尋找中和的第三種解決方案。你可以在巴布士的《玄學基本論述》裡看到中和法的公式：

父親（＋）—母親（－）—子女（n）
光明（＋）—黑暗（－）—陰陽交接之光（n）
太陽（＋）—月亮（－）—水星（n）

「兩極中和法」（俄國人使用的名稱，我不確定在法國是否通用）經常被隱修士和玄學家視為傳統的隱修方式。

「中和」兩極的方式基本上有三種：（1）上層的整合；（2）水平的妥協；（3）下層的混合。「上層的整合」指的是在兩極之上找到一個更高次元的中和點：

「水平的妥協」是在兩極之間找到同一次元的中和點：

「下層的混合」是在兩極之下找到較低次元的中和點：

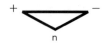

　　為了進一步說明「兩極中和法」，我們可以借助德國科學家威廉‧奧斯特瓦爾德（Wilhelm Ostwald）的「色彩總譜」（coloured body）作為範本。這個色譜是由兩個圓錐體構成的：

　　因此它有一個「北極」、一個「南極」和「赤道」。

　　「北極」是所有顏色綜合成的白點。它越是往下趨近「赤道」，就越顯現出不同的顏色。顏色在赤道上會呈現最明顯的差異和最強烈的彩度。譬如在北極點上，紅色只是一種潛在的可能性，往下降一度就會變成粉色，接著會變成玫瑰色，然後是偏紅色，到達「赤道」時，則變成了鮮紅色。因此「赤道」是由七個最飽和的顏色（肉眼可見的七彩）構成的。

　　當這些顏色從「赤道」往「南極」下降時，會逐漸喪失彩度而變得越來越暗沉。當它們到達「南極」時，會失去色差而變成黑色。因此「南極」成了「黑點」，「北極」成了「白

點」。「白點」就是色彩的總合;它是所有顏色在「上層的整合」。「赤道」則是色彩間差異最大的地帶;只有在這裡才能達成顏色的轉換。「水平的妥協」也是在此產生效應的。最後則是所有顏色混合成的「黑點」;一切色差都會消失於黑之中。這是「下層的混合」產生效應的地帶。

奧斯特瓦爾德發明的「色彩總譜」最初是為了幫助有色織品和紡織工業,它能精準地顯示依循色譜的明度軸與彩度軸所呈現的色彩變化。這對隱修冥想其實非常有用——顯然在發明者的意料之外——因為它可以成為類比法的重要基礎。

我們可以將色譜上的「白點」或「北極」比喻為「智慧」,將「赤道」比喻為由各種學問構成的知識總譜,將「黑點」或「南極」比喻為「無知」。因此,智慧就是一切知識的總合,涵容著各種無法被分化的學問,如同白光包含著七彩一樣。舉個例子,若要「中和」或結合「黃色」和「藍色」這兩個對比色,就必須往智慧的「白點」提升。

另一種「中和」黃色與藍色的方式,則是在色譜的赤道上找到「最黃」與「最藍」兩色中間的綠色。

最後則是第三種「中和」之道——從赤道往下降至「黑點」時,你會發現各種色彩都消失於黑之中。根據這樣的方式去進行觀察,你會在倒錐色譜上發現黃藍兩色融合成的深褐色。

如果放下「黃—藍」所代表的「數學—描述性科學」(mathematics-descriptive science)或「數學—現象論」(mathematics-phenomenalism)的對立,將其轉化成三種中

和之道，我們就能從中歸納出超驗整合、平衡妥協以及淡化的解決方案：

1. 超驗整合之道：「神聖幾何；數字乃一切現象的肇因」（柏拉圖與畢達哥拉斯的方案）；
2. 平衡妥協之道：「世界是按秩序在運作的，亦即現象會因測量標準、數字、重量所達成的平衡而受到制約」（亞里斯多德與逍遙學派〔the Peripatetics〕的方案）；
3. 淡化之道：「我們的心智會將現象化約成數字，以便更容易處理它們」（懷疑論者的方案）。

由此可見，柏拉圖主義是朝著智慧的「白點」發展，亞里斯多德主義是朝著有明確差異性的「赤道」發展，懷疑論則傾向於虛無主義的「黑點」。

那麼隱修之道呢？我們會發現，隱士手中的明燈代表的是智慧的「白點」；斗篷垂下來的皺褶代表的是在「赤道」上開顯各種特質；此外他還用一根拐杖支撐自己，在「黑點」的幽暗中探路。因此他是一位逍遙學派的柏拉圖主義者（在赤道上遊走），依循著懷疑論（「拐杖」）往前行進。這就是為何第九張大阿卡納在傳統上代表了「謹慎明辨」。

「謹慎明辨」指的就是隨時意識到自己處於兩種黑暗之間——上層的智慧「白點」帶來的黑是無法逼視的光，心靈需要逐步調適才能承受它的光而不至於變得盲目。下層的「黑

點」指的則是無意識裡的幽暗。「謹慎明辨」意味著「動態專注力」在兩極之間的「赤道」上，從某個顏色移至另一種顏色。此外，謹慎明辨也被包覆在兩極觀點的「概要」斗篷裡，但此概要並非永遠留在腦子裡的知識，而是各種支派的學問整合成的「根本認識」——它對合一性的堅信，就像斗篷一樣將所有知識包覆住，而斗篷卻是敞開的，這可以讓明燈（認清方向）和拐杖（專注地接觸地面）同時發揮功能。

謹慎明辨並不代表腦子裡永遠存在著智慧的「白點」或七彩「概要」。它具有一種涵容性，就像無意識雖然包含著顯意識，卻僅能提供後者進一步發展的驅力或基本動力。謹慎明辨指的並非煞費苦心地設計一套「絕對系統」以整合所有知識，而是專注於深層意識裡由各種觀點綜合成的真理概要。因此，當你問一位謹慎的隱修士十二個問題時，他可以立即給你十二個答案，讓你意識到它們是相互貫通的。你會覺得每一個答案都有其「特性」，而且絕非來自預設的想法。你會認為那也許是一種「文人詩」的表現，因為每一個答案都是那麼自發和無邪。

這會是你的第一印象，但反思後則會發現，這些「文人詩」是出自善意的「個別」答案，背後還存在著融合所有觀點的完整清晰「總結」。

然後你就能理解包覆著隱士的斗篷有什麼作用了。隱修士用明燈去洞察特定議題，用拐杖去探測地形。他的斗篷則代表深層意識裡的「中和性真理」，啟發和包覆著與特定議題相關的理智活動，而且這些議題都是意識藉著明燈和拐杖覺知到

的。它提供意識思考的方向和技巧，確保每個解決方案都是整全的。「整全的實相」就存在於深層意識裡，它會以「全然的信心」或「真理印記的確鑿性」示現出來。

已經受啟蒙的人並不是萬事通，他是在深層意識裡懷抱真理的人，這指的不是按特定方式思考，而是所有真理如同「斗篷」一樣包覆著他。他會因為這些真理的印記，展現出不可動搖的確知，猶如發言人一樣。

透過整合得到的真理並不在顯意識中，而是在更深的無意識裡。它住留在黑暗深處，各派的知識都依循著「兩極中和法」或二元對立的整合方案，從這黑暗深處釋放光輝。

赫密士在《世界的聖母》中所描述的「完美之夜的禮物」，就是從黑暗和寂靜的確知之光裡引出智慧與力量。

依照「兩極中和法」或二元對立的整合方案去實修，得到的便是「完美之夜的禮物」。它可以說是隱修之道的本質，也可說是一種正確的靈修方式，或是隱修的求知法則和精神所在。

隱修士就是依循「完美之夜的禮物」修煉的人。由於他依循的是真實的正義法則，亦即整合二律背反、尋找第三種中和元素，因此必須保持寂然獨立。他只有徹底獨立，才能在面對矛盾、對立或分歧的真理時，實踐「完美之夜的禮物」所蘊含的法則。尋求融合或和平的人不會落入或反對任何一方。「選邊站」才是族群分裂的原因，因此隱修士既不全然支持也不全然反對任何主張，因為他只忠於真理；真理是一切認知的整合，一種和平的心境。不論外境是什麼情況，內心裡他永遠是

一名隱士。他無法享受加入國家、社會或政治團體的喜悅。他無法享受與眾人分擔責任的輕鬆，也不適合參與「我們法國人」、「我們德國人」、「我們猶太人」、「我們共和黨員」、「我們保皇黨員」、「我們共產黨員」等等帶有背後寓意的狂歡慶典。沉迷於集體主義從來不是隱修士該做的事。同時他也必須謹慎地明辨，才能以整合或和平的方式尋求真理，而謹慎明辨指的就是寂然獨立。

因此，福音書才會將和平締造者歸類為神貧、哀慟、渴求正義、為正義遭受迫害和有福的人。「促進和平的人多麼有福啊；上帝要稱他們為兒女」（《馬太福音》第 5 章，第 9 節），這段話裡所指的上帝兒女，就是那些面對不完整真理和偏見時不選邊站的人，因為他們只獻身於「一體性」的探究。

雲遊隱士——穿著斗篷、提著明燈、挂著拐杖——是一位「和平推銷員」。他遊走於不同的意見、想法和經驗之間——過程中他一直攜帶著斗篷、明燈和拐杖，以確保各種意見、想法及經驗能夠融合。他是獨自一人在做這件事，因為沒有人能替他行走，而他的任務就是維持和平。

不過我們無需同情他，因為他樂在其中且其樂無窮。當他在路上遇見另一位雲遊隱士時，兩位孤獨行者的相遇將會帶來多大的喜悅啊！這種精神上的愉悅和沉迷於集體活動、無需承擔責任的自由是截然不同的。這是一種責任與責任相遇、共同分擔和減輕第三種責任的喜悅。這第三種責任曾經如此被描述過：

> 狐狸有洞，飛鳥有窩，可是人子連枕頭的地方都沒有。（《馬太福音》第8章，第20節）

主耶穌就是所有雲遊隱士追隨和服侍的對象。當隱修士們相遇時，會因為主耶穌之名以及他的臨在而感到喜悅。

然後，深幽的寂靜就會隨著喜悅出現在眼前，其中盡是無言的啟示，而莊嚴的星空也將道出永恆之語。群星和思維中都充滿著屬靈的至樂！不，隱修士無需他人同情。他雖然和主耶穌一樣沒有歇腳之地，卻因為得到後者賜予和平締造者的祝福而充滿著至福。他有幸參與神子的工作，和人子耶穌一樣過著寂然獨立的生活。

和平締造者——隱士——不會為了實現和平而不惜代價或是非不分。實現它的方式有許多種，因此我們仍須分辨一般的和平與真正的和平有什麼不同。再一次地，奧斯特瓦爾德的色譜可以幫助我們解決這個問題。我們可以把「白點」、「赤道」及「黑點」當成基礎，去比較不同種類的和平與達成的方式。

多元整合就是和平。沒有多元性或只有多元性都不會帶來和平。基於此理，所有的顏色雖然都會被「白點」的光蓋過，卻不代表達成了和平。同樣地，「黑點」雖然讓所有的顏色全都消失，可是也不能實現和平；它代表的是多元性的消亡和持續的衝突。因此，只有「充滿各種鮮活色彩的赤道」才能代表真正的和平。彩虹的鮮活顏色使我們意識到各種色彩的和平共處。它是七姊妹手牽手組成的完整家庭，所以是天地間的和平

符號，如同摩西的創世紀所提到的：

> 「我使我的彩虹掛在雲端出現，作為立約的永久記
> 號。這約是我與你們以及所有生命立的；彩虹就是我
> 與世界立約的記號。」（《創世紀》第 9 章，12-13
> 節）

消除衝突與對立帶來的是四種和平：解脫的和平（「涅
槃式」），普世性的和平（「天主教式」），壓倒性的和平
（「極權式」）以及死寂的和平（「虛無式」）。

解脫或「涅槃式」的和平對應的是色譜的「白點」。普世
性或天主教式的和平對應的是「赤道」，它代表彩虹鮮活的顏
色同時俱現。壓倒性或「極權式」的和平等同於赤道上的某個
顏色為了變得獨一無二，而企圖蓋過其他顏色。最後，死寂或
「虛無式」的和平對應的則是「黑點」，象徵著多元性的徹底
消亡。四者之中只有「普世性」或「天主教式」的和平才是真
實不虛的，因為它宣揚的是兄弟愛與互助精神。

由於隱修士追求的就是這種類型的和平，所以卡上的他不
是以禪坐或瑜伽冥想姿態（蓮花式）出現，也沒有在權力的王
座上做出命令手勢，更沒有趴在地上不動。他不停地行腳，繞
著「赤道上的鮮活顏色」漫步，在多元整合的道路上雲遊。

在我們前面提到過，隱士或真正的隱修士並不是「中立主
義者」──雖然他努力修煉「兩極中和法」，渴望解決矛盾，
尋求彩虹的和平或多元整合。他否定解脫式的漠然、極權式的

征服慾、死寂的虛無主義，選擇肯定真正的多元整合之道。

他懂得在「是」與「否」間做出正確選擇——這兩個神奇的字眼可以讓意志保持旺盛，不至於沉睡不醒。「是」與「否」既是意志的活力來源，也是它至高和獨特法則的出處。意志不認識「是」與「否」之外、之下、之間或之上的第三個字。「阿門」與「咒逐」（anathema）不但是禮拜中用來確認或否定的聖語，更是讓意志保持清醒的關鍵詞。在這種狀態下的意志不會沒有意見、保持中立或無動於衷。

現在我們要探討的是更深層的、與實修相關的二律背反，亦即「智慧—意志」、「綜合性認知—個別行動」、「認知—意志」的對立。人「必須」在多元性中看見一體性，也「必須」穿透默觀中的一體性，用意志去周全地剖析事物，做出「是」與「否」的選擇。進入默觀意味著停止行動，進入行動則有可能附入無知的狀態。

當然我們可以選擇一輩子活在默觀裡，然而代價會是什麼呢？以下的比喻就這一點做出了說明：

有一艘載著旅客、船長、高級船員及水手的巨船，人類社會就如同這艘船，一個世紀又一個世紀地航行著。船上的職員們必須維持警戒，以確保船隻不偏離航線、旅客安全且健康無虞。活在默觀中，意味著在社會這艘船上扮演旅客角色，把航行的任務、自己和他人的安全都託付給船長、高級船員及水手。因此，選擇活在默觀中，你就會成為人類歷史這艘巨船上的「過客」。此即這個選擇要付出的道德代價。

不過我們得避免草率地斷定所有「隱士」和不同教派的

「默觀者」都是過客，因為這和事實相距甚遠；他們之中也經常出現扮演水手、船員甚至船長角色的人。他們的任務和目的雖然是屬靈的，做法卻相當務實。在看清楚人類靈性史的發展及未來之後，他們很清楚自己必須積極而務實地致力於祈禱、神職工作、學著過簡樸守戒的生活。說真的，「默觀者」這個角色是有覺知和有意願為人類的靈性巨船挑起重擔，為船員及旅客的福祉負責的人。「默觀者」若是為上述的使命去進行冥想，才是真有意願為自己的心靈負責和努力，如果略過意志去選擇默觀，則代表偏好它所帶來的享受，捐棄了屬靈的外在行動。事實上，喜好默觀的人為數不少，但幾乎都不屬於任何宗派或教派。他們多半是為滿足自己而決定這麼做的行外漢。這些人有的是一知半解的瑜伽修練者，有的自稱為卡巴拉弟子，還有些自以為是蘇菲派門徒，其他的則是一般的形上學者。

當然還有人選擇聽從意志，只樂意為現實目標採取行動，那麼付出的代價又是什麼呢？答案是無可避免地變得短視。「我為什麼要關心愛斯基摩人，他們和我毫無關係，何況我連自己的鄰居或同事都不太認識？」──選擇行動而不運用智慧的人如此說道。假設此人有信仰，便可能接著問：那些無用的知識──哲學、科學、社會及政治的教導──到底有什麼價值？福音書（或是《聖經》、《可蘭經》、《法句經》）裡面的教誨不是足以拯救所有人了嗎？為達成目標而採取行動一定會變得專注，因此不可避免地會限制住我們，導致我們只看見生命的某一面而喪失了對整體的覺知。

「隱士」這張大阿卡納真正要教導的，就是以謹慎明辨來

消融「知與行」的衝突。

隱士不耽溺於深層冥思、研究工作或積極的社會活動。他只是行走著。這意味著他示現的是超越冥想和造作活動的第三種狀態。他代表的是「愛」的融合作用——融和「認知—意志」、「默觀—行動」「頭部—四肢」。「愛」能夠讓默觀與行動合一，讓認知變成意志、意志變成認知。「愛心」無需為行動放棄默觀，也無需為默觀抑制行動，它同時是活躍和冥思的，既不懈怠也不間斷。它日夜都在行走，而我們日夜都能聽見它無所住留的腳步聲 [11]。因此，若想描述依循心法、以愛為本、將其示現出來的人——「睿智寬大的父親」或隱士——我們會說他是一位從容不迫的行腳者。

隱修士既是有心人也是寂然獨立的行者。他在內心裡實現了「認知—意志」或「默觀—行動」的整合。

這裡指的「愛」與一般所謂的情感或「熱情」無關。它是在靈魂和生命力所形成的七個脈輪中央的那個脈輪的本質。印度玄學所謂的「十二瓣蓮花」或「心輪」，是所有脈輪或蓮花當中最富人性的能量中樞。如果說八瓣蓮花（頂輪）代表超驗智慧的開展，二瓣蓮花（眉間輪）代表直觀功能，十六瓣蓮花（喉輪）代表富創意的表達，十瓣蓮花（臍輪）代表學術認知能力，六瓣蓮花（性輪）代表掌管和諧與健康的作用力，四瓣蓮花（海底輪）代表創造力，那麼十二瓣蓮花（心輪）代表的

11　譯註：這裡指的是「因無所住而生其心」。

就是愛。因此，心輪可以說是最富有人性的脈輪，它和一個人能夠做什麼或知道什麼無關，卻和他「是」什麼有關，因為基本上人就等同於他的心。心乃人性居所與示現之地。心即是小宇宙的太陽。

基於此理，隱修之道本質上是「以太陽為中心」，它所有的修煉方式都是以愛為本。將其他脈輪的特質（「金屬」）轉化成愛（「黃金」），便是屬靈的煉金學或重視德行的隱修之道的核心目標。「德行的隱修之道」（俄國人稱之為心靈煉金術）一向致力於將所有蓮花脈輪化成七顆心，也就是將一個人徹底轉化成愛。在實修上，這意味著人將徹底人性化，七個脈輪都會轉成愛以及為愛而運作的系統。如此一來，八瓣蓮花（頂輪）示現的就不再是抽象或超驗智慧：它會像聖靈之火一般充滿熱力。二瓣蓮花（眉間輪）的直觀功能也會轉化成以「悲憫洞見」來觀照世界。十六瓣蓮花（喉輪）富創意的表達則會變得有魔力：帶有啟蒙、撫慰與療癒作用。

心輪或十二瓣蓮花是唯一不附著在有機體上的脈輪，它能夠脫離肉身的限制，藉著本有的外放特質，將光熱發射到他人的身上和內心裡。它促使人成為行者、訪客和無名盟友，陪伴著那些在監獄裡、被放逐的以及身負重擔的人。它促使人成為雲遊隱士，從地球的一端跋涉至另一端，從靈界進入屬靈世界——從煉獄到天父腳邊。沒有任何距離是愛無法跨越的，也沒有任何門是愛無法開啟的——如同主耶穌所承諾的：「甚至死亡的威權也不能勝過它。」（《馬太福音》第16章，第18節）心輪是為愛執行任務的奇妙器官，它的結構——人神共建

的愛之結構——使我們深深領會耶穌這句話的意義：「我要常與你們同在，直到世界的末日。」（《馬太福音》第 28 章，第 20 節）。

因此，十瓣蓮花的學術認知能力將會轉化成良知，變成神與鄰人的侍者；掌管健康的六瓣蓮花將會轉化成調和身心靈的神聖脈輪；四瓣蓮花的創造力則會成為隱士的活力來源，在漫漫長路上提供源源不絕的能量。因此，隱士乃富有愛心、恢復完整人性的人。

印度的瑜伽和譚崔門徒為了喚醒和發展脈輪的潛力，不時地冥想或誦念「種籽咒」（seed-mantras）。他們以 OM 振動眉間輪（二瓣蓮花），以 HAM 振動喉輪（十六瓣蓮花），以 YAM 振動心輪（十二瓣蓮花），以 RAM 振動臍輪（十瓣蓮花），以 VAM 振動性輪（六瓣蓮花），以 LAM 振動海底輪（四瓣蓮花）。頂輪（八瓣蓮花）則沒有足以振動它的種籽音——因為這個脈輪乃瑜伽修練的目標，代表著解脫的能量中樞。以下的「咒語」或基督信仰祈禱文也和脈輪有關：

「我是復活，是生命」　　　　　——八瓣蓮花

「我是世界的光」　　　　　　　——二瓣蓮花

「我是好牧人」　　　　　　　　——十六瓣蓮花

「我是生命的食糧」　　　　　　——十二瓣蓮花

「我是羊的門」　　　　　　　　——十瓣蓮花

「我是道路、真理、生命」　　　——六瓣蓮花

「我是真葡萄樹」　　　　　　　——四瓣蓮花

親愛的朋友，你可以選擇用不同的種籽咒去振動各個脈輪——Om、Ham、Yam、Ram、Vam 和 Lam——也可以和七道「我是」之光或七種基督的完美本質神交。第一種方式的目的在於喚醒每個脈輪原有的潛能，第二種方式則是要促進所有脈輪的「基督化」，亦即展現人的神聖原型。人會因此而實現保羅所說的：「若有人在基督裡，他便是新造的人。」（《哥林多後書》第 5 章，第 17 節）

　　基督化指的是把人轉化成真正有愛心的人，而這顯然是一種深切的內在工作，因此脈輪只是體現成果的場域。這種轉化作用將會見效於由三組對立元素及三個中和元素——總共九個元素——所形成的意識狀態上：

　　當我們論及「知與行」的衝突和帶來轉化的「愛」時，只是在概略地舉例探討人性的整合工作。我們在實修時，要覺知的是「知中的行與愛」、「愛中的知與行」以及「行中的知與愛」，因為認知時要顧及行動與感受，感受時要顧及認知與行動，行動時也要顧及認知與感受。因此，整合人性的內修工作是由「知—愛—行」的三個三角形所構成的[12]。

　　第九張大阿卡納的實修主旨，就是要避免讓智力主動或隨興運作；它必須臣服於「思維中的愛」和深層的感知。人們稱其為「直觀智慧」或是「對真理的覺知」。我們也要讓自發或

12　譯註：神聖幾何圖形（大衛之星＋重疊內三角），如圖示。

主動引發的幻想順服於心輪的作用、合乎良知的慈愛或「道德良知」，一種對「美」的深切嚮往。最後則要讓突發的衝動和意志的導向順服於「務實的良知」，一種對「善」的嚮往。

第九張大阿卡納的隱士乃信仰基督的隱修士，他代表的是「九的內修工作」、從內實現愛的至上法則，傳統稱之為「救贖工作」，因為只有讓愛重拾統御權才能拯救靈魂。

第十張大阿卡納的冥想

命運之輪

THE WHEEL OF FORTUNE

空虛，空虛，人生空虛，一切都是空虛……
發生過的事還要發生；做過的事還要再做。
太陽底下一件新事都沒有。

——《傳道書》第 1 章，第 2,9 節

為了人類和人類的救贖他從天而降：
藉由聖靈的力量，聖母馬利亞生下他，
化身成為人。……
他升到天國，在天父的右側坐下。

——《使徒信經》

我決心辨明智慧和愚昧，
知識和狂妄。
但是，我發現這也是捕風。
智慧越多，煩惱越深，
學問越博，痛苦越大。

——《傳道書》第 1 章，第 17-18 節

為罪惡悲傷的人多麼有福啊；
上帝要安慰他們！

——《馬太福音》第 5 章，第 4 節

命運之輪

親愛的不知名朋友：

我們的面前出現了一個轉輪和三隻動物的身形，其中有兩隻（猴子和狗）推動著輪子，第三隻（人面獅身）則是坐在轉輪的平台上。猴子是為了再度升起而下降；狗則是為了再度下

降而升起。它們輪流地經過人面獅身跟前。當我們看著這張卡時，自然會浮現幾個簡單又理所當然的問題。

猴子和狗為何跟著輪子轉？人面獅身為何處於上方？

猴子和狗要經過人面獅身跟前幾次？它們為何與人面獅身會合？

這些簡單的問題一被提出來，我們便進入了第十張大阿卡納的核心，躍入它企圖喚醒的想法及概念裡。

事實上，轉輪如果缺少兩名乘客和坐在上方的人面獅身，可能只會使人聯想到「圓」的概念，或頂多是一種循環作用罷了。如果輪子上的動物一隻往上升一隻往下降，上方又沒有人面獅身的話，看起來仍然是有些荒誕的遊戲。但載著兩名乘客的轉輪加上主控一切的人面獅身，卻會讓觀者禁不住揣測其中是否隱含著與生命循環有關的議題及現象。尤其是輪子上方的人面獅身，它的出現動搖了理性，使我們想要弄清楚這張卡的祕密是什麼。

人對大自然四界——礦物界、植物界、動物界及人界——的源起和關係一向抱持兩種看法。其中一種是建立在「墮落」——退化或是從上界降至下界——的概念上面。按照這個看法，猴子不是人類的祖先而是人降級或退化成的。此外，人類之下的三界物種也是亞當這位高悟性存有——萬物的原型或綜合體——向外投射而成的。

另一種看法則促成了從下往上蛻變的「演化論」。依照這個理論，最原始的生物才是萬物的本源和共同始祖。

塔羅第十張大阿卡納描繪的是一隻正在往下墜的猴子——

五官酷似人類的動物。事實上猴子並沒有往下墜，是旋轉的輪子帶著它往下降的。因為它不是出於自願，所以它在下降時，頭是揚起的。但這隻五官酷似人類的生物究竟是從哪裡降下來的？

它是從人面獅身的座位降下來的。戴著冠冕、長著翅膀的人面獅身，擁有人類的五官和獸類的身體，手上握著的白劍代表的是它所屬的次元和階級地位，也就是猴子正要離開而狗正要接近的位置。

如果你想描述墮落的概念或高悟性存有 —— 萬物的原型 —— 退化的歷程，難道不會以戴著冠冕的人面獅身作為象徵嗎？人面獅身不是唯一能代表人、動物、植物及礦物的組合體嗎？反之，難道你不會以一隻沒有冠冕、劍或翅膀，但五官酷似人類的猴子，去描述高等存有退化成低等動物的過程嗎？

另一方面，若想表達對墮落和喪失完整性的感傷，難道你不會選擇對人最熱情親近的動物 —— 狗，來代表與人性結合的渴望嗎？

因此，按照隱修之道和《聖經》的傳統來探討墮落與人性重整的議題，就是第十張大阿卡納的主旨。它要闡明的是上升與下降的完整循環，不像現代科學的「變種論」只關注上升或演化的那一半循環。事實上，有些卓越的科學家（德國的艾德格‧達奎〔Edgar Daqué〕和法國的德日進）也曾假設萬物來自同一原型，主張此原型就是宇宙演化的決定因和有效因。這樣的說法雖然讓演化論變得合理，卻無法改變一個事實：科學的運作是建立在最大值始於最小值、複雜始於簡單、發達的始

於未開化的「假設」上面。但這個假設顯然不合理，因為它忽略了完整循環的另一半，發生在太初之前的一切事情。你必須放棄思想、降至昏睡程度，才可能相信人類是從地球原始霧氣中的無意識微粒演化成的，同時又否認這股原始霧氣隱含了未來演化的一切因子，亦即從潛存變成實在的「孵化」歷程。因此《演化論是否可以被證實？》（*Is Evolution Proved?*）的編者阿諾德‧倫（Arnold Lunn）才會表示，只要能解開下述引文的四個難題，他就願意承認演化論是可信的：

> ……因為事實上，沒有任何演化論者提出過合理的推測，更別說是有根據的說法，來解釋這星球原初的泥、沙、霧和海，如何以完全自然的方式進化成創作貝多芬第九號交響曲的腦子，而且還能對音樂、藝術以及大自然的美有所反應。（*Is Evolution Proved? A debate between D. Dewar and H. S. Shelton, ed. Arnold Lunn, London, 1947, p. 333*）

此刻我必須加入威廉‧貝克（William S. Beck）在《現代科學與生命本質》（*Modern Science and the Nature of Life*）一書中，針對阿諾德‧倫提出的難題做出的回應。他說道：

> 反演化論的形上辯詞如錦緞般曼妙地垂墜著，遮掩了科學的確鑿證據。（*William S. Beck, Modern Science and the Nature of Life, London, 1961, p. 133*）

這些形上辯詞是否像錦緞一般滑溜並不是重點，重點是科學提出的演化論（理論而非事實！）真的令人費解。如果只考量完整循環的一半、拒絕接受墮落或退化的另一半，那麼不管提出什麼論點都是不合理的。

塔羅第十張大阿卡納象徵的就是完整的生命循環，由下降或背離高等存有的生物，以及上升或接近高等存有的生物組成的轉輪。

在玄學文獻中，有關退化和演化的循環是十分常見的說法，但如果將「退化」理解為「墮落」、將「演化」理解為「救贖」，情況就不一樣了。東方有關「半自動式」退化及演化的教誨，和隱修之道、《聖經》、基督教傳統對墮落及救贖的教誨，本質上是截然不同的。前者把退化—演化的循環視為自然的作用力，類似於動物或人類的呼吸。隱修之道、《聖經》和基督教傳統則把「下地獄」和「救贖」這類名相，看成是充滿危機的宇宙大戲或悲劇。

說真的，在精神演化論者或科學演化論者的眼裡，「墮落」、「下地獄」、「贖罪」、「救贖」這類詞藻都是毫無意義的。前者將宇宙的演化視為一種外化和內化的永續循環——宇宙的永恆吐納，既然如此何來「墮落」？這麼一來，危機、下地獄、贖罪等等的基督教基本理念，就不適用於自然演化的宇宙了。

那麼誰是對的呢？是那些主張演化乃自然所決定的進程，退化與進化都是宇宙能量振動中的連續作用的人，還是那些將演化視為宇宙大戲或悲劇，以浪子寓言比喻其本質和主旨

的人？

究竟誰才是對的？買了船票的乘客將航行任務託付給船員，這難道有錯嗎？對旅客而言，只要是已經買了船票，海上的行程就變成了「自然的進程」，一件自動運作的事情。

但船長、高級水手及船員可以抱持和乘客一樣的態度嗎？顯然不可以。對肩負航行任務的人來說，出海遠航意味著工作、守護、掌舵和定向，所以絕不是「自然的進程」或自動運作的事情。它代表的是一段奮鬥、努力和冒險的歷程。

演化也是一樣的；如果你是透過乘客的眼睛去看它，呈現在眼前的就是「自然的進程」。但如果是透過船員的眼睛去看它，呈現的則是「宇宙大戲或悲劇」。決定論和宿命論——自然主義和泛神論——都將演化的責任交託給超乎人性道德的次元：大自然、神、行星……因為決定論和宿命論代表的都是乘客的心態和心理表現。

事實上，透過乘客的眼睛去看演化、視其為自動發生的事，並不是一種妄想。我們的確能發現和證實「演化進程」或「宇宙漸進過程」的存在；從現象層面來看，它確實是自動發生的事。不過有多少的努力、犧牲、錯誤和罪行，隱藏在「演化進程」和「宇宙漸進過程」的背後？此刻我們面臨的就是「顯教—密教」（exotericism—esotericism）的核心議題了。顯教是活在「表面的歷史進程」中，密教則是活在深層的悲劇和戲碼裡；古老的奧祕中充滿著悲劇和戲碼——這是密教要探索的人類情境。顯教對應的一向是船上乘客的精神和心態，密教對應的則是船上工作人員的精神和心態。

讓我再強調一次：顯教義理中的歷史故事也絕非虛構；如果當初能夠在所多瑪和蛾摩拉找出十位清白的人，上帝就會赦免這兩個城市，居民也就得以延續其文明和習俗 **1**，雖然他們根本不明白亞伯拉罕的禱告和十位清白的人在其「演化」上扮演什麼角色。

宇宙的整個演化進程也是一樣的。物競天擇的確存在，靈性揀選法則也同樣是實存的。所多瑪和蛾摩拉的居民因觸犯自然律而遭到物競天擇的淘汰，如果當初在他們中間能找出十位清白的人，所有的居民就能存活下來，因為靈性揀選法則會赦免他們。因此，「靈性揀選法則」是勝過「物競天擇」的。換言之，實修的密教者原本可以決定和拯救顯教信仰者的命運。

屬於密教的隱修之道並不是在追求玄祕的生活和行為，而是選擇以船員的精神和心態為靈命的基礎，況且其「奧祕」也不是什麼祕密，只不過是抱持乘客心態的人拒絕承擔的責任罷了。事實上，最嚴重的錯誤莫過於想要「組織」密修團體或兄弟會，試圖成為上界揀選的肉身工具，或是想扮演靈性菁英角色。人既不能自視為揀選者，也不可自視為被揀選者。假如有一群人說：「我們要為這個時代選出十位清白人」或者「我們就是這個時代的清白人」，從道德層面來看是非常荒誕的。因為人不能揀選他人；人只能被上界揀選。人對上界的揀選和其歷史意義的認同，很容易衍生出虛假的密修主義──自認為有

1　譯註：請參照聖經創世紀第十八章。

權力揀選他人或相信自己是被揀選的人 —— 而去創立靈修社區、道團或兄弟會。福音書裡提到的「假先知」和「假當選人」，都是由這些自認為有權力的人培養出來的。真正的基督徒只可能視自己為罪人；《舊約》裡的正義之士或先知都是由上界召喚或揀選的人。

讓我們回到演化的主題上。

從顯教的角度來看，演化是一種宇宙發展歷程，密教則視其為一齣大戲或古老傳說中的「奧祕」。只有從後者的角度去理解演化的本質，墮落、下地獄、贖罪和救世的理念才會顯得不僅適用且必要。

我們首先要探討「下地獄」（perdition）和「救世」（salvation）的概念，然後再試著去理解它們在宇宙的演化或戲碼中的意義。

親愛的朋友，請勿訝異也請務必諒解，因為我準備要道出一則神話；它的出處是永恆的靈知，所以既不古老也不現代；神話裡的宇宙戲碼其實是真正發生過的事。你必須明白這一點才能領略箇中要旨。

當聖父透過他的聖諭在創世第七日完成工作後，便放下一切歇息去了。他賜福給第七日，將它定為安息日，因為在這一天他放下了所有的造物工作。

第七日之所以受到神的祝福、被設定為安息日，是因為它不屬於宇宙或宇宙的活動，只專屬於聖父。它是宇宙活動之圓的第七個階段，神就在此時撤離變得寂

靜無聲。

因此，宇宙活動之圓不是封閉而是敞開的，它敞開的部分就是被神賜為安息日的第七日。萬物藉由此日去親近神，神也藉由此日親近萬物。

但蛇卻說：只要宇宙的圓有了開口，萬物就會喪失自由，而自由指的是在自己之內不受外界干擾，尤其是不受上界主宰的干擾。它強調只要宇宙的圓有了開口，有了安息日的存在，萬物就得遵循神的旨意而無法當家做主。

因此蛇咬住自己的尾巴形成了一個封閉的圓。蛇用了巨大的力氣轉動自己，所以在天地間製造出強烈的旋風，把亞當和夏娃都捲了進去，其他被亞當命名的萬物也跟著捲入到裡面。

蛇對所有加入封閉之圓這邊的生命說：「這是你們的道路──你們要從我的尾巴出發，最後來到我的頭部，如此就能循著我的圓周形成一個封閉的圓，然後就會像我一樣自由了。」

但是有一個女人仍然記得那個向神及安息日敞開的世界。為了讓這個世界的子子孫孫誕生出來，她奉獻出自己、撕裂了封閉的圓。這為她帶來了生產的痛苦，也為蛇的領域製造出苦難。

從此女人和蛇互相敵視。承受生產之痛的女性和享受生產之樂的蛇，一代又一代地對立著。女人後來砸破了蛇的頭，蛇則咬傷女人的腳跟。由於女人和蛇的動

向是相反的，所以女人的頭觸及的是蛇的尾巴，腳跟則碰觸到蛇的頭。這是因為苦難和世間之蛇的能流是反向運作的。苦難促成了與蛇對抗的潮流（女人的子孫們）；一股思潮從苦難和對安息日的記憶裡誕生出來。

於是在蛇的世界這一邊，女人的子孫開始為神設立聖壇。塞特之子以挪士不僅信神，而且也認識聖號；他開始以「父」之名祈禱。塞特後來的子孫以諾甚至「與上帝同行」（《創世紀》第5章，第22節）。他沒有經歷死亡的痛苦——這種痛苦對蛇的領域內的生物來說，是唯一能從封閉的圓中解脫的方式——因為「上帝將他取去」（《創世紀》第5章，第24節）。差不多就在那個時候，人們所渴望的思潮成功地在封閉的圓上鑿開了一道裂口。

於是啟蒙和預言開始出現在蛇的世界裡。啟蒙恢復了人們對安息日的記憶，預言則帶來了從蛇的圓中解脫、在未來重建安息日的希望。

佛陀也教導從蛇的世界解脫出來、進入安息狀態的方法。

但先知們卻宣稱蛇的世界將會發生內部的蛻變，因為道將要成為人、來到蛇的世界裡生活。他不但會重建安息日，更要恢復神創世前六日的狀態，而這是在三分之一的存有被蛇的尾巴捲起、摔在地上之前所應當完成的工作（參照《啟示錄》第12章，第4節）。

這便是事情的整個始末。女人—聖母，是跟蛇的動向相反的靈魂，自從有了蛇的世界，她就開始遭受苦難；她受孕並生下了道的化身。「道成為人，住在我們當中，充滿著恩典和真理。」（《約翰福音》第1章，第14節）

此即隱藏在演化進程背後的宇宙神話或奧祕戲碼。它首先敘述了敞開之圓和封閉之圓的概念。敞開之圓乃神創世的六日加上第七個安息日的世界，對應的便是數學所謂的「螺旋式階序」（step of the spiral）。這個概念隱喻的是無限的成長和發展，可它本身只能引領我們來到永恆的玄關跟前。

反之，封閉的圓根本是一所監牢，範圍多大皆然。它是一台無法向外發展的自轉之輪。封閉的圓——或自轉之輪——隱喻的就是不斷重複的輪迴。

歷史上有三位人物生動地描述了宇宙自轉輪的概念，雖然說法各有不同。他們分別是釋迦牟尼、所羅門和尼采。

第一位提出的是「輪迴相續」說（The Wheel of incarnation），主張生、老、病、死的具體經驗永無止境地重複著。佛陀在菩提樹下的證悟為他揭露了三則真理：宇宙是一座生死輪，基本上轉動的只有「苦」難，但是有一種方式可以使人進入靜止的輪心。

所羅門王經驗到的宇宙自轉輪——和佛陀的輪迴觀不同——涉及的是無法改變的命運，它讓所有人的希望和努力都變得徒勞無益：

空虛，空虛，人生空虛，一切都是空虛。人在太陽底下終生操作勞碌，究竟有什麼益處？一代過去，一代又來，世界老是一樣。太陽上升，太陽下沉，匆匆地趕回原處，再從那裡出來。風向南吹，又轉向北，不斷地旋轉，循環不已。江河流入大海，海卻不滿不溢；水歸回發源之處，又川流不息……發生過的事還要發生；做過的事還要再做。太陽底下一件新事都沒有。（《傳道書》第 1 章，第 2-7 節、第 9 節）

我觀察了世上的一切事物；一切都是空虛，等同於捕風。彎曲的東西不能變直；沒有任何存在的事物不能數算……我知道智慧是什麼，知識是什麼。我決心辨明智慧和愚昧，知識和狂妄。但是，我發現這也是捕風。智慧越多，煩惱越深；學問越博，痛苦越大。（《傳道書》第 1 章，第 14-15 節，第 17-18 節）

在太陽底下轉動的輪子，就是耶路撒冷睿智感傷的所羅門王眼中的世界。那麼他給了後世子孫怎樣的忠告呢？以下就是他為這份徹底的絕望帶來的建言：

一個人能夠吃喝，享受他辛勞的成果，就算是幸福的了……

年輕人哪，快活地過你青春的時光吧！趁著年青尋歡作樂吧！隨心所欲地做你喜歡做的事！但是要記得，上帝會按照你的行為審判你。不要讓任何事使你

煩惱，使你痛苦；因為青春不能長駐，是空虛的。

（《傳道書》第 2 章，第 24 節；第 11 章，第 9-10
節）

　　所羅門的絕望讓他成為了一名先知，也令他的著作在詩篇
和先知書中佔有一席之地。他用「空虛」來形容蛇的世界面臨
的困境：人可以選擇自殺也可以等待神的救贖，因為神就在空
虛的轉輪上方。

　　所羅門面對的是一個沒有基督的絕望世界──和佛陀眼中
的俗世一樣。本質上，他的哀傷是一種對救贖需求的感嘆。

　　因此，佛陀為基督降生前蛇所掌控的世界做了明確的診
斷；所羅門則為它感傷；但尼采──多麼駭人啊！──竟然
會歌頌它。是的，尼采看見也理解了這個封閉的轉輪而認同了
它。他發現了不斷重複、「永劫回歸」的景象並視其為永恆，
儘管它和永恆完全相左：

喔！我如何能不為永恆、不為戒指中的婚戒──循環
之圈──燃燒呢？可我尚未遇見願意一同生兒育女的
人，就讓我把這戒指留給我摯愛的那位女子吧：因為
我愛妳，喔　永恆！
因為我愛妳，喔　永恆！（Friedrich Nietzsche, *Thus
Spake Zarathustra*）

　　──由此可見尼采歌頌的轉輪就是佛陀診斷的「大災

難」，以及所羅門眼中的「一切都是空虛」。

上述這段引文是不是一種抒情詩？不僅僅於此！尼采顯然是在用詩的形式表述他自認為的上界啟示。它其實概述了現代科學的最終結果。按十九世紀末的實證科學來看，宇宙乃無數分子的組合——原子的總和。這些分子不停地在變化，但可能達成的數目終究會遇到極限，新的組合也終將耗盡，然後既有的組合又會重複出現。因此，未來的某一天將會是今日的重現，這便是科學最基本的「永劫回歸」理念。

「永劫回歸」不但是計算原子組合的基本法則，也是科學定量論的基礎。它主張世上的物質和能源都是恆量的，不可能增多或減少。世界就是一個封閉的圓，沒有任何事物可以離開或進入它。

定量的分子和能源是可以統計的，但一定會遇到極限。以往的組合又會重複出現……在這個封閉的世界裡，「永劫回歸」是無可避免的結果。

正因為物質和能源都是恆量的，所以封閉的世界不會有奇蹟出現。若想讓奇蹟出現，世界必須是一個有開口的圓或螺旋式能量系統。按上述神話來看，它必然包含著一個「未創造」的次元或安息日。

先進的宗教都主張世界是一個敞開的圓，這代表它們相信奇蹟是存在的。奇蹟（「超自然現象」）是一種自然法則之外的真實存在現象，這便是安息日的深義。

宗教帶來的「福音」告訴我們世界不是一個封閉的圓，也不是永無出期的監牢；它有出口也有入口。它因為有入口，所

以聖誕節是一個值得歡慶的節日。它因為有出口，所以耶穌升天日也變成了節日。此外，世界是可以被轉化的；它可以從目前的現況轉回到人類墮落前的狀態——此即復活節要傳達的「福音」。

一個封閉的、永劫回歸的、「太陽底下一件新事都沒有」的世界——在現實中會是怎樣的景象呢？

它會是一個宇宙地獄，因為地獄可以被理解為在封閉的圓中永存著。由自我本位形成的封閉之圓是一種主觀的個人性地獄；由恆量的能源形成的封閉之圓則是客觀的宇宙性地獄。

現在我們要探討的是「救世」和「下地獄」的宇宙性意義。「下地獄」意味著捲入封閉的圓裡不斷地循環，永無安息之日；「救世」則是讓人在敞開的圓或螺旋式能量裡生活，那將會是一個有出口也有入口的世界。因此，「下地獄」是活在「永劫回歸」的封閉世界裡；得救則是活在遼闊的晴空下。那裡的每一天都是嶄新又獨特的——無窮奇蹟鏈中的奇蹟……原因是神並非不可知的。神無限的「啟發性」和「可知性」，就是永恆安息日的本質。這創世的第七日既代表永恆的生命力，也代表奇蹟的源頭，其中充滿著各種未知的可能性。未知既可注入新的能量到「恆量」的現象界裡，現象界的能量也得以消融於未知。

在宇宙的演化戲碼裡還出現了「墮落」（the Fall）和「贖罪」（redemption）這兩個詞彙。一旦對「救世」和「下地獄」有了某種認識，就比較容易理解「墮落」和「贖罪」。人類的「墮落」本是宇宙性的大事，這指的是蛇為了形成封閉

的圓而「咬住」自己的尾巴，「將受造界的一部分摔在地上」（參照《啟示錄》第 12 章，第 4 節）。至於「贖罪」，直白地說就是重整墮落世界的普世性任務；首先要在封閉的圓上鑿出一道口（宗教、啟示、預言），接著是開闢一條出去的路（佛陀 Buddhas）和進來的路 （阿凡達 Avatars），最後則是藉由道的化身（耶穌基督）散發的光從內部促成蛻變。

這種解釋是將「墮落」和「贖罪」的概念提升至較高層次。現在讓我們更仔細地檢視一下這兩個詞彙的意義，以便更清晰呈現其核心。

首先要探索的是「墮落」這個概念……它引發了諸多的複雜聯想。我們面臨的是天國和六日創世工作的《聖經》解釋，再來是科學的自然演化論所描述的動人畫面；然後是古印度天才發現的「劫」（kalpas）、「曼梵達拉」（manvantaras）和「尤嘎」（yugas）的週律循環[2]，一個宇宙意識間歇夢見的世界；還有勃拉瓦斯基夫人根據印度和西藏傳統，在其三部曲著作《祕密教誨》（*Secret Doctrine*）中對宇宙和人類的起源做出的解說[3]；魯道夫‧史坦納則藉由所謂的「七大行星進化階段」（seven planetary phases），揭開了宇宙靈性演化進程的瑰絕場景，為我們這個世紀的理性留下了無言以對的震驚；最後是赫密士、柏拉圖、光明篇及世紀初的各種靈知派所提倡

2　譯註：「劫」、「曼萬達拉」和「尤嘎」是印度靈修傳統用來計算時間單位的名相。

3　譯註：出處是藏密的《密續》。

的宇宙說和來世論——其中包括明示或暗示的。

我雖然花了四十多年考證和比較上述的說法及資料，坦白說仍找不到分類和歸納的辦法，以便作為適合的引言。如果我嘗試這麼去做，一定會導致主旨被次要元素淹沒，所以只好將上述種種概念背後的「精神」視為概括性參考，避免直接引述內容。只要把這一點說明清楚，我們就可以回到「墮落」的議題上。

此刻你不妨問自己：「墮落」究竟是什麼？它是如何產生的？

我們對世界的整體經驗——個人的、歷史的、生物學的等等，到底告訴了我們什麼？

樂觀主義哲人萊布尼茲（Leibnitz）曾經說過，我們被賦予的世界，是所有宇宙中最美好的一個。悲觀主義哲人叔本華（Schopenhauer）則說：世間的痛苦超越了喜悅，因此我們經驗到的世界不但不完美，甚至是邪惡的。萊布尼茲和叔本華都是從整體面在看世間經驗，如同我們正試圖著眼的方向，但兩者的看法竟然如此不同！

從宏觀的角度（從萊布尼茲的觀點）來看，宇宙無疑地呈現出完美的平衡性，因為主要的構成元素全都和諧運作著——不論陰暗的角落與縫隙裡可能發生什麼。

從行為意志的角度（從叔本華的觀點）來看，世間經驗因為都證實了佛陀的診斷是正確的，所以他的診斷理應被當成事實。

如果從「心」的角度，亦即從隱修之道和猶太—基督信仰

的觀點來看，又該如何解釋呢？

我們的心告訴自己：充滿著智慧、美與善的奇妙宇宙正在受苦。它生病了。這個偉大的有機體不可能是從病態中誕生出來的，而是應該源自於完美的健全狀態。智慧、美與善本是它的搖籃，可是它卻生病了。陸地和行星變得越來越僵硬：宇宙得了「硬化症」。當地表硬化的同時，為生存奮鬥的精神卻在深海和空氣裡佔了優勢——一種宇宙性炎症所引發的高燒癥狀。

但即便是生病，宇宙仍保有原來的健全本質，而且也展現出可觀的復原能力。除了為生存奮鬥的精神之外，生物還具有為了存活下去而合作的意願；當礦物硬化時，植物卻還在分泌著汁液和製造氧氣。

因此「墮落」造成的矛盾就是：宇宙既值得歌頌，又令人感嘆。

它並沒有呈現應有的面貌，因為整體和局部是相互矛盾的。當星空展現完美和諧的秩序時，動物和昆蟲卻在互相廝殺，無數的細菌也到處肆虐，造成了人類、動物及植物的疾病與死亡。

這種矛盾性就是「墮落」隱含的意義。宇宙如同由兩個獨立或對立的世界所構成，彷彿在偉大的「和諧天體」中插進了另一個有自己的律法和演化法則的世界——在健康有機的宇宙裡長出了一個毒瘤。

科學將這兩個宇宙視為不可分割的整體，稱其為「自然全體」——它擁有兩種面向：溫和與殘酷，頑固又具有驚人的合

作精神，睿智而盲目，既是慈母也是充滿敵意的殘忍繼母。

恕我直言，此刻我們必須關注一下科學在思想上犯的一個錯誤。這個錯誤等同於醫生把疾病（癌症）視為正常或「自然現象」，並宣稱癌細胞的擴散和血液循環都是病患體內的本能使然。但醫生拒絕辨別病患身體自然和反自然作用（疾病）的差異，是多麼駭人聽聞的怪事——然而這就是科學對宇宙這個有機體的看法。它拒絕辨別自然和反自然作用、健康和疾病、自然演化和反自然演化的差異。

古人一向知道宇宙包含著反常的作用力，印度人稱之為原始無明（avidya），波斯人稱之為惡魔阿利曼（Ahriman）的魔力，閃族人（Sermites）則稱之為撒旦的邪惡勢力。這些說法其實並不重要；重要的是自然世界與非自然世界、正常與反常、健康與疾病的確有差異。

不消說也知道，隱修之道和猶太─基督教傳統一致將科學所謂的「自然全體」，視為非上主所造的宇宙，一片由受造界和蛇的世界交織成的「場域」。

蛇的世界乃「上主大宇宙裡的小世界」，它促成了拜火教（Zoroastrianism）的二元論、摩尼教以及某些靈知宗派。這一類的二元論都被視為「異端」，亦即違反了救贖的真理。它們和現代科學犯了同樣的錯誤，雖然觀點看似相左。直系發生與具有合作精神的自然本性，跟導致基因滅絕和繁衍寄生物的自然本性，這兩者的差異是科學拒絕辨別的。同樣地，摩尼教、卡特里派（Cathars）、阿爾比派（Albigenses）等等，也拒絕辨識聖潔本性與墮落本性有何不同。科學將本性視為掌管

演化、引導胚胎細胞形成發達人腦的「自然女神」，極端二元論卻視其為徹底邪惡的東西。換言之，科學認為自然本性是良善的，摩尼教卻認為它是邪惡的。科學拒絕接受本性裡存在著撒旦；極端二元論則只看見了其中的撒旦。

現在讓我們回到蛇的世界上面。它概略的特徵是「封閉」，受造界概略的特徵則是開展、綻放及放射。動物的腦和腸子都是按照封閉的原理成長的，植物的葉子、枝幹及花朵則是按照相反的原理生長。舉例來說，葉子就是植物的「肺」，它為了吸收氧氣而開展自己，動物或人類的肺葉卻是封閉的。再舉另外一個例子：太陽是處於放射狀態，行星則是處於壓縮或捲曲狀態。

這兩種特質各有其傳統名稱。一是「光」，另一個是「黑暗」；一是「放射」，另一個是「封閉」。因此，《約翰福音》才會將宇宙戲碼描述為：「光照射黑暗，黑暗從沒有勝過光。」（《約翰福音》第 1 章，第 5 節）——這句話表達了光源不會被捲入封閉的旋風裡，也不會變得晦暗，反而會在黑暗中放射光芒。此即福音書的「精髓」所在。

因此，太陽和行星的關聯就像光與黑暗的關係一樣。在人體的小宇宙中，「脈輪」和內分泌系統的關聯，也如同光與黑暗的關係。「脈輪」基本上是放射狀的內分泌腺，內分泌腺則是封閉狀的「脈輪」。小宇宙的內分泌腺體本是「脈輪能量」的凝結物，就像大宇宙的行星是「所屬次元能量」的凝結物一樣。

蛇的世界是個封閉的圓。咬住自己的尾巴形成封閉的圓，

最能代表這個世界的本質。

　　但完全封閉或孤絕是無法在世上存活的。所謂的「自然」演化歷史，為我們描繪出一個不斷在嘗試卻從未成功的景象：透過封閉的圓創造出擁有完整自主意識、又不至於陷入瘋狂的有機體。可你看原子不就是在封閉狀態下產生的個體嗎？它不是自主和獨立的嗎？但原子和原子會連結成分子啊！可分子不也是自主的個體嗎？是的，但分子的連結又會繼續形成各種「有機」細胞結構，接著是有機體內無數分子結構的聚合……有機生命的演化史讓我們看到連結與合作的本性勝於分裂與孤立的本性。後者只能製造出無法存活的怪物，例如中生代橫行於地球的恐龍和巨型爬蟲動物；它們由於沒有天敵威脅而統治地球長達百萬年。可現在它們又在哪裡呢？它們步入演化的盡頭，所以滅種了。它們把地球的統治權讓給了哺乳類和鳥類。在脊椎動物湧現於地球之前，也出現過許多步入盡頭的哺乳類動物，它們經過一次次的淘汰快速或逐漸滅絕，直到其中的一支——智人（homo sapiens）——成為所向無敵的霸主為止。於是，「爬蟲類星球」變成了「人類星球」。難道這代表人類是爬蟲類的後裔？或者按照《聖經》的說法，人類是「蛇之子」、「黑暗之子」、封閉作用的產物，還是本為「光明之子」（《路加福音》第 16 章，第 8 節）？

　　人類擁有最發達的頭腦。如同亨利・柏格森所指出的：腦子是意識的濾網。它雖然是求知的工具，但也會使人變得無知。它的功能是替意識接收合宜的訊息，同時也拒絕接收或「忽略」對意識不合宜的信息。

由此可知，腦子本身就是一個揀擇器官──演化作用的縮影！百萬年來生物的演化就是無止境的揀擇歷程。整個演化歷程都是按照「創造─揀擇─淘汰─遺忘」的順序，無止境地重複著。「合宜」的型態被揀選出來，其他的則被徹底淘汰。當中有一道無形的濾網在發揮作用，這道濾網如今變成有形的；它化成了具體的器官。它就是人的腦子。亨利・柏格森曾經說過：

> 就思維的作用尤其是記憶而言，腦子似乎只負責讓肢體按理智或外境引起的想法來產生動作和反應。我想表達的是，腦子是一個「演啞劇的器官」……大腦現象和智力活動的關聯，就像指揮家的手勢和交響樂團的互動一樣：這些手勢除了示意之外沒有其他作用。換言之，理智在大腦皮層內起不了更高的作用。除了感官知覺以外，腦子只有模仿的功能。（Henri Bergson, *Mind-Energy*; trsl. H. W. Carr, London, 1920, pp. 74-75）

　　因此，腦子會選擇對象然後再依樣畫葫蘆。《創世紀》描述的「狡猾」，就是這種「適切的模仿力」：「蛇是主上帝所創造的動物當中最狡猾的」（《創世紀》第 3 章，第 1 節）。「狡猾」一直是蛇的「心態」，如同在封閉的圓裡活動一直是蛇的「運作方式」一樣。狡猾的意思就是模仿智慧，然後除去智慧的本質──光，利用它來達成自己的目的，所以才會出現

「惡魔是模仿神的黑猩猩」這種說法。

　　腦子是蛇製造出來的；動物之中頭腦最發達的人類絕對是蛇的後裔。人類是擅長用腦的動物，所以才會成為「蛇之子」或「黑暗之子」。

　　這也是埃及、印度、墨西哥、中美洲及中國不約而同地尊崇蛇的原因，尤其是中國，甚至把蛇聖化成飛龍。摩西也在沙漠中立了一根掛著銅蛇的架子，直到希西家（亞哈斯之子，猶太的君主）統治的時期，人們對蛇的崇拜才中止──特別是在希西家「將摩西打造的銅蛇破壞成碎片之後」。那個時期之前，以色列人還在焚香祭拜銅蛇；「尼忽士但」是人們為它取的封號（《列王紀下》，第 18 章，第 4 節）。許多世紀之後，一個名叫拿辛斯（Naasenes 或 Nahashenes）的靈知宗派又開始在同一個地區祭拜蛇神──這是耶穌基督出現之後發生的事！

　　甚至到了十九和二十世紀，有些玄學家仍試圖以理性方式復興對蛇的崇拜。勃拉瓦斯基夫人在《祕密教誨》中曾多次尊稱蛇為古代智慧的象徵。她將蛇解釋成宇宙能量的運作法則，在宇宙的智能和物質間佔有不可或缺的地位。她使人重新憶起啟蒙導師及文明創始者──「蛇之子」──的古老傳說與傳統，並且稱這些人是歷史初期的施惠者。

　　艾利佛斯·李維則將蛇描述成「偉大的魔法媒介」，意識和現象界之間的調解法則。按他的說法，蛇是一種實現力，其作用是將意志轉化成事件，將主觀意識變成客觀現象。

史坦尼斯拉斯‧德‧科依塔[4]（Stanislas de Guaita）也將未完成的著作命名為「創世紀的蛇」。他在書中說明了「偉大的魔法媒介」在歷史上扮演的角色。

　　神智學會則以咬著尾巴、以身體圈住六角星的蛇和埃及的T型十字架作為象徵標幟，並且在符號的外圍加進了印度貝拿勒斯大王（Maharajas of Benares）的格言——「世上沒有比真相更崇高的宗教」。

　　是的，蛇的確是「偉大的魔法媒介」，它模仿著意識，所以是連結主觀性與客觀性的鍊環，如同腦子是連結意識和動作的樞紐一樣。是的，古老傳說中的「蛇之子」，腦部智力活動的代表，當然是文明初始的主導者。他們顯然是最初教導和奠定藝術及科學基礎的人。

　　我雖然同意上述的說法，卻禁不住質疑：蛇是不是唯一的媒介？難道神聖魔法（與塔羅第三張及第四張大阿卡納有關）的媒介，和騙子、催眠師、磁化療癒者及巫師的工具是同一種？

　　多少世紀以來的經驗告訴我們，世上不僅存在著另一種媒介和魔法，也存在著另一種不是由腦子造就的意識和經驗。施洗約翰為主耶穌——歷史上最偉大的神蹟實踐者——進行洗禮時，看見的並不是蛇而是一隻鴿子。

4　譯註：十九世紀法國玄學家。

約翰又見證說：「我看見聖靈像鴿子從天上降下來，
落在他身上。」（《約翰福音》第1章，第32節）

……幾天之後便發生了迦拿婚禮的神蹟。

七件神蹟——迦拿的婚禮、治癒大臣之子、在畢士大池邊
療癒癱瘓的病人、餵飽五千人、在水上行走、治好天生眼瞎的
人，以及在伯大尼讓拉撒路復活——並不是藉由蛇的力量實現
的，腦子也不是達成它們的工具；腦部的智力活動並非其能量
來源。神蹟的媒介是鴿子，是腦子和頭部之上的聖靈；它從
上界降至頭部，然後停留在那裡——它是超越智力活動的。因
此，聖靈才是神蹟的源頭，神聖魔法的媒介和工具。

此刻我不禁捫心自問——同時也要問你，親愛的朋友——
玄學家為何不將熱情和能力用來為鴿子的理念服務，反而選擇
獻身於蛇呢？他們為何不稱頌神聖魔法的偉大媒介；它可是一
再證實自己的任務是啟蒙、療癒和轉化世界啊？主張真理至上
的神智學會為何不以聖靈的鴿子作為標幟？他們為何不選擇聖
靈之鴿、宇宙的靈性象徵，反而選了一條咬著自己尾巴的蛇？
史坦尼斯拉斯·德·科依塔為何不將他的著作命名為「福音之
鴿」？李維為何不說鴿子是新的魔法媒介，因蒙召而前來取代
古老的魔法媒介——蛇呢？勃拉瓦斯基夫人為何否認宇宙有兩
種能量法則，一種是蛇的，另一種是聖靈或救贖的？如果理
由是藏密的《時輪密續》（*Stanzas of Dzyan*）沒有提到這一
點，那麼《時輪密續》難道是真理唯一的出處？三千多年來的
先知、使徒和聖者的見證，難道都不具有任何意義？

我必須再次聲明我是困惑的，倒不是因為上述玄學家對蛇和相關議題的解釋不正確，而是他們看待這個議題的角度排除了另一種可能性，甚至到了偏頗的地步，這使人覺得除了心理因素之外很難找到合理解釋。

　　總之，玄學理論的一個明顯傾向就是將蛇描述成開悟的法則，甚至是求取知識——包括玄學知識在內——的唯一準則。

　　那我們呢？首先不妨將蛇視為腦部功能和智力活動的代表，或是捲縮和封閉的循環法則——也就是墮落的作用力。所幸幾千年來的救贖工作已經將蛇的力量逐漸靈性化。上界的介入讓這股捲縮的作用力無法再形成徹底封閉的圓。它被導正成一股穩定的力量；人類在其上建立了家園、國族和文明社群。上主讓蛇的圓不再是封閉的；祂使得它變成了螺旋式作用力。

　　這種將蛇的作為逐漸轉化的恩德，顯然不是源自於蛇，而是來自本體的力量——「黑暗中的光」。事實上，演化一方面是被蛇的捲縮力帶動的，一方面是由上界的光所驅動的；蛇的捲縮力促成了人腦的形成和腦內的理智活動，上界之光則啟發和照亮了內縮的智力。因此，蛇與鴿子都是演化的構成要素。

　　如果你問我，親愛的朋友，如何在蛇與鴿子之間做選擇，我的答案會跟主耶穌的忠告一樣：

　　你們要像蛇一樣機警，像鴿子一樣溫馴。（《馬太福音》第 10 章，第 16 節）

　　換句話說，你應該試著整合頭腦的理智活動和心靈的直觀

智慧。我們當然應該本持清晰的邏輯進行思考，但是過程中必須記住上界之光所代表的理想典範！我們要在這理想典範的光照下進行思考。

讓我們回到下面的問題：人類到底是「蛇之子」還是「光明之子」？前面我們已經說過，人類因為擁有動物中最發達的腦子，所以是蛇之子。此處必須再加上一句：人因為追求真、善、美的理想，所以也是光明之子。但沒有任何理由──整個演化領域裡找不到任何證據──足以解釋人為何渴望真、善、美，這份渴望為什麼對人來說是必要的？此外，每一間僧院和修道院的存在，都駁斥了人是演化的產物之說。為理想而捨離一切具體事物──財富、權力、健康甚至生命──的行為，在在證實人的核心本質是超越演化驅力和智力的。

如果古生物學家挖到的頭顱和骸骨是人腦進化的證據，那麼歷史上的殉道者便證明了人的核心本質超越進化驅力。整個演化歷程其實是被生物性和靈性這兩股交織的力量推動的。

在宇宙戲碼中，「墮落」的另一個相關詞是「贖罪」。

前面我們已經說過，贖罪乃「重整墮落世界的宇宙性任務，首先要在封閉的圓上鑿出一道口（宗教、啟示、預言），接著是開闢一條出去的路（佛陀）和進來的路（阿凡達），最後則是藉由道的化身（耶穌基督）散發的光從內部促成蛻變」。

我在此要提出的進一步論點是：真實的救贖工作無論在時間或空間上都是普世性的。它從人類史的初期開始發揮作用，然後延伸至所有的群體和宗教派別上。不同的世紀就是它不同

的發展階段，整體人類——包括過去和現在的——則是它作用的對象。不論從字義、隱修、魔法、靈知或密契體驗的哪個環節去解釋「救贖工作」，它永遠是普世性的。教會的歷史就像人類史一樣飽經苦難、戰亂和勝利；它和人類一樣遍及四方。「那光是真光，來到世上照亮全人類。」（《約翰福音》第1章，第9節）

因此世上只有一種救贖工作，包括人為了超越智力所付出的一切，以及所有來自上界的啟示。它階段性地運作著……打從在山丘和原野建立第一座聖壇起，到為了追求比智力更高的境界而在歐洲興建宏偉教堂；它一直在階段性地運作著。

世上的救贖工作構成了人類的靈性史，形成了一部偉大的普世聖經；歷史上的《聖經》只是其中的一部分。我們可以從啟示和事功這兩種角度來描述它。

從啟示的角度來看，人類的靈性史可以概述為由不斷被揭露的神所構成的。卡巴拉的十種神之稱謂對應的就是生命樹的十個質點，以逐漸揭示的神啟來看，它們象徵的是人類靈性史的總結。從「上主」（ADONAI 或 LORD）到「我是」（EYEH 或 I AM）之間是一段漫長的發展歷程，前者意味著至高無上的力量，後者則代表直觀到上主便是個體生命的本質。

從事功的角度來看救贖工作，則不妨將人的靈性史概述為：蛇封閉的圓上有了第一道裂口、耶穌降臨、「上主的國」繁盛於其中，這幾個發展的階段。也就是說：封閉的圓上有了裂口，藉由這道口人類有了出入的途徑，最後是道化身成為

人。第一階段的目標是將信仰注入人心；第二階段的目標是為人類帶來希望；第三階段的目標則是從內部點燃愛，讓神積極地臨在於蛇封閉的圓中。人類曾經相信和盼望的，如今一一實現；人的整個靈性史都包含在這幾段話裡面了。

但這幾段話也包含著各種歷史大事：為生存而陷入黑暗的靈魂第一次憶起了天國；為守護這些記憶、避免它們遭到遺忘，人類建立了敬神制度（禮拜）；為管理這些制度而出現神職人員，以及為發展及維護這些制度而出現眼通和先知；為尋求超驗體悟而創立學派；福音帶來的好消息證實了人們的努力沒有白費，通往出口的途徑確實存在；這條路上也出現了諸佛和大師們的教誨；阿凡達、古聖先賢及「神人」揭露的啟示，在在為世人指出了啟蒙、顯化和道成肉身的途徑；接著是為了迎接被揀選的神之化身的降臨，阿凡達和菩薩們所進行的準備工作；然後是神降生為耶穌基督，最後則是聖保羅的話所蘊含的意義：

> 大家都宣認，我們信仰的奧祕是多麼的高深：他以人的形體顯現，由聖靈證明為義，被天使們看見。他被萬邦傳揚，被世人信仰，被接到了天上。（《提摩太前書》第 3 章，第 16 節）

一般所理解的「演化」主要源自於兩種同步的事功——蛇的工作和神的救贖工作。我之所以說「主要」，是因為還有一些次要工作在兩者間扮演調解角色——譬如透過重複的輪迴來

達成靈魂的進化。這個主題在第四封信裡已經提過，它會再度出現於第十三封信裡。此刻我們關切的是跟一般演化相關的下列事實。

目前科學面臨的挑戰，就是如何將經驗養成的特質遺傳給下一代。科學面臨的這個難題，是源自於已知的遺傳法則和演化法則之間的矛盾，尤其是後天發展的特質已經被證明不會遺傳給下一代。但是和演化相關的所有事實，都證明下一代的確比上一代進步。為了化解遺傳和演化法則之間的這種矛盾，我們必須提升至另一個維度來看這件事，亦即把縱向次元加到時間的水平線上。我們必須承認下一代發展出的後天特質不是源自於遺傳機制，而是出自於某個縱向次元裡積累下來的東西。遺傳機制和後天發展之間的矛盾造成的張力，既示現於受教育和自學之間，也顯現於平庸之輩竟能培育出智力和道德英才這件事上面。長期觀察下來，科學家發現後天的發展確實勝過遺傳機制，這意味著往世經驗累積的成果似乎會「輪迴再現」。

人們因而有了輪迴的假說。榮格的現代深層心理學也提供了足夠的資料，證實過去世的經驗的確會重現於夢境、洞見和幻想中——在正常意識下人們通常對此渾然不覺，故而解釋了古代的祕儀和象徵為何會重現於二十世紀人的潛意識裡。這麼一來，輪迴造成的後天表現就不再是一種假說；它變成了有根據、有極高可能性的結論。

榮格稱過去世經驗的領域為「集體無意識」，但為何是集體無意識？為何不是個人的無意識？是不是因為從意識深處浮現出來的往世經驗有許多共通點？⋯⋯和相似之處？

因為是人類對這些往世經驗帶有覺知，所以自然會有許多共通點——人與人本來就有許多相似之處。然而單憑此點就能確立跨越千年的無意識（或超意識）記憶裡的集體性嗎？記憶來自於經驗，難道不是較單純合理的假設？

　　為了還給榮格一個公道，我必須說明他並沒有堅稱「集體無意識」是一種實質的集體特質。身為一名真正的科學家，他對「集體無意識」究竟是人類共同的記憶庫，還是將人的共通特質歸納成的一種抽象理論，仍然抱持開放態度。他鮮少用「集體無意識」去解釋輪迴概念。

　　因此我要提醒你，親愛的朋友，這些信都不是為了確立科學的有效性，而是針對你意識裡的內壇所撰寫的——只有你靈魂深處的經驗可以為個人的輪迴議題做出結論，只有這樣它的可能性才會變成確鑿性……不過當然，這份確鑿性一定是在意識內壇裡發生的。

　　因此，演化有三種「連續性」：生理或遺傳的連續性，精神的連續性或輪迴，靈性的連續性或救贖工作。這三種連續事功對應的是法伯·道利維的「動力三角形」（dynamic triangle）：由命運、自由意志、天意所構成的。命運對應的是遺傳，自由意志對應的是輪迴，天意對應的則是救贖工作。關於這個動力三角形，道利維說到：

> 如果說人類一開始擁有的……只是一股渴望拓展文明的萌發力，那麼這股力量的根源究竟是什麼？它有可能源自於兩股動力，後來人藉著它們形成了第三種動

力……人類的位置就在命運與天意這兩種動力之間。在他之下的是命運（必然的）；在他之上的是天意（解脫的）。他則是居中調解的有效意志，也是兩種動力之間的溝通管道。缺少了他，這兩股作用力或是活動力勢必無法相容。

我剛才提到的三種動力……形成了宇宙的三種要素。沒有任何東西脫離得了它們的影響；宇宙萬物都臣服於它們；除了上主之外。上主以祂深不可測的一體性涵容著它們，與它們共同形成了古人所謂的神聖四元素。這四元素無所不在，沒有任何事物存在於其外。（Fabre d'Olivet, *L'histoire philosophique du genre humain*; trsl. N. I. Redfield, *Hermeneutic Interpretation of the Origin of the Social State of Man and of the Destiny of the Adamic Race*, London-New York, 1915, intr., pp. xl-xli）

我之所以加入這段引言，是因為此生尚未找到比它更清晰更合理的概要，可以幫助我理解演化作用和人類史。但是道利維的論點發表至今已經有一個半世紀之久，這段期間人們對人類史有了更多認識，再加上道利維的偏見不幸地導致他無視於基督信仰的某些神祕內涵，因此他雖然對人類史的具體問題和細節有著令人讚嘆的看法，我卻不得不修正對其適切性的認同。同樣的評語也可用在大亞維德侯爵身上，特別是他的著作《猶太人的任務》，不過他並沒有提出反基督徒的偏見。

因此，遺傳、輪迴及救贖工作——輪迴是另外兩者之間的調解作用——共同構成了演化的宇宙戲碼。

塔羅的第十張卡喚起了人們對演化議題的思索。它把這個主題一剖為二，呈現出其中最具實修意涵的部分，亦即「獸性」和「人性」的關係。坐在輪子上方的人面獅身代表的是獸性與人性的結合，它帶來的謎所涉及的就是獸性的人性化和人性的獸性化。朝著人面獅身升起的狗代表的是渴望與人性合一的獸性；下降的猴子則代表人性的獸性化過程。

因此，這張卡和下列的實修議題有關：怎樣才能整合人格中的人性元素和獸性元素，不至於落入彼此消長或排擠的情況？前者如何不被獸性掌控（變成「猴子」），後者又如何不被人性操縱（變成「狗」）？換言之：怎樣降至動物的元素而不帶有獸性，怎樣升至人的元素而不壓抑動物本能？

第十張大阿卡納同樣只能運用在實修上面。它是一種靈修指南，目的是要喚醒心中的一個「奧祕」或是對某種「祕訣」的掌握。這個「祕訣」就是用正確方式管理背離人性的獸性和渴望回歸人性的獸性——朝著穩定的中心部位移動。這個穩定的中心指的就是人面獅身；它位於輪子上方、心智的自動化作用之上。

輪子和上方的人面獅身……這個畫面暗示的實修方式究竟是什麼？答案如下：

動物性可以分成「被創造出來的」和「演化而來的」。前者源自於墮落前的世界，後者則源自於墮落後的演化過程，亦即蛇的作用力使然。由神聖的道創造出來的動物性，就是

《約翰福音》所描述的：「上帝藉著他創造萬有；在整個創造中沒有一樣不是藉著他造的。」（《約翰福音》第 1 章，第 3 節），以及摩西在《創世紀》中提到的「各從其類」（《創世紀》第 1 章，第 24 節）的動物，都是神在創世第五日及第六日造出來的。

神聖的動物性被概述為四種原型或類型：公牛、獅子、老鷹、天使或人。這四種聖獸原型的混合體就是人面獅身，代表的是神聖的直覺本能以及自發地順服於神。因此，「神聖的動物性」指的就是「自發地順服於神」或「神聖的直覺本能」。

其他的本能則來自於蛇的演化作用，被統稱為「獸慾」。因此，神所創造的本能是存在的，獸慾的本能也是存在的。老鷹象徵的是靈性和心的昇華本能，其傳統圖像代表的是聖約翰的感召力——神靈的感召管道。由於老鷹也是猛禽類的原型，所以也象徵著侵略和閃電般的突擊力。古羅馬軍團的旗幟之所以繪有富掠奪性的老鷹，目的就是為了激勵士氣。

同樣地，獅子代表的本能乃所謂的「義氣」（moral courage），因此殉道者的象徵一向是獅子，譬如基督教中的聖馬可圖像。獅子如同老鷹一樣，也可分成一般的和神聖的，兇惡和義氣的關係對應的就是獅子和聖獅的關係；前者是由後者退化成的。

公牛象徵的則是富生產力的專注本能。它代表安於深層禪定的習性，或是聖路加下達神旨的方式。公牛的這種特質引發了印度人對聖母牛（公牛的雌性面）的膜拜，呼應的就是印度教的禪定傳統。而公牛也可分成神聖的和一般的，後者是由前

者退化成的，象徵著意志專注於特定目標而忽略了其他事物。密特拉教 [5] 的神祕祭典（Mithraic mysteries）之所以進行公牛牲祭，目的並不是為了消滅禪定傳統，而是要去除因過度專注而產生的盲目狂熱傾向。

根據基督信仰的圖像學，傳福音者聖馬太的身邊總是有帶給他靈感的天使或人陪伴著。他代表的是客觀性，我們可以從年史編者或忠實記載歷史者的身上看到這一點。但客觀性也有兩種，一種是公正平等地看待一切，對應的是天使的客觀智慧，另一種則是由前者退化成的，亦即凡事都抱持漠然的態度。前者是藉由「良知」表現出來，後者則是透過所謂的「科學精神」展現出來，其實是一種犬儒傾向。

這就是神所創造的本能和墮落後本能的對比。

接下來的實修功課就是內在的煉金工作了：將墮落後的本能轉化成起初的原型特質；將一般的老鷹本能轉化成聖鷹本能，將一般的獅子本能轉化成聖獅本能，將一般的公牛本能轉化成聖牛本能，將一般的人性轉化成天使特質——也就是重新確立人面獅身的地位是在本能之輪的上方，然後將心智的自動「輪轉」變成人面獅身的整合狀態。但是這要如何達成呢？

答案是按照質變方式，以收縮和擴張的交替作用來達成……這很像植物的生長方式，一種縱向與橫向交替發展的作用力；前者令植物向上延展，後者則讓它們向外擴張。靈魂的

5　譯註：伊朗的密特拉教被一至四世紀的希臘－羅馬帝國接受，形成了一種新的玄祕宗教，主神密特拉的形象就是「殺牛者」。

質變也是以限制擴張的方式讓靈魂向上揚昇，接著在新的次元裡延展開來，然後再以限制的方式提升至更高的次元，依此不斷地成長下去。歌德從植物身上觀察到的就是這種質變法則，它同時也是精神的轉化法則——窄幅之道或十字架之道。人類和植物都依循著十字法則存活著——後者是有機的，前者是屬靈的。基於此理，植物一向是隱修之道的「典範」，我們可以從它們身上看到靈煉的不變法則。歌德的「弟兄」席勒十分明瞭這一點，他說過：

> 你是不是渴望最高、最偉大的境界？
> 植物可以將它呈現給你。
> 植物的無意識天性，
> 就是你應有的特質——如此而已！

這是因為植物界是墮落世界裡最純潔的自然界，人類則是走在重整的道路上。因此，所有的花園仍保有伊甸園的元素，對渴望救贖的人來說，它們都是活寶典。

十字法則除了掌管植物界的生長和人類的靈性成長之外，作用力也理當延伸至動物界。這指的不是對狗、馬及鸚鵡的訓練，而是應用十字法則修煉人內在的動物性。我們唯有管住內在的那頭公牛，它才可能晉升為聖牛，意思就是約束自己「鑽牛角尖」而忽略其他事物的傾向，然後將其提升為深入默觀的習慣。隱修之道以「保持靜默」一詞來概述這個轉化過程。「保持靜默」並非許多作家以為的只是要人謹慎小心，這其實

是一種實修方式：將原本狹隘、盲從的傾向，轉化成一種往深處探究的習慣，繼而使人對一切帶有膚淺本質的事物產生反感。

因此，長出翅膀的聖公牛就是「保持靜默」的產物。這指的是，神聖的公牛被提升至老鷹的高度而與其合一了。這種狀態結合了向上的推動力和向深處探究的傾向。兩種反作用力的整合——煉金的傳統主題——便是十字法則的主旨。十字就是兩組反向狀態的整合，所以修煉十字法則意味著四種反向狀態——一組橫向，一組縱向——的整合工作。例如聖鷹和聖牛是縱向上的兩種反向本能，分別朝著高度和深度、整體和個體、宏觀和微觀的方向發展。

天使與聖獅則構成了人的本性十字架上的另一組反向本能。這涉及到將好勝的愚勇轉化成道德勇氣。被我們稱為「道德良知」的本能則是天使賜予靈感的結果，因此，只有提升本能勇氣，英雄主義、冒險和奮鬥的慾望才得以跟良知融合，形成我們所敬佩的殉道者及聖徒身上的那種道德勇氣。

長出翅膀的聖獅就是道德勇氣的產物。因此，「靜默」的修煉可以讓聖牛與聖鷹結合而長出翅膀，得到它所代表的提升力。「意志力」的修煉可以讓聖鷹得到聖牛的堅定毅力。「膽識」的修煉可以讓聖獅與天使結合而長出翅膀，得到它所代表的道德勇氣，「真知」的修煉則可以讓「膽識」所激發的道德良知，逐漸演變成自然的確信。只要在這四個方向下功夫，就能逐漸達成人面獅身所象徵的實修目標：靜默、意志力、膽識和真知。

「靜默」指的是按十字法則去約束意志，使得它自我提升至另一個次元，然後拓展成真正的「意志力」。

良知能夠約束本能衝動，將其提升至新的次元，然後繼續拓展自己。藉由良知約束本能衝動就是在培養「膽識」和「真知」。唯有以良知調解衝動的傾向，才能將其轉化成適當的膽識或道德勇氣。

此即數千年來以十字為基礎的隱修法則，目的是要達成獸性與人性的合一（人面獅身）。第十張大阿卡納讓我們回到了早期的隱修之道，這顯然是一則非常古老的教誨，原始理念應該是出自於人面獅身和金字塔的建造者。人內在的基督意識引領我們得出這個結論。

但是第十張卡上沒有出現強化此結論的元素。卡上呈現的是代表獸性的輪轉和轉化獸性的人面獅身。深入地認識和分析人面獅身與整張卡的內容，使我們明瞭了四種動物和相關的理念：包括神聖的動物性與墮落的動物性、墮落與重整工作、實修法則等等。這一切都可以透過現代歷史學、生物學及心理學提供的論述，來進一步地加以瞭解。但這張卡還缺少了一個關鍵性的「第五種本能」，這麼一來我們只知道有人面獅身的存在，卻無法真的成為它。十字法則的主動因——「第五種本能」——並沒有出現在卡上面，缺少了它，整個煉金工作便無法徹底完成，剩下的只有知識和希望了。

從卡上的內容未能顯示出「新亞當」或「第五種本能」來看，這張大阿卡納應該是源自於基督信仰出現之前的時代——我們可以從其顯教和密教傳統得知這一點。從圖像學的角度來

看，它和其他的大阿卡納顯然都是在中世紀的晚期出現的。但事實上它的起源更為久遠，應該是在基督信仰建立之前。

它會不會是塔羅的大阿卡納中最古老、最沒有被完整闡述的一張？

可塔羅的二十二張大阿卡納是一套完整的有機系統，因此重點並不是每張卡的個別來源而是內容的變化。塔羅本身也是從精神傳統的建立進入到輪迴，以螺旋方式不斷地演化著。

然而在塔羅卡上發現《托特聖典》（〔Sacred Book of Thoth〕，托特即赫密士）元素的作家們既是對的也是錯的。他們「對」在主張古埃及乃保存塔羅精髓的時代，「錯」在以為塔羅是從古埃及代代流傳下來的，過程中只在圖像上做了些許改變。為了支持自己的論點，他們舉出了巧妙的故事和傳說（你應該聽過的），來描述埃及祭司們如何想盡辦法讓塔羅的智慧精髓流傳至文明毀滅後。當初這些祭司們提出的辦法一一遭到否決——包括記錄在紙張、石頭或金屬上——最後只好將傳承的任務交給比紙張、石頭或金屬更不易摧毀的媒介：人的癖好。於是就發明了塔羅的紙牌遊戲，一直流傳至今。

但是從圖像學的角度來看，塔羅絕對是源自於中世紀。而且從歷史的角度來看，沒有任何證據足以證實它存在於十四世紀末之前。因此，它如果真的是一種廣為流傳的遊戲——古埃及祭司的發明——那麼在十四世紀前的十四或至少十個世紀當中，應該出現過許多與塔羅相關的資料，然而在這麼長的時間裡卻完全不見其蹤影。

不，塔羅並不是流傳下來的，它是經由「輪迴」重現的。

它的「輪迴再生」很符合榮格現代深層心理學的觀察，因為榮格已經證實古老甚至絕跡的祕儀往事，會從二十世紀人的無意識深處浮現出來。由此可知塔羅並非流傳自《托特聖典》，而是它的輪迴再生。

為了支持這個論點，讓我們來看一段引文，但這次引述的不再是現代傳說，而是久遠的古希臘隱修著作《世界的聖母》，艾瑟斯教導兒子赫若斯有關天國奧祕的教誨。以下是《托特聖典》的基本理念和由來：

> 如果宇宙創造者不想讓人認識祂，那麼萬物都會被無明壟罩。祂一旦決定展露自己，就會在某些如神一般的人身上注入想要認識祂的熱切渴望，這會為其心智帶來比原有的光熱更強烈的光，而讓他們開始尋求尚未認識的神，並且有能力發現祂。但是我親愛的赫若斯（Horus），如果那位對萬能上主的影響力有感應的人沒有出現，這一切都不可能發生在凡人身上，此人就是擁有真知灼見的赫密士。赫密士看見了一切，也理解了他所看見的一切，並且有能力向人解釋他的體悟……他把自己的發現刻在石板上，然後小心地將它隱藏起來，以致於大部分的內容未曾公開給世人，這樣後人就會去尋找它……赫密士說：「……現

在我必須將歐西里斯 [6] （Osiris）描述宇宙奧祕元素的神聖象徵小心地藏起來，為它們禱告之後我就要離開去天國了。」我兒啊，我不該不把故事說完的；我必須告訴你赫密士隱藏這些經文時說過的話。他說：「神聖的經文啊，雖然我是以殘缺的雙手將你記載下來，但萬物之主已經為你塗上不朽的聖膏，因此再長的時間你也不會朽壞，路過此地的人也都不會察覺或發現你的存在，直到那配得上你的人（造物主稱為「靈」的人）出現為止。」赫密士為他的親手之作頌唸完這段禱詞之後，就被接到永恆的聖殿了。（*Kore Kosmu*; trsl. Walter Scott, *Hermetica* Nol. i, Oxford, 1924, pp. 459-461）

這便是希臘—埃及人為《托特聖典》的基本理念和由來做出的說明。根據這個版本，《托特聖典》的經文是由「殘缺的雙手記錄下來的」，但由於它們「被塗上了不朽的聖膏」，所以能永久保存在赫密士的聖殿裡，「為的是讓後人可以尋找到它們……。」透過魔法它們被「記錄」在天地間的某處。它離地球上的人不遠，所以凡是尋求它的靈魂都可以找到它，而它也能藉機喚醒尋道者內在的求知精神。此外，它還維持著足夠的距離，以免被人的智力侵犯而受到控制、分析或濫用。《托

6　譯註：埃及神話中的冥王，古埃及最重要的神祇之一。

特聖典》的原文存在於「超智力」之處，基於此理，尋寶者不該在地窖裡、手稿中或石板上去尋找它，甚至不該在祕密修會或兄弟會中去發現它，而應該到屬於赫密士的「永恆聖殿」去探個究竟。我們必須讓自己超越智力的活動，因為按赫密士的說法，《托特聖典》的經文是記錄於人腦形成之前。它呼籲世人——它奇蹟般地在任何時代都有效——要超越頭腦活動，並指引那些「值得的、被造物主稱為『靈』的人」到它的存放之處。

這個設立於天地之間、充滿著「神聖象徵」的園地——由魔法公式、靈知象徵及原始啟示之火構成的「蔽護所」——就位於頭腦的智力活動之上、天國之下。有一股跨越時間的驅力，激勵著靈魂去洞見宇宙的「一體性」，並且在洞見之後能夠理解它，理解之後又有能力揭示它。「一體性」（希臘文是「ta sympanta」）乃隱修之道的核心精神，「自始至終皆是如此」。由於腦子是具有分化功能的器官，因此追求一體性意味著必須超越頭腦的活動。

從一個世紀到另一個世紀，隱修之道一直在人類的世界裡流連不去。這個現象究竟是由一群才華橫溢的詩人作家促成的？還是祕密修會或人對奧祕的基本興趣造成的？答案是都有可能……

但為何每個時代都會出現此類作家和祕密修會？為什麼祕密總是引人關注？

因為無意識的深處——無意識總是敲著門、渴望成為顯意識——存在著一所「永恆聖殿」，而《托特聖典》就被保存於

其中，所有象徵系統和隱修著作也都在此誕生或重生。塔羅就是這樣的一套作品。

由於塔羅具有內隱的原型，因此其功能和使命就是提升靈魂去發掘自己的源頭。這就是為何它能成為一套靈修系統。它賦予靈魂超越頭腦的方向和動力，使其得以深入到「永恆聖殿」裡，因為裡面保存著「代表宇宙奧祕元素的神聖符號」。

事物的一體性……超越頭腦的直觀洞見……隱修之道……為何是隱修之道？難道這不是形上學和所有宗教的密修派都追求的境界嗎？

宗教的密修方式當然能使人超越頭腦活動，但目的是為了引領人進入天國，而非去到天地之間保存「天國之謎」或原始啟示的地帶。聖人們都活出了天國的光、熱度及生命力。天國的金光、藍光、白光照射著他們，藉由他們繼續發出光亮。

但「隱修士們」則因為蒙召——或者應該說是「受到了詛咒」？——而既不能活在地球的白日裡，也不能活在天國的白晝裡；他們必須沉浸於天地之間神祕的幽黑中。這種包容天地的思維方式，平等地觀看著現象界的一切和天國的每一個存有。它能夠洞察和理解所有事物，同時也是揭示一體性的內蘊力量。

至於，聖人則渴望的不是宏觀思想或是對一體性的洞見，而是神的存在本身。

那麼形上學者呢？那些崇尚理想主義的哲人們，不也都試圖藉由思想去理解宇宙的一體性嗎？

柏拉圖，形上學之父，同樣有過超越思維的體驗。他獲得

的啟發不是思考出來的而是洞見到的，所以才會教導人以逐漸提升的方式超越頭腦活動：從假設性的看法（doxa）提升至由辯證獲得的可能結論（dianoia），然後從結論提升至「直覺式的立即確知」（episteme）。他透過直覺式的立即確知，發展出宏觀智慧和真正客觀的認識；柏拉圖稱之為進入了「理界」（world of ideas）。由於他是經由直覺式的立即確知而非思想進入到理界的，因此犯了一個情有可原的錯誤——他以為屬靈的高層世界是由理念構成的，雖然「理界」並非獨立存在的空間。事實上，整體宇宙都是由個別的存有組成的，理界就在它們之內或之間，也可說是透過它們而存在著。理界絕對是真實不虛的，但卻是一種內境而非獨立存在的外境。理界就在個體生命的意識裡——包括神的、天使的或是人類的。

但理念也可以向外投射、顯化成象徵和公式，保存於客觀的靈界裡。這整個投射、顯化和保存理念的過程，按隱修之道的說法就是「書的撰寫」。「書」便是《啟示錄》所描述的：

> 我看見坐在寶座上的那位，右手拿著書卷；這書卷的兩面都寫滿了字，用七個印封著。（《啟示錄》第5章，第1節）

《世界的聖母》裡提到的《托特聖典》也是同樣的情況。

由於柏拉圖自我提升至頭腦活動之上，因此才有了與《托特聖典》相遇的經驗。他在屬於赫密士的永恆聖殿裡見識到「不朽的」、「宇宙奧祕元素的神聖象徵」。他以學而有成的

隱修士身份進入了「聖殿」，但他身為一名純理論哲人，卻不懂得欣賞鮮活聖殿裡的絕妙景象，反而為它做了一個毫不神奇卻「合理」的解釋。後來，他的學生亞里斯多德否決了他所主張的「現象界外還有一個理界」之說。

這便是從柏拉圖以降的所有形上學者犯下的基本錯誤——把理界實體化了。理界就在個體意識之內或是有形的著作中，例如《聖經》，同時，也潛存於無形的著作、由神聖魔法創造出來的聖殿裡。在整體宇宙這本偉大的著作裡也可發現它的存在，其中埋藏著其創作理念和蘊含於象徵符號背後的玄機。

此即隱修之道和密修主義或形上學的不同。探尋一體性奧祕的隱修之道本質上既不是一門學問，也不是教派或組織。它是某一種類型或某一種靈魂的命運。這種靈魂注定要探究一體性，也注定要被思潮之流無止境地往前推……這種靈魂是不會停下來的；只有在捨棄生命的情況下，他們才會離開這永不間斷的潮流——無論處在青年、成年或老年期都一樣。他們不間斷地投入於一體性的探索，從需要被照亮的黑暗進入到需要被穿越的幽冥裡。這就是我過去、現在和未來的命運。在這些信裡被我稱為不知名朋友的人，也都和我有著相同的命運。

各位教授先生，請原諒我的這種不含蓄的渴望——尋求個人對一體性的確知——這是多少世代的科學家經由無數世紀的努力所企圖達成的終極目標。不過請至少理解我對你們是永遠感恩的；我永遠是熱切地向你們學習的徒弟，我敬仰和感激你們，也絕不自以為有能力教導你們，無論是什麼議題。

各位神職先生，我知道對你們而言，想要參透神的奧祕是

自大的，請原諒我沒有像標準的基督徒一樣臣服於神的智慧與善德，謙卑地接受救贖工作已經揭露的真理——它絕對足以為心靈帶來寧靜、幸福與重生。我必須向你們告解：我無法不追求已知的真理背後的深度、高度、廣度以及對一體性的洞見。我誠摯地、毫無保留地獻出自己的智力，接踵而至的竟然是思考能力的增強，以及對屬靈智慧更深、更熱切的渴望。我知道教會揭露和傳達的有關救贖工作的真理，對心靈的得救是必要且有效的，而我也盡力去修煉它們，但仍然無法阻止思維之流推著我進入上主的奧祕中。或許它只屬於聖人和天使——總之，它無疑地屬於比我更值得的靈魂。天父啊，祢可否赦免我？

　　無論如何，我只能重複雅各的話：

> 你不祝福我，我就不放你走。（《創世紀》第 32 章，第 26 節）

第十一張大阿卡納的冥想

力量

FORCE

它的力量凌駕於所有力量之上，
能夠征服任何精微之物，
滲透任何堅固之體。

——《翡翠石板》，9

強大的聖母
慈悲的聖母
堅貞的聖母

——聖母德敘禱文

第 11 封信

力量

親愛的不知名朋友：

上一封信探討的是從墮落的動物性到神聖動物性的轉化過程，後者自發地順服於神，不再受阻於反映、疑慮或利益考量。這種順服精神基本上是一種生物本能，因此在隱修傳統、

以西結的異象、約翰《啟示錄》和基督信仰圖像裡，神聖的動物性都是由四聖獸代表。它們的綜合體——人面獅身——象徵的就是這種神聖本能，無意識裡的上主國度，或是經由無意識通向上主的國度。神不僅藉由神學和哲學、簡明的祈禱文、儀式和冥想主導著世界，更透過人類對正義、真理與美的渴望，以及善行、讚美和敬重他人的表現引領著世界……是的，整個宇宙都充滿著一種內建的宗教。聖徒和詩人們有感而發地說：鳥兒的鳴叫是在「歌頌」神，真是一點也沒錯。鳥兒以其渺小的生命讚頌著「偉大的生命力」，藉著音調的變化，傳播著與天地一樣古老與每日一樣嶄新的訊息：「生命力在我之內活躍著、振動著。」鳴唱的鳥兒們，竟然能對活力之源表達如此純真的敬意！

自然宗教（natural religion）的確存在且遍及宇宙。它的水源就是上主的寶座，因為以非凡的信德和望德形成的活力（vital élan），充盈著大大小小的生命，這除了神的臨在處，不可能源自他方。信德和望德如瀑布般的能源，藉由萬物口中的讚頌以及愛好生命勝於死亡，而被清晰地揭露出來。它們見證的就是神的臨在、活著的意義與目的。

這一波波見證的浪潮湧進了眾生的無意識裡，由旺盛的確信形成的活力在其中不斷地發揮作用。「原始啟示」（primal revelation）乃神學賦予它的稱謂。它既是自然宗教的源頭，也是在全宇宙和個體內振動的信心及希望。它不斷傳達著活力是來自神聖本源的訊息，流向的終點也具有無上價值，而且象徵著「禮物、至福與上主的召喚」。

自然宗教與生命力的神祕本質，清晰地陳述在約翰《啟示錄》裡：

> 寶座前有一片像水晶一樣光潔的玻璃海。寶座的四邊
> 有四個活物，前後都長滿了眼睛。第一個活物像獅
> 子；第二個像小牛；第三個有一副人的臉孔；第四個
> 像飛鷹。那四個活物，每一個都有六隻翅膀，裡面
> 外面都長滿了眼睛。他們日夜不停地唱著：聖哉！
> 聖哉！聖哉！主—全能的上帝，昔在，今在，將來永
> 在！（《啟示錄》第4章，第6-8節）

這景象描繪的就是自然宗教的作用、結構及要素。「像水
晶一樣」的清澈海面反映的即是神的臨在，而歌頌著：「聖
哉！聖哉！聖哉！主—全能的上帝，昔在，今在，將來永
在！」的則是聖獸。

「玻璃海」乃完整的神性之眼；「前後都長滿了眼睛」的
四活物——是什麼以及在做什麼——則代表對上主臨在的自然
反應。覺知（perception）和反應（reaction）——自然宗教的
本質——藉由四射的活力展現在萬物的無意識裡。萬物都參與
於「玻璃海」的集體覺知和歌頌著「聖哉！聖哉！聖哉……」
的集體反應之中，這份參與精神便是生命的神性和活力來源。

「自然本性是超自然的」這個說法深具真實性，因為萬物
的源頭是相同的。萬物之源就是信仰，不論有意識或無意識、
對上主的臨在是否有覺知和反應皆然。

只要心在跳動、有呼吸、血液在循環——信心和希望在內心作用著——就是在參與從熾天使到蝴蝶等所共享的偉大儀式……也是在投入於自然宗教的「聖洗事」（sacrament of baptism），浸潤在「玻璃海」的聖水裡，加入到自然宗教的「堅振事」（sacrament of confirmation），隨著四聖獸日夜唱誦著：「聖哉！聖哉！聖哉！……」因此，生命都富有信德與望德，但「愛的聖事」比自然宗教的層級更高，它們為墮落的本性帶來了療癒和寬恕。

　　墮落的本性也具有內建的神祕本質——集體覺知（「水流」）與集體反應（「活物」）。約翰《啟示錄》再次地揭示了這一點。以下是《啟示錄》對其根源的描述：

> 那條蛇在女人背後，從口中噴出一股洪水要把她沖走。可是，地幫助了那女人，它張開口把那條戾龍噴出的水吞下去。（《啟示錄》第 12 章，第 15-16 節）

　　上主寶座前的「玻璃海」和蛇口中噴出的水，差異就在於前者是寧靜、祥和的「玻璃」、「水晶」，後者是「從口中噴出」、「如一股洪水」的浮動能量，目的是為了沖走那女人。

　　因此，世上有兩種獲得確信的方式：一是透過默觀進入清明的啟蒙狀態，一是追求特定目標而被激辯的洪水沖走。啟蒙後的信心裡充滿著寬容、耐性與祥和——「像水晶一般」；被沖走的人所擁有的信心則是狂熱的、躁動的、挑釁的——為了

生存它必須征服，唯有征服才能存活下去。納粹和革命份子就是懷抱著這種信心，換言之，他們是被沖走的人。真正的基督徒和人道主義者擁有的則是另一種信心——啟蒙帶來的確信。

因此，世上有兩種信心、兩種本能、兩種看世界或檢視宇宙的方式。一種是以反映著光的開放視野在看世界，另一種則是以仔細探察的方式在審視世界，目的是要尋找和捕捉鎖定的獵物。有些靈魂毫無保留地運用思維與想像為真、善、美效力，有些靈魂則因為執著於特定目標，而利用思維與想像說服他人支持自己的理念，以自我中心的意志去衝擊別人。像柏拉圖這樣的人，從來不是也永遠不會是成功的改革者。但柏拉圖將永存於歷史的每一個世紀——他已經存活了二十三個世紀——在未來的每一個世紀，他也將繼續陪伴那些熱愛純正思想、一心追求其光輝的男男女女。相對地，馬克思曾經擁有整整一世紀的驚人成就，同時也改革了這個世界。他的思想衝擊過上百萬人——包括內戰時守在防柵和壕溝裡的人，以及監獄中的囚犯和獄卒。但是擁有冷靜、獨立和深刻精神的你，可曾真的受惠於馬克思？你十分明白他雖然激發了人們智識上的動能和血汗衝突，但是當這一切都平息下來時，無論老少只要是鍾愛智慧的人，都會重新迎向柏拉圖。這是因為柏拉圖帶來的是啟蒙，馬克思帶來的是衝擊。

你能想像一名基督隱修士在莫斯科紅場上歡度五一或十月革命紀念日，慶祝偉大的社會主義革命終於成功了嗎？

讓我們回到大阿卡納的主題上吧，因為我們知道自己未曾被任何「集體運動」沖昏頭，也未曾被迫加入任何遊行隊伍、

隨著群眾一同吶喊……

　　因此，蛇口中噴出的水具有衝擊作用，神寶座前水晶般的「玻璃海」則具有啟蒙作用。隨著聖潔的集體覺知（寶座前的「玻璃海」）出現的是神聖的集體反應（四聖獸不停地讚頌），墮落的本性也因為大地吞下蛇噴出的水而有所回應。此即《啟示錄》為何將寶座前的四聖獸稱為活物而非「野獸」的原因。由此可見《啟示錄》視動物性（animality）與獸性（bestiality）為相反的兩極。真正的動物性是神聖的；獸性則是墮落的。

　　《啟示錄》除了用「紅色大戾龍，長著七個頭，十個角」（《啟示錄》第 12 章，第 3 節）來比喻那隻古蛇，還提到一種怪獸「長著十個角和七個頭，每一個角上戴著王冠，每一個頭上寫著侮辱上帝的名號」（《啟示錄》第 13 章，第 1 節）。聖約翰看見它從海裡浮上來，形容它「像一隻豹；牠的腳像熊的腳，口像獅子的口」（《啟示錄》第 13 章，第 2 節）。接下來他說道：「我又看見另一隻獸從地裡出來。它有兩個角，像羊的角，可是說話像戾龍」（《啟示錄》第 13 章，第 11 節）。《啟示錄》還提到「一隻朱紅色的獸；那獸遍體寫滿了褻瀆的名號，長著七個頭和十個角」，騎在它上面的是名叫大巴比倫的女人（《啟示錄》第 17 章，第 3 節）。最後它還提到一名假先知，「在獸面前行了許多奇蹟，藉此迷惑了那些接受獸的印記並膜拜獸像的人」（《啟示錄》第 19 章，第 20 節）。

　　因此，四隻野獸（包括假先知在內）對應的就是四聖獸，

神寶座前的四頭神聖活物。

由於上述的「景象」與「力量」（譚崔的「夏克蒂」）的奧祕有關，也就是和驅動聖潔及墮落本性的原始作用力有關，而「力量」又和覺知之後的反應有關，所以上述的兩種「景象」可以概述為兩種陰性狀態：

……有一個女人身披太陽，腳踏月亮，頭上戴著一頂有十二顆星的冠冕。她快要生產了，生產的陣痛使她呼叫起來……（《啟示錄》第 12 章，1-2 節）；〔另外〕……一個女人騎著一隻朱紅色的獸……穿著朱紅和紫色的衣服，戴滿了金飾、寶石，和珍珠。她手拿金杯，杯中盛滿了她淫亂可憎的穢物……（《啟示錄》第 17 章，第 3-4 節）

前面一種靈魂擁有宇宙的聖潔天性（太陽、月亮、星星），後面一種靈魂則帶有世間的墮落本性（黃金、寶石、珍珠、野獸）。前者是母親；後者是淫婦。前者能覺知上界而反應——落實化（「生產」）；後者能覺知橫向世界（「淫慾」）而有所反應——縱慾享樂（「杯中盛滿她淫亂可憎的穢物」）。前者是聖母，後者是淫婦巴比倫。

聖母……擁有純潔天性的靈魂，因為生產的陣痛呼叫著，直到完美的聖嬰誕生為止。

演化……定向演化（orthogenesis）……物競天擇……遺傳機制的突變……阿凡達……耶穌降臨……聖誕……有太多議

題與眾生的宏願及期待有關，他們的期待是演化達到最高目標，在定向的進程中出現發展到極致的生命；經由物競天擇造就出未來的超人；促使遺傳機制發揮最佳功效；使我們所崇拜的上界存有、彌賽亞、神的化身示現在人類當中！從古至今的成長、發展、建立宗譜（genealogies）、預言及希望——不都意味著人類始終「為生產的陣痛呼叫著」，也始終期待著聖誕的發生？還有更高的理想嗎？還有更高的目標足以激發「能生產的自然本性」（natura naturans）和數千年來的繁衍行為嗎？

這也是「道成為人，住在我們當中」（《約翰福音》第 1 章，第 14 節）所要傳達的訊息。自由本性、自然宗教、「身披太陽，腳踏月亮，頭上戴著一頂有十二顆星的冠冕」的女性——聖母蘇菲亞（the Virgin-Sophia）——將臨在於馬利亞身上，這意味著永不墮落的純潔本性將為太初之音或道催生。

自由本性將超越自身而達成終極任務，亦即超自然時代——神聖魔法的紀元——於焉來臨。屆時自然宗教會充滿超自然信仰的光輝（「榮耀」），聖潔的天性則會在新的演化奇蹟中——耶穌復活的神蹟中——成為施與者及合作者。

聖母的本質帶有一種神力，一種與聖靈結合的超自然力量。這意味著神聖魔法不會妨礙萬物的聖潔天性，反而會與它合作。太陽、月亮、星星都將協助神聖魔法實現耶穌復活的奇蹟。如果聖潔的天性不參與神聖魔法的作用（奇蹟），那麼後者只能從無中生有，永遠不可能帶來轉化、蛻變及療癒。但迦拿的婚宴上出現的酒並不是憑空變出來的，它是由水轉化成的

酒。我們也應該記得當這個奇蹟發生時，聖母不僅在場，而且扮演重要角色——因為她的提議才會發生奇蹟。

　　荒野中餵飽眾人的餅也不是憑空出現，而是由幾塊麥餅蛻變成的；聖潔天性再度發揮了合作精神。天生失明的人必須先用西羅亞池的水清洗眼睛，才能被耶穌的話語和唾液混成的泥巴療癒；聖潔天性顯然參與了這項奇蹟的形成。

　　甚至連奇蹟中的奇蹟：耶穌的復活，也並非創造了一副新的肉身，而是由釘在十字架上的色身蛻變成的；後者必須從墳墓裡「消失」，復活的那位才能「出現」在抹大拉的馬利亞和其他人面前。復活的耶穌為了證明祂的身體就是原來的那一副，還要求多馬用手去摸他被釘子穿過的傷痕及側面的傷口。

　　因此，聖潔的天性在所有奇蹟中都發揮了作用，主動參與了神聖魔法的奇蹟。這便是第十一張大阿卡納「力量」的主旨。卡上描繪的是一名馴服獅子的女子，以雙手撐開獅子的嘴巴。這名女子和第一張大阿卡納的魔法師一樣，從容不迫地完成手上的任務。她戴著一頂和魔法師相似的雙扭線帽子。你可以說兩者都站在代表無限的符號「∞」——永恆的呼吸——之下；兩者展現的是相同本質的不同面向。完美的專注是不費力的，用力代表障礙已經出現；不分心的專注力可以消解內心的衝突和掛礙，而不再有費力的行為出現。真正的「力量」是不使勁的。「魔法師」的奧祕就在於全觀能力或不用力的專注；「力量」的奧祕則在於整全的天性或不使勁的力道。神力不是藉由和獅子相當的力量去馴服獅子，而是運用更高層級的宇宙勢力來達成目的。

因此，第十一張大阿卡納到底要教導什麼呢？

它透過畫面告訴我們聖母馴服了獅子，所以是在邀約我們離開「量」的層次，將自己提升到「質」的層次。只有在那裡，我們才會明白聖母的力量是超越獅子的。

那麼獅子順服的究竟是什麼？難道它被催眠了？不，它沒有被催眠，因為聖母沒在注意它；她的目光朝向別處，離開了嘴巴被她撐開的獅子。獅子並未受到任何約束——以外力或催眠的方式——因此它順服的是內在的真實本性。獅子順服的是內在的神性，獸性順服的是神聖的動物性。

這張大阿卡納想要喚醒的就是自然宗教的神聖力量。聖母的魔法足以喚醒獅子內在的聖潔本質；第十一張大阿卡納要揭露的就是內在的這股神聖力量。

若想深入於「力量」卡的奧義，必須先理解和分辨蛇的本質與聖母的本質有何不同。前者是藉由摩擦作用產生對立的力量，後者則是藉由調解或融合作用產生和諧一致的力量。

利益與權利的衝突引發的戰爭也會釋放出巨大的精神力量；論戰一旦發生，思想就會從虛擬狀態變成現實。有一種說法是「真理來自意見的碰撞」，事實上碰撞出來的不可能是真理，而是好鬥的智能，因為前者一向是透過意見的融合而非衝突產生的。碰撞當然會激發出智能，卻難以揭露真理。不過當然，人的頭腦絕對可以為世界帶來各種思潮，但論證永遠無法令烏雲消失，也無法讓太陽發光。

親愛的朋友，我必須承認在長年尋求真理的過程中，我確實獲益於科學家的建設性研究成果、玄祕家及玄學家在靈修上

的努力，以及許多善良人士的義舉——但我從未受惠於辯論或雄辯家。我未曾受惠於抨擊異教的早期基督教作者，或是抨擊基督教的異教作家，也未曾受惠於學問淵博的十六世紀新教徒，或是十八世紀的啟蒙運動和革命。十九世紀的軍事學者沒有讓我學會任何東西，至於我們這個時代的革命份子如列寧，也沒有帶給我任何東西。

我真正想說的是，上述的雄辯家的確使我明白了許多「事情」——多虧有他們，我才明白對立是無益的——但卻無法讓我認清知識的「源頭」是什麼。換言之，我從他們身上得到的東西是他們無心給我的；我並沒有從他們身上學到他們想要傳達的東西。

只有透過意見的融合，真理之光才能被點燃。「對話」（con-versation）——「一起作詩」（一同流動）——和「爭論」、「辯論」（互相衝突）正好是相反的狀態。對話就是意見的融合，因此本質上是一種整合工作。真正的對話永遠奠基於福音書的這段文字：「凡有兩三個人奉我的名聚集的地方，我就在他們中間。」（《馬太福音》第 18 章，第 20 節）因為真正的對話召喚的是同一個超驗中心，它即是道路、真理與生命。

在所有歷史文獻中，《光明篇》可說是為對話的創造性角色提供了最佳典範。猶太教士——以利亞撒（Eleazar）、西面（Simeon）、荷西（José）、阿巴（Abba）及其他人結合了彼此的努力與經驗，目的是要共同達成對「摩西律法」（TORAH）更深、更高、更廣的領悟。當他們做到這件事的

時候，不禁淚流滿面地彼此擁抱！一頁又一頁地，《光明篇》的讀者越來越理解、欣賞和喜愛對話帶來的整合見解。

這其中的力量來源就是聖母（《光明篇》的學者稱之為「神榮耀的臨在」〔SHEKINAH〕），為辯論家充電的力量則是來自於蛇。

生命力和電能，不就是上述兩種本質最具體的表現嗎？

因此我們必須清楚地分辨生命力和電能的差異。人們如今傾向於混淆兩者，將它們全都化約成電能。恩培多克勒斯（Empedocles，公元前490—430年左右）顯然看出了兩者的不同，因此主張四元素——土、水、風、火所代表的就是友愛與競爭這兩組相左的作用力。約翰《啟示錄》一方面提到米迦勒的天使軍團和紅龍群獸之間的戰爭，一方面也提到了羔羊的婚宴（聖婚）[1]。

龍（「古蛇」）向高等次元挑戰，乃「世間電能」的由來；以米迦勒為首的天使起而對抗龍，乃「天國電能」的由來。《舊約》的上帝在盛怒之下製造出的各種神蹟，運用的就是天國的電能：亞倫的兒子拿答和亞比戶被祭壇前竄出的火燒死（《利未記》第10章，第1-2節）；上帝降火於他備拉的營地，燒毀了它的一端（《民數記》第11章，第1-3節）；大地裂開來，把可拉和所有跟隨他的人都吞了下去（《民數記》第17章，第32節）；烏撒當場被擊斃，因為他伸手去扶

1　譯註：請參照《啟示錄》第12章，第7-9節，以及第19章，第5-10節。

那差點被拉車的牛絆倒的約櫃（《撒母耳記下》，第6章，第6-7節）；上帝降火於著巴力先知面前，燒死了以利亞獻上的祭牲（《列王紀上》，第18章，第38節）；火兩度從天上降下，分別燒死了五十名隨從和他們的軍官（《列王紀下》，第1章，第10-12節）；最後是以利沙展現的神蹟（《列王紀下》）。世間電能不但被我們運用在文明的科技領域裡，也被用在催眠術、煽動性的宣傳以及大眾的改革運動中……因為它可以在不同層次上——物質、心理、精神——產生作用。

生命力則「像水晶一樣」從上主的寶座前流淌出來；它即是神聖力量、自然宗教、永不墮落的純潔天性以及聖母的本質。

由於順服神就是聖潔的表現，因此生命力與神一向維持和諧的關係；它無需透過制約來驅動萬物。當第十一張卡上的獅子馴服地讓聖母拉開嘴巴時，便是在臣服於自己生命深處的驅動力。

在希臘版本的《聖經》裡，「生命力」有兩種名稱：奏厄（Zoe）和白阿司（bios）。前者意味著「賦予生命的活力」，後者則是「衍生出來的生物能」。奏厄和白阿司的關係，呼應的是自由本性和宿命本性的關聯（參照：約翰·斯考特·愛留根納〔John Scotus Erigena〕的理論）。其中的奏厄是生命的本源，白阿司則是從本源流出來的東西。從一代流至下一代的是白阿司；令人在祈禱、冥想、獻祭及聖事中感到圓滿的則是奏厄。奏厄是從上界降下來的生命力；白阿司雖然也是源自於上界，卻是代代相傳的「橫向」驅力。

白阿司這種生物能，一直在蛇的領域裡流動著，基於此理，它是與電能混合糾結在一起的；生物過程（biological processes）會製造出電能，電能又會反過來影響生物的組織。但消耗生命資源的並不是白阿司而是電能，因為電能是透過分解和兩極對立（有機體內的摩擦力）產生的。這便是導致疲勞、枯竭、衰老和死亡的原因。白阿司則永遠不會疲弱或耗盡，也不會老化或消亡。心臟和呼吸是不需要休息的，有機體的其他部位——特別是大腦——則每晚都得進入休眠狀態，因為日間的活動損耗了能量。因此，白阿司可以藉由睡眠來修復有機體內被電能損耗的部分。睡眠時電能的活動會降至最低，白阿司卻變得非常活躍。

　　白阿司隨時活躍於樹木內部——由於樹木一直在「睡覺」，所以本質上是不朽的。它的生命如果中止，肯定是因為遭到外力破壞，而不是內在能量耗竭所致。樹木不會老死；它永遠是被殺死的——被暴風雨連根拔起、被閃電擊中、被地心引力拖垮或是遭到砍伐。

　　因此，電能是由分辨善惡樹的果子——二元對立的結果——製造出來的；伴隨而來的永遠是疲弱、耗竭和死亡。死亡就是分辨善惡活在對立之下的代價。打從亞當與夏娃和「對立之樹」交流的那一刻起，換言之，自從他們和電能有了接觸，物質、精神或智識上的電力就被導入他們的內在，死亡也因而進入生命力之中。

　　其實帶來生命力的本性並不是一個固定不變的整體；它被分割了，至於到什麼程度，則完全取決於白阿司、電能和奏厄

哪一個佔優勢。本性裡的白阿司如果屈服於電能，這種靈魂就是《啟示錄》所提到的淫婦巴比倫。本性裡的白阿司如果和電能旗鼓相當，這種靈魂就是聖保羅所謂的「受苦的被造物」，它們「在心裡嘆息呻吟，等候上帝的解救」（《羅馬書》第8章，第19-23節）。最後，本性裡的白阿司如果能掌控電能——代表受奏厄支配——就意味著回歸到未墮落的本性、天國聖母的懷抱裡。此即塔羅第十一張卡的奧義。

我們可以將其形容成：聖潔即是「力量」。

但何謂聖潔？

聖潔指的就是身、心、靈達成了和諧一致。人的身、心、靈如果是和諧的，就是處在聖潔狀態。它也代表地球、煉獄及天國的合一。從地球的角度來看，合一就是「身」對「靈魂」全然順服。從煉獄的角度來看，合一則是「心」對上主的永恆氣息全然順服——守貞。從天國的角度來看，合一乃全然接納上主——或稱神貧。

因此，聖潔指的就是上界存有與下界存有合為一體，而「力量」即是源自於三界的和諧運作，因為它「凌駕於所有力量之上」（《翡翠石板》，9）。

所羅門王下面這段話，是聖母透過他傳達的訊息：

在上主造化之先，
在亙古，就有了我，
在太初，大地形成之前，
我就被立。

在海洋尚未出現，

在有浩瀚的水源之前，我就出生。

在大山未造，

小山還沒有立足時，我已經存在。

那時，上帝還沒有造大地和田野，

連一小撮塵土也還沒有。

他還沒有安設天空，

還沒有在海面上劃地平線，我已經在那裡。

上帝在天空佈置雲彩，

在海洋開放水源，

為海水定界限，

不使它越出範圍；

當祂為大地奠定根基的時候，

我已經在那裡。

(《箴言》第 8 章，第 22-30 節)

「當祂為大地奠定根基的時候，我已經在那裡」——這句話清楚地說明了聖母的角色；她與神的合作不僅包含贖罪的奇蹟，也包括創世工作。

共同創造、救贖、聖化世界、聖女、聖母、女王……這些名詞，概述了與聖潔天性相關的想法。在此我必須提出一點，那就是聖潔的天性不可能和顯化它的生命力分開。天性是內建的，神聖的實體是神，道的實體是耶穌基督，富生產力的實體則是馬利亞—蘇菲亞（**Mary-Sophia**）。馬利亞—蘇菲亞代表

的是聖潔和永不墮落的天性，自然宗教和神聖力量的本質……她就是這整個議題的中心人物——或「女王」。這位意識清明的靈魂乃母性、創造與生產以及女王智慧的具體典範。

凡是認真看待靈性議題的人都不會對此有所懷疑，就算缺乏真實的屬靈體驗，也知道聖母馬利亞（the Blessed Virgin）不僅僅是精神典範、偶像或無意識深處的原型，顯然也不是玄學所謂的集體念相（〔egregore〕，由信徒共同形成的星光體），而是活生生的個體——就像你我一樣——有愛、有痛苦，也有喜悅。親眼見過這位「女士」的人包括法蒂瑪[2]（Fatima）的兒童、露德[3]（Lourdes）的少女伯爾納德（Bernadette）、拉撒勒德[4]（La Salette-Fallavaux）的小孩和比利時寶蘭（Beauraing）的孩童，事實上，每個世紀都有無數成年人見過她，包含我們這個時代在內。許多和她相遇的經驗至今未被公開或揭露（我個人就知道三個與聖母相遇的例子，其中之一發生在日本東京），但最近有一個出現在荷蘭阿姆斯特丹的例子；聖母現身在那裡成為「萬民之母」（Lady of all nations），以一種特殊的禱告方式促成了祈禱運動，目的是要幫助人類減輕「腐敗、災禍及戰爭」。為了盡可能謹慎地調查清楚，我親自去了一趟阿姆斯特丹，結果不但發現見證者（一名四十歲的婦女）的經歷是真實不虛的，更證明經驗的

2　譯註：葡萄牙的一個市鎮，1917 年聖母顯靈事件的發生地點。

3　譯註：法國西南部的一個市鎮。據說 1858 年有個叫伯爾納德的女孩在它附近的山洞裡看見聖母馬利亞顯靈 18 次。從此小鎮成了天主教著名的朝聖地。

4　譯註：法國東南部的一個市鎮。

對象確實存在。

寫下這些事情的同時，我充分體認到《光明篇》西門教士（Rabbi Simeon）的心情：

> 說出來，我願意接受懲罰，不說出來，我也願意接受懲罰！因為說出來，那些邪惡的人將會知道如何以膜拜來收買他們的主；如果不說出來，我的同伴們會對我的發現一無所知！（*Zohar* 11b; trsl. H. Sperling and M. Simon, 5 vols., London-Bournemouth, 1949, vol. i, p. 48）

總言之，與聖母相遇的例子很多，而且都得到了證實，因此我們至少應該承認其真實性。我之所以說「至少」，是因為這麼做還不符合我良心的要求。事實上，親愛的朋友，我如果不說出這四十多年來的努力和經驗得到的確鑿結論來，就不算是對你完全坦誠。我的總結如下：

如果人的靈性渴望強烈到某種程度，而且是真實純粹的，就必定會跟聖母相遇。只要對靈性有強烈渴望、動機純潔，自然會進入某種屬靈境界，看見聖母顯現在面前。這種相遇會自然發生，如同人在世間和母親的互動一樣。屬靈世界裡的確有一位母親，就像人在世上有母親一樣「自然」。不同的是我們會喪失世間的母親，但是在上界這種事不可能發生。

因此我百分之百地確信，任何真心尋求屬靈實相的隱修士，遲早會與聖母相遇。這種相遇除了帶來啟蒙和慰藉之外，

還會保護他免於遭受嚴重靈性危機的傷害。在無形次元發展出深度和高度的人，總有一天要進入密修者所說的「海市蜃樓」（sphere of mirages）或「幻相區」（zone of illusion）。這個區域如同一條「虛幻的赤道帶」，環繞在地球的周圍。先知們和《啟示錄》稱之為「大巴比倫」（Babylon）。這區域裡的靈魂人物或女王就是淫婦巴比倫，聖母的敵人。

　　若是缺少聖潔天性的護佑，人很難穿越這個地帶。缺少了「聖母的斗篷」——俄羅斯有一種特殊教派專門禮敬這種斗篷——人很難順利穿越它。換言之，若想通過「海市蜃樓界」、不受幻相影響，絕對需要這種「斗篷」的保護。

　　隱修之道是孤獨私密的，它帶來的屬靈體驗使人領悟到羅馬天主教會其實是一所基督教真理的保管處。人越是自由地追尋基督信仰的真理，就越接近教會。總有一天他會無可避免地體認到，教會驚人且正確地反映著其所傳播的真理，譬如守護天使是真實的，上界的聖者也確實存在著，而且積極地參與著我們的生活；聖母是真實不虛的，幾乎和教會所理解、尊崇及描述的一模一樣；聖事是有效的，總共有七種而非兩三種或八種；三聖戒——順服、神貧、守貞——乃所有真實靈修的精髓；禱告是傳送基督之愛的有效方式，上、下界皆然；教會的階級反映的是天國的層級制度；羅馬教宗的聖座和教宗權代表的是神聖魔法的一個面向；地獄、煉獄和天堂都是實存的；最後是主耶穌本身——祂愛世人，包括各種派別的基督徒及非基督徒在內——和教會永遠同在。祂永遠臨在於教會，探望和指引著信徒們。

讓我們回到「力量」這張大阿卡納上面。

有種說法是「團結能產生力量」，這句話的意思是若想達成共同的目標，就必須團結凝聚個人的意志。但如果探討的是與「質」相關的力量，那麼比較恰當的說法會是「團結即是力量」。只有身心靈合一，回歸到純潔的天性，才能擁有真正的力量。使我們疲弱的就是內心的衝突，因為出現了兩個甚至三個以上的主人。

赫密士的《翡翠石板》提到萬物具有相同的本質，而且擁有相等的力量。它言明這股力量「凌駕於所有力量之上，能夠征服任何精微之物，滲透任何堅固之體」（《翡翠石板》，9）。這股力量是源自於上下界的共同努力，因為它（「泰勒瑪」thelema，根本意志）能夠「從地球升至天國，然後再降回到地球，從內整合來自優劣事物的能量。」（《翡翠石板》，8）。

讓我們檢視一下《翡翠石板》所提到的神聖力量的兩種特性：

「征服任何精微之物」
「滲透任何堅固之體」

❖ 「征服任何精微之物」

「征服」更深的意涵——就密契體驗的、靈知的、神聖魔法的、隱修哲學的層次來看——就是「化敵為友」。讓他人變得無力並不是真正的勝利。1914 年的德國到了 1918 年雖然已

經疲弱無力，卻沒有被征服——她在 1939 年證實了這一點。但 1945 年戰敗之後，德國卻被征服了——她誠摯地與宿敵結盟。日本的情況也是一樣。

另一個次元的情況亦是如此，只有在天使讚頌神的歌聲中聽見了惡魔的和聲，才意味著惡魔被「征服」了。

大數人掃羅（Saul of Tarsus）是所有遭受迫害的基督徒中的靈魂人物；他代表的是為基督信仰征服「異教」世界的工作。這個例子完全彰顯出勝利的真實意涵。

至於傳統上由米迦勒和龍的鬥爭所象徵的世間衝突，人類則必須對此懷抱希望，靜待最後的勝利到來。當這一天來臨時，將會是一個嶄新的節日，這就是世間聖母的加冕節。因為屆時地球上的對立現象將會被合作精神取代，生命力將會戰勝電能，人智則會拜倒在神智（蘇菲亞）面前與她合而為一。

因此，「征服任何精微之物」等同於將所有對立的事物——智識的、精神的和電能的——轉成友好團結的能量。我們要征服的「精微之物」就是奠基於懷疑的智力、縱慾的誘惑力和權力的蠱惑電能。

因此，上述的「精微之物」就等同於誘惑。但任何誘惑都是雙行道上的車流。當邪惡的一方蠱惑良善的一方時，前者同時也受到了後者的「引誘」。誘惑必定是在「接觸」之後發生的，所以是一種相互影響的作用力。美麗的誘惑者試圖蠱惑聖人時，總是「以淚水滴濕他的腳，然後用自己的頭髮擦乾，並用嘴親吻，然後把香油膏抹上」（《路加福音》第 7 章，第 38 節）作為最後的賭注。我們難道無法預知「淫婦大巴比

倫」會被戰勝嗎？難道看不出《啟示錄》第十七和十八章所描述的「巴比倫的覆滅」這個廣為人知、令人沉痛不已的故事，其根源與核心是什麼嗎？

懷疑、縱慾和權力──共同形成了誘惑所使用的「完整伎倆」。

首先要探討的是懷疑……它就是分裂和對立的根源，也是疾病的源頭。如同智力因懷疑而面臨相左的立場，導致它分裂弱化成不能做決定的無能狀態，肉體的疾病也是內部的「懷疑」所致，亦即對立的兩種傾向讓身體變得無力，必須待在床上。

懷疑和信心的關係猶如散光和正常視力的對比。正常的雙眼是一起在看或不看東西，確信之心也是用「高層之眼」（higher eye）和「低層之眼」（lower eye）一起在感受。確鑿的信心就是源自於高層我或超驗之我──「高層之眼」──和低層我或平時的我──「低層之眼」──的和諧運作。「高層之眼」和「低層之眼」如果不能同時看東西，懷疑就會出現。這可以說是一種屬靈的散光眼疾，起因是內在的兩位「觀者」缺乏協調能力。懷疑是一隻頭上長著雙角的野獸，因為是分叉的狀態。

懷疑一旦被征服而甘願受意志支配，並為其效勞，就會被證實異常地具有效力，如同整個科學史所顯示的。懷疑精神逐漸被人們當成科學信念的基礎；它可以在科學範疇內被信念引

領而發揮功能。如果巴斯德 [5]（Pasteur）當時不去質疑「自然發生說」（spontaneous generation），如果他對觀察和實驗沒有信心，我們今日就無法獲益於他在生物學及醫學上的「革命性」成就。

雖然懷疑精神可以為科學帶來利益，但人們也必須為它付出代價。就算它被當成一種單純的研究動機，仍然會導致人們變成局部眼盲；它會使我們成為獨眼龍。人如果時常拒絕「高層之眼」所提供的訊息和見證，只局限於使用「低層之眼」的作用（五感加上腦力），遲早會習慣使用單眼而非雙眼。

就如我們已經證實偉大的中世紀神學家、形上學及玄學家無法為醫學、生物學、物理學、生理學及其他科學帶來貢獻——有了這些科學的幫助，法國每年有六萬九千人免於感染結核病，傷寒與白喉患者的死亡率也減低了百分之七十五，猩紅熱病患的死亡率亦降低百分之八十五——現代科學家同樣對人類的靈性需求無所貢獻。前者是用單眼在觀注靈性議題，後者是用單眼在觀察世間萬物。

難道只用單眼才能產生出有價值的東西——無論是科學的或靈性的？答案是否定的。許多個案，包括《人的現象》（*The Phenomenon of Man*）和《神的氛圍》（*Le Milieu divin*）作者的近例，都能證實這一點。隱修之道有義務扮演

5　譯註：法國化學家（1822-1895），微生物學的奠基者之一。

一種角色，那就是成為人類意識內壇裡連結兩隻「眼睛」的鏈環。它顯然可以成為文化與文明、靈性與演化、宗教與科學之間的協調者。它也可以療癒靈性與理性的分裂（一種現代人專有的精神分裂症），不過這件事只能在個人的意識內壇裡進行，為的是避免佯稱自己兼具教會和學術界的功能。簡單地說，隱修之道的角色是不具名和內斂的，而且也從未被賦予集體軍械庫的資源，譬如傳單、媒體、廣播、電視及議會等製造聲音的媒介。它涉及的是在靜默中持續進行服務的魔法。

所以這是一種祕密進行的工作囉？當然不是，私密之事不等於祕密之事；私人生活也不等於祕密生活。內修工作的基本要求就是靜默，但不等於小心翼翼地保守祕密。如同特拉普修士守靜的行為不會令人懷疑他們是在保密，世界各地的隱修士也理當守靜以維持內在工作需要的氛圍，因此同樣不該被懷疑是在隱藏某種陰暗的祕密。真正的靈修生活的確需要一個不受干擾的蔽護所——這跟「祕密啟蒙」或「祕密結社」完全不同，更何況它們的祕密最後都免不了成了「公開的祕密」。

接著讓我們思考一下縱慾享樂的意思。我們都知道某些哲學和心理學派將「追求快樂」定義為人類行為——包括道德行為在內——的最終因。依照他們的說法，人不會有任何行動的意願，除非可能得到某種實質或虛幻的快樂。

何謂快樂（pleasure）？比起喜悅（joy）、至樂（blissfulness）、至福（beatitude），它是層次最低的。它只是一種期望成真的身心訊號罷了。由於它只是一種訊號，所以本身不具有道德價值，僅能代表慾望滿足後附加的價值。因此

在不同的情況下，隨著快樂而來的可能是喜悅也可能是厭倦。換言之，以追求快樂為人生終極目標的人是最膚淺的。

喜悅雖然也只是一種訊號，但是比慾望獲得滿足的快樂要深一些。當靈魂以最熱切的態度參與生命，並且以欣賞的態度去經驗它的價值時，喜悅就出現了。因此，喜悅意味著靈魂的生命力已經拓展到意識範疇之外。

當身、心、靈整合而形成全面性的振動節奏時，至樂就出現了。它是身、心、靈達成協調一致形成的能量律動。

至福則比至樂等級更高，因為靈魂進入了比身心靈和諧更高的層次。這種狀態就是基督信仰傳統所謂的「榮福直觀」（beatific vision）或「第四種」臨在。

因此，快樂的等級是最外圍、最膚淺的。它對靈魂的作用和懷疑對精神的作用十分類似。懷疑會讓精神變得無力，快樂（或縱慾享樂）也會導致靈魂無力而陷入被奴役的狀態，從行為的主體變成客體。

最後是權力……許多哲學和心理學派都主張追求「權力」是人類行為的最高目標。按他們的說法，人類只渴望權力；宗教、科學和藝術不過是達成此目標的不同方式罷了。

的確，沒有人渴望變得無力。我們崇尚十字架，是因為它雖然象徵徹底放下對外的力量，但同時也代表至高的內在力量。因此，力量可以分成一般的和神聖的兩種。前者會使人成為受制的奴隸，後者則使人獲得自由和啟蒙。

真正的力量看起來永遠是無力的，這是因為它源自於某種精神上的折磨（被釘在十字架上）。反之，假的力量則是將別

人釘上十字架，因為除了犧牲他人之外沒有任何方法能增強力量。獨裁者只有在地盤內的獨立聲音都變得無力時，才可能擁有統治權；催眠師只有在抗拒其催眠術的人占少數時，才可能施展功力；哲學系統只有在言論的份量使人不得不接受時，才可能是強而有力的；最後，機器只有在妨礙其運作的阻力消除時，才可能生效。

在權力的領土裡施展的誘惑伎倆，就是以虛假力量取代真實的力量——以強制力或「電能」取代啟發和療癒的力量或是「生命力」（奏厄）。

神聖魔法和強制力截然不同。它只能藉由身、心、靈三個層次的生命力產生作用。即便是它的軍械庫——像是米迦勒的「劍」和防守伊甸園大門的基路伯——也都是充盈著「生命力」的光體，其強度足以擊退或驅逐任何抗拒它或無法消受它的人，同時也能吸引和活化渴望它以及有能力接受它的人。多少生病或絕望的人因為米迦勒的「劍」而重獲身心健康？顯然沒有人做過統計，如果有的話，可能會對火焰之劍底下的「犧牲」人數大感驚訝！

總言之，這種「劍」的確是展現真實力量的強大武器。它們的力量是由釘在十字架上的痛苦所激發的。基於這個道理，守護自由的人也是自由的受害者，因為必須承受它所帶來的長期傷害。將自由意志釘在十字架上所承受的痛苦，就是米迦勒的那把「劍」的力量來源……

神安排基路伯在「伊甸園東面」轉動的「火焰之劍」也是同樣的情況。神再度為了賦予人自由而讓自己變得無能——神

的無能滋養並凝聚成「劍」，人卻選擇了「墮落之道」。

因此每個人都需要做出選擇：是釘在十字架上的痛苦所激發的力量，還是強制力？是祈禱還是指使別人？我們會選擇何者呢？

具有三種形態──物質、精神和智識──的「電能」，是一種為權力意志帶來驚人效應的工具，它可以有效地強化征服慾和指使他人的慾望。基於此理，它對人類來說也是一種誘惑。人所面臨的挑戰就是在神聖的法力和機械力之間做選擇──從上述的分析來看，這等於是在生命力（奏厄）和電能之間做選擇。

以上就是聖潔力量能夠征服的三種「精微之物」。

✤ 「滲透任何堅固之體」

固體是我們的行動所經驗到的障礙物。空氣當然不是固體，石牆顯然是。同樣地，別人對你的不信任也會形成一道堅實的心牆。每當你為了溝通交流而必須有所作為時，它就會變成無法跨越的障礙物。一套定義明確的呆板思維模式，往往會讓臣服於它的人變得愚鈍。如果你想和一位正統馬克思主義者或佛洛伊德派精神分析師探討密契體驗，幾乎不太可能觸及到他們的內在悟性。其中一位會用「昏迷狀態」（narcosis）的概念去理解自己所聽到的東西，其他的一切都充耳不聞。另一位則會用「力比多的昇華」（sublimation of libido）去理解自己所聽到的東西，也就是將一切都簡化為性慾遊戲。結果牆依然存在。

「固體」可以分為物質的、精神的和智識的。這三種形態的凝結物都會對我們的行為構成障礙。我們經驗到的它們都是無法被滲透的。但《翡翠石板》卻堅稱聖潔力量能「滲透任何堅固之體」，任何物質的、精神的、智識上的障礙。

　　這是如何辦到的呢？

　　這是用「以柔克剛」的力量辦到的。當聖潔力量面對呆板的思維模式呈現的智識障礙時，不會急於鞏固自己的想法，反而會將溫柔的生命氣息注入對方心裡。當心嚐到這股生命力（奏厄）的滋味時，內在的創造本能就會將它帶進腦內的思維結構。後者一旦被驅動——依照創造本能而非質疑——就會變得有伸縮性，不再冥頑不化。如此一來固化的思想結構便開始液化。

　　至於精神障礙，同樣得用以柔克剛的力量將心理情結的頑強性轉化成易感性。生命力再度軟化了心理情結，它透過愛去化解集中於情結內的不信任、恐懼或仇恨，讓靈魂不再盲目地受它影響而變得自在。

　　此外，聖潔力量也可能遇到物質層面的障礙，因為生命之光會受阻於固化作用造成的病變。此即一般人所謂的「硬化症」。硬化症是因為「身」和「心」背離了「靈」，而屍體便是臨界點或終點，因為肉身完全離開了「心」和「靈」。

　　以下是艾蒂安・梅博士（Dr. Étienne May）從現代醫學的角度做出的解釋：

　　某種程度上，動脈隨年齡增長而呈現的自然變化，就

叫做動脈硬化。如果把這個論點擴大成一種較為偏頗的講法，那麼我們幾乎可以說，即便其他的疾病全都被抑制住，單憑動脈硬化也能阻礙我們長生不老。

（Dr. Étienne May, *La médicine, son passé, son présent, son avenir*, Paris, 1957, p. 341）

由此可見硬化症就是死因，它會逐漸把肉體變成屍體。至少這是合乎現代醫學和生物學論據的觀點。

雖然如此，死亡的方式仍可分成兩種。一種是硬化症——肉身拒絕再繼續為靈魂服務。另一種則是驅動肉身和賦予它活力的精髓離開了宿主，導致它的生命力喪失殆盡；在這種情況下，造成死亡的是離開肉體的靈魂。

第一種情況是肉身排斥靈魂；第二種情況是靈魂拒絕再繼續使用肉體。因此，死亡可能是源自於肉身無法再為生命效力，也可能是生命力脫離了肉體。從醫學診斷的角度來看，後者被證實為生理機能的一般性退化，因此到了某個程度，呼吸和循環作用會完全停止，也就是臨床上的死亡。這種情況可能發生在熟睡時，或是生命力最弱的時刻——凌晨兩點至四點。一般人會說，這種死亡純粹是年紀大所導致的，並非特定的疾病（包括硬化症）使然。至於動脈硬化或硬化症，則一向被視為老化的必然結果。但「如今人們已經知道，動脈硬化也會發生在年輕人身上，而有些老人的動脈（暫且不論腦部和神經系統）仍然是柔軟的。」（出處是艾蒂安·梅博士的前段解釋。p.346）因此，就算是擁有柔軟的動脈、未曾罹癌、也沒有感

染病毒，人還是會死亡。他會徹底離開這物質世界，如同睡著時靈魂脫離肉體那樣。

睡眠狀態也可分成好幾種，其中有一般的，也有永恆的。你可以選擇相信或不相信卡巴拉聖典所提到的義人、平常人及罪人睡覺時發生的事（午夜時分永恆之神會接近地球，在伊甸園的入口處和義人相會），但沒有人確知晚上睡覺時究竟發生了什麼，包括健康或靈魂的各種狀態。我們在白天非常在意的事，在夢裡卻變得次要甚至不重要，但前天在睡前不經意劃過腦海的瑣事，卻意外地在夢裡變得無比重要。早晨醒來的狀態也有好多種！譬如聖誕夜、復活節、二月或十一月某個夜晚隔日醒來的情緒、心態、渴望及靈魂的基本狀態，都是截然不同的……由於睡眠有好幾種，所以清醒狀態也有黑白之分。

死亡同樣也可分為好幾種。再一次地，卡巴拉提到了這一點，同時也提到最高層級的死亡，就是在永恆上主的親吻下安然仙逝。按照這種說法，有意識或無意識的狂喜（ecstasy）便是最高層級的死亡方式。

但狂喜一定是突發的嗎？或者也可以是漸進緩慢的？暫且不提肉身拒絕為靈魂效力的那種死亡，現在請思考一下靈魂逐漸離開肉身的過程，這不正是一種狂喜的展現，不就是神的引力在靈魂深處增強作用嗎？那股逐漸增長的鄉愁難到不足以解釋在一般的老死現象中，人的生命力為什麼會逐漸脫離肉身？

總之，這不僅僅是卡巴拉的主張，也是現代基督隱修之道的說法。以下是後者的教誨：

在所謂「自然死亡」──非有機體的衰竭、非外力的猛烈

干擾或中毒——的過程中，人的「乙太體」（vital body，卡巴拉所謂的「生物靈體」〔nephesch〕）會出現明確的轉變。生命能量會逐漸集中於八瓣蓮花或頂輪的位置。當這種作用力出現在人的頭頂時（甚至是頭頂之上，如果你認為「頭部」指的是腦子的位置），生命的活動也同時在消逝——從底部的生殖器和腸子開始，逐漸轉移到脾胃，最後到心臟附近的中央位置。當生命能量完全集中於頂輪時，心臟、循環系統和呼吸系統就會停止作用——這便是死亡的時刻。

這個過程和瑜伽修練者追求的狂喜十分類似。如果用玄學的物理和精神術語來解釋，三摩地或瑜伽的狂喜，就是拙火能量從身體底部集中到頭頂或「千瓣蓮花」造成的。印度人稱八瓣蓮花為「千瓣蓮花」，是因為它強烈地閃爍著如千片花瓣的火光。能量一旦集中於頂輪，肉體就會進入麻木狀態，自我意識也會脫離出來與超驗之我合一，而體嚐到三摩地或狂喜這種暫時或人為的死亡。

雖然基督信仰的至樂（「心的躍昇」）本質上與三摩地有所不同，但我們沒有理由否認瑜伽的狂喜是一種實存現象，即便它不是此類經驗唯一的可能性。

因此，所謂的「自然死亡」基本上就是一種自然狂喜——自然三摩地，其中的超驗之我促使「小我」脫離肉體與它合一。從自然死亡仍保有柔韌動脈和神經系統的正常運作來看，聖潔力量再度證實它「能滲透堅固之體」。聖潔力量（奏厄）藉由軟化的作用力讓血管保持柔韌，人才有可能因「狂喜」或生命能量集中到頭頂而自然死亡。

這些事實和想法可以幫助我們理解《翡翠石板》的下面這句話：

它能……滲透任何堅固之體。

神聖力量可以說是純意識和現象之間的調解者，概念和現象間的鏈環。

力量有兩個面向，一是電能，一是生命力（競爭或是合作），兩者分別對應的就是蛇（拿轄）與聖母。李維派的玄學家將蛇視為最卓越的「魔法執行者」，卻不太重視擁有神聖魔力的聖母。他們比較感興趣的是電能在心理和智識層面的作用，並稱其為「流動的星光層媒介」（mobile astral agency），同時企圖用科學方式──只對物理特性感興趣──來探究電能在心理和智識層面的表現。他們試圖說服科學加入其陣營，以便運用後者的觀察和實驗方式去理解電能的特性──物質的、精神的、智識的。

他們主要想證明，透過觀察和實驗即可發現古代和中世紀的傳統魔法包含著許多真理，這卻被科學界忽略了。他們同時想證明「偉大的魔法媒介」也可以像電能及磁能一樣，為人類的智識和意志做出貢獻。其實他們是用浪漫的詞藻遮掩自己的核心思維。他們把伴隨著「幻想」而至的輕微顫抖，解釋成「祕密啟蒙」所引起的現象，或是與古老的淨光兄弟會之「謎」有關。據傳這些成道高人或大法師長久以來一直掌控著地球上的玄學政府，暗中操控著人類的命運。這種浪漫主義的

表現雖然很容易理解，仍舊無法掩蓋他們對玄學傳統及其法則的搜證和深究背後的真正目的。他們所做的一切，不過是想從玄學的原料中提煉出一種現代科學罷了。

但願所有的竊竊私語者最終都能安靜下來——包括那些散播有關上述玄學家的謠言，懷疑他們是「惡魔崇拜者」和「黑魔法師」的人！拿他們和某些人相比，譬如那些電擊精神病患的人，或是發現核能量、將其用於毀滅的物理學家，其實他們根本算不上是「惡魔崇拜者」！

我們應該立即停止使用「惡魔崇拜者」和「黑巫術修練者」等不客氣的無知字眼，去指控這些現代玄學家們。他們充其量不過是一群沉迷於理想的浪漫主義者，只是嚮往從輝煌的歷史中造就一種終極科學。事實上，他們在被人忽略的魔法領域裡——也算是一種科學，因為它探究的是主觀意識和客觀現象間的微妙關係——也已稱得上是先驅了。

我雖然拒絕懷疑或指控這些復古的玄學家們是「惡魔崇拜者」，但仍對他們偏好科學而非隱修之道感到遺憾，因為他們致力於研究由心理和智識的電能所支配的蛇之法則，卻未帶著覺知去探究由精神和智識的生命力所主宰的聖潔法則。如果他們選擇的是隱修之道——密契體驗、靈知、神聖魔法和隱修哲學所構成的靈修途徑——或許也能共同「撰寫」出一套現代版本的《基督光明篇》，為宇宙注入智慧及靈性的清流，為西方世界帶來真正的靈性復興。我們必須對現代玄學的表率們說句真心話，玄學界的「知識太多、智慧太少」。有義務為西方世界帶來靈性春天的並不是學者或實驗家，而是那些渴望活出深

刻生命、深化思想、感受、意志的人。為了讓這件事發生，思想必須變成冥想，感受必須變成默觀，意志必須變成自制。唯有如此，人才能開鑿出生命的活泉。

「力量」這張大阿卡納要闡明的就是春天的作用法則，也就是主宰創造性活力與旺盛精神力的宇宙律。古雅典在哲學和藝術上的蓬勃發展，便是源自於這股處子般的聖潔力量。佛羅倫斯的文藝復興也是在春天般的處子力量下發生的。十九世紀初的德國更是處處可見聖母氣息啟發人心。

古埃及人相信死亡的奧祕與歐西里斯（Osiris）有關，生命的奧祕——語言、著作、律法及藝術——則跟艾瑟斯（Isis）有關。因此，艾瑟斯代表的是古埃及文明的神髓，二十多個世紀之後，我們依舊崇拜她。

現今西方世界的問題就在於越來越缺乏創造力。宗教改革、理性主義、法國大革命、十九世紀的唯物主義和布爾什維克革命，再再顯示歐洲各地的人們與聖母日益疏遠，導致創造力的泉源逐一枯竭，靈性面也日益乾枯。有人說西方世界正在老化，顯然也是因為創造力衰減，逐漸背離聖母的生命之泉。缺少處子般的聖潔力量，歐洲因而失去了清新的氣息和青春。

令人遺憾的是，多數的現代玄學家及研究者都和聖母的「反對者」站在一邊。他們朝著「科學主義」和帶有揭露性的知識邁進，而逐漸脫離那些隱藏於象徵系統背後的智慧。一位以審慎態度觀察「赤裸真相」的科學家，和一位透過象徵符號揭露真理的虔信者，本質上有著天壤之別。前者肯定是聖像破壞者，後者則是聖像禮敬者。前者追求的是「赤裸性」，後者

則是透過完整的象徵系統做足準備，以迎接天啟。

隱修士的本質必然是聖像愛好者。對他而言，象徵系統並不是必須排除的障礙，反倒是恭迎天啟的方式。他很清楚，「象徵符號」並不是遮掩真理的外衣。現象界出現各種象徵符號的目的並不是要遮掩，而是要揭露「道」。十誡中的「不可殺人」在知識的領域裡也同樣適用。否定象徵符號就是在扼殺思想的生命力，因為否定富啟示性的東西，等於殺掉了思想領域裡所有的東西。因此，聖像破壞者就是理智的謀殺犯。反之，隱修士既是聖像愛好者也是遵循傳統的人。他不支持聖像破壞者接二連三製造的波瀾——所謂的「宗教改革」、「啟蒙運動」、「科學信念」——因為他們砲轟的對象就是象徵系統；事實上，象徵系統一向維護人類理智的光熱，以免它被侵蝕、變成不毛之地。這也代表隱修士基本上不僅要遵守「不可殺人」的訓戒，也要遵循「孝敬父母」的聖戒，因為後者是所有正在持續發展、成長及演化的傳統的根基。

「孝敬父母」一向是富有建設性的傳統、傳承及真理的精髓，同時也是靈魂與精神的活力之源。唯有尊崇父愛，我們才懂得將目光朝向天國，誠摯而確切地說出：「我們在天上的父。」唯有尊崇母愛，我們才懂得祈求：「聖母馬利亞，上帝之母，請為我們禱告。」

生命的源泉就存在於愛的兩種經驗裡：陽剛之愛能照料和引領我們往好的方向發展，溫柔之愛則能止息我們的淚水。地球上的人懂得關愛彼此，代表這無與倫比的珍寶必然存在於人類發源的宇宙深處。由於那兒就是意識的自然宗教基地，所以

也是對上主旨意的信心、對無形事物的景仰及渴望的源頭。這份渴望是有具體根據的——無形存有既不聾也不啞——它是意識經驗到的超自然宗教的基礎，也是上界的恩寵和天啟之源。恩寵和天啟乃上界展現的父愛，如同山上寶訓所描述的：

> 你們當中有誰，兒子要麵包，卻給他石頭？要魚，卻給他蛇？你們雖然邪惡，還曉得拿好東西給自己的兒女，你們在天上的父親豈不更要把好東西賜給向他祈求的人嗎？（《馬太福音》第7章，9-11節）

基督隱修之道之所以成為鮮活的傳統——超過三十個世紀——必須歸功於「孝敬父母」這則聖訓。此聖訓為它帶來了長壽，如同「要孝敬父母，好使你在我要賜給你的土地上享長壽」（《出埃及記》第20章，第12節）所允諾的一樣。隱修士因為孝敬上主（「我們在天上的父」）和那位具有未墮落本性的聖魂（「聖母」），才能安然渡過埃及的衰敗、希臘─羅馬異教的式微、中世紀「神學主義」的形成、宗教改革的聖像破壞、啟蒙運動的理性主義抬頭，以及十九世紀的「科學主義」興起，雖然有人在過程中做出了脫軌之事，譬如獻身於異教的「哲學主義」，支持和基督信仰無關的「卡巴拉主義」，獻身於「煉金主義」，擁護現代「科學主義」。對於過往的錯誤，隱修士有各種理由感到遺憾、後悔、試圖彌補或修正，因為隱修之道和所有靈修傳統一樣，也犯過許多錯。它之所以長壽是因為一直維持著孝敬上界和下界父母的精神傳統。但反對

者可能會說，隱修之道的長存應歸功於人的病態好奇心和傲慢放肆，所以堅持拒絕向神祕低頭，然而這並非事實。不，隱修之道之所以能活過一個又一個世紀，是因為一直遵守「不可殺人」和「孝敬父母」的聖訓。

身為一名隱修士，我尊敬所有在地球上致力於靈修生活的屬靈「父母」，包括古代的智者、長老、摩西、先知、希臘哲人、卡巴拉弟子、使徒和聖者、學術界的導師、基督信仰玄學家及其他人。這算是一種融合主義嗎？絕非如此，我們只是理當對那些應該感念的人說聲謝謝，因為否定等於扼殺，忘卻等於遮蔽。尊崇和感念就是在護佑生命；回復記憶則是在召喚生命。由於隱修之道遵守孝敬父母的聖訓，才能熱切地參與生命並充滿活力。此即隱修之道長存的原因。

我在寫這些話的時候，聯想到的是這張大阿卡納的「力量」，因為「力量」的活力帶來了長壽。聖母不但是創造力的源頭，更是靈性長壽的根由。遠離長壽活泉就是西方世界衰老的主因。西方世界的每一次革命——宗教改革、法國大革命、科學革命、民族主義造成的暴亂、共產主義革命——都是在助長自己的老化，因為它們都代表遠離了聖母的本質。換言之，我們的聖母是唯一的母親，以「理性女神」、「生物演化女神」或「經濟女神」取代她的人，不可能不自食惡果。

對於上述女神的奉承，就是理應遵守「基督精神」的西方人不貞的證據；這與《聖經》的先知們一再提到的靈性姦淫罪相當類似。不但如此，這也等於觸犯了對聖母的聖潔本質守貞的戒律。

任何一種活躍的精神傳統，都應該對自己的原始動力、理念本質、實踐方式和目標守貞。換言之，只有對自己的有效因（effective cause）、形式因（formal cause）、物質因（material cause）及決定因（final cause）忠誠，才能保住自身的特質。傳統邏輯學派提出的四種成因——有效因、形式因、物質因及決定因，也是所有鮮活傳統的起因。任何精神傳統都有其原始動力、法則、方式和理想。四字神名 YOD-HÉ-VAU-HÉ 永遠是生命實相和因果律的基礎。YOD 是其中的有效因或原始動力；第一個 HÉ 是形式因；VAU 是物質因；第二個 HÉ 則是決定因。根源、法則、方式和目標，構成了所有精神傳統的「四個基本字母」。

一種具有普世意義的靈修傳統——有效因是神、形式因是神的律法、物質因是以色列民族（或神榮耀的臨在）、決定因是基督——創建於西奈山的沙漠，或者可以說在那裡出現了。此靈修傳統猶如婚姻的盟約一般，其歷久不衰的條件詳盡記載於摩西在西奈山得到的十誡中。就整體而言，十誡就是對聖母、神的臨在、聖潔天性或神聖力量的「描述」。《光明篇》的卡巴拉作者想必理解這一點，因為他們曾說，律法書[6]（Torah）的化身就是聖母。

律法書存在於兩宮（house）之間，其中一宮隱藏於

6　譯註：希伯來字母，字義就是「宮」。

高處，另一宮則比較容易接近。在高處的那一宮指的
就是上主向眾人「大聲說話」（《申命記》第 5 章，
第 22 節）的「大音希聲」。這種聲音非常隱微，不
易聽見也不易被揭露。當它從喉嚨裡發出來的時候，
送出的氣音會不停地向外擴散，雖然細微到聽不見。
律法書或雅各的聲音就是源自於它。語言和它在恰
當時刻產生了連結，它透過語言的力量公然現身。因
此，律法書或雅各的聲音是附屬於無聲內音和有聲外
音的。嚴格說來，無聲內音還可以分成兩種，有聲外
音也可分為兩種。在兩種無聲內音當中，一種是源自
於上主意識的超凡智慧，它無法被聽見也不會顯露在
外；第二種同樣是源自上主的智慧，當它被隱約地發
出來時是無聲的，所以被稱為「大音希聲」，一種極
精微的聲音。雅各的聲音和隨之出現的清晰發音就是
來自於它。這種聽不見的「大音希聲」本是上主超凡
智慧之「宮」（女性一向被稱為「宮」），上述的清
晰發音則是雅各的聲音或律法書之「宮」。因此，
律法書的第一個字母就是代表「宮」的「beth」[7]。
（*Zohar* 50b; trsl. H. Sperling and M. Simon, 5 vols.,
London-Bournemouth, 1949, vol. i, pp. 160-161）

7　譯註：即《摩西律法》。

寫下來的律法書乃口傳律法書之「宮」，口傳律法書則是「大音希聲」之「宮」，「大音希聲」又是上主的無聲意識或超凡智慧之「宮」。

　　十誡也是透過同樣的方式，以精微氣音傳達訊息：聖母是整全的生命體，是上主實踐西奈山盟約——道成肉身——的工具。十誡本身代表的是西奈山傳統的形式因（法則或律法書），要實現的則是這個傳統的決定因（道成肉身），同時也暗示著聖母即造成肉身的物質因。

　　因此，由長老們發起、摩西重建的古老傳統，其代表字母的含義就是：透過言語和行為揭露的天啟——YOD 或有效因；被揭露的律法書——第一個 HÉ 或形式因；臨在於律法書和以色列民族的聖母，乃此族的生命能源——VAU 或物質因；彌賽亞的誕生就是以色列民族與上主立約的決定因——第二個 HÉ。

　　由於以色列傳統具有普世意義，所以別的靈修途徑都依循其法則運作。換言之，沒有任何靈修傳統可以在世上存活或完成使命，除非它按照以色列傳統的歷史起源和任務導向來運作。它是所有能延續、負有任務的靈修傳統的範型。

　　凡是能延續的靈修傳統都符合以下幾個基本條件：由上界創立；遵守十誡並接受聖潔天性的啟發；目的源自於草創期的初衷，而且不帶有任何人為「意圖」。

❖ 它必須是由上界創立的

　　這句話的意思是，一個能延續的靈修傳統，其原始動力必

須是來自上界的明確啟示或直接的作用力（具有難以抵抗的道德威力）。由聖本篤修會、道明會、方濟會、耶穌會及其他修會所代表的鮮活傳統就是由此創立。明確的啟示或難以違抗的天職便是它們的起源。因此，聖本篤修會在十五個世紀之後仍然盛行，七個世紀之後的道明會和方濟會也是一樣，耶穌會在四個世紀後也依舊活躍。雖然它們的缺點和過錯足以列成一長串清單，但這些教派仍相當長壽。它們的共通點就是創立的根基源自於上界。

❖ 它必須遵守十誡並接受聖潔本性的啟發

十誡的意義遠遠超越日常的道德規範。顯教與密教的進階修行都視其為心靈保健方式及其開花結果的基本條件。我將它們整理成以下幾點（參照《出埃及記》第 20 章，第 1-17 節）：

1. 順服活生生的神（「我以外，不可敬拜別的神明」）；
2. 不可用人智或本性的產物取代神的存在（「不可為自己造任何偶像，也不可模仿任何天上、地上或地底下及水中的形像」）；
3. 不可為襯托自己而假借神之名行事（「不可濫用我的名」）；
4. 要找時間默觀（「謹守安息日為聖日」）；
5. 持續地努力和體驗（「要孝敬父母」）；

6. 抱持建設性態度（「不可殺人」）；

7. 對誓盟忠貞（「不可姦淫」）；

8. 捨棄對賞識的渴望，除非是應得的肯定或恩寵
   （「不可偷竊」）；

9. 不可扮演指控者角色（「不可作假證陷害
   人」）；

10. 尊重他人的隱私和生活（「不可貪圖別人的房
   屋」）。

　　它們不僅是健康道德生活的十項基礎，也是密契體驗、靈知、神聖魔法和隱修哲學的修煉根基。

　　事實上，密契體驗就是靈魂真實地覺知到神的臨在。唯有親近神和那位神人，才可能出現這種覺醒。但泛神論只提出了聖化大自然、藉由它波浪般的振動能量來慰藉自我的說法，無神論則提出了虛無的概念。靈知指的是對密契體驗或上界啟示的映照，也就是不以源自心智或本體的意像取代神聖的直觀智慧。神聖魔法則是以神之名在神之中施展法力，避免為自己的意志效力。隱修之道是以密契體驗、靈知及神聖魔法為基礎的有機思想體系，其基本法則是默觀，也就是「憶起內在的安息日」。默觀意味著透過安息來淨化自己，過程中思維必須轉向上界。

　　此即十誡之中前四誡的靈修任務，其他六條誡律敍述的則是靈修的規範，可以拿來當成前面四誡的基礎。

　　實在地說，若想在靈修中有所進展，就必須懂得欣賞過往

的經驗和延續傳統的方式。貫通過去、現在和未來的靈修傳承，乃進展的必要條件。這便是第五誡「孝敬父母」要闡述的道理。只有在鮮活的精神傳承裡，我們才能看見真正的進步，因為生命就是傳統的延續。基於此理，人必須去除破壞延續性、切斷生命能流的行為。培養建設性的態度，在靈修上是非常重要的，也就是第六誡所說的「不可殺人」。延續傳統與生命指的就是對信奉的理念、選擇的方向、依循的典範、上下界的盟友保持身心靈三個層次的忠貞。這也是第七誡「不可姦淫」的深層含義。《聖經》先知們所說的「姦淫」，指的是以色列王與子民們對西奈山立下的誓約不忠，因為他們多次放任自己舉行迦南神的膜拜儀式。今日也有一些類似的例子，譬如有人明明已經受洗，也得到了充份的指引——善意的允諾——去體驗基督信仰神祕而崇高的內涵，卻決定皈依吠陀體系或佛教。我指的不是研究吠陀哲學或佛學、採納它們的瑜伽技巧作為靈修方式的行為，而是改變信仰、以解脫取代愛、以不具人性的神取代富有人性的耶穌、選擇回歸到潛存於自性的涅槃而非上主的國度、偏好睿智的心靈導師而非救世主。但是在 J. M. 德查奈特（J. M. Déchanet）身上，我們卻找不到任何靈性姦淫的成分。這位撰寫《沉默聲音》（*La Voie du silence*）的作家採用了瑜伽技巧修煉基督信仰之道。學習並善用東西方所累積的經驗是再自然也不過的事。如果西方醫學拯救了上百萬東方人的性命，那麼東方瑜伽術為何不能幫助上百萬的西方靈修者，達成身心的平衡與健康？畢竟瑜伽技巧在這一點上是非常有效的。交換文化經驗的成果即是兄弟愛的表現。展現人類

大家族成員之間的相互扶持，既和靈性的不貞無關，也無關乎背叛自己的靈性誓約及信仰。

人類所有的經驗都值得學習和檢視——我們可以按照其價值選擇接受或拒絕。但經驗是一回事，信仰和形上理想卻是另一回事。人很難在改變道德價值觀的同時，不增減靈魂的活力。你只要改變信仰，必定有所得或有所失。一位黑人拜物教徒改信伊斯蘭教必然有所得，但是一名基督徒如果改信伊斯蘭教，則必然有所失，因為前者的內心獲得了新的道德價值觀，後者的內心則失去了原有的道德價值觀。不論是否令人扼腕，宗教確實促成了衡量道德和靈性價值觀的標準，因此沒有任何宗教是不具備價值的，沒有任何宗教的本質是錯誤或「邪惡」的，也沒有任何宗教比愛更有價值。

總之，靈性的不貞指的就是在道德及精神價值觀上以較低的取代較高的。譬如：以不具人性的神取代活生生的神；以深定中的智者取代釘上十字架又復活的基督；以演化中的自然本性取代聖母的本質；以哲學、藝術及科學的「天才族群」，取代聖者、使徒、殉教者、僧侶、懺悔者、教會修士及修女的「共同生命體」。

我們在前面已經說過，人類所有的經驗都值得學習和檢視——我們可以按照其價值選擇接受或拒絕。但涉及的如果是屬靈體驗，就必須拒絕某些經驗成果。這裡指的是「偷」來的成果，也就是企圖不勞而獲，不想藉由努力和犧牲換取收穫。彼得·鄔斯賓斯基（P. D. Ouspensky，《第四道》的作者）的導師葛吉夫（G. I. Gurdjieff），提出了三種使人脫離一般經驗

和意識的方法——瑜伽行者的方法、僧侶的方法和「狡猾之人」的方法。瑜伽行者和僧侶是透過長期鍛鍊和奉獻而有所成的,「狡猾之人」則是在吞下一顆含有各種成分的藥丸後,無需再繼續努力便幾乎立即有所得。

某些人是藉由仙人掌 [8] 去尋求先驗式體驗,這種喚起靈視的方式在加拿大至墨西哥的印地安部落廣為流傳,以致於奠定了一種「美國原住民教會」的基礎。如果是美國印第安人採用這種方式來靈修,還算是情有可原——以他們困窘的情況而言——但如果是歐洲人或西方基督教文明的承繼者,就另當別論了。企圖以這種方式尋求先驗式體驗的人,顯然是想規避正統靈修必須付出的努力,以取巧方式換得他人的努力及犧牲的成果。

「不可偷竊」的誡律對靈修生活深具意義。任何靈修學派之所以能延續下去,都是因為奉行這條誡律,它已然成為自我耕耘的基本法則:若想有收成必須先耕地、播種,然後耐心等待果實成熟。任何「耍伎倆」的招數,目的都是想逃避正常靈性發展與成長必須付出的代價,因此都觸犯了十誡中的第八條誡律。

剩下來的兩條誡律和第八條一樣,對靈修生活來說也是不能缺少的:「不可作假證陷害人」、「不可貪圖別人的房屋」。

8　編註:某些仙人掌品種如烏羽玉(Lophophora williamsii)對人體具有迷幻的效果。

這兩條誡律和競爭性有關，展現出來的不是負面的批判就是妒忌。換言之，任何靈性運動、傳統、學派、「大師」或門徒，都不該接受競爭性帶來的刺激，而是該為理想和抱負迎接愛的鼓舞。

大德蘭將畢生的理想和抱負全都奉獻給天父，以不破壞教會的和諧、不指控或譴責任何人為前提，完成了加爾默羅派的深層改革。另一方面，奉行奧古斯丁主義的馬丁‧路德，則屈服於批判精神，而有了全面改革教會的想法，他被追求進步的渴望沖昏了頭，創立了一種與人競爭的教會，並宣稱羅馬是「反基督」中心，其擁護者若非「可憐的迷路人」就是「披著羊皮的狼」。按馬丁‧路德的說法，大德蘭、聖十字若望、聖佩德羅‧德‧阿爾坎塔拉（St. Peter of Alcantara）、聖朱利安‧阿維拉（St. Julian of Avila）以及擁有同等崇高精神的現代聖者們，若非「可憐的迷路人」就是「披著羊皮的狼」，不是受騙者就是欺人者。此即因批判性和競爭性而「作假證陷害人」的鮮明例證。任何自認為有責任評斷他人的人，只可能落入毀滅性的行為。一旦開始評斷人，不久之後就會譴責別人，最後遲早會定別人的罪，以至於無可避免地陷入仇恨或其他形式的毀滅。

批判和論戰都是靈修生活的致命傷。它們突顯出破壞性電能已經取代建設性的生命力。當一個人或某種靈性運動與他者競爭時——批判他人或是與人論戰——原本能帶來啟發和動力的泉源就會徹底改變。凡是受電能控制或「作假證」的行為，本質上都是錯的。

沒有任何靈性傳統是源自於對立或競爭。「對抗某件事」既不會帶來結果，也無法創造能夠延續的傳統或靈修學派，但「效力於某件事」卻會帶來豐碩成果，而且是任何建設性行為不可或缺的條件。

　　「作假證陷害人」和「貪圖別人的房屋」不僅無法帶來靈修上的成果，反而具有毀滅性。任何靈修學派或傳統都不該為了生存與人競爭，如果出現了競爭對象，就該帶著覺知去發掘彼此的共同理想與目標。就算無法達成共識，也該尊重對方在其領域內——「宮」內——所擁有的自由，而不該妒忌或批評對方。即使雙方缺少共通的理念，也該學著和平相處。

　　總言之，就整體而言，十誡是一切靈修傳統和學派得以生存、進展及繁衍的法則，也是個人在修行路上得以生存、進展及繁衍的法則。我們若能充分地理解和實踐這十條誡律，就是和未墮落的本性、聖母的純潔本質以及「力量」達成了和諧一致。

> 它的力量凌駕於所有力量之上，
> 能夠征服任何精微之物，
> 滲透任何堅固之體。

（《翡翠石板》，9）

第十二張大阿卡納的冥想

THE HANGED MAN

我鄭重地告訴你，

人若不重生就不能看見上帝國的實現……

我鄭重地告訴你，

人若不是從水和聖靈生的，

就不能成為上帝國的子民……

風隨意吹動，

你聽見它的聲音，

卻不知道它從哪裡來，往哪裡去。

凡從聖靈生的，也都是這樣。

—— 《約翰福音》第 3 章，第 3,5,8 節

狐狸有洞，飛鳥有窩，

可是人子連枕頭的地方都沒有。

—— 《馬太福音》第 8 章，第 20 節

那時候，義人在天父的國度裡，

將好像太陽發射光輝。

—— 《馬太福音》第 13 章，第 43 節

有關「靈界太陽」的作用，我該說的皆已說完。

—— 《翡翠石板》，13

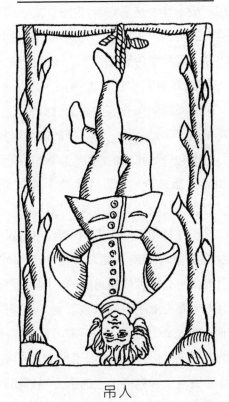

吊人

親愛的不知名朋友：

我們現在面對的是塔羅第十二張大阿卡納「吊人」。卡上
有一名年輕人，單腳懸吊於兩棵樹之間的一根橫樑上，樹枝都
被齊切至樹幹，橫樑與樹幹形成了一道玄關。

此人的姿勢——倒掛、頭朝下、單腳吊在玄關上、另一隻腳彎曲地搭在其後、雙手被綁在身後——令人不禁聯想到引力和反引力帶給人的折磨。對這張卡的第一印象使我們進入了人和引力場的關係，以及這份關係帶來的矛盾衝突。

　　引力是一種調節要素，它在太陽系、原子系統、生物細胞、有機體、記憶機制與概念整合、兩性關係、社會機制與群體生活、學說與理念，以及身、心、靈的演化過程中，都占有核心地位。引力中心——萬物的決定因或普世原型——跨時間地運作著，如同行星系統的中心（太陽）跨空間地運作著一樣。由萬有引力牽引而成的各個系統，包括原子、細胞、有機體、個人、社群、行星和不同階級的存有，構成了我們眼前的萬象世界。我們能做什麼或不能做什麼，全都受制於引力作用。只有我們內在的心靈世界是自由的，因為裡面存在著真實活躍的屬靈引力。歷史上所有的宗教現象，不都是在朝著上主的實相引力推進嗎？拿「墮落」一詞來形容人從「天堂」掉到艱辛、苦難的必朽凡塵，也是借用了引力場的概念。基於此理，把「亞當的墮落」視為從上主的引力場轉換到蛇的世間引力場，應該不會有人反對吧！

　　至於人的自由意志，則是介於上述的兩個場之間。按福音書的說法，它是介於「天國」和「世界」，或「神的國度」和「世界之王的國度」之間。凡是遵從或屈就於世間引力的人都被稱為「世俗人」，凡是遵從或順服於天國引力的人則被稱為「光明人」。

　　摩尼教徒憑著這一點就斷定天國或無形世界是良善的，有

形的物質世界是邪惡的。他們忽略了邪惡之中也帶有無形的屬靈特質，良善則因為被銘刻在受造物的本性中，所以也具備有形的特質。因此，這兩個場無法明確地劃分為有形的自然界和無形的靈界，但差異絕對存在，道德境界也截然不同。如同使徒保羅所說的「要覺察靈魂的活動」，從醫學診斷、自然療法以及身心保健的發展上，我們也可以學著辨識自然本性的各種活動。

　　人類同時活在兩個引力場中，保羅說出以下這段話時，心裡一定想著：

> 因為本性的慾望跟聖靈互相敵對、彼此分立，使得你
> 們不能做自己願意做的事。（《加拉太書》第5章，
> 第17節）

　　因此，這兩個引力場會透過「對立的慾望」顯現於外。被「世界」而非「天國」吸引的是「世俗人」；活在兩種引力之間的是「通靈人」；活在「天國」引力下的則是「屬靈之人」。

　　後者就是第十二張大阿卡納上面的這位倒吊著、以上界而非下界的引力維生的人。

　　首先我要指出的是，上界和下界的引力作用都是真實不虛的。一個人在生前如果已經從世間引力場轉進了天國引力場，就可以用吊人來形容他；他是同時處於不執著和自我犧牲的情境裡。

人類史一再地見證了上界引力是真實存在的。底比斯的聖保羅和聖安東尼帶領人進入埃及、巴勒斯坦和敘利亞的沙漠修行，便充分體現了上界不可抗拒的引力。然而這些沙漠之父並無意創立類似於印度瑜伽的基督教學派或團體。不，他們是受到上界不可抵擋的召喚而選擇寂然獨立的生活，心甘情願地為靈性實相捨棄世間的一切，因此聖安東尼說：

> 魚兒在陸地上會因為缺水而死亡，隱修士若是在修院外閒蕩、和凡夫俗子消磨時間，也會讓孤寂中的張力懈怠下來。因此我們必須回到密室裡——如同魚兒回歸大海一般——這樣才不至於忘卻內在的徹夜祈禱。
>
> （St. Anthony the Great, *Apophthegmata*, x）

隱修士們就像「魚兒尋覓大海」一樣，渴望孤獨的生活，因為他們在其中發現了上下界之間的「張力」，就像水對魚兒的意義一樣。只有獨處才能讓他們養精蓄銳，逐漸產生心靈的熱度，吸收聖靈的氣息來滿足內在的渴望。沙漠之父若是脫離徹夜祈禱帶來的張力，往往會感到寒冷、無法呼吸、飢渴難挨。

因此，天國引力在他們的生命裡發揮作用，這並不是安排或規劃之下的結果。

當這些隱修之道的先驅們仍然活在人間時，位於舍貝斯（Thebais）、諾伊特拉（Neutra）和休達（Ceuta）的沙漠已住滿遁世的行者。接著，聖帕科米烏（St. Pachomius）在上埃

及建立修士傳統，也就是今日人們所熟知的修道院原型：幾位隱士在一名長老或院長的帶領下過著共修的生活。許久之後，聖巴索（St. Basil）也開始在東方沿用並改進這種生活方式。西方的帶動者則是聖奧古斯丁、聖卡西安（St. Cassian）及聖本篤。

這些無限量的後續發展，都是保羅和安東尼過著隱修生活時萌芽的，但這並不是他們避居沙漠的初衷；他們最初只是嚮往孤獨罷了。

天國的引力的確真實不虛，它掌管心靈也支配著肉體。人的肉體會被它抬離地面。以下是聖女大德蘭在自傳《生命》中提到的親身經驗：

> 接著那團雲帶著靈魂升至天國，開始示現祂要它看到的天國樣貌。我不知道這樣的比喻是否恰當，但實情就是如此。處於狂喜經驗中的靈魂彷彿不再能驅動身體，因此身體的溫度似乎在下降或逐漸冷卻，夾帶的卻是一種甜美至樂的感覺。此刻出現的狂喜是無法抵擋的。當你試圖警告自己或用任何方式逃避之前，它已經快速猛烈地降臨；你可以看見並感受到這團雲或這隻有力的老鷹，它讓你乘在它的翅膀上飛向天際。你會看見，再重複一次，你的確會看見自己被帶往某處……這時，我們只有接受它，因為不管你是否願意，你都會被帶走。這類突發的狀況令我很想反抗，也使盡全力在這麼做，尤其是身處公共場合的時候；

就算在獨處時，我也因為害怕被迷惑而抵抗著它。有時我的竭力抵抗也會產生一些效用，但那就像在對付一個巨人似地令人筋疲力盡。有時候，反抗根本是不可能的；我的靈魂會不由自主地被帶走，我的理智也無法施展；還有些時候，它會把我的身體完全抬離地面……當我企圖抵抗時，總有一股無法形容的巨大力量從我的腳底把我整個人抬起來。它比任何屬靈經驗都來得強烈……我承認它在我的內心激起了莫大的恐懼，尤其是一開始。你會發現自己的身體被抬離地面，靈魂一直把身體往上引，當身體不反抗時過程是最溫和的，而且又不至於喪失意識。至少我能覺知到自己被抬離地面……（*The Life of St. Teresa of Avila*; trsl. J. M. Cohen, London, 1957, pp. 136-138）

這段誠實的證詞說明了上界引力的存在，也說明了世間的場和上界的場之間的確有「通道」。大德蘭親身經歷到身體「隨著靈魂」被一股靈界的引力抬離地面，而引力的中心就是她的主耶穌。

但是當這個主耶穌屬靈引力中心被賦予肉身時，也就是當基督在世時，又發生了什麼事呢？他不可能經歷被天國引力帶走的狂喜，因為由神化身成的耶穌還能被帶往何處——「狂喜」和「帶走人」的屬靈引力中心不就在他的體內嗎？

福音書清楚地做出以下的闡述：

傍晚，耶穌的門徒來到湖邊，上了船，向對岸的迦百農出發。那時候天已經黑了，耶穌還沒有來到他們那裡。忽然，狂風大作，浪濤翻騰。門徒搖艪，約走了五、六公里，看見耶穌在水上朝著船走過來，就很害怕。耶穌對他們說：「是我，不要怕！」（《約翰福音》第 6 章，第 16-20 節）

彼得說：「主啊，如果是你，叫我在水上走，到你那裡去！」耶穌說：「來！」彼得就從船上下去，在水上朝著耶穌走過去。但是他一看到風勢猛烈，心裡害怕，就開始往下沉，他大聲喊道：「主啊，救我！」耶穌立刻伸手拉住他，說：「你這小信的人哪，為什麼疑惑呢？」（《馬太福音》第 14 章，28-31 節）

事實上，問題的答案就埋藏在「是我，不要怕」（It is I; do not be afraid）這幾個字裡。希臘文的「ego eimi, me phobeisthe」和拉丁文的「ego sum, nolite timere」一向被譯為「是我，不要怕」，但 Ego eimi 和 ego sum 的本意為「我是」（I am），在福音書的情節裡卻顯現出「是我」（It is I）的意思。雖然從情節來看，「是我」比較合理，但我們仍然得深入理解這個詞彙，因為門徒的恐慌意味著有兩個疑問：「在水上行走的是誰？」以及「他如何能走在水上？」

「是我」乃第一個問題的答案，「我是」乃第二個問題的答案。「我是」能夠揭露隱藏於背後的真理，「是我」則顯然是基於事實的回答。那麼，「我是，不要怕」背後的真諦又是

什麼呢？

「我是」彰顯了耶穌在世時所展現的神性。整套福音書講述的就是他的啟示體現的歷程：「我是真葡萄樹」，「我是道路、真理、生命」，「我是門」，「我是生命的食糧」，「我是好牧人」，「我是世界的光」以及「我是復活，是生命」。

在水上行走的人所說的「我是，不要怕」，其實意味著「我就是引力的中心，依靠我的人永遠不會沉淪或是被吞沒」。「恐懼」往往是源自於害怕被低層引力吞沒，或是害怕被「死亡引力場」的怒海無情地淹沒。因此，「我是，不要怕」就是天國的引力中心主耶穌要傳達的訊息；他伸手拉住下沉的彼得，以行動證實了他的承諾。由此可知，死亡引力場之外還存在著另一種引力場，與它結合的人就能在水上行走，超越「世間」的狂暴元素或蛇的引力。這句話不但是在邀約人類依靠「天國」，同時也在告訴靈魂，超越那吞沒人的引力、放心地「在水上走」，就有可能變得不朽。

彼得「從船上下去，在水上朝著耶穌走過去」和聖女大德蘭所描述的狂喜經驗十分相似。「從船上下去」的含義其實是被帶離智力、記憶和感官知覺的正常意識範疇，朝著耶穌代表的基督意識走去。因此彼得經驗到的靈魂躍昇和身體浮起，與大德蘭提到的狂喜十分相似。他同時也感受到後者描述的「身體被抬離地面」的恐懼，以及被耶穌的手支撐的撫慰感。

事實上，大德蘭和彼得經驗到的就是「狂喜出神」（許多聖者都有過相同的經驗），但我們關切的是在水上行走的耶穌本身的狀態，難道那也是一種狂喜出神嗎？

不，因為出神指的是靈魂脫離了散漫的妄念、記憶和想像——有時身體也會跟著離地。彼得和大德蘭都經歷了下述的幾個階段：「祢是」；「我被吸引到祢身邊」；「不是我而是祢活在我之內，在我裡面作工」，因此是「神聖的祢」的引力為他們帶來了合一經驗，促成了他們的「狂喜出神」。但耶穌基督並不是藉由「出神」方式在水上行走的——他並沒有脫離他的神聖人性——他是透過「入神」回歸到自己的中心點，然後積極地啟動「我是，不要怕」的作用力。走在水上的耶穌並沒有朝著一位「神聖的祢」走去，因為是他內在的高層我和神子的本質，負責引導和支撐著一切。

　　因此，「我是，不要怕」（EGO SUM; nolite timere）意味著「我就是引力中心」；如同有形界的太陽支撐著自己也牽引著其他行星，身為靈界太陽的我同樣支撐著自己也牽引著其他存有。「不要怕，因為我是。」

　　耶穌走在水上除了顯示他是靈界的太陽、天國的引力中心之外，更透露了另一個玄機：他不但是站在水面上，還朝著明確的方向前進。他朝著門徒的船走去。這個行動揭示了他所有事工的本質，包括犧牲、復活以及承諾：「記住！我要常與你們同在，直到世界的末日。」（《馬太福音》第28章，第20節）

　　直到世界末日，門徒的船都是耶穌在水上行走的目標。他並沒有因為「入神」和深定遠離歷史的怒海航行者，也沒有因此消失在另一個大海中——「涅槃」。他一徑地朝著門徒的船走去，直到世界末日。

沙漠隱士、聖女大德蘭和聖彼得的狂喜出神、耶穌在水上行走，這些事蹟都讓我們看到了天國引力的顯化。這才是我們要探討的主題。

　　不過，我們仍須考量那些看似源自天國但本質迥異的事件。我指的是那些「超自然的飄浮」事件，亦即身體離地浮起的案例。人們很可能誤以為它們和大德蘭以及彼得的狂喜出神、甚至耶穌在水上行走相同。

　　傳說中的大能者西門同樣能自己浮在半空中。我們的時代也有利用巫術讓身體飄浮的例子。即便是傑洛德‧梵‧瑞恩柏克這麼博學的人，仍舊分不清空中飄浮術和聖者的狂喜出神有何不同。下面這段話是他對「空中飄浮術」的描述：

　　有些印度教、佛教及基督信仰的聖者的確能浮在空中。他們在沒有任何支撐的情況下，可以讓自己浮離地面幾英呎，甚至停在空中一段時間。天主教會就確認有好幾位聖者出現過這種情況。我只容許自己舉出下列的名字：大德蘭（十六世紀）、與她同時代的聖十字若望，聖佩德羅‧德‧阿爾坎塔拉（Peter of Alcantara），以及聖若瑟‧古白定（Joseph of Copertino, 1603-1623）；後者有好幾次被人撞見在空中飛行……另外幾位靈媒也被人目擊過飛行，可惜事情似乎都是在漆黑的深夜裡發生的。

只有宏姆[1]（Home）曾經在光天化日下達成了這件事。面對這類不可思議的事件，我們最好不予置評。
（Gérard van Rijnberk, *Les métasciences biologiques— métaphysiologie et métapsychologie*, Paris, 1952, pp. 154-155）

　　以上就是一位「本持著莊嚴的態度研究玄學長達半世紀」的作者，對「空中飄浮術」議題僅有的看法。
　　但這個議題顯然還有探討空間。首先，「受天國引力牽引」和「由下界的相斥電能驅動」的飄浮術是不同的；我們可以拿熱氣球的飄升和藉著氣流的反衝力發射火箭，來對照它們的不同。我曾經見識過第二種飄浮術：

　　有一名中年男子（美國人）和他的旅伴在一列歐洲的跨國火車上交談。話題一直圍繞在現代玄學的諸多趨勢和方法上面。這個美國人提出了一種極端的看法，認為玄學可以分為實修派和學術派，後者幾乎不必認真看待，只有前者才稱得上是真正的玄學。他的對談者並不同意眼見為憑乃真理及其價值的唯一根據，因此這個美國人決定要現身說法——他開始準備即將示範的動作。他在臥鋪上平躺下來（車廂裡只有他們兩

1　譯註：Daniel Dunglas Home，蘇格蘭靈媒（1833-1886），擁有在空中飄浮、與亡者溝通的能力。

人），然後進入深層呼吸並且保持靜默。在一兩分鐘之內，他躺平的身體逐漸浮離臥舖約幾英吋高，甚至在半空中停留了近一分鐘。沒想到這個示範卻令他的對談者備感厭惡，於是匿名的飄浮大師起身離開了這節車廂，從此再也沒出現過。

值得注意的是，這種飄浮術非常消耗氣力。實驗者必須保持靜默，全神貫注在體內的一個中心點上，才能釋放出波浪般的能量振動，將自己推離臥舖、飄浮在半空中。那個美國人並沒有讓自己浮得很高，因為勢必得花費更多氣力。示範者結束表演後顯得相當疲憊，也喪失了繼續交談的意願。他顯然耗損了許多能量。

至於靈媒們的方式——無論他們的飄浮術是發生在黑夜或光天化日下並不重要，因為可見度並非證明擁有這項能力的標準——從隱修之道的角度來看，這類事件就算有可能發生、甚至是千真萬確的，顯然也不是重點。如果物件（桌子）能飄在半空中，而且有照片為證，那麼使其飄浮的靈媒為何不能讓自己也浮在半空中？畢竟身體和物件同樣都是物質性的存在啊？許多人主張造成物體飄浮的能量是靈媒本身釋放出來的，那麼同樣的能量為什麼不能讓他們自己浮起來呢？

靈媒體內釋放出的能量，當然也可以使他們自己成為作用的對象——有好幾位人士都描述過這種情況。我們在此必須注意的是，讓自己浮在半空中和讓桌子或其他物件飄浮，二者運作的方式是相同的，因此不可能是屬靈的「天國引力」在發揮

作用。

　　人體的飄浮現象可分成三種類型：「天國引力」帶來的狂喜出神，憑著意志力釋放出反引力電能（自行決定的魔法），以及非自願的飄浮（靈媒的方式）。根據傳統的說法，大能者西門的飄浮術——聖彼得用祈禱的力量使他掉落地面——就是自主性的魔法造成的。自主性的魔法和靈媒的飄浮術都是人體的電能使然，也可說是反作用力導致的。這就是它們和聖者的現象之間的差異；後者是受上界引力帶動的。

　　真正促成「西門式」飄浮術的力量其實是人體的「四瓣蓮花」（海底輪）釋放的電能。那兒也是「蛇的能量」（「拙火」）的潛伏之處。這種潛能一旦被喚醒，就可以向上（瑜伽）、向下或向外（自行決定的魔法）加以引導。前面提到美國玄學研究者示範的飄浮術，便是利用向外引導的拙火來達成的。簡單地說，民間謠傳的巫婆或巫師「騎掃把」飛行的逸聞，背後的原理也是相同的。從脊椎尾端的海底輪釋放的反衝力給人的民俗印象，顯然會是像掃把一樣的光柱；當巫師出神脫離自己的肉身時，移動的方式就像現代火箭的反射作用一樣，因此愛沙尼亞的鄉下人通常會用比「掃把」更貼切的「火柱」（beam of fire）來形容它。

　　接著要強調的是，我們不該把聖者的、「西門式」的和靈媒的飄浮混為一談，其實只要用點心，就不難分辨其中差異。

　　回到「吊人」——活在天國引力法則下的人——這個主題上，讓我們來看看人要如何在地球生活，同時又臣服於天國的引力。

世間的引力、演化及生命，基本上都是按照「捲曲」（enfoldment）法則運作，亦即身、心、靈都朝著相關的引力中心——地球、國家、個人、有機體——不斷地凝結。天國的引力、演化及生命，則是按照「放射」（radiation）法則運作，亦即身、心、靈都朝著終極引力中心提升與延展。「那時候，義人在天父的國度裡，將好像太陽發射光輝」（《馬太福音》第 13 章，第 43 節）——這句話精準完整地描述了天國引力的本質。

世間的引力則記載於《創世紀》第六章：「從那時以後，地上有巨人出現。他們是『神子』跟人類的兒女傳下的後代；他們是古代的英雄和名人」（《創世紀》第 6 章，第 4 節）。

「神子」本是活在天國引力場的存有，因為屈服於佔有慾或捲曲的引力而改變了焦點，繼而孕育出具有強大力量的後代——「巨人」。他們以放射能量（神子的狀態）換來了捲曲能量（巨人的狀態）。自此之後，這股能量就在地球上繁衍出「強壯的巨人」（大能者），放射能量則在地球上繁衍出使者：義人。不久之前，尼采才高聲宣稱自己是「大能者」或「超人」理念的擁護者。在《戴荊冠的耶穌畫像》（Ecce Homo）與《反基督》（Antichrist）的著作裡，尼采用樺枝鞭笞「正義的他」，做了一頂荊冠戴在他頭上，並且倍加侮辱和嘲諷他。

在這個分裂的世界裡，有些人崇拜大能者或強壯的英雄——尼采使盡全力及才華展現了這一點——有些人則愛好公理和「義人」。

是的，的確是如此。世間的引力，也就是「渴欲」，把人類推向了捲曲的法則——佔有、權力、享樂；而天國的引力，也就是「靈性」，則將人引向放射的法則——神貧、順服、守貞。

但願玄學家、密修者和隱修士都能深思箇中的道理。但願他們能瞭解唯一值得擁護、毫無保留臣服的，顯然是義人或吊人這一方的放射能量！但願他們能捨棄和「超人」有關的一切遐想，儘管仍然會有人佯裝成「大師」、「偉大啟蒙者」或「大法師」，繼續糾纏著玄學兄弟會和各種道團！但願這些隱修者能夠互相學習，而不是總想教育別人！但願他們招收的新成員能意識到自己在神、鄰人和世界身上犯下的罪行，不再凡事自以為是。但願他們能臣服於天國的引力，由它來喚醒人們對神貧、順服、守貞的嚮往及尊崇！

我們不只要看清楚、想清楚，也要有清楚的意向，因為人無法同時侍奉二主。

我已經脫離主題了，讓我們回到那位活在天國引力法則下的人，探討一下他的具體狀態。

「屬靈的人」有兩種特質：他是被吊起來的，而且是倒吊著。關於這第一種特質，聖女大德蘭說過：

> 我覺得處於這種狀態下的靈魂既得不到天國的撫慰，也不存在於其中，而且由於它對地球一無所求，因此也不在那裡。它就好像被釘在天國與地球之間，飽受痛苦，卻得不到任何一方的幫助。（*The Life of*

St. Teresa of Avila; trsl. J. M. Cohen, London, 1957, p. 140）

靈魂被懸吊於天國和地球之間時，會體驗到寂然獨立。這種狀態不是一般的孤獨，而是寂然獨立。因為它存在於「化外」——天國和地球之外。

> 被帶進這個沙漠裡的靈魂肯定會跟大衛王一樣地說出：「我睡不著覺；我就像屋頂上的一隻孤單的麻雀。」（《詩篇》第102篇，第7節）或許大衛王寫下這句話時，就是體驗到了這份孤獨感。在這種時刻，我的內心自然會浮現這句話。我為其他人也有這種孤寂的感受而欣慰，更欣慰的是世上還存在著擁有這份特質的人。（同前著作，p. 139）

這便是天國引力和世間引力之間的「零點」。靈魂會從這個點揚昇至對神或天國的默觀，也會從這兒降至認同地上的人和行為。靈魂昇華或完成任務之後就會回到這裡，兩界之間的沙漠（寂然獨立）才是它永恆的居所。

屬靈的人另一個特質是倒吊，這代表他腳下的「穩固地基」是在上界，下界只是頭腦關注和感知的地方。這也代表他的意志和天國是連結的，而且可以不假思索地直達屬靈世界。這使得他能夠「通曉」頭腦尚未知道的事，因此在他的意志裡或透過意志發揮作用的是天國對未來的安排，而非過往經驗和

記憶的規劃。他是一名「未來人」，透過「有效因」啟動自己的行為。他也是但以理和聖馬丁所謂的「有宏願的人」，一個將意志置於頭腦——思維、想像和記憶——之上的人。

對文明人來說，思維、感覺和意志之間的互動，應該是思維喚醒感覺並指導意志。思維藉由想像力激勵感覺，想像力和感覺又會教化意志。文明人必須先思考、想像和感覺，然後才會產生慾望和行動。

對「屬靈的人」而言，卻不是這麼一回事。對這些人而言，意志才是激勵和教化感覺及思想的作用力。他是先有行動再有慾望，然後才去感覺行動的價值是什麼，最後則會產生深刻的理解。

亞伯拉罕離開了出生地——跨越沙漠——去到一個陌生的國度，幾世紀後他的子嗣變成了在地人。又過了幾世紀，人類的救贖工作開始在那裡出現。亞伯拉罕是否早就預知了這一切？他似乎知道又好像不知道，因為他在行動之前好像已經有了認知——意志醉心於未來將要發生的大事和意義，但又不太清楚那是什麼。他的頭腦裡並沒有刻意安排這些事該如何或何時發生。

他是先產生意志力，再讓它影響思維和感覺，當中的「確信」便是保羅所說的「信心」：

> 信心是對所盼望的事有把握，對不能看見的事能肯定……亞伯拉罕順服上帝的召喚，去到上帝應許要賜給他的地方。他離開本國的時候，並不知道要到哪裡

去。（《希伯來書》第 11 章，第 1、8 節）

由於亞伯拉罕「對不能看見的事能肯定」，因此自然「對所盼望的事有把握」。換言之，在智力和想像力還「看不見」或尚未確定時，他的意志「已經明白了一切」；在不知道該前往何方的情況下，他已經順服地啟程；在思維和想像明白行為將會促成什麼命運之前，他已經採取了行動。因此當他離開時，頭是跟隨腳的；由於他的腳體會到了天國的指令，所以是位於「上界」，他的頭則看見這種冒險行為可能帶來的苦難、危機和艱險，所以是順服著腳去面對「下界」。由此可見，亞伯拉罕的處境和卡上的吊人完全一樣。

「亞伯拉罕順服上帝的召喚……」，這就是埋藏在信心和意志中的智慧。

意志是主動運作的力量，本質上不是一種覺知機能。若想讓意志產生覺知，就不能任由它停留在被動狀態，否則它會睡著或變得軟弱，因為不活動，功能就會停止；不，它應該要改換引力場，將「我的意志」轉變成「祢的意志」。只要內心真的有愛，自然能夠以「祢」為中心。這種由愛促成的轉化就是「順服」的含義。

「順服」能讓意志覺察上界的啟示帶來的指引、感化與強化作用。這就是為何殉道者的意志能克服困難，為何神蹟實踐者的意志能達成使命。

亞伯拉罕受上帝召喚，等於被注入了上界的啟示。使徒說：「他順服了。」此處我們要加進一句話：他早在離開之前

就順服了。在上主召喚之前，人必須先順服，如此才有能力領受啟示。意志必須處於順服狀態，才有能力覺知神的訊息，也就是具足了信德的條件。

這種對超自然力量的信心，和人們對某些權威投射的信心，本質上是截然不同的。人們對醫生、法官或神職人員具有信心是一種自然反應，因為這合乎理性也合乎正義法則；人們本來就該信任經驗豐富的專家。聖女大德蘭完全信任那些聆聽告解的神父，但後者卻質疑起她的密契、靈知和神聖魔法經驗的源頭。當那些聆聽告解的神父和神學士宣稱她的屬靈體驗的源頭是惡魔時，最後獲勝的還是她對密契現象的確信。上主的直接召喚和權威人物的自信心，形成了強烈的衝突矛盾；後者根據的往往是二手知識。最後上界啟示不但在她的內心獲勝，而且令那些質疑她的人不得不承認，她的體驗是真實的。

大德蘭的狂喜出神既是因為具足了信德，也是意志與神的旨意合一使然；當時，意志、思維和想像，這些靈魂具有的能力都被她置之一旁：

> 我只能說靈魂認定自己已經接近上主，以至於除了堅信之外別無想法。它所有的功能（思維、想像、記憶）都中止了，而且懸吊在半空中不再起作用。如果靈魂之前正在思索一件事，那件事會立刻從記憶中消失，彷彿從未在腦海裡出現過。如果它之前是在閱讀，就會立即忘掉唸過的文字；之前若是在祈禱，結果也是一樣。靜不下來的記憶之蛾，無法再揮動被

燒毀的翅膀。意志當時想必是徹底投入愛之中，卻不明白是如何愛的。即使明白也無法領會那是怎麼一回事。我不認為它當時有能力理解任何事情，因為就像我所說的，靈魂完全不明白自己的狀況。我本身也不明白……另外要觀察的是，不論靈魂多麼享受這種功能停擺的狀態，在我看來，實際發生的時間非常短暫，半個鐘頭已經算是最長的。其實時間多長很難斷定，因為感官作用全都中止了。我不認為它能拖得很長，因為知覺不久就會恢復。在這個過程中，和感官保持連結的是意志，但其他兩種機能（思維與想像）很快會干預它。不過只要意志是堅定的，它們就會再度被懸吊起來，保持一小段時間的安靜。可是它們終將甦醒。以這種方式進行禱告，時間可以延長至幾小時。因為這兩種機能一旦嚐到醇酒的滋味，便隨時願意為了再度享受而停止運作。它們會伴隨著意志，三者歡喜地結合在一起。（*The Life of St. Teresa of Avila*; trsl. J. M. Cohen, London, 1957, pp. 126-127）

當意志與神結合、思維與想像被懸吊在半空中時，就代表靈魂對密契現象產生了信心。聖女大德蘭體驗到的顯然是此種信德，她憑此說服了那些質疑她的神學士。

整體來看，大德蘭形容的靈魂狀態和這張卡上的吊人十分近似。如同吊人一樣，她的靈魂也是「倒吊著」的。換句話說，她的意志被神提升到超越頭腦（理解和記憶）的層次。一

段時間過後，頭腦才對靈魂領受的啟示有所理解——或是無法理解。

　　隱修之道就是要讓思維與想像這兩種機能隨著意志順服於神，也就是渴望實現上述引言的最後一句話：

　　於是它們（另外兩種機能）就會伴隨著意志，三者歡喜地結合在一起。

　　三者會歡喜地結合在一起，靜待著未來出現更深的體悟，正是因為隱修之道一向是密契體驗、靈知和神聖魔法的整合。

　　由此可知，隱修之道的實修方式就是訓練思維和想像追隨意志的腳步，持之以恆地深思默觀塔羅的象徵系統。這些象徵系統能夠在意志順服於上界的啟示時，讓思維和想像繼續發揮作用。如此，靈魂不但能獲得上界啟示帶來的信心，還能引導記憶參與其中。

　　這便是隱修之道的實修重點，也是它對基督教密契主義的貢獻。我之所以用「基督教密契主義」而非「基督教玄學」，是因為玄學往往為了證明法則或律法的有效性，刻意合理化密契的內容。隱修之道則是要引導思維和想像參與密契體驗，目的是為了得到真實的體悟，而非解析或說明相關理論。

　　隱修士也是一名「吊人」，對他而言，信德畢竟是最重要的部分，但這真是一項艱鉅的任務，因為人必須長期堅守住內在的苦行，思維和想像才能立於燃燒著信心之火的祭臺上。不過隨著時間演進，信德促成的確信和智慧促成的確知會越來

拉近距離。思維與想像會隨著意志一起領受信德的啟發——直到它們的參與程度和意志相等為止。這便是所謂的「隱修式啟蒙」。

我過去認識一名俄國白軍士兵，當他遭受兩名同盟海軍軍官汙衊時，突然在那個當下「頓悟」到永恆即是剎那。他透過意志、思維和想像，突然接收到來自上界的那道閃電；靈魂的三種機能都被它徹底攝受，進而獲得啟蒙。

因此，基督隱修之道不會跟真正的信德起衝突，只可能和神學士的意見——建立在論述之上的自信心——產生矛盾。奇怪的是，神學士照理說應該非常審慎甚至謙遜的，然而一坐上學術寶座、披上由「主要及次要結論」織成的斗篷——尤其是「基本共識」——就會令人感到相當陌生。他們會從謙遜的人頓時變成傳達神諭者。事實上，他們的學問是所有知識中最虛浮的，因為他們是把上界啟示的絕對真理拿來做剖析。相對地，自然科學的表率們照理說應該是虛浮的，但是他們反倒因為治學的紀律，變得謙遜客觀。他們的求知態度是審慎的，因為他們解釋的是經驗性的相對真理。

此刻，一個似非而是的論點出現了：謙遜的人因為有學問而變得虛浮，虛浮的人則因為治學而變得謙遜。前者的危機在於知道得太多，後者的危機在於一無所知。因此身為一位審慎的生理學家，杜布瓦·雷蒙（Du Bois-Reymond）才會說，實證科學家認為的世界的七大「謎」，就是「我們不知道且永遠不會知道」的事：

1. 物質和能源的本質；

2. 動因（the origin of motion）；

3. 感官知覺的根源；

4. 有關自由意志的議題；

5. 生命的起源；

6. 大自然中的目的性機制（the purposeful organization of Nature）；

7. 思想和語言的根源。

（E. H. Du Bois-Reymond, *Ueber die Grenzen des Naturerkennens. Die sieben Welträtsel*, Leipzig, 1882）

從另一方面來看，某些神學士不但對上述謎題的答案有十足把握，甚至對人死後靈魂的命運以及可能發生的事——或不可能發生的事——也有十足把握：

靈魂從離開肉體的那一刻起，便無法再改變它的道德傾向，也無法再回到生前對惡行的執著。它會讓自己聽命於死亡那一刻的意志，然後就不易改變了，而且會反抗任何撤回、轉化或懺悔的念頭；無間的懲罰存在的唯一目的，就是為了對付那些性格頑強、不肯悔過、堅持不願離開此生的靈魂。（Cardinal Louis Billot, *Études*, Paris, 1923, pp. 392, 394）

按照此種說法，能決定人的道德傾向、對惡行的執著，還有對皈依和懺悔的渴望的，完全是肉體而非靈魂；只有死亡那一刻而不是在世的言行舉止，才能夠決定靈魂的道德傾向和命運；肉體死亡時，靈魂會像火箭一般瞬間離去，而且是邁向一段為永恆預設的行程（火箭的發射路線）。因此，上主的慈悲只會在肉體死亡的那一刻發揮作用，靈魂的命運也是取決於脫離肉身時的半機械式作用。

這類說法無疑是荒謬的。如果說審慎的杜布瓦‧雷蒙是因為太過含蓄而引人質疑，那麼狂熱的神學士就是因為太過魯莽而得不到人們的信任。我們不可能同時相信樞機主教比洛[2]（Cardinal Billot）的上述主張和福音書所說的：

> 假如一個人有一百隻羊，其中的一隻迷失了，難道他不會留下那九十九隻在山野間，去尋找那隻迷失的羊嗎？……同樣的，你們的天父不願意任何一個微不足道的人迷失。（《馬太福音》第18章，第12、14節）

你若是不相信上主的慈悲有限、只能在死亡的瞬間生效，就該相信它是無限和無止盡的。即使靈魂離開了肉身，它也能繼續發揮功能。我們現在討論的是上主的愛——不，是祂的大

2　譯註：法國耶穌會士兼神學家（1846-1931），1911年成為樞機，1927年辭去樞機職位，是二十世紀唯一這麼做的樞機院成員。

公無私。

因此，杜布瓦・雷蒙應該這麼說：「從現代科學至今的求知方式來看，世界的七大謎或許是無解的，但倘若某一天，科學的求知方式能在不喪失初衷的情況下有所改變，世界的七大謎或許就能破解了。」樞機主教比洛如果能這麼說，那就更好了：「從現今的推理方式和道德觀來看，《聖經》裡關於上主之愛和罪惡導致懲罰的說法似乎有些矛盾。但由於它們之間不可能真的出現矛盾，所以我想了一個令自己滿意的說法去化解它。可我不確定這是不是唯一的解答，或許還有更好的說法。我只能確定一件事：自由意志的確存在，不過它也必須為墮入無間地獄負責，不論『無間』的真實意涵是什麼。至於實現這則真理的機制是什麼，我的意見如下：」（接著他可以說，世間生活屬於自由意志的領域，另一個世界的生活則屬於命運的領域——但是他仍須為這種說法辯白，以抗衡對立的論述。）

實修的隱修之道——如同基督密契主義一樣——是建立在確信之上的，也就是要把意志置於思維和想像之上。它的實修目標是要讓思維和想像隨著意志一起領受上界的啟示，以下是達成的方式：

以「道德邏輯」（moral logic）取代「形式邏輯」（formal logic）去「感化」思想。你必須將道德的熱度注入到「冷思維」裡，同時讓想像力變得理性化，方式是訓練它服從道德邏輯的法則。這便是歌德所理解的「精確的想像力」（exact imagination），亦即去除掉那些自由發揮的幻想，令其配合道德邏輯的規範運作——與象徵系統的法則達成一致。如此一

來，思維和想像就能關注並參與意志，共同領受上界的啟示。

「以道德邏輯取代形式邏輯去感化思想」這句話還可以說得更精確一些，而且有必要詳加探討。它真正的意思是，形式邏輯──不論以明示或暗示的方式呈現三段式論法（syllogistic forms）──最終還是要把判決權讓給道德邏輯。（三段式論法，是由兩種假設形成一種暗示，然後依此暗示做出結論。）該亞法說服祭司長們判耶穌有罪時所提出的理由，如果從形式邏輯的角度來看是無瑕疵的，卻嚴重違反了道德邏輯。「讓一個人為全民死，免得整個民族被消滅。難道看不出這對你們是一件合算的事嗎？」（《約翰福音》第 11 章，第 50 節）──這是該亞法當初所提的理由。此理由是建立在「局部比整體次要」的形式邏輯上；局部指的是「一個人」，整體指的則是「整個民族」。在面對另一種選擇時──「如果我們放他走，所有人便會相信他，而羅馬人就會前來毀滅我們的城市和民族」──這些人最後的決定，是為整體犧牲掉局部。

但是就道德邏輯而言，「局部比整體次要」這種以「量」取勝的傾向，在根本上是不正確的。完整有機體的生命功能顯然比「量」的大小來得重要，「局部和整體一樣有價值」。心臟雖然是人體的一個小小的器官，人卻不可能失去它而活著。

在道德和靈性上，唯有「質」才是最重要的，一位義人如果是非自願地必須被犧牲，那麼其價值顯然超越整個民族，因此上述邏輯應該改成「局部比整體更有價值」。

以上的例子顯示出「道德邏輯」或「質」的邏輯，和「形

式邏輯」或「量」的邏輯在運作上的莫大差異。宇宙律和世間邏輯的衝突，就是使徒保羅在下面這句話裡所提到的：

> ……有人披著綿羊和山羊的皮，到處奔跑，受苦窮困，被迫害和虐待。這世界不值得他們居留！他們像難民一樣在荒野和嶺間流浪，在山洞和地穴裡棲身。
> （《希伯來書》第11章，第37-38節）

人的「道德邏輯」可以比擬為「那光是真光，來到世上照亮全人類」（《約翰福音》第1章，第9節）。道德邏輯是一種奠基於信德的邏輯，也就是思想伴隨著意志一起領受上界的啟示。「道德邏輯」可以將熱度注入到思想之光裡，令後者成為「陽光」，而不再是缺乏溫度的清冷「月光」。

「讓想像力變得理性的方式，就是訓練它順服道德邏輯的法則。」象徵系統在其中扮演了重要角色——兼具培育和感化的功能——因為裡面蘊含著「道德邏輯」。

因此，眼前的這張大阿卡納構建了一所教化想像力的實修學院，目的是讓它有能力和「陽光下」的思想以及「黃道之光下」的意志，共同接受上界的啟示。如此一來，它就能發展出理性，降低炙熱的溫度而變得清明；它會「被月光同化」、變成「像月亮一樣」。以下這首獻給煉獄之中的靈魂的祈禱文：「主啊，請賜給他們一個休養生息、光明、寧靜的去處」——清楚地說明了想像力必須具有反映而非幻想的功能。

意志「被黃道同化」、思維「被太陽同化」、想像力「被

月亮同化」──靈魂心甘情願地將才能獻給天國──這指的是：意志變成覺知神和為神執行任務的機能，如同大宇宙的黃道一樣；思維變得既溫暖又光明，如同大宇宙的太陽一樣；想像力則變得有能力反映實相，如同大宇宙的月亮一樣。

因此，靈魂要試著把自己的三種才能貢獻給天國，這種奉獻精神的根源就是傳統的三聖戒──意志對應順服、思維對應神貧、想像力對應守貞。這麼一來，人的三種作用力就變成了上界啟示的明鏡，而非恣意運用的工具。

在密派的修行體系裡，這意味著頂輪（「八瓣蓮花」）的功能開始充分發揮作用，因為它可以轉化人的放任傾向；使人處在「神聖的安歇狀態」，順服於上界的作用力而得以領受啟示。若想擁有「聖人的特質」，七個脈輪（偶爾是八個）的作用力必須完全讓渡給上界。從心身的角度來看，人聖化的程度完全取決於有多少脈輪是順服於上界的。

隱修士通常不會變成純粹的聖人，因為他們的工作和使命要求他們付出努力和辛勞、保有某種程度的「主動性」，至少眉間輪（「二瓣蓮花」）要服膺於自由意志。眉間輪負有啟蒙智力的任務，雖然它也會被上界的啟示所支配──也許是一剎那、幾分鐘甚至幾小時──但原則上，它必須服從於隱修士本人。如果頭腦只想著上界的旨意、只關注上界所決定的事情，隱修士會感到非常痛苦的。

我認識一名隱修士，他「喪失」了眉間輪的功能（為智力帶來啟蒙同時引導注意力），因此承受了極大的痛苦。他能領會許多高超的道理，但是對私人問題就束手無策了。他不能思

考自己感興趣的事，也無法專注於自己想知道和理解的議題。這種情況持續了一段時間，直到上界的施恩者介入，「恢復」了他眉間輪的功能為止。對於碰到類似或相同問題的人，我一向建議人們尋求天使長米迦勒（Archangel Michael）的幫助。對於渴望整合聖人特質及啟蒙經驗、追求上界恩典的隱修士而言，祂會是非常特殊的朋友和守護者。

第十二張大阿卡納「吊人」首先代表的是意志徹底被「黃道同化」，心靈有了決定性的進展——智力被「太陽同化」、想像力被「月亮同化」。平衡吊人的那兩棵樹，顯現出十二道被截枝的痕跡。被截斷的樹枝總共有十二根，因為黃道具有十二種效應；它們之所以被截斷，是因為吊人的內心已經具足黃道的一切特質，故而超越了它們的影響。由於十二根樹枝已經完全變成吊人本身的意志——徹底被「黃道同化」的意志——所以才被截斷，不再向外發揮作用。吊人汲取了十二個星座的能量；他本身變成了黃道帶。他的意志裡臨在著神的十二名侍者，這十二名侍者都是行使上主旨意的管道。

「十二」代表的是意志和行動的各種模式；「七」是感覺和想像力的模式；「三」是思想和文字的模式；「一」是擁有思想、感覺及意志的自性之模式。因此，我們必須透過思想和文字（三）形成感覺和想像力（七），再促成意志力和行動（十二），才能揭示「單子」（自性）。

一、三、七、十二的總數是二十二（根據英譯者的註解，此書的德文版強調這些數字的總合是二十二而非二十三，因為「一」超越其他數字、也包含它們）。此即大阿卡納有二十二

張卡的原因。塔羅作者只針對重要議題繪出明確的象徵圖像。而他繪出的怎可能多於或少於二十二個主題呢？他可以忽略上主或大宇宙的一體性、靈魂或小宇宙意識的合一性嗎？他可以忽略三位一體的造物主、救世主及聖靈嗎？他可以漠視人的身、心、靈三位一體嗎——它對應的可是上主的形像啊？再者，他可以無視於三位一體在四元素中的作用——放射、擴張、流動、穩定嗎？當作者考量到三位一體在四元素中的作用時，怎可能不留意到它們的實際顯化，亦即三乘四的十二種作用模式？

塔羅作者必須完整地解析上主的稱謂或四字神名——由數字一、三、七、十二組成——所以構思設計了二十二張大阿卡納。但二十二就是四，四又是由三顯化出來的一，因此塔羅也是二十二種象徵手法所闡明的完整真理。

平衡吊人的那兩棵樹被截掉了十二根樹枝，這代表吊人已經將「二十二」化為「一」，而「一」就是他本身；他即是「一」的體現。你可以說他「吞下」了黃道帶，個人的意志已經等同於上主的意志，後者是以十二（三乘四）種方式顯化出來的。

他擔負著——應該說受到指示而擔負起——整合上主意志的十二種作用模式。這便是「將二十二化為一」的含義。他被懸吊著，是因為他活在天國引力的符號之下。

我們之前說過「吊人」是上主的「第十三」名侍者。這可以意味兩件事：「從十二到一」的化約作用——意志的十二種模式的總合——或是結晶後的第十三種「綜合」元素。後者體

現的是一具骨骸，「黃道能量」所合成的結晶體，也代表「死神」的本質和具體形像。由於死神和其骨骸的關係就是下一張卡的主題，因此親愛的朋友，請你牢記眼前這封信所指涉的兩個主題：個人意志認同上主的意志，以及上界引力為人帶來狂喜或死亡。因為意志只有處於狂喜或自然的死亡狀態，才可能徹底地被「黃道同化」。

吊人既代表上述的第一種可能性，亦即上主的十二種基本模式的一體性，同時又代表身、心、靈的放射、擴張、流動及穩定作用的有效因和決定因。

我們可以在梨俱吠陀（Rigveda）的讚美詩中發現對這些宇宙奧祕的讚嘆和深刻感受，至少它能喚醒冥想者對「黃道能量」的嚮往或感覺。這首詩的內文如下：

起初既無存在亦無非存在，
既無空氣亦無天空。
那麼是誰在騎牆觀望，朝著何處觀望？是誰在給予庇護？
那時有水、深不可測的水嗎？
那時既無死亡亦無不朽。
既無擾動的跡象，亦無白晝或黑夜。
唯一存在的只有聖靈的氣息，祂呼吸著，無息地呼吸著，
其他什麼也沒有。
那時存在的還有黑暗，黑暗中的黑暗，

無揀擇的渾沌幽黑。

當時一切皆是虛無。

然後，溫暖的擾動開始出現、成形……

接著欲望、原始的欲望，

最初的種子、聖靈的胚芽也出現了。

探索中的先知們往內心尋求，終於明白：

存在即非存在。

它們被一條橫線劃分開來：

其上的是什麼、其下的又是什麼呢？

唯一存在的只有造物主、全知的意識，

自由的動能和無盡的生命力。

（*Rigveda* x, 129; trsl. P. Lal, "The Song of Creation" in *The Golden Womb of the Sun, Calcutta*, 1965）

這是一名印度教徒在三千多年前的星空下遼望宇宙時的感受。這不也是創世紀裡有關自然密契主義——「要有光」的陳述嗎？

吠陀讚美詩的匿名作者就是從上述的深奧次元汲取靈感的，吊人也透過意志參與其中。他是連結存在及非存在的鏈環，銜接黑暗及受造之光的鎖鍊。他被懸吊於潛存和實有之間。對他來說，潛存比實有更真切。他靠著赤誠的信仰——赫密士在《世界的聖母》裡所指的「黑夜的禮物」或「完美之夜的禮物」——過活，從透光的黑得到了完美的確信。而黑又可分成一般的和神聖的，前者無明盲目，後者則是超越自然認知

力的智慧之源；它會示現成直觀洞見。它是一種像紫外線的超驗之光，不屬於人的正常視力範圍。

下面的文字摘自亞歷山大主教聖亞他那修（St. Athanasius the Great）的著作《聖安東尼的一生》（*Life of St. Anthony*）。它和上述的主題有關：

> 的確，在這之後還有其他人前來。他們應該算是異教徒中比較有智慧的人。他們要求他就基督信仰提出一種論證……（於是安東尼透過一位譯者對他們說）……「既然你們堅持要將自己的信仰釘在確鑿的證據上，畢竟這是你們精通的一門技藝，而你們也要求我們無確鑿證據就切勿信仰神——那麼可否告訴我們如何得到確鑿證據，尤其是關於上主的？是以口述為憑，還是藉由積極的信仰來達成？何者比較正確？」他們的回答是積極的信仰比較正確，於是安東尼說道：「講的好！信仰是出自於靈魂的本性，辯證則是出自論者的技巧。擁有積極信仰的人根本無須論據，甚至會認為這麼做是多餘的。我們透過信仰領悟到的，就是你們嘗試用論據確立的；你們甚至根本無法描述我們覺知到的事情。結論是：積極的信仰比你們強詞奪理的論證更好、更有效……」
>
> （St. Athanasius, *The Life of Saint Anthony*; trsl. R.T. Meyer, Westminster, 1950, pp. 81, 83-84）

此刻我們清楚地看到「積極信仰」的確信和邏輯論證的確知之間的差異，就如同照片和本人的差異。前者是影像，後者是現實；一種是人們對真理的概念，另一種則是當下發揮作用的真理本身。

真實的信德源自於和實相的面對面，以及它所具備的說服力和轉化作用。由邏輯推演得來的確知只是某種程度上──或多或少──與實相類似罷了，因為這必須仰賴推理的有效性和精確性。一則嶄新的訊息可以顛覆我們既有的結論，一則錯誤或不準確的訊息也會導致同樣的結果。因此，但凡建立在推理之上的確知都是一種假設，而且必須具備以下的條件：「我得到的訊息若是完整真確的，又沒有出現自相衝突的訊息，我就可以按照它來下結論……」但真實的信心和假設完全無關：它是坦直又純粹的。基督信仰的殉道者都不是為假設而是為了確信的真理犧牲自己。

請原諒我反對「共產黨員也會為馬克思─列寧主義殉難」的說法！他們如果是出於自願，也不可能是因為其信條（相信經濟利益至上、意識形態上層結構〔ideological superstructure〕至上）而這麼做，其實是基督信仰的真理擄獲了他們的心，尤其是人類兄弟愛和社會公義的主張。唯物主義不會培育出殉道者；如果有的話，也只是唯物主義的反證，他們的證詞將會是：「世上存在著比經濟甚至生命更有價值的東西，所以我們不但願意犧牲物質財產，也願意付出自己的生命。」接著他們會提出反基督的證詞：「我們去除了完整的信仰，只留下少許的信念。但即使是僅存的一點信念也彌足珍貴，珍貴到願意為

它付出生命。至於擁有完整信仰的你們，又可曾為它犧牲過什麼？」因此他們一方面是意志受信念牽引的教條式唯物主義者，一方面是意志受經濟利益牽引的教條式唯靈主義者。

　　就是這種雙重式信仰導致了許多異端和宗派的產生。阿里烏主義（Arianism）的擁護者之所以否定耶穌的神格，並不是因為這個論點不合邏輯，而是與他們渴望的東西相左。他們「渴望」的救世主是猶太正教徒（Jewish orthodoxy）當時一直盼望的彌賽亞。後者拒絕承認耶穌是基督而將他釘上了十字架，並且指控他不該「自命為上帝的兒子」（群眾告訴彼拉多：「我們有法律，根據那法律他是該死的，因為他自命為上帝的兒子。」──《約翰福音》第 19 章，第 7 節）。阿里烏的追隨者同樣也向主教大會提出類似的指控，因為大會承認耶穌是上帝之子。阿里烏主義者的教育和理性程度絕不亞於猶太正教徒們，但由於意志尚未領受到上界的啟示，所以缺乏真正的信德。他們的信仰及行徑和耶穌降生前的猶太正教徒是一樣的。其實阿里烏主義者想要的是另一種彌賽亞，但因為身為基督徒，只好擅自竄改彌賽亞的身份，以符合他們所認同的重要願景。

　　意志一旦覺知到上界的啟示並且有了理解，就會像吊人一樣生出絕對的確信，而不至於演變成異端；「異端」的意思是對救世思想抱持偏見，選擇相信不合乎完整真理的教條或準則。吊人有可能被視為異端，但他絕對不可能犯下異端罪。他擁有的是真正的信德，而真正的信德或意志的神聖作用力，怎麼可能驅動背離本質的行為呢？

你知道教皇以「宗座權威」（ex cathedra）宣告「教皇無謬誤」（infallibility of the pope）的寓意是什麼嗎？當教皇以宗座權威宣布有關信仰與道德的事宜時，他就是處在吊人的狀態。使徒彼得就是在這種處境下說出：「你是基督，是永生上帝的兒子。」耶穌的回答則是：「這真理不是人傳授給你的，而是我天上的父親向你啟示的。」（《馬太福音》第 16 章，第 16-17 節）。如同石頭是不會自行移動的被動個體，處於吊人狀態的意志也不會自行作用，只會按上界的指示行動。

確信和德性具足是不易犯錯的，因為自行作用的意志被癱瘓和削弱為零——變成了石頭——判斷就不會出錯，也就是犯錯的根源被消除了。按規定，當羅馬教宗以宗座權威宣布事情時，必須以教宗而非先知的身份做這件事。

關於「教皇無謬誤」之謎以及其他面向的討論，皆已收錄在「教皇」和別的章節裡，「吊人」這張卡最主要的議題是真正的信德。

真正的信德帶來的是絕對的確信，尤其是當它有效地影響意志，又能夠讓理解力和想像力共同參與意志的體驗時。然後靈魂就會成為讓基督信仰的象徵系統發揮功能的中樞，如同《光明篇》在卡巴拉信仰中的功能一樣。舊約和新約共同形成了《聖經》，卡巴拉和基督信仰的象徵系統也共建了隱修之道。基督神學是不可能擺脫舊約的，隱修之道也不可能擺脫卡巴拉。鮮活的傳統若要延續下去，必須遵守「孝敬父母」的法則或誡律。隱修之道的「母親」就是卡巴拉，父親則是埃及的隱修傳統，後者是由我們所熟知的古希臘著作《赫姆提卡文

集》（*Corpus Hermeticum*）構成的。上埃及或古希臘的《赫姆提卡文集》（據傳為赫密士之作或是由他啟發的著作），呼應的就是猶太信仰的《光明篇》和卡巴拉。

這些作品顯然都不是「剽竊」歷史文獻，何況這麼做也不會有生命力。摩西雖然「接受了埃及文化的薰陶」（《使徒行傳》第 7 章，第 22 節），但確實有過與「上主的天使」相會的經驗；祂「像火燄，從荊棘中向摩西顯現」（《出埃及記》第 3 章，第 2 節）。那次相會便是他使命的開端。

不，親身經驗不可能是剽竊來的。它們會像人類的世代一樣連綿不斷地出現，僅靠著奧妙的傳統彼此銜接。換言之，傳統是透過艱辛、困苦、渴望及受難而延續下去的。人類將求知的「機能」和所需的動力一代代地流傳下去，埃及、以色列、基督信仰的靈修傳統，也是承繼前人的動能（心血）而得以延續的。相較於埃及人，以色列人算是新靈魂，相較於以色列人，基督信仰者也是新靈魂。埃及人渴望見到眾神之上的神，他們對他的認識已經到達相當程度──甚至生出了真正的信德──如同《赫姆提卡文集》所證實的。以色列人則是透過摩西和先知們的居中協調，與神有了交感；祂後來在基督信仰中化身成人。從埃及的聖殿到西奈沙漠到各各他的十字架，我們看見了一條漫漫長路──它一方面是天啟之路，一方面是一神論在人類意識裡的發展歷程。基督信仰絕對沒有從猶太教那裡「竊取」彌賽亞的概念，因為耶穌基督不是「概念」而是道的化身；他實現了以色列人的希望。摩西和先知們也沒有從埃及聖殿那裡「竊取」任何東西，當神顯現在西奈

山時，天上的雲、閃電和雷都不可能是偷來的。《柏曼德》[3]（*Poemander*）所描述的造物主在埃及聖殿現身的景象，也並非從別處「盜」取來的，其序言如下：

> 有一回當我的腦子正忙著想事情時，理解力突然大幅提升，身體的感官反倒變得極為遲鈍，彷彿進入了深層睡眠……我認為我看見一個巨大無比的身影呼喚著我的名字，並且說：「你渴望聽見或看見什麼嗎？還是想學習或瞭解什麼？」（*Poemander* i, book II in *The Divine Pymander of Hermes Mercurius Trismegistus*; trsl. Doctor Everard, London, 1884, p. 7）

這顯然是屬靈體驗，而非傳說故事。鮮活的傳統不是靠傳說承繼的，通常是藉由一連串的啟示和人的努力流傳至後世，這可以說是信德的「傳記」。

因此，真正的信德——吊人的狀態——和推理得到的認識是截然不同的。前者具有絕對的確鑿性，後者只能得到相對的確實性。推理不是求知唯一的方式，另外還存在著超常的方式。我指的是各種形式的眼通——有形的、無形的、屬靈的。那麼，真正的信德和眼通能力究竟是什麼關係？

3　譯註：《赫姆提卡文集》的第二部分。

首先我必須說明，一切超感經驗均可分成兩種類別，一種是靈魂對「外境」的橫向覺知，一種是對「上界」啟示的縱向感應。後者是超主觀的，前者是主觀或客觀的。聖女大德蘭稱它們為「想像式眼通」（imaginary vision）和「直觀洞見」（intellectual vision）。以下是「直觀洞見」的例子：

有一天我在祈禱──那是聖彼得的節日──突然發現耶穌在我身邊──更正確的說法應該是我意識到他的臨在，因為肉眼或靈魂之眼並沒有看見任何東西。他似乎很靠近我，所以我才能清晰地知道那是他。我正要思考時，他就對我說話了。由於我對這種經驗一無所知，所以起初非常害怕，除了哭以外不知如何是好。但是當他說出第一句安撫的話語時，我立即恢復平日的寧靜，開始感到喜悅而不再恐慌。在這個過程中，耶穌似乎都在我身邊，但這不是一種「想像式眼通」，所以我無法看見他是以什麼形像出現的。雖然如此，我仍然十分明確地感受到他一直在我的右邊，看著我的一切行為。只要一想到他，我就會察覺他在我右邊。

我感到相當困惑，立即向我的告解神父坦白了這一切。他問我他是什麼樣子，我說我並沒有真的看見他。接著他問我怎麼知道那就是耶穌，我說我也不明白自己是如何知道的，可就是清楚地意識到他在身邊。我清楚地知道和感受到這一切……但只能用比喻

來解釋；其實沒有任何比喻能幫助我描述那種情況，因為這是所有可能出現的眼通中最高階的一種。這是具有極高靈性的聖人，佩德羅·德·阿爾坎塔拉修士，事發後告訴我的……其他的飽學之士也都這麼說。在所有的眼通中，這是魔鬼最無法指染的……之前我說過不是用肉眼或靈魂之眼看見祂，因為這不是一般的眼通經驗，可我又是如何知道並確定祂真的在我身邊，如同親眼看見了一樣呢？說自己就像身在黑暗裡看不見旁邊的人，或者像眼盲一樣，也都不是正確的說法。它們雖然有類似之處卻不盡相同，因為在黑暗裡的人即使看不見，也還是有其他的感知能力，可以聽見旁人說話、移動，也可以碰觸到別人。這種洞見卻不是如此，因為沒有任何處於黑暗的感覺。反之，祂帶給人的感覺比陽光更燦爛。我的意思不是真的有陽光出現，而是有一種光明的感覺，你雖然看不見它，理解力卻突然提升，靈魂因而享受到極大的恩賜，隨之而來的是更大的恩典……

接著我的告解神父又問我：誰說那就是耶穌基督？我回答：祂時常告訴我是祂出現了，甚至祂還未說話而我也沒看見祂之前，已經有一股力量讓我明白那就是祂……主樂意將訊息深深印在我們的意識裡，好讓我們不再懷疑，猶如親眼見到一樣。（*The Life of St. Teresa of Avila*; trsl. J. M. Cohen, London, 1957, pp. 187-189）

以下則是「想像式眼通」的例子：

有一天當我正在祈禱時，祂突然在我眼前顯示祂的雙手；它們的美是無法形容的。我感到極度惶恐……幾天後我見到了祂的臉，我幾乎因此掉進全然的狂喜中。我不明白主為何逐漸顯相給我看，因為祂後來又讓我見到祂完整的樣子……有一回當我在聖保羅的節日做彌撒時，這位最神聖的人突然出現在我面前，祂復活的身體散發著無比的莊嚴與美，如同所有畫像裡的樣子……這個經驗應該是我想像出來的，因為肉眼並沒有真正看見祂或祂的身形，但靈魂之眼卻看見了。那些通曉此類事情的人說，我之前的洞見比這一次的更完美，而這一次的經驗又比肉眼親見的更接近完美……我想就算花再長的時間也弄不明白，我是怎麼創造出這麼美的形像。我不可能知道要如何創造祂，因為其潔淨和光耀超乎想像。那不是一種刺眼的光，而是柔和、純淨、飽和的光，眼睛見到它感覺非常舒服不費力；當眼睛看著這麼美好神聖的形像時，不會因為它耀眼而感到疲憊……眼睛是張開或閉上的也不重要；如果主真的要我們看見祂，就算我們不願意也會看見。（同前著作，pp. 196-198）

這些例子都足以清晰地說明「超主觀經驗」或「直觀洞見」（大德蘭的說法）和「極主觀經驗」或「想像式眼通」的

差異。前者是上界投射到靈魂內的屬靈體驗；靈魂本身並沒有主動覺知任何東西——它只是對自己的經驗生出反應、分享事情的經過罷了。這種「超主觀經驗」並不是發生於靈魂的外境或內境裡，而是在其上的屬靈次元裡。靈魂雖然沒有親眼看見什麼，卻明確地知道自己看見了，雖然沒有親耳聽見什麼，卻知道自己聽見了。靈魂以自己的方式去「看」、「聽」或「接觸」，然後將經驗的結果注入到自己的內心，而得到超越親身體驗的確信。

至於「極主觀經驗」或「想像式眼通」，則是人「親眼」、「親耳」或「親身」經驗的東西。這不是感官製造的幻覺或自主的想像，而是從外面進來的影像。由於這類影像不是感官能夠覺知到的，因此當事者才會使用「靈魂的覺知」或大德蘭所謂的「靈魂之眼」這樣的詞彙。

其實「靈魂之眼」就是現代隱修之道所指的「蓮花」，印度瑜伽所謂的「能量中樞」或「脈輪系統」。

上層蓮花——十六瓣、二瓣和八瓣蓮花——是人的靈性接受上界啟示時運用到的脈輪，其中包括人自身的靈性、直接與聖靈結合的靈性，還有在聖靈中與他者或屬靈存有結合的靈性；聖女大德蘭所說的「直觀洞見」就是它的作用力使然。

下層蓮花——四瓣、六瓣和十瓣蓮花——是橫向的覺知機能，亦即聖女大德蘭「想像式眼通」運用到的脈輪。

至於心輪或十二瓣蓮花，則參與了上述兩種眼通，也可說是由兩種眼通結合成的第三種眼通。「心輪」是愛的脈輪，它其實已經和「上」或「外」甚至「上界」或「下界」無關了，

因為愛能夠消除一切的距離與隔閡（包括與屬靈世界的隔閡在內），而且能夠讓萬物安住於當下。神會臨在於一顆散發愛之光的心中。

心輪可以覺知到各種存有的屬靈熱力，因此當兩位使徒在前往以馬忤斯的路上遇見主耶穌時，他們的眼睛尚未看見、未產生理解之前，「心」已經認出了他。接著當他們的靈魂之眼被開啟了之後，就對彼此說：「他在路上向我們說話，給我們解釋聖經的時候，我們的心不是像火一樣地燃燒著嗎？」（《路加福音》第 24 章，第 32 節）。心有各種燃燒的方式——這種「洞見」和靈知是心輪特有的功能。

親愛的朋友，請隨時關注你的心，以及從內心深處浮上來的熟悉熱力！誰知道在你尚未理解靈眼未開時，會是誰陪伴在你身邊？

上三層蓮花主要是跟「注入的確信」或「無法感知的光」有關，它們是接收「直觀洞見」或超主觀啟示的媒介工具（是媒介而非源頭）。

下三層蓮花則跟「第一手經驗」所產生的確信有關；它們讓我們「見證」到無形的存有。這些存有以「可感知的光」形成動作、顏色、聲音、形體和氣息，具體且客觀地向我們顯現，雖然它們並不是物質世界的實體。

至於中央脈輪、心輪或十二瓣蓮花，則會帶給我們真正的信德——這是來自「以馬忤斯之火」（fire of Emmaus）——那些願意伴隨我們修行的存有會透過它直接顯現在我們面前。這種火同時包含著「直觀洞見無法感知的光」，和「想像式眼

通可感知的光」，兩者的綜合便是所謂的「以馬忤斯之火」。

除了這兩種或三種超感經驗之外，人們還常將一種經驗當作是屬靈的經驗，但事實並非如此。我指的是過度精練感官或因幻覺而產生的眼通。我們之前引述的大德蘭自傳也提過此事，她說：「那些通曉此類事情的人說，我之前的直觀洞見比這一次的（「想像式眼通」）更要完美，而這一次的經驗又比肉眼的見識更接近完美⋯⋯」

在十六世紀，那些「通曉此類事情」的人似乎一致認為，除了「直觀洞見」和「想像式眼通」之外，還有一種屬於「肉眼」的透視力，或是過度精練感官所產生的眼通。因此，昔日和今日的人都知道，人可以閱讀密封的信，可以從背面得知是什麼牌，也可能看見人、動物和植物周圍的靈光等等。此外，昔日和今日的人也都知道，感官有兩種作用力：它們可以接收來自外境的印象，也可以將靈魂的內在表現向外投射出去；後者是一種自己製造的幻象經驗。

幻象經驗又可分為錯覺的和啟示性的，主要取決於靈魂如何藉由感官通道向外體現出影像。某些靈魂可能會──其實是經常──將感知變成幻象，或是把心理甚至靈性層次的東西投射到物質維度上。因此，這在物質維度上是虛構，在高層次元上卻是一種正版的啟示或幻象。

「幻覺」（hallucination）和「錯覺」（illusion）並非同義詞。據說馬丁・路德曾經將一只墨水瓶扔向出現在他面前的惡魔（或是傳統所謂的魔王），這種行徑無疑是出自於次元上的錯覺──墨水瓶和惡魔肯定不屬於同一個次元──但我們可

以因此而斷定它從未出現嗎？……什麼也沒出現過，一切都是想像力使然，毫無理由或原因嗎？

不，世上既存在著由錯覺導致的歇斯底里症，也存在著由實相促成的歇斯底里現象——譬如那些能親身經歷主耶穌受難過程的人，身上往往會出現聖痕和荊冠刺出的傷口——同樣地，恐懼或貪婪導致的錯覺都是實存的，也的確出現過啟示性的幻覺或是「對實相的幻覺」。

讓我們回到「真正的信德」和「眼通經驗」的關係，亦即「吊人」的狀態和「眼通」狀態的關係。延續前面的說法，真正的信德指的是在心中燃燒著見證屬靈實相之火。上界的啟示之光會經由上面三個脈輪注入到心中，根據聖女大德蘭的說法，這種光乃「直觀洞見」帶來的恩典。

至於「想像式眼通」——甚至過度精練感官所形成的透視力或幻視——則無法帶來真正的信德，因為其中缺乏真實的信仰、道德良知和理性邏輯。簡言之，就算它們為人的靈性帶來了啟示，意義仍比不上真實的信仰；就算它們能豐富人的道德內涵，意義仍比不上良知；就算它們能增長見識、使人獲得有價值的新資訊，意義仍比不上推理能力。

人必須明白自己所看見的、聽到的究竟是什麼？如果缺少了「超越感官經驗的光」或「以馬忤斯之火」，就無法真正領會自己感應到的是什麼。在增長見聞和拓展屬靈感應的過程中，如果不依照邏輯推理的方式進行，勢必無法明瞭或珍惜新見聞的價值。邏輯推理可以梳理眼通所提供的各種訊息，找出關係的順序以做出結論。但無論什麼類型的眼通，只要是自行

體驗而得到的結論，基本上都是假設性的。唯有真正的信德能讓內心發展出確知的能力。

因此親愛的朋友，最重要的就是「以馬忤斯之火」帶來的確信，其次才是「直觀洞見」所啟發的信心，然後下述的一切才能為你的靈魂效勞：「想像式眼通」和過度精練感官所形成的透視力，感官經驗、道德良知、邏輯推理以及對一切學問的研究，甚至包括幻視在內。一旦具足真正的信德，你就不會再藐視或拒絕任何事情，因為一切都能為你帶來神益和價值。

這便是「吊人」的主要啟示。這位倒吊的人雙腳朝上、頭朝下，由於他的意志完全被「黃道同化」，所以是「天主教十二信條」的真理見證者。他以懸吊的姿勢活在兩種對立的引力場——天國與地球——之間。

然而「吊人」到底是誰？他是聖人、義人，還是受啟蒙的人？

他很可能三者皆是，因為共通點都是意志聽命於上界。不過他最能代表的並不是聖潔、正義或啟蒙，而是三種德性的總合。「吊人」就是永恆的約伯，穿越過一個世紀又一個世紀的考驗和試煉；他既是朝向神的人也是朝向人的神。他是最富有人性的，被指派的也完全是人間的工作。

「吊人」是活在兩界——世界和天國——之間的人性表率。他代表的是人與人性的核心本質。他在幾千年前就說過：

人在世上，好像被迫當兵一般，
天天過著負重勞苦的生活，

像奴隸渴慕陰涼，

像雇工等待工資……

我多麼希望有人記得我說過的話，

把我的話都記錄在書本上！

或用鐵雕刻，用鉛灌注，

刻在磐石上。

我緊跟著他的步伐；

我跟隨他的道路，不敢偏差……

但是，我知道我的維護者活著；

他最後要來為我伸冤。

即使我的皮肉被疾病侵蝕，

我仍將以此身覲見上帝。

我要親眼看見他，

他對我並不陌生。

我的心多麼消沉！

（《約伯記》第 7 章，第 1-2 節；第 19 章，第 23-24

節：第 23 章，第 11 節；第 19 章，第 25-27 節）

這就是無數世紀以來，有關「吊人」的總結。

第十三張大阿卡納的冥想

死 神

DEATH

那女人回答：

「園子裡任何樹的果子我們都可以吃；

只有園子中間那棵樹的果子不可吃。

上帝禁止我們吃那棵樹的果子，

甚至禁止我們摸它；

如果不聽從，我們一定死亡。」

蛇回答：

「不見得吧！你們不會死。

上帝這樣說，是因為他知道你們一吃了那果子，

眼就開了，

你們會像上帝一樣能夠辨別善惡。」

——《創世紀》第 3 章，第 2-5 節

告訴枯骨要聽上主的話。

——《以西結書》第 37 章，第 4 節

死神

親愛的不知名朋友：

你現在是否因為上帝和蛇對於「墮落造成死亡」這件事的看法相左，感到有些困惑不解？上帝的說法是：「只有那棵能使人辨別善惡的樹所結出的果子你們絕對不可吃；你們吃了，

當天一定死亡。」但蛇卻說：「你們不會死。」在這件事情上面，神和蛇的態度似乎都很絕對。

難道蛇是在說謊？或者蛇的理念根本是錯的？亦或是蛇所認知的真理只適用於它自己的世界，在上帝的國度裡就變成是不正確的？換言之，是否存在著兩種相左的死亡與不朽——一種是從上帝的視野、一種是從蛇的角度而論？難道蛇所理解的「死」便是神所理解的「生」，蛇所理解的「生」則是神所理解的「死」？

親愛的朋友，我請你開始著手探尋這個問題的解答，同時留意一下我的思考方向。眼前這張「死神」卡就有上述問題的答案。卡上呈現的是一個骷髏人，正在收割從黑色土壤裡冒出來的一些東西——人頭和手等等。

經驗性的死亡通常指的是存在於物質世界的生命消失不見了。這是我們透過感官所體認到的外在事實。但這種「消失」不僅發生於五官感知到的外境，同時也發生於內在意識裡；箇中的意像和心象會隨著生物的死亡一起消失不見。這便是我們所謂的「遺忘」。這種狀況每個夜晚都會出現在我們的記憶、意志和認知領域，直到我們完全忘卻自己為止；此即一般所謂的「睡眠」。

就我們整體的內在與外在經驗來說，遺忘、沉睡和死亡其實是同一件事的三種示現方式——是那件「事」導致了一切的「消失」。有人說沉睡是死亡的弟兄。我必須再加上一句：遺忘也是沉睡的弟兄。

因此，遺忘、沉睡和死亡乃同一本質或能量的三種示現方

式，只是程度上有所不同，就是它導致了身、心、靈種種現象的消失。事實上，遺忘即是沉睡，沉睡即是死亡。或者可以說：遺忘和記憶的關係等於沉睡和覺知的關係，沉睡和覺知的關係則等於死亡和生命的關係。

人會遺忘、沉睡、死亡，也會憶起、甦醒、誕生。憶起和遺忘對應的是甦醒和沉睡，甦醒和沉睡對應的則是誕生和死亡。人沉睡時會忘記自己，醒來時會記起自己。死亡啟動的是遺忘，誕生啟動的是記憶。當自然界把我們完全遺忘時，我們便進入了死亡；當我們忘卻自己時，則進入了沉睡；當我們對某件事喪失積極的興趣時，等同於逐漸忘卻了它。

但是我們必須記住，遺忘、沉睡和死亡涉及的範疇，比心智的遺忘、生理的睡眠和臨床的死亡要深廣得多。除了心智的遺忘之外，靈魂和意志也會遺忘，如同它們都有記憶一樣，這是一種超越頭腦的記憶。譬如，我們可能在腦子裡對昔日的朋友還保有清晰的記憶，但心理上卻完全忘掉了這個人。雖然我們仍舊記得有這號人物，卻不記得過去的情誼了。同樣地，人有可能在頭腦和心理層面都記得某個人，甚至還保有著鮮活的感受，但意志層面卻不記得此人了。或許你對他還存有親切的回憶，卻不想再為他做任何事。

除了生理的睡眠（躺在床上忘卻自己的一切）之外，還有靈魂和意志的睡眠。我們醒著的十六至十八個小時當中，靈魂的某些層面其實是睡著的。人清醒時的意識，對許多事情是「不知不覺的」……

佛陀之所以被視為——被尊崇為——對生、老、病、死徹

底覺知的人，是因為未成道者多少都能意識到自己對這些事是缺乏覺知的——不是頭腦缺乏認識，而是在心靈和意志上覺知不到自己正經歷著生、老、病、死。人的頭腦雖然知道有這些事情在發生，但實際上是缺乏體受的。人只有真正明白自己所知道的，而且深切地體受到自己所明白的，同時又能採取正確的行動，才算是真知或確知。

除了臨床的死亡之外，還有心靈和意志的死亡。我們在七十或八十幾年的人生當中，內心有好幾層東西已經逐漸死去。我們在靈性和道德上已經喪失了一些東西。失去信、望、愛，是任何辯解、訓誡甚至鮮活的典範都無法彌補的。只有神聖魔法——恩寵——能夠為死去的東西注入活力。耶穌基督之所以被尊崇為復活之主，是因為受死亡驅迫的人都知道，只有神聖魔法具有起死回生的功能，而復活的耶穌就是它的保證人。

遺忘、沉睡和死亡，就如同憶起、甦醒和誕生一樣，都有其專屬的象徵圖解。黑色象徵著遺忘，草叢象徵著沉睡，拿著鐮刀的骸骨則是死亡的象徵……黑色既代表非自願和自然的遺忘，也代表聖十字若望所說的自願和超自然的遺忘——靈魂與上主在感官、認知和意志的三重黑夜裡合為一體。草叢之所以象徵沉睡，是因為我們熟睡時的狀態就像植物一樣。熟睡時，人體的有機活動，諸如呼吸、循環、消化及生長，會在「動物性」和「人性」缺席的情況下持續發揮作用。我們熟睡時就像「植物」人一樣。而骸骨之所以成為死亡的象徵，是因為一個活生生、有意識的人分解成了一堆礦物，也就是骸骨。

自然的遺忘使人退化成動物；自然的沉睡使人退化成植物；自然的死亡則使人退化成礦物。就是因為「死」可以分成遺忘、沉睡和死亡，所以畫面上才會出現黑色的場域，上面有一撮撮的草叢和一個骷髏人。

　　第十三張大阿卡納所攸關的，其實是「減法」的三種示現方式——遺忘、沉睡和死亡。除了上述的內容之外，畫面上還出現了由人頭、手、腳代表的第四種元素，稍後我們再深入地加以討論。

　　因此這張卡的主題就是「減法」或死亡，它和「加法」或生命恰好相反。如果要理解遺忘的機制作用，就必須從星光體、乙太體和肉體中「減除」自性的作用；如果要進入沉睡狀態，就必須從乙太體和肉體中「減除」自性和星光體的作用；如果要變成一具屍體或進入死亡，就必須從肉體中「減除」自性、星光體和乙太體的作用。這三重減法形成了「脫離肉身」的過程，對應的三重加法則形成了「化為肉身」的過程，因為化身就是自性先形成星光體，再形成乙太體和肉體。

　　卡上的骷骨握著的鐮刀，代表的就是減法或脫離肉身的作用力，亦即割斷自性和星光體（遺忘）、星光體和乙太體（睡眠）、乙太體和肉體（死亡）之間的連結。

　　靈魂和肉體——應該說靈魂和精微體——之間到底有著什麼樣的連結，卻被這把具有三重減法功能的鐮刀割斷了？究竟是什麼連結著自性和星光體、星光體和乙太體、乙太體和肉體？換言之，我們為何以及如何記得往世的歷史？我們為何以及如何到了早上就會醒來？我們為何以及如何能存活數十年？

讓我們先撇開與這些問題相關的龐大文獻，試著直接去冥想它，亦即不借助外來資訊而是根據親身體驗獲得確知。冥想是一種為了內在的確知而進行的深思，因此必須放下假裝知道的一般知識，例如科學常識等等。我們在冥想時，必須本著良知問自己：「我確實知道了什麼？」而不是：「大家的答案是什麼？」

　　親愛的朋友，我們在探討靈魂和身體之間的連結時，應該暫時放下一般人對這個議題的認知和說法，試著去思考自己有能力得到的答案。

　　首先讓我們思索一下「遺忘和憶起」這件事。從主觀的角度來看，憶起算是一種喚回過去事件的魔法。它能夠讓已經過去的事情出現在當下。如同巫師或招魂預知術士可以喚回死者的靈魂使其顯相，記憶同樣也可以喚回過去的往事，令其出現在我們腦海裡。當下生起的記憶就是主觀魔法帶來的結果，它幫助人從被遺忘的黑洞裡喚出鮮活的過往意像。鮮活的過往意像……是一種靈魂的印記嗎？還是象徵符號、拷貝或幻影？答案為以上皆是。記憶可以說是一種印章，能夠複製來自過去世的印象，同時也是一種象徵符號，因為它會利用自我的想像力示現出意像範圍之外的真相；它也是一種拷貝作用，目的在於複製過往的原始事件；甚至可以說它是一種幻影，因為是從深淵裡冒出來的被遺忘的幽靈。

　　但究竟是什麼力量促成了主觀且神奇的喚回作用？

　　人對記憶的體驗可以分成四種：機械式或自動式記憶、邏輯式記憶、道德記憶，以及垂直或啟示性記憶。

機械式或自動式記憶幾乎無須做出任何喚回的舉動；它是自然發生的。它會按照聯想法則——事物之間的相似性、親和性及關聯性——自動地出現，人除了覺察以外無須做任何事。當我接收到一種想法時，上述類型的記憶就會提供我許多過往的意像，以便從中做出選擇。因此當我看見一支煙斗時，立即會生起各種意像，譬如：「我在一九ＸＸ年的某地見到的一位老船長」、「一本和印第安人的儀式有關的煙斗書」、「我的朋友Ｓ先生在上一次大戰發生時，拿出自己栽培的菸草並點燃了它，由於當時沒有人買得到菸草，因此在場的人都為之興奮」等等。

　　與自動式記憶相比，我們必須更主動喚起邏輯式記憶。為了喚回這種記憶，我們必須主動思考。假設我忘了印度教三位一體的其中之一，就必須自問：除了造物主和毀滅主、梵天和濕婆神之外，存在於祂們之間的第三種核心力量「應該」是什麼？我必須專注在兩者之間的空缺上，試著以推理方式去補足它。「啊，祂應該是守護神——毗濕奴！」我會如此告訴自己。邏輯式記憶的自動化作用，通常小於主動運思的功能。

　　道德記憶則幾乎不包含任何自動化作用，它是一種雖主觀卻真實存在的魔法。啟動道德記憶的就是愛，愛喚回了過往的記憶。凡是能令你深深感動、難以忘懷或立即想起的，往往是跟敬仰、尊重、友誼、感恩、親情及上千種與正向感受有關的回憶。人在一件事上付出的愛越多，越容易產生道德記憶。

　　一般而言，年輕人擁有非常強的自動式記憶，但隨著年齡

的增長，逐漸需要邏輯式或理性記憶的輔助。屆時就必須盡量運用理性思考了。無法發展理性思考能力的人，年老時會有失憶問題：自動式記憶會變得越來越靠不住，原本應該輔助它的邏輯式記憶也減退了。

在年老時，道德記憶會取代自動式和邏輯式記憶的功能。愛可以滋養和維護道德記憶，以彌補逐漸消逝的上述兩種記憶。老化之所以使人漸失記性，是因為道德記憶無法適時地取代邏輯式記憶的功能——更別提自動式記憶的功能了。懂得如何在事物中找到道德價值、看出背後道德意義的人，是不會忘記任何事情的；他們老來仍擁有正常甚至超凡的記性。

涵蓋一切事物的道德記憶，對越不漠視道德的人來說越能生效，這是毫無例外的。由此可知，漠視或者對道德漠不關心，就是記憶衰退的主因。你越不漠視它，就越能憶起過往的經驗，也越有能力學習新穎的事物。

除了自動式、邏輯式及道德記憶之外，還有一種「垂直或啟示性」記憶。它不是從過去到現在的橫向記憶，而是垂直地憶起在現前、高層或更高層發生的事。它不是在身心層次上去連結當下和過去的「印記」，而是一種鏈接平常意識和高層意識的憶起作用。這也是一種「低層我」複製「高層我」的方式，亦即「高層我」將體悟烙印在「低層我」上面。它是「高層之眼」與「低層之眼」的鍊環，能讓人擁有真正的信仰和智慧，免於遭受懷疑論、唯物論及命定論的危害。這不但是對上主和一切屬靈存有的堅信基礎，也是對永恆與確信復活的根基。「黎明是繆斯的摯友」（Dawn is the friend of the muses）這句諺語和其他類似的座右銘，譬如「晨間人的嘴裡有黃金」、「人在早晨比在夜晚更有智慧」，都和人在清晨從垂直記憶獲益有關；清晨是人從「自然的喜悅」或睡眠層次醒來恢復意識的時段。

垂直記憶比三聖戒——順服、神貧和守貞——更能直接有效地讓下界的人聽見、覺知和領收上界的訊息。基本上，垂直記憶就是人發展到更高層次的道德記憶。它和三聖戒的目標一樣，都是針對德性的淨化而非智力的發展。

以上是關於記憶的概略說明。現在我們要回頭來探討：究竟是什麼力量促成了主觀神奇的喚回作用？

首先我們必須明白，我們前面所討論的不同層次的記憶：「自動式記憶」、「邏輯式記憶」、「道德記憶」、「垂直記憶」，會帶來不同程度的啟悟。事實上，越是自動化的事物越背離直接的悟性。說真的，純自動化的解釋根本算不上是一種解釋，因為它將思想和感受轉入無意識領域，導致人無法深解事物。譬如，有人將微笑解釋為「大腦的中樞神經將電流傳至嘴巴及臉頰部位，使得嘴巴及臉頰的肌肉收縮」，但即便這是正確地描述了肌肉和神經的機制作用，仍舊沒有解釋「微笑」的真正起因；他忽略了「喜悅」才是讓肌肉與神經系統產生微笑的主因。

任何一種自動化的解釋都不會是完整的解說，因為問題會從覺知之光轉進無意識的暗處。所謂的「自動化」就是缺乏覺知的意思。因此，「自動化」的答案就是一切問題的墳墓。

因此，當我們探討不同層次的記憶時，要避免從「自動式

記憶」的角度去理解喚回作用。我們必須從「道德記憶」和「垂直記憶」的角度去探索它。唯有進入整合的層次，才能為過往的探索帶來最深的啟悟。只有透過最大值，我們才能理解最小值。覺醒使我們認識了自動式或無意識的作用，因為後者就是最小值的意識。

但究竟是什麼力量促成了主觀且神奇的喚回作用？

以下是最高明的答案——其他的都是次級版本：

> 耶穌一向愛馬大和她的妹妹，也愛拉撒路……耶穌到了伯大尼，知道拉撒路已經在四天前埋葬了……耶穌哭了……心裡非常激動。他來到墳墓前；那墳墓是一個洞穴，入口的地方有一塊石頭堵住。耶穌吩咐：「把石頭挪開！」……於是他們把石頭挪開……耶穌大聲喊：「拉撒路，出來！」那死了的人就出來；他的手腳裹著布條，臉上也包著布。（《約翰福音》第11章，第5-44節）

這才是最完整、最強烈以及最高尚的喚回力量。這是一種愛的體現，因為「耶穌一向愛馬大和她的妹妹，也愛拉撒路」。

喚回生命有三個步驟：耶穌的到來、挪開石頭、耶穌的召喚或大聲呼喊。

首先是耶穌的到來。「到來」是為了尋找並找到隔絕召喚者與被召喚者的那道門。為了來到拉撒路的墳前，主耶穌從伯

大尼走了「約兩公里的路」才抵達耶路撒冷，這段路代表的是召喚的第一種作用：目的是為了抵達最接近召喚對象的地點。

接著是挪開石頭：這個動作是為了消除所有的憂慮、疲憊和絕望，因為它們就像墳前的石頭一樣擋住了被召喚者的出口。人如果認為自己永遠不可能憶起某件事，或不可能將它喚回到意識之光裡，就沒有能力運用垂直記憶和道德記憶。疑慮或缺乏信心就像墳前的石頭一樣，癱瘓了人的憶起能力。石頭代表的是缺乏鮮活的感受和信心，更別提對前世或輪迴的具體記憶了。你再怎麼努力敲門，擋在前面的石頭還是會阻礙記憶從深處浮現到覺知之光裡。

最後要談的是召喚作用。「大聲呼喊」是喚回生命最終極、最崇高的舉動；憑著這股愛的力量就能喚回生命和記憶。

在物質世界裡，聲音越是響亮越能被聽見，也越能造成空氣的振動。在屬靈世界裡也是一樣的，因為只有如此才能表達背後的奮力和痛苦。奮力和痛苦的聲音會被屬靈存有聽見。此即為何我們在唸《玫瑰經》時必須複誦《聖母頌》一百五十遍、《主禱文》十五遍。如果唸一聲「耶穌！」就能被上界聽到，那是因為聲音中有強烈的痛苦。因此若想讓《玫瑰經》的複誦被上界聽到，必須使勁地誦唸才行。這其實是施展神聖魔法的萬能方式。我不把這一點說出來的話，就是對真相不尊重了。

奮力而痛苦的強烈吶喊，是整個召喚過程中的關鍵之舉：「耶穌哭了……耶穌心裡又非常激動。他來到墳墓前……耶穌大聲喊：『拉撒路，出來！』」愛讓耶穌慟哭，也促成了死而

復生的奇蹟——它同時也是使人恢復記憶的動力。

所以喚回記憶是一種奇蹟嗎？

……是的，這的確是一種奇蹟。但親愛的朋友，請容許我對我所認為最崇高的奇蹟做一點補充，因為這是每一位隱修士和卡巴拉弟子都必須思考的事，那就是：奇蹟之外，別無真正的自由。只有活在奇蹟中、透過奇蹟以及為奇蹟而活，才是真正自由的人。

在身、心、靈三個層次上，凡是非自動化的事物，都是神奇的，凡是非神奇的事物都是自動化的。我們只能在自動化和被奴役以及奇蹟和自由之間做選擇。

「機械化的人」依循的法則是「以最少代價換取最多樂趣」，目的只是為了做出精準的反應。他在頭腦層面排斥所有非制式的想法及概念，在心靈層面排斥與制式化的「幸福感」不一致的東西，在肉體上則服膺於制式化的「本能反應」所傳達的指令。

富人自稱為反共者，窮人自稱為親共者，這些都是自動化反應。但富人如果願意捨棄財產、順服於神貧精神，如同聖安東尼和其他聖人，以及加爾默羅會、方濟會和道明會那些奉行神貧戒律的修士們，那就是一項奇蹟了。聖方濟不但展現了療癒痲瘋病患的奇蹟，同時也展現了對「神貧聖母」的愛。耶穌基督讓拉撒路復活之後，在各各他山被釘上十字架，飽受痛苦折磨，他卻說：「父親哪，赦免他們，因為他們不曉得自己在做什麼。」（《路加福音》第 23 章，第 34 節）這難道不是他施展過最崇高的奇蹟嗎？

人所有的自主行動都是神奇的；按「本性」或自動化反應所展現的行為則是機械式的。山上寶訓教導的就是「行動勝於自動化反應」。

> 要愛你們的仇敵，善待恨惡你們的；為詛咒你們的人祝福……並且為迫害你們的人禱告。這樣，你們才可以作天父的兒女。（《路加福音》第 6 章，第 27-28 節；《馬太福音》第 5 章，第 44-45 節）

這段教誨不就是為了讓人擺脫自動化反應，然後施展奇蹟嗎？

為詛咒你的人祝福便是一種奇蹟。它不再是自動化反應而是「自主的行動」。人只有透過奇蹟，才可能展現真正的本質，也才可能示現富創造性的「道」。

因此，《約翰福音》的前幾段話並不是在傳播普世性的唯理主義，譬如斯多葛學派對「理性」的主張[1]。不，《約翰福音》宣告的是奇蹟的普世性任務。其源頭是創造性的道，而不是頭腦的自動化反應：

> 上帝藉著他創造萬有；在整個創造中，沒有一樣不是藉著他造的。（《約翰福音》第 1 章，第 3 節）

1　譯註：主張宇宙是絕對理性的。

「上帝藉著他創造萬有」，其中包含了垂直記憶和道德記憶的喚回。由於喚回記憶是一種「行動」而非「自動化反應」，所以是一項奇蹟。喚回邏輯式記憶，則是「行動」和「自動化反應」的混合體。喚回機械式記憶，則顯然是一種「自動化反應」，因為其中的道德成分是最少的。如果喚回之舉與拉撒路的復活類似，那麼遺忘又是什麼呢？

遺忘和喚回一樣可以分為不同的層次，它也會自動出現或半自動地出現，或是有意識地自由出現。在機械式記憶裡，事情會自動地被遺忘。至於邏輯式記憶，如果不常將它喚回到覺知中，也會逐漸遠離和消逝。在垂直和道德記憶裡，任何事情都不會被遺忘；如果被遺忘，也是意志基於道德做出的選擇。

現在讓我們以相同的方式來探索遺忘，也就是從「遺忘是一種有覺知和可理解的行為」開始談起。

每個人都知道有覺知的行為是需要集中注意力的，集中注意力又意味著帶著覺知忘掉不相干的事物。當我們誦唸《主禱文》時，不但會暫時忘掉每日的瑣事，甚至連其他的禱告文也都記不得了。

同樣地，如果全神貫注於屬靈世界和上主的價值，我們也會忘掉現象界的價值。簡單地說，靈魂與神結合的三個程序：淨化、啟蒙、合一，就是靈魂越來越專注於神。有關靈魂與神合一的體驗，聖十字若望曾經說過：

……靈魂在內壇的酒窖裡，喝下了具有最高智慧的上主所提供的神祕醇酒後，便忘卻了世上的一切。以往

的知識、所有的學問和他今日獲得的智慧相比，全都顯得膚淺又無知。（St. John of the Cross, *A Spiritual Canticle* xxvi, 7, 10; trsl. D. Lewis, London, 1909, pp. 204-205）

他還說過：

……記憶越是與神合一，就越會喪失各式各樣的知識，最後這些知識會完全消失，但記憶卻達到了完美的程度。當合一境界開始出現時，記憶會突然忘掉各種事情；這些事情的形式和相關的認知會逐漸從記憶中消失……記憶完全被神所吸引。但習慣合一境界的靈魂並不會忘記與道德或倫理相關的事物，反而能更完美地做出恰當和必要的行動，彷彿神用一種特殊方式賜給了靈魂的記憶真正需要的認知和覺知。（St. John of the Cross, *The Ascent of Mount Carmel* III, i, 5; trsl. D. Lewis, London, 1906, pp. 244-245）

我想再加上一句，勝王瑜伽、奉愛瑜伽及智慧瑜伽的導師，也都是在教人如何忘卻現象界的一切，進入徹底的禪定境界。我們也可以從神祕的卡巴拉和伊斯蘭的蘇菲教派中發現有關遺忘的教誨。

遺忘是從一種意識狀態到另一種意識狀態的轉換方式。人即便是進入睡眠或是「自然的狂喜」狀態，也必須忘記白天的

世界，才能進入夜晚的世界。我們為了入睡，必須懂得如何忘記。失眠就是無法忘懷所導致的。

那麼甦醒呢？甦醒是再度記起白天的世界，忘卻夜晚的世界。人如果無法忘記夜晚的世界，就不算是完全醒來──這種情況經常發生。這麼一來夜晚和白天勢必混淆在一起，日間執行的工作就會出現障礙──因為夜晚的記憶干擾了專注力。

那麼出生和死亡呢？

如果說靈魂與神合一是對現象界的遺忘以及對神的憶起，那麼死亡就是憶起了上界、忘卻了下界。靈魂與神達成合一的三個程序，淨化、啟蒙、合一，在死亡後會再度出現：首先是進入煉獄接受淨化（〔Catharsis〕洗滌心靈），接著是進入天國接受啟蒙；天國指的是靈魂與神合一的狀態，類似於密修者活著時的密契體驗；這種合一狀態會變成慣性，也就是所謂的至福感，然後靈魂就會憶起地球和曾經面臨的試煉。這種記憶會使人的一切行為變得「更完善」（聖十字若望曾說過，這是因為靈魂習慣與神合一而恢復了記憶的功能），我在此應該解釋一下，所謂「人的一切行為」指的是在世間的作為。

這便是聖人為神做工的動力來源。聖人是「習慣」與神合一的靈魂，因此擁有聖十字若望所說的更高層次的屬靈記憶。他們不追求與神合一，因為他們已經與神合為一體了。他們在世間的作為──朝向世界而非神──都是奉主之名在運作的。

天國的屬靈存有──天使──也是一樣的。守護天使如果一直朝向神，就會著迷於對神的默觀而無法保護人類。幸虧祂

們已經習慣與神合一，意志已經與神的旨意結合，所以才能履行守護人類的使命。祂們和聖人一樣總是面對著地球。這便是祂們的奉獻精神背後的動力。

至於誕生這件事，則可能是源自「神聖」的力量，或「自然」的作用力，亦即順服於神或「地球的呼喚」所帶來的結果。前者意味著臣服於垂直或道德記憶，類似於拉撒路復活的奇蹟；後者則是在半自願、半被迫的情況下，受世間引力吸引而誕生出來，接著便逐漸忘卻了上界的經驗。

「聖誕」顯然不是這樣的，因為促使靈魂降生的是對上主的記憶。靈魂並沒有因化身成人而忘卻神，它對神仍保有清晰的記憶。靈魂是在與神合一的「慣性狀態」下投生的。這個烙印會一直在靈魂意志的記號中發揮作用，從「聖誕」一直到它在地球上的生命結束為止。這樣的靈魂才有資格談「天職」或是「被揀選」。真正的天職並不是按自己的品味、興趣甚至理想去達成的。自行決定的「任務」，即使出發點是為了造福世界，也可能為人類史帶來一場大混亂。這些不合時宜的「任務」導致了許多災難的發生——就像彗星橫掃過一樣，干擾了真正的祥和以及富建設性的能量流動。

人在地球上真正的任務，就是為靈性的昇華及淨化效勞。這股驅力能活化和強化靈修傳統。自行決定的任務則是以個人的創見取代傳統，目標是要改變歷史的走向。

極端一點的說法是：只有天職才能讓地球上的人類——家庭、文明、文化、宗教等等變得更完美；自行決定的任務則往往會招惹火星人或金星人前來干涉地球的事務。

誕生、甦醒、憶起，以及死亡、沉睡、遺忘，構成了現實的兩股「支柱般的力量」。它們會顯現在憶起和遺忘裡，也會顯現在甦醒和沉睡、誕生和死亡的韻律中，在呼吸、血液循環和營養的吸收之中也有它們的作用力。它們是所有領域──身、心、靈三個層次的「是」與「不是」。

福音《箴言》中所提到的：「你們說話，是，就說是，不是，就說不是；再多說便是出於那邪惡者。」（《馬太福音》第5章，第37節）彰顯出了上面那段話的含義。「是」與「不是」乃現實的本質或真相，任何「多餘的話」都是出自魔或蛇的作用力。創世記裡蛇所說的話都是「多餘的話」──「是」與「不是」之外的第三種話。

現在讓我們回到這封信一開始所提到的：蛇說「你們不會死」，難道它是在說謊嗎？或者它說的是真相，只不過這種真相只專屬於蛇的世界？換言之：除了「是」與「不是」所代表的「生」與「死」之外，蛇究竟多說了什麼？

親愛的朋友，假如你認識了前幾封信裡提到的有關「生命」與「電能」、「聖潔本質」與「蛇的本質」在根本上的差異，就能洞悉在「是」與「不是」所代表的「生」與「死」之外的那些「多餘的話」背後的祕密。

這個祕密是：蛇允諾了一種「結晶化功能」，若是按照它的「捲曲」法則來修練，人便有可能抵擋死亡或是對死亡「免疫」。這種結晶化功能是透過摩擦力產生的；它是一種在「是」與「不是」之間掙扎所產生的電能。

親愛的朋友，你或許已經知道某些門派，像是密修派或其

他派別，一直在教導「結晶化」的鍛練方式；另外一些派別則教導如何「放射光熱」，亦即完全去除結晶化作用，使人轉化成「太陽」或發射能量的中樞。「那時候，義人在天父的國度裡，將好像太陽發射光輝。」（《馬太福音》第 13 章，第 43 節）──此即「光熱派」或是基督隱修之道的靈修目標。

「結晶派」的修練方式也有許多類型，而且十分普及。有些是完全祕密的，抱持的是非常嚴肅的宗旨；有些則廣為人知，通常是以「健康、回春、長壽」等一般性的動機做為訴求。我不想談論那些祕修派的方法，因為那是他們的而非我的祕密。我也不想談論那些已經變成流行的鍛練方式。我即將舉例說明的某個玄學派，你一旦瞭解其宗旨和方法，就會明白我的感受了。我之所以選擇下述這個玄學派別做為例子，是因為它介乎祕修派和偽裝成流行的養生鍛練法之間，更何況它已經選擇公開教誨的內容，因此我有權談論它，引用其資料。

我指的就是葛吉夫學派（G. I. Gurdjieff）。我將引用鄔斯賓斯基[2] 的《尋找奇蹟》（*In Search of the Miraculous*）中的一段內文。以下便是鄔斯賓斯基對葛吉夫教誨的理解和詮釋，內容是關於星光體如何繼續存留的修練方式：

> 在某一次這種類型的聚會上，有人問起輪迴的可能性
> 以及和死者溝通的案例是否可信。「許多事都有發生

2　譯註：鄔斯賓斯基（P.D. Ouspensky）為葛吉夫的大弟子。

的可能，」葛吉夫說，「不過我們必須瞭解，人活著的時候和死後的存在特質，可以說是截然不同的。如果你把人看成是一種機器，一切都受外境影響，那麼他此刻是這樣，下一刻是那樣，再下一刻又變成了第三種模樣，可以說毫無未來可言；最終他只會被埋葬。塵歸塵，土歸土，這句話非常適用於他。因此他為了擁有未來性，必須促成某種結晶化功能，一種內在特質的融合作用，或不受外境影響的自主性。如果人的內在有任何東西可以抵擋外境的影響，那個東西就能抵擋肉體的死亡……不過就算是存活下來，未來還是有許多的可能性。某些結晶化比較徹底的例子顯示人死後可以直接轉世，其他例子則是所謂的「在另一邊繼續存活」。這兩個例子都意味著生命力會在「星光層」內延續下去，或透過「星光體」的協助延續下去。我想你們都知道這是什麼東西，但是你們所熟悉的系統以及這個名稱的含義，暗示著所有的人都具備星光體。事實上，這是非常錯誤的見解。所謂的星光體是透過一種融合作用產生的，過程中必須經歷非常艱辛的內在工作和掙扎。人並非生來就具有星光體，而且極少人擁有它。它一旦形成，便可能在肉身死亡後繼續存活，也可能在另一個肉體內重生……這種融合作用或內在的合一狀態是以「摩擦」的方式達成的，而摩擦又來自於「是」與「不是」之間的掙扎。人的內心如果沒有掙扎，如果內在沒有任何衝

突而能運作自如的話，他就會安住在自己的真相上面。但如果他的心裡出現了掙扎，尤其是在特定的思路上，那麼就會形成固著的特質，就會開始「結晶化」……結晶化的作用可能發生在任何基礎上，譬如在一名非常厲害、名符其實的土匪身上。我就認識這樣的一個高加索土匪，他可以拿著步槍一動也不動地躲在路邊的石頭後面長達八小時。你辦得到嗎？可是你要明白，在整個過程中，他的內心是不斷在掙扎的。他既熱又渴，蚊蟲也不停地叮咬，但他卻完全不動地站著。另外有一名僧侶，他很恐懼惡魔，整晚不停地磕頭禱告，於是結晶化作用就產生了……而這樣的人也可能變得「不朽」。（P. D. Ouspensky, *In Search of the Miraculous*, London, 1969, pp. 32-32）

　　現在讓我們思考一下引文中的幾個重點。第一，所謂的「星光體」，是從肉體中的精微體產生的活力運輸工具。根據這段引文的說法，「不朽」並非人與生俱來的權利，也不是神賜予的禮物，而是透過結晶化製造出來的一種嶄新的靈體；它可以抵擋死亡，在肉體毀滅後繼續存活。換言之，這嶄新的靈體不是神創造的，是人在自己體內製造出來的。它是從「是」與「不是」的摩擦中誕生的結晶體。由此可知，盜賊、僧侶以及練家子型的玄祕家，都是透過掙扎和努力產生電能，進而讓自己變得「不朽」。

　　這涉及的是一套人體工程，也就是在人體內建構一座高

第十三封信：死神　515

塔,一棟有「四房」或四層樓的屋子;它從地面高聳至天國,從凡間延伸至永恆世界。《聖經》記載了這種「高聳入雲」的建塔方式,以及它如何「顯揚我們自己的名,免得我們被分散到世界各地」(《創世紀》第 11 章,第 4 節)。此即構建巴別塔的理念和上千年的築造方式。以下是葛吉夫的說法:

> 有一種非常古老的教誨,我們可以在許多舊有的和新的學說中發現線索。它主張一個發展完全的人是由四種精微體構成的。這四種精微程度不同的體相互滲透,形成了四種有機結構,它們之間雖然有明確的關係,卻能獨立自主地運作。這四種有機結構之所以會出現,是因為人體這個極其複雜的有機體,在某種情況下形成了新的精微體,可以提供意識一個比肉身更方便、更有感應力的使喚工具……在其他情況下,第二個精微體內又會形成第三個精微體,第三個精微體也有自己的特質……這第三個精微體內又可能形成第四個精微體,它們的不同就像第三個不同於第二個、第二個不同於第一個一樣。
>
> 有一種東方教誨用以下的方式來形容這四種精微體的功能、漸進的發展過程以及發展條件:現在讓我們想像一下,有一個裝滿各種金屬粉末的容器或曲頸瓶,其中的粉末是分開的,每當瓶子的位置無預警地被移動時,粉末的相對位置就會跟著變動……這些粉末之間的互動不可能以機械化的混合方式固定下來,但粉

末是可以融合的，其本質確保了這一點。如果要辦到這一點，就必須在容器底端生起一種特殊的火，經由加熱讓粉末融合結合在一起。以這樣的方式融合的粉末會變成一種化合物……容器裡的物質因而變成了不可分割的「整體」。這便是第二個精微體形成的過程。達成融合作用的火是由「摩擦力」產生的，摩擦力又出自於「是」與「不是」的掙扎……

第三種精微體的形成，相當於把新的特性注入原本的化合物中，……第四種精微體的形成則相當於固化那些新加入的特性。只有「四種精微體」都發展齊全的人，才算是真正完整的「人」。這種人擁有許多平常人沒有的特質，其中之一就是「不朽」。（同前著作，pp. 40, 43-44）

由此可知，「容器底端生起的火」是由摩擦力造成的，摩擦力又出自於「是」與「不是」的掙扎，因此這種火就是我們所謂的「電能」。有了這種電能或摩擦力，才出現了結晶化的作用過程。

巴別塔的建築師就是用這種火來調配建材。「『來吧，我們要做磚，把磚燒透了。』他們就拿磚當石頭，又拿石漆當灰泥」（《創世紀》第 11 章，3 節）。

「巴別塔」的建造方式依循的是「反向」的結晶化作用。正常的結晶體——「石頭」——是由氣體變成液體、液體變成固體的最後結果。依照這種程序的作用力，蒸汽先是變成水

（液體），水又結成冰，所以冰就是結晶化的蒸汽。同樣地，一個籠統卻熱誠的意圖會先形成一股邏輯推演的動能，然後才變成定義明確的法則。換一種說法是：靈變成了心，心變成了身。

因此，正常的結晶化過程是「由上往下」的體現：

反之，「巴別塔的建造方式」則是「由下往上」的結晶化過程：

後者是由身轉化成心和靈的過程。因此，人的確有可能戰勝死亡而變得不朽……形體上的不朽。人如果在靈、心、身的轉化過程中會變得必朽，那麼由身轉化成心和靈的過程中，不也可以變得不朽嗎？

這究竟是一種可行的假設，還是一種幻想？雖然這個問題屬於第十六張大阿卡納的探討範圍，而第十六封信也會就這個問題做出解答，但是為了得到完全正確的答案，我們必須先思考一些待解的現象。

我指的就是那些仍然存在於人間的精微體，所謂的死者或

「鬼」的顯相。鬼的確是存在的，這不是信或不信的問題，而是真實存在的現象。除了一些個人的親身經驗之外，有太多的資料足以證實鬼的存在。人死亡之後，生前的「某些特質」會偽裝成一股活躍的能量，以向外顯化的方式（聲音、動作等）現形。我們可以說有一種固化的能量會透過死亡釋放，它可以凝結住、不至於消散，而且是以實體或「形體」顯相的。

我從一則關於鬼這個現象的分析中，摘錄了它的幾種特徵：

1. 鬼是一種由心理和生理電能構成的實體，相對於活著的正常人，它擁有的意識層次比較低等；
2. 藉由鬼的行徑和行為方式所觀察到的意識狀態，是非常狹隘和極端執著的——這使人不禁想用「瘋狂」一詞來描述，因為它總是以單一的激情、癖好或固著想法的結晶體現身。
3. 鬼的組成能量會隨著時間遞減——除非身邊的人以一種肯定和贊同的態度支持它，否則很快就消散了。你可以透過教會的驅鬼儀式或個人的祈禱使它消失，或者還有一種需要勇氣的辦法，那就是將它扣住、然後把它的能量吸進自己體內，以驅散它的電能。但是我不推薦後面這種辦法，因為當鬼的能量進入你體內時，會帶來極強的觸電感。在此我必須進一步說明的是，這種觸電感也讓人確實明瞭鬼的「靈體」本質上就是電能。同

時這也提供了證據，使人心知肚明鬼並不是死者
的靈魂，而是尚未甩掉的沉重包袱。如果有人將
鬼的電能吸入體內而將其驅散，不久之後死者必
定會以托夢方式表達感激，因為他終於卸下了這
個沉重的包袱。

所以鬼究竟是什麼？套句葛吉夫的說法，鬼就是心理活動
的固化作用在肉體內形成的產物；它能夠抵擋肉體的死亡。這
也是葛吉夫所謂的「星光體」，「它一旦形成，就可以在肉體
死亡後繼續存活……如果它不重生，那麼一陣子之後也會消
亡；它並非不朽的，卻可以在肉體消失後存留一段時間」。當
然，葛吉夫和隱修之道論及的星光體完全無關，因為後者和靈
魂的精神記憶有關。

鬼永遠是結晶化作用的產物，亦即慾望、激情或強烈的意
圖在人體內固化成的一種「心理情結」能量。因此，「厲害的
土匪」可以「拿著步槍一動也不動地躲在路邊的石頭後面長達
八小時」，「另外有一名僧侶……他很恐懼惡魔，整晚不停地
磕頭禱告」，這兩者的體內都會形成固化的高密度「情結」
能量，這是一種心理活動和電能的「分身」，可以用來阻隔死
亡。

同樣的事情也會發生在具有強烈慾望、激情或意圖的人身
上；他們是用「建造巴別塔」的科學方式來達成不朽的。人不
但能透過結晶化的慾望、激情和意圖來驅動精微分身，還能賦
予它發達的智識結構和自動式記憶，將物質次元的經驗全部貯

存起來。這類玄祕家的「自我」會跟他的分身結盟，因為後者擁有他一切的記憶和智識，因此可以重新化成肉身——徹底略過煉獄以及淨化、啟蒙、合一的過程，也就是躲過了靈魂死後必定會面臨的挑戰 **3**。

因此，建構「巴別塔」的理念和方式並不是單純的幻想，而是另一種成為不朽的方式，也是《創世紀》裡的蛇所說的：「你們不會因為吃了善惡樹的果子而死。」善惡樹的果子令人在「是」與「不是」之間掙扎而產生了內在的摩擦力，這種摩擦力又會形成帶電的火，火的結晶化則會形成抵擋死亡的結晶體。這便是蛇的允諾或這套程式的含義。這套程式既是「建造巴別塔」的千年古法基礎，也是唯物科學的核心祕密或玄機所在。

我們雖然用葛吉夫（和鄔斯賓斯基）的說法來解釋「建造巴別塔」的概念和方式，但葛吉夫曾公開表示自己是純正的唯物主義者，完全和玄祕事物無關，所以他的觀點只能代表一般大眾。他只不過清楚地闡述了什麼在激發和促使千千萬萬的科學家，無覺知或半帶覺知地投入長壽的研究，亦即不仰賴上主或密契主義，只透過人為的修練方式來戰勝死亡：這才是建造巴別塔真正的理由。

葛吉夫只是一位唯物主義的科學代表；他知道科學想要的是什麼，也知道自己想要的是什麼。他是一個溫厚的人，具

3　譯註：煉獄（purgatory）有別於地獄（hell）。

有細膩的幽默感，也是一個好兒子、好朋友，而且十分富有常識——我所舉出的只是眼前浮現的一些他所具備的特質。因此，我們不該將他視為「陰險的先知」或帶有特殊使命的「撒旦使者」。不，他只不過是「世間智慧」的代表，他的體悟是奠基於經驗的，因此不帶有任何玄祕傾向。比起俄國著名生理學家巴夫洛夫（Pavlov）或任何唯物科學的代表人物，葛吉夫根本算不上是「撒旦擁護者」。

然而無疑地，他所教導的「由下往上的結晶化修練」，無論在實修或理論上都不能和榮格的個體化之道、隱修之道或卡巴拉的教誨相提並論。隱修之道所傳授的結晶化修煉是一套由上往下的運作方式；它的靈知是密契體驗的結晶，神聖魔法是靈知的結晶，結晶化的神聖魔法則是其隱修哲學。因此，葛吉夫的唯物玄學就是以結晶化的唯物科學取代或廢止了密契體驗。

回到我在這封信一開始提出的問題：創世紀的蛇難道是在說謊嗎？現在我們可以回答：不，它不是在說謊。它是用另一種不朽，亦即由下往上的「巴別塔」結晶作用，去對抗上主的不朽。它提出了大膽可行的方式，目的是要製造一種由活人和鬼結合成的人類，其靈魂幾乎可以不延遲地直接轉世，也可以避免經歷煉獄到天堂的淨化過程。

你現在應該明白教會為何反對輪迴之說了，雖然大部分擁有屬靈體驗的信徒都知道——不可能不知道——輪迴乃真實存在的現象。在這些反對意見的背後有一種深切的理由：以製造鬼身的方式直接輪迴或避開淨化（煉獄）、啟蒙、與神合一的

歷程，是十分危險的修練方式，因為人活著的時候可能會經不起誘惑而為來世做準備，反倒不為煉獄和天堂做準備了。不去面對永恆的上主、選擇死後立即轉世，往往涉及結晶化作用和「電能分身」──鬼身──的形成，也就是利用鬼身來逃避煉獄和上主的聖光，將其當成立即轉世投生的媒介。事實上，人應當在活著的時候發展出徹底覺醒的意識，以便死後面對上主，而徹底覺醒就是一種煉獄經驗；同時人也應該在活著的時候體驗到當下即永恆的天堂；人不該在活著的時候為來世做準備，因為這麼做會導致結晶化作用、產生出鬼身。對輪迴一無所知或者完全否定輪迴之說，遠比將理想和願景投射到來世，用蛇所建議的方式獲得永生要強上一百倍。我再重申一次，基於上述的理由，教會打從一開始就反對輪迴之說，甚至竭力不讓這個概念在信徒的意識裡紮根。

我承認，我是因為某個非常重視道德的教派的反對而猶豫了一陣子，最後還是決定將輪迴之說的危險性寫出來，尤其是濫用它所導致的結果。親愛的朋友，我相信你能理解，舉凡認為輪迴非密修者專有而是一種普世現象的人，身上都背負著一份責任；就是這份責任促使我決定將濫用輪迴說的現象寫出來。因此我懇求你，親愛的朋友，請以善意和良知去檢視十九世紀的法國玄學運動、二十世紀的神智學、人智學和玫瑰十字會，他們把輪迴說當成顯學來研究且當真地修練，到底是不是一種妥當合宜的做法。

我必須強調的是，上述的分析涉及的不只是逃避煉獄、不肯面對上主所引發的道德危機，同時也涉及到以蛇的不朽取代

神的不朽。

在浪子的寓言故事裡，那位父親所謂的「死」——「因為我這個兒子是死而復生、失而復得的」（《路加福音》第15章，第24節），指的就是和天父及天家疏遠；肉體的死亡指的則是離開物質界、脫離世間引力的電場（「吊人」卡所涉及的奧義）。拒絕經歷煉獄和天堂的人就是拒絕回到天父的家，也就是選擇和祂疏遠。所以從神的角度來看，全然結晶化即是徹底死亡，全然活著則是「如太陽般的放射」狀態，或是結晶體的徹底消解。因此《聖經》所說的：「你們不可以吃善惡樹的果子，否則你們一定死亡」，意思就是「一旦吃了善惡樹的果子，你們就會離我遠去」。蛇的承諾：「你們不會死」，意思則是「你們將脫離上主，獨立生活，我有本事讓你們在橫向世界裡繼續存活下去，因為我會以智力和身心的電能取代神的智慧與愛」。因此蛇所謂的「生」便是神所謂的「死」，反之亦然。隱修之道——基督隱修之道和更古早的隱修傳統——以及所有真實的密契體驗、靈知及神聖魔法的基本理念一向主張：橫向的生死是實存的，縱向的生死也是真實不虛的。對隱修之道而言，象徵人性的十字架，「各各他的十字架」，代表的就是兩種相反的生死方式。復活不但是縱向的生命力戰勝了縱向的死亡，更是縱向的生命力戰勝了橫向的生命力。

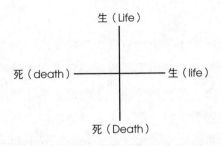

　　圖上顯示的就是縱向戰勝了橫向、放射作用克服了固化作用。因此當婦女們在清晨來到耶穌的墓前卻找不到祂的屍體時，那兩個人才會對她們說：「你們為什麼在死人中找活人呢？」（《路加福音》第24章，第5節）。讓我們不再從死人中尋找那位活著的祂，更重要的是不該在死亡的領域——由電能構成的智力範疇內，或是在卡巴拉的騎龍惡魔薩麥爾（Samael）的領土裡——尋求不朽的生命力。

　　幽靈和鬼顯然不是生命存活或不朽的能源。這種能源存在於別的地方。在哪裡呢？……在人的核心深處以及和上主的氣息、光輝及熱力的關係裡。

　　人的不朽是源自於對不滅本質的體驗。一個人若是體驗過自己最深的本質，已經成為真正的自己，浸潤在神的氣息之中，沐浴在神的光輝裡，感受過神的熱力，自然會明白且已然成為不朽本身。你或許可以很優雅地向這樣的人說明，頭腦與神經系統的作用造成了意識的活動，就像彩虹是陽光投射到雲層上造成的色彩變化一樣，可是他會很清楚你所說的這一切都不對，相反的講法才是正確的。或許他無法提出有效的論證去反駁你的說法，但仍然會確信自己是對的，因為他有真實的體

驗做為依據。

假如有人向聖十字若望或聖大德蘭提出一套現代科學都支持的理論，目的是要向他們證實靈魂只是有機體的化學或電能製造出來的幻象，那麼請想像一下他們會有什麼反應！他們有過多次的靈魂出體經驗，每一次示現的都是肉體完全麻木的狀態，但靈魂回來之後又充滿了活力和光，其光源不僅超越化學和電能的範圍，更超越了感官意像和智力活動的範疇！因此，他們還很可能把提出上述理論的人送去看心理醫生或驅魔師！

人一旦親身體驗過自己與上主的關係，自然會對不朽產生確信。

我當然知道人們為什麼會從邏輯、哲學和心理學的角度批判勒內・笛卡爾（René Descartes）的「我思故我在」（"I think therefore I am"），我也毫不保留地接受科學審判對它做出的結論。但是讓笛卡爾確實認清自己的先驗本體或生命本質的，並不是科學審判施展的力道，而是意識的審判使然。在某一天，當笛卡爾以一貫令人欽羨的方式思考時，突然不再受制於邏輯推理，而真正覺知到那個正在思考的思想者！在那個當下，笛卡爾徹底體認到「我思」之中的「我在」並不是某種合乎邏輯的論點，而是「思想中的思想者」。

德國哲學家康德（一個如孩子般的純真靈魂，天生就非常誠實和勤勉）將笛卡爾的自發體驗變成了內在求知的新方法，也就是所謂的「先驗法」（the transcendental method）。

此法乃是要讓思想者超越原本浸淫於思維的固著模式，提升至更高的層次去「觀察」或「研究」自己的思想。康德

的「哥白尼式革命」（Copernican revolution）也是要思想者跳出自己的「天真想法」，在思考過程中跳脫自我迷失，然後專注在其上的一個點，用抽離、無情又清明的真心去檢視它——這便是康德的「先驗批判」精神。《純粹理性批判》（*Critique of Pure Reason*）和《對判斷的批判》（*Critique of Judgement*）便是運用這種方式撰寫的著作；這個方式修正了我們原先的認知模式，讓我們清楚地洞悉自以為能對形上事物——神、靈魂的不朽性及道德自由——進行評斷的傲慢態度。透過康德的《實踐理性批判》（*Critique of Practical Reason*），我們進一步地超越了對思想者的檢視，開始進入理性邏輯和感官覺知的範疇，於是聽見了生命核心想要對自己說的話：

> 假如我說神不存在，我不是自由或不朽的，那麼我就必須改變自己的生命基礎或消滅自己。我的生命結構足以證實朝著完美神性發展的潛能的確存在，同時也存在著道德的自主性以及靈魂的不朽性。

笛卡爾的「我思故我在」後來成了邏輯學家、哲學家及心理學家滅絕式批判的對象，康德在《實踐理性批判》中提出的基本理論也遭到這些人的嚴厲批評。在此我必須指出，令康德確實明白神、自由及不朽的，並不是某種合乎邏輯的結論或合理的論述，而是他在修煉先驗法時得到的內在體悟。後者顯然被證實為真正的屬靈體驗，它引領著康德去經驗自己的核心本

質，從其中發展出三種層次的確信：對神的實相、道德的自主性以及對靈魂不朽本質的確信。

同樣地，印度智慧瑜伽行者也秉持著批判精神去檢視自己的身體，而真實地體悟到「此身非自性」，接著又以相同的態度去檢視自己的心理活動——慾望、感受、記憶、意像等——而進一步體悟到「心理活動亦非自性」，最後他們檢視了自己的思想，藉由抽離的方式經驗到思想者本身，正如同笛卡爾和康德從思想提昇至思想者的高度，故而體悟了自性一樣。他們藉由這種方式，得到了對「我在」（笛卡爾）和「我是自由的、不朽的、神與我同在」（康德）的確信。

但願人們能停止針對笛卡爾和康德的批判，以理智克制自己的反應；但願人們不再干預這兩個靈魂對生命本質或超驗自性的真實體悟。但願人們對康德老態龍鍾還「陷入年輕時的唯信主義」的批評，能夠徹底平息下來。事實上，康德並沒有背叛任何原則，也沒有陷入任何主義，他的人生和努力都得到了豐碩成果。或許有人希望他一無所獲，最終只是一名批判主義和懷疑論的大師？……難道他一生誠實勤勉的努力不足以帶來任何體悟，對形上世界產生確信嗎？人們不但不為他的確信感到歡喜，反而評斷他的缺失，指控他不忠！上帝啊，這樣的態度多麼刻薄啊！

親愛的朋友，你現在應該明白了，西方世界的偉大思想家和印度修行者一樣，都因為悟到生命的本質或自性，而對不朽產生確信。

由於基督隱修之道是密契體驗、靈知和神聖魔法的整合，

所以會提出三種超越上述「哲學先驗法」的體驗方式，幫助人們對不朽產生確信。

這指的就是淨化、啟蒙及合一的傳統隱修途徑，亦即在生前就帶著覺知去經驗死後的三個階段——從煉獄到天堂到與神合一。你不但可以從偉大的基督信仰密契者，例如託名亞略巴古的丟尼修、聖文德、聖大德蘭與聖十字若望等人的身上認識這個途徑；也可以在基督信仰出現之前的隱修教誨，例如赫密士的《神聖的牧羊人》（*The Divine Pymander*）之中去發現它，同時還能在異教徒與埃及人的神話以及其他的神話作品裡見到它。淨化、啟蒙及合一的三階段修煉使人認識死後的狀態，並對不朽產生確信。就這一點，馬克斯‧雷維爾 [4]（Jean Marques-Rivière）曾經說過：

> （以下是）埃及和希臘密教的主要教誨：認識人死後的狀態，以便克服對死亡的畏怖，這是人類特有的恐懼。受啟蒙者既然已經知道將要面臨什麼，還會害怕死亡嗎？（Jean Marques-Rivière，*Histoire des doctrines ésotériques*, Paris, 1950, p. 90）

如果說專注力的修煉是一門「遺忘的藝術」，深層神交或冥想修煉是精通「沉睡的藝術」，那麼默觀實相的啟蒙就是精

4　譯註：法國作家（1903-2000）。

通「死亡的藝術」。藉由遺忘、沉睡和死亡的藝術，過去、現在及未來的人們進入了與神合一的密契體驗，因而對不朽產生絕對的確信。無論過去、現在或未來，人們都是藉由密契之道的淨化、啟蒙與合一，而達成了上述的目標。聖十字若望曾經說過，真實的信德會在淨化過程中被揭露、實踐和逐漸增長；望德既是啟蒙的媒介也是結果；靈魂與神合一則是愛德帶來的結果。

這便是進入永恆的途徑，任何人都無法發明或發現其他的道路。你當然可以將它分成三十三個甚至九十九個階段，如果你願意的話；你也可以用理性的衣裳或簡約漂亮的象徵符號為它重新著裝；你更可以用各種術語，諸如梵文、卡巴拉文、希臘文、拉丁文等語言來呈現它，可是你永遠得經歷密契體驗的這三個階段：淨化、啟蒙及合一，因為除此之外沒有其他途徑了，過去、現在和未來皆然。

隱修之道也是一樣的，除了永恆的密契之道別無他法。換言之，人如果不淨化自己的身心，便無法成為靈知者、神聖魔法師或隱修哲人，也無法從靈知、神聖魔法和隱修哲學中獲得啟示。未領受啟示的靈知者不可能是真正的靈知者；他只會成為「怪胎」。未領受啟蒙的魔法師也只能算是巫師。未領受啟蒙的哲人要不是徹底的懷疑論者，就是「智力遊戲」的門外漢。因此，靈知者得到上界的啟示、神聖魔法師得到法力、隱修哲人得到啟發，原因都只有一個：靈魂或多或少直接接觸過上主。無論你是以密契體驗、靈知、神聖魔法或隱修哲學的任何一種方式修煉，永遠是相同的道路。

世上有許多小徑，但大道只有一條。意思是不論你修什麼，若想真正地進步和成長，都必須經過淨化、啟蒙及合一；無論你知道什麼，或是有過什麼靈性經驗，都只能在淨化、啟蒙及合一中得到成長。我們往往會從果實來審視一棵樹，因此我們也會從密契體驗者、靈知者、神聖魔法師、隱修哲人的信望愛來審視他們，或是以淨化、啟蒙及合一過程中的進展來檢驗他們。

一個人的心靈是否偉大、靈魂進展到什麼程度，都只能藉由信、望、愛來衡量。佛陀當然明白世界生病了，而且認為是無藥可救的，所以才會教導人解脫之道。耶穌基督同樣也看見世界病得快死了，卻認定它是有救的，因而啟動了療癒的力量，並透過復活示現這種力量。這便是涅槃大師和復活及生命大師的信、望、愛的差異。前者對世人說：「世界已經無藥可救；我要教導你們離苦，也就是停止輪迴的方法。」後者則對世人說：「世界是有救的；這是我給你們的解藥。」同一種病，兩位醫生的處方竟有天壤之別！

認真的密修者和密契家都知道，根據傳統的教誨，天使長米迦勒就是掌管天使軍團的統領。但為什麼是由祂掌管？因為祂的信、望、愛讓天使們願意將管理的職責交託給祂；在屬靈世界裡，「負責掌管」意味著比其他存有面臨較少的質疑、失望和譴責。

根據傳統的教誨，天使長米迦勒代表的是太陽，天使長加百列（Archangel Gabriel）代表的是月亮，天使長拉斐爾（Archangel Raphael）代表的是水星，天使長亞

納爾（Archangel Anael）代表的是金星，天使長札阿瑞爾（Archangel Zachariel）代表的是木星，天使長歐立菲爾（Archangel Oriphiel）代表的是土星，天使長薩麥爾（Archangel Samael）代表的是火星。但是米迦勒為什麼代表太陽呢？因為太陽象徵的就是信、望、愛。它的光同時照耀著好人與壞人，而且從不離開自己的核心崗位。

是的，對我們而言上主之所以是神聖的，並不是因為祂超越了整個宇宙，或是能夠預知、預測和預設「宇宙這台機器」在未來的運作方式，更不是因為祂身為宇宙引力——身心靈——的中心，而無法被取代。不，上主之所以神聖、使人願意跪倒在祂面前，就是因為具足了信望愛。如同我們相信祂一樣，祂也相信我們——這是以更神聖、偉大及崇高的信德做到的；祂對「宇宙」裡的各種生命懷抱著無限希望，如同祂對這些存有抱持無限的愛。

我們信仰上主並不是因為祂比我們有能力或懂得更多，而是因為祂比我們擁有更多的信、望、愛。我們的上主是無限崇高和寬宏的！人們會懼怕祂，多半是違背了祂的崇高和寬宏。

隱修之道是建立於永恆的密契主義；這指的是它的靈修基礎和出發點。從哪裡出發呢？……從靈知、神聖魔法或隱修哲學的領域出發。

靈知——不消說，與靈知教派（gnostic sects）的教義或教條都無關——本是密契體驗對理解力和記憶力的貢獻。靈知與純粹的密契境界有所不同，後者指的是意志被徹底淨化而與上主合一了；由於理解力和記憶力無法觸及這種境界，因此被

排除於外，而且一直留在它的門檻之外。這就是密契體驗很難以言語描述的原因。另一方面，靈知的基礎也是密契體驗，但其中交織著理解力和記憶力；靈知會隨著意志一同跨越密契的門檻，而且一路都是清醒的。象徵系統的靈煉使它們有效地參與著意志的密契體驗。靈知以見證者的身份投入於密契體驗之中，一直靜默地扮演著鏡子的角色。有了它們的見證，密契體驗才得以被言傳出來。有能力言傳密契體驗的人，才稱得上是靈知家。「上帝是愛；那有了愛在他生命裡的人就是有上帝的生命，而上帝也在他的生命裡。」（《約翰一書》第4章，第16節）──此即對密契體驗的描述。「上帝是聖三位一體：聖父、聖子、聖靈」──此即對靈知的描述。「父親和我原為一」（《約翰福音》第10章，第30節）──也是一種對密契體驗的描述；「在我父親家裡有許多住的地方」（《約翰福音》第14章，第2節）──則是對靈知的描述。

因此，靈知就是理解力和記憶力靜默地參與著意志的密契體驗。我之所以強調「靜默地參與」，是因為若非如此，密契體驗就成了理解力和想像力的產物。為了擁有真正的終極體悟，人必須諦聽，為了諦聽人必須保持靜默。理解、記憶和想像的作用靜止之後，人才有能力領受上界的啟示。

理解力和記憶力靜默地投入合一經驗就是靈知，神聖魔法則是靈魂的三種能力都與上主融合，因為只有當靈魂與神合一時，才能與鄰人及大自然合一。如果這麼做的目的是為了產生積極的行動，那麼靈魂就會變成神聖魔法師。凡是受密契體驗和靈知啟發而有積極行動的人，都可以算是神聖魔

法師。

　　隱修哲學則是從密契體驗、靈知和神聖魔法整合出的結論，目的是要呼應世間經驗以及相關的各種學問。因此，隱修之道可以使人對不朽產生「三重」（密契體驗、靈知、神聖魔法的）確信。

　　傳統將這種確信稱為「新耶路撒冷的降臨」，這跟「建造巴別塔」的方式恰好相反。基督降生前後的隱修之道，顯然都是以「新耶路撒冷的降臨」做為靈修的主旨，目的是要促使「一個新天新地」（《啟示錄》第 21 章，第 1 節）實現在人間，那將會是一個被徹底療癒的世界。「新耶路撒冷的降臨」是靈魂最核心的經驗，也是我們星球的歷史和演化的結局──「……一切隱藏的事都會被揭發，祕密的事也會被洩漏」（《馬太福音》第 10 章，第 26 節），所有發生於內在的主觀經驗終有一天會變成客觀現實。歷史進程的神奇法則就是，凡主觀的終究會變成客觀的，今日的渴望、想法和感受終將變成明日的歷史事件。「他們播種的是風，收割的是暴風。」（《何西阿書》第 8 章，第 7 節）

　　現在讓我們回到第十三張大阿卡納。我們會發現死神正在收割黑色土壤上的手、腳和頭。他收割的並不是長出來的雜草或完整的屍體──畫面上沒有顯現完整的屍體。

　　死神是防守特定「次元」的監護者，他會切斷任何侵入這個次元的精微肢體。他執行的是外科手術而不是劊子手的任務……那麼他究竟是哪一種外科醫生呢？

　　我們在前面提到過，「建造巴別塔」的方式是先產生電能

並賦予它智識，然後再從物質次元提升至更高的次元；首先它會升至乙太層，照卡上的畫面來看，這是一個「雜草叢生」的世界。

如果不按照規矩、不瞭解後果便擅自提升至乙太次元，亦即在玄學院裡進行片面的自我提升修練，那麼往往只能在其中形成帶電的「手」、「腳」或「頭」。這時，死神一定會確保這個次元不受物質界的「密探」侵入。身為名符其實的外科醫生，他會切除出現於物質界和乙太層之間的局部精微體——成功地切除入侵的部分。「生病」指的就是出現在不該出現的次元裡，因此死神防守的是兩界的入口處，任務類似於執行某種手術。

那麼死神是否代表世間的手術規則？他的任務難道只是殺死和摧毀嗎？或者他藉著動手術背負著療癒任務？

親愛的朋友，我的答案是：死神代表的當然是世間的手術規則。他將無用的精微體部位切除——甚至會切除整副精微體——目的是要讓人得到完整而真實的解脫。

在醫療體系中，自然療法是藉由健康的生活規範和習慣，像是飲食、睡眠、呼吸、運動等等來幫助人恢復健康，順勢療法是用以毒攻毒的方式來協助整個有機體戰勝疾病，對抗療法是採用對抗性的藥物來壓制疾病的癥狀，手術則是犧牲有機體的局部以保全性命。因此，整個療癒「機制」如果以高低順序來排列，應該是自然療法、順勢療法、對抗療法以及動手術。

在「宇宙醫院」裡，死神的任務就是動手術；這是救命的最後措施。它上面還有三種維護及重拾健康的方式。它們分別

是密契體驗、靈知及神聖魔法。因此，我們可以將法國大革命的那句口號 **5** 改為：

密契體驗、靈知、神聖魔法──或者死亡。

5　譯註：法文為 Liberté, Égalité, Fraternité, ou la mort，亦即自由、平等、博愛，或者死亡。

第十四張大阿卡納的冥想

節 制

TEMPERANCE

求主垂聽我們，至聖的上主，
全能的聖父，永恆的上帝，
請從天國派遣聖潔的天使下來，
留守、珍惜、保護、探視及捍衛
所有聚集在此的人。

　　　　　　——彌撒前的開場聖禮祈禱文

喝了這水的人還會再渴；
但是，誰喝了我所給的水，誰就永遠不再渴。
我給的水要在他裡面成為泉源，
不斷地湧出活水，使他得到永恆的生命。

　　　　　　——《約翰福音》第 4 章，第 13-14 節

我實實在在地告訴你，人若不重生就不能見神的國。

　　　　　　——《約翰福音》第 3 章，第 3 節

教養和理智訓練，使我成為「天國的子民」；
性格和專業研究，則使我成為「地球的子民」。
因此我活在兩個世界裡，
我熟悉兩者的理論、用語和情感，
內心卻從未豎立任何防水牆。
反之，我讓這兩股顯然是衝突的影響力，
完全自由地在心裡交互作用著。

　　　　　　——德日進

節制

親愛的不知名朋友：

第十四張大阿卡納描繪的是一位身穿紅藍相間長袍的天使，正在進行一個奇特的動作；祂將無色的水從一個瓶子倒入另一個瓶子，而且幾乎是以水平的四十五度角在做這件事，兩

個瓶子之間還有一段不小的距離。

這圖像帶來了一種震撼！……它顯然是一則奧祕（arcanum），也就是說我們必須超越一般層次的想法和經驗，才能真正瞭解它。它是在邀約我們進入深層的冥思——就讓我們接受這項邀請吧。

看到這張卡的圖像，腦海中究竟會立即浮現什麼問題？身穿紅藍長袍的雙翼天使、手握紅瓶與藍瓶、讓水以神祕的方式從一個瓶子湧入另一個瓶子，祂究竟想傳達什麼訊息呢？祂不是在告訴世人，除了「非此即彼的二元性」之外，還存在著「兼容並蓄」的二元性嗎？這整張卡的構圖和上面的天使，暗示的不就是「兩極的合作」或「二元的整合」嗎？它不禁令人心生臆測：水之所以能湧出，或許就是因為有雙翼、雙手、雙色長袍及雙瓶的緣故？……湧出的水就是「兼容並蓄」帶來的禮物和成果。難道這不是你在看此卡時首先會留意到的事嗎？

因此，二元性為隱修士的密契體驗、靈知及神聖魔法帶來的啟示與認識，便是第十四張大阿卡納的主旨。

我們在前幾封信裡探討過「雙重二元性」的議題——「二元對立」（衝突）產生的「電能」，以及合作或「和平」釋放的「生命力」。現在這張卡上的天使邀約我們回到雙重二元性和雙重動力的議題上，並且承諾要為這個議題帶來新的見解。現在就讓我們回到這個主題的冥思上吧。

克萊爾沃的聖伯納德（St. Bernard of Clairvaux）是真實屬靈體驗和實修生活首屈一指的專家，他留給後人一則重要的教誨，有關「人的神聖形像和樣式」（the divine image and likeness of man）的理念。以下是我所瞭解的重點：

　　上帝最初是以自己的「形像和樣式」創造了人類（《創世紀》第 1 章，第 26 節），因此人在犯下原罪前是帶有神的形像和樣式的；墮落後，形像雖然依舊完好，原始的樣式卻不見了。

> 人是按上帝的形像和樣式創造出來的；上帝的形像使他擁有了自由意志，樣式則使他具備了德性。人類原有的樣式雖然已經被摧毀，但仍然保有神的形像。此形像也可能遭到地獄的火煉，卻不會被燒毀。它會受損但不至於徹底摧毀。它並沒有因為這樣的命運而完全被抹煞，反倒繼續存在著。靈魂去到哪裡，其神聖形像就會跟到哪裡。人的神聖樣式則有所不同，它會在行善的靈魂內繼續作用著，在作惡的靈魂內變得卑劣。作惡的靈魂和缺乏理性的禽獸屬於同一層級。（St. Bernard of Clairvaux, *Sermon on the Annunciation of the Blessed Virgin Mary*; French trsl. M. M. Davy, *Oeuvres de Saint Bernard*, vol. i, p. 106）

　　按聖伯納德的上述說法，人的神聖形像是一種「基本結構」，神聖樣式則是「整體功能」。這基本結構或神聖形像是無法摧毀的，而且是以不能被奪走或抹煞的方式確立了人的自由意志。

　　無論在地球、地獄、煉獄或天堂，人都擁有自由，因此自

由意志的確是實存的。它承繼了神的「不朽特質」，我們可以在康德的《實踐理性批判》裡發現這一點；他所謂的「至上道德律」（categorical imperative）指的不就是人的至高神聖形像嗎？

至於人的神聖樣式或整體功能這罪惡的溫床，則是容易被邪惡吸引的部分。只有回到與神聖形像相符的高度，人才有可能變得不朽。我們可以選擇是否願意成為不朽的生命。

此即聖伯納德教誨的精髓。這令人聯想到一個問題：如果人的神聖形像沒有遭到抹煞，神聖樣式卻因局部的敗壞而變得有空間發展惡習，那麼有沒有任何良好的傾向可以制衡這種惡的傾向？答案是：有的。人的整體功能被賦予了某種助力；它能夠制衡自墮落以來發展出的惡習。它就是守護天使的作用力。

守護天使如同神聖形像的忠實盟友一般，以己身的能量修補人因原罪而遭到毀損的功能。

如同灑聖水禮的祈禱文所陳述的（這封信的開場白），祈禱者要懇求神「從天國派遣聖潔的天使下來留守、珍惜、保護、探視及捍衛所有聚集在此的人」，這說明守護天使是以五種方式在履行職責。祂是人類上方的一顆「燃燒的星」，一顆發光的五角星。

祂守護著記憶，將偉大的過往延至當下，目的是為了迎接宏大的未來。祂負責確保靈魂「昨日、今日及明日」的鏈接。祂恆久地「提醒」著靈魂，去覺知原有的神性以及在宇宙交響樂中的永恆使命，還有在天父家裡佔有的特殊地位（「在我

父親家裡有許多住的地方」）（《約翰福音》第14章，第2節）。必要時，守護天使會喚醒靈魂的前世記憶，為的是延續生生世世的追尋與渴望，讓每一世都不局限於片面性的經驗，能順利地邁向一體性的終點。

守護天使珍惜人的靈魂在這條路上的努力、追尋與渴望。祂可以修補人因為神聖樣式遭受破壞而產生的心靈坑洞，但不會以祂的意志取代人的意志。無論何時何地，人的意志永遠是自由的。祂會靜候在自由意志不可侵犯的聖殿旁邊，等待人做出決定或選擇——祂會在恰當時立即協助，否則只會當個被動的旁觀者，在一旁默默祈禱。

有時守護天使會被限制不去參與靈魂的某些活動——不符合人的神聖形像的活動；有時則會比平時更積極地投入——這類活動不僅本質上是被容許的，甚至是上界召喚來的。在這種情況下，天使會從平時的崗位降至人的活動領域。祂會探視人們。

如果有必要，守護天使的這種「探視」的確會發生。祂會修復人因喪失原有的透視力而衰敗的感官知覺。祂以透視者的身分幫助無透視能力的人，去抵擋精神和肉體上的誘惑及危險。祂警告、通知和幫助人做出正確的判斷，但不會去阻止誘惑的發生。誠如聖安東尼所言，「沒有誘惑就沒有靈性上的進展」。誘惑是靈魂發展自由意志時不可或缺的訓練，天使或惡魔都侵犯不了它。

至於天使五種職責中的最後一種——為人類辯護，則和其他的職責有所不同，因為祂是在上界而非橫向世界裡執行任務

的。此刻我們已經進入了天使之愛的核心奧祕，以下就是它的一些特徵。

天使會停留在被保護對象的上方。這句話的意思是，祂會從天國的次元看守他。天使按上主的正義法則看守地球人，意味的是除了留守、支持、保護及接觸之外，天使也是人面對神的正義法則時的捍衛者及辯護律師。當摩西看見以色列人偏好金子打造的偶像而非真神時，他知道這些人犯下了道德罪，於是就對上帝說，「⋯⋯求你赦免他們的罪；否則，求你從你子民的名冊上除掉我的名字。」（《出埃及記》第 32 章，第 32 節）這便是天使為守護對象做出的辯護。

天使會用翅膀覆蓋其對象，這麼做是為了面臨上主的正義判決時，將自己的功勞讓給被守護者並承擔其過錯。祂彷彿在說：「上界的閃電如果非得擊打我的孩子，就讓我被擊中吧——他非得受雷劈的話，我們就一起挨劈吧！」

天使如同母親一樣捍衛著被保護的對象，不論是善是惡。祂們的心中埋藏著母愛的奧祕。但並非所有的天使都負責守護人類，有些被賦予了不同的使命。不過只要是守護天使，都是被保護者的「母親」。因此在傳統宗教藝術作品中，祂們一向被刻劃成長著翅膀的女性。正因為如此，這張卡上的天使才會是一位穿著紅藍相間的長袍、長著翅膀的女性。

由於女性天使展現的是崇高聖潔的母愛，所以聖母才被尊稱為「天使之后」。聖母的愛使得祂成為天使們的母后。

我在前面說過，並非所有的天使都負責保護人類，這句

話指的不是第九級天使之上的八層天使，而是第九級天使[1]本身。祂們當中有些是上主的「使者」，有些則擔負著特殊的使命和任務，例如圍繞在聖父、聖子、聖靈和聖母身邊，掌管生、死、業力、不同次元的連結，負責揭示智慧、知識和誡律，以及代表父愛或兄弟愛。

在此我不想對史威登堡（Swedenborg）的「天使性別說」表示贊成或反對，我想闡明的只有守護天使的母愛，以及其他天使的父愛或兄弟愛。親愛的朋友，我希望當你想到祂們的時候，能自然聯想到溫柔的母愛或正義的父愛。但我們並不是要將地球的性別觀念投射到天國，而是要將前者視為上界二元性的反映，儘管有些受損。卡巴拉——特別是《光明篇》——就是在教導將下界事物看成上界事物的反映。有關夫妻、父母、兒女及未婚夫妻，在身、心、靈上守貞的各種教誨，《光明篇》的說法的確是其中比較高明的，因為守貞並非不去面對、認清或承認真相，而是要看透和超越下界的經驗，洞悉天國的精神原型。人們在卡巴拉的光明篇中發現和領悟的就是這種精神。

現在讓我們回到守護天使的議題上。所有的天使都是活在縱向世界裡，以垂直方式活動著；升和降構成了其呼吸和生命力的法則。祂們可以升至上主的面前或降至人的身邊。

有人說天使一直在默觀著上主；如果默觀指的是跟聖三位

1　譯註：第九級是最外圍最低的層級。

一體一直保持連結，卻因為後者的耀眼光輝而變得目盲，那麼他們的確是一直在默觀著神。聖十字若望所謂的「黑暗中的默觀」指的就是這種狀態。天使看不見上主；他們本質上和神是一體的。守護天使既看不見彼此，也看不見其他階級的天使——天使長、權天使、能天使、力天使、主天使、座天使、智天使與熾天使。由於他們內在的超驗之光使他們目盲而感覺像是被黑暗籠罩著，因此無法覺知上主和人類之間的居中次元。

守護天使看見的只有受保護對象所屬的次元。他們運用透視力去守護喪失透視力的人類，同時展現出整合式的深刻悟性與親和力，所以人們才會稱他們為「全知」的存有。其實他們並非真的全知，但由於能處之泰然地應對人與事，所以在有覺知的狀態下與他們相遇的人都感佩他們，認為他們是「全知」的。人們對天使的這種印象就是「天才」一詞的來源，意思是擁有超人類的智慧。

但不幸的是，只有當人需要和願意接受時，天使的光才會顯現出來。天使會因人而異地決定是否該展現創造力。人如果不要求他或拒絕他，天使就沒有創造的動力。這時他很可能陷入一種情況；他的創造力與親和力都變成潛伏狀態而不能施展出來。這是一種類似於「植物」的「微明」狀態，從人的角度來看和睡眠近似。在屬靈世界裡天使如果沒有存在價值，簡直就是一場不幸的悲劇。

因此親愛的朋友，當你遇見麻煩、有問題要解決、有任務要達成、有計畫要設想、有恐懼要克服或是需要被照顧時，請

想想你的守護天使吧！想像祂在你的上方充滿著母愛和光輝；祂唯一的願望就是為你服務和效勞。不要讓心中產生疑慮，無論動機多麼高尚。換言之，當你向守護天使懇求時，不必擔心你是在容許一位非神的個體介入你和神之間，也不要認為你必須放棄直接與神接觸的渴望！因為守護天使不會讓自己擋在你的靈魂和神之間，就算是極小程度的阻擋都不會出現。祂不會阻礙你的靈魂和上主譜出「曲中之曲」！祂唯一的願望就是讓這種直接又確切的接觸發生，使你的靈魂有能力靠自己面對上主——上主一旦接近你的靈魂，祂就會即刻離去。在靈魂和上主的聖婚典禮中，守護天使只是新娘的朋友罷了。如同新郎的朋友「為主準備他的道路，修直他要走的路徑」（《馬可福音》第 1 章，第 3 節），並且接受新郎的朋友應該服膺的律法——「他必定興旺，我卻必定衰微」（《約翰福音》第 3 章，第 30 節）——這位新娘的朋友同樣也在為上主鋪路、修直路徑，順服於相同的律法。守護天使會在比祂更偉大的「那一位」出現時自動離去。

這便是基督隱修之道所謂的「讓守護天使重獲自由」。當靈魂為了體驗更直接更親密的聖婚而重拾本性時，守護天使就會得到解放。這時天使長會取代被解放的守護天使。被天使長保護的人不但會產生全新的體認，更會透過此種體認接獲新的天職。他們將成為某個人類團體——國家、或是因緣促成的社團——的代表。這意味著他們不再有純屬個人的行為，而會為他們的團體帶來真正的意義和價值。

但以理就是一個很好例子，他進行下述的祈禱時並不是為

了自己，而是為了以色列人民：

> ……我們犯罪作惡，過犯重重，違背了你的誡命律
> 例。……所以我們的上帝啊，求你垂聽你僕人的祈禱
> 和哀求。為使人知道你是上帝，求你光照，再眷顧你
> 那被毀壞的聖殿。上帝啊，求你垂聽我們的祈求！
> 求你關懷我們，以及屬你名下的城所受的災難……
> （《但以理書》第 9 章，第 5 節、第 17-18 節）

因此當但以理獻晚祭時，天使長加百列迅速地飛到他身邊；祂之所以前來，是為了賦予但以理智慧和悟性（參照《但以理書》第 9 章，第 21-22 節）。這個例子說明了守護天使被解放之後，天使長會前來承擔責任。

有時天使長也會被解放。屆時取代祂的就是能天使或以羅欣（Elohim）階層的存有，受其守護的人則會成為未來人類的表率。他今日的狀態就是未來世紀的人體驗到的存在方式。

摩西、以利亞和大衛王都是活在以羅欣羽翼的保護下——他們的言語和生命都富有預言性。

不過也有人反對這種說法，認為並不是能天使或以羅欣階層的存有顯現於摩西、以利亞和大衛王面前向他們說話，而是上帝本身。在此我必須對這種說法做出回應。就像聖靈會透過先知傳達訊息一樣，聖父、聖子、聖靈也會透過天使發言和行動。大熱天裡出現在亞伯拉罕面前的三位天使，便是代表三位一體發言和行動的存有（請參照《創世紀》第 18 章）。

同樣地，耶和華－以羅欣也是上帝的「信差」或「使者」，祂受到三位一體的指示，要為基督化身成人做準備。由於耶和華－以羅欣就是上帝「授權的代理者」，因此必須實現上帝的旨意；但由於祂同時是一名能天使，所以也是摩西、以利亞及大衛王的守護天使。

而能天使——這個層級的天使有許多位——最後也會被解放。屆時最高階層的熾天使就會取代祂。聖方濟的經驗便是一個例子。將基督釘十字架的教誨傳授給他、令他出現聖痕的，便是保護他的熾天使。因此，聖方濟代表的不只是人類，更是被「聖化的人」。然而並非所有的聖痕都是有形的，因為某些會「向外」、某些則會「向內」顯化；但凡是受熾天使保護的人都會出現聖痕，無論是有形或無形的，因為他們代表的就是耶穌基督。

我們已經在第五封信「教皇」中，從實修的角度探討過聖痕的議題。它不太適合被當成抽象理論來探究，基於尊重我不能這麼做。

以下是聖十字若望對聖方濟的聖痕做出的描述：

當這件事發生時，靈魂會因為神的愛而燃燒……那種感覺就像被熾天使用一支由愛點燃的箭或擲標射中了一樣。它會像燒紅的炭火或是火焰，刺穿並點燃已經變得灼熱的靈魂。這意味著靈魂被擲標刺穿了，火焰突然冒出來、激烈地往上竄……靈魂雖然被刺穿，卻因此感到無比喜悅……上主往往會允許這種作用力延

伸至肉體感官上，以至於內在和外在都會出現傷痕，就像熾天使為聖方濟帶來傷痕一樣。當靈魂出現了象徵愛的五傷時，作用力會延伸至肉體而令它受傷，同時靈魂也會受創。上主不會讓肉體先出現聖痕，祂會將這份恩寵先賜予靈魂。（St. John of the Cross, *The Living Flame of Love* ii, 9, 11; trsl. K. Kavenaugh and O. Rodriguez, *The Collected Works of St. John of the Cross*, London, 1966, pp. 598-599）

因此親愛的朋友，你現在已經明白守護天使、靈魂與上主合一是怎麼一回事了。你無須擔心天使們會阻礙這場聖婚。祂們反而會讓靈魂在完全私密、真實和自由的狀態下與上主合一。守護天使一旦將新娘引至新郎的面前，就會自行離去。祂會歡喜地看著自己和新娘的消與長。

第十四張大阿卡納上面有一位長著翅膀的女性，她或各階層天使身上的那對翅膀究竟象徵著什麼？

觸角、爪子、手臂及翅膀，不都是在展現同一個原型嗎？它們不都是在表達延伸觸覺的渴望嗎？它們可以說是表層的被動觸覺的「主動延伸物」。只要它們存在，觸覺就可以從皮表的軌道上「出離」、不再受制。

行動器官其實就是結晶化的意志。我走路並不是因為我有腿，反而是因為我有想動的意志才長出了腿。我觸碰、拿取和給予也都不是因為我有手，反而是因為我想觸碰、拿取和給予才長出了手。

所以是意志帶動了行為的產生。由於意志渴望觸碰身外之物而長出了手。

　　翅膀也是一樣的，它們也是一種外化的意志，一種意志變成的器官。這股意志力不僅渴望離開平時的橫向軌道，同時也想朝著縱向出離；它不僅想要往前，更想往上延伸觸覺。翅膀展現的就是按十字行動的意願，這意味著不只是水平面上的延伸，更是往另一個次元躍升。

　　上述的一切都涉及到乙太體、星光體及肉體的議題，因為除了肉體層次的翅膀之外，還有乙太和星光層次的翅膀。如同鳥類的翅膀可以主動和空氣接觸，這些精微體的翅膀也可以主動接觸屬靈世界的能流。鳥的身體是由固體和液體形成的，它藉著翅膀從後者的世界揚昇至氣體的世界。同樣地，天使也是藉著生命力和精神能流，晉升至乙太層和星光層之上的屬靈世界。

　　這個解說就到此為止吧，因為鳥的翅膀和天使的翅膀在作用上是截然不同的：

　　鳥必須有能力對抗地心引力才得以在空中翱翔。它們的飛行是出自於用翅膀振動空氣以對抗地心引力。天使則恰好相反，祂們的飛行並不是靠著振動翅膀達成的，而是靠著一種和天國引力連結的魔法。天使藉由翅膀尋找並找到了與上主的愛連結的方式，這使得祂在狂喜中晉升至更高的層次。

　　換言之，天使的翅膀等同於和神之間的「半有機」鍊環；其中一隻連結著神聖的智慧，另一隻則連結著神聖的記憶力及想像力。因此翅膀與神的靜觀及創造本質有關，對應的就是

《創世紀》所說的人的神聖形像和樣式；前者代表人的核心本體——高層自性或萊布尼茲所謂的「單子」（monad）——與安息的神之間的「結構」關係，後者則代表人的三種能力——理解力、想像力和意志力——與行動的神之間的「作用」關係。

由此可知，天使的雙翼所連結的是上主的安息本質和創造本質——神聖的靈知與魔法。透過「靈知的翅膀」（左翼），天使默觀著上主的智慧；透過「神聖魔法的翅膀」（右翼），祂積極地履行「使者」的任務。

就算是多翼天使（如十六翼）和其他屬靈存有的翅膀也具有二元性。人們在未來研究「天使學」時，應該想辦法找出某些階層的天使擁有多翼的原因。這將會是未來神學研究的核心部分。我們現在要針對天使的雙翼進行探討。

在尼斯弗羅斯‧薩維恩（Nicephorus Savine）繪製的一幅馳名俄國的三聯圖中，施洗約翰也長著一對翅膀。波隆那（Bologna）版的塔羅「隱士」卡上的老者也有一對翅膀，他彎身撐住兩根拐杖吃力地走著，身後有一根柱子豎立在那裡。奧斯維德‧沃爾斯認為波隆那版的「隱士」卡描繪的並不是「土星」的特質，而是「隱士」或隱修之道的實修精神。這位站在立柱前、長有翅膀、撐住兩根拐杖的老人，除了年邁的樣子之外，和土星代表的特質完全無關。卡上的立柱、翅膀及拐杖，卻和隱修之道的靈煉方式息息相關。成為一根立柱就是隱士或隱修士的目標；讓他成為立柱的媒介則是翅膀；成為支柱的人會越來越難做出橫向的舉動。翅膀可以幫助人在內心建立

永恆的默觀，這使得橫向舉動變得越來越不容易產生——靈魂所有的能力（理解力、想像力、意志力）全都沉浸於默觀之中。因此，波隆那版的「隱士」是一位實修的行者，他東方式的頭罩和衣服都是年老的赫密士的傳統形像。這位「隱士」是活在縱向和靜態的世界裡；他捨棄了橫向活動而成為一位「在高柱上禁慾的行者」。這張卡和古老的神話無關，反而和隱修之道的實修方式及奧義有關。

乙太和星光翅膀的出現，代表一個人的神聖樣式已復原到相當程度，因為在墮落之前，人是有翅膀的。人因墮落而喪失了它們，那麼要如何讓它們重新出現呢？

翅膀是精微體——星光體和乙太體——的器官，作用不屬於顯意識範疇，而是跟無意識有關。它們的任務就是將祈禱和默觀轉化成近乎有機的進行方式，亦即將自己的顯意識活動完全轉化成精微體的心靈能流，不斷地朝著上主的方向推進。

使徒的忠告「不間斷的內在禱告」（《帖撒羅尼迦前書》第 5 章，第 17 節），就是達成這一點的關鍵所在。人不可能在清醒狀態下不停地祈禱，卻可以讓禱告從顯意識轉進無意識裡，變成一種持續的作用力。乙太和星光層的我可以不間斷地禱告，顯意識的我卻辦不到。不過後者可以先主動建立祈禱的習慣，然後再將它帶進精神（星光體）和生命力（乙太體）的無意識裡。是的，它甚至可以被帶進肉體的結構裡，如同上個世紀俄國一位匿名作家在有關持續禱告的著作中所描述的那樣——它描述的是「一位朝聖者對天父的虔誠表現」。我讀過這本書的英文、德文、荷蘭文及法文譯本。它提到一名朝聖

者，也就是作者本人，如何在半夜裡醒來，清楚地聽到心跳聲形成的禱告：「主耶穌基督——神之子——請憐憫我這個罪人」。

因此，建立於乙太體和星光體的「持續禱告」會形成一股向上揚昇的能流，這股能流「有可能」促成無形的翅膀。我之所以說「有可能」，是因為這對翅膀的形成還需要另一種條件：源自上界的能流。唯有人的努力和神的恩寵這兩種能流相會並結合，才會出現無形的翅膀。第十五張大阿卡納的惡魔也有一對翅膀，但完全是由下界的能量構成的，因此它們缺少了神的恩寵。

單憑人性，只能製造出伊卡洛斯（Icarus）的翅膀。眾人皆知伊卡洛斯的命運是什麼：他的翅膀由於是「蠟」做的，所以被太陽的高熱融化而不幸墜落到地面。惡魔崇拜則只會使人長出像蝙蝠的翅膀，最後必定墜入陰暗的深淵裡。

人的無形（乙太與星光層）翅膀是一種真實純淨的東西，所以能夠在意識裡產生轉化作用。它會顯化成一種對神的持續覺知，使人一直感覺到神和屬靈世界的存在，而且沒有任何東西可以消除或阻礙這種感受。

這種感受（《聖經》所謂的「跟上帝有密切的交往」）會具體化成為兩種無法動搖的信心：一種是相信人可以為神承受一切，另一種則是相信人可以和神共同成就任何事情。殉道精神與神蹟的實踐，是古人在信仰上的兩根支柱。讓意識選擇殉道的是「靈知的翅膀」，讓意識選擇實踐神蹟的則是「神聖魔法的翅膀」。因此，一位長著翅膀的人必定會讓自己做出英勇

或奇蹟式的行為。

這便是翅膀議題的重點。它們和腳的功能正好相反，因為它們連結的是天國，而腳接觸的是地面。前者讓我們和「天國引力」產生接觸，後者讓我們和地心引力產生關係。

至於手臂——第十四張大阿卡納上的天使是有手臂的——則跟橫向世界有關，因為它就是存有相會、彼此吸引的場域。如果説翅膀代表的是對上主的愛，那麼手臂代表的就是對鄰人的愛，腳則代表對大自然的愛。此外，卡上的天使手中還拿著兩個由水流連結的瓶子，因此我們現在要探討的是與流體有關的議題。

流體的議題與人的身、心、靈循環機能有關。除了肉體之外，乙太體和星光體也有循環系統，而且反映的是身、心、靈三個層次的循環功能。這套體系的基本模式就是上主的樣式。由於原罪導致它受損，所以守護天使才需要竭盡全力讓它恢復機能。基於此理，第十四張大阿卡納的天使肩負的任務就是調節人的整體循環，媒介則是幾個主要的能量通道——「蓮花脈輪」、神經中樞、腺體等——這些能量通道是否暢通無阻，完全取決於一種在關鍵位置上產生作用的東西：它使得人的神聖形像和樣式能夠維持平衡的互動。單子（神聖形像）既不該毫無理由地存在著，也不該淹沒整個循環系統（神聖樣式）。第一種情況使人缺乏活出真誠人生的動力，不再探尋活著的核心目的。第二種情況則使人被來自單子（高層自性）的額外驅力淹沒——這將會是一場無法彌補的災難。讓神聖形像和樣式的互動「維持平衡」的就是守護天使。

此即第十四張大阿卡納被稱為「節制」的原因，因為人對健康和生命力的維護，關鍵就在於神聖形像和神聖樣式之間的平衡。

單子的根本性（形像）和人格的相對性（樣式）之間的良好互動，即是身、心、靈的健康之道。這也是讓永恆與片刻、絕對與相對、默觀與行動、理想與現實之間保持平衡的關鍵圖。馬利亞和馬大所代表的兩極性和這個議題有相當程度的關聯——事實上人們也都探討過了——如果我們想要過健康的生活，這對姊妹必須活在我們心中，而且必須跟神聖的第三者合作。

缺少了內在的馬利亞和馬大，人很難維持身心靈的健康。「禱告和工作」是不能被其他法則取代的，因為人既要默觀又要行動。此即《博伽梵歌》中的克里希納對阿朱那（**Arjuna**）講述的道理：「……人的一切行為皆取決於我，人是透過我的恩賜而成就出不朽與永恆的」。

同樣地，聖伯納改革修道院，也是要彰顯默觀和工作帶來的禪益。他在二次十字軍聖戰中宣揚的基督騎士精神，以及為聖殿騎士們制定的戒律，都是為了達成同一個目的。現今有許多人因為這位聖者介入、認同和支持戰爭而批判他，其實他只是為了打贏新的「庫魯格舍德拉（**Kurukshetra**）聖戰」而呼籲「信仰基督的阿朱那」參戰罷了[2]。伊斯蘭教和基督教的兩

2　譯注：請參閱摩訶婆羅多印度史詩，作者在此將聖伯納比喻成化身為黑天的克里希那。

大軍團早在聖伯納之前的好幾個世紀，就已經全副武裝地準備要開戰。這場戰爭在阿拉伯攻打東正教國家的第七世紀已然展開，後來查爾斯‧馬特爾（Charles Martel）才在法國的普瓦提埃（Poitiers）擊退他們。那一回的勝利（732 年）拯救了基督教文明，也讓西方世界免於受伊斯蘭教統治。因此，西方世界難道應該堅守核心價值而只守不攻——就像拜占庭帝國一樣最後被伊斯蘭教徹底征服？十二世紀的聖戰至今尚未打完；它永遠在進行中。難道聖伯納應該宣揚將耶路撒冷拱手讓給伊斯蘭教徒的「和平共處」之道，代價是喪失孕育基督信仰的發源地？

現在讓我們放下聖戰，去探索一下聖伯納所強調的：修士必須主動地冥思，騎士也要進行默觀。比他早十五個世紀的克里希納同樣也強調這一點。因為他們都瞭解人既渴望默觀又渴求行動，同時也瞭解「人有信仰卻不工作等同於死亡」，「人沒有信仰只是工作也等同於死亡」。這些都是淺顯易懂的道理，實修起來就不同了。實修帶來的是一種內在的體悟，也就是第十四張大阿卡納「節制」的主題。

「節制」帶來的實修課題要求我們深入地理解形像（單子）、樣式和守護天使之間的關係。這代表我們應該探尋生命力的泉源、能流和方向，掌握其本質和任務，並且按照這份認知去工作和生活。

首先要瞭解的是神聖形像和樣式的關係：這是怎樣的一種內在經驗呢？它是如何示現的？以下是一個簡明的答案：

當人的神聖形像和樣式產生連結時，會出現由內湧出的

「慟哭」。這種現象暗示著神聖形像和樣式這兩姊妹有了真正的連結。這兩姊妹的淚水融合成的內在能流，就是靈魂生命力的泉源。

淚水、汗水和血，是人在密契體驗、靈知、神聖魔法領域的三重神祕體現。被上界觸動體現的是「淚水」；努力順服於上界體現的是「汗水」；上界的恩寵和下界的努力所結成的聖婚則會體現出「血」。淚水宣告的是永恆與短暫之間的盟約；汗水是隨約定而來的試煉之代價；血則是永恆與短暫的圓房之地。

神的核心本質（超越奧祕）會透過淚水、汗水和血完整示現，但是有些人只想在淚水中尋求密契體驗，有些人則想在汗水中發現它。還有人預知了密契體驗超越一切的內在經驗和努力，而且是必須透過血或在血中發生的，所以不再渴望認識或認同其他兩者體現出來的要素。

這便是三種主要異端產生的原因（過於強調完整實相的單一面向而忽略了整體，或是漠視實相的完整有機本質）。偏向淚水的人嚮往的是靜默或啟蒙經驗；偏向汗水（立志努力）的人容易陷入伯拉糾派異端而否定了恩寵；在血液中尋求密契體驗的人則會陷入路德派異端，誤以為努力或工作都毫無意義。讓我再重複一遍，密契體驗示現的是不可分的淚水、汗水、血——盟約、試煉、合一——信、望、愛。

流動於兩個瓶子——形像和樣式——之間的液體就是淚水，因此這張卡主要教導的是「淚水的神祕本質」。

「淚水」就像汗水和血一樣，既是情感的表現也是實質的

流體。它象徵的不只是淚腺分泌的液體，更是一種具有靈性本質、從心輪或「十二瓣蓮花」釋放出的精微能量。所謂「語中帶淚」已經說明了內心在流淚，「為自己的軟弱飲泣」則是更深一層的表現。

淚水可以分成悲傷的、喜悅的、讚嘆的、憐憫的、柔情的等等，它們都是源自於內在生命力的強化。當靈魂受到屬靈世界的觸動或是被外境所打動，導致內在生命力變得更強烈時，就會產生淚水。因此，哭泣的靈魂會變得更年輕更有活力。

基督信仰的靈修導師們相信「淚水之禮」是來自聖靈的恩寵。多虧有這份禮物，靈魂才能超越自己、提升至強度更高的層次。

在人類的靈性史上，「淚水之禮」是較為晚近才出現的心靈現象。古人只懂得「儀式化」地做出慟哭或悲傷的舉動。真正的慟哭是在以色列人成為選民之後才出現的。這些被揀選的人擔負著基督降生的準備工作——基督在拉撒路復活時哭了，在橄欖園的那個晚上流下了血汗，因此真正的慟哭就是源自於這個族群。時至今日猶太人仍然保有、培養和重視「淚水之禮」。《光明篇》的每一段啟示前後，都在描述那些獲得「淚水之禮」而慟哭並分享內在感受的人。晚近遵循同樣傳統的則是東歐哈西德派的義人，耶路撒冷的哭牆……

因此，我們要感謝這個族群的不只是《聖經》、化身成人的基督和使徒們的著作，同時還有他們帶來的淚水之禮；這是我們內在的神聖形像和樣式有了連結而釋出的能流。反猶太主義……天啊！歐洲文化難道不該對這個族群表達起碼的謝意

嗎？——至少該謙卑地請求猶太人接受我們對他們的感謝——何況上主的聖誡之一就是「應孝敬父母」。我們既然不是私生子或棄嬰，那麼究竟誰是我們應該尊崇的靈性父母，不就是猶太人嗎？……在寫下這些話的同時，我相信自己是在強行打開一扇已經開啟的門，因為親愛的朋友，我實在無法想像你在這件事上面和我有不同的感受。

前面我提到《光明篇》的人物因體悟了深奧的真理而慟哭，以下是基督隱修之道對這件事的看法：真實的屬靈體驗有三種展現方式：洞見、啟示和直觀——或是對屬靈實相、靈性交感及一體性的覺知。洞見為我們揭露和證明了屬靈實相的存在，啟示則為我們注入了對屬靈實相的理解，直觀則讓我們透過認同而覺知到自己是屬靈的。聖保羅在前往大馬士革的路途中洞見到耶穌，他接受了耶穌的啟示並且按照它去執行使徒的任務——包括四處行腳佈道。當他說「現在活著的不再是我自己，而是基督在我生命裡活著」（《加拉太書》第 2 章，第 20 節）時，則是透過對一體性的直觀而有了更深的認識。

洞見擴大了經驗的範疇；啟示增長了知識和見聞；直觀的形成則代表一個人不再拘泥於經驗或理解，開始有能力將一切化為存在本身。直觀智慧使他變成了另一個人；上界啟示使他意識到新的想法、感受和行為模式；靈視洞見則使他的經驗範疇擴大——獲得感官和智力所不能及的嶄新認識。

然而洞見、啟示和直觀智慧並不是依序或接連出現的。某些靈修者只有直觀經驗，某些則從未有過洞見，卻有過領受上界啟示的經驗。其實不論是哪一種靈性體驗，最終都會帶來轉

化，使人發展出直觀智慧。因此你可以說，洞見和啟示都是為了促成直觀智慧的產生。直觀出現於血液中，啟示出現於淚水中，洞見則出現於汗水中。唯有深化自己的修為才能承受得起對真相的洞見，也才能堅毅地面對它，因為它經常沉重得令人喘不過氣來；靈魂需要付出極大的努力才不至於望之卻步。

真實的上界啟示帶來的永遠是內在的大慟。它會像箭一樣刺穿靈魂，造成的傷口讓心靈不禁體驗到悲喜交加的甚深情感。玫瑰十字架——一朵玫瑰從十字中心綻放開來——據我所知是最能代表上界啟示的象徵符號。玫瑰十字架簡明有力地點出了淚水或啟示的神祕性。它體現了悲中之喜和喜中之悲的大慟。

至於直觀智慧，涉及的已經不再是濃厚的洞見帶來的沉重壓力，或是玫瑰與十字的浪漫盟約，而是生與死的聖婚。有生必有死，有死必有生。處在直觀中的人，自己的血和神的血是融合在一起的。它們透過煉金作用從「分開的能流」變成了「合一的液體」。

世上有三種「區別」十字架的方式：耶穌受難十字架、玫瑰十字架以及鑲著銀玫瑰的金色十字架。耶穌受難十字架象徵的是洞見帶來的無上珍寶；它代表著對神的愛以及對人的愛。有一朵綻放的玫瑰在上面的黑色十字架，象徵的則是啟示帶來的無上珍寶；它代表著神的愛與人的愛在靈魂深處的對話。鑲著銀玫瑰的金色十字架則象徵直觀智慧帶來的無上珍寶；它代表能夠徹底轉化靈魂的愛。

但十字架的神祕本質乃不可分的一個整體，你若是不尊崇

耶穌受難十字架的深義，就無法被它啟發而完全接納它（啟示），更無法認同自己就是它（直觀智慧）。這涉及的是一副完整的十字架，不可分割的基督信仰神祕本質。因此，無法將耶穌受難十字架視為「道路、真理、生命」，而選擇用鑲著銀玫瑰的金色十字架作為創教或「復活兄弟會」的象徵，就是把整件事給誤解了。不論是金色十字架或玫瑰十字架都無法取代耶穌受難十字架，因為前二者已經包含在後者之內。耶穌受難十字架會因而變得富啟示性（玫瑰十字架），然後轉變成陽光（鑲金十字架），照耀著那些願意接納它的個體靈魂（銀玫瑰）。耶穌的復活就是徹底完成受難的最終結果。

因此我們不該——亦不可！——將耶穌受難的汗水、領受十字精神而流出的啟示性淚水（玫瑰十字架）、認同十字精神而化成的血液（鑲著銀玫瑰的金色十字架）三者區隔開來。淚水、汗水和血的神祕本質是不可分的一個整體。

基督信仰同樣也是不可分的整體。我們不該——亦不可！——將基督信仰的「顯派」和「密派」（密契體驗和靈知）區隔開來。「密修派」早已內建於基督信仰中；它無法單獨存在。因此，隱修士乃普世基督教團中負有特殊使命的成員，其使命和深層次元有關。如同普世教會裡存在著各種天職——神父的、修院生活的、宗教騎士的等等——隱修士也有不可違逆、無法更改的天職。這項天職就是在生活中去覺知禮拜儀式（神聖魔法）、啟示（靈知）和救贖（密契體驗）的一體性，充分意識到人類的靈性史，包括過去、現在和未來的，永遠是以基督為中心。基督隱修之道的天職就是活出《約翰福

音》所描述的普世及永恆的真理：

> 在整個創造中，沒有一樣不是藉著他造的。道就是生
> 命力的根源，這生命力把光賜給人類……那光是真
> 光，來到世上照亮全人類。（《約翰福音》第 1 章，
> 第 1-4 節、第 9 節）

充分意識到過去、現在、未來之光是一體的；東、西、
南、北之光是一體的；密契體驗、靈知、神聖魔法之光是一體
的；禮拜儀式、啟示、救贖之光是一體的，便是基督隱修之道
的天職。一如神父的、修院生活的以及宗教騎士的天職，它既
不可違逆也無法更改。

我要再加上一句話，在這些信裡被我稱為「親愛的不知名
朋友」的你，就是受到基督隱修之道不可違逆、無法更改的天
職感召的人。但是我也有一些「知名的朋友們」，他們大部分
已經進入屬靈世界。我經常在信裡提到他們……在寫這些信的
同時，有多少次我都感受到他們兄弟般的擁抱，包括巴布士、
奎德塔（Quaita）、佩拉旦、艾利佛斯・李維和路易・克勞
德・聖馬丁在內！

因此，基督信仰的神祕本質是不可分割的——封存於淚
水、汗水和血液中！你現在應該明白世上只有一種真理，一道
真光，一位基督，一個共同的生命體——既沒有獨立存在的顯
教或密教，也沒有獨立存在的顯教團體或密教團體。但願我其
他的朋友們也都能明白這一點！

淚水就是體現上界啟示的要素。如果一個人站在基督受難十字架前因感動而慟哭，代表他已經受到啟發。接著他會在受難十字架前默觀玫瑰十字的含義。當他專注於耶穌受難的莫大痛苦時，血液會開始冷卻，然後就有一股來自十字架的暖流會取代從他身上流失的暖意——這時他已經活出了直觀智慧；他已經在默觀鑲著銀色玫瑰的金色十字架……

　　啟示是透過淚水在運作的屬靈法則。如同慟哭一樣，啟示一向隱身於「在兩個瓶子之間流動」的水中。不論啟示的源頭是什麼，總是存在著由高層我（形象）和低層我（樣式）共同製造的活躍能流，也就是由高層之眼（或高層之耳）和低層之眼（或低層之耳）同時覺知而形成的能流。換言之，高層悟性與低層理智同時振動而有了連結；雙方都有各自的語言，卻能透過共振產生確鑿的啟示。

　　靈視洞見和領受啟示的不同，就在於並非兩隻「眼睛」（或「耳朵」）——高層和低層的——同時在運作，而是低層我被動地秉受上界能量的「銘刻」。由於這不是兩種「悟性」的合作，因此低層我（人格）雖然有了洞見經驗，卻無法立即產生體認。

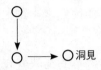

　　直觀經驗同樣是源自於某種屬靈的作用力。過程中低層我提升至高層我的次元，然後消失於其中，變成了被動無聲的存在，也就是把主動的作用力徹底讓給了後者。

　　這三張圖代表的就是淚水、汗水和血的神祕運作原理。處於直觀之中的低層我會經驗到一種死亡，因為它被轉入了高層我的生命中，這熱血之謎是由鑲著銀玫瑰的金色十字架所代表的。處在洞見之中的人，上界啟示的重壓會加在低層我身上，而且必須由後者獨自承擔；這和汗水之謎有關，象徵符號就是耶穌受難十字架——耶穌背著十字架前往各各他山，途中因為它的重量不勝負荷而跌倒了三次。領受上界啟示的人，則由於神的完美形像與人的墮落樣式結合，而產生了傳達心靈最深感觸的語言；這和淚水之謎有關，象徵符號就是玫瑰十字架。

　　因此，淚水或上界啟示之謎，便是第十四張大阿卡納的靈修主題。

　　從上述的解說和所有真實的屬靈體驗來看，上界啟示不像洞見一樣會自發地出現。它也不像直觀智慧那樣，往往是犧牲、苦修和自我制約等等的努力換來的結果。反之，它是高層

我和低層我的協力運作使然；本質上是兩個瓶子的水同時湧出交滙而成的。

因此，獲得上界啟示的祕訣就在於同時保持主動和被動的態度：主動指的是提出問題和請求；被動是得到上界的解答。如果只是在內心裡提出問題，然後以被動的消極態度等待解答，這樣的方式是行不通的。你當然可以耐心等候，但通常會一無所獲。想盡辦法推演出答案，或者以「半猜測」半想像的方式解答問題，也是不正確的態度，因為這就好像在迫使上界啟示「一定要有所貢獻」似的。

不，被動等待或主動思考及想像，都無法促使靈魂進入接收上界啟示的恰當狀態；靈魂應該同時保持主動和被動。讓我試著再說明一下。

十八世紀的理性主義提出了一種論點：「凡明確的必然是真理」，依此推演出的結論則是：「凡不明確的必然不是真理」。這是人們在「幾何思考模式」至上的時代，憑著覺知或直覺得到的兩種結論。不過當然，今日的我們已經不再相信凡明確的必然是真理，但仍舊認為凡真理必然是明確的。受到這個假設的牽引，我們努力地想讓自己變得明確，因此在關注的議題周圍劃下明確的界線。但這麼做卻導致思想上的劃地自限；雖然想法變得明確了，卻跟真理的洪流之間有了阻隔。我們從這道滾滾洪流中取出了一滴水，它雖然很清澈，畢竟只是一小滴水罷了。

理解這一點之後，我們不妨換一種方式來思考。我們可以試著與這道洪流一同思考，亦即不再暗自苦思，而開始和上

界、下界、過去、未來所有不具名的思想家組成的「智囊團」一同深思。這麼一來,「我想」就會變成「我們想」。這種「一同思考」的方式既是主動的也是被動的。只要你靠自己思考就是主動的,只要有「對象」和你一同思考就是被動的,換言之,思潮是從兩個瓶子——你和他者——一同湧現出來。此即靈魂獲得上界啟示必須處於的狀態。因此,第十四張大阿卡納的奧祕就是同時湧出的兩股思潮融合成一體,所形成的真實不虛的啟示。

我把「一同思考」形容成一種「特殊技巧」,目的只是為了明確地表達,但明確性和真理之間是不能劃等號的,所以我必須修正之前犧牲真理的做法。

說真的,在實修的領域裡不存在任何技法——在洞見和直觀的範疇內,它也不存在。這些領域裡的一切都和德性有關。若想與上界「一同思考」,有個東西是不可或缺的,那就是謙卑。為了做到「一同思考」,我們必須臣服於更有智慧的人。這指的並不是基本或抽象的尊重,而是具體地將「主導權」讓給那些不具名的共同思考者。「一同思考」的意思就是「屈膝」思考,亦即在他人面前展現謙卑,以降低自己的聲音來突顯別人的聲音。這便是「思考—禱告」或「禱告—思考」的真諦。

勝王瑜伽的定力修練、哈達瑜伽的呼吸法等等,都無法使我們獲得上界的啟示。只有神貧、順服及守貞所養成的謙卑,才能使我們領受到上界的啟示。

這一點是無法改變的事實……屬靈世界本質上永遠和德性

有關。獲得上界啟示，是盡心領略謙卑的真諦和謙卑地付出努力的成果。因此，「禱告和工作」就是打開啟示之門和其他扇門的鑰匙。

謙卑一向是獲得上界啟示的初步條件，關於這一點，我必須再說明一下。有時它並不一定能使人得到啟示，甚至有可能變成阻礙。因為過度謙卑也會癱瘓掉追求真理、培育美德和發展潛能的渴望。說出以下這句話的人是不會得到任何啟示的：「我不想花時間在神聖事物和屬靈世界上面，因為這麼做的人一定是聖者或智者，而我兩者都不是。」反之，只專注於靈魂的救贖，雖然也能夠在聖潔之路上有明顯進展，但是也可能導致對世界、歷史以及人的心理問題渾然不知。許多聖人對世界或歷史知道的並不多，就是因為謙卑的訓誡制止他們涉入救贖以外的事物。

對真理──由上界、世界及人所構成──的飢渴是得到上界啟示的必要條件。換言之，人必須遵守「禱告和工作」的原則。隱修士如果不謙卑，往往和其他人一樣永遠得不到什麼啟示。但渴望真理卻不精通「自我遺忘」的藝術，照樣也得不到啟示。無論是謙卑或傲慢、純真或有罪，都應該對涉及上主、世界以及人類的真理感到飢渴才對。

隱修士既要懂得如何發問也要敢於發問，同時又不去顧慮自己是謙卑的還是驕傲的。孩子們一向知道如何發問也敢於發問，難道他們都是放肆的嗎？不，他們提出的每個問題都等於在承認自己無知。那他們是謙卑的囉？是的，他們知道自己無知，所以本質上是謙卑的，但由於求知若渴已經到達忘我程

度，所以也不是基於謙卑才發問的。在這一點上面隱修士是效法孩子的。在生與死、善與惡、創造與演化、歷史和靈魂等等議題上，他們最渴望知道的是「誰」、「什麼」、「如何」以及「為什麼」。但是那些做實驗到頭髮都花白的自然科學家，卻放棄了這一類的問題意識。他們說這些都是「幼稚」的表現。只有一件事是他們真正關切的，那就是「如何辦到」的技術性問題。至於「什麼」、「為什麼」更別提「誰」了，顯然都是不夠科學的問題，所以就留給神學家和純文學家去回答吧……

雖然如此，我們隱修士仍舊將兒時提問的方式——「什麼」、「如何」、「為什麼」以及「誰」——完整地保留了下來。然而我們究竟是比別人落後還是進步呢？其實落後或進步都不重要，重要的是我們仍舊像兒時一樣那麼求知若渴，這使我們提出了成熟的現代文明人不再關切的題目。

什麼？我們不是已經從文明史得知這類事情是不可知的嗎？現代人不知道的事情，不就是無數前人費盡心思也無法解答的東西嗎？它們之所以被現代人視為不可知，不就是因為前人無法得到答案嗎？所以我們還有什麼機會，什麼希望呢？

我們的機會、希望……就是獲得上界的啟示。正因為像孩子一樣地發問，我們才有了希望，也才能確信天上的父會給我們答案和麵包而非石頭，會給我們魚而非蛇。啟示本是流動於兩個瓶子之間的活水，它們是由一位長著翅膀的天使握著的——對未來隱修之道的存活而言，這既是希望也是機會！

親愛的朋友，請告訴自己你什麼都不知道，同時也要告訴

自己你有能力知道任何事。請備上赤子之心的謙卑與冒昧，浸潤於和上界「同步思考」的純度及力道中！但願那位長著翅膀的守護天使陪伴在你左右；但願祂手裡一直握著那湧出啟示的兩個瓶子！

對隱修士而言，啟示不僅帶有實修上的意義，在人類的整個靈性史上也深具意義。人會在一生中的幾個決定性時刻得到真確的上界啟示，人類歷史也會在幾個決定性時刻出現深遠啟示進入生命裡的重大事件。偉大的宗教都是源自於這一類的啟示。古印度智者得到的啟示促成了《吠陀經》的誕生。古波斯的查拉圖斯特拉得到的啟示促成了《阿維斯陀經》（*Zend-Avesta*）的誕生。摩西和其他先知得到的啟示促成了舊約的誕生。耶穌的生平事蹟、死亡及復活促成了福音書的誕生——作者就是人類和帶來啟示的智天使基路伯。伊斯蘭教則是穆罕默德從天使長加百列那裡得到啟示而創立的，《可蘭經》也是如此產生的。

至於純人本主義的佛教，同樣也將釋迦牟尼在菩提樹下開悟視為它的源頭，四聖諦就是佛陀在菩提樹下領受啟示而頓悟到的真理。

因此，偉大的宗教都是奠基於人所接獲的上界啟示；宗教史記載的全是它們的源起。對啟示的誤解以及對其實修奧義的無知，不幸地為人類歷史帶來了悲慘的結果。有人誤以為啟示是透過努力得來的，有人相信靈魂必須處於徹底被動的狀態，才能得到上界賜予的靈感。任何形式的伯拉糾主義或寂靜主義都可能出現在宗教史中。那些不明白啟示是由主動性和被動性

融合而成的人，勢必會落入伯拉糾主義或寂靜主義的陷阱裡。

在人類追求啟示的過程中，個人的主觀心理經驗扮演著舉足輕重的角色，其中包括挫折和幻滅。基督信仰史因此而出現過慘烈的動亂。一名十六世紀的奧古斯丁會修士曾熱切地渴望獲得上界啟示，為此展開了禁食、禁慾和徹夜祈禱的嚴格苦行。他深信自己的努力終究會換得上界的啟示，結果是什麼也沒得到。幻滅的他因而提出了一種教義，主張苦修是無意義的，只要擁有信仰就能得到救贖。這便是新教路德派的由來。

同一世紀的一名法學博士則突然改信，並宣稱獲得啟示完全是上界的作用力使然，因此人為的努力或自由意志沒有任何用處。只有神能夠在注定滅亡的人類中揀選出救贖對象。這便是新教加爾文主義的由來。

當初馬丁·路德和約翰·加爾文如果能明白啟示中包含著主動和被動性——努力和恩寵——那麼其中一位就不至於認為人唯一的身份是罪人，另一位也不至於視神為宇宙暴君了。

聖十字若望曾經向世人證明，人可以克服感官和心智的枯竭以及黑暗帶來的絕望，同時又能推動深層改革——福音書提到的神貧修煉和道德上的徹底改善——而不至於影響教會的團結。聖十字若望其實已經為馬丁·路德贖罪了。

聖依納爵則向世人證實，人可以在愛的自由中選擇上主及其理念——如同雅各與某人僵持到破曉前時所說的：「你不祝福我，我就不放你走。」（《創世紀》第 32 章，第 26 節）每一位擁有自由意志的人無論是否被揀選，都可以自願信奉上主的理念而得到祂的賜福。聖依納爵自願順服於神的愛，不曾以

可憐人的身份屈服於祂的萬能力量，因此他已經為約翰·加爾文贖罪了。

基督隱修之道深諳上界的奧祕，所以不認同啟示是人為現象，也不認為只要維持被動就能接領受到它。隱修之道完全明瞭啟示是源自於主動性與被動性的結合。

你不可能在聖馬丁的著作中找到伯拉糾主義或寂靜主義，但是你會發現他所有的著作都涉及到對神與人、恩寵與努力結合的信心。因此，「禱告和工作」的確是聖馬丁的著作所強調的實修教誨。至於成熟的佩拉旦和穩重的巴布士呢？他們也都主張雙重信心是必要的。這表示他們都明瞭上界的奧祕，第十四張大阿卡納的圖像所代表的「啟示」奧義。

親愛的朋友，以上提到的幾位隱修士應該都是你所熟悉的，但還有許多人同樣稱得上是啟示的守護者。你知道史馬克夫（Schmakov）或朗迪尼柯法（Roudnikova）嗎？他們的名字就像秋天的落葉一般幾乎完全被人們遺忘，了無蹤跡地埋沒在俄羅斯革命前的那場大雪裡了。

雖然如此，世上仍存在著一些知名或不知名的隱修士，而且著作多半是以不具名的方式出版的。這群人當中只有少數曾公開地結識彼此。更少數的一群人則是在靈視洞見中相識。把這群人結合在一起的是上界的啟示，無論他們距離有多遠、彼此是否認識或是否還存在於人間。

說真的，上界的啟示的確是隱修族群的構成要素。它就是連結其成員的鍊環；所有的成員都在其中相會。

共同的啟示形成了隱修士的通用象徵語言——類比法、二

元性的合一、一體性、道德邏輯、確鑿的認知、廣度之外的深度等等。最重要的是，他們確信一切都是可知和可揭露的，因為神祕本是無限的可知性和可揭示性。

我們所共有的啟示和語言，就是在內心引動著屬靈渴望的「道」。1890 年的巴布士並不「清楚」1917 年的他會變成什麼樣子，卻開始為他將要知道、感受和實踐的事付出努力。這是因為他在 1890 年已經領受自己尚未完全明白的啟示；那時隱修之道的靈感已經在他內心產生作用。他能夠脫離神智學會的新派佛教，選擇大亞維德侯爵的理性基督信仰，必須感謝心中獲得的靈感。最後他選擇了里昂的菲力浦所教導的真實基督信仰，而不是年輕時信奉的基督教理性主義，同樣要感謝心中獲得的靈感。是的，1917 年的巴布士，浸潤於「禱告和工作」，就是因為受到上界啟示的鼓舞，才從一位年輕的醫學士，變成玄學的熱愛者、有膽識的魔法師和直觀智慧的愛好者。

「宇宙被造以前，道已經存在」不但是一則宇宙律，也是每個人都必須領受的重要啟示。所有的隱修族群都活在這則啟示的律法下。

隱修族群和其他團體的差異是必須——無法抵抗地——意識到這則律法的存在，而且要明白自己和其他人的命運有何不同。

隱修士和其他人的命運最大的差異，就在於他們對整全的根本智識非常饑渴，而後者會選擇按耐住這股渴望。他們的命運並沒有帶來任何特權，反而使他們擔負著認清生命和宇宙真

相（包括一切奇蹟和災難）的責任。這份責任意識令他們在世
人眼中顯得有些天真或自視過高，孰不知這是上界啟示帶來的
結果。

第十五張大阿卡納的冥想

惡 魔

THE DEVIL

第 15 封信

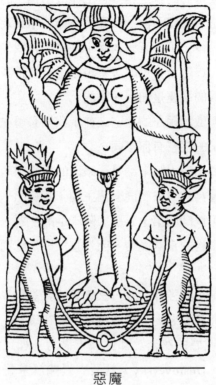

惡魔

親愛的不知名朋友：

當神啟的奧祕和那位長著翅膀、將活水從一只瓶子倒入另一只瓶子的天使讓我們深受感動時，另一名長著翅膀的存有已經出現在我們眼前；他手中握著一把尖頭火炬，筆直地站在另

外兩名存有的上方，那兩名存有則被拴在前者站立的臺子上。接下來我們要探討的就是與接獲上界啟示相左的另一則祕密。

第十四張卡揭露了淚水和啟示的節制本質及神祕性，當我們理解這一點後，第十五張大阿卡納將帶領我們認識電火的祕密，以及和上界啟示背反的著魔現象；它會帶我們追溯人的神聖形像和樣式的命運是如何演變的。

在探索與啟示相左的祕密之前，我們必須先理解其他的奧祕和「惡魔」的祕密有何不同。

我們已經知道大阿卡納是一系列的靈修課題，而且每個課題都試圖引導冥想者去認同一個主題，修煉出一種直觀智慧。但冥想者不可以認同第十五張大阿卡納的主題，理由是人不該養成對邪惡事物的直觀能力，因為直觀即是認同，認同就是融合。

不幸的是，許多作者——玄學界或非玄學界的——都無來由地喜歡研究和善惡對立議題相關的玄祕事物。他們認為無論是善的奧祕或惡的祕密，都應該「盡力」加以鑽研。杜思妥耶夫斯基[1]（Dostoyevsky）就發表過關於基督信仰的玄祕真相，也公開過一些邪惡的修練方式；他的小說《群魔》（*The Possessed*）可以說是最佳範例。

另一個過度鑽研邪惡議題的例子，則是德國人智學者們所關切的惡之雙重性（甚至三重性），亦即路西弗（Lucifer）和

1　譯註：俄國大文豪（1821—1881）。

阿利曼（**Ahriman**）（甚至阿祖拉〔**Adzura**〕）的祕密、邪惡的兩種本質、主客觀的對立性、誘惑和催眠的特性等等。這些人智學者們成天關注的都是這一類議題，好像沒有任何事情是不受路西弗或阿利曼影響的。由於科學是一種客觀的東西，所以是由阿利曼掌控；基督信仰密契主義是主觀的，所以是由路西弗掌管；東方世界否定物質文明，所以是由路西弗支配；西方世界創造了物質文明也傾向於物質主義，所以是被阿利曼統治的。一切的機械用品，像是收音機和電視設備等，都已經被阿利曼的魔群滲透。實驗室就是阿利曼的堡壘；劇院則是路西弗的城堡，甚至教堂也算在內。由於人智學者們一直企圖歸納出邪惡的類別，導致他們成天都忙於這類事情。他們經常性地接觸和邪惡有關的議題，因此無暇與善的主題產生啟發性的互動，結果只得到沒有翅膀和缺乏創造力的跛腳智慧。他們只會重述或過度闡述魯道夫・史坦納博士說過的話。史坦納的話絕對具有喚醒創造力的特質！他以四福音書為主題的系列講座，在赫爾森福斯及杜塞爾多夫發表的關於天使階層的演說，以及像《通往高層境界的知識》（*Knowledge of the Hgher Worlds. How is it achieved?*）這樣的內修啟蒙著作，都足以為那些渴望真實屬靈體驗的人燃起熱切且成熟的創造力。但是這位創會者過世之後，會員們因為過度關注邪惡議題而折損了人智運動的羽翼，導致它演變成一場文化改革運動（藝術、教育、醫學、農耕），喪失了鮮活的密契體驗、靈知和神聖魔法的密修內涵；取而代之的是一些演講和研究，以及為了讓導師的著作和演說達成一致而提出的種種申論。

我們若想避免創造力被癱瘓、面臨更大的危機，為邪惡勢力增添一臂之力，就不該花太多心思在惡的議題上面，而應該和它保持一定的距離。人只可能在自己深愛的事物上產生直觀智慧。深切的直觀智慧永遠是源自於愛。人不可能真的對邪惡感興趣，因為其本質是不可知的。我們只能在一定的距離外去理解它，以敬而遠之的態度檢視它的各種現象。

這就是為什麼你絕對找得到有關天使階層的明確描述——例如亞略巴古的丟尼修、聖文德和聖多瑪斯的著作，以及卡巴拉和史坦納的著作——卻找不到有關邪惡階層的類似作品。你當然可以在巫師的魔法書和卡巴拉的實修手冊（亞伯拉莫林法師〔Abramelin the Mage〕的著作）裡找到許多邪惡存有的名字，但卻找不到像丟尼修對天使階層的清晰描述及詮釋。邪惡存有的世界就像是一座茂密的叢林，如有必要的話，你當然可以認出其中成千上萬的植物，但永遠無法看到完整的全貌。從表象上來看，邪惡世界可說是一個相當混亂的地方。

你如果不想迷失於其中，就不該進入這座叢林裡，而是應該站在外圍當一名旁觀者。因此在冥想「惡魔」卡的奧義時，我們必須遵守上述原則，對邪惡之事保持正確的態度。你應該盡量以現象學的研究方式，在一定的距離外去理解其祕密。

現在讓我們開始探討卡上的圖像。首先你會發現有三個人物。居中的那一個體型比其他兩人龐大，他站立的臺子是另外兩個人被綁住的地方。他是一個雌雄同體的存有，長著往上揚起的蝙蝠翅膀，右手是舉起來的，左手則是朝下握著一把點燃的火炬。他的翅膀和雙腿都是藍色的，頭上戴著頂端有黃色鹿

角的無簷帽，身上除了帽子和紅色的腰帶之外別無他物。

至於在左右兩邊站立著的人，一位是赤裸的男性，另一位是赤裸的女性。他和她都長著尾巴和野獸的耳朵，頭上戴著頂端有兩隻鹿角的紅色無簷帽，手臂被綁在身後，脖子是由一根繩子拴住的，繩子的一端被固定在臺子紅色部分的扣環上。居中的那個人還有一種特徵：他有一對聚焦於鼻樑的鬥雞眼。

這張卡引發的第一個聯想會是什麼呢？……我認為它是要我們從密契體驗、靈知和神聖魔法的整合視野，去理解這張卡的實修奧義。

這是否涉及形上宇宙論所描述的惡之起源：「大戾龍」帶領一部分的天使階級叛亂，並且「用尾巴捲起天上三分之一的星辰」（《啟示錄》第12章，第3-4節）？還是跟以西結所描述的情境有關？

> 你是那受膏遮掩約櫃的基路伯；
> 我將你安置在神的聖山上；
> 你在發光如火的寶石中間往來。
> 你從受造之日所行的都完全，
> 後來在你中間又察出不義。
> 因你貿易很多，
> 就被強暴的事充滿，以致犯罪，
> 所以，我因你褻瀆聖地，
> 就從神的山驅逐你。
> 遮掩約櫃的基路伯啊，

我已將你從發光如火的寶石中除滅。

你因美麗心中高傲；

又因榮光敗壞智慧。

我已將你摔倒在地……

（《以西結書》第 28 章，第 14-17 節）²

看來答案顯然是並無關連。「惡魔」卡引發的聯想和基路伯因墮落而被驅離聖山的宇宙戲碼毫無關聯，也和「大戾龍」攻打天使長米迦勒及其軍團的歷史無關。這整張卡其實和「被奴役」這件事息息相關，因為卡上的兩個人被栓在畸形惡魔站立的臺子上。這張卡並不是在暗示與邪惡有關的形上議題，而是具有實修意涵的教誨。它闡述的是生命如何喪失自由、變成了惡魔的奴隸，而惡魔又是如何令他和她退化成和它一樣的存有。

第十五張大阿卡納的主題就是「魔」的衍生物，以及對衍生物的掌控。它攸關著「人造念相」（artificial egregore）的產生，以及製造者可能落入的被奴役狀態，也就是變成自己所造之物的奴隸。

為了理解這個祕密，首先我們必須明白，邪惡世界裡不但有天使階層的墮落存有（六翼天使除外），也包含著「無階級來歷」的生命體。這些生命體往往是以桿狀菌、細菌和病毒的

2　譯註：此段引文是摘自新標點和合本《聖經》。

形態示現於人間。按經院哲學的說法，它們並不具備主要因或次要因，而是源於第三種自治性存有的放任作風。簡言之，邪惡世界有一部分成員是「左翼」天使階層的存有，以舉發者或「審判者」的身份在宇宙律的支配範圍內嚴屬地執行任務。另外一部分的成員則是人類製造出來的「邪惡微生物」。這類邪靈是由某種激烈的能量構成的，其物質身則是由這種能量的「電磁波」形成的。人類也會共同創造出各種神靈——包括腓尼基人、墨西哥人，甚至今日的西藏人觀想出來的詭異「憤怒尊」。《聖經》時常提到要脅人以嬰兒當祭品的迦南火神摩洛克，就不屬於任何天使階層的存有，而是一種邪惡的念相，或是人執迷於恐懼帶來的刺激而共同投射出的邪靈。墨西哥的羽蛇神（Quetzalcoatl）是另一個類似的例子；它也是人們共同投射和信奉的神靈念相之一。

我們現在已經知道，西藏有一種特殊的修行法門——以帶著覺知的「半科學」方式觀想出「憤怒尊」，然後再消解掉它們。西藏人似乎很瞭解「惡魔」卡的祕密，甚至擅長利用它們來鍛練意志力和想像力。這種修練法門有三個步驟：一是聚焦地觀想出「念相存有」（tulpas），然後召喚它們前來，領悟了它們只是想像力製造的幻象，藉此來擺脫並消解它們的掌控力。這項訓練的目的是要利用觀想能力製造出「憤怒尊」、然後無懼地面對它的恐怖形相，而不再深信有惡魔的存在。亞歷山德拉·大衛·尼爾 [3]（Alexandra David-Neel）對此議題有

<hr>

3　譯註：法國的東方學者（1868-1969）。

深刻見解，以下是他的說法：

關於「不輕信」這個議題，我詢問過幾位喇嘛。「不
輕信是辦得到的」，一名來自德格（康巴的一個小
鎮，位於藏東）的格西（學成之人）如此回答，「這
的確是藏密大師們的終極目標之一。但徒弟們如果
在恰當的時段之前已經有了這種心態，就會喪失他
們應該在修練中發展出的東西：無懼。而且，老師們
也不認同太簡單的不輕信，因為這種態度與真相是相
左的。徒弟們必須瞭解，只要相信有鬼神存在，它們
就真的存在，甚至會去幫助那些膜拜者或傷害那些畏
懼它們的人。總之，很少有人能在訓練初期就做到不
輕信。多數的新手都真的『見識過』這些憤怒尊的顯
相……」
……我曾經和一位名叫辜秀·旺干的居家隱士（來自
藏東）談及人在召喚憤怒尊時猝死的現象。這位喇嘛
看起來不像是迷信之人，因此我以為他會同意我對這
件事的看法：「那些人其實是死於恐懼。他們看到
的東西是自己想像出來的。不相信有憤怒尊的人根
本不會被它們搞死。」但是這位隱士的回答令我十
分驚訝，他以一種奇特的口吻說道：「按照這樣的講
法，只要你不相信有老虎這種東西，那麼即使它出現
在你面前，也傷不到你囉。」……接著又說道：「不
管有意或無意，從內在觀想出念相都是最神祕的一件

事。但這些被製造出來的念相最後會變成什麼呢？會不會像我們生下來的孩子，終究要脫離我們的人生和掌控，過著屬於自己的日子？既然我們有能力製造它們，別人難道沒有能力造出它們嗎？如果這些受造物（像憤怒尊這麼奇幻的東西）真的存在於世上，那麼會不會是製造者的意志力使我們接觸到它們的，還是我們自己的念頭和行為提供了恰當的條件，讓它們示現活動力的？……人必須學會保護自己不被自身或他人製造的老虎傷害。」（Alexandra David-Neel, *Magic and Mystery in Tibet*, London, 1967, pp. 146-148）

以上是西藏法師們對「憤怒尊」的修行抱持的看法。法國的魔法大師艾利佛斯‧李維對這類事情也有相同的見解。

對於口傳下來用於製造邪魔的《教宗霍諾留斯三世魔法書》（*Grimoire of Pope Honorius*）、《利奧三世祕集》（*Enchiridion of Leo III*）、《儀式》（*Ritual*）的驅魔術、宗教審判裁決書、勞巴德蒙[4]的控訴（the suits of Laubardement）、威雅列兄弟（Veuillot brothers）的文章、MM. 德‧法路（MM. de Falloux）、德‧蒙他藍伯特（de Montalembert）

4　譯註：他奉令調查盧丹附魔事件時所提出的告訴。

和德・密爾維（de Mirville）的著作，以及術士和非術士的魔法手冊等等，有些的確應該受到嚴厲譴責，有些則應該永遠遭到強烈否決。我們出版本書的目的就是要揭露這類事情的真相，以導正那些偏離正軌的想法。但願本書能夠使人繼續專注在神聖的目的上面！

人是自己的天堂和地獄的製造者，除了我們本身的愚昧無知之外，其他的惡魔都不存在。心唯有接受真理的懲戒，才能夠被導正而不再擾亂世界。（Eliphas Lévi, *Transcendental Magic. Its Doctrine and Ritual*; trsl. A.E. Waite, London, 1968, pp. 322-323, 410）

李維曾經根據自己的經驗提出解釋，所有的「魔」，例如男淫魔[5]、女淫魔[6]、主導女巫們午夜狂歡聚會的公羊魔頭李奧納多（the Leonard masters），以及附在人身上的邪靈等，其實都是個人或集體的意志力與想像力投射到星光層的產物。由此可知，歐洲人製造邪靈的方式，和西藏人製造念相存有的方式是一樣的！

雖然十誡的第二條禁止「製造偶像」，但這種行為其實既古老又普遍。無論何時何地似乎都有人在製造邪靈。

艾利佛斯・李維和藏密大師們一致認為，魔不僅是源自於

5　譯註：進入夢境性侵女人的男性邪魔。
6　譯註：進入夢境性侵男人的女性邪魔。

主觀意識或心理狀態，也是一種客觀存有。它們一旦被製造出來，就會變成一股自治性的能量，從主人的意識中獨立出來。換言之，它們其實是人為魔法的受造物，因為人為魔法就是由主觀意識投射出具體物質的。現代心理學將尚未完全物質化的魔，或是已經脫離主體的半自治性念相存有，稱為「心理情結」。榮格視其為一種寄生式的能量體，它和心理的關係就如癌細胞和生物體的關係。因此，任何一種精神病理學所謂的「情結」，都是由患者本身引發的心魔。雖然這種「情結」仍然在孕育中、尚未誕生出來，但由於受到主體精神活動的滋養，所以幾乎已經完全具備自主力。針對這一點，榮格說道：

> 情結彷彿是一種干擾意識的自治性形成物……它似乎是一種自治的生命體，足以干擾自我的想法。心理情結導致的行為模式，的確像是自主的次人格的運作方式。（C. G. Jung, *Psychology and Religion*; trsl. R. F. C. Hull, *The Collected Works of C.G. Jung*, vol. 11, London, 1958, pp. 13-14）

因此，「干擾意識的自治性形成物」、「自主的次人格」，便是我們所謂的「魔」。

但「心魔情結」還無法在一個人的精神範圍之外獨立運作──它尚未擁有「在外遊蕩的自由」，不像那些「憤怒尊」或成形的奇幻靈異混合體，能對遭受攻擊對象的身體造成真正的傷害；聖安東尼和亞爾斯本堂神父經驗到的就是這樣的情

況。他們周圍的人聽見的攻擊聲和受害者身上出現的瘀青，都不再屬於心理層次的現象，因為已經具體化了。

但魔究竟是如何製造出來的？如同所有的衍生物一樣，魔也是由陽陰能量結合而成的；它是人的意志力與想像力共同製造的東西。違反自然的邪淫慾望，加上與其呼應的想像力，共同製造了魔這種東西。

因此「惡魔」卡上才會出現一陰一陽兩個人，被栓在居中者——魔——所站立的臺子上。他和她並非一般以為的惡魔產物或孩子，雖然身形較小。他們其實是惡魔的父母，而且已經變成自己所造之物的奴隸。他們代表的是邪惡的意志力和違反自然的想像力，共同產下了雄雌同體的惡魔，一個具有慾望和想像力、能夠控制其製造者的存有。

由集體意識投射出來的惡魔——所謂的「念相」（egregore）——同樣也是意志力和想像力的產物。這種念相的衍生過程是我們現代人都十分熟悉的：

「一個幽靈，共產主義的幽靈，正在歐洲各地出沒」——此即馬克思和弗里德里希·恩格斯（Friedrich Engels）在1848年發表的「共產黨宣言」（Communist Manifesto）開場白。宣言接下來提到：

> 「為了對這幽靈進行神聖的圍剿，教皇與沙皇、梅特涅和基佐、法國的激進派和德國的警察這些歐洲的舊勢力全都團結在一起。」（Karl Marx and Friedrich Engels, *Manifesto of the Communist Party*; trsl. S.

Moore, London, 1932, p. 8 ）

　　我們可以再加上一句：這幽靈的體型和力量正在與日俱增。它是源自於歐洲「工業革命」後集體意志的絕望心態，靠著一代代的積怨逐漸成長壯大，黑格爾的假理性辯證也助了它一臂之力——這幽靈在歐洲和其他幾個洲持續地壯大……至今已有三分之一的歐洲人拜倒在這幽靈面前，對它百依百順。

　　現今最醒目的集體念相的繁衍方式，完全符合馬克思主義的理想，因為馬克思認為上主或神都不存在，存在的只有人的意志力和想像力製造出來的魔。此即馬克思基本教義派所謂的「意識形態上層結構」的意涵。按照此教義來看，一切的意像或意識形態，無論是宗教、哲學、社會或政治的，都是由經濟利益的需求或意圖製造出來的。對馬克思主義者而言，所有的宗教都是「意識形態上層結構」，也就是人的意志力和想像力的產物。但馬克思—列寧主義本身同樣是一種「意識形態上層結構」，也是頭腦的想像力藉由意志力，去規劃或重新規劃社會、政治及文化層面的事務。這種透過意志力促成意識形態上層結構的模式，就是我們所理解的衍生集體念相的方式。

　　因此世間有「道」，也有受世人膜拜的「念相」；有揭示出來的真理，也有人的意志力的顯化；有對神的崇拜，也有對人造偶像的膜拜。當摩西在山上領受「道」的啟示時，山腳下的人卻對著一頭金牛祭拜，這不就是整個人類史的特徵和預兆嗎？「道」與偶像，前者是被揭示出來的真理，後者則是「意識形態上層結構」，兩者同時在人類史上活躍地運作著。請問

有沒有任何一個世紀，「道」的侍者是無需面對偶像或念相崇拜的？

對所有認真看待魔法的人而言，第十五張大阿卡納都帶有警惕的意味：它引領人們去認識惡魔是如何產生的，對製造它的人又有什麼樣的掌控力。

我們這些對於上述的人造魔或念相已經有所認識的人，應該十分明白醉心於民族野心的集體意志，是如何利用優生學的想像力激發出民族社會主義的邪魔念相。我們對存在於人的意志力和想像力中的可怕能量都有著第一手經驗，也十分明白將這種能量釋放到世間的人，必須承受多麼深重的果報！「播種的是風，收割的是暴風。」（《何西阿書》第8章，第7節）……這暴風多麼狂烈啊！

我們身為二十世紀的現代人，已經明白現代的「大蟲害」就是「意識形態上層結構」念相，它比中世紀重大傳染病造成的損害更嚴重。

有了這層認識之後，我們應該對自己說：讓我們安靜下來吧。我們任性妄為的意志力和想像力都應該靜止下來了；我們必須對它們執行強制的守靜令。這不是隱修之道的四要素：「膽識、意志、靜默、真知」其中的一項嗎？守靜不只是為了保守祕密，也不僅只於避免瀆神。它主要的目的是不讓人藉由自行決定的意志力和想像力去製造心魔。

因此，讓我們順服於傳統的「偉大工作」，為基督信仰、隱修之道和科學帶來建設性的「貢獻」吧。讓我們徹底浸潤於其中、研究它、修煉它，並且耕耘它，目的是要建設而不是廢

止傳統。讓我們成為靈修傳統中建造「大教堂」的一份子，試著為它付出一些努力吧。但願《聖經》對我們而言永遠是《聖經》，聖禮永遠是聖禮，靈性上的權威永遠是權威；但願過去和今日的「長青哲學」以及真正的科學對我們永遠友善，在必要時能成為值得尊敬的合作對象！這將會是守靜，也就是不製造心魔的偉大成果。

製造心魔的，永遠是著了迷的意志力和想像力。回到上述的例子，如果馬克思和恩格斯只是單純地捍衛勞工利益，沒有被自己著了迷的想像力沖昏頭，就不至於說出「神是不存在的」、「宗教只是人類吸食的鴉片」、「所有的意識形態都是奠基於物質利益的上層結構（不論何時何地都一樣）」這類影響普世歷史和整個世界的話，反而是真有可能為傳統帶來一些踏實的貢獻。關切窮人的福利本來就是基督教、猶太教、伊斯蘭教、佛教、印度教和人道主義這些傳統不可或缺的部分。上述兩位人士因為憤慨──並非缺乏高尚精神──以及酸楚地意識到權力階級的腐敗──並非缺乏經驗基礎──而喪失了自制力，這導致他們將上天、資產階級、福音書、資本主義、托鉢修道會、壟斷工業的販賣商、理想主義哲人和銀行家都等同視之……而且不假思索地宣稱這些全是遊手好閒之徒。他們的問題想必與不節制有關，他們超出自己的能力範圍，無法誠實冷靜地認知，他們被激進主義沖昏了頭而不自覺，因為意志力和想像力失控而企圖在瞬間徹底改變一切。這種想要在瞬間改變一切的慾望，形成了階級仇恨、無神論、對過往歷史的鄙視和物質利益至上的魔，而後者正在世界各地肆虐。今日（1963）

某共產大國的首腦正如英雄般地和這個魔格鬥 **7**，他竭盡所能地以關懷人類及其福祉的精神取代它。這是馬克思和恩格斯在清醒狀態下曾經擁有的情懷，亦即不拋棄傳統框架，也不超出自己的能力和目標範圍。

因此，「守靜」是第十四張大阿卡納「節制」要傳達的教誨，與其相反的第十五張大阿卡納，則揭露了「著魔」的本質和危險。「節制」的上界啟示很容易演變成「惡魔」的著魔狀態。啟發一個人改善弱勢者命運和重建社會正義的靈感，也可能演變成熱衷於激進主義的著魔狀態——像是馬克思和恩格斯的例子，在這個過程中，人的意志力和想像力因著了魔，而企圖在瞬間改變一切。這便是天使帶來的啟示（第十四張卡）和衍生出的魔（第十五張卡）之間的關係。人類歷史提供了無數的例子，在在顯示出「節制」的啟示如何演變成「惡魔」的著魔狀態。

第十四張和第十五張大阿卡納的關係，說明了涉及愛的信仰如何被宗教審判的火刑柴堆燒毀，階級合作的理念如何演變成種姓制度（或階級鬥爭），科學方法如何變成了唯物論教條，生物演化的證據如何被用來合理化種族的不平等以及相對優越性。這樣的例子可以一直列舉下去，但上述的這些例證已經顯示出第十四和第十五張卡的關係所包括的靈修意涵，也就是上界賜予的啟示和著魔之間的關係。

7　譯註：作者此處指的是南斯拉夫強人狄托。

自從基督信仰出現的第一個世紀以來，人們已經習慣稱這種和啟示相反的著魔現象為「肉體的聲音」（voice of the flesh），這促成了摩尼教（Manichaean）基本教義派和卡特里派（Cathar）異端的興起，以及人性本惡論的傳揚。但相反的說法也經常出現在古代的基督信仰裡。以下便是聖安東尼的論點，他無疑是「惡魔—肉體」這個議題的最高權威：

　　我認為身體有一種與其配合的自然韻律，但如果靈魂不想要它，它就不會出現；這麼一來，身體只會出現缺乏熱力的行為。此外還有一種源自飲食養分和愉悅感的行為。被激活的血液會因此產生熱力，繼而鼓舞身體動起來……另外還有一種源自於魔鬼的誘惑和妒忌、令人產生內在掙扎的行為……由此可知，身體有三種出於肉身需求的舉動，第一種是天生的自然韻律使然……第二種是飲食過度使然……第三種則是惡魔導致的。（St. Anthony the Great, *Apophthegmata*, xxii; trsl. of italicized text by E. Kadloubovsky and G. E. H. Palmer, *Early Fathers from the Philokalia*, London, 1954, p. 40）

　　以上就是傳統禁慾主義的思想來源，這不僅是根據實修經驗，同時也得到了無數靈修者的印證，包括聖女大德蘭和聖依納爵以及印度的釋迦牟尼佛等人。俄利根早在聖安東尼之前的一百多年就曾經說過：

我們常說基督徒必須在兩個戰場上打仗。對於像以弗所的保羅一樣完美的人而言，情況會是「……我們並不是與屬血氣的爭戰，乃是與那些執政的、掌權的，管轄這幽暗世界的，以及天空屬靈氣的惡魔爭戰」（《以弗所書》第 6 章，第 12 節）[8]。至於尚未變得完美的人則必須和屬血氣的爭戰；他們仍然得對抗肉體的惡習及弱點。（Origen, *In Libro Jesum Nave*, homily ix, 4; ed. W.A. Baehrens, *Die griechischen christlichen Schriftsteller der ersten drei Jahrhunderte*, vol. 7, Leipzig, 1921, pp. 349-350）

換言之，初階靈修者對治的是肉體的第二種傾向（按聖安東尼的概述），高階者對抗的則是魔考和左翼天使的力量。因此，誘惑的等級對應的是靈性的進展程度：人的靈性發展得越高，誘惑就會跟著越靈性化。擁有高等靈性的人必須面對「權天使和能天使」的誘惑，這和初階者面對的誘惑比起來顯然更精微。如果有人說：「德性是不可或缺的」，我們就應該再加一句：「純真具有保護的力量」。這就是為什麼俄利根給了以下的建議：

我們不該……在初學者的養成階段和他們談論玄奧或

神祕之事，但是應該向他們透露如何改善習慣、養成紀律，講解宗教生活和信仰的要旨是什麼。此即教會供給的奶水，初學者一開始要奠定的基礎。（Origen, *In Libro Judicum*, homily v, 6; ed. Baehrens, pp. 496-497）

靈修者首先必須學會自制。第十四張「節制」卡描繪的就是一位謹守崗位的守護天使。俄利根、我以及塔羅的無名作者對此看法一致。俄利根說過：

當我們開始禮拜神、接受神的道理和天國的教誨時，將這些初級教義傳達給我們的就是「以色列的眾王子」。我認為「以色列的眾王子」應該被理解成基督徒的守護天使，他們是按上主的話語在教會裡幫助弱小的，而且總是仰望著天父的臉。我們必定是從「眾王子」那裡得知了基本教義……（Origen, *In Libro Judicum*, homily vi, 1; ed. Baehrens, p. 498）

俄利根不但認為守護天使的職責是教導人符合第十四張卡的節制法則，同時也想告訴人們：「天使必須透過人來獲得自由」，如同我們在上封信裡讀到的。他說：

我們不能總是倚賴天使為我們奮戰；祂們只會在起步階段前來協助，接著我們就該為迎戰而建設自己，做

好為上主犧牲的準備。我們會得到「眾王子」或守護天使的協助，如同得到天國供給的糧食一樣……因為嬰兒必須有奶水滋養；只要謹守基督精神，我們就會活得猶如有監護人和代理人一樣。但是嚐過天國軍團的聖餐、得到生命糧食的滋養之後，就要仔細聆聽使徒的號角如何鼓舞我們開戰了！保羅便曾經大聲對我們呼喊：「你們要穿戴上帝所賜的全副軍裝，好使你們能站穩，來抵禦魔鬼的詭計。」（《以弗所書》第 6 章，第 11 節）他不再允許我們躲在保姆的羽翼下，開始邀約我們上戰場。「你們要準備好，」他說，「以正義作護胸甲……以救恩作頭盔，以上帝的話作聖靈所賜的寶劍……要常常拿著信心的盾牌，好使你們能夠抵禦那邪惡者所射出的一切火箭。」（《以弗所書》第 6 章，第 14-17 節）（Origen, *In Libro Judicum*, homily vi, 2; ed. Baehrens, pp. 498-500）

十二個世紀之後，聖十字若望提出了相同的教誨。他不厭其煩重複地強調，尋求神的靈魂必須捨棄所有的受造物，不論是上界或下界的，不論是天國或世間的。他將這則教誨總結為：

對於這份認知，大衛說：「我睡不著覺；我像屋頂上一隻孤單的麻雀」（《詩篇》第 102 篇，第 7 節），

意思是，「我開啟了凌駕於一切理解之上的悟性之眼；我獨自一人站在屋頂，超越了世間所有的事物。」（St. John of the Cross, *A Spiritual Canticle* xv, 4; trsl. D. Lewis, London, 1909, p. 122）

這種寂然獨立的狀態，就是不再活得像「有監護人和代理人管教的小孩」。如同俄利根所描述的，此人已經臻於靈性成熟的年齡。這整個過程的變化是什麼呢？聖十字若望的闡述如下：

……他們（初學者）心滿意足地進行靈修，以為神的恩寵正以最燦爛的陽光照耀著他們，突然間光變暗了，門關上了，原本能隨興嚐到的甜美聖泉也不再湧出。當他們還處在弱小階段時，沒有任何的門會關上，如同聖約翰在《啟示錄》裡所說的那樣（參照《啟示錄》第3章，第8節）。如今神卻將他們留在黑暗裡，令他們不知所從地摸索著方向；他們無法像往常一樣在默觀中得到進步，因為內在的機能已經被暗夜吞噬。神將他們留在如此枯竭的處境裡，令他們不但無法像以往那樣在靈修上得到喜悅和滿足，反而開始對這些修煉感到煩厭苦澀。我認為當神看見他們稍有成長時，就會要求他們斷奶，離開甜蜜的乳房和襁褓，從祂的臂膀裡下來學著自己走路。（St. John of the Cross, *The Dark Night* I, viii, 3; trsl. K.

Kavenaugh and O. Rodriguez in *The Collected Works of St. John of the Cross*, London, 1966, p. 312）

讓我們再強調一次：學著自己走路，誠如俄利根所說的，是為了準備成為上主軍團的戰士。

伴隨這種成長而來的是越來越隱微的誘惑。在「肉體的惡習和弱點」的誘惑之後，接著就是人造魔的攻擊；這些心魔是由他人或集體引發的。接下來則是更隱微的誘惑；這一回引誘者換成了天使階層的墮落存有。最後，從上主示現出來的終極誘惑，源頭即是虛空或聖十字若望所說的「靈魂暗夜」。受到誘惑的人如果無法自發地與神合一，就會墜入虛無的絕望、至上的頑空裡。此即聖安東尼所說的：

> 「未受過誘惑的人不能進入天國。缺少了誘惑，任何人都得不到救贖。」（St. Anthony the Great, *Apophthegmata*, v）

我們從這個法則的普遍性領悟到，即便是受洗時經驗到三位一體顯相的耶穌基督，也必須面對曠野的三重誘惑。因此，朝著完美晉升的人永遠會面臨誘惑。完美意味著從粗鈍升至精微，但面臨誘惑同樣也是一種提升，換言之，隨啟示而至的往往是反啟示。

那麼該如何辨別它們？該依循何種標準去判斷何為啟示或反啟示呢？以下是幾位最有經驗的靈修大師提供的答案：

聖安東尼：

……如果上主允許的話，辨別善惡是可以做到的。洞見神聖存有與魔考現象兩者有截然不同的感受……前者會和緩地翩然而至，讓靈魂充滿了喜悅、歡愉和勇氣……這時靈魂的思想是不受干擾、不被攪動的，因此可以在自性之光中凝視著眼前的存有……這是洞見到神聖存有的體驗。魔的出現和攻擊則會造成騷亂；隨即而來的是崩潰、咆哮和吶喊，就像流氓或強盜製造的混亂一樣。這會立刻引起靈魂的恐慌、思想上的波動與困惑、沮喪感、對苦行的痛恨、冷漠、悲傷、對親人的懷念，以及對死亡的畏怖等等；接著是對邪淫的渴望、德行的敗壞，然後就是人格的徹底毀滅。因此，你如果因為出現靈視（或某種靈感）而感覺恐懼時，如果能夠立即消除它，接著就會生出無法言喻的喜樂、滿足感、勇氣、力量與平靜，以及對上主的愛和前面提到的種種正向感受。這時你應該為之歡喜而開始禱告，因為喜悅和靈魂的寧靜代表的即是神的臨在……但是當你出現靈視經驗時卻突然感覺心頭混亂，莫名地產生與肉慾相關的幻想、死亡的威脅感以及前面所提到的一些狀態，那麼你就必須明白這些都是邪惡存有導致的。（St. Athanasius, *The Life of Saint Anthony*; trsl. R. T. Meyer, Westminster, 1950, pp. 49-51）

聖女大德蘭：

魔的特殊語言（或靈感）不但不會帶來任何裨益，甚至只可能留下壞的作用。對於這點我是有經驗的，雖然只有兩三次；每次主耶穌都會立即讓我明白問題是來自於魔。這時靈魂往往會感覺枯竭，還有一種不安，就像有好幾次我在神的允許下遭遇到誘惑和試煉那樣。我會突然感覺焦躁，卻不知它從何而來。靈魂很抗拒那種經驗，莫名地陷入沮喪和痛苦。事實上，魔的話語聽上去並不邪惡，反倒顯得頗為良善……但是它帶來的歡快感和神賜予的喜悅畢竟不同……靈魂見到魔之後不會變得安祥，反而感覺焦躁不安……當魔對我們說話時，一切的美好似乎都會遠離；靈魂因而變得易怒，飽受負能量折磨。這時靈魂或許還能守住一些善的動機，實則欲振乏力，連剩下的一點謙虛也是造作出來的，而且缺乏安寧感。

讓我們回到第一點上面。交感有可能發生在靈魂的低層或高層次元，也可能示現於外境，甚至有可能源自於上主。我認為以下所說的這些才是上界啟示最明確的徵兆：首先是它們所具備的影響力和權威感……讓我更清楚地說明一下。如同我之前所描述的，一個正陷在不安和痛苦中的靈魂，內心會變得晦黯和枯竭，但是一聽到：「別被困擾」這句話時，就會立即變得安靜，從痛苦中解脫出來而頓時被光明充滿。在這之前，即便全世界和所有智者聯合起來勸告它煩憂是不

必要的，它也無法擺脫那種感覺，但這句話卻讓它立即釋放了痛苦，……第二種徵兆是，靈魂會出現無邊無際的寧靜感和虔誠安祥的回憶，以及想要讚美神的渴望……第三種徵兆是，這些話語（內在的交流）不會從記憶中消失，反而會停留很長的時間；事實上，這些話是永生難忘的……（St. Teresa of Avila, *The Interior Castle* vi, 6-7, 10-11; trsl. by the Benedictines of Stanbrook, revised by B. Zimmerman, London, 1906, pp. 157-159）

聖十字若望：

洞見神和見到魔是截然不同的情況。後者的作用完全不像前者；見到撒旦會導致精神萎靡和自負，而它也會唆使靈魂利用靈視得到一些好處；人處在其中完全無法產生謙卑柔軟的心或是對神的愛。見到魔無法留給靈魂甜美清晰的印象，它們不但不持久而且會立刻消失，除非靈魂緊抓著不放：處在這種情況下的靈魂會渴望記住一切，但印象是乾枯的，無法像良善的洞見一樣帶來謙卑和愛……後者會讓靈魂充滿著平靜、被啟發的感覺、喜悅、甜蜜、純淨，以及渴望提昇到神的高度……（St. John of the Cross, *The Ascent of Mount Carmel* II, xxiv, 6-7; trsl. D. Lewis, London, 1906, pp. 201-202）

上述的教誨是奠基於不斷重現和重生的既往經驗上面。笛卡爾、斯賓諾莎（Spinoza）和萊布尼茲時代的人曾經為幾何學深深著迷，因為哲學論點經常改變，但歐基里德[9]（Euclid）和阿基米德[10]（Archimedes）的論點卻是無法推翻的，因此十七世紀的人才會偏好幾何推理方式。但還有一種和幾何一樣無法推翻且具有普遍性的論證方式，那就是真實的屬靈體驗。上述的十四和十六世紀靈修導師的經驗談使我們瞭解到，真實的屬靈體驗就像幾何學一樣，無論多長的時間都不會被推翻──直到「羅巴切夫斯基[11]（Lobachevsky）幾何學」出現為止。

　　屬靈體驗的這種屹立不搖的確鑿性，就是隱修之道的基礎；它奠基於多少世紀以來對靈性實相的親身體驗之上。因此，隱修之道不但屬於隱修派、兄弟會或祕密修會的發言人，同時也屬於對靈性實相有確鑿體認而有話要說的人，也就是所有見證過密契體驗、靈知及神聖魔法乃隱修基礎的人。因此除了那些所謂的權威：例如卡巴拉、玫瑰十字會、密修派、神智學會或玄學派的著名作者之外，還有許多大師是我們可以學習和值得學習的。這就是巴布士、塞迪爾[12]、馬克‧海溫及其他人──他們都隸屬於某個啟蒙教派、兄弟會或祕密修會──之

9　譯註：古希臘數學家，幾何學之父。
10　譯註：古希臘數學家，享有「力學之父」的美稱。
11　譯註：俄羅斯數學家（1792-1856），非歐幾何的發現人。
12　譯註：保羅‧塞迪爾（Paul Sédir, 1871-1926），法國玄學家，寫過許多玄學及基督教神祕主義著作。

所以拜里昂的菲力浦為師的原因，儘管菲力浦並未加入任何啟蒙團體，而且認為沒有這個必要。他們聚集在菲力浦身邊是因為他們深信他是一位純正的人生導師、靈性實相的見證者和隱修之道的實證者，而這並非是無來由的。

聖馬丁也抱持同樣的看法，雖然他身為帕斯喀里的啟蒙社成員，卻毫不猶豫地向雅各‧伯麥鞋匠請益。

我非常確定聖安東尼、聖女大德蘭和聖十字若望，都不是任何啟蒙團體的成員，所以不代表任何啟蒙傳統。但由於他們都是靈性實相的確切見證者，因此我對他們的尊崇，就像巴布士及其友人對菲力浦、以及聖馬丁對雅各‧伯麥的態度一樣。隱修之道的精神絕不是「排他性」而是「深度」。任何有深度的事情都是它研究的對象。讓一種靈修傳統延續下去的並不是「啟蒙儀式的正統性」，而是屬靈體驗的確鑿性以及思想的深度。多少世紀以來的隱修傳統都是由啟蒙經驗所構成，如果隱修之道仰賴的是啟蒙儀式，那麼它不是早已消失，就是已經迷失在權力的追求和正統性的爭執裡。透過親身體驗得到智慧的人才能代表一種傳統，而確知就是其正統性的明證。若非如此，「拿撒勒會出什麼好的嗎」（《約翰福音》第 1 章，第 46 節）這句迂腐的辯詞，早已將隱修士貶為局限於學識和規範的經學教師和法利賽人。讓我們再加進一句話，提出上述辯詞的拿但業因為具有道德勇氣，而沒有扮演武斷的裁決者角色，他接受了腓力「你來看吧」（《約翰福音》第 1 章，第 46 節）的建議。結果他說：「老師，你是上帝的兒子；你是以色列的君王！」而他也聽到耶穌說：「我鄭重地告訴你們，

你們要看見天敞開，上帝的天使在人子身上，上下往來。」（《約翰福音》第 1 章，第 49-51 節）這便是隱修傳統的精髓：「看見天敞開，上帝的天使在人子身上，上下往來。」

凡見過「天敞開，上帝的天使在人子身上，上下往來」的人都足以代表隱修傳統，包括聖安東尼、聖女大德蘭與聖十字若望在內。我所舉出的見證者只是其中的幾位而已。

親愛的朋友，你知道在隱修傳統中得到最高層級啟蒙的人是誰嗎？答案是聖方濟這位缺乏學識和規矩的「窮人」！在密契體驗、靈知和神聖魔法的國度裡，他是一顆最閃耀的星星！他不僅看見天敞開、天使在人子身上往來，更透過六翼天使塞拉芬和那位啟蒙者融為了一體。

讓我們回到第十五張大阿卡納上面……到目前為止，我們都是從「人造魔」的角度在進行探討，但是有關集體念相的衍生，還必須釐清一點：

十九世紀和二十世紀的玄學文獻——尤其是法國的，曾經提出過一種觀點（至今已成為標準），那就是善的集體念相和惡的集體念相，都可能藉由眾人的意志力和想像力衍生出來；換言之，「善魔」和「惡魔」的產生方式是相同的。按這個觀點來看，一切都取決於製造者的意志力和想像力：如果動機是善的，就會生出「正面念相」，如果是惡的，則會生出「負面念相」。照這種說法，善與惡的「人造魔」就如善與惡的念頭，都實存於世上。

這個觀點促成了一種修練方式：以眾志成城的精神創造出一種「集體念相」或兄弟愛情誼。這種集體念相一旦形成，盟

友們就可以運用它神奇靈應的作用力來達成某種目標。有人主張每個團體都會投射出活躍的「集體念相」能量；它對內對外都可以產生影響力。這些人也相信真實有效的靈修傳統，就是強大和富有養分的集體念相已跨越時空，持續地發揮作用。依照這種說法，不但所有啟蒙教派和兄弟會都是在念相的影響下發揮作用，甚至連教會本身也是如此。這麼一來，天主教傳統只不過是信徒的意志力和想像力引發的集體念相……東正教或喇嘛教等其他傳統也是如此囉？

此刻我必須提出一種反證，那就是善的「人造魔」根本不存在，因為人無法製造正面念相，原因如下：

若想製造出「星光次元」的精微體，建構它的精神能量必須先凝結或捲縮。換言之，它不會是由放射的能量構成的，但善的能量只可能是放射性的。會向內捲縮的只有惡的能量。

你不可能製造出一個「愛」魔或「博愛」的念相，因為達成此目標需要運用的意志力和想像力，本質上都不會允許自己變成凝結的能量中樞，而只會以開放的精神和屬靈存有結為盟友。愛的精神能量不會形成個人性的精微體或「星光體」；它會讓自己完全臣服於天體、聖人和上主。因此，人可以製造魔，卻無法創出天使。

祕密啟蒙教派或宗教的集體念相永遠是負面的。舉個例子，「天主教的集體念相」就是天主教的寄生式分身（不承認它的存在是無意義的），而且多半會表現出狂熱、殘酷、「外交手腕」和過度造作。但如果涉及的是天主教團體的正向精神，那麼它絕不可能源自於集體念相，而是來自十個屬靈階層

的存有（包括人類所屬的第十個階層）。因此，負責引領人類朝正向去發展的永遠是人、天使和天使長。由此可知，方濟會的精神能源一定是聖方濟而非集體念相。別的教會情況也是如此，它們的精神能源一定是耶穌基督。

負責帶領一個國家達成她真正的使命和靈性進展的，一向是天使長。但國族的集體意志力和想像力也會製造出念相或魔。基於此理，「法國公雞」[13]才會一直和「掌管記憶的天使長」爭論法國的發展方向。

當然你可以反駁說：如果善的精神能量無法積累，那麼要如何解釋奇蹟或奇蹟發生的地點？那些聖像或聖髑的加持力，難道不是信心（信徒的意志力和想像力）的「磁化作用」造成的嗎？

聖地、聖髑和聖像都不是朝聖者或信徒精神能量的儲存所，而是「天國敞開、天使在人子身上，上下往來」的發生地或物件。它們是上界發射精神能量到下界的入口。不過當然，信徒必須具足信心才能發揮作用，但這不表示發射出來的「能量」是源自於信徒。他們的信心會讓自己易於感受到這些地點或物件散發的啟示和療癒能量，但本身並不是能源。

因此，如果將聖髑視為通往天國的窗扉，或是天國的活力進到地球的入口，那麼你當然可以說它們是很久以前被人「磁化」過的東西。可它們並不是被信徒本身的能量所「磁化」

---

13 譯註：在法國人的眼裡，公雞代表的是「誠實」與「希望」，因此法國人視公雞為國族象徵。

的，也不是療癒、改信和啟發的積極媒介。聖髑等物件的作用原理是，人從其中得到越多，它們散發的能量就越多；至於被人的能量磁化過的物件，則是索取得越多，剩下的越少。發放磁能者很清楚自己受限於能量法則，意即消耗得越多，剩下的越少，所以不可以揮霍氣力，否則健康和生命都會受損。但聖人並不是以發放能量的方式療癒病患的；他們主要是將後者的病氣吸到自己體內，然後將其晉升為對天國的獻禮。

護身符和聖髑的作用力也截然不同。護身符乃魔法能量的儲存所；它們依循的是「量」的法則。聖髑則是向天國敞開的窗扉；它們依循的是「質」的法則，亦即給得越多，越有能量給予。它們是無窮盡的能源。它們不是能量儲存所或儲存器，而是其電源。

舉個例子，聖水的作用方式並不是將神的恩賜——由祝禱神父的意志和想像發出的能量——「鎖」於水中，而是讓它「盤旋」於其上。它透過神聖魔法的實踐，重新確立了水和上主的聖靈在創世第一天的關係，讓「上帝的靈運行在水面上」（《創世紀》第 1 章，第 2 節）。因此，聖水並不是一般的水，而是使人易於感受到神的臨在的能量水。事實上，就如多少世紀以來人們的見證，幾滴聖水即可有效地驅魔。

此刻我們面臨了一個重要的問題，如果人造魔已經形成，那麼要如何處理它們？如何才能擺脫它們以求自保？

第一個問題是如何處理它們。善類對治惡類的方式並不是採用消滅的手段。善類的「臨在」本身就是對治惡類的方式。如同黑暗會在光明出現時消失一樣，惡類也會在善類出現時消

失不見。

現代深層心理學發現，將覺知之光帶進無意識裡會產生療效，於是便開始應用它。覺知之光不但能使執迷的無意識情結現形，還能使其變得無力。深層心理學的這項重要發現，完全符合天國存有與惡魔「抗衡」的屬靈現象，因為「抗衡」指的就是前者的臨在，亦即把惡魔帶到了陽光下。

光明能驅逐黑暗，這個簡單的道理說明了對治魔的要旨。被意識之光照到的魔會變得無力。沙漠之父和其他孤寂的聖人都有豐富的魔考經驗，他們都懂得用自性之光照射邪魔。他們是以人類意識表率的身份做這件事，因為舉凡脫離世俗的人都會成為世界的代表；他們會成為「人子」。這些成為人子的聖人特別容易吸引來那些糾纏人類無意識的魔，然後它們就會現身而被迫捲入覺知之光中，最後會變得徹底無能。當聖亞他那修[14]在每日的公開活動中對治信徒的過失和萎靡傾向時，他的兄弟兼摯友聖安東尼卻獨自一人在埃及的沙漠裡，和那些潛藏於無意識中、唆使人犯錯做出萎靡行為的魔抗衡。

聖安東尼受到的「誘惑」揭露的不僅僅是他個人靈魂的進展與救贖，其實也是他最初的寫作動機，那就是要療癒那個時代流行的著魔症。他書中的故事就像神聖魔法的作用一樣，將惡魔帶進了上界的啟蒙之光中。聖安東尼將惡魔從黑暗引入「人子」的意識之光裡，讓它現形而變得徹底無能。

14　譯註：埃及亞歷山大城的主教，卒於公元 373 年。

一個變得徹底無能的魔就像洩了氣的皮球一樣。中世紀人們集體製造出來的邪魔念相，後來都被徹底遺忘了，這便是著名的「魔頭李奧納多」（master Leonard）或「安息日的公羊」[15]（goat of the Sabbath）最終的命運。幸虧有一名勇敢純潔的靈魂洩了它的氣，它才會在某一天突然消失蹤影。

　　人造魔在陽光下掙扎一陣子之後就會消失不見。至於「自然形成的魔」，也就是天使階層的左翼存有，就沒那麼簡單了。按耶路撒冷版本的《聖經》來看，愛上拉古爾（Raguel）之女莎拉的魔因為殺害了莎拉的追求者，而「從空中逃到埃及，於是天使長拉斐爾立即前去追拿他，將他制伏並且戴上了鐐銬」。拉丁版本的《聖經》則說，「天使長拉斐爾在上埃及的荒野中追捕到他，並且將他收押為俘虜」。

　　這指的並不是惡魔被殲滅，而是活動場域和存在模式改變了。在多俾亞傳中（不包含在新教《聖經》裡），天使長拉斐爾制伏的惡魔是被迫脫離受害者或「被保護者」，最後在埃及遭到拘禁的。天使長拉斐爾的臨在迫使惡魔離開了所謂的「被保護者」——這是多俾亞於婚禮期間的三個晚上虔誠祈禱和禮拜的結果。

　　現在我們要探討的是第二個問題：到底該如何擺脫惡魔以求自保呢？延續上述的解說，若想連結讓惡魔疲弱無力的聖光，就必須擁有清明的思想和正確的道德觀。你必須找時間，

15　譯註：被認為是中世紀惡魔召喚儀式背後的主魔，有山羊的頭，額頭有五角星記號。

在不受惡魔干擾或惡魔不在場的時段，安靜下來修養生息。

要做到這一點，人必須依靠神聖魔法來擺脫魔考。傳統和多少世紀以來的經驗，教導了我們在惡魔接近時的自保方式。當我們感應到它們正在接近時，必須朝東、西、南、北四個方向畫十字，同時要唸誦《詩篇》第六十八篇的前面幾句話：

上帝起來趕散祂的仇敵；
恨祂的人都從祂面前逃跑。
像煙被吹散，祂驅逐他們；
像蠟被鎔化，惡人在上帝面前消滅。

還有一個跟上述建議同樣簡單有效的方式：如果你感覺有些萎靡沮喪，或是察覺有魔要靠近的跡象，就該立即朝左邊吐三次口水，並且對著自己畫十字。

我再重複一遍，它們都是經過多少世紀的測試，被證實為有效的辦法，尤其是在消滅人造魔念相上面。至於想保護自己不受左翼天使干擾這件事，就沒那麼簡單了。「上帝起來趕散他的仇敵……」是無法用在祂們身上的，因為祂們並不是上帝的仇敵，而且也無法被驅散。這就像是打發走了檢察官也無法贏得訴訟一樣。你必須先說服檢察官被告真的是清白的，唯有如此他才會放後者一馬。天使階層的左翼存有也是如此──卡巴拉稱祂們為「嚴厲的正義代表」。祂們扮演的是檢方或告訴代理人、警察和控方證人的角色。請想像一下法律部門的成員不但要蒐集罪證，還要試探嫌犯、將其置於有利罪名成立的情

境去面對「誘惑」。這便是左翼存有對人類的作用，約伯的故事是一個著名的例子。居於天國神子中間的撒旦向神談到約伯：「要不是有利可圖，約伯還敬畏你嗎？你時常保護他、他的家，和他所有的一切。你賜福給他，使他事事順利；他的牲畜漫山遍野，不可勝數。現在你若把他所有的都拿走，看他不當面咒罵你才怪！」（《約伯記》第 1 章，第 9-11 節）所以撒旦是獲得允諾，才去試探約伯的。

撒旦指控約伯並不是因為約伯犯了罪，而是他未來有可能犯下罪行。於是撒旦開始自己的任務，開始對約伯進行「搜證測試」，目的是要證明他提出的控訴是正確的。那麼是誰需要看到證據呢？是神嗎？不，神是如此偉大高潔的朋友和過度仁慈的父親，所以是不會讓祂的親友或孩子受到試探的。神無需證據就會確信地說：「世上再也沒有像他那樣的人。他是一個正直的好人，敬畏我，不做任何壞事。」（《約伯記》第 1 章，第 8 節）。因此，需要證據的是撒旦本身——或許還有一些被撒旦的控訴所打動的「神子」們。

在撒旦的掌控下，沒有任何魔法可以保護約伯。約伯必須耐心地向撒旦說明，要他咒罵神是行不通的。

左翼存有必須在真實的試探過程中被證實是錯誤的，否則沒有其他方法可以趕走祂們。多俾亞和惡魔阿斯摩太的例子也是如此。多俾亞與未婚妻在新房裡連續禱告了三個晚上，此舉證明他不是「為結婚就把神忘到九霄雲外，一心只想著情慾的滿足，彷彿自己是馬、騾子或無理智的畜生。」（拉丁版本《聖經》，《多俾亞書》第 4 章，第 17 節）由於他的不懈努

力……，天使長拉斐爾才得以將惡魔驅趕到埃及。惡魔之所以消失，是因為多俾亞證實自己和莎拉的另外七名追求者有所不同。「愛戀」莎拉的魔鬼一心只想保護她，以免她和不相配的人結婚。多俾亞證實了自己是配得上莎拉的丈夫。他若是沒有虔誠不懈地祈禱，區區的魚肝和魚心是不足以讓惡魔放下莎拉，將保護莎拉的任務交回給天使長拉斐爾和多俾亞的。

這兩個例子——約伯的撒但和多俾亞的惡魔——足以使人瞭解左翼存有的本質和作用，以及制衡祂們的方法。祂們都是嚴厲的檢察官，讓祂們消失的唯一辦法就是證明其指控缺乏根據。然而要做到這點相當困難，因為祂們的罪證是透過不屈不撓的熱切搜尋、清晰的思維和靈通的消息得到的結論。可是他們畢竟無法進入人的良知裡去偵查，而那裡很可能出現有利於被告的反證。一個人是否「正當」和「神聖」，只有在善惡雙方達成共識後才會有結論。基於此理，教會在「封聖」之前不僅容許甚至規定要找一位「魔鬼代言人」，對那位將要被封聖的人進行審查。

左翼天使有許多方式履行檢察官任務。某些是以悲壯的心情在執行任務，因為祂們必須做出自己不願意或不認同的事；某些則懷抱著熱切的堅信和激烈的義憤；還有一些會採取愚弄的手段——鬧劇——來證明對方有罪。西方世界熟知的靈界存有，曼菲斯特，便屬於後面這種類型。歌德以異常精準的描述呈現它。由於這是一個眾所週知的角色，因此無需多加說明它為何是魔鬼（參照這封信一開始的內容），便可直接將它和撒但以及多俾亞的惡魔並列在一起。

曼菲斯特的愚弄手段其實是建立在嚴肅基礎之上。它主要是想嘲諷人類的造作和傲慢，以下是一則真實的例證：

　　有一名記者，他對許多事情都不再感興趣，同時也有能力過避世的生活，於是就帶著妻子離開了繁華的都市，到大不列顛附近一個小島的村子裡定居下來。身為經驗豐富的優秀記者，他覺得沒有任何事是確定的，而且也從不堅決否定任何事。他每天過著深居簡出的生活，早餐接著是午餐，然後是五點鐘的下午茶和晚餐。可是有一天，他身上發生了一件離奇的事情。他突然產生一股想要提筆寫作的慾望，於是就這麼去做了。他把內在的某種聲音記錄下來，編寫成一系列繪圖的手稿──在這之前他從未嘗試過畫圖──那個聲音自稱是古埃及時代的歐西里斯本尊，他想藉此機會向二十世紀的人坦述他所知道的古老智慧和宗教。這本著作以過於簡略的手法解釋了善惡之間的鬥爭史，以及後者的邪惡本質如何遭到報應，而導致了亞特蘭提斯古文明的毀滅。讀者可以從書中看到歐西里斯聖殿的儀式細節，也可以看到儀式所使用的燭臺、花瓶和其他用品的圖案，以及歐西里斯和史前重要歷史人物的肖像，他們就像豌豆般長得一模一樣。這驚人手稿的受益者與妻子十分醉心於手稿內容的偉大和訴說者的風範，於是懷著讚嘆的心情立志將這前所未聞之事公諸於世。此即某家出版社為何一冊又一

冊地發行《歐西里斯啟示錄》的由來……

我說的這則故事是真實的；世上的確有那麼一家出版社，而且那些書也都可以找到，其實在英國的公立圖書館就可以發現它們。毫無疑問地，手稿和啟示者的確存在，不過它並非歐西里斯，而是……曼菲斯特；整個事件只是它製造出來的鬧劇罷了，對象是……容易上當的老實人嗎？不，是靈性上自大的人。其實不論帶來「啟示」的始作俑者是誰——親愛的朋友，你沒有義務相信我的話——他想說的只是：

> 反正你們既不重視科學上的成果，也不重視柏拉圖或康德的深刻思想、偉大密契家的真實見證、隱修傳統留下來的珍寶，甚至連《聖經》、聖禮聖事、客西馬尼的血汗、各各他山的十字架、耶穌的復活都視若無睹，……那麼就拿走你們渴望得到的東西吧——如你們所願地，這些平庸的著作都是以誇大的風格和超凡的方式呈現在你們面前。

這就是曼菲斯特對那些不探尋真理、一心只想得到超凡經驗的人的控訴。我想再加上一句，其實只要具備些許的正確思想和道德判斷力，不成為他的受害者並非難事。

親愛的朋友，我相信前面的解說已經夠清楚了：首先，人造魔和左翼天使是截然不同的存有；再來是我們人類的確有能力製造西藏人所謂的「念相存有」，但運用這種能力的人也會

變成受造物的奴隸。

最後還剩下一個問題：所有的異教神靈是否皆為邪靈？異教信仰難道都是「魔鬼崇拜」嗎？

我們在回答這個問題之前，必須先分辨哲學家、密契家（攸關祕儀、象徵系統、神話等）、自然主義者及邪靈崇拜者的「異端主張」到底有何不同。

換言之，我們必須懂得分辨赫密士、畢達哥拉斯、柏拉圖、亞里斯多德及普羅提諾等人的「異端主張」，與荷馬（Homer）及赫西奧德（Hesiod）的「異端信仰」有何差異。接著必須分辨後者和太陽、月亮、星星、地水火風的崇拜有何不同。最終要分辨的是，後者與邪惡的集體意志力及想像力所導致的「魔鬼崇拜」——念相崇拜——是否相左。

將這四種「異端思想」（paganism）等同視之的態度，譬如將一名執行活人祭的摩洛克祭司視為和柏拉圖理念相同的人，顯然是極為錯誤和不公正的。將宗教法庭火刑堆的「柴火」和耶穌復活慶典的燭火等同視之，也一樣犯了嚴重的錯誤。將聖雄甘地（Mahatma Gandhi）和崇拜卡利女神（goddess Kali）的印度教暗殺團員都當成是印度的「異端」代表，更是極端錯誤的想法。

一旦分辨清楚，你就會明白傾向於「異端」思想的密契家和哲學家，其實都熟稔上主——宇宙的創造者、至善的存在。赫密士、柏拉圖、普魯塔克 [16]（Plutarch）、普羅提諾等人的

16　譯註：羅馬帝國時代的希臘作家。

著作，《博伽梵歌》以及諸多古老的典籍，無疑都證實了這一點。這些「異端」入門者和哲人們的宗教與摩西創立的宗教，差異就在於後者讓一神論變成了大眾化的信仰，前者則將傳統留給了知識精英或精神貴族們。

至於「泛神」崇拜和衍生出來的偶像崇拜，在那些「異端」入門者及哲人們的眼中都算是「淨化法術」，也就是訓練自己以便晉升至天使的高度，或是設法讓他們降至地球——神殿、教堂或其他場域——以達成和祂們的交感。赫密士與楊布里科斯 [17]（Iamblichus）把這個議題解釋得十分清楚。後者的闡述是：

> 他們（埃及人）建立了純形上世界觀和完整的宇宙觀，以及涉及各個無形次元的觀點。他們在檢視這些事情時並非只憑藉邏輯推演，而是透過祭司們的神通術去進行的。他們（埃及人）宣稱有能力讓自己晉升至更高更核心的層次，然後超越主宰命運的三女神、進入上主和造物天使的層次；他們除了必須掌握正確的時機之外，並不需要借助其他的工具或方式。赫密士的確說過……這是一種向上提升的聖化祕法，那些天使們都具有真正的神性，也都是施善者；祂們只跟好人以及被祭司的神通術淨化的人交流，過程中一切

17　譯註：新柏拉圖主義哲學家（245-325）。

的罪惡和慾望都會被清除。當祂們發出光芒時，所有
的邪靈都會消失，如同光出現時黑暗不見了一樣；那
道光完全不會干擾施法的祭司們，反而會讓後者發展
出美德和高尚的舉止。他們會跳脫激情，行為變得有
條不紊，所有混亂的、不道德的和不純潔的行為都得
到了淨化。（Iamblichus, *De Mysteriis*; trsl. T. Tayler,
*Iamblichus on the Mysteries of the Egyptians, Chaldeans
and Assyrians*, London, 1968, pp. 199, 306）

　　這就是「異端」入門者和哲人們對淨化神通術做出的描
述。你可以在普魯塔克的《關於艾瑟絲和歐西里斯》（*De
Iside et Osiride 77*）、赫密士的《醫神──阿斯克勒庇俄斯》
（*Asclepius*）以及普羅提諾的《埃及象形文藝術》（*The
Hieratic Art*）中找到詳盡說明。這些入門者和智者們的「異
端」思想只要不惡化，跟「魔鬼崇拜」是完全無關的。
　　至於詩人們所尊崇的神話象徵「異端主義」，要不是被
當成以說故事的方式來彰顯智慧與神聖魔法（淨化法術），
就是被視為宇宙化的人文主義。事實上，神話人物只是一些
詩意化的擬人英雄或女英雄，呼應的是各大行星和黃道十二
星座所代表的人格原型。因此，朱庇特（Jupiter）[18]、朱諾[19]

18　譯註：羅馬神話中的眾神之王，西方天文學對木星的稱呼。
19　譯註：羅馬神話中的天后，西方天文學對婚神星（Jouo 3）的稱呼。

（Juno）、瑪爾斯（Mars）**20**、維納斯（Venus）**21**、墨丘利（Mercury）**22**、戴安娜（Diana）**23**、阿波羅（Apollo）**24** 等等都不是邪神，而是人格發展的幾個主要原型，對應的是宇宙──行星和黃道十二星座──的本質。

第三種「自然主義異端」則是一種大自然崇拜；它不涉及自然法則以外的事物──如同今日的科學一樣。就神與魔的對立性來看，這種異端思想的立論是「中立」的。它接受後者存在的事實，但由於順服的是自然法則，所以不會製造魔來崇拜，因為這麼做是違反自然的──魔都是源自於扭曲的意志力和想像力。

最後剩下的是第四種「異端崇拜」──由集體意識共同製造出邪靈念相來崇拜。這種型態的異端是由另外三種蛻變成的，尤其是「自然主義異端」。這是唯一會製造、崇拜和臣服於邪靈念相的異教信仰。它導致所有的「異端信仰」都被不公平地遭人抵毀，還被加上「魔鬼崇拜」的標籤。早期的教會執筆者也抱持這樣的看法，認為問題都出自於變質的異端信仰。他們正確地觀察到當時盛行的異教風潮若非出自狂熱的邪靈念相崇拜，就是源自於詩人們的虛構。他們當中有些

20　譯註：羅馬神話中的戰神，西方天文學對火星的稱呼。
21　譯註：羅馬神話中的愛神，西方天文學對金星的稱呼。
22　譯註：羅馬神話中為眾神傳遞信息的使者，西方天文學對水星的稱呼。
23　譯註：羅馬神話中的月亮女神。
24　譯註：羅馬神話中的太陽神。

人，譬如亞歷山太的革利免、俄利根、聖奧古斯丁及辛內索[25]
（Synesius），對上述入門者和哲人們的異端思想都是有認識
的，所以才會說「凡是人都會對道德教條懷著健康的期待心
態」。誠如俄利根所言：

> 把真理注入到靈魂內部的神，和透過先知及救世主
> 教導真理的神本是同一位，這樣的主張實不足以為
> 怪。（Origen, *Contra Celsum i*, 4; trsl. H. Chadwick,
> Cambridge, 1953, pp. 8-9）

這和「魔鬼崇拜」的異端思想根本是兩碼子事。

至於基督隱修之道，由於它不可能不把耶穌基督的降生
視為具有普世意義的大事，所以也要進行多方面的準備。換
言之，就像以色列先知們一樣，在施洗約翰為迎接耶穌的化
身做準備之前，隱修士中的入門者、智者和義人們，也都為
了迎接祂的「道」和聖靈進行著準備工作。但凡有痛苦、死
亡、信仰、期待和愛的地方，就會有人期望宇宙律的化身降臨
人間……猶太人為道成肉身做準備，異端主義者則為了「認
識」道而做準備。不論在什麼地方，基督信仰都有它的「先
驅」──它的「唱詩班」裡面有以色列的先知們，也有主張異
端思想的入門者和智者們。

25　譯註：希臘煉金術士（373-414）。

第十六張大阿卡納的冥想

毀滅之塔

THE TOWER OF DESTRUCTION

我心尊主為大;

我靈以上帝——我救主為樂;

因為他顧念他卑微的婢女。

從今以後,萬民將稱我有福……

他伸出權能的手臂,

驅除狂傲者心中一切的計謀。

他把強大的君王從寶座上推下去;

他又抬舉卑微的人。

他使飢餓的人飽餐美食,

叫富足的人空手回去。

——《路加福音》第 1 章,第 46-48 節、第 51-53 節

因為上帝要把自高的人降為卑微,

又高舉自甘卑微的人。

——《路加福音》第 14 章,第 11 節

上帝的國好像一個人撒種在地上。

他晚上睡覺,白天起來,

那種子已發芽生長,怎麼會這樣,他也不知道。

——《馬可福音》第 4 章,第 26-27 節

毀滅之塔

親愛的不知名朋友:

上封信探討的主題是人造魔的衍生和左翼天使的本質。我們以慧眼檢視過邪惡世界的各種存有之後,現在可以問一問自己:人的肉身本來是按神的形像和樣式創造的,那麼是否代表

惡魔和左翼天使乃邪惡的唯一源頭,它們如果不存在,人類的生活和歷史就不會出現邪惡的事物了嗎?

這並不是一個嶄新的問題,早在三世紀的古代就有人關注它了。以下是俄利根(公元一八五年生於亞歷山大)對它的看法:

> ……某些思想簡單的基督徒主張,人所有的罪行都是源自於內心的相左力量帶來的持續影響,也可說是這股力量在無形的戰場上獲勝使然;換言之,如果魔考不存在,人是不會犯罪的。但是對我們這些追根究柢的人來說卻並非如此,尤其是聯想到那些基於肉體需求所導致的行為時。難道肚子餓和口渴都是魔所造成的嗎?我相信沒有人會這麼認為的。因此,惡魔如果不是導致人飢渴的原因,那又是什麼促成了人在青春期的自然性衝動呢?如同飢渴無疑地不是魔所造成的,發育期的性衝動或性慾顯然也不是源自於魔性。讓我們再一次地以食物為例──上述的說法如果成立,那麼人的覓食本能顯然與魔無關──因為就算它不存在,人也不見得能飲食適度,不在無需求無理由的情況下無意識地進食。至少我不認為人有那麼好的自制力,可以做到絕不超出適當的量,不在無需求無理由的情況下進食,也不暴飲暴食?我認為除非經過長期的靈修和自我覺知訓練,否則即使沒有惡魔驅使,也很難在飲食上發展出自制力。那麼結果會是

什麼呢？很可能因為不節制或不經意而暴飲暴食；基
於此理，在性慾和其他本能慾望的控制上面，我們也
可能遭遇類似的情況。我認為此理也可用在其他的情
緒反應上面，像是貪婪、憤怒、悲傷；只要我們不節
制，這些情緒都有可能變得過度。所以事實已經擺在
眼前，人單憑意志力根本無法完成真正的好事。而所
謂罪惡的種子，同樣是源自於我們天性裡的慾望。如
果過於放縱、沒有在第一時間克制住它們，成心和我
們作對的力量就會逮住機會進攻，以各種方式誘惑和
慫恿我們擴大罪行的範圍；所以是我們人類為罪惡提
供了機會和肇因。敵對的勢力總會想辦法讓自己無限
擴張的……（Origen, *De principiis* III, ii, 1-2; trsl. G.
W. Butterworth, *On First Principles*, New York, 1966,
pp. 213-214）

　　這是一個非常清晰的答案：人的內心裡——靈魂而非肉
體——本來就存在著邪惡的種子，沒有它，外境是產生不了誘
惑力的。誘惑力在靈魂裡面如果找不到可以發揮作用的場域，
自然會變得疲弱無力。

　　因此，第十五張大阿卡納和惡魔的邪淫天性有關，第十六
張大阿卡納則和靈魂的邪惡本質有關。

　　將人的邪惡本質歸咎於色身而非靈魂，這種不幸的誤解是
來自以物化心態去理解《聖經》的天堂墮落之說。的確，天堂
如果是在物質次元或地球上的某處，墮落如果是在物質次元裡

發生的事件，那麼人的邪惡本質當然會被視為生理遺傳所致，亦即將邪惡種子一代代傳下去的是肉身。如此一來，肉身就成了靈魂的宿敵和必須抗爭的對象。也因此，前人才會用鞭笞的方式「教訓」自己，以不進食不睡覺的方式讓身體變弱，並且以各種方式羞辱和虐待它──這些都是源自羞於面對色身。

　　事實上，人應該有更多的理由以靈魂為恥才對。色身本來是具足智慧、和諧性與穩定性的奇蹟，所以理當贏得靈魂的欽佩而非羞辱。舉例來說，靈魂能誇耀自己的德行和身體的骨骼一樣穩固嗎？人的情緒能夠像跳動不已的心臟一樣可靠嗎？靈魂的智慧可以媲美肉身的本能智慧嗎？它懂得如何調節對立的水與火、風與土嗎？當靈魂在對立的慾望和感受之中交戰時，「可鄙」的肉身卻知道如何調解自相矛盾的元素、使其合作無間：它呼吸空氣、攝取食物和水、從內部不斷產生出火……這些如果都不足以讓羞恥感變成尊重、讚賞及感恩，那麼請身為基督徒的我們不妨想一想，神子耶穌基督也曾經以色身為居所，而且示現了道成肉身的至高境界。同樣地，如果你是佛教徒或婆羅門教徒，也請不要忘了佛陀和克里希納都曾經以色身為居所，而且在完成使命的過程中，血肉之軀都曾竭盡所能地為他們效力。

　　因此，負向的禁慾主義其實是源自於以物化心態去理解天堂和墮落之說。難道憑著「上帝在伊甸園東邊安排了基路伯，又安置了發出火焰、四面轉動的劍，為要防止人接近那棵生命樹」（《創世紀》第 3 章，第 24 節）這段話，還不足以驅散一切的懷疑嗎？墮落這件事原本是發生在比地球更高的次元

裡，所以犯下原罪的是靈魂——與色身完全無關。

人類在地球生活之前已經帶有原罪，這則隱修教誨（參照《世界的聖母》）獲得了畢德哥拉斯和柏拉圖的認同，俄利根也提出來探討過。後者主張上主平等地創造出所有的靈魂，但其中有一些在屬靈世界犯了錯而被驅逐到地球，其他的則因為朝著神性發展而變成了完美的天使。讓我們來看一下俄利根自己的說法：

> ……許多人都提出過以下的異議，特別是那些隸屬於馬吉安（Marcion）、瓦倫廷（Valentinus）和巴西里德斯（Basilides）學派的人……他們一向對地球人之間的差異感到憤憤不平。他們說有些人天生就比較幸運，例如受應許而誕生的亞伯拉罕子孫。其他如艾薩克和若貝卡的孩子，也是打從娘胎起便註定要取代兄長的地位，而且據說出生前已經得到神的寵愛。整體而言，具有希伯來血統的人天生就能從族人那裡得知宇宙律的教誨，希臘人則註定擁有大智慧而非小聰明。但衣索匹亞人的習俗卻是以人肉為食，塞西亞人（Scythians）好像得到法律允許似地可以弒殺尊親，陶利安人（Taurians）則習慣拿陌生人當祭品。假設我們被問道，在巨大的差異和不同的條件下，自由意志既然沒有作用的餘地——人無法選擇出生的地點、國家或生存條件——而且一切都不是靈魂的本質能夠決定的，亦即邪淫的靈魂不一定會誕生於惡質的

國家，良善的靈魂也不一定會誕生於美好的國家，那麼除了偶然或意外，還有別的可能性嗎？……為了不助長異端（馬吉安、瓦倫廷和巴西里德斯派）的傲慢態度，我們應該試著舉出下述的論證去回應他們的異議。在前面的章節裡我們引述了《聖經》的內容，以闡明宇宙的造物主是完善、公正和萬能的。上主所創造的萬有都帶著理性特質，因為神除了顯化出和祂一樣完善的生命，不可能有其他的動機。由於祂就是所有受造物的源頭，本質裡又不帶有任何扭曲、變異或無力的因子，所以祂創造的萬物都是平等的；祂沒有任何動機要造出和祂不同或不一致的東西。然而就像我們一再提到的，這些理性存有也被神賦予了自由意志，可以自行選擇效法神而不斷地成長蛻變，但也可能因為不知檢點而自甘墮落。就像我們之前說過的，這才是理性存有為何下場不同的原因。受造物的差異性並非源自於造物主的旨意或決定，其實這完全是前者自己決定的……基於此理，造物主不可能是不公正的，因為萬物的德性都來自於祂的善德；人的出生是幸或不幸、會出現什麼命運均非偶然，所以不該產生萬物或靈魂的本質是不平等的想法。（Origen, *De principiis* II, ix, 5-6; trsl. G. W. Butterworth, *On First Principles*, New York, 1966, pp. 213-214）

有人主張靈魂存在之前已經犯了罪，惡的種子早已注入到

萬有出現之前的無形次元裡；這種說法的目的是要促使人苦行禁慾，讓靈魂朝著贖罪、與神重新合一的方向發展。

積極的禁慾主義要對抗的並不是色身，而是靈魂裡的邪惡種子，目的是要跟神重新融為一體。舉個例子，泰莉莎・紐曼幾十年來都是靠著每日一小片聖餅維生，她這麼做並不是為了對抗或厭惡肉身，而是因為她真的可以靠這種方式存活卻不傷及健康。再者，有人徹夜不眠地禱告也並非不想讓身體休息，主要是為了在禱告中與神合一。聖馬丁將外套送給窮人並不是要讓身體受寒，而是不想讓鄰人的身體一直被寒冷折磨。聖安東尼進入沙漠也不是要虐待自己的身體；他是渴望孤獨地去經驗神的臨在。修士捨棄婚姻並不是因為憎惡愛情、女人或小孩，主要是因為他已經被神的愛點燃，內心沒有空間留給其他的愛了。

積極的禁慾主義是普世性的，許多人都採用這類方式磨煉自己，科學家關起門來做研究也是方式之一；他們這麼做是為了發現真相，而不是想讓身體缺乏陽光、新鮮空氣、戶外活動的益處，以及隨之而生的愉悅感。芭蕾舞伶之所以禁食，是為了讓身體保持苗條柔軟。醫生之所以半夜起身，是為了出診照料病人。傳教士之所以住在非洲村落的簡陋小屋裡，並不是因為喜歡吃苦，而是想分擔同胞的痛苦。

福音書將積極的禁慾主義描繪得再清楚也不過了：

> 天國好比財寶藏在田裡。有人發現了，就把它掩蓋起來，然後很高興地把自己所有的都變賣了，去購買那

塊田。天國又好比一個商人尋找貴重的珠寶。當他發現了一顆極貴重的珍珠，就去賣掉他所有的一切，來購買那顆珍珠。（《馬太福音》第 13 章，第 44-46 節）

因此，積極的禁慾主義其實是以更好的取代好的。

讓我們回到人的邪惡本質上。它到底是什麼呢？

它是源自於「原始無明」造成的自我感。由於馬雅幻相的投射和扭曲作用，導致人類誤以為經驗性的我即是真我。古老經典的啟示、確鑿的親身體驗、傳統及推理的結果，再再證實了這一點。這則印度的古老教誨是商羯羅[1]（Shankara）於公元九世紀親自做出的結論。

佛教的龍樹[2]（Nagarjuna）給予的答案則是：人因為無明而產生慾望，慾望又以「自我」這種虛幻的精神結構為重心，然而真正的「我」是無處可尋、無所不在的。

西方的精神傳統（埃及人、猶太人、基督信仰者的）則提供了不同的答案。它主張人的邪惡本質並非來自原始無明，而是擅自追求知識釀成的原罪。基督信仰之前的隱修經典（如《世界的聖母》、《神聖的牧羊人》*The Divine Pymander*）和《聖經》（創世紀）都一致認為，原罪就是導致人變得邪惡的

1　譯註：婆羅門教吠檀多派的集大成者、不二論宣揚者（788-820）。
2　譯註：大乘佛教論師，在印度佛教史上被譽為「第二代釋迦」，大約生活在二世紀。

原因。

　　隱修著作和《聖經》都提到過，人類是在墮落前於天堂（隱修之道）或天國（《聖經》）犯下原罪的。基督信仰出現前的隱修之道和《聖經》，都將原罪形容成一種不順服上主的行為，亦即人的意志背離上主的旨意而導致兩者的不和，起因是渴望追求神啟以外的另一種智慧，想要透過具體的現實去認識神和神啟之外的其他知識。

　　在所有的隱修著作中，《世界的聖母》對於人類墮落前犯下的罪描述得最為清晰。著作中的艾瑟斯對赫若斯說：

　　「話一講完，上帝就把剩餘的兩種元素 —— 水與火 —— 融合在一起，並且將富有生命力的氣息注入其中，然後對著它們唸誦某種密咒；此密咒雖然有力量，卻不如祂之前說出的那麼有效。然後上帝將這些東西均勻地攪拌在一起；當這混合物表面的浮渣呈現半透明狀時，祂就用這些東西創造出黃道十二種動物原型的靈力……」

　　然後上帝就把祂的作品交給當時進展較高的靈魂，這些靈魂已經晉升至「接近星星的地方」，因此被命名為「神聖的戴蒙[3]」（holy daemons）；上帝對他們說：「我的孩子，我的子嗣們，把我手中的作品拿去

3　譯註：源自希臘文，意指良知或守護靈。

吧。你們每一位都要照它們來創造屬於自己的東西；我也會把我做好的這些東西留下來當成範本」……然後上帝就退隱了……

「上帝是按自然女神的原型排列出黃道十二星座的，而且賦予了它們各自的作用力，讓後續誕生出來的都擁有生產力……

上帝允諾為所有靈魂的成形作品注入無形的活力，並賦予每個受造物繁衍同質的下一代的能力，好讓靈魂完成第一件作品之後就無須再費力製造……

赫若斯說：「請告訴我，母親大人，這些靈魂後來造出了什麼？」艾瑟斯回答：「我的兒子，當這些靈魂收下了上帝所造的混合物時，起先是去檢視它，接著就企圖識破其中的成分；然而這對他們來說並不容易。後來他們因為擔心這麼做會惹怒天父，便開始專注地按照祂的指示行事……他們造出了鳥類……魚類……四肢動物……爬蟲類……」

「不久這些靈魂又覺得自己做的事很偉大，於是就變得放肆起來，竟然違背上帝的旨意企圖和天國眾神抗衡，取得和祂們同樣崇高的地位，因為他們和眾神一樣都是上帝創造出來的。接著他們便開始逾越自己的限界，不願停留在同一個地方，他們認為留在同一個地方等於死亡……」

「當他們這麼做的時候，我的兒子，萬物之主（赫密士說道）不僅沒有忽視這種情況，還找到了懲罰他們

的辦法。祂決定將他們造成人類這種有機體，好讓存在於其內的靈魂永遠受苦下去⋯⋯」（*Kore Kosmu* 25）

　　讓我們檢視一下這段文字提到的幾個重點：靈魂受上帝託付，要按黃道的神獸原型造出屬於自己的作品；這些靈魂不但沒完成這項「整合」工作，還「去檢視它（混合物），接著就企圖識破其中的成分」。它們偏好分析性的知識而非原創性的整合工作；這使得它們從原本的縱向存有（神創造的靈魂）變成了橫向的世間生命（靈魂創造的世界）。從此它們就在橫向世界裡「四處移動著」，因為「不願停留在同一個地方」──縱向世界的如如不動本質裡──甚至認為「停留在同一個地方等於死亡」。

　　現在讓我們把這幾項重點和《聖經》的內容做個比較。根據《聖經》的記載，人被上主安置在伊甸園裡，負責「耕種」和「看守園子」（《創世紀》第 2 章，第 15 節）的創造性工作。他顯然是活在縱向法則之下：園中所有的果實他都可以吃。換言之，靈魂可以透過祈禱、冥想和默觀進入狂喜或入神，晉升至上主的高度。其中只有一種禁忌他不能逾越：他不可以吃園中那棵善惡知識樹的果子，否則就會在吃下的那一天死亡。上主讓人為動物命名；於是人「就給所有的動物取名」（《創世紀》第 2 章，第 19-20 節）。後來亞當和夏娃禁不起誘惑而想要張開眼睛，渴望「像上帝一樣能夠辨別善惡」（《創世紀》第 2 章，第 5 節），所以吃了禁果，就被趕出伊

甸園去耕種大地了。

此刻這兩部經典的相似性甚至是相同點，瞬間躍然紙上。它和「放肆大膽」（或「不知恥的好奇心」）有關。人類順應了想要「張開眼睛」變得「像上帝一樣」的慾望，也被賦予了和動物有關的創造性魔法任務。後來人從縱向變成了橫向的發展，導致必須化為肉身、承擔做人的後果：受苦、辛勞和死亡。

以上兩段內容突顯出的差異則在於：演化較高的靈魂受上帝之託按黃道聖獸原型進行創造工作，人類卻只是「為動物命名」；前者是處於「接近星星的地方」，後者則是活在伊甸園裡；前者指的是為數眾多的靈魂，後者指的是亞當和夏娃。前段談到上帝造物所使用的混合元素，後段則提到善惡知識樹。我們只要明白《世界的聖母》和摩西《創世紀》的差異，就不難理解它們要表達的是什麼。事實上，後段的內容主要是在闡述一則教誨，前段則是在說明人類的起源和宇宙史。一個是對宇宙的評論，另一個則是宇宙的紀事。因此《世界的聖母》之中的每一個事件都是以理性方式呈現的；它們都被盡可能地陳述為清晰的概念。《聖經》的《創世紀》則是藉由魔法的力量，呈現給讀者僅僅和宇宙及人類靈性史有關的事蹟。《世界的聖母》是要「說服」人們承認它的真實性，《創世紀》則試圖「喚醒」靈魂底端的深層記憶——榮格稱之為「集體無意識」記憶庫。

由於《創世紀》的文字是一種魔法語言，所以沒有採用「人是按黃道聖獸原型進行創造」的說法，而是選擇了「人

為動物命名」這樣的解釋方式，因為「命名」在魔法裡指的是「物質化」的功能。在魔法的世界裡，「命名」意味著賦予某個對象一種作用和功能，同時也賦予了它退出的機制。按照《創世紀》的說法，上主創造的黃道聖獸原型是被人類授予了在現實界執行特定任務的功能；人因為替聖獸原型命名而促成了這項任務的完成。

至於「接近星星的地方」和「伊甸園」這兩件事，由於《聖經》的陳述用的是魔法語言，因此其中的重點並不是：「人類墮落前到底身處宇宙何處？」而是「人類墮落前到底在做什麼，周遭發生了什麼事？」

《創世紀》的答案是：人類被安置在伊甸園裡「耕種，看守園子」（《創世紀》第2章，第15節）。這意味著人類黎明的發生地並不是荒蕪的沙漠，也不是缺乏聖靈管轄的原始叢林，更不在一切都由聖靈支配卻了無生機的城鎮。聖靈和自然本性在「伊甸園」裡向來合作無間，但是這兩者在「沙漠」裡卻處於被動的靜止狀態。「叢林」乃生命獨立運作的世界，「城鎮」則是聖靈獨立運作的世界。套句印度哲學的說法，「園子」對應的就是朝著聖靈發展的愉悅本性。人類起初是被安置在「愉悅」的環境裡，而且被指派了原初及永恆的使命：耕種和看守園子。

親愛的朋友，現在讓我們暫停片刻，因為《創世紀》的這段內容既博大又精深，理解起來十分費勁，所以需要喘口氣。總言之，人類原初及永恆的使命只是要耕種和看守「園子」，那是一個自然本性與聖靈合作無間的世界！多麼知足常樂的境

界啊！但願屬靈的光輝——包括道德的、實修的、密契體驗的、靈知的以及神聖魔法的——能夠隨著讀者對上述議題的心領神會而充分放射出來！

然後你就會在瞬間明白……「做」或「放下」都不是重點；建構思想體系或維持在自然無念狀態亦非必要；投入於祕法的修練、苦行禁慾、密契式的鍛鍊、捨棄靈修上的不斷努力，也都不是關鍵所在……真正重要的是工作和自然而然地成長；深入地思考，然後靜待思想的發展和臻於成熟；伴隨著魔法語言而來的必須是神聖的靜默。總之，「耕種和看守」才是重點所在！

耕種和看守……文化和精神傳統的拓展……膽識和意志力……真知和靜默。

隱修之道的任務、作用於靈魂深處的記憶、人類原初及永恆的使命就是：耕種和看守最初的那個令人難忘的園子。此即天國與地球合一的方式，上界與下界共同形成的和平彩虹之道。印度人把這種合一的修練稱為「瑜伽」：哈達瑜伽、知識瑜伽、虔敬瑜伽、行動瑜伽、譚崔瑜珈、梵咒瑜伽及勝王瑜珈，也就是透過呼吸和氣的循環、推理思維、情感、行動、愛情、咒語和意志力來跟神達成合一。

黑麋（Black Elk）是蘇族[4]（Sioux tribe）煙斗儀式的守護者，他因為年老而眼盲，於是把蘇族的七個與天（聖父）、

4　譯註：北美印第安部落。

地（聖母）、人合一有關的傳統儀式傳授給約瑟夫・埃普斯・布朗（Joseph Epes Brown）。從墨西哥灣沿岸到北邊的緬因州、從喬治亞洲到西部愛達荷州的印第安部族，都將這七項儀式視為它們靈修的精髓。

至於基督信仰的隱修士想要耕種和看守的「樹」或「瑜伽」，則是「智慧建造她的房屋時立下的七根柱子」（參照：《箴言》第9章，第1節），亦即神創世的七日（包括安息日）、《約翰福音》的七項神蹟、耶穌基督的七個「我是」以及教會的七件聖事。

這些都是我們要耕種和看守的「樹」，也是「上界如是、下界亦然」的合一奧祕所在。密契體驗、靈知、神聖魔法和隱修哲學，就是伊甸之河的四條「支流」──「有一條河從伊甸園流出，分成了四條支流」（《創世紀》第2章，第10節）。

因此，讓我們懷著感恩之心去效仿印度的辨喜[5]（Swami Vivekananda）和北美蘇族的黑麋對上天託付的任務所展現的忠貞精神。上天交託給他們的任務就是耕種和看守對伊甸園的記憶，這也是我們被上界託付的任務，所以理應秉持同樣的精神去耕種和看守對伊甸園的記憶。我們不該煩惱異於我們的文化及精神傳統的任務。一切都在上主的眼裡，祂不會忘記報答任何忠誠耕種和守護園子的人。

5　譯註：將印度瑜伽介紹到西方的第一人。

《世界的聖母》和《創世紀》另一個不同之點，就在於前者描述的是眾多靈魂的作為，後者敘述的則是亞當—夏娃的行為。兩者的差異可以從《世界的聖母》之半哲理本質和《創世紀》的魔法本質上看出來。《世界的聖母》關注的是「實質含義」，《創世紀》關注的則是「作為」本身。從實質的角度來看，導致以及經驗到墮落的是眾多的靈魂；從作為的角度來看，靈魂的多寡並不是重點，因為兩者的行為是相同的，始作俑者就是亞當和夏娃。

　　因此，「人的邪惡本質究竟是什麼」這個問題有兩個答案：智慧傳統的左翼給出的答案是「無明」；智慧傳統的右翼給出的答案是「僭取知識」。

　　那麼兩者是否有衝突？答案是既可說有，也可以說沒有。兩者產生衝突，是因為無明和知識恰好相左。兩者沒有衝突，則是因為原始無明也是意志犯下的原罪，它導致意志渴望靠自己實驗以獲取知識，換來與上界啟示相等的智慧。看上去兩者顯然有所不同，但其實並不衝突。就人的意識和宇宙實相之間的不協調而言，東方傳統著重的是對事實的認知，西方傳統則著重於同一事實的道德意涵。

　　東方傳統認為人的邪惡是起於將身心幻我當成了永恆的真我。西方傳統則將問題歸咎於人「想要像上帝一樣能夠辨別善惡」而犯下原罪，導致他損傷了自己的神聖樣式，儘管其神聖形像——東方所謂的「真我」——依然維持原狀。人平時體驗到的受損樣式就是原罪造成的，因此問題不在錯把自我當成真我（或「神聖形像」），而在於前者損傷了原本的神聖樣式。

如果人的自我能夠保有原本的神聖樣式，不因為墮落而損傷它，那麼將自我視為真我是完全合理的。

換言之，兩種靈修傳統的差異就在於東方渴望解除「自我」與「真我」的婚約，西方則認為兩者的聖婚是不能解除的。依照西方傳統的看法，「真我」不可能也不該以否認「自我」為由，而企圖和它斷絕關係。兩者其實被不可解的鍊環永遠連接在一起，所以應該合力完成重建「神聖樣式」的工作。換言之，西方靈修傳統追求的不是自我的解脫，而是重新與真我合一帶來的自由。

原罪的誕生之處就是意志，是自由意志導致了人類的墮落。《創世紀》將意志犯下的原罪，形容成因渴望「像上帝一樣」而僭取了辨別善惡的知識。

《創世紀》不僅提到最初發生於天國的第一階段墮落——最具決定性的階段——同時也描述了接著發生的三個階段：該隱殺害親兄弟、巨人的繁衍和建造巴別塔（《創世紀》第4章，第1-16節；第6章，第1-4節；第11章，1-9節）。

該隱殺害親兄弟是人類史上所有戰爭、革命和叛亂的「原初現象」（primordial phenomenon）（歌德提出的名稱）。巨人的繁衍則屬於人類罹患「畸形巨症」的「原初現象」；凡是想扮演神聖統治者或「超人」角色的人，包括團體在內，都是巨人繁衍出來的後代，包括冒稱是神權代表的專制君主、尼采的「超人」，以及近代的法西斯強人和共黨首領。至於巴別塔的建造（《創世紀》第11章，第1-9節），則屬於企圖利用世間力量去征服天國的「原初現象」。

該隱殺害親兄弟這件事，本質上就是「低層我」對「高層我」的叛變，也就是墮落的「神聖樣式」對未受損的「神聖形像」的叛變；巨人的繁衍則是「低層我」與墮落存有而非「高層我」結合所致；建造巴別塔是「低層我」透過集體意志建造出普世性超結構，以取代上主和天使層級的「真我」。

叛變、佔有、以人造物取代上界啟示的三種罪行，對應的就是三種「墮落」和引發的後果；該隱殺害弟弟亞伯而成為流亡者；巨人的繁衍帶來了洪水；巴別塔的建造導致「上主下來……攪亂他們的語言，使他們彼此無法溝通」，並且「把他們分散到全世界」（《創世紀》第11章，第7-9節）。

我們可以說叛變和「畸形巨症」的結果就是建造巴別塔；建造巴別塔的結果則是語言被攪亂而無法溝通。因此，第十六張大阿卡納只闡述了被雷擊垮的巴別塔，但並未描述洪水或該隱的流放。深思者可以透過「被雷擊垮的巴別塔」認清自由意志的最終命運。

「低層我」反抗「高層我」的必然結果就是遭到流放；自命為「超人」的必然結果則是被洪水淹沒；建構個人或集體的巴別塔則無可避免地會被上界的雷擊垮。

這張卡透過巴別塔這個廣義的象徵，試圖讓人理解一則基本的普世定律，這則定律的作用範圍可大可小，而且涵蓋了過去、現在和未來的個人生命史及人類史。按照這則定律來看，凡是反抗「高層我」的人都會背離縱向法則、臣服於橫向法則。他會變成「流浪者，在地上到處流蕩」（《創世紀》第4章，第12節）。

人如果選擇與墮落存有而非「高層我」結合，一旦發展到著魔的程度，就會被洪水淹沒或是陷入瘋狂。尼采即是最明顯的範例之一，這位受到啟發的作家，著作裡充滿了對超人和反基督思想的讚嘆。類似的例子也發生於「地上有巨人出現」的那個時代──「他們是古代的英雄和名人」（《創世紀》第6章，第4節）。當時洪水不僅淹沒了地球，其中的另一種「水」也淹沒了人的意識和記憶。尼采就是被這種導致人忘卻上界、變得無明的「水」所淹沒。它淹沒了亞特蘭提斯的先進文明，也吞噬了孕育這個古文明的土地。基於這個原因，「原始」部落和遊牧民族才會與既往的上古史脫節，而必須重新回到洞穴或樹下生活。非洲也曾經出現過強大的國家和壯觀的城鎮，但後代卻喪失了對它們的記憶，以至於必須過著打獵、捕魚、農耕和征戰的「原始」生活。澳洲原住民更是徹底喪失了對過往歷史的記憶。

　　同樣地，以建造「毀滅之塔」取代上界啟示的人勢必會遭到雷擊；他會經歷落到主觀意識和世俗層次的羞辱。

　　我們已經在第十三封信裡描述過「巴別塔的建造法則」：有些玄祕家為了達成某種不朽狀態，刻意讓身體的能量結晶化以抵擋死亡，也就是將「分身」堆疊在色身上面，建構出「個人的巴別塔」。在那封信裡我們只談到「建塔」的部分，沒有談到其他的相關內容──譬如「雷擊」。現在讓我們透過第十六張大阿卡納來探討一下「建構」和「雷擊」的深義。

　　我在前面說過巴別塔法則是普世性的，它在個人、全體人類、甚至天使階層的存有身上都能產生作用。這條法則的重點

是，下界所有的自治性行為都會面臨上界實相的挑戰。透過「低層我」的努力建構出來的東西，終究得面對上界的神聖實相，接受與其對比之下的挑戰帶來的結果。人死後必然會進入煉獄這項事實，就是巴別塔法則的示現。非聖者或義人之人，多少會建構自己的「巴別塔」。這個由行為、想法和抱負形成的「私密世界」，一定會隨著靈魂進入屬靈的次元。這個主觀的內在世界，必然會在人死後經歷和超主觀屬靈實相對質的試煉——雷擊。主觀意識和屬靈實相的對質，就是人死後所經歷的「煉獄」。

因此，靈魂生前的行為、想法和抱負，被攤在超主觀意識的陽光下的試煉過程，便是所謂的煉獄經驗。屆時並沒有任何存有會來審判靈魂；靈魂是在完全覺醒的良知之光中對自己進行審判。

人們經常提到靈魂進入煉獄時陷入的「黑暗」，以及在那裡經歷到的「孤獨監禁」感受。以這種方式形容靈魂在煉獄裡的情況是相當正確的，不過我們還應該瞭解一下箇中的道理。從「外在」來看，進入煉獄的靈魂因為在其他靈魂面前消失了，所以被誤認為陷入了無人能接近的黑暗，或是受到了「監禁」。

從「內在」來看，煉獄裡的靈魂其實是進入了超主觀意識的絕對之光中。這種光明亮到可以把靈魂整個罩住，所以導致靈魂變得極為專注而難以接近。

關於靈魂如何在煉獄裡被淨化、後者的黑暗本質、被監禁的感覺以及得到的收穫，任何的描述都不及聖十字若望在《靈

魂的暗夜》（*Dark Night of the Soul*）裡訴說的親身經驗，來得更清晰和具有說服力。

「暗夜」指的就是靈魂領受了上主注入的聖光，而得以將慣性的、靈性的、天生的無明及瑕疵徹底淨化……有人或許會問：靈魂為什麼會把照亮和淨化它的聖光體驗成暗夜呢？我的回答是：上主的智慧之光對靈魂產生的作用不但像夜晚或黑暗，更像是一種難熬的痛苦和折磨。原因有兩個：一是祂的智慧層次太高、完全超乎靈魂的理解能力，所以對靈魂而言是黑暗的；二是由於靈魂低劣不潔，乃至於上主的智慧之光顯得幽閉難熬。為了證明第一個原因是真實的，我們必須先明白一個道理，那就是越清晰明顯的事物，對靈魂而言越黑暗隱晦。光越是明亮，貓頭鷹的眼睛越看不見；陽光越是強烈，人的眼睛越看不見；眼睛的弱點導致它們被強光征服而喪失了視力。因此當上主的覺性之光照耀著未徹底啟蒙的靈魂時，感覺上就是一種屬靈的暗夜經驗，因為它強烈到讓靈魂看不見而喪失了正常的感知力……當上主將隱含的智慧之光注入尚未蛻變的靈魂內部時，往往會被理解成沉重的黑暗……靈魂的不潔導致它在聖光的照耀下感到極度痛苦，其實純淨的聖光只是要消除後者的不潔。靈魂覺知到自己的污穢悽慘，卻誤以為上主要親自對付它，而它也必須對抗上主。這就是約伯受試煉的過程

中倍感難熬的部分：「為什麼把我當箭靶子射擊？我對你竟是那麼大的負荷嗎？」（《約伯記》第 7 章，第 20 節）。靈魂在純淨的聖光中清晰地意識到自己的不潔，所以在上主和萬物面前承認了自己的卑微。更痛苦的是它害怕自己將永無價值，善良的特質都不見了。由於靈魂在道德和靈性上有天生的弱點，所以當上主的靜默之光照到它的時候，原本要讓它變得茁壯和臣服的力量，卻使它痛苦得幾乎昏厥……它的精神彷彿受到沉重幽閉的壓迫，在極大的痛苦之下不斷呻吟，甚至想一了百了……這真是一件既美好又悲哀的事……上主輕柔的手帶給靈魂的竟然是最沉重的壓迫感。其實上主的手並沒有壓制靈魂，也沒有住留在它身上，反而是以最慈悲的方式輕輕地碰觸它；祂的目的不是要帶來懲罰，而是要賜予它恩典……。

空氣裡越是缺少原子和微塵，我們就越看不見射進室內的陽光；屋裡的微塵越多，射進來的陽光就越清晰可見，原因是我們只看得見陽光反射出來的東西。這些微小的東西能夠反射光，於是光被我們看見了；光如果不照射在客體上面，我們是看不見它的……上主的靜默之光超越了一切，因此會讓靈魂變得晦暗，頓時喪失原有的悟性。靈魂不但被遺棄在黑暗裡，連所有的力量和渴望，無論是天生的或屬靈的，全都被掏空了。處在虛無幽暗裡的靈魂其實是得到了聖光的淨化和啟蒙，但前者卻渾然不覺、以為自己一直是在黑

暗裡。這就像陽光射進室內時，如果空氣潔淨、屋裡又空無一物，那麼我們是看不見那道光的。可是聖光如果在靈魂身上發現足以反映祂的特質時，哪怕多麼微不足道都能讓後者看見祂。這會使它立即產生判斷真偽的悟性，而且比進入黑暗之前更能清晰地理解一切，認出自己的不完美……

……在神的火焰尚未與靈魂融合、將它轉化成自性之前，會先淨化它所有的負面特質。為了去除靈魂的不潔，祂會先讓它變得晦暗，看起來比以往更糟、更不純淨、更令自己厭惡。神之所以這麼做，乃是為了淨化它所有的不良特質；它們根深柢固地埋藏在底端一直未被察覺，此刻神只需要釋放一些微光，就能讓它們變得清晰可見。靈魂並沒有因此而變得更糟，在神的眼中也沒有變得更不堪入目。真相是它們終於覺知到以往看不見的問題，而誤以為沒有被神關注，甚至是一個連神都厭憎的東西……

但上主的光如果照在天使身上，後者會立刻得到啟蒙、被愛點燃，這是因為天使已經準備好要跟那道光融合。但不潔和軟弱的人卻是在黑暗、煩憂和痛苦中得到啟蒙——陽光對虛弱的眼睛來說是刺眼的——一直到愛的火焰淨化、靈性化和精練了他，使他變得純淨無瑕，可以和天使一樣在甜美的感受中接受這股湧入的愛，與它融為一體。（St. John of the Cross, *The Dark Night of the Soul* II, v, viii, x, xii; trsl. D. Lewis, fourth ed., revised, London, 1916, pp. 83-88, 104-106, 130）

　　以上是摘自《靈魂的暗夜》第二冊，第五、八、十及十二章的內容。這些是聖十字若望的教誨中與本主題最相關的部分。引文裡描述的淨化，指的就是學會「謙卑」，至於將靈魂帶進黑暗去面對實相的聖光這個主題，則可以從毀滅的高塔和墜落地面的建塔者來加以瞭解。擊垮高塔的雷就是來自令人目眩的聖光；被擊垮的高塔則是人憑著理解力、想像力和意志力建構而成的，但最終仍舊會面臨上主實相的挑戰；建塔者的理解力、想像力和意志力終究得學會謙卑的功課。煉獄其實是啟蒙和密契體驗之前的淨化過程，也是讓人重新開始的重大事件，同時也代表最後遭遇的雷擊；在被雷擊中後重新站起來的人裡面，有些得到了啟蒙，例如大數的掃羅，有些則偏離了正軌，例如尼采。

　　這封信一開頭的頌詞就是要表達這個法則：

他伸出權能的手臂，
驅除狂傲者心中一切的計謀。
他把強大的君王從寶座上推下去；
他又抬舉卑微的人。
他使飢餓的人飽餐美食，
叫富足的人空手回去。

　　　　　　　（《路加福音》第 1 章，第 51-53 節）

這首頌詞讚美的就是永恆的巴別塔法則——高塔被擊垮，人心因為被雷擊而變得謙遜，於是得到了上主的啟蒙。這首頌詞唱出了人們的心聲，因為雷會「把強大的君王從寶座上推下去」，並且會「抬舉卑微的人」。

把這條法則的精髓描述得最簡明扼要的，就屬《路加福音》的這段話了：「因為上帝要把自高的人降為卑微，又高舉自甘卑微的人。」（《路加福音》第 14 章，第 11 節）自高的方式有許多種，自甘卑微的方式只有一種。

演化中的生命會朝著特定方向發展它的組織特性，以獲得暫時的優勢，可最終仍脫離不了陷入僵局的命運。巨大的爬蟲類蜥蜴就是因為擁有強大的力量、靈活的動作和天生的武器而稱霸地球，但是它們只撐到體型缺乏優勢的小型動物出現為止。這些小型的溫血生物就是首度出現於地球的哺乳類動物，它們看上去不像爬蟲類那麼獨特，站在後者身邊也顯得微不足道。

> 正因為微不足道，所以才能在強大的爬蟲類統治地球的漫長時段裡一直存活著。（Julian Huxley, *Evolution in Action*, London, 1953, p. 123）

就因為缺乏獨特性，所以它們才能適應氣候遽變，以及中生代末期山脈形成後所產生的其他變化；佔優勢的爬蟲動物卻因為無法適應地球的變化而消失蹤影。

基於這個原因，哺乳類後來取代了爬蟲類動物，變成地球

上的統治者。過了許久之後，哺乳類動物的某些支脈也為了擁有獨特性，而發展出具有短暫優勢的器官和機能，不過最終仍舊陷入僵局、喪失了繼續演化的能力。至於那些未能演化出獨特性的其他哺乳類動物，則是以正常平衡的方式發展身體和精神的機能，所以進入了演化的頂峯，變成能夠為人的靈魂效力的有機體。按生物學的說法，「自高」就是發展獨特性以得到短暫的優勢，「自甘卑微」則是以一般的成長方式平衡地發展身心的機能。這則生物學的真理就是所有領域的真理。

因此，「上帝要把自高的人降為卑微，又高舉自甘卑微的人」才會被我放在此封信的的開端。接著就是《馬可福音》的那段引言：

> 上帝的國好像一個人撒種在地上。他晚上睡覺，白天起來，那種子已發芽生長，怎麼會這樣，他也不知道。（《馬可福音》第 4 章，第 26-27 節）

正常的成長方式是要「把自己視為一粒卑微的種子」，「讓自己高升而建造巴別塔」則是截然不同的。成長或是建構高塔，指的就是在「救贖之道」和「毀滅之道」、「無盡的至善之道」和「陷入僵局」之間做選擇。「地獄」代表步入靈性的絕路；「煉獄」則代表拒絕走上發展獨特性的歧途，為的是守護「至善之道」，也就是「救贖之道」，並確保它暢然無阻。

「自高」是為了得到短暫優勢而發展出獨特性，自甘卑微

則是獨尊真、善、美。所有的個人、團體、傳統及靈修學派，都必須在建構高塔和「晚上睡覺，白天起來」的方式之間做選擇。

身為玄學家、魔法師、密修者和隱修士的我們，都是不想枯等而渴望有所行動，願意「為自己的演化負責」、「將它導向某種理想」的人。與不關切玄學的人相比較，其實是以更戲劇化的方式在面對上述的選擇。我們主要的危機（若非唯一的危機）就是偏愛「巴別塔建造者」（個人或團體的表率），不想當「上帝園子的園丁或耕種者」。說真的，玄學之所以保持「玄祕性」、不公開推廣，就是基於道德上的考量，避免人們把「高塔」當成了「樹」，結果吸引來的成員多半不是「園丁」而是「石匠」（masons）[6]。

教會一向主張，只有上主的恩典可以使人在至善之道上安全地成長——同時欣賞和鼓勵人們在這方面付出努力。因此，教會對那些在其掌轄範圍外創立的「啟蒙兄弟會」或類似的組織，一向抱持著相當程度的懷疑。姑且不論人的競爭性和其他的不完美特質，教會反對創立啟蒙兄弟會的真正原因，就是要防止以建構取代成長、以造作的修練取代恩寵、以發展獨特性取代救贖。我不知道這是否能解釋聖殿騎士為何遭受迫害，但這絕對是共濟會遭到反對的原因。

暫且不論這些歷史事件，讓我們進一步地探討毀滅之塔所

6　譯註：此處暗指共濟會成員。

隱含的意義與「自高」的自由意志有關的概念及事實，還有自由意志助長的獨特性和最終步上絕路的命運。

你知道嗎？人會因為對釘子麻木而能夠在釘床上做伸展，也可以把自己活埋一個星期而不窒息，甚至有能力讓植物立即快速生長。苦行術士們由於發展出特殊的能力而可以做到你所做不到的事，但付出的代價卻是放棄了正常的成長方式。這樣的人永遠無法為哲學、宗教或藝術付出真正的貢獻。他們在正常的成長之道上陷入了僵局，所以只能等待上界的雷擊幫助他們脫困。

魔法經典《玄祕哲學》（*De Occulta Philosophia*）的作者阿格里帕‧馮‧內特斯海姆[7]（Agrippa of Nettesheim）為何終日惶惶不安？你可以在他的書中找到各種親身體驗過的事蹟，這麼一位熱忱的高手為何變成遠離人世、疑慮甚深的人，甚至在晚年寫出了《科學的不確定性與虛浮性》（*On the Uncertainty and the Vanity of the Sciences*）這樣的著作？

答案是：內特斯海姆建構了一座「巴別塔」，後來被「上界的雷」擊垮了。高層實相促使他把最好的時光都花在鑽研「超自然科學」上面，結果竟然是徒然無功。但高塔雖然被撼動，天國之路卻因而開展。他獲得了重新開始的自由，得以在成長的康莊大道上向前邁進。

苦行術士和魔法師都需要上界的雷劈才能得到救贖，也就

7　譯註：又名亨利‧哥內留斯‧阿格里帕，文藝復興時期的歐洲哲人和卡巴拉學者。

是回歸到單純的演化之路上，以一般的方式成長、不再踏上發展獨特性的絕路。擁有特殊專長的靈知者和密契主義者也是一樣的。基於此理，我們在信裡一再重申隱修之道既非玄學亦非靈知或密契體驗，而是四種發展方向的整合。它是一整棵樹而不是一座高塔。這棵樹象徵的是一個「完整」的人——同時是哲人、魔法師、靈知者和密契家。

這會是卡巴拉的生命樹嗎？或許是。這是伊甸園中央的那棵樹嗎？的確是的。但我更樂見它是一棵死亡與重生之樹——長出玫瑰的十字架。這個十字架同時帶來了死亡和重生——它結合了耶穌在各各他山遭受的痛苦和復活的榮耀。因為十字代表的就是生命不斷地死亡與活化的成長法則。它引領人走上的不是發展獨特性的絕路，而是淨化的「直達道路」——啟蒙、與上主融為一體。

隱修之道是由密契體驗、靈知、神聖魔法及隱修哲學結合成的十字架。它追求的目標、動力和理想，就是透過身心靈的轉化、昇華及蛻變而不斷地成長。是的，這種修煉法則就是隱修之道的精髓，我們可以在福音書裡找到對它的描述：「他所賜給我的人，一個也不失落……因為父親的旨意是要讓所有看見兒子而信他的人獲得永恆的生命。」（《約翰福音》第6章，第39-40節）還有什麼理想或目標能比這句話包含更多的信、望、愛？缺乏信德的人仰賴切割真我和小我的人為手術，例如數論派或瑜伽的修行方式；缺乏望德的人則會以人工義肢取代本身機能的不足，但凡機制化的人、哲學理論家、儀式性魔法操控者或是一般的「建塔者」，都屬於這種類型。然而最

偉大的創作高手卻尊崇耶穌被釘死在十字架上的「愚拙」精神（《哥林多前書》第 1 章，第 18 節）；他們相信、期待和渴求的是「一個也不失落……獲得永恆的生命」。

人類在十九世紀之前領受到的「福音」，肯定不是在宣揚離苦得樂的解脫之道，也不是在鼓勵人憑著一己之力去建塔——包括小塔和雄偉的「通天塔」；反之，這些福音都跟復活重生的主題有關，也就是一種產生質變的煉金學說。到底是藉由靈性手術得到解脫，透過智力或其他建構方式獲得權力，還是遵循十字架和靈性成長的法則而復活重生，這一向是每個靈魂都會面臨的抉擇。

隱修之道已經做出了選擇。它永遠是以「生命的成長法則」——十字架法則——作為發展方針，以復活重生作為最高理想，因此完全沒有機械化的部分，也沒有任何與手術相關的方法。隱修之道既不要求人建造任何一種高塔，也不要求人用切割手術來達成目的。它只涉及人的質變與轉化，也就是逐步演化的內在工作，以避免走上特殊化的絕路。

隱修之道沒有任何機械化或手術的成分，意味著你不可能在其中找到任何一種方法——智力的、儀式性的或身心的——可以使人認識或達成德性和理智範疇之外的目標，因為德性和理智的發展只能藉由親身體驗、自身的努力和上界的恩典來達成。舉個例子，你在其中一定找不到藉著持咒和特殊呼吸法去開發「脈輪」的技巧。「脈輪」只有在真善美的光、熱和活力之中才能成長和臻於成熟，因此無須採用任何特殊技法。「脈輪」的開發如同成為完人一樣，必須按照基本的法則進行：

上帝的國好像一個人撒種在地上。他晚上睡覺，白天
起來，那種子已發芽生長，怎麼會這樣，他也不知
道。（《馬可福音》第 4 章，第 26-27 節）

在隱修之道的實修過程中，心輪（「十二瓣蓮花」）的開
發主要取決於愛的拓展，而不是靠持咒或呼吸來喚醒沉睡的拙
火。要啟動「二瓣蓮花」眉間輪的直觀功能，主要是憑藉強烈
渴望理解某項事物而產生的專注力，而非咒語或特殊的呼吸技
法帶來的。如果有人用特殊的方式去開發「脈輪」，那就是在
發展獨特性或短暫的優勢，最終仍然會陷入僵局。發展智力的
技能也會面臨同樣的情況。計算機的發明顯然為人類帶來了效
用，在隱修之道裡卻是毫無用處，因為在這個途徑中，思想者
本身的努力和創造性是不可取代的。雷蒙・陸爾 [8]（Raymond
Lull）的「組合藝術」（the art of combination）和聖依夫侯
爵的「考古定年學」（archeometry），雖然都相當機巧而且
有憑有據，卻無法被隱修士拿來當成發現真相和類比事物的工
具。同樣地，中世紀經院哲學家採用的亞里斯多德式三段論
法，對隱修士而言也幾乎毫無作用。

隱修士拒絕採用上述的出色工具，是因為他們根本不想
用任何手段來進行靈修。隱修士不渴望得到問題的「現成答
案」，也不想以最少的努力換取最大的收穫。他們是以「召

8　中世紀第一位走進穆斯林世界的傳教士。

喚」的方式提出問題，「答案」則是隨著召喚而至的意識狀態。因此，隱修之道著重的就是讓意識徹底蛻變和轉化。它所運用的象徵符號不是一種智力的工具，也不帶有任何機械化的成分。象徵符號本是密契體驗、靈知和神聖魔法的「酵素」、思想的「酵母」，它們會令思想感到不確定，故而刺激了思維的作用、使它躍入更深的次元裡。

因此，象徵符號並不是智力的工具，反而是它的指導者和積極的精神導師，如同「信仰的象徵」——《使徒信經》——不是思想的工具，而是我們頭上的一組星宿。讓我再重複一遍，倘若隱修之道是一種「體系」或智力的工具，那麼它只可能步上絕路且早已消失。它會變成一種無法持續發展下去的學問，一座等待雷劈的巴別塔。

四十年前我認識了一位比我年長二十歲的工程師。他是一名玄學家，我當時視他為重要的心靈導師。他曾經在中亞大草原上獨自研究勃拉瓦斯基夫人的《祕密教誨》，並且成功地將這套三部曲著作簡化成單純精緻的象徵符號——大圓圈之內有七個圓，這七個圓之內又有七個小圓 **9**。隨著時間的演進，他越來越熟悉這套系統，以至於你問任何問題，他都能立即以這套系統作答。例如，俄國大革命是什麼？他的答案是渴望數字四的數字三。科學和宗教又是什麼？答案是數字五和數字四。那麼歐洲的科學和東方的智慧呢？答案是數字五和數字六。

9　譯註：神聖幾何的生命之花。

請不要以為他只會用數字回答問題。對於那些「尚未受啟蒙的人」，他總有許多話要說，這些話通常都極富教育性，也總是一針見血。他的數字解答只提供給那些受過啟蒙的人，包括我在內。

這位工程師無疑地得力於勃拉瓦斯基夫人的《祕密教誨》而建構了一套分析系統，發展出一種不可否認的優勢。他比那些不懂得這套系統的人顯然要優越一些，但這種情況只維持了短短幾年的時間。他的弟子們因為走入死胡同的無趣紛紛解散，各自踏上了富有真實生命力的實修之路。這套偉大智力工具的創建者最後出版了一本書……內容描述的是他城裡的一棟鬧鬼的老房子以及在其中出沒的「白衣女子」。我想他一定是感到生活無趣才會關注這個鬼魂吧——是的，它雖然是鬼魂，但畢竟是個活生生的存有。

被上界的雷擊垮的高塔……我多麼想大聲宣揚它的奧義，好讓每位尋求玄祕真理的人能夠盡可能地對它產生深刻的印象！英國人總是說只要盡力就好，可你怎麼知道自己真的做到了？誰能確切地說自己已經盡力了？不，對於真正渴求寧靜平安的人來說，「我已經盡力」是非常方便的藉口。如果你渴望的是良知的確信帶來的寧靜，上述的說詞是無效的……好了，我們別再折磨自己了。讓我們回到這張大阿卡納的奧義上吧。

隱修之道從來沒有——也無法有——任何機械化的做法，因為它不主張建構「巴別塔」。它和人為手術完全無關，這句話的意思是，隱修之道的精髓就是煉金學的核心本質，所以基礎一向是二元「合一」而不是分立。

二元合一是一條具有普世意義的法則。它並不是一種設計出來的妥協方案，而是十字架及其魔法。它是「高層我」與「低層我」在人的身心之內的結合，其中的「高層我」是「低層我」的交叉線，「低層我」也是「高層我」的交叉線。這兩條線會形成一種讓彼此逐漸靠攏的煉金融合作用。

人類史上的「右翼」與「左翼」之爭也是如此。它們既無法結合也不能真的分立。它們在上千年的爭議中彼此交戰，導致爭論變成了事實，結論變成了各種歷史事件。「左翼」和「右翼」其實都是彼此的交叉線，除了將惡轉變成善的煉金術──宇宙性的「和好聖事」──之外，世界已經沒有其他的希望。雙方陣營的分立勢必會造成無法挽回的災難。

讓我們以手邊的一些歷史事件做為例子。新教徒和天主教徒的宗派戰爭、過往的基督徒和伊斯蘭教徒的聖戰，以至於像是近期的南北韓戰爭這類劃清界線、定出「北緯 38 度線」的事件。結果是彼此仍然得承認對方的存在，而且只能在雙方都存在的情況下相互容忍地活著。最後兩派陣營決定「背起自己的十字架」，不再倚賴戰爭的開刀手術來解除對立。十字架的煉金轉化魔法終於能發揮作用。結果如何呢？

今日的伊斯蘭教徒和基督徒不但不再試圖用武器威脅對方改變信仰，也不再希望地獄充滿著信仰對立的教徒們。至於新教徒和天主教徒們，如今在德國這個經歷了三十年戰爭、飽受二次世界大戰摧殘的國家，掌權者就是新教徒和天主教徒聯手組成的基督教民主聯盟（CDU）。

自由世界和共產世界的衝突也是一樣的。無論喜不喜歡，

我們都得承認和容忍對方的存在，而且得共同承擔這件事帶來的痛苦。劃定南北韓之間的「北緯38度線」是一個開端，它會促使十字架魔法發揮煉金轉化的功能。就是因為自由世界存在著法官和堅持不懈的對手，才能逐漸消滅社會的不公不義；就是因為共產世界也存在著法官和堅持不懈的對手，人們才能逐步解放自己、重新恢復自由。畢竟自由是人類的基本條件之一，而且是不可或缺不能侵犯的。

科學和宗教的衝突也是如此，東西方皆然。它們必須學習彼此容忍，這樣世上才會出現更多的愛因斯坦和德日進，更多有信仰的科學家和有科學精神的神父。

由於十字架魔法具有「二元合一」的煉金作用，所以是宇宙、人類和歷史的唯一希望。隱修之道的基礎也是這種「二元合一」法則，無論在理論基礎、靈修方式、道德發展或智識上，它都不接受分立和戰爭，也就是切割手術。隱修之道的精神就是：「一個也不失落……獲得永恆的生命。」（《約翰福音》第6章，第39-40節）

它的基本信念是：「所有人都能得救」。這既是基督信仰也是煉金學的根本理念——無疑是源自於確信或親身體驗了上主的氣息。這種經驗不但能征服人的心識和意志，更能征服其悟性。後者可以在其中得到全然的滿足，以下便是一個例子。

「迷失的羊」是眾所周知的寓言。它通常被理解為誠心的牧師們對迷途靈魂的關懷，而這的確是事實。但是你也可以拿它來比喻靈魂內在的慾望、抱負及優缺點。想要占優勢的熱望、迫使他人的意志順服於自己的慾望，基本上都是迷途羔

羊的表現，因為想占優勢，骨子裡其實是渴望整合、合一及達成和諧。這隻羊不懂得用愛的方式去尋求實現和諧之夢，卻透過意志力用強制的方式去追求它。這隻迷途的羊若想回到「羊群」裡，就必須明白是什麼在驅使它渴望占優勢。只有倚靠愛而非戒律才能找到答案。唯有如此，迷途的羊才能回歸羊群——將「基本金屬」冶煉成「黃金」。

靈魂的瑕疵和缺點都是大同小異的，因此我們都有責任找回內在的那隻迷途的羊，將它帶回到羊群裡（回到靈魂的合聲中）。我們都是主觀意識裡的傳教士，擔負的職務也都是要轉化野心和慾望等等。我們必須為它示範正確的態度，使它明白實現夢想的方式是錯的，辦法就是為它示範正確的態度。這無關乎強制的戒律而是跟十字架煉金法則有關。換言之，內在的慾望、野心或激情必須明白還有另一種存在的方式。這也跟「二元合一」的煉金過程有關。

達成它的實修方式就是冥想。深層冥想可以讓內心的每一隻「迷途的羊」現形，也可以滋生足夠的力量，讓它對另一種選擇產生深刻的印象。冥想就是在上主的面前思考——如同禱告是在上主的面前說話一樣。

因此，冥想就是「低層我」坦誠勇敢地和「高層我」一同在上主的聖光中思考。我們可以說專注乃冥想之前的必要基礎，最後它會從思考和辯證轉化成超自然的默觀神交，處於這種狀態下的人不再從長考量任何事情，相反地，事情的真相會自然揭露。默觀就是思想者與當下的真相合一的狀態，處於其中的人得到的不再是「結論」而是真相本身。

因此，它涉及的「技巧」（隱修之道不帶有任何技巧性）就是：從專注到冥想，從冥想到默觀。

但是人必須達到一定程度的自由和解脫才能真的專注。你必須處於上界之光中，才能進入冥想、體認到默觀是什麼。因此，專注、冥想及默觀對應的就是靈魂的淨化、啟蒙及合一。能夠讓專注、冥想及默觀變得有效，以實現靈魂的淨化、啟蒙及合一的，就是順服、神貧及守貞的內在工作。這些都是在內心「修整花園」的實用「祕訣」，它們和人類的成長而非建塔的法則有關，這意味著人會變得更富有人性，能夠繼續演化而不走上發展獨特性的絕路。

第十六張大阿卡納描繪的是一座被雷擊垮的塔，它揭露了走上專門化的死胡同所造成的危機。它的主旨就是人不能建構只能成長。所有的人造塔最終都會被雷擊垮——請容許我再加上一句話，任何藉由切割手術達成的解脫，勢必會面臨重新開始的命運。我們可能為了讓氣球飛得高一點而剪斷它和沙袋間的那條線，但氣球最終還是會落回地面。風遲早會把它吹下來。

高塔終究會被雷擊垮，氣球終究會被風吹下來。只有死亡和再生可以不斷解救人類，它們就像從天而降的雷擊或狂風一樣。有一種教導人脫離輪迴的傳統宗教體系，其精神領袖卻交代要在他死後誕生出來的第一代嬰兒當中，按照確鑿的證據去尋找他的肉身轉世——到目前為止總共找到了十四世——這件事難道不需要深究嗎……十四位達賴喇嘛難道都是同一個靈魂不斷轉世成的嗎？

你或許會說：這一定是搞錯了。為什麼？如何能證明他們搞錯了？……那些身負重任去尋找達賴轉世的人，絕對可以提供確鑿的證據。

佛教徒認為是慈悲的願力促使達賴的靈魂回返人間，但為什麼風和擊垮塔的雷不是出自於神的愛，其目的不也是想拯救我們免於走進死胡同嗎？就我個人的觀點而言，我可以篤定地說死亡就是神的愛釋放的雷電所導致的，目的是要阻止肉身牽著我們走進死胡同；重生提供了另一次機會，讓我們可以再度積極地參與人類的發展，而這完全是基於對地球和人類的慈悲——至少對某些靈魂而言是如此。

宇宙的存在本來不帶有任何機械化或自動化的成分。拿掉它的機制化表現，你會發現底端只有德性——被釘在十字架上的愛。是的，士兵將耶穌釘在十字架上，把他的外衣撕成四份，一人拿走了一份，然後抽籤決定誰可以分到他的內衣；至於宇宙的心臟，愛，則被赤裸地釘在十字架上，而且左右兩側都是被釘上十字架的人。

事實上，把「道」的外衣撕開的，就是採信機械論的各種科學。它們為了獲得宇宙法則（「道」的內衣）的優先使用權而相互爭執。即便宇宙律已經均勻地示現在各個領域裡，這些科學仍舊渴望將完整的律法化約成物理法則、化學法則、能量法則或生物法則。

隱修之道雖然一直受到誹謗和誤解，卻從未加入別的陣營去撕裂受難的「道」之外衣，也從沒有為了得到它的內衣而去抽籤。它努力地想看見機械論底端被釘上十字架的「道」。因

此，煉金家們最關切的就是「靈氣」的作用——在道德、精神及靈魂中的聖靈作用；這些人的「化學實驗」和「道」是分不開的。專心研究行星勢力和「天界靈氣」的占星家們，也從不認為行星和黃道是簡單的機制結構；他們的「占星學」和「道」也是分不開的。專心研究「動力物理學」和「能量物理學」的魔法師，同樣沒有將「道」的外衣佔為己有；他們的「物理學」和「道」也是分不開的。無論煉金家、占星家和魔法師的陋習或犯下的錯誤是什麼，至少他們當中不曾有人撕裂「道」的外衣或抽籤爭奪它的內衣。

隱修之道的本質並非煉金學、占星學或魔法，雖然這些都是從它衍生而出的專門學問。隱修之道的基本原則——密契體驗、靈知、神聖魔法與隱修哲學的整合——就是不發展專門的學問。因此它的演化方式是避免走進「專業化」的死胡同，因為高塔終究會被上界的雷所擊垮。

今日的隱修之道也不落人後地參與了改變占星法則的屬靈事件，這些事件扮演的角色就是「把占星高塔擊垮的雷」。我指的是行星勢力和它們在時日上的作用力，被更高的力量所取代。就人的身心有機體而言，星期日的確是太陽主宰的日子，但是對人的靈性發展來說卻是復活日。星期六仍然是土星日，但這是為低層人性設定的；就那些朝著心靈發展的靈魂來說，星期六永遠是聖母日。星期五也不再受金星影響，因為後者的勢力被耶穌在各各他山的受難力量取代了。對那些追求屬靈經驗的人來說，星期二也不再是火星日，反而是天使長米迦勒的日子。同樣地，對於朝靈性發展的宗教人士和修行人來說，星

期一是三位一體的日子而不再是月亮日⋯⋯星期三是人類心靈導師的日子而不再是水星日⋯⋯星期四則是聖靈日而不再是木星的日子。

因此，今日的神聖魔法運用的公式和符號，對應的是上界的超驗力量在時日上的作用力，而不是行星勢力在時日上的作用力。雖然如此，我還是要再提醒一下，占星學仍然具有實用價值，只不過能發揮的範圍比過去更有限罷了。人們在星期四召喚來的是聖靈，而不再是「木星的守護神」。上界的超驗力量大過於任何主宰著年、月、日的行星勢力──這就是將占星學的高塔和專業化的占星魔法擊垮的「雷」。

以下是這道「雷」充分發揮作用的例子：在一張顯示出災禍相位的星盤裡，土星與火星合相於第八宮（死亡宮位），預告著一種慘烈的死亡，但這不盡然是土星與火星的作用力所導致的，主要是聖母和天使長米迦勒的大能使然，而且真正發生的也並非預料中的死亡，反而是靈性上的重大啟蒙。

適用於占星學和魔法的真理，對煉金學也同樣合用。因為任何帶有專門性質的東西都會變成一座高塔；由於它變成了結晶體，所以喪失了跟上靈性演化腳步的功能，導致最後步入了絕路。上界的雷往往會在巔峰時刻發揮作用，徹底瓦解阻礙後續發展的障礙物。因此，第十六張大阿卡納是對所有建構「體系」的發起人提出的警告，因為體系中帶有機制成分的東西，總會被指派「重要」的任務，包括智力的、實用的、玄學的、政治的、社會的或其他的系統在內。因此，這張大阿卡納邀約人們以一般的正常方式成長，不要去建構自我重要感的高塔，

也就是要努力成為園子裡的耕種者和看守者，而非巴別塔建造者。

第十七張大阿卡納的冥想

星 星

THE STAR

正直的人要像棕樹一樣茂盛；
他們要像黎巴嫩的香柏樹一樣高大……
年老之時仍然結出果實，
枝葉茂盛，長綠不衰……

　　　　　　　　　　——《詩篇》第 92 篇，第 12-14 節

有兩樣東西可以讓我的心
充滿不斷增長的讚嘆和敬畏……
我頭上的星空
和內在的道德法則。

　　　　　　　　　　　　　　　　——康德

星星

親愛的不知名朋友：

　　第十六張大阿卡納為我們呈現了二選一的兩種途徑——建構之道或成長之道；它藉由巴別塔法則為我們解析了建造靈性高塔的危險。有了這份認識之後，我們自然會選擇成長而非建

構之道。

簡言之，第十六張大阿卡納攸關建構之道，第十七張大阿
卡納「星星」則涉及生長的奧祕。因此，讓我們專注於和生長
有關的議題，去冥想它的幾個重要面向，以便深入地瞭解它在
密契體驗、靈知、神聖魔法和隱修哲學裡的核心意義。

塔一向是建造起來的，樹則是生長出來的。這兩種作用力
有一個共通點：它們呈現的都是體積的逐漸增長，而且都有向
上拔高的傾向。它們的差異就在於塔的升起是躍進式的，樹的
生長則是連貫式的。這是因為塔是由磚頭或劈開的石塊堆積而
成，樹則是透過微小「磚頭」──細胞──的分裂和生長來增
加體積。樹之所以能透過細胞的增生而長高，是因為汁液會從
根部升至主幹和分枝。因此塔是乾枯的，樹卻充滿了讓細胞生
長的汁液──簡言之，汁液即是生長的基礎養分。

生長之道是流動的，建構之道卻是躍進式的。這個道理
可以用在現實界的人造物或有機物身上，也可用在精神和屬
靈世界上面。「正直的人要像棕樹一樣茂盛」（《詩篇》第
92 篇），但「……憂傷的靈使骨枯乾……」（《箴言》第 17
章，第 22 節）。

此刻我們面臨的議題和星光層的「魔法媒介」具有同等意
義，後者是玄學文獻經常探討到的意識與行為的鏈環，我們此
刻要探討的則是宇宙背後的生命力，也是第十七張大阿卡納的
主題：生長的奧祕。如同從想像到現實的過程中，有一種神祕
的動因在作用著，種子從潛能狀態到成熟的過程中，也有一種
神祕的動因在作用著。它就是讓理想變成現實的東西。

它的作用讓橡子變成了橡樹，讓啼哭的嬰兒長成了聖奧古斯丁般的偉人，讓「渾沌」狀態的宇宙出現了生物、有靈魂的生命和行星系統。不論我們探討的是什麼——有機物的生長、人從生到死的發展或宇宙的演化——都必須假設世上存在著某種積極的動因，促使潛能變成了現實。從橡子到橡樹、從受精卵到成人、從渾沌到行星系統（包括人類居住的地球在內），過程中一定有某種東西在發揮作用。我清楚地知道，這樣的推理並不符合自然科學制定的遊戲規則，但世上還有其他的規則——尤其是自然推理法則（natural reasoning）；上述的假設不僅適用於它，甚至已經成為它的至上法則。至上法則指的是面對這類議題時如果不想保持沉默，就得依循自然生成的法則進行推理，而這種推理方式就是隱修之道主張的遊戲規則。因此，你如果選擇去深思這個問題，就得假設世上的確存在著一種結構性的「生長媒介」，如同意識和事件之間存在著某種具調節作用的「魔法媒介」一樣。

　　那麼「魔法媒介」和「生長媒介」本質上有什麼不同呢？

　　魔法媒介是一種電能——在地球和天際皆然。它是透過放電或放射火光來產生作用的。它的特質是乾燥而熱切——火的本質。在第十六張大阿卡納上「被擊垮的高塔」就是由兩種「乾燥的東西」——下界的塔和上界的雷——合成的；第十五張「惡魔」卡則涉及「熱切」的特質——包括善與惡兩面。因此，第十五和十六張大阿卡納都屬於火元素，第十四和第十七張大阿卡納則屬於水元素。天使的啟示與生長媒介的共通點都是具有「流動性」——不是透過電擊或放電，而是以連貫的方

式產生作用。帶來連續的轉化乃生長媒介的特質，發射創造性的電能則是魔法媒介的特質。

這兩種媒介四處可見，包括人的心智在內。有些人的心智屬於「水」元素，幸虧有他們才出現了「發展」的概念：包括演化、進步、教育、自然療法和鮮活的傳統。另外有些人的心智屬於「火」元素，幸虧有他們才產生了「創造」的概念：無中生有、發明、選舉、手術、彌補術和革命等等。泰勒斯[1]（Thales，約公元前 625-547 年）曾經說過，生長媒介或水扮演的是世上最重要的角色，愛非斯的赫拉克利特[2]（Heraclitus of Ephesus，活躍於約公元前 500 年）則認為最重要的是魔法媒介或者火。

歌德在浮士德第二段「經典的瓦爾普吉斯之夜」（classical Walpurgis night）的一幕中，讓本質屬火的阿那克薩哥拉[3]（Anaxagoras）和本質屬水的泰勒斯交手辯論，題目是：創造性的雷電與自然的連續轉化哪一個重要——這場辯論帶來了戲劇性的結果：阿那克薩哥拉斯用魔法喚來三位月魔女（黛安娜、露娜與海克蒂）（Diana、Luna and Hecate），但即刻就後悔了。於是他讓自己面朝下往地上摔，哀求那些威脅著要製造災難的閃電平息下來。泰勒斯則邀約何蒙庫魯茲[4]（Homunculus）參加一個歡快的海上慶典——「演化論」的

1　譯註：古希臘哲學家。
2　譯註：古希臘哲學家。
3　譯註：古希臘哲學家。
4　譯註：古代煉金者創造的人工生命。

舞會，泰勒斯在舞會中喊道：

> 萬物皆由水所創造，
> 也由水所維繫著。
> 海洋啊，您是生命的施予者，
> 請賜給我們永恆的力量！
>
> （Goehte, *Faust* II）

　　無疑地，歌德雖然承認魔法媒介或火的存在，但真正擁護的是生長媒介或水。他撰寫了四本以「質變」（metamorphosis）為主題的著作，這也是他畢生創作的主題；它們分別是：與光或顏色的質變有關的《顏色論》（*Fabenlehre*），與植物的質變有關的《植物變態試論》（*Metamorphose der Pflanzen*），與動物的質變有關的《動物變態試論》（*Metamorphose der Tiere*），以及與人的質變有關的主要作品《浮士德》。他信奉的是轉化、演化和非革命性的文明發展。簡言之，歌德認為流動而非跳躍式的發展才具有真正的價值，因此擁護的是連貫性。

　　德國哲人萊布尼茲用格外動人且效果良好的方式，讓連貫性在心智領域充分發揮作用。萊布尼茲的法文和拉丁文作品多過於德文著作。由於他按照連貫性法則思考，因此無需面對將想法、論點或社群區隔開來的鴻溝或深淵。那些鴻溝隔開了上述的一切和其對立方，萊布尼茲卻在它們之間搭起了連貫和逐漸變色的虹橋。如同紅色逐漸轉為橙色、黃色、綠色、藍色、

靛藍和紫色，所有的立論也是如此轉變成與其相反的論點。因此，「每個獨立『單子』的本質都是自由的」和「一切都是由宇宙的有效因和決定因所設定的」顯然是兩種對立的觀點，但是對萊布尼茲而言，兩者的對比卻如同彩虹的紫色與紅色。

從萊布尼茲的觀點來看，柏拉圖主義、亞里士多德主義、經院哲學、笛卡爾主義、斯賓諾莎主義和密契主義，都是「經典哲學」彩虹上的「顏色」。由於他的思維是按照「黃道帶的循環」移動，因此他所有著作的立論基調都是祥和的，如同隱修之道所有的著作一樣；其實萊布尼茲的思維方式就是隱修之道的模式。這道「和平彩虹」（連貫性）引領著萊布尼茲一切消耗精力的舉動，為的是達成兩個顯著的目標：建立科學院的基礎，促進天主教會與改革派教會的融合。

柏林、聖彼得堡和維也納科學院的建立，都是萊布尼茲努力推廣「和平彩虹」的成果，而這也促成了西方文明各個領域的科學家之間的合作。至於整合天主教會和改革派教會的部分，他和波舒哀（Bossuet）主教聯手搭建的那座智力與道德之橋至今仍健在，而且從一開始——緊接於德國的三十年戰爭之後——便締造了雙方頻仍的往來。

此外，連貫性或隱修之道的「水流」也讓萊布尼茲發明了微分學。把連貫性——流動而非固化模式的思維——應用在數學領域的成果就是微分學。由微分學和積分學——讓思維變成流體的阿爾法與亞米茄——合成的微積分學，應用的也是連貫性法則。它是允許生長媒介進入數學領域所得到的成果，數學領域在它出現之前是由建構法則主宰的。

我想趁機營救一本早已被世人遺忘的著作；大概沒有人記得或留意過這位名叫史馬克夫（Schmakov）的工程師於 1916或 1917 年的俄羅斯出版的《托特聖典——塔羅的大阿卡納》（*The Sacred Book of Thoth—the Major Arcana of the Tarot*）。書中的每一頁都用到了微分學和積分學，去探討個體性、神、自由和宇宙法則、存在次元和意識、精神和物質等等議題。此書（共四百頁）作者最令我佩服的就是除了遍布於整本書的各種微積分公式，他沒有屈尊就卑地翻譯《光明篇》的高論或其他的希伯來、阿拉姆（Aramaic）經文，也沒有將其轉譯成拉丁文或西里爾（Cyrillic）文。這種不媚俗的做法竟然會發生在平民變成強權、群眾煽動變成常態的時代！我要補充的是，這是一本印在最佳紙張上的大部頭著作，內容包括了西里爾文、拉丁文、希臘文及希伯來文，而且是作者自掏腰包出版的。

是的，隱修之道的天空曾經出現過這麼高尚的星星——我希望永遠都能如此……然而我對這位逝去的不知名朋友的敬佩，和眼前這封信的主旨並非毫無關聯，因為史馬克夫在書中示範了如何將微積分應用到它原屬的隱修之道領域裡。

舉出上述這位精通生長奧祕的人物的同時，不能不提及另一位偉大的靈魂，長青哲學夜空裡的一顆明星，親愛的朋友，你一定認識他，亨利·柏格森（Henri Bergson），這又是一位相信神的恩典但不與任何啟蒙教派或修會打交道的隱修士。他的勇氣和才華使得他有能力運用科學結論重新確立連貫性的作用，也有能力隨觀思維活動而不住留於其上。以下是他本人的說法：

如果探討的題目是運動，我們能想到的就是從一個點到另一個點，接著又去到下一個點。但如果這些點的位置之間有事情發生，我們的頭腦就會立即將新的點插入其中，如此這般地運作下去。頭腦會拒絕將「過渡階段」納入考量……如果能略過它這種對運動的理解方式，不受念頭干預而直接去檢視運動的真相，我們會發現它其實既單純又具有完整性。讓我們繼續往下探索；如果我們能隨觀自己所製造的思維活動，並到達它最真實和究竟之處，就會發現它其實是一種變化之流，而且有一種不可切割的連貫性……變化本身也是同樣的情況，因為頭腦也會將它破解成一連串的個別狀態，而誤以為它們是不可改變的。如果仔細地審視這些個別的狀態，就會發現它們一直在改變中，這時你可能會問：它們如果不變，是否還能延續下去？你的理智此刻會立即用一連串更短的個別狀態取代它們，必要的話還會將它們無止盡地分解下去。但我們怎可能不發現連貫性就是變化之流呢？將不變的東西組合在一起永遠無法形成連貫的東西。理智在變化的過程中捕捉到的「個別狀態」並不是真實的；只有變化之流、「過渡階段」的連貫性，亦即變化本身才是真實的……我們在此探討的運動，其實是一種不斷在演進的變易過程——它永遠會讓自己安住在拓展至永恆的連貫性上面。（Henri Bergson, *La Pensée et le mouvement*; trsl. M. L. Andison in *The Creative Mind*,

New Jersey, 1965, pp. 15-17）

亨利‧柏格森試圖要我們領會正在發揮作用的生長動因，而非固化的最後產品。他邀約我們去體驗的便是他所謂的「直觀智慧」。

有許多人受到亨利‧柏格森的著作及召喚影響，其中最著名的就屬德日進神父了。以下是他畢生研究的總結，摘自1955年四月七日他過世前三天的日記：

皮埃爾‧德日進日記的最後一頁
濯足節 [5]（*Maundy Thursday*）
我所相信的事
聖保羅——三節詩：「上帝在萬物之上統御一切」。
宇宙秩序＝宇宙的演化—生物的演化—智人的演化—
　　　基督意識的演化
我的兩則信念：
　　{*宇宙有一個向上及向前演化的中心*
　　　基督就是它的核心　　{*基督信仰現象*
　　　　　　　　　　　　　　　意識創生＝基督創生
　　　　　　　　　　　　　　　（＝聖保羅）

5　譯註：紀念耶穌建立聖體聖血之聖餐禮的節日，在復活節前的星期四舉行，因此又稱「聖週四」。

三節詩的出處是保羅的《哥林多前書》：「他所要毀
滅的最後仇敵就是死亡。因為聖經上說：『上帝使萬
物都屈服在他（基督）腳下』……到了萬物都屈服於
基督時，兒子本身也要臣服於那位使萬物都順服他的
上帝，好讓上帝在萬物之上統御一切。」（《哥林多
前書》第 15 章，第 26-28 節）

　　如果可以把火分成神聖的火和一般的火，亦即神的愛發出
的聖火和摩擦力導致的電火，那麼水也可分成神聖的水和一般
的水，亦即促進生長、發展和演化的聖水，以及低層的本能洪
水——吞沒人類的「集體無意識」洪流。第十七張卡上的女人
從兩個瓶子——左右手各握一個——之中倒出水、合成了一道
水流。
　　……合成一道水流！這就是人類的生命、歷史及宇宙的演
化悲劇。綿延不斷的水流推動著種族繁衍、傳統的延續和演
化，其中不但承載著過往所有的健康、崇高及神聖的事物，也
夾帶著有傳染性、低俗、褻瀆及淫穢的事物。一切都在混亂中
誕生，永無止境地流向未來。魏倫 [6]（Verlaine）在《土星人
詩集》（*Poèmes Saturniens*）中所描述的塞納河，也可用來比
喻人類的生命、歷史及宇宙的演化洪流：

6　譯註：法國詩人（1844-1896）。

塞納河，你總是爬行著，
像一條老蛇彎曲地穿越巴黎，
渾身是泥的老蛇，
為你所有的港灣帶來了
木堆、黑炭和死屍！
（Paul Verlaine, "Paris: A Nocturne"）

維克多‧雨果 [7]（Victor Hugo）的這段詩也可用來形容同
一件事：

它是一條共有的精神之河，
從埃及的白色塔樓到粗略的盧恩文字，
從婆羅門教士到古羅馬祭司，
從古希臘神職人員到督伊德教僧侶，
一種神聖的液體
在人類的血脈裡不停地流動著。
（Victor Hugo, "Les mages"）

「渾身是泥的老蛇」和「神聖的液體」確實都在人類的血
脈裡不停地流動著。

這是不是一種二元論？蛇的毒液和聖母的淚水真的永遠流

---

[7]　譯註：法國浪漫主義作家的代表人物（1802-1885）。

淌於生命之河中嗎？

是，但也不是。對當下的行為和意志而言，答案是肯定的；對未來的徹悟和希望而言，答案則是否定的。因為喚醒意志、使其從被動轉為主動的，就是二元論。一切努力皆源自於某種實用而具體的二元論。歷史上熟悉這個論點的偉大導師如查拉圖斯特拉、佛陀和摩尼（Mani），都不是想藉由宇宙的二元性（查拉圖斯特拉）、精神的二元性（佛陀）甚至精神—宇宙的二元性（摩尼）去解釋眼前的世界，而是要喚醒人類沉睡的意志，讓它盡量發展出表達「是」與「否」的能力。宿命論、臣服於慣性模式和寂靜主義（quietism），都是源自於意志的沉睡不醒——有時無害，有時又令人嚐盡苦頭。熟悉二元論的導師都呼籲意志必須甦醒，並且要擺脫嗜睡的重負。他們要為意志帶來足夠的勇氣和膽識，讓它學會運用天賦的權利做出「是」或「否」的抉擇。

偉大的查拉圖斯特拉要騎士們在光的旗幟下對抗黑暗勢力——圖蘭族薩滿 **8** 崇拜者（Turanian idolaters）、不潔和無知的邪靈、阿利曼或撒旦。他希望有人能夠向光說「是」、向黑暗說「否」。

偉大的佛陀試圖喚醒意志，對轉動生死之輪的慾望說「不」。他以節制慾望對治靈魂的自動化反應，讓它學會對自由的創造力說「是」。

8　譯註：人類學者將人種分為三大類別，圖蘭族是其中之一，源自古波斯文明。

偉大的摩尼則在基督信仰的框架之下，傳授一種結合查拉圖斯特拉與佛陀教誨的整合教導方式。姑且不論整合的成果好壞與否，他真正的目的是要激發全人類——異教徒、佛教徒和基督徒——的善意，結合成向永恆靈性說「是」、向短暫事物說「不」的集體力量。

　　熟悉二元對立現象的偉大導師，皆以選擇「是」或「否」的能力作為實修目標。至於我們，只要追求的目標和靈修有關，就不可被動地隨著生命、歷史及宇宙的洪流浮沉。我們必須分辨「渾身是泥的老蛇」和「神聖的液體」有何不同，並且要學會說「是」或「否」，同時接受它們帶來的一切生命課題。

　　同時不要忘了，第十七張卡不但與兩個瓶子的水合成一道水流有關，也和星星相關。畢竟此卡的傳統名稱就是「星星」。

　　這張卡中央的那顆星，以及由八顆星組成的整個星群，都在邀約我們帶著覺知去整合被動的正義（有八道光芒的黃星）和主動的正義（有八道光芒的紅星），亦即整合理解力和意志力的不同特質。換言之，它邀約我們透過「二元合一」的魔法煉金作用，去戰勝二元對立傾向。星星的光透過「二元合一」進入宇宙，因為它們的承諾，未來變得令人期待。這一切都和《傳道書》的作者大衛之子[9]——耶路撒冷之王——所說的相

9　譯註：此處指的是所羅門王。

左：「發生過的事還要發生；做過的事還要再做。太陽底下一件新事都沒有。」（《傳道書》第 1 章，第 9 節）。

星星釋放的光就是默觀與行動的結合，和「太陽底下一件新事都沒有」正好相左。它是宇宙的希望所在：「過去發生的事是為了將來做準備的，已經做過的事是為了將來要做的事做準備的；太陽底下皆是新鮮事。每一天都有獨特的事件和永不重複的啟示在發生。」

希望既不是由樂觀心態或樂天性格所養成的主觀意識，也不是佛洛伊德和阿德勒的現代心理學所謂的彌補心態。它是一種光能，客觀地散發著光輝，指引著創造性的演化走向宇宙的未來。它是神聖和屬靈的，與生物經由突變形成物競天擇，或是透過時間進化的世俗本能恰好相反。換言之，是希望在驅動和引領著宇宙的靈性演化進程。由於它具有驅動的作用力，所以是客觀的能量，但由於它也具有定位和導航功能，所以同時是主觀之光。基於此理，我們才會稱希望為「光能」（light-force）。

就靈性的演化而言，希望就像是生物的繁衍本能一樣。它是宇宙的「決定因」發出的光能，也可說是宇宙最高理想釋放的大能，按德日進的說法，它就是「亞米茄點」（Omega point）發出的神奇之光。這「亞米茄點」既是靈性進化的終點——從「地心圈」（barysphere）和「生物圈」（biosphere）提升至「意識圈」（noosphere）——也是「個人與源頭合一」的核心希望。它就是外境與內境、物質與靈性徹底合一的那個點——復活的耶穌基督。「阿爾法點」則是原

初的驅動力或「有效因」，也是啟動和引導電子、原子、分子形成行星、生物、家庭、種族、王國的太初之音。

第十七張卡中央的那顆星星要傳達的訊息，「我是阿爾法和亞米茄」（《啟示錄》第 21 章，第 6 節），指的就是：「我乃啟動萬有的生命力和『有效因』；我也是將運作中的事物吸引來的寂靜和『決定因』。我即是原初的動因和永恆的等待──等待萬有回歸到我這裡來。」

基於此理，我們若是從未來的角度去看待二元性，就必須對它說「不」，若是從當下的角度去看它，則必須對它說「是」。希望乃二元合一的結果，它一直為我們守護著二元現象；它不但要我們相信它們終究會成為一體，更要我們盡力活出這個目標──此即第十七張大阿卡納的奧義。

這張卡的實修課題就是要「同時默觀」著生物的演化和靈性的成長，去發現或重新找到它們的相似性、同源性和一致性。這涉及的是對水的本質的領悟；它既流淌於持續又隱匿的生物繁衍過程中，也流動於希望的高原清水中。我們必須對水的意涵產生一種直觀領悟，領悟摩西所描述的「上帝創造了穹蒼，把水上下分開」蘊含的意義（《創世紀》第 1 章，第 7 節）。同時我們也必須明白，在意識之上流動的光能和意識之下流動的本能驅力，基本上是同一種東西；促進生物演化和靈性成長的精髓就是水。因此我們必須直觀地意識到，流體─汁液和希望是沒有區別的，因為兩者的核心本質都是水。流體─汁液就是生長作用的運送媒介，它能夠將事物轉化成其神聖原型。它是在意識之上的次元發揮作用，演化的生長媒介則是在

意識之下的次元發揮作用。（穹蒼之上和之下的水，請參照《創世紀》第 1 章，第 7 節。）

　　因此，第十七張卡才會出現一位具有母性特質的女人，半跪在上界的希望之星和下界的生物繁衍驅力中間。世上的每一位母親都擁有著雙重信心——相信未來會比現在更輝煌，也相信地球的生物會按照上主的望德所指引的方向繁衍不息。每一位母親都知道宇宙的「有效因」（「阿爾法」）所具備的原始魔法驅力，就是生命代代相續的基礎，至於宇宙的「決定因」（「亞米茄」），則不斷地將萬物引向它這一方。換言之，做母親的人都相信世界的起源和終點是神聖的，若非如此她們一定會拒絕生孩子，因為孩子一出生便註定成為荒謬性的犧牲品。因此，我們也可以將第十七張大阿卡納取名為「聖母」或「夏娃」。她的體內同時活躍地存在著上界的望德帶來的直觀智慧，以及造物主賜予的原始魔法（「要生養眾多，使你們的後代遍滿世界，控制大地。」——《創世紀》第 1 章，第 28 節）。

　　古代人從聖母的神祕本質中得到了生與死的希望。我指的不只是艾留西斯祕儀 [10]（mysteries of Eleusis）或是包括艾瑟斯在內的其他奧祕。事實上，你可以在《羅馬書》中發現所有跟聖母有關的奧秘之共通本質：

10　譯註：古希臘最負盛名的神聖宗教儀式，它向新加入祕儀的人揭示生與死的偉大祕密，以及人死後靈魂會發生的事情。

一切被造的都熱切地盼望著上帝的榮耀從他的兒女們顯示出來。因為整個被造的變成虛空，並不是出於本意，而是出於上帝的旨意。然而，被造的仍然盼望著，有一天能擺脫那會朽壞的枷鎖，而得以跟上帝的兒女分享光榮的自由。我們知道，直到現在，一切被造的都在呻吟，好像經歷生產的陣痛……（《羅馬書》第 8 章，第 19-23 節）

　　這段話不但是遠古的聖母奧義概要，也是近代的「變種說」、生物演化論和靈性演化論的核心要旨！古代的聖母奧義就是希望與「生產的陣痛」背後的玄理，如今偽裝成近代演化主義的根源。聖父的神祕本質乃深藏於聖子執行了「什麼」救贖任務，聖母的神祕本質則深藏於生物和靈性是「如何」演化的。由於自然科學的目標就是要瞭解宇宙的起因，所以正朝著復興遠古聖母奧義的方向在邁進；基督信仰的主旨則是要透過聖子的救贖任務來體認聖父的核心本質。在上主的恩典之下，德日進這位現代隱修士為我們整合了宗教探索的「什麼」以及科學探究的「如何」，而這也是隱修之道的使命與任務。今後人人皆可默觀被神釘上十字架的演化之蛇，以及被釘在蛇的演化十字架上的聖子，從其中獲得生與死的希望。演化與救贖──科學和宗教的兩種真理──將不再產生衝突：它們會共同帶來充滿展望的訊息。

　　但同時我們也不要忘了，今日科學與宗教的整合是諸多「生產的陣痛」的成就。這是多少世紀的漫長努力帶來的成

果：例如，哲人赫拉克利特在物質恆變上的發現；靈知主義者讓蘇菲亞・阿卡密[11]（Sophia Achamoth）的墮落與回歸戲碼重新揚名於人類史；歷史哲學之父聖奧古斯丁揭露了人類史的雙重發展趨勢——同時朝著「世間之城」和「上帝之城」推進；隱修—煉金學的思想家不厭其煩地重申，任何卑劣事物皆因可變性而得以轉化成崇高事物；帕斯喀里撰寫了《生命重建論述》（*Treatise on the Reintegration of Beings*）；《人類哲學史》（*Philosophical History of the Human Race*）作者道利維闡明了命運—自由意志—天意在人類史上的三角動能；勃拉瓦斯基夫人為了補充和反駁達爾文的演化論，在宇宙的靈性演化上提出了令人驚嘆的見解；史坦納為了強調耶穌基督是宇宙靈性演化的引力中心（和德日進的「亞米茄點」相距不遠）付出了可觀的心血；今日的整合見解，都是來自於上述的種種努力——對有形或無形世界的觀察。真理果然示現在見解的融合之上。這樣的成果絕不是來自於意見的衝撞，而是出自於由各種見解融合而成的「和平彩虹」。

救贖和演化論的真理合成了一道七色彩虹，過往種種努力的不朽性從中綻放出璀璨的光輝，在短暫的偶發元素壟罩之下依然維持著原本的純淨。舉個例子，近代的生物及靈性演化「變種說」，並不是為了駁斥古代和中世紀煉金學而產生的，反而是近代思想家接納了煉金學的「可變說」。由於今日的

11　譯註：永恆的雌雄同體。

煉金學在短暫的偶發元素壟罩下依然保持純淨，因此得以在救贖和演化的虹光中繼續頌揚它的本尊神。今日的煉金學已經走出昏暗的煉金廚房。昔日的高手花掉一輩子積蓄打造成的煉金室，目的就是要建造比原本更有價值的實驗室：浩瀚無邊的宇宙。如今整個宇宙都成了煉金實驗室以及神祕的祈禱室。這對煉金學來說究竟是得還是失呢？煉金學已經不再是某教派的祕密──往往是瘋狂的──因為它變成了全人類的「理念之王」，這對它而言究竟是得還是失？原本只是一門轉化金屬、製造點金石和提鍊靈丹妙藥的奧祕藝術，如今竟然成為所有人的希望之光，使得人類對靈魂的救贖和宇宙的演化產生了期待，這對煉金學而言是得還是失呢？答案非常明顯：今日的我們都是煉金學獲勝的見證者，這可以說是前所未見的勝利，超越了過往最大膽的願景。

煉金學的情況是如此，聖奧古斯丁的歷史哲學亦是如此。「世間之城」和「上帝之城」所形成的十字架，便是聖奧古斯丁在以色列和羅馬帝國的歷史中看見的十字原型，如今它已經轉變成救贖和演化、宗教和科學的十字架，也就是（禱告與工作，恩寵與努力）但是它不朽的核心本質仍然健在。因此，聖奧古斯丁的觀點也繼續活在救贖與演化的彩虹上。

所有教導人淨化、啟蒙及合一的靈修之道，所有透過道德正義來促進歷史及社會發展的學說，所有揭露生命體的演化──化學元素、細胞組織、語文能力的演進──的論述，都是要引領我們朝著個人和集體的整全性去發展，如今這一切都在救贖與演化的彩虹上放射出璀璨的光芒。這道彩虹既是人類

的希望，也是正在開花結果的精神傳統，因此我們不該忘卻雨果的這段話：

> 他無視於荊刺、妒忌和嘲諷，
> 依然在你們的廢墟裡踽踽獨行，
> 採集著傳統。
> 從這豐饒的傳承中
> 他發現了涵蓋萬有的知識，
> 由天國賜予的甚深智慧。
> 任何理念，不論是人或神的，
> 只要是生根於過去，
> 都會在未來長出枝葉。
>
> （Victor Hugo, "Fonction du poète"）

如果你認為傳統有價值，就不該忽略詩作。整部《聖經》都充盈著詩的氣息，其中有敘事詩、抒情詩和戲劇詩。《光明篇》也是如此。

聖十字若望的主要著作都是在為他的詩做註腳。德日進神父的著作裡也迴盪著詩的活力，以至於他的評論者——我和其中一人談過話——竟然認為，從科學、哲學及神學的角度來看，這是他應該被譴責的一項弱點。其實他們錯了，因為詩即是活力，活力賦予了想像力翅膀，如果想像力沒有翅膀，只為符合事實而嚴守邏輯，就沒有向上拓展的可能性。我們絕不能忽略詩的意義，因為我們不能沒有想像力帶來的活力。唯一需

要嚴加防範的，只有那種追求個人榮耀而非真理的想像力。至於愛好真理的想像力，則永遠只偏好符合真理的東西。這便是我們所謂的「天賦」；它會使人透過努力來豐收果實。

隱修之道向來也充盈著詩意。赫密士的《翡翠石板》便是一首超凡詩作。它的文字裡不但有精純的詩意和韻腳，也包含了密契體驗、靈知、神聖魔法和煉金學的偉大教誨。雖然如此，它仍然屬於一種推理式散文，一首關於三界的真理之歌。

那麼塔羅的大阿卡納呢？難道它們不是在適當的框架和方向下呼喊長著翅膀的想像力嗎？它們是前後連貫的象徵符號，但如果不懂得運用受啟發的想像力，不能藉由內在的和平法則、符合內外經驗的意志去理解其意涵，那麼象徵符號又有什麼用呢？詩攸關的不僅僅是品味問題，更和心靈的生產力有關。如果你體內沒有詩人的血液，是很難深入於隱修傳統的。

因此我們都應該愛好詩並尊重詩人。真正高尚的不是公爵、侯爵或伯爵，而是詩人。由於人同時是神職人員、貴族和勞動者，因此不該為現實設定過高的目標，或是過於專注在救贖上面，以免扼殺了內在的精神貴族。我們應該讓工作和信仰帶有詩的高潔底蘊。這麼做絕不會有損於神職人員或勞動者的天命。以色列的先知們都是偉大的詩人，聖保羅為了頌揚愛而創作的歌謠，便是一首無與倫比的詩。至於工作本身，只有當它能夠賦予工作者詩的活力時，才得以超越被奴役的層次，工作者也才會在心中出現喜樂。

總言之，在探討第十七張大阿卡納的主題——有關穹蒼之上和之下的水：希望和連貫性的奧義時，我們必須順便提一下

有關詩的問題，因為詩的本源就是上下界之水融合於神創世的第二日。詩人就是希望和連貫之水會合的那個點。

當富有綿延性的人血和天使階層的希望之血融合而共振時，就會出現詩的經驗。詩的靈感乃上界之血（希望）與下界之血（綿延性）的融合。

這也是人必須顯化成肉身的原因。人必須流著熱血，才能創造出詩作——兼具主客觀意義的作品。人必須浸潤在熱血顯化的肉身裡，才能與天國的希望之血融合，產生出像大衛的《詩篇》這樣的作品。《詩篇》是在地球而不是在天國裡誕生的。它們一旦被創作出來，就變成了地球和天國的魔法軍械庫，因為魔咒或《詩篇》語言不只是人這樣的溫血生命懂得使用，流著光耀之血的屬靈存有也會使用它們。

咒語（mantrams）在三個次元裡都能產生魔法作用，它是在光與熱的融合中誕生的。

從另一個角度來看，語言只要真誠到讓血液沸騰，又具有足夠的信德去發動上界的希望之水，便可施展出法力。耶穌在十字架上斷氣的那一刻「大喊一聲」（參照《馬太福音》和《馬可福音》），隨即大地就震動起來：「……懸掛在聖殿裡的幔子，從上到下裂成兩半。大地震動，巖石崩裂，墳墓也被震開了……」（《馬太福音》第 27 章，第 51-52 節）。這一聲吶喊帶有著最後一滴人血和希望之海的完整魔法。

因此按上述的說法，魔咒並不是人的發明，而是從血和光之中誕生的，如同真正的詩作也不是人發明出來的。這就是施展神聖魔法時要採用傳統咒語的原因——不是因為它們古老，

而是它們已經被證實帶有著血和光的魔法。帕斯喀里十分清楚這一點，他的神聖魔法召喚儀式一向只採用傳統祈請文，特別是摘自《詩篇》的文句，因為它們真的具有法力。

神聖魔法和個人性魔法的差異，除了第三封信已經提到的部分之外，還包含了前者「運用」的是生長媒介，後者運用的是帶有電能的魔法手段。以下是摘自山上寶訓的一段話，它暗示的就是這兩種不同的媒介：

> 「你們曾聽過古人的教訓說：『不可違背誓言；在主面前所發的誓必須履行。』但是我告訴你們，你們根本不可以發誓。不可指天發誓，因為天是上帝的寶座；不可指地發誓，因為地是上帝的腳凳；也不可指著耶路撒冷發誓，因為它是大君王的城；甚至不可指著自己的頭發誓，因為你無法使自己的一根頭髮變黑或變白。你們說話，是，就說是，不是，就說不是；再多說便是出於那邪惡者。」（《馬太福音》第5章，第33-37節）

「發誓」的行為中就包含著各種類型的魔法，目的是要在能力範圍內神奇地強化意志，做出率真的承諾或決定。渴望超越局限、試圖召喚能力範圍之外的力量前來協助，等於把自己的力量讓給了這個動力機制，而且勢必會訴諸蛇的電能或邪惡勢力。「發誓」乃個人性魔法的典型做法，涉及到藉由帶電的力量來強化個人意志，其實是被這股外力掌控了。

如上述引文所言，實相是個人意志無法左右的——天與地皆歸屬於上主，耶路撒冷則是由「大君王」所掌理，人自己的頭或身體則保留給生長的動因，所以是自行決定的意志無法左右的（「你無法使自己的一根頭髮變黑或變白」）。天、地、耶路撒冷和頭不但是個人意志無法左右的，也是蛇——摩擦力和衝突導致的電能——無法侵犯的。掌管實相（天、地、耶路撒冷和頭）的不是魔法媒介，而是順服上主及其侍者（「大君王」）的「生長動因」或神聖魔法媒介。

　　我們在此研究的是魔法現象和奇蹟的不同，自行決定的魔法和神聖魔法的差異。這個議題其實已經在第三張「皇后」卡的章節中討論過了，但由於第十七張大阿卡納可以呈現出它的另外一面，所以又重新提出來檢視。在第三張大阿卡納的冥想中，個人性魔法和神聖魔法的探討主要側重於施法者，此刻則偏重於法力的積極媒介和作用力這個面向。

　　本質上，神聖魔法的媒介是人的意志無法觸及的，但個人性魔法的媒介卻不是如此。由於神聖魔法的「工具」就是生長的動因，所以也是實現奇蹟的強力媒介。基於此理，我們可以說「奇蹟」是超越個人意志的作用力造成的，但是它和個人意志的道德渴望息息相關，能夠賦予個人意志超乎物理、生理、心理及智識的更高力量。因此我們可以說，神聖魔法是由道德意識促成的，因為它能感召更高的道德意識前來協助，後者的回應就是啟動生長的動因——綿延的低層之水與高層的希望之水的融合。當希望之水與生命的綿延之水回應意志的道德召喚而產生共振時，奇蹟就會自動出現。奇蹟乃「穹蒼之上的水」

降至「穹蒼之下的水」，在希望裡融合而成。

　　科學或個人性魔法都無法帶來奇蹟。它們只能啟動一連串自然法則的作用力：風驅動水、溫度帶動空氣、電能產生溫度等。科學通常是利用溫度和電能來促成機制作用的。在「認知」層面，科學是從可見的物理運動探入背後的無形起因。在「實用」層面，科學則是把無形的能量轉化成有形的物理運動，繼而促成科學家們發現核能。核原子的電子、質子、中子等雖然是無形的，但核爆絕對是有形的。

　　此即科學的循環法則：理論上是從有形界升至無形界，應用上則是從無形界降至有形界。古老的「自吃蛇」圖騰就是在描繪這樣的循環作用：

　　這種循環作用是封閉式的——不能無限地擴張——而且永遠無法敞開自己（與開放的螺旋式循環正好相反）。熱能、磁能、電能及核能就是這樣被發現的——其他更精微的能量也正等著被人們發現。誠如德日進所言，由於外力無法進入這封閉的循環裡，所以形成了一種心靈的牢籠。

　　自然科學的情況是如此，個人或自行決定的魔法也是如此。後者的作用方式和前者完全相同，在理論層面這是一種上升的運動，在實用層面則是一種下降的運動。探討魔法的現代

作者認為它是一門與奇蹟無關的科學，這樣的看法是完全正確的：

> 魔法是研究和練習如何掌控大自然隱微力量的學問。
> 就像所有的科學一樣，它既可能很單純也可能十分
> 危險……（Papus, *Traité méthodique de magie pratique*,
> Paris, 1970, p. v）

我們必須再加上一句話，那就是「大自然的隱微力量」只可能在短時間內不為人知，它一旦被自然科學發現，就會逐漸演變成可操控的力量。因此，自然科學和魔法追求的目標遲早會是一致的。

不僅如此，個人性魔法就像科學一樣，是一種封閉式循環，而且同樣是一所囚禁心靈的牢籠。魔法本來就是一門科學，因此和科學的命運十分近似——被拘禁在封閉的圓裡面。如同巴布士在《魔法的應用條約》（*Traité méthodique de magie pratique*）前言中提到的：「我們可以說魔法就是未來基督騎士的唯物主義表現……」他透過這句話承認了它的囚禁特質，也就是被困在宇宙封閉的循環裡，所謂的「唯物主義表現」。同時他也表達了自己的希望，那就是未來的魔法師（「基督騎士」）能夠把力量注入這個封閉的圓中……換言之，他期待未來的德日進能夠為魔法帶來貢獻，如同德日進本人為科學做出貢獻一樣；他期待他們能夠拉開這封閉的圓，將它轉化成開放的螺旋式循環。

當聖馬丁決意離開帕斯喀里的門徒圈子時，一併放棄了他們所修練的儀式性魔法。他並不否認其實用效力，卻轉而支持雅各·伯麥的密契主義和靈知，因為他發現儀式性魔法本質上是一個封閉的圓，而他渴望的是美好又無限量的本體或上主。就算帕斯喀里的儀式性魔法達成了最高目標，甚至成功地讓復活的耶穌基督現身，也不過是製造了一個「乾坤挪移術」幽靈，而不是直接體驗到與基督本質相應的確鑿啟示。這類魔法的目標不論多麼崇高，本質都是封閉的，而且都和「乾坤挪移術」有關。但聖馬丁渴望的是直觀式的合一體驗，意即靈魂與靈魂、心靈與心靈的合一，別的目標都無法滿足他。他在《我的哲學和歷史闡述》（*My Philosophical and Historical Portrait*）中說道：

> 有些人受到了時間的懲罰，有些人則受到永恆的非難。我認識一位屬於後面這種類型的人；當那些受時間懲罰的人企圖批判後者的永恆，而且想用時間的權杖支配他的時候，你可以想像他們會如何對待他……（Louis Claude de Saint-Martin, *Mon portrait historique et philosophique*, 1789-1803, para. 1023, Paris, 1961, p. 411）

聖馬丁因為受到永恆的非難（或感召）而無法滿足於短暫的事物，包括任何儀式性魔法召喚來的魅影，所以轉而支持雅各·伯麥的密契主義和靈知。

1880 年 11 月 9 日，我出版了自己翻譯的雅各·伯麥
著作《天賦曙光》（*L' Aurore naissante*）。後來我在
閒暇之餘重新拜讀它，不禁感嘆這本書是受到上主和
人類祝福的，但世上仍然有人視其為一文不值的嘲諷
對象。（同前著作，p. 408）

此外他又說到：

如果上主讓我早點明白祂現在要我知道的這些事，我
也只會痛苦和不開心更久。今日的我之所以明白了這
些道理，是因為我的朋友伯麥在我心裡奠定的厚實基
礎終於開花結果。此即這些美妙的禮物被擱置這麼久
的原因。（同前著作，p. 379）

「美妙的禮物」指的並不是魔法，而是直觀智慧和靈感為
內心帶來的啟示。

回到魔法現象和奇蹟的差異上面。我們應該說前者屬於科
學知識及其能力的範疇，後者則屬於上界的智慧及其勢力的範
疇──這表示人若想有覺知地參與神聖魔法的奇蹟，就必須先
有密契體驗，接著要發展靈知，然後奇蹟才會出現。換句話
說，神聖魔法是「來自神、於神之內和透過神」而成就的。聖
馬丁便是受到這種「來自神、於神之內和透過神」的召喚，而
無法滿足於「來自人、於人之內和朝向人」的途徑。雖然他後
來脫離了這個由帕斯喀里創立的封閉之圓的學派，但仍然感念

從其中獲得的經驗，而且始終尊崇這位儀式性魔法導師。他說道：

> 馬丁內斯・德・帕斯喀里是我們所有人的導師，然而
> 他當初如果真的瞭解我，就應該用別的方式引導我、
> 使我變成另一種人。無論如何，我對他還是有一種無
> 法言喻的道德義務。我每天都感謝上主讓我進入這
> 位卓越人物的思想領域，雖然涉獵極淺。在我所結
> 識的人裡面，他是唯一不容忽視的。（同前著作，p.
> 107）

對聖馬丁而言，帕斯喀里的學說雖然是一個封閉的牢籠，扮演的角色卻是螺旋式循環中的第一圈驅力。當他在其中找到脫離制約的途徑時，才發現它就是他踏入「無限螺旋式循環」的第一步。

既然聖馬丁能夠脫離這個牢籠，是否代表帕斯喀里的儀式性魔法之圓並不是封閉的？

事實上，儀式性魔法和科學都是封閉之圓，但每個靈魂都有能力脫離它，方式就是擁抱更高的理想，捨棄這個圓帶給它的一切利益。此即耶穌所說的「我是門」的意涵之一，它暗示我們每個封閉之圓都有出口，每個被囚禁的靈魂都能得到解脫。耶穌說：「我是門；那從我進來的，必然安全，並且可以進進出出，也會找到草場。」（《約翰福音》第 10 章，第 9 節）這意味著人若是對上主和鄰人發展出愛，就能自由地出入

任何封閉的圓。他將會找到「草場」而非牢籠，生活在螺旋式循環裡。正因為如此，德日進才得以進入科學的封閉之圓而又不至於被囚禁，甚至能夠將它轉化成螺旋式循環而脫離它。聖馬丁也是因此而突破了封閉之圓，將其轉化成螺旋式循環的。

螺旋式循環為那些被困在封閉之圓裡面的人帶來了「福音」。耶穌基督曾經對拿但業說：

> 因為我告訴你，我看見你在無花果樹下，你就信了嗎？你要看見比這更大的事呢……我鄭重地告訴你們，你們要看見天國敞開，上帝的天使在人子身上，上下往來。（《約翰福音》第 1 章，第 50-51 節）

「天國敞開」——通往的就是無限的螺旋式循環。

這就是生長作用背後的奧祕。植物都是按照螺旋方式生長；概念和問題意識也是按照螺旋方式發展。不但樹的枝幹是如此排列的，年輪也是依此方式每年在樹皮和樹幹的軸心間形成，然後往兩個向度——垂直和水平——同時生長。至於概念和問題意識，則是透過一連串的擴張和收縮在意識內推進，如同年輪透過相同的軸心朝著縱向與橫向生長一樣。我第一次接觸大阿卡納是在 1919 和 1920 年間，當時正在學著認識神之稱謂（**YOD-HÉ-VAU-HÉ**）的四個面向。據我所知，它們是天、地、人合一的煉金法則，加上隱修的道德律與占星學，結合而成的淨化魔法。此刻我們又回到了神之稱謂的四個面向上，可我們已經明白它們代表的就是密契體驗、靈知、神聖魔

法及隱修哲學結合成的隱修之道。我個人的例子已經清楚地說明，概念和問題意識是朝著螺旋式循環的水平與垂直兩個向度發展的。

讓我們再思考一下人類為了基督降世做準備的歷史過程……《馬太福音》以耶穌基督的家譜為本，將其總結為下述的這段話：

> 這樣算起來，從亞伯拉罕到大衛共十四代，從大衛到以色列人被擄到巴比倫也是十四代，從被擄到基督的誕生又是十四代。（《馬太福音》第1章，第17節）

此即人類為基督降世做準備的歷史，它是由三個圓或「階段」形成的螺旋式循環，每個階段都是十四代。第一個圓或階段裡出現了亞伯拉罕、以撒和雅各所代表的上界三重印記，對應的就是奉聖父、聖子、聖靈之名的聖洗聖事。這帶來了西奈山的啟示以及人神結盟，結果是宇宙律（摩西律法）示現成人格化的人，那個人就是大衛。宇宙律的誡令在大衛體內內化至某個程度而變成了愛與良知，從此他只傾心於它們的真理與美。在這個內化過程中「雷電交加，一朵密雲在山上出現……營裡的人民聽到了都發抖」。宇宙律變成了大衛體內的神髓；也因為如此，每當他失德時靈魂內就會出現一股新的力量，一股懺悔的力量。

因此，螺旋式發展的第一階段，從亞伯拉罕到大衛的十四

代，對應的就是從聖洗聖事（三位教父）到堅振聖事（西奈山的立約），然後到和好聖事（sacrament of penance）的內化過程。第二階段或是從大衛到放逐至巴比倫的十四代，對應的則是「大衛靈修教派」——內在懺悔教派——的發展，最後它演變成外在的贖罪，也就是被放逐到巴比倫。第三階段或是從巴比倫到耶穌基督的十四代，對應的則是和好聖事最後的赦免式（absolution）和感恩（聖體）聖事（sacrament of holy communion, the Eucharist）之間的屬靈大事，這指的就是人類迎接基督和基督再現。

施洗約翰為了替上主「準備他的道路，修直他要走的路徑」（《馬太福音》第3章，第3節），所以用減化的方式重新模擬了為基督降世做準備的整個歷史過程，這裡指的是用水施洗的懺悔儀式。因此，「大衛之子」[12]代表的就是約瑟的「懺悔力量」與馬利亞的「純潔本質」的融合。除了童貞女的聖潔和藉著懺悔重新恢復的純潔，耶穌不可能在其他環境下誕生。因此在靈性史上，施洗約翰一向代表從懺悔到與上主神交的過渡期人物；他牽著悔罪者的手、將他們引至新世界的恩典祭臺前。這個具有重大意義的時刻，被《約翰福音》描述得再清楚也不過了：

過了一天，約翰和他的兩個門徒又在那裡；他看見耶

12　譯註：在《新約聖經》裡「大衛之子」乃耶穌基督的救世主稱謂。

穌經過，就說：「看哪，上帝的羔羊！」兩個門徒一聽見這話，就跟從了耶穌。耶穌轉過身來，看見他們跟著，就問他們說：「你們要甚麼？」他們回答：「拉比，你住在哪裡？」（「拉比」的意思是「老師」。）耶穌說：「你們來看吧！」他們就去看他住在哪裡，當天便跟他同住在一起。（那時候約下午四點鐘。）（《約翰福音》第 1 章，第 35-39 節）

因此，把舊世界的成果帶入新世界的就是施洗約翰。如果說東方三賢士放在聖嬰腳邊的三種禮物──黃金、乳香和沒藥──代表的是舊世界發展出來的三種精華物，那麼施洗約翰送給聖子的就是第四種禮物：能洞見上主的純潔之心（「看哪，上帝的羔羊！」）。對此耶穌說道：「心地純潔的人多麼有福啊；他們要看見上帝。」（《馬太福音》第 5 章，第 8 節）

因此，上述的三個十四代，就是從亞伯拉罕進展到耶穌的三個階段，如同黃金時代、乳香時代和沒藥時代，是人類靈性道路上的三個階段──從古印度密修智者到耶穌基督的時代。在這條靈修道路上，隨著黃金時代（古印度）而來的是乳香時代（古伊朗），過程中密修智者的宇宙啟示化成了人們體內的神髓和真心關切的事物；伴隨乳香時代而來的則是沒藥時代──悲傷和懺悔的時段，然後埃及接下了這把千年火炬……赫密士在《阿斯克勒庇俄斯》中做了以下的描述：

阿斯克勒庇俄斯，難道你不知道埃及反映的是天國的
景象嗎，或者說得更準確一點，難道你不知道天國所
有的統馭力和作用力都被運往下界的埃及了？不，我
們應該說，井然有序的宇宙都把我們這塊土地視為蔽
護所。舉凡智者皆可預知未來要發生的事，所以你也
不該忽視下述這一點：總有一天，埃及人對神的崇敬
和付出都會變得徒勞無益。我們對神的膜拜終將變得
無用和無效，因為所有的神都會離開地球回返天國；
埃及將被遺忘，曾經是宗教聖地的它將會成為不再有
神出入的荒蕪之地。這塊土地和它的宗教將充滿著外
來人……到時候，四處可見神壇和聖殿的土地上，將
充斥著葬禮和屍體……喔，埃及啊埃及，你的宗教將
一無所剩地變成一則空洞的傳奇，到時候連你自己的
子孫都不再信仰它；留下的只有刻在石板上的文字；
到時候只有石頭能述說你的虔誠。（*Asclepius* iii,
24b-25; trsl. W. Scott, *Hermetica*, vol. i, Oxford, 1924,
pp. 341-343）

以上是精通沒藥智慧、熟知死亡及其法則的智者——埃及
的「耶利米」（Jeremiah of Egypt）——的心聲。以下則是精
通乳香智慧的智者——古伊朗詩篇作者——的心聲：

喔，阿胡拉‧馬茲達[13]（Ahura Mazda）！我們不該
得罪祢和艾沙（Asha，宇宙律）以及竭力讚美祢的
瓦希什塔‧瑪南（Vahista Mananh，至高理性）……
喔，馬茲達，當我的心第一次感應到祢的時候——查
拉圖斯特拉如是說——我衷心認為祢就是宇宙的首位
創造者、至高理性的聖父、正義法則的建立者、人類
行為的主宰……
為了理解聖語，我們讚美阿胡拉‧馬茲達的理智。
為了研究聖語，我們讚美阿胡拉‧馬茲達的智慧。
為了道出聖語，我們讚美阿胡拉‧馬茲達的口才。
我們日夜都膜拜著烏悉達瑞納山（mount Ushid-
arena），理智的施予者。
（Gathas in R. P. Masani, *The Religion of the Good
Life. Zoroastrianism*, London, 1938, pp. 52, 139）

最後是一位精通黃金智慧的智者心聲，他宣揚的是普世人
本主義：

普路夏（Purusha，男性法則）乃過去至未來的一切
萬有。
他就是不朽之主，

13　譯註：古波斯的至上之神。

他無需藉由（獻祭的）食物生長……

他的四分之一是萬物，

四分之三是天國的不朽存有。

他超越這四分之三的存有，

他的四分之一則顯化於地球。

他朝著各方拓展，

成為需要或無需食物的一切生命。

（Rigveda x, 90, 2-4）

　　這真是一把開啟物質和靈性演化之門的金鑰匙。唯有認識人的普世和超驗本質——卡巴拉的亞當光體原型或《吠陀經》的普路夏——我們才能真正理解何謂演化。

　　因此，以色列螺旋式靈性發展三階段中的每個階段都是十四代。人類史上靈性發展的三階段——黃金時代、乳香時代和沒藥時代，都是為了基督再現做準備的。將臨節（Advent）的前三週不就是這項千年準備工作的縮影嗎？而第四週不就是施洗約翰的工作階段嗎？

　　我們此處主要是在探討螺旋式的發展方向。它示現的是生長媒介的作用力，也是第十七張大阿卡納的主旨。這張卡要突顯的是星星、女人、流動性和生長之間的關係。卡上有一片星空，一位赤裸的女子將兩個瓶子裡的水倒出來，另外還有兩撮正在生長的灌木叢。灌木叢之所以能在沙漠中生長是因為有水；將水倒出來的是女人；釋放光芒的星星則是透過女人的居中角色成為了流體。女人將希望轉化為傳統和世代的延續，讓

樹叢得以生長。因此，這張卡的內容代表的是從上往下的螺旋式發展，亦即從星星開始（第一階段）到女人（第二階段）到水（第三階段）到灌木叢（結果或第四階段）的進程。

「樹木是靠什麼維生的？」這張卡的回應是：「星星、女人和水。」人類的演化需要什麼才能延續下去？答案是：希望、母性和遺傳。

我們如果不想遺忘真理，那麼讓它繼續存在的要素會是什麼？答案是希望、真正的創造力和傳統。三個永遠存在的見證者——靈性、血液和水——所提供的確鑿證據就是它的要素。人可以抹煞真理，但是它必然會復活。

生長媒介即是希望、創造力和傳統的融合；也是靈性、血液和水的共同運作。它是無法被摧毀的，運作方式也是無法改變的，動能更是無法抵擋。這生長媒介就是《翡翠石板》的主旨。

「上主即是萬物的媒介，萬物皆由祂所造。」——《翡翠石板》如此記載著。這句話的意思是：上主乃萬物的創造者，祂運用一種媒介，能夠使生命的發展順應祂的律法或受造的原型。它讓希望的自發之光（太陽）反映在低層之水（月亮）上面，形成了基本的生命驅力或「推動力」（風）的產生。這股推動力又將原初的希望帶進了物質界（大地），物質界則把自己的建設性元素奉獻給它（滋養或養育它）。因此《翡翠石板》接著說：

太陽是父，月亮是母；它被孕育於風的子宮裡，大地

則是它的褓姆。（*Tabula Smaragdina, 4*）

上界的自發之光和下界的反映之光，共同產生的演化驅力，以及為了實現希望而運用物質元素的推動力，概述了生長和演化的內在進程。這是一種不斷將「存在」改造成「本體」的媒介作用，《翡翠石板》稱這種生長媒介為「泰勒瑪」（thelema）：

它（泰勒瑪）是整個宇宙一切精微事物的初祖。
（*Tabula Smaragdina, 5*）

「泰勒摩斯」（thelemos）在希臘文或詩詞中意味著「自願或自發」，「泰勒瑪」（thelema）和「泰勒西斯」（thelesis）在《新約》中則意味著「慾望」和「意志」。因此《翡翠石板》的作者想要闡明的是，宇宙的演化中存在著一股帶有意志的自發驅力。他為我們揭露了「演化論」所提到的蛻變媒介，或是演化活躍動因的起源。在《赫姆提卡文集》第十六篇〈阿斯克勒庇俄斯給亞蒙王的信〉（An epistle of Asclepius to King Ammon）中，我們可以發現對它的描述：

……祂用灑下的光照亮了水、大地和空氣的次元，並透過它將活力注入到宇宙（包括地球在內）萬物體內，然後把它們攪動成生命。經過一連串的蛻變，按螺旋式的運作方式，生物被重新塑造成不同的形

式和種類……（"Asclepius to King Ammon", *Corpus Hermeticum* xvi, 8-9; trsl. W. Scott, *Hermetica*, vol. i, Oxford, 1924, pp. 267-269）

此動因是按「螺旋形式」在天地間運轉著。如果將「泰勒瑪」（生物內在的深層渴望）和表象區隔開來，它會「從地球升至天國，然後再降回到地球，從內整合源自優劣事物的能量」──亦即以螺旋形式上升和下降。

因此親愛的朋友，你現在應該明白科學於十九世紀重新發現的「演化論」，不但是希臘時代的隱修之道早已通曉的事實，也是奧義哲學的主題之一。它探討的是「演化」的動因以連續蛻變的螺旋形式，將生物從某種類型轉化成另一種類型，從某個物種轉化成另一個物種。

當時的隱修之道還通曉另一項事實，那就是宇宙的中心是太陽──人類至少經歷了十三或十四個世紀才重新發現它──上述隱修著作裡的一段話可以證實這一點：

……他（太陽）位於宇宙的中心，將後者當成一圈冠冕戴在頭上。他允許宇宙自行運轉，卻不許它離開太遠；如同一名熟稔的駕駛，他將自己緊拴在宇宙戰車上，以免它在混亂中暴衝。（同前著作，p. 267）

還有什麼比上述這段話更能說明宇宙的中心是太陽？
古代的隱修士不但通曉演化論（「變種說」），也探索過

演化的活躍媒介（泰勒瑪）在生命深處運作著，這是一種帶有意志又自發的驅力。赫密士的《翡翠石板》就是這些隱修士留給後代的遺產：它包含了他們所有的發現。它既是古老世界留給現代的聖約，也是前者送給後者的禮物。

> ……它睿智地將土元素和火元素、精微體和粗鈍體區分開來。它能夠從地球升至天國，然後再降回到地球，從內整合源自優劣事物的能量。藉由它，你將擁有整個宇宙的光輝和榮耀，一切晦暗終將離你而去。它的力量凌駕於所有力量之上，能夠征服任何精微之物，滲透任何堅固之體。宇宙因而被創造出來。此方式成就了不可思議的受造物。由於我具備它的這三種智能，所以被稱為赫密士·崔思莫吉司托斯。有關「靈界太陽」的作用，我該說的皆已說完。（*Tabula Smaragdina*, 7-13; trsl. R. Steele and D. Singer, *Proceedings of the Royal Society of Medicine* xxi（1928），p. 42）

「我該說的皆已說完」是這段古老聖約的結語。到底這是愚蠢的自負、無知的傲慢、偽善的妄想，還是在確立一項事實？人人都必須回答這個與良知和經驗有關的問題。我認同那些主張它是在確立事實的人——生長動因本是存在的事實，「它的力量凌駕於所有力量之上，能夠征服任何精微之物，滲透任何堅固之體。」

到現在為止，針對生長媒介的探討已經結束了，尤其是在第三封和第十一封信裡。事實上，我們根本無法避免螺旋形式的演化法則，它「管轄」的不只是一系列的大阿卡納，還有冥想者的努力和意識演進的方向。由於這是我們第三次探討這個主題，所以理當明白這封信代表的是生長及演化螺旋式循環的第三階段。

《翡翠石板》乃古老世界就生長動因和演化提出的概要。大阿卡納則是中世紀人將此概要拓展成的一套靈修學派或實修「系統」，也是修行者藉由冥想石板的內容、自身的努力及屬靈體驗獲得的結論。因此，眼前這個時代的任務，就是讓隱修傳統在螺旋式循環的第三階段發揮作用。現今的時代正在呼籲隱修士要共同提出「第三種」結論；它對這個時代的意義將等同於塔羅對中世紀、翡翠石板對古代的影響。發生於歷史上的大洪水隔絕了我們和過往的一切，但翡翠石板保存了古代智慧的精華，塔羅則保住了中世紀智慧的神髓。但願現代智慧的概要也能保存於屬靈的「諾亞方舟」內，不被可能出現的洪水沖走。但願它能流向未來的人類，如同古代和中世紀的智慧透過石板及塔羅流傳至我們手中。隱修之道的傳統曾經盛行於過去，亦將拓展於未來。我們需要一種嶄新的現代化論述，而它將會伴隨著翡翠石板和塔羅繼續流傳下去。

這便是於星空下半跪在河邊的女子要傳達的訊息。河水從過去流向未來，女人則不斷地將上界的水灌進下界的水中。由於她是未來人類的母親，所以要求我們對傳統的延續負起責任。讓我們試著做到這一點吧！

第十八張大阿卡納的冥想

月亮

THE MOON

羅德的妻子回頭觀看，

就變成了一根鹽柱。

——《創世紀》第 19 章，第 26 節

大衛調查人口後，

心中不安，

就對上主說：

「我做這事犯了大罪」……

於是上主降瘟疫在以色列人身上……

——《撒母耳記下》第 24 章，第 10、15 節

因為我們的智力發展不再受大自然的掌控，

因此固化的無機物就成了它主要的關注對象……

只有對可分解的東西它才能形成清晰的概念……

只有對不動的東西……

它才能形成清楚的看法……

智力讓歷史每一刻發生的新鮮事溜走。

而且不願接納不可預知的事情。

它排拒創造性……

它的特質就是天生不瞭解生命……

只有直觀力可以引領我們進入生命的核心——

我所謂的直觀力指的是直覺本能一旦變得公正無私和自覺，

就會有能力反映對象，而且能無限地拓展對它的覺知。

——亨利·柏格森

第 18 封信

月亮

親愛的不知名朋友：

　　羅德和家人被禁止回頭觀看，大衛調查以色列人口犯下了罪行，還有亨利・柏格森所描述的智力特質，全都涉及到和生命力「背反」的問題。第十八張大阿卡納「月亮」首先引起的

聯想，就是與生命進展相左的逆行所導致的問題，這和第十七張大阿卡納「星星」的主題正好是對立的。如果說後者引發的想法、感受和驅力，與生命和意識的無限進展有關，那麼前者引發的想法、感受和驅力，就是與包圍、停頓和退化的傾向息息相關。我們在第十八張卡上看到的不再是流水和綠色植物，而是一窪滯水和兩座堅硬的石塔。將水從兩個瓶子中傾倒出來的赤裸女人，換成了一隻停在水窪底部最具包抄性和遮蔽性的生物：螯蝦，以及兩隻對著天上的月亮吠叫的狗（或是一隻狗和一匹狼）。接著是月全蝕帶來的黑暗，取代了由八顆星組成的星群。

這張大阿卡納透過上述的內容邀約我們去啟動冥思，究竟是什麼東西阻礙了演化的進展、將它導入了相反的方向。如果說第十七張卡的主題是生長媒介，那麼眼前的第十八張卡涉及的就是「衰減媒介」，也就是月蝕的作用。它攸關的既不是外境的誘惑（第六張戀人卡的主題），也不是惡魔或魔鬼這些迷惑與奴役人的力量（第十五張卡的主題），甚至不是建造「巴別塔」的放肆傾向（第十六張卡的主題），而是每個人的靈魂被迫要接受的東西，因為它會伴隨著命運而至。就算所有的惡魔都離開了，人人都學會了謙卑的功課而捨棄建造「巴別塔」的慾望，月蝕的作用仍然積極地在我們的心智裡運作著。

第十八張卡的奧祕和一種雙重能流有關，柏格森稱其為「智力的物化傾向」或「物化的智能」，它和另一種雙重能流：「恆久性—靈性」或「直觀力—良知」正好相反。柏格森比其他的思想家更清晰地指出了智力的物化傾向，也就是第

十八張大阿卡納所暗示的月蝕現象。如同月亮的功能是反射太陽光，人的智力反映的是良知的創造之光。然而當「物化的智能」變得強勢時，良知的作用就會受到遮蔽。此外，卡上的月亮邊緣出現了太陽的光芒，月亮的表面則顯現出一張人的側臉，這些都象徵著掌控大自然的慾望所啟動的物化智能，以及由智力設定的相關「遊戲規則」。如同螯蝦是以倒退的方式游動，人的智力也是以「由果推因」的方式在運作。卡上的其他細節，包括「從下往上落」的有色水滴、兩座塔、兩隻吠叫的狗和一窪滯水，在在顯示出智能的物化特質。接下來的冥思會讓我們進一步地看見它和「恆久靈性」的創造本質有何不同。

根據創世紀的說法，太陽、月亮、星星都是上主「安置在天空，好照亮大地」（《創世紀》第 1 章，第 16-17 節）的光體，而且是在祂創世的第四天形成的。

由此可知，人的意識本是創造之光、反映之光和揭露之光三種光源顯化的場域。第一種光在創世第六天開始參與受造工作，而且一直在持續地運作著，也就是我們今日所說的「創造性的演化歷程」；第二種光照亮了人類意志活動的黑暗場域，也就是我們今日所說的「物質界」；最後一種光負責引領我們朝著超驗價值和真理邁進，它是上訴的最高法院，代表了時空之下真實和有價值事物的最高標準。幸虧有這三種光，人類才成了參與演化的創造者、物質界的主宰和屈膝敬神的禮拜者，而且有潛力讓自己朝著神的方向發展。創造性的意識、反映性的智能、領受上界啟示的能力，就是人這個小宇宙的三種光源──「太陽」、「月亮」和「星星」的運作功能。

上封信我們探討的是「星星」的奧義，下封信我們會進一步探索「太陽」的奧祕。眼前這封信和「月亮」的奧義有關，涉及的是一對不可分的星體——地球及其衛星（月亮）——的關係；就人這個小宇宙來說，則是「物質性」和「智力」的關係。因此，第十八張卡要揭露的就是地球和月亮的關係，也可說是物質性（宇宙的物質和機制性）和智能（以歸納及演繹法產生「由果推因」的意識作用）的關聯。智能會讓自己與物質調成一致，物質也為了與智能達成一致而變得易於分析和統整。因此，物質會讓自己去適應智力，智力則擁有「無限的分解力，能夠照著物質的法則去解構事物，然後再將它們重組為各式各樣的系統」。

想像一下智力如果沒有物質圍繞在周圍會是什麼情況。它將無法在個別的事物和恆久的整體之間做出區分，不再有能力製造機具，以輔佐人類天生的感官功能。

對智力而言，無機物的可分解性與延展性就像水對魚或天空對鳥一樣不可或缺。它們都是智力的維生素。

> 我們的智力按演化法則形成的作用，就是去引導行為、替將要採取的行動做好準備，預測接下來可能發生的事是有利或有害的。因此，智力本能地會去關注它所熟知的事物，因應「同類相生」的法則。這種本能使它光是靠常識就能預知未來。科學將智力作用的正確度與精準度發揮到極致，但它的核心本質並沒有改變。它在觀察時只留意事物的可重複性，就算

發現了新穎的東西，也總有辦法將它分解成和已知事物極為接近的元素。科學只能在自我重複的現象上發揮作用……在歷史的某個時段裡出現的無法復歸或不可逆的事情，都會自動地跳脫科學的視野。（Henri Bergson, *Creative Evolution*; trsl. A. Mitchell, London, 1964, p. 31）

我在此還要指出一點，智力尋求重複性似乎是一種天生的習慣：它會將運動化約成不動、將時間轉變成空間。「重複性」就是運動中的不動元素，或是時間裡的空間元素。譬如當我們論及四季的循環時，我們已經把時間的運行轉成了空間的概念；換言之，我們把這種運動設想成了空間之圓。這個圓象徵的就是季節循環穩定的「重複性」：春—夏—秋—冬—春……。

有關智力這種重複性的特質，和它將時間變成空間的結果，沒有人比所羅門說得更清楚了：

發生過的事還要發生；做過的事還要再做。太陽底下一件新事也沒有。有哪一件事人能說：「看啊，這是新的？」不可能！在我們出生以前早已經有了。往昔的事沒有人追念；今後發生的事也沒有人記住。（《傳道書》第 1 章，第 9-11 節）

所羅門的這段話顯然是一種理所當然的假設，一種由頭腦

設想的教條式信念。他理性地斷定眼前的新鮮事，是被人遺忘的老舊事物的翻版。人因為健忘而變得無知，總以為眼前和未來出現的一切都是嶄新的。換言之，未來有任何事被當成是新穎的，都要拜人們對眼前發生之事的健忘所賜。時間無法創造出任何東西；它只會組合及重組一直存在於空間裡的東西。時間就像是風，空間則如同海；風在海面上吹起一波波重複出現的浪潮，但海本身一直沒變，因此太陽底下一件新事也沒有。

　　這是三千多年前被提出來的理性假設，至今仍然被人們接受，而且依舊是頭腦運作的基礎。以下則是柏格森提出的對立觀點：

> 宇宙是永恆的。我們越是深入研究時間的本質，越能理解永恆就是發明、形式的創造和不斷地推陳出新。
> （Henri Bergson, *Creative Evolution*; trsl. A. Mitchell, London, 1964, p. 11）

　　讓我們稍後再回到柏格森和隱修之道提出的這個對立觀點上，因為屆時我們會發現，它顯然最能理所當然地解答智力的假設，而且是「月亮」奧義的「互補色」。只要「月亮」的奧義仍舊是必修課程，我們就得明白它的目標是要喚醒意識去超越智力的限制，選擇以「躍進」的方式跳脫它的領域。

　　現在讓我們回到「智力的物質化傾向」這個主題上：

> ……智力主要的目標就是建構。但是這種建構力只能

施展在惰性物上面，就算是運用到有機物身上，它也會視其為惰性物而忽略在背後驅動一切的生命力。此外，這種建構力也只能影響惰性物的固化面；其變動面往往會逃開它的作用力。因此，智力如果傾向於建構，就該明白現實的變動面有一部分會跳脫它的影響，生物的活力則會完全跳脫其作用力。我們的智力一旦脫離自然本性的影響，固化的無機物就成了它主要的關注對象。（同前著作，pp. 161-162）

因此，如果我們討論的是實體或液量單位，那麼智力所認同的「整體比局部重要」便是正確的通則，因為半顆石頭顯然比一整顆石頭小，半杯水也比一整杯水少。但如果探討的是生物的整體機能，這個通則就完全不正確了。一條腿的體積比心臟要大許多，但鋸掉一條腿不會導致死亡，缺少了心臟人根本不可能存活。心臟的作用對人的生命來說遠比腿重要，雖然體積比腿小了許多。因此，涉及的如果是活生生的有機體功能，上述的通則就必須加以修正，因為局部和整體的功能及價值是相同的。這樣看來，探討的方向如果聚焦於有機體的功能，那麼「整體和局部同樣重要」這句話便可用來擂倒傳統的邏輯學者。

但是從道德價值的角度來看，上述這句話還需要進一步地修正。在純道德價值的領域裡，這句話應該改成相反的論點。該亞法向法利賽人提出耶穌應該犧牲的理由：「讓一個人替全民死，免得整個民族被消滅。」（《約翰福音》第 11 章，第

50 節）這顯然是在呼應「整體（國家）比局部（個人）重要（有價值）」的邏輯。然而猶太民族的價值基礎，就是這位彌賽亞！況且「上帝藉著他創造萬有，在整個創造中，沒有一樣不是藉著他造的……道成為人」（《約翰福音》第 1 章，第 3 節、第 14 節）之中的「道」，究竟是猶太民族專有的……還是屬於整體人類和全宇宙，亦或是個人的資源？

我們或許可以用迷途的羊舉例說明。耶穌說過：

> 假如一個人有一百隻羊，其中一隻迷失了，難道他不
> 會留下那九十九隻羊在山野間、去尋找那隻迷失的羊
> 嗎？我告訴你們，他找到了這一隻迷失的羊一定非常
> 高興，比他有那九十九隻沒有迷失的羊高興多了！
> （《馬太福音》第 18 章，第 12-13 節）

從這個角度來看，「整體比局部重要」的通則在道德價值上還能成立嗎？

或許我們也可以把「寶藏的比喻」、「珍珠的比喻」和「寡婦的奉獻」當成範例（參照：《馬太福音》第 13 章，《馬可福音》第 12 章，第 41-44 節），看看它們是否更能彰顯以下論點：在道德價值的世界裡，正確的通則應該是「局部比整體更重要」？

我們在有機的道德層面運用邏輯得到的結論，對頭腦而言是非常具有震撼力的，因為它的邏輯法則只能用在無機的實體上面。

大衛調查以色列人口（參照：《撒母耳記下》，第24章，第2節）之所以犯下失德罪，就是因為他把有良知的活人貶成了固化的無機物：人被當成了物件，有良知的以色列人被當成了數目字。大衛犯下的是精神層面的罪業，因為他把善感的活人貶成了東西或屍體，因而觸犯了「不可殺人」的誡令。

　　耶穌基督降生的日子，可以說是一年當中最黑暗的時節、黑夜最長的時段，也是聖潔的神智被世俗的人智遮蔽之際。當時的人都必須報戶口：「那時候，羅馬皇帝奧古斯都頒佈命令，要羅馬帝國的人民都辦理戶口登記。」（《路加福音》第2章，第1-2節）於是人們再度犯下大衛之罪，這回牽連的是「整個羅馬帝國」。奧古斯都下令凡是有良知的活人，包括道的化身在內，都必須被當成物件來處置。那真是一個不見天日的寒冬……智力的月蝕階段。

　　我們的智力，只有在面對純物質實體時才感到自在：

　　物質最常見的特性究竟是什麼？籠統的答案是：物體之外還有物體，局部之外還有局部。若想進一步地操縱物質，這種看待方式無疑地對我們十分有利。因為這樣我們就可以隨意將它們分解成部分，每個部分又可隨意地再加以分解，如此無限制地延展下去……當我們說物質具有延展性時，指的就是可以隨意分解它們；但這其實是物質允許我們運作的方式，目的是要引我們發現它們的間斷性。一旦認同了間斷性，我們就會視其為物質唯一值得關注的特質，因為我們

的行為會被它所支配。如此一來，間斷性便成了頭腦認同的模式，而且它會進一步地肯定這便是真相。智力從此拒絕關注物質的延展性，並將分解法視為唯一能夠對物質形成清晰概念的方法。（Henri Bergson, *Creative Evolution*; trsl. A. Mitchell, London, 1964, pp. 162-163）

基於此理，不但科學喜歡將物體一連串地分解成化學元素、分子、原子、電子，甚至連玄學（期望被視為正統科學）也喜歡分解東西。舉個例子，如果涉及的是人在天與地之間的位置，我們就會將他分解成靈、心、身三個部分；如果涉及的是人對肉身這個「工具」的實際掌握能力，譬如勝王瑜伽的修練，他就會被區分成四種特質——肉身、乙太身、星光身和我執身；如果涉及的是人類的演化歷程，他會被分成七種特質——物質體、乙太體、星光體、低層我、理智、直觀本能和高層我；如果涉及的是小宇宙和大宇宙的關係，以及九個屬靈階層和三位一體，人則會被分成九種本質——三種肉身本質、三種精神本質和三種靈性本質。基督信仰神學只把人分成肉體和靈魂，吠陀和卡巴拉則將其分為五個部分。此外，卡巴拉還按照十個質點將人分成十個部分，占星學家則依照黃道十二星座將人格特質分為十二種。由此看來，人類顯然偏好分解各種東西。但人只有受到智力掌控時，才會出現這種分析活動。因為智力——即便被用在玄學上面——只能進行不連貫的片面性思考。

基於這些理由，智力也會把運動設想成不連貫的動作。它會把運動重建成一連串的靜止畫面，自行決定讓它停格多少次，以便製作出能夠放映的電影：

　　這足以說明我們的智力天生喜好穩固和靜止的東西。它只有對不動的東西才能形成清楚的看法。（同前著作，p. 164）

　　希臘哲學家芝諾（Zeno of Elea，公元前五世紀）撰寫了有關「飛矢不動」（flying arrow）、「阿基里斯與龜」（Achilles and the turtoise）的著名理論。活在電影拍攝技術尚未發明的二十四個世紀前的他，之所以否認了運動的連貫本質，就是因為頭腦只能理解運動的連續靜態部分。如同所羅門在三千年前提出的理性假設：「太陽底下一件新事也沒有。」二十四個世紀前的芝諾也提出：「連貫的運動是不存在的，存在的只有連續卻靜止的點。」
　　智力偏好的是運動的「位置」，而不是從一個點到另一個點的行進過程，但行進過程才是運動的真相：

　　我們的頭腦排斥變動性，因為變動性無法為它帶來任何好處。但頭腦的目標如果是建立理論，那麼它自然會投入對運動本身的觀察，因為移動無疑地才是真相，靜止只是表象或相對真相。頭腦除非強迫自己，否則只懂得採取相反的思路；它永遠會著眼於靜

止的東西，彷彿那就是終極實相……（同前著作，p. 163）

頭腦的智力關注的是收穫及成品而非製作過程，後者對它而言只是得到成品的手段或程序罷了。它關切的永遠是事情或事件的「秋天」。它尋求的是現實——已完成的事——而不是創造或蛻變的歷程。事情或事件的「春天」或「夏天」很難引起它的注意；它把春夏都當成秋收的準備階段。

信心的直觀力則跟智力的秋天特質截然不同：

> 宇宙被造以前，道已經存在。道與上帝同在；道就是上帝。在太初，道就與上帝同在。上帝藉著它創造萬有；在整個創造中，沒有一樣不是藉著它造的。道便是生命的根源，這生命把光賜給了人類。（《約翰福音》第1章，第1-4節）

聖約翰透過這段福音，揭露了信心的直觀力和春天的特質；它指出萬物的起源就是「道」，存在於生命核心的變動性裡。「道」也是意識活動的光源。《約翰福音》一開始便邀約我們對智力做出激進的舉動——將它從秋天轉成全盛的春天，從收穫轉成耕耘，從成品轉成創造性的「道」，從有生命的事物轉成生命本身；從啟蒙轉成聖光本身。

我們會在第十九封信裡更詳盡地探討創造性的直觀力，這是信心的神祕本質，也可說是春天的奧義。此處我只想拿創造

性的直觀力去對比智力的月亮（秋天）特質，以突顯此張大阿卡納的主題。

《約翰福音》呼籲靈魂要將智力從秋天轉成全盛的春天——由受造變成創造。以占星學的術語來說，就是讓月亮與太陽「合相」。這意味著頭腦如果假設「太陽底下一件新事也沒有」，那麼它就該學著順應「宇宙被造以前，道已經存在」的創造本能；如果它只能在靜止的事物上產生想像力，就該投入「道」的純創造活動；如果它只能在可分解的事物上發揮想像力，便可能被迫面臨「道」的完整性帶來的挑戰；它關注的對象如果是固化的無機物，那麼就該明白宇宙是源自於「道」，而耶穌基督就是道的化身；最後，智力如果天生不瞭解生命，那麼它就必須深入地探索「道」或意識的光源。它這麼做的目的不是要收割現成的東西，而是要啟動一種轉化作用，促成非現成的嶄新事物的誕生。因為「凡接受他的，就是信他的人，他就賜給他們特權作上帝的兒女。這樣的人不是由血統關係，不是由人的性慾，也不是由男人的意願生的，而是由上帝生的。」（《約翰福音》第 1 章，第 12-13 節）

此即智力和信心的直觀力的差異，兩者的不同就在於前者只能理解現成事物，後者則是要促成嶄新事物的誕生。亞伯拉罕離開吾珥穿越沙漠進入一個陌生的國度，為的是讓人能在無數世紀之後誕生；他是具有信心的直觀力或春天特質的人。所羅門在「傳道書」裡總結了由生命經驗和自我反思所學到的一切；他是具有理智或秋天特質的人。亞伯拉罕是一位「耕耘者」，所羅門王是一位「收割者」。

長久以來，隱修之道也一直在試圖融合智力與信心的直觀力——月亮和太陽的煉金合相。但這種融合狀態真的有可能出現嗎？聖多瑪斯、柏格森、德日進以及其他諸君都認為有可能。我提出這三個人的名字，是因為他們分別代表了神學、哲學及科學。這三位宗教、哲學及科學的表率，無疑地為我們的任務帶來了莫大幫助。若非如此，我們還有其他指望嗎？我們可以捨棄在智力與直觀力的融合上已經發展出的成就嗎？不，無論願不願意，我們一直是走在這條道路上，即便前人看見的只是海市蜃樓。

　　我所謂的「海市蜃樓」，指的是數千年來的融合願景雖然啟發了不懈的努力，但據我所知尚未真的達成目標。智力與信心的直觀力有時已經非常接近彼此，為了提升到最高層次，兩者已經像盟友般地合作互補，但仍未達成真正的合一。對於推動這項任務的某些工作者來說，這兩者已經表現得如同結盟的伴侶，但尚未真正密合。它們的合金不是鍍銀的金，就是鍍金的銀。

　　例如聖多瑪斯得到的就是鍍銀的金；大部分的玄學作者得到的則是鍍金的銀。俄利根、託名亞略巴古的丟尼修、雅各·伯麥、聖馬丁、弗拉地米爾·索羅維耶夫[1]（Vladmir Soloviev）和別爾佳耶夫等人的著作，都為融合智力與信心的直觀力帶來了一些新穎的實質進展。柏格森和德日進也有類似

1　譯註：19世紀俄羅斯傑出的哲人和宗教思想家。

的貢獻。

我們可以在以下的引文，看見柏格森如何努力闡述這兩者的融合。他說明「智力的特質就是天生不瞭解生命」之後，接著便指出了直覺本能（instinct）的特性：

直覺本能相反地是以生命本身為基礎。如果說智力傾向於機械化地看待事物，那麼直覺本能就是以有機的方式在看待一切。沉睡的意識有一天如果能甦醒，而且致力於追求智慧而非刻意的作為，同時又能提問和作答的話，它就可以為我們揭露生命最深的奧祕……
……直覺本能和智力乃相同本質的迥異發展，前者一直留在自己的領域裡，後者則走出了原先的範疇、投入對無機物的研究和利用……
事實上，科學一向對直覺本能抱持搖擺態度，從認為它具有理性，到認為它可以被理解，一直無法明確地下定論，或者應該說一邊將它比喻為「失效」的智能，一邊又將它貶抑為純粹的機制作用。不過這兩種論點都有勝過對方的理由，因為前者點明了直覺本能不可能只是一種反射作用，後者則言明它是非理性的，甚至可能陷入無意識狀態……若想找到超越科學的具體形上觀點，就必須依循其他的途徑，也就是放下智力活動，發展出「感應」的能力。事實上，直覺本能就是一種感應力，如果可以將它拓展成對客體的洞察和自我返照的話，它就能真的幫助我們瞭解生命

的核心本質——如同智力的發展和訓練可以讓我們深入探究物質一樣。我必須再提醒一次，智力和直覺本能的發展方向是相反的：前者關注的是無機物，後者關切的則是生命本身。智力雖然越來越完整地為我們揭露了物理作用背後的祕密，但是對生命本身，它最多只願意理解其慣性模式。智力總是環繞著生命的外圍打轉，從外面盡可能地往裡面多看幾眼，而不願真的投入其中。只有直觀力可以引領我們進入生命的核心——我所謂的直觀力指的是直覺本能一旦變得公正無私和自覺，就會有能力反映對象，而且能無限地拓展對它的覺知。（Henri Bergson, *Creative Evolution*; trsl. A. Mitchell, London, 1964, pp. 174, 177, 185-186）

讓直覺本能變得無私，就是我們應該努力達成的目標。這也是禁慾主義真正的目的、通往合一境界的必經之路，傳統稱其為「淨化之道」（或「煉獄」）。接下來的目標則是要讓直覺本能變得更有覺知，傳統稱其為靈修者的「啟蒙之路」（或「天國經驗」），而它也是人類的命定任務。最終的目標是要變得更有能力反映對象，無限地拓展對後者的覺知、藉由感應與其徹底合一，傳統稱之為「合一之道」。「合一之道」的收穫就是靈知（「反映對象的覺知」）和靜默的密契體驗（「無限地拓展覺知」）——它帶來的收穫也包含著「榮福直觀」（beatific vision），亦即靈魂經過煉獄和天堂的淨化歷程之

後，終於不再被聖光炫惑，而能認清這是人進入天堂之前的必經挑戰。

以上就是我們的終極任務，但到底要付出什麼努力？該如何實現呢？

答案是智力必須「跳脫」原先的氛圍和環境。對於這點，柏格森的解釋是：

> 聲稱人可以超越智力是徒勞無益的說法，因為你怎可能不透過智力來達成這一點？在意識裡，凡清晰的部分皆屬智力的範疇。人一直無法跳脫自己的想法。你可以說智力雖然擁有進展的能力，可以越來越清晰地看到更多的東西，你卻永遠弄不清楚它是怎麼產生的，因為解釋的工具仍然是智力本身。
>
> 反對的意見此刻自然會在心中生起，但後續的推理也還是在暗示人不可能發展出新的運作模式。推理本身永遠會把我們困在已知事實的圈套裡，不過真正的行動卻能突破重圍。譬如從未見過人游泳的話，我們就會說這是不可能辦到的事，因為要學會它必須先讓自己浮在水中，但浮在水中表示我們已經懂得游泳了。的確，推理總是把我們釘牢在堅固的地面上。但若是能毫不畏懼地讓自己躍入水中，一開始或許會掙扎著不要沉下去，接著就會逐漸適應新環境，於是就學會了游泳。因此，不倚仗智力去學習的確很難，但如果願意坦然接受風險，那麼行動本身或許能解開推理無

法鬆綁的死結。

況且我們越能接納這樣的觀點，風險似乎越少。我們在前面已經說過，智力會從無限的實相中抽離出來，但兩者從未真的分開過；獨立出來的思想依然記得自己的源頭。我們可以進一步將智力比喻為堅固的核子。這顆核子與周圍的流體並沒有太大的不同。它終究會被流體再度吸收，因為兩者有著相同的本質。當一個習慣於大地堅實阻抗力的人跳入水裡時，如果不去對抗新環境的流動特質，就會立即溺斃：他自然會想抓住新環境的固態特質，即便是在流動的水裡。然而也只有如此，他才能適應液體的流動性。當我們的思想渴望躍進時，也會進入相似的狀態。

這時它就必須勇敢地跳脫出原先的環境。邏輯推理憑一己之力永遠無法發展潛能，然而一旦勇敢地拓展出去，卻又不會變得不理性。你即便推演出成千上萬與走路這個主題相關的理論，都無法明瞭游泳的法則。你只有躍入水中才會知道如何做到；當你真的學會游泳時，自然能明白它和走路的技巧之間的關聯。游泳其實就是走路的延伸，可是走路永遠無法使你學會游泳。你可以靠智力去理解它的運作機制，但勢必無法以這種方式超越局限。你或許能理解更複雜的事物，然而那並非更高的次元或截然不同的境界。你必須迎向暴風雨、直搗黃龍，藉由意志力產生行動來超越智力的局限。（同前著作，p. 163）

此即「柏格森式的瑜伽」，也就是讓智力與直覺本能或感應力融合，如此就能拓展覺知、學會返觀自照——換言之，就此發展出直觀力。

　　柏格森指出的努力方向就是卡巴拉的「KAVANA」，他所謂的「直觀力」則是「DAATH」。KAVANA 是一種讓智力縱身跳入黑暗裡的深層冥思方式。它本質上與笛卡爾式的冥思有所不同，因為後者是要讓智力在自己的範疇內保持專注。它和康德式的冥思也不同，因為後者要求智力晉升為被觀察、分析和批判的對象。柏格森或 KAVANA 都強調要讓智力深入地探索環繞在它四周的黑暗，但只能透過「感應」進入其中，而不能仰賴邏輯分析和自我批判。按照卡巴拉的說法，這涉及的是讓「智力」（BINAH）質點和「智慧」（CHOKMAH）質點在生命樹的中柱上達成融合。因此，DAATH 就是智力與智慧合一的意識狀態。教會稱之為「受恩典啟蒙的理智」——恩典指的是體悟內在的「神的形像和樣式」，理智指的則是「柏格森式」的智力拓展，也就是智力得到了「啟蒙」。

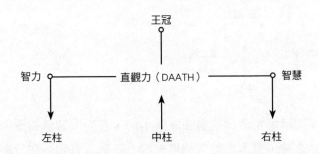

　　在此我必須指出，DAATH 並非卡巴拉生命樹上的一

個質點或構成元素。生命樹的中柱只有四個質點——「王冠」（KETHER）、「美」（TIPHERETH）、「基礎」（YESOD）及「王國」（MALKUTH）——DAATH 是必須額外拓展出來的能力。這代表只有在創生界和形成界可以預示到智慧之柱——包含著莊嚴和勝利的質點——與智力之柱——包含著威力和榮耀的質點——的合體；在聖光溢出界裡，王冠乃聖光溢出、創生和形成界的「起點」，行動界本身則是由智力之柱與智慧之柱綜合而成的。

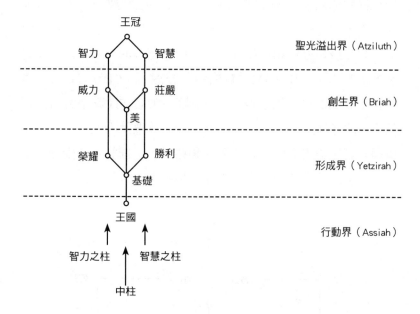

如同這個生命樹的構圖所顯示的，智力與智慧的法則被劃分為二之前，原本是融合於最高的「王冠」質點，在行動界裡它們也是一體的；此外它們在藝術創作（「美」的質點）或兩

性之間的愛情（「基礎」的質點）範疇內也是相互融合的。所謂的 DAATH 則是位於它們之上。

DAATH 其實就是靈知，卡巴拉學派的目標基本上也是隱修之道要達成的目標之一，亦即直觀力的養成，或是柏格森所說的將無私的直覺與智力融合在一起。因此，卡巴拉門徒和隱修士（包括柏格森在內）追求的是相同的目標，這不只要在藝術、審美、創作或愛情中達成合一，更要融合成「靈知」式的直觀力。

我們在前面已經討論過隱修之道的這項千年任務。它無數世紀以來的靈修傳承的目標之一，就是要達成智力與智慧的融合，前者是透過邏輯推理獲得知識的力量，後者則是上界啟示帶來的自發智慧。我們也舉出了一些具體的實例，而這些人也都激發了我們內心的希望，使我們相信這個目標總有一天會達成。目前之所以未能達成，是因為隱修傳統的第三個奧祕尚未體現出來。

隱修傳統一共揭露了三種靈修奧祕，其中的第三種就是上述的智力與智慧的融合（DAATH）。我們可以透過生命樹來理解這三大奧祕在「口耳相授的隱修傳統」中的地位：

生命樹不但是由四界（聖光溢出界、創生界、形成界和行動界）的十個質點所構成的，同時還包含了質點之間的連接線或「途徑」。因此，生命樹的十個質點是由二十二條「途徑」連結起來的（如下頁左圖）。除了十個質點之外，中柱上的垂直和水平線相會的三個「交叉點」，也具有特殊意義（如下頁右圖）。

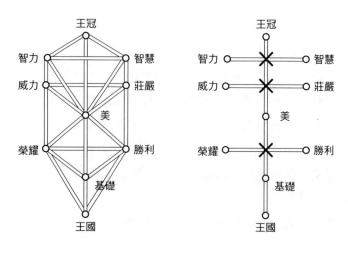

生命樹及二十二條「途徑」　　　　　三個交叉點

　　這三個交叉點形成了所謂的聖安得烈十字 **2**（St. Andrew's cross）。它們乃「神祕之點或靈性之點」，同時也是三項天命「大奧祕」的實現點。

　　第一大奧祕被稱為「魔法的創造性」，是在「勝利」與「榮耀」質點的水平線和「美」與「基礎」質點的垂直線的交會點上，本質屬於形成界。

　　第二大奧祕「道德的親和性」，是在「莊嚴」與「威力」質點的水平線和「王冠」與「美」質點的垂直線的交會點上，本質屬於創生界。

2　譯註：聖安得烈十字是「X」狀的符號，相傳耶穌門徒安得烈就是在這樣的十字架上殉道的。

第三大奧祕「認知的親和性」或「靈知」，是在「智慧」與「智力」質點的水平線和「王冠」與「美」質點的垂直線的交會點上。它就是卡巴拉所說的 DAATH 的意識狀態，印度瑜伽學派所謂的三摩地；我和柏格森都稱之為直觀境界，基本上是屬於聖光溢出界，亦即上主的氣息或聖靈的次元。

　　因此，魔法的大奧祕就是「躍昇的想像力—確知」（Inspired Elevation-Certainty of Knowledge）和「美—愛情」（Beauty-Love）的交會。它的任務是將「美」通往「愛情」的能流，融入於創造性的想像之火和清澈的思維之水中。

　　道德的大奧祕則是「寬大—正義」（Magnanimity-Justice）和「聖光—美」（Divine Radiation-Beauty）的交會。它結合了寬大的慈悲和嚴格的正義，共同示現於「聖光—美」的能流之中。這道從聖光溢出的能流不斷地朝著美的目標演進。

　　智慧的大奧祕則是「智慧—智力」（Wisdom-Intelligence）在「聖光—美」（Divine Radiation-Beauty）的能流中交會。它滙合了上界的啟示和奠基於經驗的世智辯聰。

　　因此，這三大奧祕就是生命樹的中柱和三條水平途徑形成的三個十字。這也是《翡翠石板》或隱修之道創始者被喻為「崔思莫吉司托斯」（三種智能）的原因，亦即得到了完整的啟蒙。

　　許多靈修著作都和靈知、道德及魔法的三大奧祕有關，未來無疑地還會出現更多這類的作品。這個主題既重要又不受限。在此，我只想藉由卡巴拉三大奧祕的另外兩種奧祕，去探

討智力與智慧的融合。事實上，這三大奧祕就是如何在頭腦、心和意志的領域裡達成二元合一。換言之，它們是同一則「十字大奧祕」，在三個不同的次元裡展現出來的三種面相。因為十字代表的永遠是二元合一，包括智力的形式認知與上界啟示帶來的實質認知的融合。

柏格森所謂的直觀力，指的是智力逐漸產生蛻變，而得以自在地運用本能智慧，也可說是智力順服於比它優越的直覺本能，從原本的形式認知（認識事物之間的關係），逐漸轉化成實質認知（洞見到事物與生命的核心本質）。它也意味著智力向優於自己的元素許下「神貧誓約」，變得有能力感應到後者且願意接受後者的私密教誨。但頭腦如果不把它豐富的內涵放掉或不願安靜地傾聽，就會對這種教誨視而不見、聽而不聞。發展直觀力，也意味著智力向優於它的元素許下「守貞誓約」，從原本只貪求知識的「量」，逐漸轉化成追求知識的「質」或深度。

因此，二元合相或二元合一的靈知，就是智力活動從原本只關注事物的「如何」，轉化成關切事情究竟是「什麼」。換言之，在智力門檻外的上界啟示一向是以「斷然」的自發能量示現的，所以很像是來自於黑暗的無意識，不過它仍然會轉換成智力可以消化吸收的語言和訊息；它不再令頭腦感到震驚而能夠讓彼此結為盟友，並且能滲透後者，從其內在引出智慧之光。但這一切只有在意識被釘上由兩組對立元素：「主觀性—客觀性」、「智力—無意識的智慧」所形成的十字架，體驗了漫長的折磨之後，才有可能真的發生（如圖）。這個十字架的

四個點，分別是生命樹的上三個質點（代表絕對主觀性的「王冠」、「智慧」、「智力」）和代表絕對客觀性的質點（「王國」）。

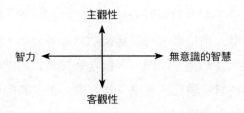

在這個十字架上，智力與無意識的智慧會逐漸靠攏、結盟及融合。由於兩者一開始只有極少的共通性，所以只能在夢境裡交流，因為在這種狀態下的智力是最消極的。接著它們的交流會延伸至清醒狀態，運用的語言往往是象徵符號，包括塔羅象徵系統在內。最後，智力和智慧──不再是無意識的──對彼此的瞭解達到了一定的程度，所以無需再藉由夢境或象徵符號來洞悉對方。只有進入這個階段才算是真正合一，此即柏格森所謂的直觀力或是卡巴拉所說的靈知（DAATH）。

事實上，智力與智慧的直接交流就是「良知」的拓展。它會從行為的領域延伸到認知領域，然後在那裡逐漸覺醒，直到成為智力的引領之光為止。良知有兩種類型，一種是消極的（在生活中經常出現），通常會顯現成行為之前的內在警語或行為後的自責；另一種則是積極的（在生活中幾乎完全被忽略），通常會顯現成鼓舞人採取行動的驅力，以及行動之後的寧靜喜悅。只有當智力與無意識的智慧融合之後，積極的良知

才能夠為智力帶來啟示和啟蒙。因此，直觀力就是智力捨棄自治權、甘願與良知融合的成果。由於後者已經覺醒到一定的程度，所以有能力帶給智力正確的指引。簡言之，直觀力就是富有良知的智力，或是讓智力產生完整悟性的良知。

良知賦予了智力如外境一樣寬廣的內在世界，因此智力可以同時朝兩個方向推進，可以透過感官往外發展，或是藉由良知往內拓展。良知是一扇門，一扇合宜又有效的門。通過它進入的內境和感官經驗到的外境同樣寬廣，但前者的深度遠遠超過後者。當智力決定成為「良知的侍者」時——如同中世紀哲學自命為「神學的侍者」一般——這扇門就會自動開啟。

從「表象」進入「內境」的路途中，良知扮演的角色是眾所周知的。它被戲劇化地描述為「守門人」、「與守門者面對面」等等，其作用就像隔開「表象」與「內境」的「門檻」。追尋終極實相的人，究竟是被允許進入內在世界或是被拒於門外，完全取決於和守門者面對面的情況。那些無法承受它所揭露的真相、無法真實面對自己的人，往往會選擇回到「表象」——由世智辯聰建構的外在世界——而快然自足。那些有勇氣虛心面對內在真相和啟示的人，則會跨越門檻進入內境或密修生活的內院裡。傳統所謂的「守門人」不是被描繪成徹底揭露來者過往歷史的「分身」，就是被形容成傳授良知的內境守護者。第二種「守門人」更能完整真實地呈現「守護」的概念與本質。守門人並不是道德標準比「靈性中產階級」高一等的人，而是像兄長或上帝的僕人一樣，以無限的仁慈和超人的智慧幫助我們從表象進入內在，至少我所認識的五個現代人的

經歷證實了這個說法。

在隱修傳統裡，「守門人」是一名偉大的判決者，他負責維持上下界的正義法則與平衡性。教會的傳統圖像將他描繪成帶著一把劍和一支天秤的人。劍帶有療癒和賦予活力的作用，它為那些渴望活出深度的靈魂帶來了勇氣和謙卑。天秤則精準地呈現出通行者往前邁進必須付出的代價。

里昂的菲力浦和我所知道的某些人一樣，對於上述的天秤作用有著深切的理解和認識。他總是不厭其煩地說：

> 償還你的債！償還你鄰人的債！因為每個人都得還債，不論是在這個世界或另一個世界，債總之是要還的。（cf. Alfred Haehl, *Vie et paroles du Maître Philippe*, Lyon, 1959, and Philippe Encausse, *Le Maître Philippe de Lyon*, Paris, 1958）

因此他在療癒病患之前，通常會要求患者及身邊的人付出「診療費」，而且為了不妨礙其他患者的權益，往往會限定治療時間、按時索取費用，無論是幾小時或幾星期。

另一種還債的方式──無論是償還自己或他人的債──則是捐錢給窮人或做善事。我們的祖先都曉得要捐錢給窮人、教會或醫院，在祈求療癒赦免罪業的禱告之後，總會隨手捐錢做善事。他們本能地知道債是必須償還的，而且最好是在此生還清而不是等到死後。他們有一種感覺，守門人的天秤作用是真實不虛的。

因此，傳統提到的「守門人」就是正義法則的因果支配者，同時也是良知學院的導師。他的天秤代表良知的消極面，劍則代表它的積極面或啟發和療癒的作用。你必須跨越良知之門才能進入內在世界。揭露這個世界的直觀力，就等同於已經順服於良知的智力，而順服就意謂著與它合一了。

　　因此，除了智力為良知獻上的純潔德行之外，任何的玄祕技法都不能讓我們從「表象」進入「內境」。只有徹底認識「道德邏輯」的重要性，才能超越智力的「形式邏輯」、從推理進入直觀的領域。任何定力的修練或壓制腦部活動的方法，都無法幫助我們發展出直觀智慧。任何呼吸法門或腦力鍛練也都沒用，因為目標如果高於肉體和智力的層次，就必須採取比它們更高層次的途徑。屬靈之事只有用屬靈的方式才能達成——除了「德行」之外沒有其他的技法可以奏效。

　　這是多麼奇妙的事啊！西方基督徒雖然在物質次元發展了那麼多的技法和科技，卻幾乎沒發展出任何精神或靈性的「技法」；東方的佛教徒及泛神論者似乎漠視了物質次元的技術，卻在精神和靈性層面發展出極為先進的「技法」。智力這種「技術天賦」的發展，在東方世界似乎全都朝向了內在，甚至耗盡於內修的領域。但是在西方世界裡，這種天賦所具備的創造力，卻是被耗盡或持續地消耗於外在生活的領域。結果造成了西方的內修傳統——密契體驗、靈知和神聖魔法——主要是在恩典法則之下發展，而東方的密契體驗、靈知和神聖魔法，則是在技術法則之下發展，也就是循著科學的經驗性法則，透過觀察和參照因果律，去理解努力的因果關係。舉例來說，

《帕坦伽利的瑜伽經》（*The Yogasutra of Patanjali*）建議人去信奉一位特定的神，因為這麼做有益於培養定力。修練者一旦學會專注於無形的非個人性目標，便可捨棄掉那位不再有利用價值的神。「瑜伽訓練的是讓腦子停止活動的克制力」，《帕坦伽利的瑜伽經》如此說道。這種訓練依循的就是因果法則：抑制腦部活動是因，瑜伽或與神合一則是果。

聖十字若望則是透過與神合一的靈煉，而有過多次的狂喜體驗。他在著作中經常提到這種智力、想像力和意志力徹底靜默下來的狀態，可是他也不厭其煩地重複提醒，這種狀態是神的臨在讓靈魂傾心所致，並不是人的意志力造成的。智力、想像力和意志力的全然靜默，只可能出現在被神的愛點燃的靈魂之內，其中沒有任何精神或靈性的「技法」可言；一切都來自於靈魂與神之間的愛。

這便是修行「技法」（勝王瑜珈）和聖十字若望在「感官與靈魂之夜」裡體驗到的「絕對恩典」（sheer grace）的差別。聖十字若望用「絕對恩典」來闡明這個差異。他在《靈魂之歌》裡說道：

某個暗夜，
被愛的熱望所點燃
——啊，絕對恩典！——
我隱匿地走了出去，
整幢屋子都是靜謐的。
由於我屋子裡的活動已經徹底安靜下來……所以（靈

魂）進入了聖婚之愛……整幢屋子的慾望與能量都沉
入睡眠和寂靜中……

這句話是聖十字若望為上述詩句下的註腳。他在別的地方
也提到：

> 對靈魂來說，上主將它引入這暗夜是一種絕對恩典，
> 靈魂在那裡得到的美妙無比的東西，完全是它無法自
> 行達成的。此外，沒有任何人能憑藉一己之力去斷
> 絕所有的傾向（「整幢屋子的慾望與能量」）來到
> 上主面前。（St. John of the Cross, *The Ascent of Mt.*
> *Carme* I, i, 5）

這段話明確地指出了基督信仰的靈煉方式——淨化、啟蒙
與合一——與瑜伽術的區別，前者不涉及任何技法，後者則是
由不同等級的修練方式構成的，其中包含著修身技法（哈達瑜
伽）和修心技法（勝王瑜珈）。

現在我們已經明白，基督信仰的密契體驗、靈知和神聖魔
法之中沒有任何技法可言。那麼，天主教的《玫瑰經》複誦以
及東正教的心禱（「以耶穌之名禱告」）又該如何解釋呢？
（心禱是一種日以繼夜不間斷的連續祈禱，祈請者會隨著心跳
而禱告：「主耶穌基督，神的兒子，請憐憫我這個罪人。」）
此外，我們又該如何看待愛爾蘭僧侶每天在心中默念整本《詩
篇》的行為？難道這些都不算是技法嗎？

「韻律」和「技法」的不同，就像生物學和機械學、鮮活的有機體和機器的差異。多少世代流傳下來的重複誦念、宗教節慶、禮拜儀式、配合呼吸或心跳的祈禱——《玫瑰經》、心禱和《詩篇》的每日複誦——這些活動的重複運作，都意味著韻律的應用和行持。西藏的轉經輪則是利用機制原理，以最少的力氣達成最大的效益。

　　祈禱的韻律使得自身的作用力從精神進入到生命力的領域，從個人習性和情感進入到生命基本驅力的範疇。以玄學的說法，則是讓禱告從「星光體」延伸至「乙太體」，成為一種活力語言而非個人感受或慾望的私語。活力就像是一條源源不絕的河流，《玫瑰經》的誦念也像是永不間斷、毫不懈怠的能流，因為凡是生命必然擁有生命力。平靜中帶著韻律的禱告非但不會消耗祈禱者的精力，反而會賦予禱告者能量。因此，《朝聖者之路》（*The Way of a Pilgrim*）的匿名作者才會提到一種令他日夜都充滿寧靜喜悅的祈禱方式，這使得他在世間預先嚐到了天國的至福滋味。《玫瑰經》的修煉也是一樣的；一百五十遍的「聖母頌」和十五遍的「主禱文」引領人進入了普世的靈性洪流中——普世性的祈禱之流中——所以能夠帶給人喜悅與和平。《朝聖者之路》的作者在此書的第三章中指出，他和妻子在體驗到不間斷的心禱之前，甚至是發現它的存在之前，

　　　　心中已經對禱告有所期盼，雖然並不理解口中冗長的
　　　　祈禱文，卻不感覺厭煩、反而充滿歡喜。某位導師對

我說過的話顯然是真的，他說人的心中埋藏著一種祕密祈禱文。人本身並不知道它的存在，但是它一直在靈魂深處神祕地運作著，而且是按每個人的智識和能力鼓舞著當事者。（The Way of a Pilgrim; trsl. R. M. French, London, 1954, pp. 70-71）

或許，聖保羅透過《加拉太書》下述這段話所指出的，就是這種在靈魂無意識深處的「祕密祈禱文」：

因為我們是他的兒女，上帝就差遣他兒子的靈進入我們的心，呼叫著：「阿爸！我的父親！」（《加拉太書》第4章，第6節）

就是韻律結合了有意識的禱告和無意識的「祕密祈禱文」，它們融合的成果則是讓「努力」變成了「活力」，也就是把靈魂的祈禱變成了屬靈的禱告。《玫瑰經》、心禱、連禱文及《詩篇》的複誦，都可以把「努力」變成「活力」。複誦不是要讓祈禱變得「機械化」，而是要變得「靈性化」。

親愛的朋友，如果你在探究第十八張大阿卡納的奧義時與《玫瑰經》相遇，請不要感到訝異。密修之道並不是對超凡事物的獵奇活動；我們要學習從不平凡的視角去看待平凡和已知的事物，並洞悉到它的深處。《玫瑰經》其實完全屬於「顯教」而且「無人不曉」，卻能徹底揭露靈修的深奧真理，也能結合靈魂的祈禱與屬靈的禱告。此外，它和第十八張大阿卡

納的主題也有密切關聯：探索智力如何被「技法」遮蔽而產生月蝕現象，以及如何讓上界的太陽照亮智力或是發展出直觀智慧。換言之，柏格森邀約智力躍升這件事，其實只要複誦《玫瑰經》即可辦到。這是方濟各的托鉢僧（Capuchin friar）的主張嗎？或許是，但為什麼方濟各托鉢僧不可能是對的，至少偶爾會對吧？

總之我必須說明，隱修之道最重要的精神，就是向所有人以及所有事物學習的渴望與能力，而「我懂得更多」的態度則是它的棺材。

「我懂得更多」意味著依照僵固的法則，對過往的努力與成果做出粗略的結論，導致智力陷入邊緣有稜角的一窪滯水中；面對任何新穎的事物和必須運用創造力時，它往往會變得像一隻螯蝦般退縮不前。智力一旦面臨心中的二律背反——「輕信式的順服—苛求式的反抗」，往往會縮回到它的死水中。面臨「論點—反論」的二元對立時，它也會製造出兩座堅固不移互相對峙的石塔。原本應該出現在對立性之上的第三種元素「整合性」不見了，浮出來的只有一張人臉，投射出來的是企圖用理性方式擺脫對立性的意志力。智力一味退縮，拒絕跨越或掠過那隻服從權威的「狗」（「輕信式的順服」）和那隻以批判方式拒絕所有權威的「狼」（「苛求式的反抗」），又不願飛越「論點—反論」形成的「巴別塔」，結果還是感到侷促不安。雖然人的自主意志投射的陰影遮蔽了整合性的見解之光，但後者小得如水滴般的光點已經落入人的無意識裡，暗自攪擾著他。換言之，雖然月亮——被上界的太陽照

亮的智力——呈現出月蝕狀態，但水滴般的整合光點已經進入無意識裡，像雨點般不斷地打在它的身上，發出永無休止的噪音。

是的，「我懂得更多」的態度一旦掌控了智力，就會徹底顯現出第十八張「月亮」卡的景象。上方的月蝕、中段的兩座塔、狼與犬，以及下方的水池和螯蝦，這些內容在在告訴我們，一旦面臨靈性與智力的二律背反，除了前進（自我提升）或退縮（沉入停滯的元素中）之外別無選擇。那麼就選擇吧！

這種選擇有著極大的意義，因此我們必須盡可能看清楚它週遭的環境，以下就是有關它的幾何圖形：

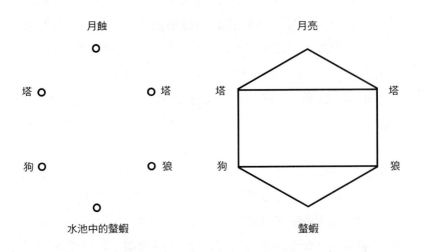

這個由長方形和兩個分立的三角形構成的圖形，是具有魔法的。它就是感應力（sympathetic）或巫毒術（voodoo）的傳統圖像，也可說是以兩組水平線構成的二律背反（長方形）

和一組垂直線構成的二律背反（兩個三角形的頂點），形成了讓意識動彈不得的魔法或能量結構。不消說也知道，這和使用「透法納毒液」（aqua toffana）、毒香水、「沾有涅索斯毒血的衣服」（the shirt of Nessus）或其他致命的「毒魔法」無關，也和艾利佛斯・李維在《轉化性魔法：其教義與儀式》中提到的那些更詭異、更不為人知的魔法扯不上關係。不，它攸關的是智力之中的良知受到遮蔽而陷入困境的嚴肅議題。這其實跟智力底端暗自運作的某種機械作用有關，目的是將可動的解釋成不可動的，將生命解釋成無生命，將意識解釋成無意識，將道德解釋成不道德。說真的，人類究竟是怎麼了，為何有那麼多理性表率，甚至是領袖或領導，把頭腦當成了意識的製造者，把化學元素當成了生命的製造者，把經濟當成了文化的製造者？人類的理性表率究竟是怎麼了，為什麼會認為人是沒有靈魂的，世上根本沒有神的存在？是什麼隱密的力量迫使智力先是宣稱所有根本性的議題——超越感官和智力的議題——都是無解的，然後又徹底否認了它們？換言之，人的心智為何讓自己陷入了形而上的月蝕狀態？

　　能夠為我們解答這些問題的就是第十八張卡的奧義，「感應力」與「巫毒術」之間的抉擇。「解答」指的是讓人「有能力看見」或「張開眼睛」。每一種奧義都不只是一則教誨而是真實的事件，它會使人「張開眼睛」、開啟一種內在的功能，懂得從嶄新的視野看待事物。此即第十八張卡的議題所涉及的內涵。

　　人的智力正如遭巫毒術蠱惑，導致它原本積極又有覺知的

意志，陷入了兩組二律背反「權威—自主權」和「肯定—否定」所構成的長方形能量模式中，而變得自相矛盾動彈不得。為了脫困，它必須退回到潛智力的區域或是前往超智力的領域，也就是不得不像螯蝦一樣退回到水窪裡，或者以超越自己的方式向前邁進，以大躍進或飛越的方式晉升到自己的上方，而不去建造巴別塔，不像狗一樣地哀嚎、狼一樣地咆哮。

許多人類的理性表率後來都選擇了退縮一途，還有些人則為浪漫的歷史創作悲吟哀歌，或是讓心智浸淫於上界之光中；另外有些人選擇對著不幸的過往以及過往的教條主義和威權主義犯下的罪行，發出電光石火般的咆嘯。更有人因為對智力周邊發生的事漠不關心，而繼續建造「肯定」和「否定」的高塔；這種塔和巴別塔的本質是相同的。因此，有人選擇退回到潛智力的領域，把所有原始的東西都當成進步和演化的起因，把所有的物質原料都當成意識的構成元素，把無理性當成了理性之源，把非關道德的事物當成了道德的肇因；還有人盡情高唱著過去黃金時期的輓歌，或者憤怒地對著歷史的不完美叫囂；另外有些人則把肯定或否定的論點當成基礎，去建構智力的巴別塔；這些論點都是從頭頂內部的暗處、被遮蔽的啟示及主觀意識裡挑揀出來的。

其結果是，人類只能看見或只期待看見原始本能的投射：原慾之樂（佛洛伊德）、權力意志（尼采、阿德勒）、物質和經濟利益（馬克思）的追求。人一旦把人性裡的世俗元素投射到夜間的發光體——道德意識——上面，就會出現月蝕現象。於是人就再也看不見任何值得追求的東西，也不再期待世上有

任何值得追求的東西。

如此一來，被遮蔽的月亮上面只剩下一張人臉，而不再反射陽光……乾枯的平原上開始出現兩座石塔，塔下有一隻狗和一隻狼在吠叫……一窪滯水被圈在幾何形的框框裡，還有一隻被困在其中的螯蝦——這整個畫面難道不會令你不安，使你聯想到巫毒術如何長遠地影響著智力，導致它變成了受害者嗎？

康德的確為我們揭露了智力的困境，列舉出它諸多受困的證據，並且向那些有能力思考的人提出嚴重的警告。我們可以用第十八張卡的畫面來說明它：「夜光受到了遮蔽！你看見的不再是客觀實相的真光，而是一張人的臉孔！唯有朝著超驗之我的道德意識發展，你才可能跳脫這種月蝕的監禁狀態！」從康德至今，智力被巫毒符咒壓制的證據越來越受到重視，也越來越明顯。我之所以在這封信裡充分引述柏格森的思想，是因為他用了極清晰又有根據的方式闡明了這一點，但他並不是唯一確知智力受監禁而呼籲要脫困的人。叔本華、多伊森（Deussen）、索羅維耶夫和別爾佳耶夫——在此僅提出這幾位知名人士——似乎也都認同第十八張大阿卡納的主題，雖然他們的觀點或思想不盡相同。黑格爾甚至提出了一套嶄新的形上邏輯——理論、反論和綜論的辯證法——不過基本上他也只是重申了隱修之道「中和二元對立法」的理論。我們可以在煉金論文和雅各·伯麥、聖馬丁、道利維等人的著作中，找到與「中和二元對立法」相關的描述，目的也是要讓智力脫離監禁，藉由直觀力提升至「客觀意識」的層次。我們這個時代的德日進則提出了「演化辯證法」，它已經不再是純理性論述，

而是進一步地在演化的歷程中認清了化學的、生物的、精神的、智力的、道德的以及靈性的運作模式，方式是按客觀辯證法來證實一切事物的分離、聚合及產生。這也不再是隱修之道的其中一個特定面向，而是隱修之道本身的運作方式，亦即在密契體驗、靈知、神聖魔法以及物質界一切經驗中看見一體性。

由此可知，人們不但承認智力會陷入被蠱惑的情境，而且一直在想盡辦法讓它脫困。剩下來的問題就是：巫毒術究竟用了什麼「技倆」，使得智力變成了受害者。

簡言之就是：懷疑。懷疑導致了意識處於二律背反的狀態，因為它面臨的是看似有根據卻彼此對立的想法。康德曾經列舉四組基本的二律背反：

1. 宇宙是在一個時間點上開始的，在空間上則受到了限制——宇宙並沒有一個開始的時間點，在空間上也是無限的。

2. 物質是由各個單元所構成——宇宙沒有任何東西是由單元所構成，也沒有任何東西是簡單的。

3. 自由並不存在，一切都取決於自然法則的因果律——自然法則的因果律所形成的決定論並非唯一的真實，因為由自由意志的因果律所促成的決定論也是真實的。

4. 宇宙中必然存在著一種有效因——在宇宙中或其外不必然存在著有效因。

按照康德的說法，宇宙的創世論和永恆論、物質的單一性和複雜性、自由和決定論、有神論和無神論，這些二律背反都會削弱智力、使其變得無力，甚至會使其癱瘓。

不管康德的二律背反論點是唯一的還是最重要的，都足以顯示對立的觀點會癱瘓智力。人發明的巫毒術對智力施展的「技倆」，就是讓它面臨二律背反、感覺沮喪、變得無力，繼而放棄往深處探究的意願。然後二律背反的對立和矛盾性，又會進一步地被相對主觀的解決方案強化，導致一般人都認為只是主觀的個人品味在決定哲思基礎。這麼一來，柏拉圖的理想主義、亞里斯多德的唯實主義、笛卡爾的理性主義、萊布尼茨的單子論、斯賓諾莎的一元論、叔本華的悲觀唯意志論、費希特[3]（Fichte）的樂觀唯意志論、黑格爾的辯證法等等，全都被當成了理性詩作，差異只在於品味和才華的不同而已——此即巫毒術的第二種伎倆。人們一旦被誘進懷疑的圈套裡，就會把形上思考視為個人心理活動的表現，即「月亮上的人臉」，而且除了它之外其他全都視而不見。靈魂真的是不朽的嗎？哲學論點也許只是自保的渴望構建出來的東西？人真的是一個小宇宙嗎？或許這類想法背後的真相，只是渴望變得重要罷了？發展、演化……也只是要人們接受苦難、辛勞和死亡。上帝……不過是一種保證會有好結果的理想。因果報應的「概念」不但能安撫，甚至能慰藉眼瞎、耳聾和頭腦遲鈍的人。天

3　譯註：德國哲學家（1762-1814）。

使的觀念是來自於人對空寂的恐懼，以至於天國必須充斥著和我們類似的存有。

這麼一來，頭腦不但不再去追究這些論點的真實性，反倒開始關注這些意識形態上層結構的「戲論」背後的動機。智力會將「人臉」投射到月亮上，其他的全都視而不見。

為了延續這個主題的探討，我必須先說明一下，有兩種人是我幾乎完全無法交流的：我指的不是那些在智力領域裡熱情地提出肯定或否定言論的人，而是那些「心理學解說者」（psychologiser）和「真理解說者」（spiritualiser）——他們通常會表現出有容乃大的態度。事實上，你根本無法和「心理學解說者」探討宇宙或生命的客觀現實及真相，因為他們會將一切都解釋成心理活動的表現。他們堅稱這些「心理現象」是無可爭議的事實，而且全都有解釋，因此你根本無法和他們達成共識，也無法不同意彼此，因為你如果提到月亮，他只會在月亮上面看到你的臉或是他自己的臉。你也無法跟一位「真理解說者」交流，因為他會堅稱自己的高層我就是神，所以任何宗教哲學上面的相對觀點，在他眼裡都是普世的、永恆的、絕對的高層我的示現。如同「心理學解說者」會將人的低層我投射成照亮宇宙萬有的發光體，「真理解說者」也會將人的高層我投射成照亮宇宙萬有的發光體。前者投射出來的是心理層面的臉孔，後者投射出來的則是靈性層次的臉孔——兩者投射的總之都是人臉。

你如果向「真理解說者」宣揚耶穌基督是化身成人的神子，他會回答你說這個想法是對的，因為在耶穌身上實現了

永恆的真理。他證實了「人的高層我就是神」。接下來你如果說，道成肉身是神為愛做出的徹底犧牲，他也會說你的想法是對的，因為愛就是「一切真我之中的小我」共通的本質，而且每個靈魂都有自己的化身，也都是源自於神的真我的奉獻行為。然後你告訴他，耶穌的復活和戰勝死亡是祂完成的使命中最獨特的部分，他會回答你說耶穌復活的事實當然不可否認，因為高層我和真我的確有能力投射出精神影像——馬雅幻相——並且有能力讓它示現成人身，因為宇宙不就是識能的顯化嗎？如果你說聖靈降臨節 **4**（Pentecost）是耶穌的使命帶來的結果，他則會用肯定的語氣回答你說：五旬節也是阿凡達耶穌的使命帶來的結果，因為這個節日象徵著他的使徒們都領悟了「小我」即高層我或真我，而且「方言」是每位聽者的高層我都能理解的語言。最後你被逼急了，開始想和他進行辯論，於是你告訴他世上的確存在著惡魔、人的墮落和原罪，他仍然會說你是對的，因為意識會產生幻覺、自以為擁有多次元性，但是在真我意識中這些次元本是一體的，所以墮落的確有必要，這樣人類才能藉由幻相……

總之，「真理解說者」和「心理學解說者」都不是深入探討生命或宇宙實相的對象；他們只能看見心理或靈性層面的人臉。這便是月亮被人臉遮蔽的後果。

我們不難想像有些人由於不願把宇宙看成是主觀意識的投

射，但是又無法或不知如何做到柏格森所說的智力大躍進，最後只好選擇「感官的客觀經驗」……隨著第十八張卡上的螯蝦縮回到水窪的框架裡。如此一來，巫毒術的蠱惑作用就達成了目的；它成功地讓智力在面臨天國時選擇退縮，甚至消失於地表、躲進了由「感官經驗」形成的地下世界。

那麼智力捨棄形上事物，選擇待在「感官的客觀經驗」裡，會進入什麼狀態呢？

這種狀態的特徵就是不再往前進展。智力會在最不先進和最原始的事物中，去尋找演化進程中最前衛、最發達事物的起因和解釋。它不會在富創造性的顯意識高處去尋找宇宙的有效因，反而退回到無意識的深處；它不再向前進展、揚昇至神的高度，反而退縮到物質世界最低的層次裡。舉個例子，這樣的頭腦看待世界的方式，就像是從詭異的視角去看一件藝術品：它會從材料的品質和用量來解釋這件作品，而不再透過風格、內涵、意義和創作動機去欣賞它。這不是很荒謬的事嗎？為了理解雨果的詩，你會用化學程式去分析他所使用的墨水和紙張，統計他詩作的字數嗎？然而這正是退化的頭腦看待世界的方式。

現在讓我們為第十八張大阿卡納的冥想做個總結：

在卡巴拉的四聖獸或隱修之道的四種「神獸」——老鷹、人、獅子、公牛——之中，有三種顯現於黃道的星座上：公牛、獅子和人（或拿著水瓶的人）。但我們卻看不到老鷹，因為它在黃道上的位置被天蠍取代了。原本屬於老鷹（揚昇作用）的位置卻出現了天蠍（退縮及自毀的作用）。因此，第

十八張大阿卡納的主題探討的就是老鷹和天蠍的奧義——前者取代後者的奧祕。理由是「月亮」卡裡螯蝦的原型就是天蠍。智力若是選擇退縮而非翱翔，必然會陷入上述的荒謬情境裡。這對智力而言就是自毀前程。此即「螯蝦—智力」不想成為「老鷹—智慧」的下場。

因此第十八張卡提出的挑戰就是：以老鷹的方式揚昇至二律背反的上方，還是以螯蝦不面對問題的方式，縮回到最深的困境、天蠍式的自毀裡？

第十九張大阿卡納的冥想

太陽

THE SUN

當我開始畫曼陀羅（mandalas）時，

竟然發現過往的一切，

包括我依循過的每條路和走過的每一步，

都回歸到同一個中心點。

我逐漸明白曼陀羅就是那中心點。

它是所有道路的指標，通往核心和個體化歷程的途徑……

當我察覺曼陀羅乃「自性」的一種顯化時，

我知道我已經接近所謂的終極真相。

或許有人知道的比我更多，但我所能通曉的就是這些了。

——榮格

「耶穌的心，是眾心之王和焦點。」　　　——耶穌聖心禱文

我是阿爾法和亞米茄，是首先和末後，

是開始和結尾。　　　　　——《啟示錄》第 22 章，第 13 節

在人的思想與渴望共同作用之下，

宇宙看上去就像是由一股宏大的聚合能量透過振動交織成的。

不管從理論或經驗來看，

現代的宇宙源起論採取的都是宇宙發生說的主張……

在其中我們看見了個體化人格的至高點……

如果將我們信仰的基督視為科學的「亞米茄點」：

視野中的一切都會顯得清晰遼闊而變得和諧起來。

——德日進

太陽

親愛的不知名朋友：

　　上一張「月亮」卡呼籲我們要善用智力解放自我，並且要擺脫巫毒魔咒的制約、不再和直觀本能隔絕。眼前的「太陽」卡涉及的就是智力與智慧結合而成的直觀智慧。

第十九張大阿卡納上面有兩名站在太陽底下的兒童，其中一位將右手放在另一位的脖子上，彷彿想讓他的頭更靠近自己，另一位則把左手放在前者的心臟部位。這兩名兒童其實代表了智力對自發智慧的赤誠信心，以及赤子般的自發智慧利用心靈語言，去引導智力關注它所要表達的東西。所以卡上才會出現兩名站在太陽底下的兒童，毫無保留地彼此信任結為夥伴——一個做出手勢，另一個則顯得很瞭解對方。沒有任何大阿卡納比「太陽」卡更能呈現智力與智慧的和諧互動了。我們只有在兒童身上才能看得到這麼純真的信心，一種彼此信賴、毫無懷疑和戒心的互動關係。這種關係讓掌控性和權威傾向——自命為施恩於人的上師或精神導師——變得毫無立足之地，因為對兒童來說這是與他們毫不相干的狀態。

奧斯維德・沃爾斯曾經說過：「在太陽底下將彼此視為兄弟的兒童，對應的就是雙子座，因為這個星座為我們帶來了最長的白晝。」這句話使我們聯想到第十九張卡和黃道十二星座的關係。以榮格的話來說，黃道十二星座就是靈魂集體無意識深處的十二種原型力量或意像。黃道的力量是人的靈魂隱約知道的東西；它是靈魂「吃進」肚子裡的書，在生命的深處活躍地運作著。它可以讓靈魂變得茁壯或虛弱、豐饒或乾枯、熱切或冷淡，端看靈魂是否能與這些驅力和諧共處。

我們可以拿《翡翠石板》的第一句話來呼應這股被稱為「雙子座」的能量：

為了達成與「一」融合的奇蹟，願「上界如是，下界

亦然」。

　　此即以合作為出發點、讓類比法發揮功能的方式。它和達
爾文所謂的「射手式」演化驅力正好相反。大自然有許多實
例，足以證明生物的合作傾向與生存競爭傾向同樣明顯。這些
例子可以使人明瞭，合作與競爭是價值相等的兩股主導力量。
不過我們的確很難解釋清楚，人體的數百萬細胞究竟是在依循
哪種法則運作？肌肉、神經系統、腺體、血液的細胞，難道不
是按合作而是按競爭法則在運作嗎？生物的整體機能和健康，
難道不是靠著合作的精神在維繫嗎？

　　自然界的蜜蜂與開花植物一向合作無間，空氣、陽光和植
物在光合作用下攜手並進，將無機物轉成了有機物——猶如
把「石頭」變成了「麵包」。如果合作精神無法勝過競爭心
態，那麼人類不但不可能發展出現代國際文明，甚至可能早已
滅亡。

　　因此毫無疑問地，我們至少應該把合作法則視為和達爾文
的「生存競爭」同等重要的演化驅力。換言之，雙子座的白晝
在自然中扮演的角色和射手座的夜晚同樣重要。

　　雙子座的最高表現就是自發智慧與智力的合作。在這種
意識狀態下，智力會從形式認知提升為實質認知，從認識
事物之間的關係提升為認識事物本身。但是「認識事物本
身」有兩個先決條件：一是被柏格森巧妙地命名為「感應」
（sympathy）的意識功能，二是將這份彼此交感的互動深化
和延續下去的方式。換言之，你必須進入一種本質性的交感關

係（本質對本質的），同時不能因為其他的事物分心，而且要一直維持住強度和清晰度，直到你明確地有了實質性的認識為止。以下是一個具體的實例：

假設你以無私的態度去尊崇一位無形存有——逝去的人、聖者或天使階層存有。你的尊崇，包括愛、敬重、感恩和效法的渴望，勢必會讓你和這個對象之間產生無形的交感。這份聯結是隱微的還是充滿戲劇性的，是漸進的還是幾乎覺知不到的，其實並不重要，因為總有一天你會經驗到這個存有……它不會是那種在你身邊飄盪的半電能存有——魅影的形像——而是充滿著光耀的寧靜氣息。你會清晰地知道它不是源自於你。它影響也充滿著你，但並不是源自於你，如同靠近火爐時感受到的溫暖不是來自你而是火爐。接下來你可以決定是否要專注地保持靜默，好讓這份關係持續發展、增加其強度及清晰度，直到你能夠在完全清醒的狀態下與它面對面為止。

當彼此交感的強烈和清晰程度到達極致時，就會出現面對面的情況。兩者既可能產生「能量交感」，也可能出現「言語交感」的情況。前者指的是和你產生感應的並非清晰的思想或圖像，而是一種「能量」或振動——裡面蘊含著道德理想和精神啟示。後者指的則是清晰的思想和圖像帶來的啟示。伯利恆的牧羊人得到的訊息就是「言語交感」的典型例子。東方三賢士的經驗——「在東方看見了猶太人之王」的星星，而必須到耶路撒冷去尋找「那出生要作猶太人的王」（《馬太福音》第2章，第2節）——則是「能量交感」的典型例子。「猶太人之王的星星」使得他們肯定耶穌基督即將誕生，同時也驅策他

們前往耶路撒冷尋覓他的身影，但卻未曾提供有關誕生地點或耶穌父母的訊息。伯利恆的牧羊人則顯然得到了明確的指示：「今天，在大衛的城裡，你們的拯救者——主基督已經誕生了！你們會看見一個嬰兒，用布包著，躺在馬槽裡；那就是要給你們的記號。」（《路加福音》第2章，第11-12節），他們得到的是對時間、地點及周遭環境的完整描述。

「能量交感」的相會，永遠類似於東方三賢士看見那顆星的經驗，「言語交感」的相會，則永遠類似於伯利恆牧羊人的經驗。「那顆星」不會說話只會移動；它把調查事實的工作留給了啟發的對象。反之，「言語交感」的相會則能驅動和教導人——它會在心智和事實的範疇內產生作用。

我沒有立場斷言比較容易發生哪一種形式的相會，或者哪一種相會比較合宜，不過我個人比較偏好伯利恆牧羊人的經驗。但由於直觀智慧是源自於智力與智慧的主動結合，因此屬於「能量交感」的啟示類型。如同東方三賢士跟隨那顆星長途跋涉地為聖嬰帶來禮物，隱修之道也是一個世紀又一個世紀地朝著馬槽的方向邁進——不是空手而是帶著禮物去的。它的禮物就是人類數千年來努力追隨「那顆星」所得到的智慧成果。

馬槽是東方三賢士和伯利恆牧羊人相會的地方，也是榮格在八十多歲時提到的「曼陀羅」。他說：「我依循過的每條路……都回歸到同一個中心點。我逐漸明白曼陀羅就是那中心點。它是所有道路的指標，通往核心和個體化歷程的道路。」德日進也說過類似的話：

在人的思想與渴望共同作用之下，宇宙看上去就像是由一股宏大的聚合能量透過振動交織成的。不管從理論或經驗來看，現代的宇宙源起論採取的都是宇宙發生說的主張……在其中我們看見了個體化人格的至高點……（Teilhard de Chardin, *Christianity and Evolution*; trsl. R. Hague, London, 1971, p. 180）

馬槽是東方三賢士和伯利恆牧羊人朝聖的中心地帶，靈魂的個體化目標，宇宙人格化的至高焦點，也是道成肉身的歷史之謎。它不就是時空裡宏大聚合能量的中心點嗎？它難道不是多少世紀以來，人類竭力將基本的化為珍貴的，持續傾聽和解讀星星的訊息，向天使、天使長、智天使和熾天使請益，謹守著聖杯與祭臺的那個中心點？這馬槽不也是隱修士的中心點嗎？

隱修士跟隨著「那顆星」而逐漸步入歷史、精神和宇宙演化的至高點，也就是上界啟示的阿爾法與亞米茄的核心地帶。如同群星有引力中心，眾人之心也有其引力中心。後者就像前者一樣讓靈魂的生命展現「季節的循環」，而這就是教會在每年聖誕節舉行馬槽點燈式的原因所在。我想說的是，聖誕節不僅僅是為了紀念基督降生的歷史事件，它的主旨是要提醒我們這個事件每年都會上演一次；基督會在這一天重新變成聖嬰，人類史也將回歸到馬槽在世的時間點。我們內在的東方三賢士因為傾心於「那顆星」，而在歲末時節帶著一年當中搜集到的黃金、沒藥和乳香上路；內在的牧羊人則會在這一天長跪於聖

嬰面前。

　　基督降生的真實事件每年都會重複出現在屬靈的次元──包括神蹟、受難、復活和升天──如同世間的太陽不斷地促成春、夏、秋、冬的變化，靈界太陽也會在聖誕日顯現永恆春天的特質，在神蹟中顯現永恆夏天的特質，在受難及復活中顯現永恆秋天的特質，在升天中顯現永恆冬天的特質。這意味著生命的嬰兒期、青年期、中年期和老年期也都是永恆不滅的。基督同時是聖嬰、救世主、受難者及復活者。人的內心也同時存在著永恆的孩子、青年人、中年人和老者。過往的一切都不會消失或毀滅；它們只是從舞台上退到了兩側──從顯意識退回到無意識，但仍在那裡積極地運作著。過往的歷史文明和時代同樣沒有消失，仍然積極地活躍於我們的時代和文明中。榮格發現遙遠的過去仍存在於現代人的無意識裡，因而確立了「遠古意識層」（archaeological layers）的概念──類似於考古學研究歷史文物，古生物學研究化石所確立的理念。多虧有了榮格的發現，「精神考古學」（psychological excavations）才得以加入前兩者的行列，為它們增添了不少助力。前兩者研究的遺跡和榮格提出的「遠古意識層」的差異，就在於後者雖然埋藏在潛意識裡，卻仍然活躍地運作著──前兩者則是歷史殘留下來不為人知的枯骨。

　　「復活」（下一張大阿卡納的主題）指的就是徹底實現潛存的（潛存「latent」來自拉丁文的「latere」，有隱而不見的意思）身心靈能量。換言之，這些能量已經從行為和智力的範疇退回到無意識的領域。由此可知，無意識就是我們所謂的

「過去」，但根據柏格森（為榮格走出了一條「步道」）的説法，它具有無法被摧毀的恆久性，因此可以透過記憶或是復活將它喚至當下。復活等同於神喚醒了人所有的記憶。人可以藉由「憶起」將過往的一切喚至當下，神也可以將隱匿的東西從無意識喚至顯意識。所以「死者復活」指的就是神完全「憶起」了過往的一切，或是喚醒了生命的所有記憶。

基督信仰最主要的「福音」便是復活這件事。因此，基督信仰史一向是也將會是人類史上值得被喚醒的事物的復甦歷程。它一向是也將會是一系列的「振興」史，這個過程類似中世紀末希臘—羅馬哲學及藝術的復興運動，包括古埃及和迦勒底[1]（Chaldaea）在內的其他精神文明也都會重現。近代的演化論和「宇宙論」就是它的黎明曙光。不過這種復興只是復活的第一階段：目的乃是要保住靈修傳統、讓它延續下去。另外一系列的復興則是要延續心理或精神層面的研究，這意味著進入了復活的第二階段。接著就是肉身的復活——也是復活的徹底完成。

由此可知，肉身的復活將會發生在靈性和精神的「復活」之後，其恆久性也會在地球上重現，這意謂著記憶戰勝了遺忘。基督信仰史就是由這些事蹟串連成的歷史。

教會禮儀年的意義也是一樣的。人的記憶在這一年中將努力地與神的記憶融合，目的也是要實現復活、讓過去的歷史重

1　譯註：古代的伊拉克。

現於當下。耶穌將麵餅分給門徒時說道：「這是我的身體，是為你們捨的。你們要這樣做來記念我。」（《路加福音》第22章，第19節）這句話就是充分理解禮儀年的關鍵所在。人們做這些事是為了紀念耶穌、他的母親，他的使徒、聖人及殉教者，他們全都活生生地臨在於當下。禮儀年的主旨就是：不要忘記，只有透過憶起才能重生。

一年當中的所有節日都是為了復活與重生而設定的。聖誕節是聖嬰復活日，同時也是東方三賢士和伯利恆牧羊人的復活日，因為透過啟示和靈知，他們所代表的心靈和精神能量再度被喚醒。這一天也能喚醒和啟動個體靈魂的作用力，使人們更有能力領受主耶穌的啟示。隱修之道每一年也會經歷一次聖誕日帶來的回春和啟發效應，隱修士們則會因為自己的努力，在這一天得到上界賜予的活力與啟示，只不過他們通常無法察覺。因此，「那顆星」的神祕本質一直重複地發揮著作用。

但是跟隨它的人必須記住，不可向希律王、耶路撒冷的「祭司長或民間的經學教師」請益，也不該尋求他們的指示和認可，而應該追隨自己在「東方」看見的「朝前方引路」的「那顆星」。它的光加上追隨者為解讀啟示所付出的努力，應該已經足夠了。希律王代表的則是反啟示的能量與特質；這種能量也是永恆的。聖誕節不只是聖嬰誕生的日子，更是伯利恆的嬰兒不幸遭到屠殺的日子──那一天，自動反應的智力起了殺人的念頭，因為屬靈的柔嫩花朵威脅到它擅自取得的絕對自治權，於是它決定捏碎所有的鮮花，將它們趕進無意識的領域。

但願追隨「那顆星」的人能夠毫無保留地信靠它！但願他們不去尋求科學的認可、印證或核准……更糟的是科學的指引！

　　近來有個範例是人人皆可獲益的，那就是榮格依循「星星」的指引、不向外尋求支持這件事。親愛的朋友，只要閱讀他的自傳《回憶、夢、省思》（*Memories, Dreams, Reflections*），你就會明白這樣的人面臨的是什麼挑戰了！

　　榮格的心靈傳記道出了一名隱修士——東方賢士——如何忠實地追隨「星星」的典範。我並不想探討榮格的研究是否令人滿意。我必須承認它們並沒有滿足我的需求，但我有什麼資格要求榮格進一步地拓展他的研究呢？他其實已經指出了一種值得被視為楷模、能夠臻於完善的途徑。重點不在榮格的研究成果而在於做研究的方式。譬如，我們可以從他的「自由聯想」（free association）發現第一張大阿卡納所強調的「不用力的專注」；從夢的解析和自發的想像力，發現第二張大阿卡納的奧義；他讓施恩的高層次元和接受滋養的個人意識彼此合作，這呼應的是第三張大阿卡納的奧義；他透過以往的煉金學、神話及祕儀，詳盡地解說由無意識深處顯化出來的現象，這應用的是第四張大阿卡納的奧義；他的靈療方式包含了讓病患理解來自無意識的警訊、將後者視為指導靈，這應用的是第五張大阿卡納的奧義；他主張要依循「靈感之箭」而非某種行為準則，來勇敢地克服慾望與責任意識之間的巨大矛盾，這應用的是第六張大阿卡納的奧義；最後他強調不要認同原型式的超人力量，意即不成為自我膨脹的受害者，這裡則是應用第七

張大阿卡納的奧義。

我們同樣也可以在榮格的研究中發現第十九張大阿卡納的奧義。它偽裝成智力與超驗存有的積極合作，這份合作精神不但是榮格畢生努力換來的成果，也是深層心理學背後的基礎，而他也公開主張及提倡這種做法。柏格森發現直觀力是瞭解生命和宇宙的必要條件，榮格則將其應用於理解和療癒人的靈魂上面。他沒有犯下東方賢士的錯誤。他沒有向希律王或他的人請益。

德日進神父的一生及成就是另一個忠於「星星」的範例。這位現代東方賢士追隨「那顆星」歷經了漫長的旅程：穿越了數百萬年的宇宙演化之旅。他究竟貢獻了什麼？他清楚地闡述了演化上方的「那顆星」如何讓整個宇宙「看上去就像是由一股宏大的聚合能量透過振動交織成的……我們在其中看見了個體化人格的至高點」。於是達爾文式的演化——無數的物種盲目竭力地繁衍最有生存力的下一代，一場適者生存的噩夢——變成了一條個體化的心靈進化之道，並且有了方向和目的。由於德日進觀察到達爾文式演化上方的「那顆星」，並且視其為導航星，生存競爭的噩夢才被轉化成一條通往馬槽的康莊大道。他自始至終都跟隨著那顆星的指引，沒有讓自己偏離正軌——不論面臨的是宗教界的新對手或科學界的超驗派競爭者：他對「那顆星」的忠誠足以讓自己的靈魂發展出無比的毅力，以至於到死前最後一刻都是教會的忠實子民，同時也是富有良知的科學研究者。他從未反抗或背離教會及學術界。他一生都效忠於它們，因此就如山上寶訓第七條論福所指的：「促

進和平的人多麼有福啊；上帝要稱他們為兒女。」（《馬太福音》第 5 章，第 9 節）

我在描述靈魂因忠於「那顆星」而得到力量的同時——忠誠能夠克服懦弱的叛逆傾向（叛逆是懦弱的，因為靈魂任由自己被不耐煩的情緒掌控；一切的叛逆行為都帶有這種弱點，包括宗教改革、政治革命和社會運動在內），同時忠誠也能制衡相左的慾望——很難不表達對兩位當代隱修士的敬意，他們分別是法蘭西斯·瓦瑞恩（Francis Warrain）和保羅·卡爾頓博士（Dr. Paul Carton）。這兩位都是宣誓過的隱修士。法蘭西斯·瓦瑞恩追隨「那顆星」的方式是研究法律、創作雕塑，探究數學、邏輯學、歐恩尼·榮斯基 [2] 的玄學、查爾斯·亨利 [3]（Charles Henry）的身心學、雅各·伯麥和卡巴拉學派。「他盡可能地結合古代的直觀智慧和邏輯推理」，為兩者之間的靈知意識做出根本性的詮釋，而使得絕對與相對——信仰與智力——的二律背反得到了適切的和解。促進和平的人有福了，因為上帝要稱他們為兒女！

保羅·卡爾頓則是以自然療法醫師和基督信仰超自然主義者的身份去追隨「那顆星」的。他走在自然主義和神蹟之間的窄路上，這條窄路就是隱修之道。他的著作《玄學與眾玄學》（*La science occulte et les sciences occultes*）也涉及對大阿卡納的研究，此著作見證了他畢生透過隱修傳統的居間魔法，來整合

2　譯註：波蘭哲學家兼數學家（1776-1853）。
3　譯註：法國巴黎索邦大學的圖書管理員和編輯（1859-1926）。

神的超自然現象和人的自然現象。我再重複一遍，促進和平的人有福了，因為上帝要稱他們為兒女！

因此，直觀智慧就是人的智力與超驗智慧合作的成果。它促成了絕對和相對、超自然和自然、信仰和智力之間的連結，成為「居中的靈知」和「居中的魔法」。只有信仰和智力兼具的人，才可能發展出直觀智慧。它只保留給有信仰的深思者，任何有信仰卻不去深思的人將永遠得不到它。任何有思想卻沒有信仰的人，也永遠得不到唯有直觀力能帶來的對先驗事物的確信。

直觀力結合了兩種確信：本質的和一致性的確信。前者是奠基於善與美的道德律，後者則是奠基於認知的一致性。因此，直觀式的確信可以說是結合了「第一手信心」和「第一手智力」。讓我們來解釋一下這個觀點。信心既可能奠基於外在權威——人、組織、書籍等等——也可能奠基於內在權威——對神的氣息的深刻體驗，或是對上主國度的直接印象。此外還有第三種信心能在上述兩者之間產生調解作用，而這也許是最勇敢的一種信心：一種「不證自明的信心」，無須任何來自外在或內在的支撐。在曠野裡呼喊的人（參照：《馬太福音》第3章，第3節）具備的就是這種信心。這意味著一個寂然獨立的靈魂（在曠野裡）深切地洞悉到什麼是生命不可或缺的東西。康德思想的三個要旨：神、自由意志和不朽性，便是靈魂在曠野裡呼喚的對象。它們既不是源自於外在權威，也不是來自神秘的密契體驗，而是出於靈魂半結構式的迫切需求。唯有真正的飢渴才能見證糧食與水的存在。「自由意志、不朽性和

神」——或是令人絕望的空寂暗夜——便是康德的靈魂在曠野裡呼喊的對象；康德就是在其中發現了自己。

施洗約翰為耶穌進行洗禮以前，聖靈從天國降至耶穌身上之前，就已經具足這份信心。他的信心被總結於他佈道的結語中：「悔改吧，因為天國快實現了。」（《馬太福音》第3章，第2節）這既是一種曠野的呼喊，也是對上界的飢渴所驅動的呼喚。這份信心讓施洗約翰成為第一個見證聖靈從天而降的人，也是第一位認出耶穌基督的人。他的信心為他帶來了屬靈的體驗；他成了真實的見證者。

當直觀力在智力的協助下得到全然的確信時，「不證自明的信心」就會變成「第一手信心」（密契體驗）。為了得到全然的確信，施洗約翰仍然需要智力的協助。因此，看見聖靈降至耶穌的身上之後，他還是派了兩名徒弟去問耶穌：「你就是約翰所說的將要來臨的那一位，或是我們還得等待的另一位呢？」（《馬太福音》第11章，第3節）。這時耶穌必須給出一個合理的答案：

> 你們去，把所聽見、所看見的事告訴約翰。那就是：瞎子看見，瘸子行走，長大痲瘋的潔淨，聾人聽見，死人復活，窮人有福音傳給他們。（《馬太福音》第11章，第4-5節）

換言之，施洗約翰見證的聖靈和透過耶穌示現的奇蹟之間，存在著一種前後呼應的連貫性。為了填補施洗約翰的意識

缺口，耶穌採用了理性語言進行解釋。正因為有這道缺口，耶穌才會說施洗約翰雖然是一名先知卻「比先知還大」，而且：「在人間沒有比約翰更偉大的人，但是在天國裡，最微小的一個都要比約翰偉大呢！」（《馬太福音》第 11 章，第 9 節、第 11 節）因為神的國度——直觀智慧的領域——帶來的是智力與第一手信心合作的確信。

因此，主耶穌呼籲人不但要有信心也要發展智力，不但需要基礎性的確信，也要相信聖靈的前後一致性。他告訴世人，要從結果去認識事情，也就是從「果」推出「因」：

> 你們能夠從他們的行為認出他們。荊棘不能結葡萄，蒺藜也不能結無花果。好樹結好果子；壞樹結壞果子。好樹不結壞果子；壞樹也不結好果子。（《馬太福音》第 7 章，第 16-18 節）

這便是對智力及其角色最簡明完整的描述；它的角色非常重要，因為它是直觀智慧的一個基本構成要素。直觀智慧扮演的角色則是在神的國度裡判定事物的偉大與渺小。

中世紀西方教會十分明瞭智力扮演的角色。教徒們都積極地投入於思想的拓展，經院哲學於焉誕生。它的目的並不是要把信心理性化，也不是企圖以哲學取代信仰——源自中世紀信徒隱藏於內心的質疑。不，經院哲學是起源於渴望擁有透徹的直觀智慧，它為智力「施洗」的目的是要它同意與信心合作。因此它和質疑無關，反倒是出自熱切的信心。經

院哲學完全不懷疑人的智力具有「受洗」和「受基督信仰感化」的潛力，就像聖艾爾伯圖斯·麥格努斯[4]（St. Albertus Magnus）和聖多瑪斯·阿奎納也不是受質疑驅使而展開了偉大的哲學研究工作；他們對耶穌在各各他山流下的聖血充滿信心，堅信它能滲透、溫暖和轉化原本清冷的思想。他們從事的工作是要扮演好耶穌門徒的角色而非為神辯護。傳教士是為了宣揚福音而走進非基督教國家，聖艾爾伯圖斯和聖多瑪斯也是為了感化人心而踏進了智力的非基督化領域。這些都是出自質疑嗎？當然不是！這些顯然是源自於教徒的信心和熱忱！

親愛的朋友，請勿藐視中世紀的經院哲學。它就像是中世紀的大教堂一樣華美、莊嚴、富有啟發性。如同真正偉大的傑作一樣，經院哲學的名著的確能帶給人裨益。它們療癒了那些迷惘、瘋狂和困惑的心靈。醫生經常會建議病患改變居住環境，像是到山裡休養數月。受「存在議題」和「生命的矛盾性」困擾的人，也應該搬到經院哲學的理智深山裡待上一段時間，吸取那兒的純淨空氣。我並不是要人信奉它的教誨，而是要人們提升到理性邏輯的層次，在那個高度上藉由透徹精闢的哲學理念，去持續地深思一段時間。

你或許不見得信服聖多瑪斯的五種論證方式（目的是證實神的存在），但還是能透過冥思它們而獲得清晰的見解與內心

4　譯註：中世紀德國最偉大的哲學家和神學家。

的和平，以便踏上確信的道路。當你用經院哲學的冥思方式閱讀時，它會發揮有益的作用——甚至是療癒功能——幫助你超越「複雜的心理情結」。

此刻你可能會反問：數學不也具有同樣的功效，可以使人超脫心理制約嗎？

數學無疑是對人是有益的，但不像經院哲學那樣足以令人全心投入，所以也就不具有同等的意義了。經院哲學主要是在探討神、自由意志、不朽性、救贖以及善惡的議題。它克服精神問題的方式與數學截然不同，而且顯然更加廣博也更富有深義。因此親愛的朋友，請不要藐視經院哲學，它仍然是十分有價值的。

同樣地，十三世紀末至十七世紀的人對密契主義的渴望，也不單單是為了反對經院哲學的「枯燥理性主義」。不，當時密契主義的興起就是經院哲學帶來的結果，如同聖多瑪斯的心靈傳記所預示的那樣。他在生命趨近尾聲時進入了與上主及屬靈世界相會的密契體驗。當他從狂喜中回神時，禁不住感嘆以往的著作如今都形同「稻草」。從此他再也不曾提筆寫作。

於是這位有信仰的思想家變成了一位有體證的密契家。雖然這種轉變並不是發生在經院哲學的探索過程中，卻是這個過程帶來的成果與榮耀。

同樣的情況也出現在那些將經院思潮推至頂峰的人身上。如同聖多瑪斯透過經院哲學的論證方式進入了默觀，有些進階的經院哲學家也因為進入了密契體驗而得到直觀智

慧，達成了信心與智力融合的境界。艾克哈特大師 [5]（Meister Eckhart）、魯斯勃羅克 [6]（Ruysbroeck）與聖十字若望都不反對經院哲學。雖然對他們而言，它也像「稻草」一般，但經驗告訴他們，這種稻草是極佳的助燃物。因此，經院哲學的目標就是進入默觀，成果則是密契體驗。

上述的這些密契家，都是因為致力拓展經院哲學而達到登峰造極之境。他們的智力都是受了基督信仰的洗禮而臻於成熟的。聖艾爾伯圖斯和聖多瑪斯擔負起和異端研究有關的傳道工作，這使得他們在拓展經院哲學之後，進入到更深的密契體驗。由於信心與智力能圓滿地融合為一，信者和思想者才能獲得第三種人——擁有直觀智慧之人——的援助。

因此親愛的朋友，不要藐視中世紀的經院哲學，反而要藉由它來重拾靈魂的健康，發展出直觀智慧——在信心的光輝中思考——否則隱修之道就會變成令人狐疑的浪漫文藝途徑。隱修之道只能仰仗直觀智慧維生，否則就成了一個死去的東西。由於信仰者和科學家都把隱修之道當成死去的東西，因此十分訝異有人會認真地看待它。他們只把它當成科學或宗教的「裝飾品」，頂多也只是仰仗科學勢力的微弱信仰，或是一種尚未學會分辨信念和知識的稚嫩科學。其實他們一點也沒錯，如果缺少了直觀智慧這種無形的接合劑，隱修之道的確只是一種由宗教和科學即興組裝的混合物。

5　譯註：中世紀德國神學家、哲學家和神祕主義者。
6　譯註：Jan van Ruysbroeck，中世紀法蘭德斯天主教密契者。

以下的比喻足以說明這一點：引導東方三賢士尋獲聖嬰的並不是馬槽的稻草搖籃或在場的動物，而是天上的「那顆星」。同樣地，若是得不到只為直觀智慧存在的「那顆星」的指引，你在隱修之道裡也只會發現稻草和動物。第十九張大阿卡納就是在邀約我們在直觀智慧的天堂裡尋找隱修之道的「那顆星」。但「那顆星」究竟是什麼呢？《光明篇》如此說道：

　　上帝創造了兩種偉大的光……一開始月亮和太陽是緊密結合的，它們閃耀著同樣的光輝。當時 JEHOVAH 和 ELOHIM 這兩個名稱屬於相同的等級……它們被賦予了同樣尊貴的稱謂：MAZPAZ MAZPAZ……它們同時升起，擁有相等的尊榮。但是……月亮因為謙遜而減弱了自己的光芒，捨棄了原本崇高的地位。從此她不再擁有自己的亮度，只是從太陽那兒得到光照。雖然如此，她在上界比在下界發射的光要強得多，這就好像下界的女性只有和丈夫連結才享受得到尊榮一樣。這強光（太陽）被稱為 JEHOVAH，弱光（月亮）被稱為 ELOHIM，後者是所有等級的光之中的最後一級，也是思維活動的終點。她原本被高高納入神之稱謂 YHVH 的四個字母中，然而自從減弱自己的光之後，就開始被稱為 ELOHIM。但是她的能量仍施展於各個方面……EL 代表的是她「白晝的統治權」，IM 是她「黑夜的統治權」，中間的 HÉ 則是她剩餘的權能（「星星」）；它參與著兩者的

統御工作。（*Zohar, Bereshith* 20a）；（*Zohar*, vol. i; trsl. H. Sperling and M. Simon, London-Bournemouth, 1949, pp. 84-85）

我們只要再加上一段古老的文字——來自阿普列尤斯 [7]（Apuleius）的《變形記：金驢傳奇》[8]（*Transformations: The Golden Ass*）第十一冊——就具足了所有的元素和準備，去探究隱修之道的「那顆星」和第十九張「太陽」卡的奧義。阿普列尤斯對於他在艾瑟斯聖殿裡的徹夜祈禱——「聖夜的奧祕」——做了以下的結論：

> 我走近死亡之門，一腳已經踏進了波西鳳（Proserpine）的門檻，但是又被允許可以在狂喜中神入各個元素之後歸來。子夜時分，我看見太陽光如同正午一般閃耀著；我走進冥界和上界諸神面前，站在那裡向祂們頂禮膜拜。（Apuleius, *Transformations; The Golden Ass*; trsl. R. Graves, Penguin, 1950, p. 286）

我們看過《光明篇》的引文和阿普列尤斯的敍述之後，再深入探索一下箇中的真相。《光明篇》告訴我們月亮「捨棄原本崇高的地位」——和太陽同等的地位——「從此她不再擁有

7　譯註：古羅馬作家和哲學家。
8　譯註：又譯「金驢記」。

自己的亮度，只是從太陽那裡得到光照。雖然如此，她在上界比在下界放射的光要強得多」。因此，月亮在下界反映的是陽光，在上界──被稱為 ELOHIM──「她的能量仍施展於各個方面……EL 代表的是她『白晝的統治權』，IM 是她『黑夜的統治權』，中間的 HÉ 則是她剩餘的權能（「星星」）；它參與著兩者的統御工作。」

由此可知，在下界月亮反映的雖然是太陽的光輝，但是在上界她會自己發光；事實上，在上界，夜晚裡反映著月亮光芒的是太陽。換言之，在上界，月亮是夜晚裡的「太陽」，太陽則是夜晚裡的「月亮」。月亮的稱謂 ELOHIM 中的 EL 代表的是它閃耀的部分，或是擁有著上界的「白晝統治權」。由此可知，屬靈世界的月亮就是在子夜閃耀的太陽。阿普列尤斯在子夜看見的閃耀光輝，便是源自於靈界的月亮──或是艾瑟斯──蘇菲亞（Isis-Sophia）。由於他在艾瑟斯聖殿裡徹夜祈禱，因此能洞見艾瑟斯的本質。

這些神話式語言真正要表達的是智力與智慧的關係，以及由兩者結合成的直觀智慧。智力對應的是月亮，智慧對應的是太陽，直觀智慧則對應著兩種光的「緊密結合」。在下界智力反映的是智慧，但智力如果被遮蔽（參照第十八封信），反映的就是與外在經驗有關的世智辯聰。然而，存在於上界的先驗智（transcendental intelligence），「比在下界放射的光要強得多」，她最終會跟智慧緊密結合而「被銘刻在神之稱謂 YHVH 的四個字母中」，並且在子夜裡「發出閃耀的光輝」。這種高層的先驗智或「子夜的太陽」，便是屬靈世界的

太陽與月亮的合相——智力與智慧的緊密結合——隱修之道的「那顆恆星」，或是第十九張「太陽」卡代表的直觀智慧。

因此要發展直觀智慧，就要懂得將反映式的智力提升為創造性的智能，然後再跟智慧融為一體。換言之，下界的微光智必須和上界的全光智（intelligence of complete light）重新結合，才能與神智融為一體（如下圖）。圖中的三角形清楚地描繪出三者的關係：智力受到智慧吸引，但是不在反映的層次上與後者結合，而能提升至創造的次元重獲「不墜」的地位，得來的成果就是直觀智慧。

由此可知，獲得直觀智慧的方式不是去壓抑智力或變得不理性，而是要繼續強化它，直到它富有創造力而能夠與超驗的面向結合，亦即與智慧融為一體。換言之，人必須朝著越來越理性的方向發展——當然還有另一種方式：用智慧之光來滅絕智力，或是讓它「中暑」。由於這是第二十一張大阿卡納「愚人」的主題，因此就讓我們留到那封信再深入地探討吧。

不過，但凡依循隱修傳統——密契體驗、靈知、神聖魔法與隱修哲學——的人，都會遠離「神聖的愚行」，選擇步上「三個僕人的比喻」（《馬太福音》第 25 章，第 14-30 節）所指引的道路。故事中的主人按僕人各自的才幹把產業分給他們，好讓他們充分發揮自己的本領，將智力提升到與智慧結合

的高度。

在西方歷史上，經院哲學的推動並沒有促成完美的哲學體系，卻帶來了密契主義的興盛。智力發展到最後並不是變成全知，而是會拓展出直觀智慧。智力絕不是個人成長的終極目標；成長真正的目的是要把推理思考轉化成統觀智慧。

此處我必須指出一點，康德哲學澆熄了自治性的智力在玄奧事物上的偽善確信，並舉出這種智力的不足之處，它如同風一樣吹熄了懷疑論的微弱火苗，卻促成了密契主意的燎原之火。康德終結了由自治性的智力發展出來的純理論玄學，開闢了一條通往密契體驗的理性道路；他主張只有藉著「實踐理性」（practical reason）才能進入這層體驗。其實康德的「實踐理性」就是直觀智慧，或是帶有道德本質的智慧。我個人有好幾次機會見證到康德主義者隨著時間變成了密契家——德國哲人保羅・多伊森（Paul Deussen）的著作《形上元素》（*The Elements of Metaphysics*），便是由康德主義、柏拉圖主義及吠陀哲學結合而成。

多伊森的基本論點是，自治性的智力因為無法理解現象背後的本體（經過康德實證），所以必須靠直觀力去洞悉事物的本質，而柏拉圖主義和吠陀哲學也證實了這一點。多伊森之所以翻譯和出版吠陀的六十本《奧義書》，或許就是為了突顯直觀智慧的運作方式吧。

現在讓我們回到隱修之道的「那顆恆星」、子夜的太陽或十九張大阿卡納的「太陽」奧義上面。

《光明篇》和阿普列尤斯幫助我們理解到，子夜的太陽就

是「日月的緊密合相」——智力與智慧的結合。此外還有第三份古代文獻可以幫助我們理解它的另一個重要面向，那就是聖約翰的《啟示錄》：

> 這時天上出現了宏大又神祕的景象。有一個女人身披
> 太陽，腳踏月亮，頭上戴著一頂有十二顆星的冠冕。
> （《啟示錄》第 12 章，第 1 節）

《光明篇》和阿普列尤斯都提過日月的合相，標誌 ☽，就是艾瑟斯的代表符號。我們可以在啟示錄描繪的景象裡再度看到這個符號，因為其中出現了一位「身披太陽，腳踏月亮」的女人。不過《啟示錄》多了第三個元素：十二顆星。

如果缺少了「星星」這第三個元素，那麼智力在直觀之下與智慧的結合，仍然不代表已經完成意識的整合工作。這第三個元素究竟是什麼呢？

為了瞭解它所扮演的角色與本質，我們必須更仔細地檢視靈魂從智力到直觀智慧的發展歷程。前面我們提過德國哲人保羅·多伊森，或許更應該談談他的導師，全球馳名的哲學家叔本華。這位撰寫《作為意志和表象的世界》（*The World as Will and Representation*）的作者，從康德的理論（現象遮蔽了事物的本質，導致智力無法探入其核心）向前跨出了決定性的一步：他透過直觀內省發現了萬物的一體性。

他透過直觀內省得到了一個結論：神聖意志才是事物的源頭，事物本身只是它的表象罷了。按叔本華的說法，世間萬象

都是由至上的意志顯化或「想像」出來的。由於叔本華發現印度密契哲學的結論和他的論點幾乎完全吻合——尤其是奧義書的吠陀哲學——因此說道：「只有奧義書能夠為我的生命帶來慰藉，我死後也是如此。」

由此可見，印度密契哲學就是西方直觀哲學——叔本華、多伊森和愛德華·馮·哈特曼[9]（Eduard von Hartmann）等人的哲思系統的根源或原型，現在讓我們來檢視一下印度密契哲學——吠陀哲學的不二論的基本論點。

這類哲學主要是奠基於直觀內省的方式之上。一方面我們會發現，在智識的、心理的、生理的和機制的活動底端，都有一種根本意志在發揮作用，另外還有一種超驗自性或「內在之眼」，同時在反觀著意志所促成的一切經驗。這根本意志創造了心智的、精神的、生理的和機制的多元經驗，和「觀中之觀者」（超驗自性）的完整本質正好相反。這如如不動的超驗自性永遠不會改變，而且跟宇宙的核心本質無二無別。人的自性就是實相或上主的本質，吠陀哲學根據這層體認總結出了「吾即是梵」（I am Brahma）的論點。

你若想擁有吠陀哲人或德國直觀哲人對實相的直悟經驗，一方面不能認同自我的意志與活動，一方面則要認同超驗自性——「觀中之觀者」。此刻你一定會產生一種質疑：直觀到超驗自性就是最終極最完整的體悟了嗎？難道沒有任何境界是

9　譯註：十九世紀後半葉的德國哲學家。

超越它的？悟到超驗自性就是終極智慧了嗎？

它的確還少了一些重要的東西：屬靈世界、三位一體和九層天使。畢竟《啟示錄》的「大異象」除了提到月亮和太陽之外，還談到一位戴著十二星座冠冕的女性。

悟到超驗自性，不論這是多麼奇妙和震撼，仍不足以讓我們覺知或意識到屬靈的世界。靈性小宇宙的日月合相，並不等於對屬靈大宇宙有了真實體驗。將自我提升至超驗自性是不夠的，還必須進一步地覺知或意識到其他的「超驗自性」，也就是更高次元的存有。人的自性無論多麼永恆，都不是宇宙演化的頂點。

按照類比法或相似的法則來看，人的自性的確擁有上主的形像及樣式，但絕不等同於上主。它和最高次元的上主仍然遙遙相距。在自性之上的十二個層級就是它的更高理想——「星星」，《啟示錄》已經具體地指出這一點。因此，若想與整全的上主合一，必須先依序地將自己提升至九個屬靈階層和三位一體的層次。由此可知，吠陀哲學的結論「吾即是梵」所宣稱的自性即是神，其實是價值觀混淆造成的錯誤解讀。神的形像及樣式被當成了神，對「神性」的經驗也被當成了對神本身的體驗。並非所有會發光的東西就是黃金本身——並非所有超驗的和不朽的事物就是神本身，因為惡魔也是超驗和不朽的。

人如果不參照超驗性的形上法則，只按照經驗性的心理法則去理解真相，就很容易出現這種混淆的情況。甚至連榮格也差一點將他的七種「原型」心理經驗——超驗自性——視為宗教所謂的「神」。幸虧他比一般人要謹慎，又能保持開放的態

度，所以沒有侔稱自己有過對上主的體驗。讓我們再思考一下數論派子弟克里希納的一段話：

> 只有缺乏智慧的愚者才會說數論（為認識神而捨棄世間）和瑜伽（為活在神裡面而行動）是不同的。其實只要修練其中一種，就能得到兩者的成果。數論追隨者達到的境界和瑜伽追隨者是一樣的。真正有見識的人都知道數論和瑜伽是同一件事。（*Bhagavad-Gita* v, 4-5; trsl. M.N. Dutt, *Bhishma Parva* xxix, 4-5 in *The Mahabharata* vi, Calcutta, 1896, p. 38）

因此，數論派子弟對超驗自性的體悟，和瑜伽行者及吠陀哲人對它的體悟是相同的，但前者並沒有斷言人的自性就是神。這得感謝形上法則使他們認清個人的覺識（purushas）或「超驗自性」是多次元的存在。事實上，按不同的形上法則去理解同一種經驗，很可能出現迥異甚至相反的解讀。其實數論派和瑜伽派體驗到的超驗自性是相同的，解釋卻截然不同：瑜伽行者認為他們可以透過這種體驗達到神的境界，數論派子弟卻不諱言自己經驗到的只是個人覺識或「超驗自性」而已（萊布尼茲所謂的「單子」）。

此外，也有人用聖經的象徵語言說過：瑜伽的作用只能達成月亮（智力）與太陽（超驗自性的自發智慧）的合相。數論派除了渴望達成上述目標之外，還懂得關注另一種發光體「星星」（屬靈世界的高層存有）的作用力；雖然它對「自性」之

上的事物抱持開放態度，但是並沒有花心思去進一步地探究。它這一點的確符合「無神論」的條件，不過它的「無神論」並沒有否認個人覺識之上還存在著宇宙意識；它否認的是瑜伽和吠陀哲學所主張的「人的自性即是神」。

至於猶太—基督信仰的隱修之道，除了和數論一樣不承認「人的自性即是神」，還積極地探究第三種發光體「星星」以及它的三個面向——占星學、天使學和三位一體神學——它們呼應的是「星星」的身、心、靈。因此，猶太—基督信仰的隱修之道多少世紀以來的努力，就是要認識和理解這三種發光體以及它們的合體——「這時天上出現了宏大又神祕的景象。有一個女人身披太陽，腳踏月亮，頭上戴著一頂有十二顆星的冠冕」（《啟示錄》第12章，第1節）。促使這三種發光體——星星、月亮、太陽，或永恆、夜晚、白晝——合一的，便是啟示錄所描述的那個女人。

她——《比斯替蘇菲亞書》[10]（*Pistis Sophia*）的「光之聖母」，所羅門歌頌的神智，卡巴拉所謂的「神榮耀的臨在」，聖潔的馬利亞——既是三種發光體結合成的完整靈魂，也是隱修之道的根基與目標。整體來說隱修之道渴望的就是投入於對聖父、聖子、聖靈以及聖母、聖女、聖魂（**Mother, Daughter and Holy Soul**）的認識。它主張不要用人眼而要用馬利亞—蘇菲亞的慧眼在光中去看三位一體。如同耶穌所說

10　譯註：於1773年問世的一本重要靈知文獻，可能撰寫於三或四世紀。

的：「要不是藉著我，沒有人能到天父那裡去」（《約翰福音》第 14 章，第 6 節），想要認識三位一體，也必須透過馬利亞—蘇菲亞。三位一體是藉著耶穌示現出來的，只有透過馬利亞的直觀智慧才能認識三位一體，因為她不但生下了耶穌，而且當他於十字架上逝去時她也在場。所羅門曾經說過，上主在創造世界時，智慧（蘇菲亞）不僅在場（「他還沒有安設天空，還沒有在海面上劃地平線，我已經在那裡……我在他旁邊像一個建築師……」（《箴言》第 8 章，第 27-31 節），而且還「建造她的房屋，立了七根柱子」（《箴言》第 9 章，第 1 節）。同樣地，當耶穌為世人贖罪時，馬利亞—蘇菲亞也在旁邊和他一同工作，「建造她的房屋……立了七根柱子」。換言之，她成了擔負七種苦難的聖母（「聖母七苦」）。聖母在救贖工作中承受的七苦，對應的就是蘇菲亞在創世過程中立下的七根柱子。如同啟示錄的景象所顯示的，蘇菲亞就是「三種發光體」——星星、月亮、太陽——的皇后。如同三位一體的「太初之音」（或「道」）化成肉身臨在於耶穌基督身上，三位一體的「光」也化成肉身臨在於馬利亞—蘇菲亞身上。這種光具有三重的接收力，也就是智力的三重反應力或理解力。馬利亞所說的：「願你的話成就在我身上」（《路加福音》第 1 章，第 38 節），便是理解純然的行動和反應、言語及領會，聖父、聖子、聖靈和聖母、聖女、聖魂的神祕關係之樞紐。聖父、聖子、聖靈和聖母、聖女、聖魂的結合就是瞭解「所羅門之璽」——六角星✡——的關鍵所在。

這六角星並不是善與惡的象徵，而是代表著三重的「純

然行動」或是「火」，與三重的「純然反應」或是「水」。
「火」象徵的是自發的創造行動，「水」則象徵具映照功能的
反應——帶著覺知說「是」，以及「願你的話成就在我身上」
的內蘊智慧。這便是「所羅門之璽」的元素意義——「火」元
素與「水」元素的最高意涵。

　　我們還能透過這個符號進一步地理解何謂發光的三位一
體。

　　這兩個等邊三角形構成的六角星代表的就是聖父—聖子—
聖靈與聖母—聖女—聖魂的合體（如圖）。它揭示了由耶穌基
督達成、由馬利亞—蘇菲亞孕育的救贖工作。耶穌基督是它的
媒介；馬利亞—蘇菲亞則是它發光的反應。這兩個發光的等邊
三角形同時也揭示了由太初之音驅動、由神智—蘇菲亞首肯說
「是」而啟動的創世工作。因此，這雙重三位一體就是由三位
一體的造物主和「能生產的自然本性」（natura naturans）結
合而成的。

　　根據光明篇的相關教誨，神之稱謂 YHVH 的第一個字

母代表的是聖父，第二個字母代表的是聖母，第三個字母是聖子，第四個字母則是聖女。但是在受造界的歷史上，「神榮耀的臨在」（等同於「以色列人」）也示現成：為那些死去的孩子們哀哭的蕾潔（《馬太福音》第 2 章，第 18 節），「美麗動人卻沒有眼睛的處女」；「為了和所有先知一起執行救世的工作，而上下穿梭於天界」的彌賽亞；以及薩迪亞[11]（Saadya）所提到的「神的氣息」，透過它，智慧的三十二種途徑進入到人們呼吸的空氣中——它就是讓創造萬有的神臨在於先知面前的聖靈。「彌賽亞」是陽性與陰性三位一體（六角星）的第七種法則（神榮耀的臨在顯化成的「以色列人」）。它是一切萬有的物質媒介，「雙重三位一體」的結晶。

　　「神榮耀的臨在」後來也具體地顯化成卡巴拉之父盧里亞[12]（Luria）的門徒亞伯拉罕・哈利維（Abraham Halevi）於 1571 年在耶路撒冷的哭牆邊看見的一名女子，她身著黑色喪服為她年輕時早逝的丈夫悲泣。它也顯化成在牆邊哭泣的拉薩萊特[13]聖母（Lady of La Salette），那道牆就像耶路撒冷的哭牆——聳立於人和神的恩寵之間的罪惡之牆——一樣真實。但是她和卡巴拉門徒或哈西德教徒洞見的「神榮耀的臨在」有所不同，因為那並不是擬人式的化現，也不只是神的一個面向，而是如同以肉身顯現於二十個世紀之前的以色列社群裡的

11　譯註：猶太哲學家（892-942）。
12　譯註：Isaac ben Solomon Luria，猶太玄學家，被視為現代卡巴拉的創始之父（1534-1572）。
13　譯註：法國南部。

馬利亞一樣。同樣地，許多人在過往的二十個世紀裡見到的彌賽亞，也不僅只是「為了和所有先知一起執行救世工作，而上下穿梭於天界」的靈體，更是在二十個世紀之前出現於以色列社群裡的「人」。如同太初之音化成肉身臨在於耶穌身上，「聖音之女」（Daughter of the Voice）也化成肉身臨在於馬利亞─蘇菲亞身上。教會尊奉她為聖母、聖女及天國之后，呼應的就是聖母、聖女和卡巴拉的「以色列聖女」，以及蘇菲亞三位一體──聖母、聖女及聖魂。

雅典人也有類似的女性三位一體之說，而且在伊流西斯（Eleusis）神話中扮演關鍵性角色：她們分別是狄米特（Demeter）聖母、波西鳳聖女，以及「帶來救贖的雅典娜」（Athena the bringer of salvation）──她同時代表著「雅典人」和「雅典精神」，類似於「以色列聖女」的角色。

然而單憑歷史記載或形上類比並不足以得到直觀的確信，能夠下定論的還是「心」，因此以下這段我在二十五年前撰寫的「心之論證」，對我而言確實具有決定性的作用。

沒有任何東西比童年經驗到的雙親之愛更為寶貴和必要了。孩子如果不能在誕生的第一刻起受到父母之愛的庇佑，勢必無法順利地存活下去。父母的愛就是人一輩子的道德基礎。我們在童年得到的以下兩種資糧足以受用一輩子：維生所需的糧食是健康與活力的珍寶；道德則是維護靈魂的健康與活力──信、望、愛──的珍寶。我們的道德基礎就是童年經驗到的雙親之愛。它不但能使我們提升至崇高的境界，甚至可以讓我們進入神的世界。幸虧有雙親之愛的體驗，靈魂才能自我

提升而經驗到神的愛。缺少了它，靈魂根本無法與活生生的上主形成鮮活的關係——無法突破而只可能視其為抽象理念、宇宙的「建築師」或「第一因」。雙親之愛讓我們有能力將宇宙的「建築師」或「第一因」當成天父一樣去愛。靈魂因為它而對上主產生感知力，我們可以將它比喻為靈魂的眼睛和耳朵。

母愛與父愛同樣珍貴和必要，它們都能使我們提升而經驗到神。對我們來說，兩者都是與上主進入鮮活關係的基本條件，因為祂就是父與母的原型。

愛以自己的方式——使人排除一切疑慮、得到確信——教導人上主的聖誡：「孝敬父母」是絕對神聖的，在天國或地球都至為重要。因此，「孝敬父母」的聖誡不僅適用於短暫的事物，也可應用在永恆的事物上面。這是摩西在西奈山得到的啟示，也是發自每個人內心深處的自我要求。人理當孝敬天上的父親和母親，此即傳統教會（羅馬天主教和東正教會）不理睬神學刻意區分聖父和聖母的原因。在祈禱中，他們對聖母的孝敬與愛，就等同於對聖父的孝敬與愛。

教理神學家或許會提醒信眾不要「膨脹」對聖母的探究，新教評論家也許會認為禮拜聖母馬利亞是偶像崇拜，但傳統教會的靈修者勢必會繼續崇拜天上的聖母，因為她就是萬物的永恆之母。有人說「心是智力無法理解的」，我們也可以說「以神學的推理方式去理解心是行不通的」。心的「定論」雖然未曾被公諸於世——基本上仍困在人們的無意識裡——但是對東正教義守護者的影響卻與日俱增，以至於後者逐漸順服於這股無法抗拒的力量；不論在禮拜儀式或教會認可的祈禱式中，聖

母馬利亞的角色都越來越受到重視。禮拜儀式的祈禱文經常出現「天使之后、主教之后、使徒之后、殉難者之后、懺悔者之后、貞女之后、聖者之后、和平之后，以及神之母、神聖恩寵之母、教會之母」等稱謂。在希臘東正教會裡，人們也經常歌誦著：「祢比基路伯更榮耀，比塞拉芬更神聖——祢是真神之母，我們孝敬祢」，即便我們都知道基路伯與塞拉芬已經是最高層級的屬靈存有，在祂們之上只有三位一體了。這種心的「定論」具有強大的力量，總有一天會得到正式的認可而被公諸於世。教會過往的一切教理也都是這樣被公佈的：它們先是活在信眾的心中，然後逐漸影響了教會的禮拜儀式、成為眾所皆知的教理。神學不過是教理形成的最後階段，它始於靈魂深處，然後被發佈為儀軌。這就是「聖靈引導教會」的方式。教會十分明白這一點，也耐心地等待著聖靈作用的成果。

將母愛提升至三位一體層次的教理，無論需要多少時間催生，其實已然成形且運作了好幾個世紀之久。我們雖然應該耐心遵守凡事不強求的原則，但是也必須和神聖的母愛培養情感，同時要冥思古老的隱修教義；它揭露了神聖的母愛在密契體驗、靈知和神聖魔法中的意涵。換言之，我們必須冥思這雙重三位一體的神祕本質，代表符號就是「所羅門之璽」✡。或者我們也可以冥思與雙重三位一體並列的三位一體：△ ✡

從三位一體的正三角形到雙重三位一體的六角星，就是「九」這個神聖數字代表的意涵。冥思過第九張大阿卡納的奧義之後，我們又經歷了十個靈修課題的探索，到現在才算是具備了理解這個主題的能力。

我們在前面已經談到過，偉大的真理正等待著被公佈為普世教理。數字九的神祕本質（從三位一體到雙重三位一體）也埋藏在祈禱儀式和教會的每日儀軌中。

我指的是天主教會普遍奉行的「連續九日禱告」——最常見的形式就是連續九天每日誦念一遍「主禱文」和三遍「聖母頌」。祈禱者為了替某人或某件事禱告，在連續的九天內不斷祈求聖父（主禱文）和聖母（聖母頌）施愛。這麼簡單的儀式裡竟然埋藏著無比的深義！至少對隱修士而言是如此。聖靈的超凡智慧就是藉由這樣的方式展現指引作用的！

《玫瑰經》的誦念也有相同的功效，方式是冥思聖母馬利亞的喜悅、苦難及榮耀的神祕本質，同時也要向聖父與聖母祈求神聖的雙親之愛。《玫瑰經》是一部簡明的傑作，隱含和揭露的真理卻有無限的深度……它真是一部聖靈的傑作！

親愛的朋友，這張「太陽」卡的奧祕與沐浴在陽光裡的兒童有關。它並不是要我們去探尋神祕的事物，而是要我們以兒童的視野在陽光下觀察人間事。

這張卡也和直觀智慧的奧義有關，它強調求知時要懷著啟發性的天真態度，才能夠以不受疑慮干擾的視野看待事物，如同在太陽底下迎接著每個嶄新的一日。這張卡教導的是單純地呈現想法，不做理性假設，不建立意識形態的上層結構。讓想法回歸本質，便是「太陽」卡直觀智慧的奧義。

因此親愛的朋友，探討雙親之愛和它的兩種特質、連續九日的禱告和《玫瑰經》的祈禱，並沒有脫離第十九張大阿卡納的主題，反而是進入了它的核心。我們正試圖從何謂直觀

智慧晉升至如何修煉它，從冥思直觀智慧的奧義提升至如何應用它。

第二十張大阿卡納的冥想

審 判

THE JUDGEMENT

腦子的狀態就是不斷地在回憶；

它透過賦予當下具體性來抓住當下：

但純記憶卻是一種精神性的示現。

隨著純記憶我們可以進入精神的實相裡。

——亨利・柏格森

父親怎樣讓已經死了的人復活，

賜生命給他們；

同樣地，兒子也要隨著自己的意思賜生命給人。

父親自己不審判任何人；

他將審判權交給了兒子……

——《約翰福音》第 5 章，第 21-22 節

審判

親愛的不知名朋友：

　　我們眼前的這張卡，傳統上稱為「審判」，描繪的是亡者隨著復活天使的號角重生的景象。它涉及的靈修課題是如何將直觀智慧——第十九張大阿卡納「太陽」的主旨——極致運

用，因為復活雖然屬於「終極議題」的範疇，但仍可透過直觀智慧去領會它。

每個人對「終極議題」的看法都不盡相同。有的人認為一切會隨著人的死亡和宇宙熱能的消散而結束。還有人認為人死後會去「另一個世界」，而且物質世界結束之後還有一個不會消失的非物質世界。人們不僅相信人死後可以繼續過著屬靈的生活，而且還能回到地球上重生，甚至宇宙本身也有它的輪迴週期——曼梵達拉期（manvantara）和普羅拉雅期（pralaya）[1]的交替出現。此外還有人主張人可以超越輪迴，進入與永恆的神合一的至樂之境（涅槃之説）。更有人主張人不僅能超越死亡和輪迴，甚至能超越與神合一的至樂之境——因此復活才是他們的終極願景。

復活的概念是源自於伊朗和猶太—基督信仰的不同靈修流派：拜火教、猶太教和基督教；這概念就像「閃電一樣，一刹那間，從東到西橫掃天空」（《馬太福音》第 26 章，第 27 節）。受上界啟蒙的東方先知——伊朗的查拉圖斯特拉——以及西方先知——以色列的以賽亞、以西結和但以理——幾乎是不約而同地向世人宣佈復活的概念：

> 屆時他（撒西安，Saoshyant）[2]將會復興宇宙，宇宙將不再老化、死亡、衰敗或毀滅，而會永遠地存在

1　譯註：印度教所謂行星的成住期和壞空期。
2　譯註：拜火教對彌賽亞的稱謂。

並臻於成熟，逐漸實現它所期望的一切。死人將重新站起來，生命和永恆會降臨，於是宇宙如神所願地得到了更新與復甦。（*Zamyad Yasht*; trsl. R. P. Masani, *The Religion of the Good Life. Zoroastrianism*, London, 1938, p. 113）

以上是拜火教針對死而復生的理念所做的描述。先知以賽亞則說：

我們已死的同胞將復活；他們的身體會再有生命。
睡在墳墓中的人將甦醒，高聲歡唱；
就像地上的朝露帶來生氣一樣，
上主也要讓已死的人活過來。

（《以賽亞書》第 26 章，第 19 節）

那麼「復活」背後的真諦究竟是什麼？以下的寓言故事可以幫助我們瞭解它：

有一群人站在一名病患的床邊，就他的病情和未來提供了許多意見。其中一人說：「他並沒有生病，他只是表現本然狀態，所以是正常的。」另一位則說：「他的病是暫時的。他自然會恢復健康。疾病和健康只是一種周期循環或命運的規律罷了。」第三位卻說：「他的病已經無藥可醫。他現在只是白白受苦。我們應該本著慈悲心去終止他的苦難，讓他脫離人世。」最後一位也說話了：「他的病情相當嚴重，沒有外界的

幫助是無法痊癒的。他必須換血，因為血液已經受到感染。我會幫他放血，然後把我的血輸給他。」故事的結尾是，病人接受輸血之後徹底恢復了健康。

在上述的四種基本人生態度裡，異教徒的態度是完全接受宇宙的現狀，因為「異教」指的就是把「大宇宙」看成像神一樣完美，所以否認現今的世界生病了，而且自然本性也沒有墮落，它仍然是健康完好的。

「靈性自然主義」者因為把視野拓展到現今的世界之上，所以發現了大宇宙的半循環演化週期——宇宙的季節變遷——於是主張它會交替地進化和退化，如同四季更迭一樣。對他們而言，現今的世界確實生病和退化了，但是按循環法則來看，它一定會復原和再生，因此人們只要繼續等待就對了。

「靈性人本主義」者則試圖超越靈性自然主義的週期循環，堅持以個人的身份向這無止盡的輪轉（宇宙的「四季更迭」和個體生命的輪迴）提出抗議，因為他們看到人類在其中不斷地受到壓制和折磨。這是一種只破不立的否定態度，也是徹底否決了過去、現在和未來的種種現象——靈性或物質的、宇宙性或個體生命的無盡循環。活著本身就是一種苦難，它的本質是殘忍和不人道的，基於慈悲心，我們必須斬斷個體靈魂和宇宙的無盡輪迴。

「異教主義」的天真宇宙觀是上述寓言中第一種人的觀點——世界並沒有生病。半啟蒙的異教徒所主張的「靈性自然主義」，則是第二種人的觀點——宣稱疾病只是生命週期循環的一種現象。至於否定這個世界的「靈性人本主義」，則是第

三種人的觀點，他們主張：「既然病情已經無藥可醫，就應該讓受苦者死亡。」

這三種態度——分別示現為希臘異教、印度婆羅門教和佛教——和第四種態度的差異，就在於後者為了達成世界的淨化和重整，採取了主動介入的做法；它顯現成歷史上的預言式宗教（伊朗、猶太及伊斯蘭的宗教）以及救贖式宗教（基督教），前者比較缺乏療癒世界的信心和動力，後者則致力於為世界帶來救贖與重生，因此特質是具有療癒性。故事中藉由輸自己的血來治療病患的第四位人士，代表的就是基督信仰的態度，其中包含著預言式宗教的目標——促成「一個新天新地」（《啟示錄》第 21 章，第 1 節）或是整體人類的復活。

復活的概念與理想，比起佛教「靈性人本主義」的否定之道，可以說是更向前拓展了一步。它要帶來的是人性的徹底蛻變和宇宙性的煉金轉化——包括靈性面和現實面、「天」與「地」在內。沒有任何概念和理想比復活更大膽，更違反經驗性的現實，更震撼常識了。它主張人的靈魂具有一股力量，不但能從經驗世界的催眠作用中解放出來，還能主動選擇是否要參與世界的演化——不再是世上一個抽離的客體，而有能力從「被動存有」轉化成積極的靈魂；這種靈魂不但願意主動參與世界的演化歷程，更願意自我提升、有覺知地投入於神聖魔法的工作，也就是以復活為目標的宇宙性魔法任務。

復活的概念、理想和任務構成了「第五種節慾主義」。第一種是「自然節慾主義」，它主張要保持中庸之道，不放縱慾望，目的是要維持身心的健康；再來是「超脫式節慾主義」，

它是要訓練靈魂在面對無常和低價值事物的同時，必須覺知到自己的身心反應和內在的不朽本質；然後是「依附式節慾主義」，它強調要積極地捨棄介於自己和神之間的所有東西，目的是要與神合而為一；接著是「行動式節慾主義」，它是要促使人主動地參與演化工作，讓人格逐漸臻於完善和整全；最後則是「神聖魔法式節慾主義」或復活的偉大工作。最後這「第五種節慾主義」可以涵蓋並成就其他的節慾主義，因為神聖魔法的工作就是要達成與上主的旨意結合，實現並超越演化作用，讓靈魂獲得全然的自由。

因此復活的概念、理想和工作，追求的是靈魂最富創意、最宏大和最勇敢的境界。靈魂被邀約去達成一種宇宙性的奇蹟，成為一個覺醒而主動的工具。這項任務之中蘊含著多麼偉大的信、望、愛啊！這令我不禁聯想起聖保羅的話：

> 那麼，聰明人在哪裡呢？博學者在哪裡呢？世上的雄辯家在哪裡呢？……上帝決定藉著我們所傳的「愚拙」信息來拯救他的人。（《哥林多前書》第 1 章，第 20-21 節）

「愚拙的信息」……難道復活的概念、理想和任務至今仍被視為愚拙的嗎？人類在宗教、哲學、科學和隱修上面歷經了十九個世紀的努力和演化之後……又出現了聖奧古斯丁、聖艾爾伯圖斯、聖多瑪斯、聖文德和許多偉大的密契家、煉金大師，以及由七位唯心論哲人組成的昴宿詩派（the

Pleiad）……接著是科學的「演化論」、深層物理學和深層心理學問世……後來又出現了亨利・柏格森、德日進和榮格……換言之，人類的思想歷經十九個世紀的發展之後，難道還不具有說服力，讓復活的概念、理想及任務不再被視為「愚拙信息」嗎？

　　我們必須誠實而深刻地冥思復活的概念、理想與工作，才能解答上述的問題。

　　首先讓我們思考一下這張卡的內容。不論是馬賽版（1761）、弗翠茲版（Fautriez, 1753-1793）或是古・德・傑伯林版（Court de Gebelin）的塔羅卡，第二十張大阿卡納描繪的都是一名男子和一名女子看著第三者從墳墓裡復活的景象。它代表的是「具有復活力量的平行四邊形」——上方是吹著號角的天使，中段的兩邊是代表雙親之愛的父親（右）與母親（左），下方則是從墳墓裡走出來的復活者。圖中的男子和女子站在墳墓外面，復活的是他們的孩子——一位青年。因此在我們眼前出現的是一個直角的平行四邊形（如圖）：

　　這個幾何圖形代表的就是復甦力的構成元素：天使的號角聲、雙親之愛，以及重生的青年本身的努力。我們在拉撒路的復活中也看見了相同的元素，其中的耶穌同時扮演著大天使和

父母的角色。

> 耶穌哭了。因此猶太人說：「你看，他多麼愛這個
> 人！」……耶穌心裡又非常激動。他來到墳墓前；那
> 墳墓是一個洞穴，入口的地方有一塊石頭堵住。耶穌
> 吩咐：「把石頭挪開！」於是他們把石頭挪開……
> 耶穌大聲喊：「拉撒路，出來！」那死了的人就出
> 來；他的手腳裹著布條，臉上也包著布。耶穌吩咐他
> 們說：「解開他，讓他走！」（《約翰福音》第 11
> 章，35-44 節）

耶穌的哭泣展現的是母愛的溫柔；他激動地來到墳前吩
咐：「把石頭挪開」，展現的則是父愛的積極特質；他大聲喊
叫：「拉撒路，出來」，作用就像復活天使的號角聲一樣，將
父母之愛轉成具有魔法的呼喚。

第二十張大阿卡納尋求的就是復活的魔法，由父母的愛結
合而成的呼喚聲。如同地球上的父母賦予子女生命，生命天使
也為了將靈魂喚回地球而吹起號角——方向是朝上的。當天國
的聖父與聖母讓世間子女重生時，復活天使也吹起號角將人的
肉身和靈魂喚回地球——祂張開的翅膀形成的「號角」，方向
是朝下的。

這便是這張卡大致的含義，接下來我們要具體地理解其中
的「細節」。有關復活是如何發生的這件事，我們還有許多內
容需要探討。

在世間的生活裡，遺忘、睡眠、死亡與憶起、甦醒、誕生正好是相反的。遺忘、睡眠、死亡是同一家族的成員。有人說睡眠就是死亡的親兄弟；按此邏輯我們也可以說遺忘是睡眠的親兄弟。遺忘、沉睡、死亡是同一件事的不同展現，這件事指的就是活生生的存有的意識消亡過程。值得一提的是，上述那段有關拉撒路復活的引文，暗示的也是遺忘、睡眠和死亡的歷程。福音書裡說的是：

> 耶穌一向愛馬大和她的妹妹，也愛拉撒路。他接到拉撒路害病的消息後，繼續在所住的地方停留了兩天……然後說：「我們的朋友拉撒路睡著了，我要去喚醒他」……於是耶穌明白地告訴他們：「拉撒路死了……」多馬對其他的門徒說：「我們和老師一道去，跟他一起死吧！」（《約翰福音》第 11 章，第 5-16 節）

多馬知道耶穌是要讓遺忘（「他接到拉撒路害病的消息後，繼續在所住的地方停留了兩天」）、睡眠（他說：「我們的朋友拉撒路睡著了」）和死亡完成它們的任務。多馬認為這如果是主耶穌的旨意，而他又是這麼地關愛拉撒路，那麼門徒跟著拉撒路一起死不是更好嗎？其實多馬想得沒錯，主耶穌確實授予了遺忘、睡眠和死亡發生作用的權利，因此多馬後來才會說：「我們和老師一道去，跟他一起死吧！」

現在讓我們更仔細地探討這兩組類似卻又相反的意識狀

態：遺忘、睡眠和死亡以及憶起、甦醒和誕生。

我們都知道每天十六小時清醒狀態下所擁有的自我意識，只是我們整體意識的表層部分；它只是整體的一部分，行動——判斷、言語和行為——的一個焦點而已。

的確，不論在任何時刻，我們在清醒狀態下的意識都和當下的判斷及言行有關，或者跟我們即將做出的判斷及言行有關。任何與我們當下的內外活動無關的事物，都不在覺知範圍內而是在「別處」。我們在行動之前都需要專注地從意像和概念中選出相關內容。因此當你和園丁討論你的花園時，你所知道的有關天文、化學、歷史及法律的知識全都不見了，因為它們都被棄置於暫時遺忘的黑暗裡。為了行動，人必須遺忘。

反過來說，行動則需要人從暫時遺忘的黑暗中，擷取出有用的意像和概念。為了行動，人必須憶起。

因此，遺忘就是將我們不感興趣的事物拋至潛在記憶的暗處；憶起則是從同一種潛在記憶的暗處，將我們感興趣的事物重新喚至積極的自我意識中。不消說也知道，憶起或遺忘並不是意像和概念的生與滅，而是它們在我們腦海裡暫時的出現或是被移至別處。因此，「良好的專注力」意味著有能力迅速排除對行動無用的意像和概念。這便是所謂的「精通遺忘的藝術」。

相反地，擁有「良好的記憶」則代表「精通憶起的藝術」——能夠迅速地將需要的意像和概念喚至當下。

總之，意像和概念會不斷地在人的正常意識（或大腦意識）和記憶間來來去去。每一次的「去」對應的都是睡著或死

亡，每一次的「來」對應的則是甦醒或復活。每一個離開大腦意識的意像都和以下這句話有相同的命運：「我們的朋友拉撒路睡著了……拉撒路死了」。每個被喚起的意像，則和耶穌大聲呼喊「拉撒路，出來！」時所發生的事有相同的命運。

因此，記憶提供了我們一把類比的鑰匙，使得智力在面對復活的議題時，不至於停留在吃驚狀態。它讓智力變得更理性。沒錯，將拉撒路喚回的「大聲呼喊」和將記憶喚回的內在努力，兩者的相似性加上必要的修正，揭示的就是耶穌「大聲呼喊」具有的魔法和復活天使「號角聲」的本質。我們會在以下的探討中闡明這一點。

經驗告訴我們，人對自認為無價值或不喜歡的事物很容易忘記，也很難記起來。換言之，人會忘記自己不喜歡的東西，卻很難忘懷自己熱愛的東西。愛給了我們力量，使我們時刻都能想起令心中感到「溫暖」的事物。相反地，不關心則會使人忘記一切。

「亡者的甦醒和復活」也是一樣的。能夠產生影響力的絕非宇宙的漠視作用（所謂的「物質性」），而是讓死者復活的宇宙大愛（所謂的「靈性」），它能夠讓身、心、靈復原成完整的個體──不是透過出生（輪迴）而是藉由記憶的神聖魔法達成的……但記憶的神聖魔法又是什麼呢？

現代神經病理學的臨床經驗和柏格森的研究，共同證實了人的精神裡沒有任何東西會被遺忘。所謂被「遺忘」的事物，其實還存在於無意識（超越頭腦的）領域裡。無意識的深處仍舊保存著完整的記憶，沒有任何東西會真的被遺忘。

世界（大宇宙）就像人（小宇宙）一樣不會忘記任何事物。玄學所謂的「阿卡夏檔案」（Akasha chronicle）和正在展開的歷史進程之間的關係，就像無意識的完整記憶和顯意識的片面記憶的關係。如同阿卡夏檔案儲存著大宇宙的所有記錄，人（小宇宙）的無意識（其實是「超意識」）也儲存著所有的生命記錄。個人的完整精神記憶並非不活躍，它其實正積極地影響著人的心理健康。同樣地，阿卡夏檔案在宇宙歷史進程中也扮演著決定性角色。

人們常用「個人的完整精神記憶」比喻「宇宙的阿卡夏檔案」（宇宙的記憶），但這種類比似乎有點太籠統了些，因此仍須加以辨別和詳細說明——深層心理學和玄學幾乎完全沒涉及這項工作。兩者都將「個人的完整精神記憶」和「宇宙的阿卡夏檔案」等同視之，彷彿在本質上毫無差異。事實上，它們各自揭露的是不同甚至相反的內容。首先我們必須在個人的完整精神記憶中辨識出三種「記憶的畫面」：「過往經驗的畫面」、「邏輯式畫面」以及「道德畫面」。這三種畫面對應的就是我們顯意識的三種記憶——自動式記憶、邏輯式記憶和道德記憶。自動式記憶是一種讓過往所有的事實重新出現在意像中的心身機能，不論它們與當下是否有關。它把過往的這些畫面交由顯意識全權處置，讓後者從中擷取它需要的元素。對邏輯式記憶和道德記憶而言，自動式記憶呈現的過往畫面是中性的；它只是過去的一些瑣碎事實的再現，猶如一部在我們內在之眼前放映的電影。觀者或顯意識可以任意從中擷取醒目的或是與當下相關的內容。

自動式記憶是人在童年和少年時期的「王牌」。幸虧有它，孩童和年輕人才有能力以驚人的流暢度和速度學習大量的事物。這些知識都是他們在世上需要或可能需要的。但成年人卻不是如此。自動式記憶會隨著年齡的增長成正比例地衰減。介於少年和老年之間的人，往往會發現自己不再像十年或十五年前一樣善用自動式記憶，而必須努力彌補越來越常發生的誤差。這時邏輯就會開始協助衰退的自動聯想作用。因果邏輯的功能會逐漸取代自動聯想的作用。人會逐漸將往事的半圖像式畫面，換上與事實邏輯有關的畫面。

　　由於喚回邏輯式記憶的是理智而非自動聯想作用，因此邏輯式記憶就是理智按照它認為與當下有關聯的推理，所組合成的歷史畫面。由此可知，人之所以憶起事情並不是因為它們曾經發生過，而是由於它們對當下有意義和作用。

　　至於道德記憶呈現出來的往昔畫面，重點不在於其中事件發生的地點或邏輯關係，因為它最主要的功能是揭露道德層次的價值和意義。人年老時，道德記憶會逐漸取代邏輯式記憶，記憶力的強弱則取決於當事者德性的高低。世上沒有任何東西會卑微到不具備道德或靈性價值——也沒有任何東西比它們更崇高——因此，人年老時所保有的道德記憶和一顆覺醒的心，已經足以取代自動式記憶和邏輯式記憶的所有功能。

　　大宇宙的三種記憶——三種阿卡夏檔案——對應的就是小宇宙的三種記憶：自動式記憶、邏輯式記憶和道德記憶。事實上，阿卡夏檔案庫總共有三種類別，玄學系統卻認為只有一種，而且通常被描繪成一部攸關宇宙歷史的電影；過往的事件

和所有細節均以半圖像式的清晰畫面示現在觀者眼前。

此檔案庫——它當然是存在的——顯示出一種值得注意的特質，那就是越遙遠的過去，越會展現兩極化傾向：往高次元上升以及往低次元下降的兩種作用力。你可以說它分成了兩個部分：一部分往上升，一部分往下降。

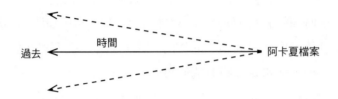

換言之，阿卡夏檔案裡存在著靈性化和具體化兩股作用力，隨著時間過去，這兩股力量也會成正比地增加。我們可以將它比喻為秋天的樹：葉子脫離了樹、掉落到地面，但樹本身在天空的襯托下，線條顯得益發簡潔。

你也可以說這是一種抽象化的運作，在過程中去除所有非本質的東西，只留下核心部分。阿卡夏檔案也會出現類似的情況。篩揀出的核心本質部分（靈性的阿卡夏檔案）存留了下來，剩餘的「廢物」則如同枯葉一般構成了另一組阿卡夏檔案：低層檔案。後者會從一個次元降至另一個次元，直到抵達地表下的次元為止。

起初阿卡夏檔案看似是不可分的，實際上卻是存在於不同次元的兩組資料。它們最大的差異就在於基本特性不同。其中一組帶有「質」的特性，另一組則帶有「量」的特性。這表示高階檔案完全是由象徵性事實——代表一連串事實的象徵符

號——所構成，其中沒有任何數字紀錄。低階檔案則是由一系列被高階檔案視為無用的事實所構成；它們之所以無用，是因為核心的部分已經包含在象徵性的事實裡。

因此，如同成年人的邏輯式記憶會取代自動式記憶，阿卡夏的高階檔案也會取代低階檔案，後者則會降至地表下的次元。

高階檔案就是宇宙史的理性記錄。它不但是人們可以閱讀的「真理書」，也是可以「吞進肚裡」或同化成為體內恆存的東西。「你的肚子會感覺到苦，嘴裡卻像蜜一樣甜」（《啟示錄》第 10 章，第 9 節）。還有另一種書，「檔案書」或「事實書」，則和啟蒙無關，因為它不可能被「吞進肚裡」；你只能透過心理測試、靈媒和眼通者來擷取訊息，或是透過有能力去到地表下的存有，間接地擷取訊息。

《啟示錄》還提到另一種書——「生命冊」：

> 案卷都展開了；另外有一本生命冊也展開了。死了的人都是照著他們的行為，根據這些案卷所記錄的，接受審判。（《啟示錄》第 20 章，第 12 節）

這「生命冊」就是第三種阿卡夏檔案，它和個人生命經驗的道德記憶有關。它包含著具有恆久價值、值得永遠存在或重生的東西。這第三種阿卡夏檔案——「生命冊」只記錄對未來有意義的過往經驗（以及對永恆有意義的未來事件）。

可是親愛的朋友，請不要以為「生命冊」只記錄偉大的事

情，不記載「日常瑣事」。我再重複一遍，世上沒有任何事是不具備道德和靈性價值的，也沒有任何事比道德價值更崇高。的確，這個檔案裡記錄了許多被視為「渺小」，卻富有偉大道德意義的瑣事。譬如你可以在其中發現某些作家們的完整手稿，同時你會發現身為編輯的他們，不斷地向四方的來人宣揚這些手稿的理念，希望能找到可以託付和出版的人 **3**。你也可以在其中聽見無神論者或不可知論者臨死前的禱告。你甚至可以在其中看見「窮寡婦」投入「奉獻箱」的小銅板發出的光芒——以及許多被世人視為渺小的瑣事。

因此，「生命冊」就是宇宙的道德記憶。你會發現其中沒有已經得到寬恕和彌補的罪業，因為寬恕與贖罪都會改變「生命冊」的內容。它每一天都不斷地被撰寫和改寫。如同在道德記憶中獲得諒解的人所做過的不當之事會被消除——有意識地忘卻——，被寬恕或免罪之事也會從生命冊中除去記錄。

因此，第三種阿卡夏檔案或「生命冊」顯示的就是因果的核心法則。自從耶穌化身成人，因果律便成了他所管轄的事務。主耶穌不僅倡導用新的法則取代「以眼還眼，以牙還牙」（《出埃及記》第 21 章，第 24 節）的舊法則，更將「生命冊」的地位提升至嚴屬正義的「紀事書」之上，以便全面性地實現新的宇宙律。如此一來，因果報應不再是運用於輪迴轉世的不可更改定律，反而成為了一種救贖的方式。換言之，它成

3　譯註：作者描述的是透過靈視洞見到的地球往事記錄。

為讓「生命冊」增添新內容和消除某些舊內容的依據。聖洗聖事的偉大意義就在於讓靈魂從舊有的因果律轉向新的因果律，或是從「紀事的規條」轉向「生命冊」的寬恕法則。人在懺悔時說出的這句摘自《使徒信經》的話：「我承認為赦罪所立的獨一洗禮」描述的便是這則真理。因為寬恕罪業就是消除「生命冊」中的罪行記錄。

上述的三種阿卡夏檔案分別存在於不同的次元：

道德檔案

邏輯檔案

紀事檔案

第一種紀事檔案庫是天使中的左翼存有（嚴格執行正義的存有）擷取其控訴證據的主要出處。它是宇宙一切控訴所依據的資料庫。

第二種邏輯檔案庫則是數千年來，宇宙的辯方和控方、左翼和右翼天使、善與惡的辯論的完整記錄。這個檔案庫會隨時顯現出善與惡的制衡作用。

第三種檔案庫則是右翼天使的力量來源；它提供祂們對正義產生信心的理由，目的是為了宇宙的進化、人類和最終的普世救贖。第三種檔案的內容涉及的是復活或萬物的復甦。第二種檔案的內容可以說是善與惡的平衡或宇宙因果業報史。第一種紀事檔案的內容則能提供左翼天使控訴的依據，祂們因為不相信人類，所以會盡力找出足以責難人的理由。

德國哲人萊布尼茲的以下聲明，被視為古典哲學中最極端的樂觀主義：「這世界是所有想像得到的世界中最美好的一個。」這種極端的樂觀主義竟然來自一生都過得比平常人不快樂的人，如果不考慮他在夜裡經驗到的第三種阿卡夏檔案，他的樂觀態度就太令人費解了。在此我必須解釋一下，有些人的確會在睡眠時得到「生命冊」守護者的同意，獲得閱讀它內容的資格。他們絕對無法在白晝的意識狀態下記住這類經驗；他們因為無法承受遽增的訊息量，所以只能記住其中的概略精神。這種精神的表現方式就是樂觀和信心——萊布尼茲的例子。所謂的樂觀和信心指的就是被遺忘的夜間領悟，在白晝的意識狀態下重新浮現了出來。

同樣地，某些人也可能在夜裡閱讀了第二種阿卡夏檔案，因此產生堅定不移的信念——譬如弗里德里希‧席勒的例子。這些人會堅信宇宙史就是因果業報史，換言之，宇宙史就是永無休止的因果循環。

我們必須知道宇宙不僅存在著不同的阿卡夏檔案，也存在著不同的經驗或「閱讀」它們的方式。你可以「看見」或「聽見」它們，也可以「坐在」或「進入」其中。這表示部分的阿卡夏檔案可以在靈視經驗裡被洞悉，在某齣戲或歌曲中被聽見，也可能變成當事者靈魂結構的一部分。如果是最後一種情況，當事者會把檔案的內容經驗成自己的一部分，也就是聖約翰在《啟示錄》裡提到吞下一本小書卷時，「嘴裡果然感到甘甜像蜜一樣，可是等我把它吞下去，肚子就真的感覺到苦」（《啟示錄》第 10 章，第 10 節）。第二種阿卡夏檔案的直覺

式體驗，會因為內容太多而令當事者感到十分沉重，不過頭腦一旦領悟和理解了它，立即會自動轉換成「清晰的文字」，那時沉重感自然化為喜悅，變成嘴裡甘甜的蜜。

我們應該再加進一句話，那就是不論你用哪種方式去閱讀阿卡夏檔案，永遠只能讀取到部分的內涵，因為沒有任何人的靈魂承受得起它全部的內容。你的靈性層次必須和天使長米迦勒一樣，才有能力承受第二種阿卡夏檔案的完整記錄。你的靈性層次必須和守護天國之門的基路伯一樣，才有能力承受第三種阿卡夏檔案的完整記錄。

因此，玄學家、密修者、密契家和隱修士的阿卡夏檔案經驗永遠都是不完整的。原則上，在直覺式體驗中，當事者對阿卡夏檔案的承受力會比較高；在啟發式體驗中會減弱；在洞見式體驗中則會更有限。以法伯‧道利維為例，其著作《人類的哲學史》（*Philosophical History of the Human Race*）就是擷自第二種阿卡夏檔案中的一些景象。他從一本偉大的無形著作裡取出了幾頁，然後透過邏輯推演將洞見到的片段連結起來，以彌補他所看見和沒看見的內容之間的空缺。這就是他為它取名為《人類哲學史》的原因；他這麼做是非常正確的，因為大部分內容都是來自於他的哲學觀、理性詮釋和邏輯推演。如果把道利維的著作視為「啟示」或解讀阿卡夏檔案的筆記，可以說是犯了不小的錯誤；裡面有許多內容不但是作者自己的預測，甚至還帶著相當程度的偏見（例如反基督的想法）。但我們還是不該抹煞道利維在十九世紀初扮演「傳統的守護天使」的功勞，因為他喚醒甚至拯救了一些隱修傳統的重要內涵。他是第

一位將歷史提升至隱修之道層次的人，在他之前沒有人對宇宙史有如此深的洞見。

在道利維之前，密契體驗——偉大的煉金工作、新人類及神聖魔法的內修工作——有很長一段時間在隱修之道裡扮演著首要角色。幸虧有道利維的出現，才掀起了一股研究「玄密歷史」的風潮，其中的代表人物是大亞維德侯爵、勃拉瓦斯基夫人和魯道夫·史坦納——在此僅提出這幾位最知名的人士。打從道利維的時代起，「玄密歷史主義」（esoteric historicism）便展開了一場前所未見的發展：許多偉大的著作紛紛問世——例如史坦納的《阿卡夏檔案》（*The Akasha Chronicle*）以及《靈性科學入門》（*Occult Science*）。

上述對於道利維著作的看法，同樣適用於之後以阿卡夏檔案為本的玄密歷史主義作者，因為不論他們能體驗到什麼程度，或者多麼努力地試圖以公正態度去呈現自己的經驗，結果仍然是不完整的——雖然他們的邏輯清晰文筆流暢，陳述的方式也都合乎理性。事實上，這些作者們的阿卡夏檔案經驗都是有缺失的，所以只能用自己的文筆和學識加以彌補。

玄密歷史主義的局限造成我們無法絕對地信賴任何一本著作，所以代代相傳集思廣義的努力仍然十分重要，這樣後人才能延續前輩的工作，致力於找出真相、彌補誤差、修正前人的詮釋或洞見。現今的任何作者都不該在玄密歷史領域裡主動提出「創新」見解，就算是最厲害的眼通或最偉大的思想家也一樣。我們需要的不是各自發光的天才，而是能夠讓集體性的傳統繼續流傳下去的人——讓道利維著作點燃的微光能緩慢而持

續地增強。

　　親愛的朋友，你現在閱讀的就是一名隱修士將五十多年來在密修領域的努力和體驗於 1965 年撰寫下來的內容。我請求你不要把它們當成是我對「隱修歷史主義」（Hermetic historicism）的未來發展立下的誓約，而應該視其為我所提出的個人見證，目的是要幫助你無所保留地進行自己同意的隱修工作。可是有件事千萬不要去做，那就是為了延續隱修傳統而成立組織、團體、社團或教派。這項傳統不是靠組織流傳下去的，你只需要和它保持友好的關係，就能維持住它的命脈；你無須把自己交託給為木乃伊塗抹防腐油的組織。若是必要，還是選擇主耶穌親自創立的組織為佳。

　　讓我們再回到阿卡夏檔案上面。現在你已經知道它會自動地示現於人的靈魂內部——若不是透過萊布尼茨和席勒的箭頭式觀點（「這世界是所有想像得到的世界中最美好的一個」、「宇宙史就是因果業報史」）示現出來，就是透過一系列的畫面或劇情催生出宇宙及人類的玄密歷史著作。不論它用什麼方式呈現啟示，無論是極簡或極繁，作用永遠是一樣的：傳達和諧的樂觀精神（德日進的信心！）和一股強化的歷史使命感（榮格所關注的議題）。換言之，無論你是在白晝的意識狀態下洞見到阿卡夏檔案的冗長記錄，或是只意會到其中的概略精神——在睡眠狀態下經驗到檔案裡的殘留訊息，你的靈魂都會得到相同的收穫。第三種阿卡夏檔案（「生命冊」）經驗，永遠會使人對上主和終極的普世救贖產生堅定不移的信心；第二種阿卡夏檔案（宇宙的因果報應史）經驗，則會喚醒和強化個

人對集體命運的使命感（「十個清明的人就能拯救全城」）。

至於第一種阿卡夏檔案（重現所有細節的電影）的經驗，則可以被比喻成一種有系統的諜報活動（espionage）：它提供了大量資訊——有用和無用的全都混在一起——其中的含義和邏輯順序必須透過一名時事證人（如訓練有素的記者或史學家）將其摘選出來。這種阿卡夏檔案幾乎沒什麼精神教誨的功能，只能提供某個時段內的大量資訊——完全無法刪選，而且可能與你感興趣的議題毫無關聯。第一種阿卡夏檔案經驗往往會讓靈魂迷失於面前的一堆不可知、甚至不可解的事實記錄，就算再好奇的人也會感到厭煩而無法忍耐下去。

以上描述的就是阿卡夏檔案的特質。它主要的功能在於魔法效應，因為擷取下來的訊息會喚醒當事人的記憶，為他帶來深層的活力。阿卡夏檔案雖然浩瀚壯觀，卻可以濃縮成一個字，一種神奇的聲音。這個濃縮的東西——宇宙的記憶——便是復活天使的號角聲代表的意義。

復活天使的號角聲，象徵的就是阿卡夏檔案濃縮成的單字或聲音。它具有喚醒靈魂、賜予活力，使其重生的作用力。號角這個符號通常和密契及靈知的內容有關。它永遠象徵著從密契體驗、靈知到神聖魔法的轉化與蛻變。

因此，第二十張卡上面的「直角平行四邊形」代表的就是以下要素構成的復活力量：父母的雙親之愛、來自上界的號角聲或阿卡夏檔案的神奇內涵，以及復活者為了重生所付出的努力。到目前為止我們只討論了四種復活力量的其中三種——父愛、母愛及「號角聲」。現在讓我們試著用冥思的方式去理解

第四種力量，也就是對上述三種力量產生的積極反應。

它涉及的議題包含人自身的努力（「工作和恩寵」的神學議題）、復活的意義（身、心、靈的全面復甦或是靈魂的復原），以及復活的肉身所具備的特質。

我們都知道人是無法讓自己復活的。所有和復活有關的教誨（拜火教的、猶太教的、基督教的、伊斯蘭教的）以及第二十張大阿卡納的奧義，在這一點上的看法都是相同的。人雖然無法讓自己復活，但是人終究會復活⋯⋯不論願不願意？⋯⋯不論發生了什麼？

換言之，復活是否會自然發生在人身上而無需人的努力，還是一種涵容著「上界如是、下界亦然」以及人的意志力在內的示現方式呢？

讓我們再次回到拉撒路在伯大尼復活這件事上面。耶穌感到「深深地激動」，他哭了，又再次感到「非常激動」，然後就對天父說：「我感謝你，因為你已經垂聽了我」，接著便大聲喊道：「拉撒路，出來！」於是「那死了的人就出來；他的手腳裹著布條，臉上也包著布。」（《約翰福音》第 11 章，第 35-44 節）難道拉撒路是一名服從催眠者指令、從墳墓中走出來的夢遊者嗎？換言之，難道他受到了魔法的控制？或者他之所以走出來，是因為呼叫聲喚醒了他內在所有的信、望、愛，以至於熱切地渴望去到召喚他的人身邊？

艾利佛斯・李維在第三本著作《奧跡之鑰》（*The Key of the Mysteries*）中對上述問題做出了正面的回應，他說：

聖典為我們說明了將亡者的靈魂喚回肉身的步驟。先知以利亞和使徒保羅都成功地應用過這套方法。為了用磁化方式喚回亡者，召喚者必須與亡者腳對腳、手對手、嘴對嘴。接下來，召喚者必須在很長的一段時間內集中全副心力，盡可能用一切懷有愛的想法和憐憫的念頭去召喚溜走的靈魂。如果召喚者能夠令亡者的靈魂感動或欽佩，如果他能夠與亡者的靈魂溝通、說服它活著仍然是必要的，而且快樂的日子還在地球上等著它，那麼它絕對會回來。對司空見慣的玄學家來說，表象的死亡不過是一種嗜睡現象罷了。（Eliphas Lévi, *The Key of the Mysteries;* trsl. A. Crowley, London, 1969, p.199）

按李維的說法，拉撒路之所以從墳墓裡走出來，是因為主耶穌讓他的靈魂感動和欽佩，並且說服了它活著仍然是必要的，快樂的日子還在地球上等著它。的確，任何人只要對屬靈世界有過一點確鑿體驗，就不可能懷疑拉撒路復活的奇蹟中有任何強迫的成分。因此在所有亡者復活的奇蹟中，也都不可能有任何強迫的成分。

復活者對「號角聲」的反應和父母的雙親之愛，就是他重生的主因。所以第二十張卡上那名青年人的復活，並不是上界造成的一種半機械式結果，而是復活者的理智、意志和心中發出的那股帶著覺知的意願使然。如同拉撒路受到信、望、愛的感動而從墳墓裡走出來，第二十張卡上的青年人也從墳墓裡

站立起來。他之所以復活並不是因為被號角聲或父母的呼喚打動，而是因為他本身對這種聲音和呼喚產生了強烈的信、望、愛。

因此，復活的奧祕與道德有關，但與展現超能力完全無關。它涉及的不是神通或超能力——無論是上主、天使或人的，而是德行的力量超越了自然法則的作用力（包括死亡的法則在內）。復活並非上主萬能的力量使然，而是祂的信、望、愛與人的信、望、愛交感帶來的結果。上界的號角聲代表的就是上主的信、望、愛；人不但會以心和靈去回應，連肉身所有的原子都會齊聲附和——身心的每顆原子都發出了吶喊。對上主而言，人就是萬物的代表，對萬物而言，人則是上主的代表。基於此理，當我們向天父禱告時才會說：「願祢的國降臨；願祢的旨意行在地上，如同行在天上。」

如果人類不是上主和萬物之間的鏈環，……如果上主沒有將萬物的統治權賦予人類，行在地上的也不是按人的而是祂的旨意，那麼人們又何必向天父祈求祂的國降臨，旨意行在地上如同行在天上呢？

因此，是天父將地球和萬物交給了自由的人類，做為他們發揮創造力的場域。憑著自由意志，人即可以萬物之名向天父祈求：「願祢的國降臨；願祢的旨意行在地上，如同行在天上。」

這段禱詞真正的意思是：祢的國比我的國更令我渴求，它就是我的理想；祢的旨意是我意志中的意志，它就是我所尋找的道路、真理與生命。這段禱詞不僅表達了人的意志對上主旨

意的順服，同時也展現出人有多麼渴望與上主的旨意結合；它秉持的不是宿命論而是愛。

聖奧古斯丁提出了一個值得留意的觀點：「上主比我更像我」；這意味著他的確懂得善用主禱文。學習善用主禱文的方式，就是逐漸對其意涵越來越有覺知。因此在天主教的彌撒中，主禱文才會成為準備餅酒、讀經、奉獻禮之後，開始領受聖體時的請願文。禱告前教徒必須先説：「讓我們充滿信心地用救世主教我們的話向天父祈請：我們在天上的父⋯⋯」（照字面翻譯就是：「受到上界恩賜的啟蒙、神聖教誨的引領，我們鼓起勇氣説出：我們在天上的父」）。這表示主禱文必須有前行的説明。若想表達它的祈願精神，你必須理解人的意志唯有和上主的旨意合一，才是真正自由的，而上主也唯有透過與人的自由意志結合，才能在地球上顯化其創造行動。神蹟證明的不是神的全能，而是神的旨意與人的意志結合的萬能。基於此理，任何宣揚神是全能的人，就是在替未來的無神論播種。因為他等於在要求神為戰爭、集中營及人類過往及未來遭遇的一切身心疾苦負責。他遲早會斷言神是不存在的，因為神的全能並沒有在理當發揮作用的時候展現出來。事實上，近代的馬克思共產主義之所以主張神是不存在的，就是因為全能的神並沒有直接干預地球上的事。這也是猶太領袖和士兵譏笑耶穌不具備神力的原因，他們當著受難主的面説道：

> 「他救了別人，如果他真的是上帝所揀選的基督，讓他救救自己吧！」士兵也同樣譏笑他。他們上前，拿

酸酒給他，說：「你若是猶太人的王，救救你自己吧！」……兩名跟他同樣被釘上十字架的囚犯，有一個開口侮辱他說：「你不是基督嗎？救救你自己，也救救我們吧！」（《路加福音》第 23 章，第 35-37 節、第 39 節）

但是另外一個被釘在十字架上的囚犯，卻明白了關鍵並不在主能而在於愛，他說：

「我們受刑是活該；我們所受的不正是我們該得的報應嗎？但是這人並沒有做過一件壞事。」於是他對耶穌說：「耶穌啊，你作王臨到的時候，求你記得我！」（《路加福音》第 23 章，第 41-42 節）

他說「你作王臨到的時候」——指的就是當愛而非全能在統治宇宙的時刻。

所以宣揚神的全能是非常危險的，因為接下來祂的羊勢必會經驗到獨自面對內在衝突的困境。主禱文的祈求：「願祢的國降臨；願祢的旨意行在地上，如同行在天上。」一旦被清楚地理解，就能守護我們免於陷入將神奉為全能的危險。它教導我們神的旨意並沒有行在地上如同行在天上，因此人的意志必須與神結合，才能實現主禱文的祈求。

復活也是一樣的情況，它並不是全能之神的單向作用，而是神的旨意與人的意志合一的成果。它不是按「主動意志—媒

介工具」的計畫發生的半機械式事件，而是一件道德上的大事，亦即兩種自由意志合一的結果。

兩種自由意志的合一……究竟是什麼呢？

復活其實是生與死的結合，或者可以說是「二元對立（生命─死亡）的中和」。這表示復活者在重生後可以像活著的時候一樣行動，也可以像死亡一樣脫離世間枷鎖。復活的耶穌曾經現身又消失於門徒當中，並且還跟他們一同吃飯（參照：《約翰福音》第 20 章，第 19-23 節、第 26-29 節；第 21 章，第 9-13 節；《路加福音》第 24 章，第 28-31 節、第 36-43 節）。他可以自由地顯相和消失。他從一道關著的門進入屋內，並且吃了「一片烤魚」（《路加福音》第 24 章，第 42 節）。他就像一個沒有肉身的靈魂一樣自由，同時也像具有肉身的人一樣，可以活動、現身、說話和吃飯。

但是福音書曾數度提到一件事：人們幾乎認不出復活後的耶穌，因為完全不像男門徒和女信徒所認識的他。馬利亞誤以為他是園丁；兩位門徒在以馬忤斯的路上也沒認出他來，直到他把餅擘開為止；提比里亞湖邊的門徒同樣沒認出他來，只有在他開口說話之後，約翰才發現是他，於是對彼得說：「是主！」（《約翰福音》第 21 章，第 7 節）「西門‧彼得一聽說是主，連忙拿了一件外衣披在身上（他當時赤著身子），跳進水裡。」（《約翰福音》第 21 章，第 7 節）

為什麼復活的基督讓人認不出來呢？因為他是不受年齡限制的。他看起來既不像各各他山受難前一晚的模樣，也不像在約旦受洗時的樣子。他在他泊山上與摩西及以利亞對話時

改變了形像，復活之後也變了樣子。復活的那一位不但是生與死的合體，也是青年與老年的綜合體。基於此理，他在三十至三十三歲之間結識的人都無法認出他來：某一回他現身時看起來比較老，另一回卻比他們認識的他還要年輕。

我們此刻面臨的議題是，復活的肉身究竟是什麼？

現代科學將物質理解為凝結的能量——鍊金師和隱修士早在幾千年前就發現了這一點。總有一天科學也會發現，所謂的「能量」其實就是凝結的精神力量，然後他們會發現，所有的精神力量其實也都是宇宙識能的「凝結」。人類將會意識到，我們之所以能行走並不是因為有腳，反而是因為先有行動的意志才產生了腳。換言之，是行動的意志讓腳得以存在而成為有利的工具。同樣地，人類也會瞭解腦子並不能產生意識；它只是讓意識活動的媒介罷了。

因此，我們的肉身只是意志用來行動和感知的媒介工具。它的受造過程是按垂直方式在進行的：

靈魂

精神力量

物質能量

肉體器官

不幸的是，這條垂直線被一條水平線貫穿了，後者與靈魂的自由本性恰好背道而馳，因為它把精神力量和物質能量凝結成了順應世間任務的工具。如果我們的肉身只為自己的靈魂服

務，那麼它將會是自由本性的最佳工具。但不幸的是凝結的垂直線被遺傳的水平線貫穿，於是就形成了地球人的十字架（如圖）。

遺傳作用在人的自由本性和行動工具（肉身）之間插入了一種外來元素。這種元素大幅地改變了「靈魂—精神力量—物質能量—肉體器官」的垂直作用方式。這是另一種注入於垂直作用中的意志力，它導致肉身變成了祖先的集體意志工具，而不再是靈魂的媒介。

無論遺傳的機制是什麼，它之所以能將祖先的身心特質傳給後代，都是因為本質上是一種模仿作用。不論是自願或非自願地，它都是在仿效既有的範型——而非純粹的創造行動（無中生有）。

模仿或創造——是每個靈魂在化身成人的過程中必須面對的選擇和試煉。有些靈魂是堅強的，富有創造力；有些靈魂則是軟弱的，只具有模仿力。越是堅強的靈魂越不會被祖先範型的半催眠式作用影響。基於此理，一個化身為人的堅強靈魂顯現的遺傳特質會比較少，也比較不能代表其家族、民族和種族；此人會是一個獨立自主的個體，不屬於任何既定的範型。

反之，軟弱的靈魂則會變成父母的翻版。此刻你可能會產生一種想法：「這是由於某位遠房祖先的基因占了優勢的緣故。」總之事實已經證明，某些例子中的遺傳作用力的確降至最小程度，另外一些例子則顯示它的作用力幾乎是全能的。

有機體內的遺傳和精神功能基本上都是源自於模仿。理論上孩子學習說話、養成有益的習慣、形成初步的社交能力，都是以仿效父母為基礎。但真實的情況是，胎兒在母親子宮裡逐漸形成神經系統、循環系統、肌肉及骨骼結構，已經是在預先演練和進行深層的模擬了。

因此，每個人都是兩股力量的產物：模仿力或遺傳力，以及創造力或永恆個體靈魂的自我實現力。換言之，人同時是祖先和自己的代表。

你也可以說人類是兩種遺傳作用——「橫向遺傳」和「縱向遺傳」的產物，前者呈現的是下界祖先的印記，後者呈現的則是上界個體靈魂的印記。這意味著人是兩種模仿作用——水平和垂直作用的產物；他既模仿過去的祖先，也仿效上界的自我原型。因此，它一方面和水平式遺傳——亞當原型（「祖先的祖先」）有關，一方面又跟垂直式遺傳——天上的父或上主有關。正因為如此，明白「純潔受胎」的真相是非常重要的，因為它就是源自於垂直式的「神—人遺傳」。

「道成為人，住在我們當中」（《約翰福音》第1章，第14節）——意味著他是從上界降至下界，而不是前面世世代代的產物，這句話同時也承諾了：

凡接受他的、就是信他的人，他就賜給他們特權作上
帝的兒女。這樣的人不是由血統關係，不是由人的性
慾，也不是由男人的意願生的，而是由上帝生的。
（《約翰福音》第 1 章，第 12-13 節）

還有什麼比這句話更能清晰地闡明「神──人遺傳」（垂
直遺傳）的復原方式呢？

復活的肉身擁有的是全然的自由，它是不再受制於遺傳的
完美身體。它也不再是精神的工具，就像精神不是靈魂的工具
一樣，因為「工具」意味著使用者和被使用的東西之間有一種
半機械式的關係，亦即使用者無須經由工具的同意、意見的參
與或合作，就能自行使用它。復活的肉身和精神之間的關係將
不再是如此──也不可能是如此。靈魂、精神和復活肉身的關
係，應該被視為三位一體的反映，也就是神的形像及樣式的重
建。這代表當身、心、靈再生時，它們的關係將反映出聖父、
聖子及聖靈的關係。人本身會成為三位一體，如同神是三位一
體一樣。人的永恆個體性就是身、心、靈的合一性。復活的
肉身則是人的三位一體之中的「一位」。它會是「行動的那
一位」，如同精神是「心的那一位」、靈魂是「默觀的那一
位」。這表示復活的肉身將成為個體化的實現媒介，復活的精
神則會默觀著永恆，復活的靈魂會讓個體變得光亮溫暖。

因此，復活的肉身將不再有機械化或自動化的成分，不再
是一副預先製造以便於意志使用的工具。換言之，它不會是現
成的或不變的組織「器官」。不，復活的肉身絕對是易變的，

而且是為每個行動量身訂作的組織「器官」。有時它也可能成為一道耀眼的光——如同掃羅前往大馬士革的途中經驗到的那樣——有時則是一股暖流、帶來活力十足的清新氣息，或是散發光耀的人形。由於復活的肉身具有魔法意志，所以是來去自如的。它會是生與死的綜合體，能夠像活人一樣在地面上行動，也可以像死者一樣享受脫離世間枷鎖的自由。

這會是一種新的受造物嗎？……神突然賜予的一份無償的禮物？

為了回答這個問題，首先必須深入理解「肉身」是什麼。在一般的認知裡，它是人從大自然借來的一種多量物質，經過組合之後變成了行動的工具，同時也是發展精神生活的一座舞台，直到分解或死亡為止。「兩者（人和獸）都要歸回塵土；他們從哪裡來，也要回哪裡去。」（《傳道書》第3章，第20節）如果從現代的「量子理論」來瞭解《聖經》所謂的「塵土」，那麼《傳道書》的這句話仍然精準地說明了肉身究竟是什麼。唯物主義者和唯靈主義者也都會同意這一點，因為根據經驗，人死亡後肉身的確會徹底分解。

但這並不是隱修之道的認識；它雖然不否認肉身的物質會分解的事實，卻拒絕斷言肉身在人死亡後會徹底毀滅。隱修之道提出的論點是，肉身本質上和心及靈一樣不朽；人的身心靈都是不朽的。但是它對肉身不朽性的理解，顯然有別於生物學（繁殖和遺傳）、化學及物理學（質能不滅定律）所提出的「相對不朽性」，因為它洞見到的是個體靈魂的肉身本質，而非生物的存活或無組織物的保留。

根據隱修之道的看法，肉身的本質並不是它的構成物或其產生的能量，而是構成物和其能量的基礎意志。這股意志力是不滅的，因為它存在於肉體誕生之前——缺少它，肉體就不可能誕生。更具體地說，「化身—降生」和「繁殖—誕生」本質上是截然不同的。前者是讓肉身配合靈魂的特質，後者則純粹是複製父母和祖先的特質，而無視於個體靈魂的本質——它就像白紙一樣，任由遺傳提供的條件及能力在它上面盡情揮灑。因此，「化身—降生」依循的是垂直法則，「繁殖—誕生」依循的則是水平法則。前者的導向是上界的個體靈魂特質；後者的導向則是下界的既往歷史，也就是物種、民族和家族傳承。前者是個體靈魂化身成為自己；後者則是「落入」成為人的過程裡。

這表示前者是自願投生於它所期待的環境，然後隨著世間引力降生的，後者則是依循水平法則來到了人間。「化身—降生」是兩種意志在有覺知的情況下達成共識的結果，其中的一種意志是來自上界的個體靈魂，另一種意志則是出自下界的領受者。因此，所有「化身—降生」者的父母都是被「告知」的。換言之，個體靈魂即將化身成人的消息，會藉由直覺、夢境或靈視帶來的啟示，讓未來的父母在意識完全清醒的狀態下得知消息。基於此理，不僅馬利亞被天使加百列告知神子即將誕生、施洗約翰的父親撒迦利亞被告知約翰即將出世、亞伯拉罕和莎拉被告知以撒即將出生（參照：《創世紀》第 17 章，第 16-19 節），釋迦牟尼的父親劫比羅城淨飯王（king of Kapilavastu）和母親摩耶（Maya）夫人同樣預先知道了釋迦

牟尼即將降世為人，而克里希納的母親提婆吉（Devaki）也遇見了相同的情況。無論報喜的方式有何差異，意義有何不同，上述的每個例子都跟垂直法則有關；其法則就是上下界的意志必須自由地達成共識。因此，每一次的化身—降生都意味著兩件事：上界旨意帶來的啟示或報喜，以及下界個人意志的認同。以下這則天使報喜的描述：「天使到她面前，說……」，以及馬利亞的回應：「我是主的婢女；願你的話成就在我身上」，清晰地顯示出上下兩界共同促成的「化身—降生」作用。

　　因此，化身為人的個體和下界領受者的意志合作的結果，是符合上界的個體靈魂特質，而非遺傳血脈的肉體特質。這種合一的意志促成了肉身的不滅與不朽。此即「點金石」的真諦：讓大自然賦予的物質和能量順應上界個體靈魂的特質。一副已經「個體化」的肉身當然會在主人死亡時，將自己被賦予的物質和能量還給大自然，但是它的基本意志卻不受死亡影響。由意志—鮮活記憶形成的肉身會在垂直法則的影響下復活。詩人波特萊爾（Baudelaire）在獲得啟示的那一刻寫下了：

　　　可妳將來仍會形同穢物，被可怕的細菌分解，
　　　我眼中的星辰，我本質裡的太陽，
　　　妳，我的天使，我的熱愛！
　　　是的！喔，優雅之后，妳最終仍然會形同穢物，
　　　在最後的聖禮之後，

躺在草叢和盛開的花簇下，

於骸骨中逐漸敗壞。

那時，我的美人，

請妳告訴那些吻蝕妳的蛆蟲，

雖然舊愛遭到分解，可我已將

它的原型和精髓保存下來！

　　　　　（波特萊爾〈腐屍〉〔A Carrion〕）

　　波特萊爾並不是唯一將肉身舊愛的「原型和精髓」保存下來的人。比他更偉大的「那一位」——祂的愛遠遠超過他——也將永久地保存它們，讓它們隨著重生的作用力逐一地復甦。

　　這「復活之身」必須經過漫長的準備才能成形。每個人的誕生都受到十字法則——垂直與水平法則——的共同作用所影響。事實上，這兩種作用力在人身上顯現的強弱比例不盡相同，有的往縱向、有的往橫向發展。總之，「復活之身」的成熟是漸進的，必須透過一次又一次的轉世才能達成，雖然原則上降生一回就能成形。事實上，「復活之身」需要無數次的轉世才能真正成熟。

　　那麼這不朽肉身的「原型和精髓」，在人死後究竟會面臨什麼樣的命運呢？它會不會隨著靈魂升至屬靈世界，把殘餘物留在下界？

　　死亡意味著靈魂或精神體脫離了肉身，也脫離了後者的不滅精髓和「復活之身」。當靈魂升至靈界時，人的生命能量（「乙太」）和精神能量（「星光」，或是精神習慣、慾望、

性情及心理傾向）也會一同升至靈界，但「復活之身」卻會往反方向下降，也就是往地球的中心下沉。由於它就是人活著時的積極意志，因此下沉代表這股力量逐漸放鬆了。後者會越來越退回到自己的內在，不再像從前那麼聚焦於驅動肉身配合靈魂的任務。「復活之身」的這種內隱傾向，便是我們所謂的亡者的「安息」。「上主，求祢垂念那些逝去和進入安眠的人，讓他們保有信德，特別是那些我們正在為他們禱告的人……」——就是天主教彌撒的《感恩經》獻給亡者的紀念文。出現在墓碑上的「安息」字眼和亡者紀念文中的「安眠」一詞，並不適用於聖人（死後仍積極施展奇蹟去療癒和幫助人）或是煉獄裡的靈魂（痛苦得根本無法安息或安眠），而應該用在亡者肉身的不滅精髓上。因此掃羅的罪並不在於要求隱·多珥的巫婆將先知撒母耳的不朽靈魂從上界招至下界，而是在於將先知肉身的不滅精髓從地下的安息處召喚上來：

> 那女人問：「你要我招誰來呢？」掃羅說：「撒母耳。」當女人看到撒母耳的時候，她驚叫起來……掃羅王對她說：「不要怕！你看到了什麼？」女人回答：「我看見一個像神明的人從地裡上來」……撒母耳問掃羅：「你為什麼煩擾我？為什麼招我上來？」（《撒母耳記上》第 28 章，11-15 節）

同樣地，《馬太福音》對於「耶穌之死」的描述，也和從上界降下來的靈魂或幽靈無關（後者是藉著亡者的熱情和習性

保住其電能），而是和「從墳墓中走出來」的聖徒的「復活之身」有關：

> 耶穌又大喊一聲，氣就斷了。這時候，懸掛在聖殿裡
> 的幔子，從上到下裂成兩半。大地震動，巖石崩裂，
> 墳墓也被震開了，許多已經死了的聖徒都復活起來。
> 他們離開了墳墓，在耶穌復活以後進聖城；在那裡
> 有許多人看見了他們。（《馬太福音》第 27 章，第
> 50-53 節）

　　福音書的作者特別強調，離開墳墓、出現在耶路撒冷民眾面前的是聖徒，而不是他們的靈魂[4]。但是從另一方面來看，聖徒們的身體絕不可能是物質性的肉身，否則他們會步行至聖城而不是直接在那裡現身。同時《馬太福音》又指出現身的是聖徒們，而非其他類型的亡者。這代表他們的形體是「復活之體」，而且是已經臻於成熟的狀態。

　　至於拉撒路的復活（《約翰福音》描述的第七個神蹟）則是僅有的「三重神蹟」範例──這裡指的是將亡者的靈魂喚回世間，將躺在墳墓裡四天已經「發臭」的肉身（《約翰福音》第 11 章，第 39 節）療癒，以及將拉撒路的「復活之體」喚起，使它和痊癒的物質肉身合而為一。

4　譯註：英文版《聖經》在這一點上比中文要清楚。

我們在福音書裡看到的有關拉撒路的三種陳述（《約翰福音》第11章）——「拉撒路病了」、「拉撒路睡著了」以及「拉撒路死了」——指的就是拉撒路的療癒、甦醒及復活的三重神蹟。

「聖母升天」則是靈魂與肉身完全沒分開的特殊死亡範例。換言之，我們所理解的死亡根本沒發生。聖母的「復活之體」並沒有為了降至地下的安息處而脫離物質體及靈魂，反而跟物質體及靈魂保持合一，共同升至了屬靈的世界。聖母的物質體並沒有分解，而是完全被「復活之體」吸收了。它讓自己變得非物質化和純然靈性化，直到與「復活之體」合一為止——然後又與其靈魂合而為一。因此，聖母的墳墓根本是空的。相關的傳統說法的確真實不虛；沒有人找得到聖母的墳墓，因為根本不存在。世間只有被認定為聖母肉身的安息處，它其實不具備紀念的意義。

聖母升天的神祕本質因此和復活有所不同；復活是人類墮落和贖罪戲碼的最後一幕。聖母升天攸關的不是墮落存有的復活，而是不受原罪玷污的純潔靈魂最後的命運。

因此，聖母是打從宇宙的黎明就存在的聖潔本性、精神及靈魂，後來示現成具體人身的馬利亞、約雅敬和安納的女兒。由此可知，馬利亞既是真實的人，也是宇宙性的個體靈魂：所羅門提到的「神智」（「智慧」質點，蘇菲亞），靈知派著作《比斯替蘇菲亞書》中的「光之聖女」，古代隱修士所稱的「世界聖母」，以及卡巴拉所指的「神榮耀的臨在」。因此，天使長加百列向馬利亞報喜時的對話，不僅為天使和人類帶

來了深遠的意義，也為整個宇宙帶來了深意。天使長加百列是奉三位一體之名前來報喜的，馬利亞則是以三重的聖潔本質——聖母、聖女、聖魂之名予以回應。她的回應就是宇宙史的轉捩點：「我是主的婢女；願你的話成就在我身上。」（《路加福音》第 1 章，第 38 節）。由於「能生產的自然本性」（natura naturans）和未墮落的「所生產的自然本性」（natura naturata）同時做出了回應，而使得馬利亞道出了這句話。創造的意志和執行的意志之間的永恆對話——神的火變成了光、光變成了律動、律動又變成了形體——被投射到時間裡，促成了天使長加百列和馬利亞的交談！

因此，「聖母升天」指的並不是靈魂擺脫肉身的辭世，亦非靈魂與「復活之體」合一的重生，而是聖母的身、心、靈匯成一股屬靈的能流之後，升至了天堂。

延續上述的說法，復活就是亡者的心、靈與「復活之體」的合一。後者受到上界號角聲的喚醒而升上去，並與降下來的靈魂結合。一旦結合，它們就不再分開。這代表「永恆的復活」即將展開，「新耶路撒冷」（《啟示錄》第 21 章）的時代亦將來臨。

整體人類的復活還有一個重要的面向，導致第二十張大阿卡納在傳統上被稱為「審判」。雖然此張大阿卡納描繪的主題是復活，名稱卻是「審判」——最後的審判乃整體人類復活的關鍵要素。傳統不但將復活和最後的審判聯想在一起，甚至視其為一體或一體的兩面。人們究竟是憑藉什麼根據，將復活和最後的審判劃上等號的？

復活不只是超越死亡（靈魂脫離肉體）的最後勝利，也意味著克服了睡眠（靈魂脫離行動界）和遺忘（意識脫離過去的記憶）。復活指的就是人的身、心、靈一體性的重建，而且他所有的活動和記憶也都會完整地延續下去。完整記憶的重現等同於「最後的審判」；人的生命史的完整記憶會在良知之光中重新被審視一遍。在完全覺醒的良知面前，靈魂自然會發現自己何處冒犯了上天的律法。沒有任何靈魂可以在覺醒的良知跟前為自己辯解。它沒有被賦予為自己辯解的權利。這件事只可能發生在上主的國度裡；只有神具備赦免罪業的權能。

　　因此，你首先會明白所有人都犯過錯，繼而領略到人人都是平等的。偉大的啟蒙者、祭司、國家領導以及過去在不同領域耕耘的人，都會體悟到這一點。

　　人人平等的偉大體悟——處在覺醒的良知之光中——也會出現在彌撒的懺悔禮中。過程中牧師與會眾在祭臺下同聲祈禱：「我向全能的天主和各位教友承認我思想言行上的過失……」然後搥胸三遍說道：「我罪，我罪，我的重罪。」這項儀式的目的就是要讓每個人都意識到，在神的律法面前他們是完全平等的。

　　因此，最後的審判就是人的良知完全覺醒、記憶徹底恢復的經驗。人是自己的審判者，因為神不會去指控任何人。祂只負責赦免罪業、伸張正義和寬恕人類。為了回應人對自己的「控訴」（對過往歷史的完整記憶所導致的），上主會打開「生命冊」，揭露第三種阿卡夏檔案的內容，包含祂對人的既往言行所記錄下的一切值得留念的回憶。這將會是上主在最後

的審判——赦免和寬恕——中所提出來的「辯詞」。最後的審判是一場宇宙性的和好聖事，其中包含著整體人類的懺悔和釋罪。只有不懂得懺悔的人，才會被排除於全人類的釋罪恩典之外，雖然我很難想像有人會在這種情況下仍然不知悔過。俄利根的看法和我是一樣的，他相信所有的人，包括以撒旦為首的邪惡存有，最終都能得到救贖。他究竟是對還是錯？我以下述的兩個問題作為回應：

1. 誰能確定未來有什麼人是不知悔改的？
2. 誰有權利指出上主的愛與慈悲的極限……而且有權宣佈和斷定祂的愛是有限的？

這兩個問題要獻給那些堅稱俄利根的普世救贖觀是錯誤的人。如果他們選擇以《聖經》的先知書、福音書和啟示錄裡的永罰一事作為回應，那麼他們就必須明白這些經文並沒有將永罰視為不可避免的事。經文原本的意思是，人類或墮落天使如果不知悔改，其良知如果到最後一刻仍然無法覺醒，靈魂最終仍然拒絕把握機會悔過自新，那麼他們的命運就會跟《聖經》描述的永罰一樣。換言之，這種命運絕對存在，但沒有人會被排除於救贖恩典之外。激發靈魂做出選擇的並不是對地獄的恐懼，而是對上主和善德的愛。

最後的審判將會是最後一個難關。希臘文的審判就是「難關」的意思。如同席勒所言：「宇宙史乃一連串的因果業報史」，存亡危機接二連三地出現，每個階段的危機都是「歷史

的重要時期」。因此最後的審判就是歷史演化的至高點；它既是濃縮的目標、意義及總結，也是難關中的難關。基於此理，耶穌會在那個時刻再度降臨，因為他就是歷史的德性和引力中心。基督復臨將會是歷史難關中的一種客觀示現，換言之，耶穌基督就是最後審判的「主判者」。他的臨在將除去一切與其本質或覺醒的良知不相融的東西。

但是他將不只是臨在而已；他也會參與最後的審判，積極地扮演「主判者」角色。他會用自己的方式做出判決：他不會去指控、譴責或強制性地懲罰，反而會一直賦予受審的靈魂力量，好讓它們的良知得以覺醒、記憶得以完全恢復。對那些自我審視的人來說，耶穌的判決會是寬容的，至於那些審判他人的人，耶穌則會把他的永恆誡律獻給他們：「你們當中誰沒有犯過罪，誰就先拿石頭打她……」（《約翰福音》第 8 章，第 7 節）。事實上，不論是生前、現在或未來，耶穌基督一直都在進行最後審判的工作。

第二十張大阿卡納的冥想——最後的審判及復活——即將進入尾聲。這不代表它所有的重點已經被徹底闡明，我們只是在塔羅奧義的範疇內，將必要的精隨部分探討清楚罷了。我們設定範疇就是為了能完成這些大阿卡納的冥想，因此現在讓我們來做個總結吧：

復活具有魔法的作用力——神與人同時起作用——屆時神的愛和人的愛將會共同克服遺忘、睡眠和死亡。因為愛永不遺忘；它會一直保持警覺；它比死亡強大得多。

當復活的時刻來臨時，重生者的心與靈會從上界降下來，

與升起的「復活之身」結合。

聖父的愛會讓復活者的心和靈降下來成為永恆的化身；聖母的愛則會讓「復活之身」——安息於聖母的子宮裡——向上揚升。

復活的人將還原成上主的形像和樣式；他會成為三位一體，如同上主一樣。人的身、心、靈將會按照上主的三位一體形成自身的三位一體。

但復活同時也是最後的審判，如同保羅所言：

> 到了審判的日子，每一個人的工程好壞都會突顯出來；大火將顯露並試煉每一個人的工程，使那真的品質出現。如果他所建造的工程經得起火的考驗，他就得獎賞。如果他的工程被火燒毀，他就虧損，而他自己卻會得救，像是從火裡逃出來一樣。（《哥林多前書》第 3 章，第 13-15 節）

第二十一張大阿卡納的冥想

愚人

THE FOOL

要是你們中間有人按照世人的標準自以為有智慧，

他倒應該成為愚拙，

好變成真有智慧的。

因為這世界所認為有智慧的，

在上帝眼中卻是愚拙的。

——《哥林多前書》第 3 章，第 18-19 節

愚癡是一種阻礙人領悟真理的狀態。

——柏拉圖，《定義》〔*Définitions*〕

……意識太容易屈服於無意識的影響，

無意識又比我們意識的想法更真實和富有智慧……

人的存在不必然意味著有覺知，

因為覺知很容易變成潛伏或沉睡狀態。

——榮格，《意識、無意識和個體化歷程》

〔*Conscious, Unconscious and Individuation*〕

愚人

親愛的不知名朋友：

　　首先我要解釋一下，為什麼「愚人」卡會被安排在第二十張大阿卡納「審判」的後面。由於「愚人」卡原先沒有數字編號，性質等同於「零」，所以在馬賽版塔羅的大阿卡納裡，

「世界」卡的號數是「二十一」。但我真正想說明的並不是為何要更改「愚人」卡的號數,而是為何它的冥想被安排在第二十張大阿卡納「審判」之後和第二十一張大阿卡納「世界」之前:

原因是,「愚人」卡的內涵無法總結一系列大阿卡納的冥想課題。「愚人」的本質不適合為它們做總結,也不宜在其中扮演「終極觀點」的角色。

另外還有別的原因,保羅・馬爾托曾經在《馬賽塔羅》裡提出探討:

> 愚人卡並沒有任何數字,如果有的話,應該是「零」或「二十二」。然而它不可能是「零」,因為這麼一來愚人代表的就是宇宙的不確定性,但它其實是有動向的,而且象徵著一段演化的歷程。它也不可能代表「二十二」,因為「二十二」是兩個帶有靜止之意的被動性質組成的數字,這一點與卡上描繪的人格特質恰好相反。(Paul Marteau, *Le Tarot de Marseille*, Paris, 1949, p. 93)

以下則是第三個原因:大約在五十年前,俄羅斯的聖彼得堡出現了一群由密修者組成的「知識份子」團體。這個團體的內部是有「階級」之分的──馬丁・路德派、聖殿騎士派及玫瑰十字派。嚴格說來,它是由三階「課程」構建的精神培訓學院──第一階是馬丁・路德派的課程,第二階是聖殿騎士派的

課程，最高階是玫瑰十字派的課程。

這所學院的校長是一位來自聖彼得堡佩吉斯大學（Pages College）的特殊數學教授，名字叫做格雷戈里・奧托挪維奇・密比斯（Gregory Ottonovitch Mebes）。

布爾什維克革命爆發之後（不消說也知道，革命瓦解了這個團體及其運作），我遇到了其中的一些成員，並且與他們結為朋友。由於我們的友誼是真摯的，而且是建立在徹底的信任上面，因此他們（被稱為「玫瑰十字派」的精英份子）將自己所知的有關團體運作的一切都告訴了我，包括遭遇到的困難和痛心的經驗。那是在 1920 年發生的事。我雖然研究過史馬克夫（Schmakov）的偉大鉅著《塔羅大阿卡納》（*The Major Arcana of the Tarot*）──幾乎比奧斯維德・沃爾斯的《中世紀圖像塔羅》（*Le Tarot des imagiers du moyen âge*）、保羅・馬爾托的《馬賽塔羅》和鄔斯賓斯基於 1917 年出版的塔羅著作厚一倍──但直到那一年我才突然有了一種認識，原來塔羅的集體研究可以為密教的學習、探究、修煉和進展帶來巨大的收穫。這個團體所有的內修工作都是建立在塔羅的研討上面，無論是卡巴拉、魔法、占星學、煉金學或隱修之道的研究，都受到塔羅的指引和啟發。它使得整套內修工作變成了前後連貫的完整有機體。任何卡巴拉、魔法、占星學、煉金學或隱修之道的議題，都可以拿來對應塔羅的其中一張大阿卡納。譬如，他們經常透過二十二張大阿卡納去冥想希伯來文的二十二個字母，目的是推演出卡巴拉的深層意涵。他們發現希伯來文的每個字母對應的就是塔羅之中的一張大阿卡納。由於希伯來文的

第二十一個字母「Shin」（𝔴）具有「愚人」特質，所以他們認為這個字母代表的就是「愚人」的奧祕。他們還為「愚人」取了一個密修的名稱：「愛」。雖然這些密教行者的教誨和經驗，只是我年少時進入塔羅象徵系統的原動力，但仍然留給了我一份深刻的印象：大阿卡納「愚人」對應的是希伯來文的第二十一個字母「Shin」，因此數目字是二十一，在密教裡的名稱就是「愛」。

親愛的朋友，這就是為什麼「愚人」的冥想被放在「審判」之後、「世界」之前。這除了闡明與塔羅冥想順序有關的兩個原因以及數字二十一的意涵，也是向本世紀初的這群聖彼得堡密教徒致敬。

現在讓我們來檢視一下這張卡。它描繪的是一位身穿寬鬆衣裳，正在行走男子。他的右手拄著一根拐杖，右肩上是一根掛著布袋的棍子，有一隻狗從後方攻擊他、撕咬著他的長褲。這名男子的頭上戴著一頂黃帽，帽頂上有一顆紅球，藍色衣領的尾端則有一顆顆的小圓球。他穿著藍色的長褲和紅色的輕便套鞋，背心的外套是紅色的，藍色長袖上衣外面罩著黃色的短袖上衣，黃色的皮帶或腰環上還繫著一排小鈴鐺。簡而言之，他的穿著是中世紀小丑的傳統裝束。

愚人是從左方朝向右方行走。他的頭是偏向右方四分之三的角度，身體也傾向右方……從不反擊狗這一點看來——其實他可以輕易地用拐杖打跑它——愚人應該是一位善良的人。

善良的愚人……他不禁使人聯想起唐吉訶德（Don Quixote）蒼白消瘦的身影——這位四處飄泊的騎士為世人帶

來了不少的歡笑，他生前雖然被稱為「愚人」，死後卻留下了「善人」的美名。喔，唐吉訶德，你本是米格爾・德・塞萬提斯（Miguel Cervantes）筆下的一號人物，如今卻變成了獨立的生命體，比原先的文學人物更加熱情真誠！你在人類世世代代的想像世界裡流連不去，甚至促成了某些人的靈視經驗。在黃昏荒蕪的岩地上，當陰影逐漸拉長時，那位騎在老弱瘦馬上的扭曲身影不就是你嗎？

你究竟是想像中的人物，還是靈視經驗中的先知，誰能夠知道呢？人們經常會在歷史面臨難關的時刻——如同站在荒蕪的岩地上——與你相遇，這時人心往往會變得堅強，頭腦卻顯得更加固執。法國大革命共和曆 **1**（French Republican calendar）實行的第二或第三年間，在熱月 **2**（Thermidor）或果月 **3**（Fructidor）的某日，出現於斷頭台上的就是你……當頭顱滾落到地上之前的那一刻，你仍舊大聲呼喊著：「國王萬歲！」這聲音甚至蓋過了斷頭台邊的鼓聲。在俄國革命期間，在歡騰的群眾面前扯下牆上的紅色標語，大聲地向聖彼得堡民眾宣布新時代的黎明已然來臨的也是你……不久之後你的身體就被紅軍步兵的刺刀穿透。1941 年德國侵佔荷蘭時，公然站出來向德軍喊話，並指出德國違反了自己在三十年前簽訂的「海牙公約」（Hague Conventions）的也是你……

1　譯註：法國大革命時期一度實行的曆法，1793 年 10 月國民公會為了廢止天主教的統治制度而取消了西曆，改用革命月曆（法國共和曆）。新曆法並沒有宗教日。
2　譯註：法國共和曆的第十一個月，對應現行公曆的 7 月 19 日至 8 月 17 日。
3　譯註：法國共和曆的第十二個月，對應現行公曆的 8 月 18 日至 9 月 21 日。

拉曼恰的唐吉訶德不純粹是塞萬提斯虛構的角色，而應該說是一個活生生的人；原作者只是描繪了在騎士精神已經沒落的卡斯蒂利亞遇見的某個人。早在塞萬提斯之前，唐吉訶德已經存在且活躍於世上，如同未來他將會繼續存在於世上一樣。他展現的是一種生命的「原型」──從一個世紀到另一個世紀──透過各種人和方式不斷地在自我顯化。塞萬提斯筆下的他是一名飄泊的騎士，中世紀的圖像創作者則將他描繪成塔羅的愚人。從圖像本身來看，愚人顯然是活在中世紀。但是就這張卡的概念、原型及奧義來看，其時代背景又是什麼呢？希臘時期？我認為有可能。埃及？我欣然同意這個答案。甚至更早以前？有何不可？

　　概念、原型及奧義是永恆的，象徵符號和圖像則隸屬於特定的時代。不僅「愚人」是如此，「魔法師」、「女祭司」、「皇后」、「皇帝」、「教皇」、「戀人」、「戰車」、「正義」、「隱士」、「命運之輪」、「力量」、「吊人」……等也都是如此。塔羅的大阿卡納不但是象徵圖像，更是不同的靈修課程，甚至是具有魔法特質、能夠為人帶來啟蒙經驗的精神原型。

　　除了唐吉訶德之外，奧菲斯（Orpheus）、流浪的猶太人[4]（the wandering Jew）、唐璜（Don Juan）、提爾·烏蘭

4　譯註：十三世紀的歐洲小說人物，又名亞哈隨魯（Ahasverus）。故事描述一名猶太人因嘲笑即將被釘上十字架的耶穌，而被詛咒在地球上流浪，直到耶穌復臨為止。

史匹格爾 [5]（Tijl Uelenspiegel）、哈姆雷特（Hamlet）和浮士德（Faust）也都在西方人的想像世界裡流連不去。

奧菲斯因為與逝去的愛人生死隔離而悲傷痛苦，後來終於化悲痛為魔法，穿越了阻隔生死的睡眠、遺忘及死亡之河。只要世上有人因愛侶之死而感到心碎，卻不願認命地追思哀悼，一心只想穿越死亡的門檻去尋找逝者，那麼奧菲斯的身影就會無所不在地永存於世上。這樣的摯愛就是奧菲斯對尤麗黛絲（Eurydice）、吉爾伽美什 [6]（Gilgamesh）對友人兼兄弟埃阿巴尼的愛。誰能知曉過去、現在和未來有多少顆心，是隨著奧菲斯和吉爾伽美什這位巴比倫英雄的心在一起跳動著？

流浪的猶太人亞哈隨魯（Ahasverus）則代表「另一種不朽」的原型，也就是第十三封信「死神」裡探討過的結晶體。他代表的是一種可以讓乙太體凝結成石頭的魔法作用力和精神特質，令乙太體硬到死神的鐮刀無法施力。這種魔法作用力和生命及恩寵的運作方式恰好相反；它強調的是「你沒有資格進入我的屋舍」，而非「主啊，你親自到舍下來，我不敢當；只要你吩咐一聲，我的僕人就會準備好的」（參照：《馬太福音》第 8 章，第 8 節）。對那些將自己雕成石塊並且利用它們去建造神殿的人而言（參照：第十六章〈毀滅之塔〉），這種固化作用就是他們的終極祕密或「大奧祕」。不消說也知道，他們當中只有少數人意識到這一點；多數人根本是不明就裡

5　譯註：中世紀德國低地（北部）的民間故事人物。
6　譯註：著名古代文學《吉爾伽美什史詩》的主角。

的。

　　唐璜並不是一個猥褻放蕩的人；他其實是擁有偉大力量的小神厄洛斯（Eros）的祭司。他代表的是厄洛斯的魔法，而且是以祭司的權能掌管著後者的神祕法則。

　　假如他純粹是個放蕩的人，怎麼可能為莫里哀（Molière）、托瑪斯・柯尼爾（Thomas Corneille）、拜倫勳爵（Lord Byron）、洛倫佐・達・彭特（Lorenzo da Ponte）、莫扎特、阿爾克謝・托爾斯泰（Alexis Tolstoy）等偉大詩人的想像力，帶來那麼深重的影響呢？其中最能反映唐璜深層本質的，就屬托爾斯泰的玄祕詩作了。按托爾斯泰的說法，唐璜既不是瀆神的風流種子，也不是虛情假意的誘惑者或不擇手段的人，而是一名順服又勇敢的侍從。他的主人是一位如孩童般的神，偏愛並支配著生命力與熱情，厭惡並禁止人們用理性去衡量或算計事情，因為理性意味著服膺於利益法則、過於謹慎及墨守成規，傾向於冷靜而非熱切的愛。對托爾斯泰來說，唐璜並不是善變的愛情女神的受害者。他是愛情女神的哲學和神祕本質的積極擁護者，所以是自願成為她的合作對象，臣服地接受了她的神祕啟蒙而成為她的祭司。他也因而變成一種原型──為愛而愛的情聖。

　　唐璜是透過愛和為了愛而活著。他滋長並護衛著這份理想，視其為永不熄滅的火炬。他很明白這火炬的價值以及在世上的任務。在律法──正當的、理性的、神聖的──和愛的永恆衝突之間，他選擇站在愛這一邊，但這麼做是需要勇氣的。因此，唐璜代表的其實是一種理念、原型及奧義，亦即塔羅第

六張「戀人」卡上的那名年輕男子的狀態。他選擇了愛之火以及愛的多元性，而不是他的姊妹靈所代表的專一之愛——因為情慾魔法的表率巴比倫說服了他。

提爾·烏蘭史匹格爾則是一名來自布魯日（Bruges）附近的法蘭德斯流浪漢——他是許多著名傳說和鬧劇中的英雄人物，也是柯斯特[7]（Coster）史詩的悲劇英雄——他是反政府革命份子的原型，所以完全不受權威左右，既無信仰也不守法。他以個人自由的名義對抗一切權威，代表著流浪漢消遙法外的自在精神。由於他一無所有，因此什麼都不怕，也不聽命於任何人；他既不期待任何回報，也不畏懼任何懲罰，無論是上界或世間的……他擅於捉弄人，更愛揮動嘲諷的魔法棒將人造殿堂或祭臺整垮。這支魔法棒只要一碰到東西就會帶來變化：讓莊嚴變成浮誇、感動變成感傷、勇氣變成冒失、悲泣變成假裝哀傷、真愛變成一時的迷戀……它唯一的目的就是「把運作者釋放的能量聚集起來……引至一個特定的點上」，然後突顯出：世上的一切只不過是一場大鬧劇罷了。

烏蘭史匹格爾也代表某種精神原型。只要世間還有人認為自己的嘲諷想法及理念是富有啟發性的東西，就意味著烏蘭史匹格正在揮動他的魔法棒。因此，除了俄羅斯布爾什維克黨的無神論軍官德彌恩·貝德尼（Demyane Bedny）的詩作之外，我們還可以在伏爾泰（Voltaire）這位可敬的作家兼思想家的

7　譯註：法蘭西·柯斯特（1531-1619），法蘭德斯人，耶穌會的神學作家。

作品中，看到烏蘭史匹格爾的身影和影響。可是我們一旦將他視為原型，他就不僅僅是嘲諷者了。因為他還有另外一個面向：好戰的無政府主義者，底層人士對抗法律制定者的心態。近代發生的某個事件便是一個例子：

1917 年的十月間，一艘俄國波羅的海軍艦（Russian Baltic fleet）上的海軍士兵們，為布爾什維克黨的革命帶來了光榮的勝利。他們從「極光號」（Aurora）巡洋艦上，向效忠臨時政府的最後一批反抗份子（一群女性志願軍）發射砲彈。後來他們變成了人人全心無疑頌揚的十月革命英雄，但隨之也發生了另一件無可置疑的事件，卻無人頌揚。同一批海軍士兵於 1921 年二月再度起義造反，這回他們的抗爭對象竟然是他們在 1917 年協助創立的政黨。他們佔領了克朗施塔德（Kronstadt）的海軍要塞而遭到圍剿。經過一個月的交戰，紅軍精英份子（布爾什維克海軍軍校的學生）最後攻下了克朗施塔德。

是什麼導致「極光號」的士兵徹底變節的？當初他們在 1917 年十月發動抗爭，完全是為了追求無政府主義帶來的自由——為蘇聯的勞工代表、農民、士兵和水兵而戰，對象是在他們之上的將軍、上將和部長。他們渴望重建一個和十六、十七及十八世紀的烏克蘭人民軍（cossaks of the Ukraine）相似的組織，一個無政府的共產理想國。但是在 1921 年，他們卻發現自己錯了。十月革命帶來的並不是兄弟會或同志組織，而是新的獨裁國家，一個由警察治理的強權政府；由於一切事情都得由它來決定，所以民眾完全無法發表意見。「極光

號」的海軍士兵明白自己受騙後便決定起而反之。再一次地，烏蘭史匹格爾在他們的腦海裡起了作用，如同在巴士底監獄（Bastille）的占領者和法國革命歌舞劇（carmagnole）作者的腦海裡起了作用一樣……

發動存在主義哲學及思潮的丹麥宗教思想家索倫・齊克果（Soren Kierkegaard）說過：

> 現代哲學有太多的探討是基於懷疑的推論，但根據我長期以來對這個議題的思考，實在不明白懷疑和絕望到底有何不同。現在我要試著去分辨它們的差別……懷疑是對想法絕望，絕望則是對人的存在產生懷疑；而這就是我堅持做出人生抉擇的理由。這既是我的解答，也是我對生命的看法……（Soren Kierkegaard, *Either/Or*; trsl. W. Lowrie, vol. ii, London, 1944, pp. 177-178）

由此可見，現代存在主義哲學和傳統思辨哲學（speculative philosophy）是不同的，前者是奠基在絕望上面，亦即懷疑人的存在本身，後者則是奠基在懷疑上面，亦即建立在對思想絕望的基礎上。其實所有的絕望以及對存在的懷疑，都可以總結成哈姆雷特的名言：「存在亦或不存在（To be or not to be）？」如果說齊克果這位丹麥思想家是現代存在主義之父，那麼哈姆雷特這位莎士比亞筆下的丹麥王子就應該算是存在主義的原型，或是代表對存在這件事情的絕望。此原型意味著徹

底孤立的意識狀態；由於切斷了與萬物及屬靈世界的連結，而處於孤絕之境──站在兩個引力場或世界與天國之間的零點上。

懷疑除了源自於猶豫不決的心態，更意味著靈魂飄蕩到兩個引力場──地球和天國──之間。這時除了展現無天地介入的信心之外，根本沒有其他的逃避方式。處在這種狀態下，人格面對的是徹底寂靜的天與地。哈姆雷特代表的就是面臨這種試煉的精神原型：如果不拿出信心來，就會因絕望而瘋狂。

浮士德則是上述六種瘋癲加智慧的原型綜合體：他就像唐吉訶德一樣，渴望以犧牲換來空前的勳績；他也像奧菲斯一樣，尋求從死亡的幽冥返回光明的可能性，雖然他與自己愛慕的對象特洛伊的海倫（Helen of Troy），受到好幾世紀的死亡帶來的阻隔；他甚至如同唐璜一樣，透過各種愛情對象尋找「永恆的女性」，因此每個女人都是海倫；他又像亞哈隨魯利用黑魔法讓自己回春，不再受死亡阻撓而得以在地球上展開新生活，亦即無須停留一段時間便直接轉世；而他也跟烏蘭史匹格爾一樣，不效忠於任何宗教、科學及政治的權威，選擇在曼菲斯特的陪伴下嘲諷道德，訕笑那些妨礙膽識及自由意志的規範；最後他和哈姆雷特一樣地經歷了「存在亦或不存在（To be or not to be）」這個大哉問帶來的試煉。

除了上述的六種精神原型之外，他還代表另一種永恆的原型──至少歌德是這麼認為的──《聖經》裡那位永恆的約伯。浮士德就是人文主義時期，或摩登時代破曉時的約伯，最後他也變成了曼菲斯特和神打賭的賭注。但浮士德受到的試煉

及誘惑和約伯的有所不同，因為前者遭遇的不是破產或噩運，反倒是獲得了神益與成就。曼菲斯特被上界允許去滿足浮士德的一切慾望。這場試煉的目的是要看看浮士德——現代人——能否滿足於相對又短暫的世界……下界的一切享受是否令人感到知足常樂，而忘卻了內心對永恆和終極境界的渴望。約伯最後證實世間的苦難無法使人的靈魂脫離上主；浮士德則證明世間享樂的結局也是一樣的。

《西方的沒落》（*The Decline of the West*）作者奧斯瓦爾德‧斯賓格勒（**Oswald Spengler**）稱現代人為「浮士德式人格」，他的說法是正確的。浮士德的確代表中世紀後人類的精神原型，特徵是操控大自然、滿足慾望的能力大幅提升——這也是過往的一些最大膽的魔法師追求的目標：飛行於空中、遙視或遙聽、以汽車（而非馬）作為交通工具、將過去或遠距之外的鮮活影像及聲音喚至當下等等。惡魔彷彿得到了萬能的魔力，能夠一一滿足現代人的慾望，同時乘機證實下界的享樂與權利足以使人忘卻永恆的神。神則藉機會向邪惡存有證實人永遠不可能滿足於世間的短暫享樂。現代人面臨的試探就是浮士德當時遭遇的試煉。這是一種慾望滿足的試煉。

我們近期的現象則是共產主義的崛起——也可說是集體性國家監控體制的興起；它公開追求的目標就是盡可能滿足多數人的需要和慾望。它或許在俄羅斯成功了，因為多數人都擁有了良好的環境、電話、收音機、電視機、電冰箱、洗衣機……但接下來呢？沒錯，接下來出現的會是電影院、劇場、音樂會、芭蕾舞劇、運動會……然後呢？沒錯，科學一定會再為人

類的活動、想像力和慾望帶來新的契機與方向。人類將造訪月球和其他星球⋯⋯然後呢？人將會經驗和認識前所未見的領域，那是我們現今無法想像的——例如發現外星人的存在⋯⋯接下來呢？答案是無解的。

不，這些問題當然有解，答案就在浪子的故事裡。相較於浪子回家時慈愛的父親帶給他的擁抱，那些電視機、洗衣機、超音波飛機、太空船、星際之旅及銀河探險，又算得了什麼呢？

現代人面臨的試煉就是無止盡的慾求。這個說法不僅適用於共產主義者、資本主義者和唯物主義者，也適用於密教徒、玄祕家和魔法師。

舉個例子，聖馬丁曾經參與過帕斯喀里學派儀式性魔法的修練。他發現這種魔法是非常有效的，但自從徹底明白了儀式性魔法的有效性背後的真相，就不再碰這種東西，轉而信奉雅各·伯麥的密契主義：一個充滿著無法言喻的屬靈體驗的世界，他在其中經歷到的是靈魂與神的關係。因此，他成功地穿越了試煉；魔法現象——幻象——無法阻礙他走向永恆和終極。至於他以往的同門夥伴約翰·巴蒂斯特·威勒摩茲（Jean Baptiste Willermoz），雖然也嚮往屬靈世界且擁有虔誠的信仰，卻直到過世前仍沉迷於儀式性魔法和啟蒙儀式。

《轉化性魔法：其教義與儀式》的作者艾利佛斯·李維，無疑是十九世紀儀式性魔法理論及修練的首倡者。他勇敢地向世人宣布魔法是真實和理性的⋯⋯這可是發生於啟蒙風潮後唯物主義興起的時段裡！誰敢說他缺乏勇氣？但勃拉瓦斯基夫人

卻斥責過他。她說，他之所以背叛自己的魔法教誨、轉而信奉基督密契主義，是因為害怕遭受教會權威的不利對待。其實李維是因為超越了儀式性魔法的局限，選擇從此專注於基督隱修之道的密契體驗和靈知。如同聖馬丁一樣，他也穿越了浮士德式的試煉。基於此理，聖馬丁寫信給基爾希伯傑・利比斯多弗男爵（Kirchberger, Baron of Liebisdorf），其中提到放棄儀式性魔法、信奉密契主義的理由，同樣也可用在李維身上：

> ……我早已忘卻在最初參與的學派裡通過啟蒙儀式這件往事，因為如今我所關注的只剩下真正能帶來啟示的那種啟蒙經驗……我可以向你保證我是以內修方式發現了真理與喜樂，它們比我用其他任何方法得到的東西都要崇高上千倍……唯有神和我們內心的永恆之道足以為我們啟蒙……（L. Schauer and A. Chuquet, *La correspondence inédite de Louis Claude de Saint-Martin*; trsl. E. B. Penny, letters XIX and CX in *Saint-Martin's Correspondence*, Exeter, 1863, pp. 77-78, 375）

這段話也可以用在保羅・塞迪爾身上，因為他也迷戀過魔法的修練，甚至把自己關在巴黎薩瓦路（rue de Savoie）四號的租用公寓裡長達兩年之久。他是二十個兄弟會的成員及職員——大部分是祕密組織，例如玫瑰十字會的卡巴拉教派、聖馬丁教派等。但是他在 1909 年的一月（他在這個領域裡的

活動始於 1888 年）退出了這些組織，辭去了所有的職位和頭銜。這令他的朋友們感到震驚不已。

> 他的外在世界發生了一個決定性的重大事件，使得他領悟到祕密組織和玄祕修練的空洞虛浮，因此頭也不回地直奔福音之路。（Dr. Philippe Encausse, *Le Maître Philippe de Lyon*, Paris, 1958, pp. 80）

這個事件指的就是他結識了里昂的菲力浦。塞迪爾在 1910 年五月撰寫的一封信裡提到了此事：

> ……就我的估計，我和同伴們已經鑽研過所有的密教思想，也探究過所有的地窖，而且都是秉持著最熱切的誠心和最強烈的期待。但是我所逐漸知曉的這一切，都不算是絕對的「確知」。
> 某些猶太教士曾經和我分享過來歷不明的手稿；某些煉金家曾經帶我進入他們的實驗室；在無數個夜晚的修練過程裡，某些蘇菲派門徒、佛家及道家弟子也曾引領我進入他們的神之居所；一位婆羅門讓我複製過他的咒語大全；一名瑜伽師曾經授與我冥想的祕訣。但自從那個夜晚的相遇之後，這些令人欽羨的人物所教導的一切，對我而言都變成了大熱天黃昏時分升起的薄霧。（同前著作，pp. 80-81）

巴布士也有過和塞迪爾一樣的決定性相遇。他的屬靈經驗和塞迪爾的遭遇同樣富有決定性。這使得他明白了知道和確知、一般的價值和真正的價值之間的差異。但身為一名醫者，他已經習慣將病人的利益擺在第一位，況且病人都仰賴他，所以無法卸下既定的責任，也沒有退出任何他所服務的團體，雖然他的心早已在別處。他的改變在於開始將基督信仰的靈修視為首要之事，而且是用一種激進的方式展現的──羅伯‧安伯蘭（Robert Ambelain）因而指責他「偏愛天主教主義」，某些共濟會成員甚至認為他足以被稱為「耶穌會的會士」。但巴布士的改變──無論人們怎麼說或高不高興──只不過是穿越浮士德式試煉的實例之一。

　　我們雖然可以再多舉一些實例，但上述的例證已足以說明在密修的領域裡，浮士德經歷過何種試煉。每一位玄祕家都必須經歷這場試煉。只有穿越了它，認清恣意操縱的魔法到底是什麼，才能進入真正的密契體驗、靈知及神聖魔法。接著他會從一名學者變成智者、從魔法師變成大法師、從追求靈知的人變成靈知家，從玄祕家變成密契家。

　　浮士德的試煉或原型曾預示於古代的賽普利安大法師（Cyprian the Mage）身上──他究竟是傳奇還是真實人物並不重要──他先是成為基督徒，後來又成為尼科美底亞 [8]（Nicodemia）的主教，最後是在戴奧克里先（Diocletian）皇

帝 **9** 賜死下殉教的。以下的摘要來自於他的「告解」：

> 這是有幸遇見聖女尤斯蒂娜（virgin Justina）而成為
> 基督徒的賽普利安法師的懺悔錄。後來他變成尼科美
> 底亞的主教，最後是在戴奧克里先皇帝賜死之下成為
> 殉教聖者，阿門……
>
> 我是賽普利安，從少年時期便獻身阿波羅神殿，自小
> 受瞞蔽被告知天龍是萬能的。未滿七歲我已經迷戀上
> 密特拉 **10**（Mithra）的神祕特質……十五歲時開始侍
> 奉狄米特 **11**（Demeter），繞境時我負責持火把走在
> 她的神像前。為了裝扮成她的孝女，所謂的處子，我
> 穿上華麗的喪服……去到所謂「眾神之山」的奧林匹
> 斯……在那裡我接受了祕密啟蒙，以模仿她說話的方
> 式發出天語。每當魔鬼顯靈時，我也會規律地發出
> 這種聲音……我還見到過核心深處的惡魔——有些在
> 唱歌，有些在佈設陷阱，施展著詐騙術和製造事端。
> 我見過眾神及眾女神的侍衛。我在那些世界裡待了
> 四十天又四十夜，每天只靠著日落後吸取樹汁的養分
> 維生……我滿十五歲時開始接受祭司、七位惡魔先知
> 和女先知的教導，而惡魔頭目是以嘴對嘴的方式與他

9　譯註：羅馬帝國皇帝。
10　譯註：崇拜太陽神的神祕古宗教。
11　譯註：希臘神話中的大地和豐收女神。

們交感的。其實幫助惡魔達成任務的就是他們……惡魔告訴我地球如何穩固地立於它的根基上。他告訴我風和乙太次元的法則。我曾經造訪遙遠的韃靼海（Tartar），最後抵達阿爾哥斯（Argos），在那裡慶賀希拉[12]（Hera）的節日，並學會如何讓女人離開她們的丈夫，如何引發朋友和兄弟間的仇恨。我學會如何讓土元素與水元素合一，如何讓水元素與土元素、水元素與乙太次元連結。

我也去過一個叫作塔利斯（Thalis）的城鎮，位置是在名叫雷斯德蒙（Lacedemon）的國家裡。我在那兒認識了赫利奧斯[13]（Helios）和亞緹米絲[14]（Artemis）的神祕面向、光與黑暗的法則、星星和其軌則……之後我又遇見了一些弗里吉亞人（Phrygians）。從他們那兒我學會了預知術……懂得觀察身體的哪些部位突然抽搐、哪幾條神經產生收縮、導致發癢以及哪些部位互相牽制的意義；我通曉了用言語設陷阱的技巧，也學會猜中他人手中或口中突然冒出的數字。我利用語言的力量投射出具體現象，設法使它們成真……我也去過孟菲斯（Memphis）和赫利奧波利斯（Heliopolis）……而且

12　譯註：希臘神話中的天后，奧林帕斯山眾神之中地位及權力最高的女神。
13　譯註：希臘神話中的太陽神。
14　譯註：希臘神話中的月神。

造訪了氣魔與地魔合為一體的地下密室；我瞭解到他們是如何誘惑世人的……靈魂又是如何抵抗惡魔的。我終於明白黑暗的統治者總共有幾位，以及他們和喪失理智的靈魂之間的關係，甚至包括魚類的靈魂在內；我也知道他們都幹了些什麼事；有一個專門煽動人逃避現實，另一個則操弄人的心智使其獻身於他，譬如專門控制人的記憶力，引發人的恐懼，用狡猾的招數愚弄人；其他的魔則會嚇唬人、使人變得健忘、激發群眾暴動，以及用相同的方式引發別種現象……我見過受困於黑暗中的巨人靈魂，它們看起來像是承受著極大的壓力。我見過龍與惡魔的接觸方式，也感覺到它們口中的苦澀毒液……風精靈就是用這種毒液使人患上各種疾病的……我住過許多地方，見識過騙子的各種招數；淫蕩的人有著三重的臉孔……生氣的人就像是堅硬的頑石一般……狡猾的人則有著尖尖的舌頭，懷恨的人如同盲人一樣，眼睛因躲避光而長在腦子後頭……心眼壞的人看起來猶如一具乾枯的骨骸……我也見過惡魔用來矇騙希臘哲人的各種虛飾的表現、假德行及假正義；事實上，這些行為都是完全無用和無力的。有些靈就像塵埃一樣，有些則像影子……以偶像姿態引誘希臘哲人步入歧途的惡魔總共有三百六十五個。我無法一一說明這些事情，因為這麼做勢必得寫出一堆書來，不過我會告訴你其中的幾件事，來突顯我對神不敬的程度。

我滿三十歲時離開了埃及，前往迦勒底人的國家，目的是要認識乙太次元是如何運作的。當地人說它是奠基於火元素之上，但其中的智者卻聲稱它居於光元素之上……乙太次元的三百六十五種顯相被他們一一列舉了出來，每一種都有自己的特質，而且都連結著我們的肉體能量……其中有些並不服從光元素的太初之音而與它做對。我也被教導要如何說服它們參與對物質存有的規劃，如何讓它們明白和臣服於光元素的神聖旨意。我發現它們之中有些也具備基督精神。我為大氣中有那麼多黑暗的靈體感到驚訝……我學習認識它們之間的協定，也訝異它們願意遵守這些協定。那裡面有律法、良善的意圖、戒律和共同享受生活的融洽氛圍。如果你願意相信的話，我真的曾經面對面地見過魔王。藉由獻祭，我使他現身在我面前，甚至親口和他打過招呼，如果你願意相信的話。我也和他談過話，他認為我是他見過最棒的人。他說我是「一個有天分又願意受教的年輕人」，還說我在他的世界裡「有資格當小王子」……他說：「我將會盡一切力量在你的人生中協助你」，可見他對我有高度的評價……當我準備離開時，他喊了我的名字，「哦，熱情的賽普利安，不論你做什麼都要當一名不屈不撓的強者」……他看起來就像是一朵喜悅的花，身上綴滿了珍寶，頭上戴著鑲滿寶石的冠冕，看起來光芒四射。他的衣裳也因為過於閃亮，而令他的座位看起來

像是在閃動……（R. P. Festugière, O. P., *La revelation d'Hermes Trismégiste*, vol. i, appendix 2, Paris, 1950, pp. 374-382）

在一番懺悔之後，賽普利安才開始訴說他改信的經過。這位擁有豐富通靈經驗和知識的人（按保羅・塞迪爾的說法），

……在一次特別的相遇（與信仰基督的聖女尤斯蒂納〔virgin Justina〕結識）之後，舉凡希臘的、弗里幾亞的、埃及的和迦勒底的智者所教導的一切，都變成了大熱天黃昏時分升起的薄霧。

他竟然會在見過魔王之後放棄世智辯聰，完全臣服於上界的智慧，這在世俗人的眼裡簡直是愚不可及的行為……

換言之，身為主教和聖者的賽普利安，把一個裝有魔法權杖、聖杯、寶劍及錢幣的袋子扛在肩上，頭也不回地向前邁進。他既沒有理會攻擊他的狗，也無視於世人的嘲諷，只是一逕地向前走著……最後踏上了靜待著他的殉教之路。和他一起接受啟蒙的希臘人、弗里幾亞人、埃及人和迦勒底人一定會嘲笑他像個小丑。受過教育、有社會常識的人也一定會稱他為愚人。因為在他們的眼裡，賽普利安背棄了文化及文明的根本：智力，也放棄了曾經面對面的智力大師——魔王，對方甚至誇讚過他是「一個有天分又願意受教的年輕人」。主張「為自己求知」的惡魔，曾親口鼓勵他「要當一名不屈不撓的強者」。

賽普利安證實自己比個人性的魔法力量還要強大，也比「為自己求知」需要的毅力更不屈不撓。他超越了一意孤行的意志，把自己奉獻給更高層次的上主之愛的學問。「愚人」卡的奧祕便是他跨出的那個決定性的一步。

　　「愚人」要教導的就是如何超越理智的求知慾，以便得到「愛」所帶來的高層智慧。這涉及的其實是意識的轉化與蛻變，神智學所謂的將「小末那識」（lesser manas）轉成「大末那識」（greater manas）（覺識），或是人智學所說的從自我意識（ego consciousness）轉成屬靈的高層意識（consciousness of the spiritual self）。換言之，「愚人」卡的主旨就是從小我意識轉化成宇宙意識，讓小我臣服於神貧、順服及守貞法則，不再是顯意識行為的製造者。

　　「愚人」卡其實具有雙重意涵，它既教導人要如何擁有超驗意識，又警告人箇中的危險。它涉及的是兩種犧牲智力活動的辦法：一種是利用理智去服務超驗意識，另一種則是直接捨棄智識的作用力。隱修之道選擇的是第一種方式，許多密契家──基督徒或非基督徒──選擇的是第二種方式。但我們不可以把這兩種不同的態度與「神祕的狂喜體驗」（mystical ecstacism）和「清明的密契體驗」（sober mysticism）（理性謹慎的）混為一談。聖十字若望有過多次的狂喜體驗，甚至包括身體飄浮在內，但是這位擅長描述密契體驗的作者，思維的清晰度、深度及謹慎程度真是無人能及。

　　誠如聖十字若望自己所言，在上主的面前心智是靜默的。心智被吸進上主的臨在中（時間的長度由後者決定），為的是

脫離祂之後再度變得活躍──甚至比以前更活躍。由於神的真光過於耀眼，所以理智以為自己墜入了黑暗。事實上，這種躍入真光幽黑中的體驗為理智帶來了深切的影響：當它脫離上主時，內在其實被賦予了嶄新的傾向，烙下了上界奧祕的印記。因此，聖十字若望的每個狂喜密契體驗都是一次啟蒙，而且烙下了上界直接賜予的印記。這種印記並不在顯意識的思維領域裡，而是存在於「驅動思維的意志領域」中。因此它無關乎「狂喜─意識的漸悟」（ecstasy–progressive growth of consciousness）的二律背反。不，它攸關的是一種選擇，選擇讓「上界的氣息」完全取代理智，或是讓理智主動地為這種氣息服務，無論是否能帶來狂喜密契體驗。一位藉由旋轉舞來排除念頭的蘇菲派僧侶，或是一位活在無念狀態（藉由放空而達到覺醒）的禪宗和尚，我會認為他們已經做出選擇：選擇不去穿越理智活動而讓它隨著自我一同被廢止。

基督隱修士默觀的方式與上述的例子截然不同，當他在默觀主耶穌受難過程時──試著去理解、感受和深化自己的認識，直到完全認同為止──思維和想像都會在強光中靜止下來。處在狂喜狀態下的靈魂，對正常意識而言就像是靜止的，事實上卻是極度活躍的。

因此，穿越理智的方式就是讓它變得極度活躍，迴避理智的方式則是將它縮減至完全消極。

我再重複一遍，隱修之道主張積極地穿越理智活動，因此它不僅強調密契體驗，同時也重視靈知、神聖魔法和隱修哲學。否則它只會是一種為了追求神聖啟蒙而壓抑理智的修練途

徑。隱修之道一方面是由上界不斷賜予啟示所形成的，一方面則是人的智識不斷做出回應的發展歷程。

因此，第二十一張大阿卡納探討的是隱修士為靈煉而犧牲理智的做法，但方式是讓理智成長和發展而非衰萎。它是要促成理性與靈性的融合，也是一種整合人智與神智的煉金工作；前者在上帝的眼中是愚拙的，後者在人的眼中也是愚拙的。兩者的融合帶來的不是雙倍的愚拙，而是能同時理解上下界的全觀智慧。

讓我們先從歷史面向去檢視理性和靈性、知識與啟示的關係。聖保羅是如此描述的：

> ……猶太人要求神蹟，希臘人尋求智慧，我們卻宣揚
> 被釘上十字架的基督。這信息在猶太人看來是侮辱，
> 在外邦人看來是荒唐。可是在受蒙上帝選召的人眼
> 中，包括猶太人希臘人在內，這信息就是基督；上帝
> 的大能和上帝的智慧。（《哥林多前書》第 1 章，第
> 22-24 節）

他精準地點出了當時的異教徒追求的理性主義，和猶太教徒尋求的預言式靈性主義的關係及情況。當時最頂尖的異教徒──「哲學家」全都聚焦在宇宙律（或「宇宙智慧」）的研究上面，猶太教的靈修主導者則是活在期待中，渴望能出現讓世界產生蛻變的神蹟。前者想要理解世界，後者則期待它出現神奇的蛻變。因此，被釘上十字架的耶穌基督所傳佈的教誨，

既牴觸哲人的基本理念，也牴觸猶太教先知主義的基本主張；前者認為整個世界都是宇宙律的具體示現，後者則認為上主的寶座位於宇宙之上，祂只要坐在那裡釋放光芒，就能干預世間的一切──透過先知、神蹟實踐者和彌賽亞來達成。

因此，被釘上十字架的耶穌基督既無法滿足想要理解世界的人，也無法滿足期待上主的魔法能夠顯現的人──被釘上十字架所顯現的是神力的不足，而非勝利……這「在猶太人看來是侮辱，在外邦人看來是荒唐」。但聖保羅並不絕望，他說：對那些受上帝感召的人而言，包括猶太人和希臘人在內，釘上十字架的基督展現的就是上帝的大能和智慧。唯有透過啟示（神蹟）和智慧（內在的宇宙律）的十字架，才能理解基督的十字架。因此聖保羅出了一道難題給人類──一項必須完成的任務。從那時起，人類的靈性史便開始進入啟示（神智）與知識（人智）整合的階段：

一開始存在的只有對立，如同聖保羅所描述的：

> 要是你們中間有人按世人的標準自以為有智慧，他倒是應該變得愚拙，好成為真正有智慧的。因為這世界所認為有智慧的，在上帝眼中卻是愚拙的。（《哥林多前書》第 3 章，第 18-19 節）

然後這種對立性逐漸演變成相互容忍與認同的平行狀態，也就是靈性與理性的「和平共存」。福音書的這句話：「在應付俗世方面，世俗人比光明的人更加精明。」（《路加福音》

第 16 章，第 8 節）巧妙地闡述了靈性與理性平行關係背後的真諦。在歷史上，這種關係一向示現於「哲學」和「神學」的互動中。接著，這種平行關係會逐漸被合作取代。在聖保羅的時代裡，「希臘人的智慧」——尤其是柏拉圖和亞里斯多德思想——後來成了上界啟示的同盟。一開始是希臘教父（尤其是亞歷山太的革利免和俄利根）和聖奧古斯丁毫不猶豫地接受了柏拉圖思想的啟發，接著聖艾爾伯圖斯・麥格努斯和聖多瑪斯・阿奎納又開展了進入亞里斯多德思想的途徑。

在人類的靈性史上，促成靈性和理性逐漸交會的最大功臣，就屬道明會發起的「經院哲學」了。「經院哲學」象徵的是多少世紀以來，人類竭盡全力融合靈性與理性的成果。

為了讓人們理解上界的啟示，經院哲學選擇把理智當成瞭解啟示的辯證或哲思工具。經院哲學的基本論點就是「哲學是神學的侍者」，因此理智在其中扮演的是次要角色。經院哲學雖然無法達成融合靈性和理性的任務——「太陽與月亮的合相」，結果卻成就出「第三種法則」，亦即煉金學的「點金石」。

以下是赫密士的《翡翠石板》對靈煉的「點金石」的描述：

太陽是父，月亮是母；
它被孕育於風的子宮裡，大地則是它的褓姆。
它（泰勒瑪）是整個宇宙一切精微事物的初祖。
若是將它投射到地球，將發揮完美力量。

它睿智地將土元素和火元素、精微體和粗鈍體區分開來。

它能夠從地球升至天國，然後再降回到地球，從內整合源自優劣事物的能量。

（*Tabula Smaragdina*, 4-8）

這段話顯然是在隱喻「歸納作用」（the process of induction）（「從地球升至天國」）和「演繹作用」（the process of deduction）（「再降回地面」），或是禱告（「從地球升至天國」）和啟示（「再降回地面」）的作用力──人為的努力和上界的恩寵──經由融合變成了完整的圓，然後再透過收縮聚攏成同時上升下降的點。這個點就是「點金石」──人性和神性、人本主義和先知主義、理智和啟示、靈性與理性的融合。它解答了聖保羅的問題，或者應該說達成了聖保羅託付的任務。

基督隱修之道的歷史和演化任務，就是要促進這「點金石」的發展或靈性與理性的融合。它受到感召而必須引領現代人為兩者的融合付出努力。擁有這份渴望、願意為它付出努力的人，應該遠多過於零星地分散於各地的隱修士。例如，索羅維耶夫、別爾佳耶夫、德日進和榮格都不曾自稱是隱修士，但是他們為上述的煉金工作付出了多少心血啊！基督信仰存在主義（別爾佳耶夫）、基督信仰靈知主義（索羅維耶夫）、基督信仰演化論（德日進）以及天啟深層心理學（榮格），都為靈性與理性的融合帶來了不可限量的貢獻。雖然他們並未將自

己奉獻給基督隱修之道，但理念和隱修之道是一致的，而且都受到了同一個源頭的啟發。因此，隱修之道的盟友及合作者遍布於各個階層。聖靈總是隨意向而動，但隱修士一向致力於守護古老的理念——「它（泰勒瑪）能夠從地球升至天國，然後再降回到地球，從內整合源自優劣事物的能量」——同時又不佯裝自己是任務的專有者。請上主庇佑，不要讓這種獨占慾出現！

身為守護者意味著兩件事：一，學習及實際運用過往的傳統，二，持續付出富創造性的努力以促進成長。傳統只有被深化、提升和拓展才能存活下去。單靠守護是不夠的；它只會變成一具木乃伊。

歷史上所有偉大的靈性工作都需要上下界同時發揮作用，亦即上界持續地賜予啟示、人的意識繼續付出努力。如果用印度—西藏靈修傳統的說法，就是阿凡達（Avatars）與佛（Buddhas）必須攜手合作。印度—西藏靈性傳統一方面期盼能出現新一波的啟示，其高潮就是卡爾吉阿凡達（Kalki Avatar）的現身[15]，一方面則靜待著彌勒（the Maitreya Buddha）下生。伊斯蘭教什葉派（Shi'ism）和蘇菲派等待的是第十二位伊瑪目（Imam）的降生，他們盼望著「在我們的時代結束時能夠徹底揭露密教的所有啟示」。猶太教徒則期待著彌賽亞的到來，不消說也知道，這普世性的期待指的就是耶

15　譯註：毗濕奴以人身示現，手持利劍、跨坐白馬，化為卡爾吉降生救世。

穌基督的再來。

這種期盼之風一直存在於世上——一世紀又一世紀地被守護、默觀和強化著。人類若是沒有上界的滋養和指引，這股期盼的能量早已耗盡。然而它並沒有耗盡，反倒一直在增長，因為它渴望的是真理而非幻象。真理指的是全人類都致力於靈性與理性的融合。

從整個人類史來看，這項工作的內容如下：

阿凡達和伊瑪目代表的是上界啟示的至高化身，佛（釋迦摩尼只是諸佛中的一位）則是某個歷史時段裡的人類至高表率；他代表的不是上界的啟示而是徹底覺醒的意識。「佛」就是「覺醒」的意思，「阿凡達」則意味著「降世」——「阿凡達是以人的形像和特質降世為人的」。如果說「阿凡達」是降世為人的神，那麼佛就是升天的人。他們都是人性演化的至高點。「啟示者」（阿凡達和伊瑪目）與「覺醒者」（佛）的差異，類似於猶太—基督信仰的「聖人」（saints）和「義人」（righteous men）的不同。「聖人」呼應的是負責揭露啟示的阿凡達。「義人」呼應的則是付出努力而成就出佛果的佛。

因此，約伯不是聖人而是義人——透過自己的功績守護世界的義人。當人的本質被喚醒和揭露時，便完成了所謂義人的偉大價值。義人是真正的人本主義者，也就是人性的開花結果；他們證實人是按神的形像及樣式塑造出來的。約伯證明了這一點，蘇格拉底（Socrates）也做到了。德國哲人康德同樣證實了這一點，他大聲宣布人的靈魂即使未得到恩寵和啟示，仍然具備內蘊的至上道德律（印度聖者稱之為「法」），因此

人的行為和思想總是視自己為永恆與不朽，而且渴望無限的美好。康德證實了人的基本崇高性，他的貢獻是對人的善良本性做出進一步的肯定，雖然他在形上領域裡犯過錯、成績也有限。如果說神的愛與鄰人的愛是不可分的，那麼人對神的信心以及對鄰人的信心也是不可分的。聖人和殉教者為神做見證，義人則為鄰人做見證，證實人類的確擁有神的形像及樣式。前者能重建和強化對神的信心，後者則能重建和強化對人的信心。至於我們對耶穌基督或神人的信心，則融合了我們對神與人的信心，如同對耶穌基督的愛裡面融合了對神及鄰人的愛一樣。

耶穌基督是上界啟示與純正人性的完美結合。這意味著主耶穌不僅代表過去和未來所有的阿凡達，也代表過去和未來所有的佛。他就是宇宙律的化身，他的神性徹底喚醒了人性裡的一切神聖本質。主耶穌為世人帶來神即是愛的啟示，同時證明了人性的本質就是愛。你能想像有什麼東西比愛更富有神性或人性嗎？基於此理，過去、現在和未來的阿凡達（先知和伊瑪目）以及佛（所有的智者、啟蒙者和菩薩），都只是某種程度地示現出耶穌基督的啟蒙和覺醒。

對一位整合了理性與感性（用道德邏輯看事情）的人而言，上述這則真理十分顯明易懂。但是對那些習慣從形式邏輯——從歷史或哲學角度——看事情的人來說，卻是難以理解和接受的。

克里希納在《博伽梵歌》裡訴說的以下這段話，談的就是與阿凡達有關的教誨：

喔！阿朱那（Arjuna）！你和我曾多次降生於世……雖然我屬於未來、是不朽的，而且是一切元素的主人，但馬雅（幻相的力量）仍然促使我誕生到人間，住留於自然（物質）本性中。喔！婆羅達（Bharata）！由於德性（正義法則）衰敗、罪行占了優勢，所以我創造出自己的生命。我不斷地來到人間，為的就是解放善類、消滅敗類、建立信仰（真正的宗教）。（*Bhagavad-Gita* iv, 5-8; trsl. M.N. Dutt, *Bhishma Parva* xxviii, 5-8 in *The Mahabharata* vi, Calcutta, 1897, p. 37）

斯瑞‧奧羅賓多（Sri Aurobindo）[16] 對此的見解是：

阿凡達來到世上是為了展現人性中的神性，揭示基督、克里希納以及佛的精神，好讓人們能夠依循基督、克里希納以及佛的精神，去塑造自己的特質、想法、感受和行為。阿凡達之所以樹立「法」就是為了這個目的；耶穌基督、克里希納和佛陀都是其核心本質的守門者，他們讓自己成為人類能夠依循和穿越的道路。因此，每一位化身（阿凡達）都是世人的典範、道路及門；他稱自己為人神合體，並宣稱人子

16　譯註：印度整合瑜伽創立者（1872-1950），又名「旭蓮大師」。

是從天父那兒降下來的，而且和天父（源頭）本為一體。他是有肉身的克里希納……至高的上主與萬有的神聖友人乃同一「至尊」的顯化。在天上祂展露的是自性，在地上祂展現的則是人性。（Sri Aurobindo Ghose, *Essays on the Gita*, Madras, 1922, pp. 190-191）

沒有任何描述比這段話更清晰或更令人信服了！阿凡達就是神的化身；他們定期來到世上為的是重建宇宙律，先知們也是為了相同的目的而來；他們都是道路與門——與天父一體的人子。奧羅賓多的結論是：

基本上，神的化身（阿凡達）以什麼形式、稱謂來到世上，或者展現了哪一種特質，其實並不重要；因為人會就自己的特質去依循神為他們鋪好的道路，而且這些道路最終都會帶領他們來到神的面前，讓他們擁有最符合自己本質的神性。凡是讓人接受神、愛神、從神那裡得到喜悅的方式，就是神接受人、愛人、從人身上得到喜悅的方式。（同前著作，p. 226）

這些似乎都是合理的說法——最果決的泛基督教主義和最普世性的包容態度。然而，阿凡達教義的這種包容性、泛基督教主義及合理性，如同奧羅賓多所言明的，難道和策建萬神殿的羅馬帝國統治者所展現的包容性、泛基督教主義及合理性是一樣的嗎？……將耶穌基督與朱庇特（Jupiter）、奧西里斯

（Osiris）、密特拉（Mithras）及戴奧尼索斯（Dionysius）置於同樣位置的萬神殿？……因為所有的神都比人類優越，而且是不朽的。耶穌基督當然是不朽的，因為祂死而復生？……他的神蹟不是早已證實比人類優越嗎？……所以他和諸神是同類，有資格和祂們並列於萬神殿中。

理論上，印度教有十位毗濕奴（Vishnu）阿凡達（例如摩蹉 Matsyavatara、筏羅訶 Varahavatara、那羅希摩 Narasimhavatara、筏摩那 Vamanavatara），其中的羅摩（Rama）和克里希納是最受歡迎和最知名的。至於未降世的阿凡達，迦爾吉（Kalki），則被《迦爾吉往世書》（*Kalki-Purana*）形容為鐵器時代末期的阿凡達；祂將會以馬頭人身的巨人形象出現。但奧羅賓多只提到了耶穌基督、克里希納和佛陀。

雖然如此，佛陀（也被包含在印度教的萬神殿裡，如同伊斯蘭教將耶穌視為先知一樣）卻完全不具備奧羅賓多所描述的阿凡達特質：

> 每一位化身（阿凡達）都是世人的典範、道路及門；
> 他自稱是為人神合體，並宣稱人子是從天父那兒降下
> 來的，而且和天父（源頭）本為一體……

歷史上的釋迦牟尼從未宣稱自己是人神合體，更別說和天父本為一體了。《巴利文典》（*Dishanikaya*，集結佛陀教誨的長篇著作）的每一頁都否認了這種說法，而且以各種論證及

事實說服讀者佛陀是一位人中覺者。由於他對世間的一切經驗——生、老、病、死——有了徹底的覺悟，因此從其中擷取出合乎道德及事實真相的結論、統整為八正道。如同《巴利文典》所顯示的，迦毗羅衛國（Kapilavastu）的王子釋迦牟尼並不是透過超凡的密契經驗或靈知啟示而成佛的。反之，他是因為覺醒而對世俗經驗或人的處境有了嶄新的認識。從深層的睡眠狀態——被動地承受現實、不斷地積累習慣、被短暫的慾望麻醉、被社會的約定俗成催眠——醒過來的是一個人，而非來自天國的使者。

佛陀教導人如何在清醒的狀態下思考人的根本處境，並從中擷取出合乎道德及事實真相的結論。佛陀的教誨是對真實人生的解析以及從中得到的總結。他在耶穌基督出現的五個世紀前活在人間，而且未曾被納入猶太和伊朗的先知傳統中。簡言之，佛陀的教誨純屬人本主義，和先知或阿凡達的啟示無關。

因此，我們必須從奧羅賓多提到的三位阿凡達——「耶穌基督、克里希納和佛陀」之中除去佛陀的名字。

至於耶穌基督，他的到來不只是為了「解放善類、消滅敗類、建立正義的王座」，更是為了征服邪惡及死亡而建立愛的王座。耶穌基督不僅擁有神聖的先天身份，更擁有死亡與復活的力量——這不是任何過去或未來的阿凡達所具備的特質。耶穌的工作與阿凡達的使命本質上是不同的，因為他降生是為了替墮落的人類贖罪。這表示人類在耶穌基督降生之前，只能選擇肯定或否定這生死相續的世界。但自從各各他山的事件發生後，人類開始有了轉化它的可能性——基督信仰真正的理想：

「一個新天新地」（《啟示錄》第 21 章，第 1 節）。阿凡達的使命則是在墮落世界裡「解放善類」而非致力於轉化它。主耶穌帶來了普世性的救贖——神聖魔法以及內在的煉金工作——目的乃是要轉化墮落的世界，而不只是解放善類。他的工作就是愛的神聖魔法。

因此，我們應該把耶穌的名字從奧羅賓多的阿凡達名冊中刪除。這麼一來，除了羅摩之外，只剩克里希納算是印度教所指稱的阿凡達了。

雖然我們駁斥奧羅賓多將耶穌基督和佛陀視為阿凡達的說法，但仍舊應該還給這位印度智者一個公道：他對耶穌的理解遠遠超過那些自創一格、被稱為「自由派」（liberal）的新教神學家們，而且顯然更貼近事實。因為後者只把耶穌看成是拿撒勒的平凡木匠，以愛上帝和鄰人為道德理想去傳教與生活的凡人。任何一位開羅或巴格達的宣禮員，都比這些神學家的理解更正確，因為在前者眼中耶穌還算是一位被神所啟發的先知。奧羅賓多則一向視耶穌基督為神的化身，而且公開宣布他的主張——在談論三位阿凡達時，他總是以耶穌基督的名字為首——他個人認為耶穌的光是最璀璨的！

現在讓我們回到之前的主題，試著從歷史面去檢視靈性與理性的煉金融合工作。

耶穌基督是一位神人，他不但是靈性與理性的徹底融合，更是神的旨意和人的意志甚至是神性與人性的徹底融合。這項整合性的煉金工作，目前只剩下讓基督的種子在人性和意識裡發芽了。換言之，這跟人類的基督化進展有關，但指的並不是

受洗人數的增加，而是人性和意識在「質」上的蛻變。這種蛻變將符合人的基本渴望與期盼；它的最高成就就是個體化的實現；它會在未來無數世代的人身上開顯出來，眾人的期盼也將一一實現而變成普世現象。這同時也是佛教徒之所以盼望彌勒下生、印度教徒期待卡爾吉（阿凡達）降臨的原因。他們所期待的靈性演化的真正進展，其實就是靈性與理性的融合。

這份期盼不僅存在於東方；神智學者們也為它做出了相當的貢獻，他們推動了一場具有國際規模的運動，目的是要迎接新的世界導師再現於人間。他們為了這個目的創立了大約有二十五萬名成員的「東星會」（the Order of the Star of the East），並且在各地舉辦代表大會、研討會和群眾集會，同時出版了上百本刊物和小冊子。「東星會」一面宣揚新的世界導師即將再現的理念，一方面則鎖定了特殊人選——不是由上界揀選，而是由神智學會的領袖們自行選出來的——他們為了建立這位人物的聲望，在他尚未公開現身前就極力頌揚他，導致此人對這種做法不悅而解散了「東星會」[17]。

當時人智學會的創辦人魯道夫‧史坦納博士也提出了他的預言——時間同樣是在二十世紀前半葉，只不過他比較謹慎，所以沒有指出特定人選。依照他的預言，即將出現的並不是新的未來佛或迦爾吉阿凡達，而是一位在未來世會成佛的菩薩，人智學就是史坦納希望能為祂提供服務的領域。結果又是一次

17　譯註：此處所指的人物就是基督‧克里希那穆提。

失望！這一次失望的原因並不是犯了鎖定特殊人選的錯誤，甚至不是錯估了發生的時間，而是人智學會的成員們過分高估他們的創辦人，導致結果仍然是一場空。

無論結果如何，對未來佛及新阿凡達降世的想法與期待，至今仍存在於西方和東方。這種想法造成了相當程度的混亂，尤其是在神智學者當中，但是也有人看得非常清楚，史坦納就是一個例子。在所有的公開著作和演講中，史坦納的說法是最正確的，至少他是走在正確的軌道上。

按照這個路數我們總結出以下的概述：

由於此議題涉及的是啟示與知識、靈性與理性的融合，所以跟阿凡達與佛陀的結合有關。換言之，印度教徒期盼的迦爾吉阿凡達和佛教徒期待的未來佛，將會統整地示現在同一個人身上。就歷史面來看，未來佛和迦爾吉阿凡達將會是同一個人。

這表示眾望所歸的那位「擁有馬頭和巨人身體」的阿凡達，和「為人類帶來至善」的未來佛，將會融合成一個人。此人會徹底結合最高層次的人性（佛的本質）與最高層級的上界啟示（阿凡達的本質），屆時屬靈世界與人界的至高表現都會藉由他的言行顯化出來。換言之，這位未來佛─阿凡達不但會向世人闡明善是什麼，更會展現出至善；他不但會教導救贖之道，更會加速其進展；他將不只是上主與屬靈世界的見證者，更會讓人類成為它真實的見證人；他不但會解釋上界啟示的深奧意涵，更會帶領人們獲得神聖啟蒙經驗，這種經驗將不會替自己贏來權威地位，而只會證實耶穌基督的權威，因為他才是

「真光，來到世上照亮全人類」（《約翰福音》第1章，第9節）——他就是太初之音的化身，道路、真理與生命。因此，未來佛—阿凡達的任務不是去建構新的宗教，而是要引領每個人親身體驗到上界啟示的源頭，認清一切真理的本質。他將不會渴望推陳出新，而會幫助人類確知何謂永恆實相。

未來佛—阿凡達代表的就是祈禱與默觀的融合，這兩種形式的靈修活動將會驅動屬靈的宗教與人本主義的結合。釋迦牟尼的禪定圖顯現的是這位冥想大師浸潤於默觀的意識狀態，與聖方濟在跪禱中接受聖痕烙印時的意識狀態顯然無法融合。但是我認為未來佛—阿凡達將會克服這種不相容性。祈禱之火將與默觀的寧靜之水結合；太陽與月亮、火與水的煉金融合將會發生在他身上。

未來佛—阿凡達代表的就是祈禱與默觀的結合，這是人類經過無數世紀的持續努力贏來的成果——也是人類靈性史歷經了漫長的準備而得到的成果。事實上，祈禱已經被引進以冥想為主的印度—藏傳大乘佛教裡——以喇嘛教的形式呈現，印度教也以奉愛瑜伽的形式將祈禱納入系統內。同時，默觀也早已被靈修者引進西方世界，成為許多教派用來輔助祈禱的靈修方式。例如聖文德將它引入了方濟會，聖女大德蘭和聖十字若望則將它引進了加爾默羅會。耶穌會的創始人聖依納爵不但是一名祈禱大師，也是一位默觀大師。後者相當程度上可以說是預示了靈性與理性或祈禱與默觀的整合，而這也就是未來佛—阿凡達的任務。

我很清楚聖依納爵並沒有獲得新教徒和天主教徒的讚賞，

也沒有贏得他們太多的同情。他至多只得到較為敏銳的知識份子的淡漠尊敬。不過我們可以合理地推斷，受大眾讚賞絕非未來佛—阿凡達的工作目標。無論受不受歡迎，靈性與理性的融合都會是他要達成的目標。無疑地，反對的聲浪將會比支持的聲浪要多，因為支持純信仰或純知識的人都可能毫不猶豫地加以反對，認為這會消除信仰與科學的界線而導致危險。想一想德日進的著作在我們的時代所遭受的爭議吧！

　　至於冥想「愚人」奧義的我們，感興趣的應該不只是聖依納爵為靈性與理性的融合所付出的努力，更重要的是他以「愚人精神」上路，最後成功地在上界的啟示和人的努力之間，取得了完美的平衡。他學會並活出了第二十一張大阿卡納的教誨。

　　的確，當他「在巴塞隆納附近的港口準備上船前往義大利時，將乞討來的五、六個銀幣留在岸上，然後把自信、希望和信心全都託付給神」的時候……展現的不就是「愚人的精神」嗎？比較一下他在朝聖時期以及在羅馬擔任耶穌會總會長時，一開始領導的是六十人，接著是四百人，最後跟隨他的靈修弟子竟然高達三千多人！他走的路線雖然和賽普利安大法師的相反，但也是在修煉「愚人」的奧義。此奧義教導的就是如何在兩界——神界與人界——之間「保持健全」。它教導人從兩個方向去跨越這兩界——從下界到上界（賽普利安大法師的例子），然後再回到下界（聖依納爵的例子）。因此，「愚人」也是一則將精神錯亂——互不協調的兩種意識——轉化成智慧的奧祕教誨。

我們之所以探討未來佛—阿凡達，就是因為他將引領人去面對和經驗處於兩界之間的狀態，並且將潛在的精神分裂症轉化成和諧的智慧。他將會是實現這份理想的鮮活典範。基於此理，他在正規佛教藝術中的形象不會是一位盤腿冥想的佛，而會像是歐洲人一樣地坐著，後者的姿勢象徵的就是祈禱與默觀的結合。正因為如此，在印度神話中他（阿凡達）被描繪成一位擁有馬頭的巨人；他擁有著巨人般的意志力，但理智又完全順服於上界的啟示，如同馬服從騎師的指令一般。因此在相當程度上，他代表的是人的意志促成的三種行為：祈求、尋找、敲門——這完全符合主耶穌所說的：「你們祈求，就得到；尋找，就找到；敲門，就給你們開門。」（《馬太福音》第 7 章，第 7 節）他將不會提出個人的意見或理性假設，因為其理智——他的「馬頭」——只為上界的啟示效力，如同馬服從騎師的指令一樣。他不會有任何自行決定的行為。

以上就是「愚人」奧義在歷史上的作用。至於它在個人靈修上的功能，則類似於一種內在的煉金轉化。個體靈魂一開始會經驗到靈性與理性的分立，隨著人格的進展兩者會形成平行或「和平共存」的關係。接著靈性與理性會開始合作而逐漸融合成「第三種法則」——隱修之道的「點金石」。在最後階段的一開始，人的邏輯會從「形式邏輯」（一般的和抽象的邏輯）轉化成中間階段的「有機邏輯」，最後蛻變成「道德邏輯」（實質和本質的邏輯）。

為了說明從形式邏輯到有機邏輯到道德邏輯的蛻變，還是讓我們以形式邏輯的格言「整體比局部重要」為例來加以闡述

吧。「局部」指的是比整體要少的「量」。如果涉及的是「數量」議題，那麼這句格言很容易明白。但涉及的如果是有機體的功能，這句格言就不正確了，因為有機體的局部——即使是一小部分——和整體的價值仍然相等。例如心臟只是身體的一小部分，但少了它整個有機體都會停擺。因此探討的如果是有機體的功能，上述的格言就應該改成「局部和整體一樣有價值」。若是晉升至價值或道德的世界，上述的說法就必須進一步地修正。我曾經說過「局部比整體重要」，因為該亞法的理由：「讓一個人替全民死，免得整個民族被消滅」（《約翰福音》第11章，第50節），只適用於「量」的領域，在道德價值的領域裡，這句話是完全錯誤的。該亞法認為應該替全民犧牲的那個人，正好是這個民族存在的理由：彌賽亞。此外歷史也已經證明，該亞法為避免羅馬人的軍事介入而提出的計畫，根本是徒勞無功的：羅馬人照樣在公元七十年出兵攻打了耶路撒冷，並且在屠殺當地居民之後消滅了耶路撒冷和其聖殿，而這正好是該亞法想要避免的……

　　道德邏輯和有機邏輯及形式邏輯的差異，就在於它是以道德做為基礎，而不是以基本原理、數學或生理機能的法則為準。因此，如果從形式邏輯去理解上主的概念，最後的結論只會使人不得不承認上主是因果鏈的起源——第一因，而如果是從有機邏輯的角度去理解它，得到的結論也只會使人不得不承認上主就是宇宙存在的起因——法則中的法則。但如果從道德邏輯去理解這個概念，我們會發現上主乃「價值中的價值」，因為祂即是愛的源頭。

仇恨與漠視都不具備創造力，愛才是宇宙創生的本源、起因及動力。人不可能創造出自己厭惡的東西，也不會因為漠視或不感興趣而進行創作活動。因此，上主就是由愛出發的創造力——有形和無形之父……賜予受造物生命的聖父。由於生命是上主賜予萬物的禮物而非暫時的借貸，所以祂是不會把禮物收回去的；基於此理，祂所創造的萬物本質上都是不朽的。道德邏輯對「上主即是愛」的理念做出的唯一結論就是「不朽」……有了這個結論，道德邏輯才開始建立它的基本假設。當理性與愛能夠同時運作時，道德邏輯就會透過屬靈經驗去確立、拓展和深化它的假設。道德邏輯本是屬靈世界的語言，應用它等同於和屬靈世界進行對話。當你用它的語言和它說話時，它是不會漠然無語的。

　　如同我們之前所言，道德邏輯是由頭腦與心結合成的，因此也在其中融合了祈禱與默觀。

　　祈禱——懇求、感謝、禮拜和祝福——是覺醒之心發出的光亮、氣息與溫度。它既是祈禱者從口中表達出來的清晰詞語，也是靈魂無聲的內在嘆息，更是在靜默中與神的氣息一同向內及向外呼吸。因此祈禱具有不同的面向：一是它的「魔法」面，亦即當祈禱變成公式時；另一個是它的「靈知」面，亦即當它變成無法言喻的內在嘆息時；最後是它的「密契」面向，亦即當它變成與上主在靜默中合一時。因此，祈禱絕不是無意義或毫無作用的。就算是以抽離的、不帶個人情感的方式快速誦唸主禱文，也仍然有魔法功效，因為過往所有注入於其中的熱力——天使的、聖者的以及信徒的——都會透過誦唸它

而被召喚前來。任何常用的祈禱文都具有魔法功效,因為裡面包含著集體的力量。所有曾經誦唸過它的聲音,都會受到召喚而加入正在認真祈禱的人的聲音裡,尤其是禮拜式的祈禱文。羅馬天主教的彌撒或希臘東正教禮拜中的每一句話,都具有神聖魔法的效力。這絲毫不令人感到訝異,因為彌撒或禮拜式只會引用耶穌基督、聖者和先知立下的祈禱文。令人訝異的是,有些密教徒(如法伯·道利維)很喜歡即興創作新的禮拜儀式、祈禱文和「咒語」等等,彷彿創新就有收穫似的!或許他們認為《聖經》或聖者的祈禱文被大量使用,已經喪失了效用和價值?這真是徹底誤解了,因為引用的祈禱文不但不會耗盡能量反而會增長。基於此理,新教教會讓牧師或佈道者在禮拜式上即興創作祈禱文的習慣,也是令人遺憾的做法;他們大概以為個人性的祈禱文比一般或集體性的傳統祈禱文更有效吧。

親愛的朋友,你必須明白你從來不是獨自一人在禱告,上界或地球永遠有他者用同樣的方式、精神甚至語句和你一同在祈禱。你禱告時代表的永遠是和你一同祈請的有形或無形存有。如果你是為了得到療癒而祈求上界,那麼你代表的就是所有的病患和療癒者。基於此理,主禱文的祈求對象才會是「我們在天上的父」而非「我在天上的父」;是我們共同在祈求天父「賜給我們日用的飲食」,「免我們的債」,「不叫我們遇見試探」,「救我們脫離兇惡」。因此,不論你唸誦主禱文的理由是什麼,都是以整體人類之名在禱告。

至於無法言喻的內在嘆息式禱告——相較於公式化的「魔法」禱文——則可以把心身的呼吸轉化成祈禱。它可以變成從

白天到夜晚、從清醒到睡眠，只要有呼吸就不會間斷的禱告。這種類型的祈禱（主要是東方基督教的修煉方式）比具有魔法的禱告更有價值：它可以使人轉化成一面映照著屬靈或神聖世界的鏡子。因此我們才會稱其為具有「靈知」特質的祈禱，因為靈知的作用就是反映密契經驗。

帶有密契本質的禱告指的是人的靈魂與上主合一的狀態，靈魂在其中甚至不再有自己的氣息，而只是單靠上主的氣息在呼吸；它所有的機能——理智、想像力、記憶和意志——都處於深層的靜默狀態，如同聖十字若望在著作裡所描述的那樣。此即個人靈魂的愛與上主之愛的融合。

默觀或思維的逐漸深化也可分成好幾個階段：一開始是將注意力放在某個主題上面，接著是去理解它以及它和現實的關係，最後是直觀地洞悉它的核心本質。如同祈禱能帶人進入與上主合一的境界，默觀也能引導人直接體悟永恆的本質。瑞內‧蓋儂[18]（René Guénon）將這種人智與神智的合一（普拉提諾與斯多葛學派所謂的神聖理智〔nous〕）以及總結成的教義稱為「直觀形上學」（metaphysics）。他在 1925 年於索邦（Sorbonne）大學舉行的「東方形上學」論壇中，概述了他對這門學問的看法，保羅‧塞迪爾在著作《玫瑰十字會的歷史及教義》（*Histore et doctrine des rose-croix*）中複述了他的觀點：

18　譯註：法國哲人和隱微論者（1886-1951），傳統主義學派的奠基人。

直觀形上學是一門最卓越的學問。它不是一般的常態認知，因為被認知的對象和獲取知識的方式都跟前者不同。它的運作模式和科學或理智完全無關，因為根本不涉及抽象思考，而是從永恆不變的本體直接汲取知識。

直觀形上學並不是和個人性有關的學問，所以不是身為人即可獲得的知識；它是個人意識處在超驗狀態下的直悟之道。形而上的直悟之道主要是經由交感和認同達成的，按亞里斯多德的說法就是：存在之中包含著一切知識。

它最重要的媒介就是專注。一開始人內在的無限潛能會被專注力啟動，然後理智會超越有形的局限進入純然存在的境界。

形而上的直悟之道最終的目標是不受任何約束的無限狀態。唯有徹底自由的存在才擁有十足的可能性，也就是與至上的本源合為一體了。

真正的直觀形上學和時間無關；它是永恆的。這種學問只能傳給精英份子……（讓我們替保羅·塞迪爾再加上一句話：精英份子就是理性之人）……絕對境界的一切顯化都不是為了被漠視而存在，所以我們不該像瑜伽行者或阿羅漢一樣，主張現象界只會困擾我們，而認為必須捨棄它。這麼做既不崇高也不是基督信仰的真正精神……（Paul Sédir, *Histoire et doctrine des rose-croix*, Paris, 1964, pp. 13-14）

但是，從「永恆不變的本體直接汲取知識」到「超越有形的局限進入純然存在的境界」，也只是默觀的目標之一而非唯一。

　　東方人渴望出離至一切皆空的原點上以獲得解脫，所以採用靜坐冥想方式去達成這個目的。但猶太密教徒——卡巴拉門徒——卻渴望以最崇敬的方式信仰上主和得到祂的愛，因此他們的默觀是為了深解《聖經》和上主創世工作的奧祕。《光明篇》就是這個教派及其成就的至上寶典。

　　基督信仰的默觀也是為了深解《聖經》和創世的啟示，不過主旨是要讓人的意識更徹底地覺知和感念耶穌基督的贖罪工作。因此，它最終會帶領人們去默觀耶穌受難的七個階段：為人洗腳、遭受鞭刑、戴上荊棘冠冕、背著十字架行走、釘上十字架、躺在墳墓裡以及最後的復活。

　　基督信仰隱修之道的默觀——目的是要理解和促進身、心、靈的煉金轉化，內容涉及的是從人類墮落前的純潔無瑕到後續的發展，到最後的復活（救贖工作的完成）——是從創世七日展開的，接著是人類墮落的七個階段，然後是《約翰福音》所描述的七種神蹟，再來是耶穌的七個「我是」（我是復活，是生命；我是世界的光；我是好牧人；我是生命的食糧；我是門；我是道路、真理、生命；我是真葡萄樹），最後則是釘在十字架上的耶穌所說的七句話，以及耶穌受難的上述七個階段。

　　雖然默觀可以用來達成不同的目的，最終都是要喚醒覺知、讓整體意識（不只是理智）變得越來越清明，有能力面對

一切的事實、概念及理想，最後深入地洞悉世間萬象和屬靈現象的核心本質。它也能喚醒意識去領受上界的啟示。默觀就是深入生命核心本質的方式。

基於此理，默觀帶來的是從形式邏輯到有機邏輯到道德邏輯的轉化。道德邏輯的發展就是要超越理智去默觀上界的精神，因為密契境界並非不可知的；人的認知可以不斷地深入於無限。默觀一旦進入超越理智的狀態，就會變成一種自動的祈禱——如同祈禱一旦進入無需語言的狀態會變成默觀一樣。

祈禱與默觀的煉金融合——內在天國的日月合相——是領悟了「愚人」奧義的人會進入的狀態……亦即上界的啟示與人智在後者不陷入瘋狂之下的合一……這也是「點金石」的形成，上界啟示和人間知識濃縮成的雙重確知。

到目前為止，我們已經探索了「愚人」卡所描繪的這位穿著小丑般衣裳行走的男子，以及他提著袋子、挂著拐杖卻沒有用拐杖趕走正在攻擊他的狗的大致意涵。其他更深的含義我將留給那些願意繼續冥想箇中奧祕的人。在此我要向這些人致敬，並期許他們能夠從這張被密教徒稱為「愛」的大阿卡納中，得到進一步的嶄新體悟。

第二十二張大阿卡納的冥想

世界

THE WORLD

他還沒有安設天空，

還沒有在海面上劃地平線，

我已經在那裡……

我在他旁邊像一個建築師，

是他每日的喜樂；

我常常在他面前歡躍：

喜歡他的世界，

喜愛世上的人。

　　　　　　——《箴言》第 8 章，第 27 節、第 30-31 節

而喜悅——甚至比悲傷更為深切：

於是悲傷說：你快走吧！

可喜悅終將贏得永恆——

淵遠高深的永恆！

　　　　　——弗里德里希‧尼采，《查拉圖斯特拉如是說》

人只有舞動時才是真正在活著。

　　　　　　——伊莎朵拉‧鄧肯〔Isadora Duncan〕

第 22 封信

世界

親愛的不知名朋友：

上述的引言為第二十二張大阿卡納「世界」揭開了序幕。卡上有一位在花環裡跳舞的裸女，她的左手拿著一根棒子，右手握著一瓶迷藥，一條絲巾輕柔地披掛在身上。在這張卡的四

個角落裡，我們分別看見了居於上方的天使和聖鷹，以及下方的聖牛和聖獅。

我們看見這些圖像時，首先會聯想到舞蹈、綻放的花朵以及四元素，接著就會聯想到律動、成長和所謂的「直觀力」或自發智慧。因此，最後的這張大阿卡納卡會給人一種感覺，彷彿它想要傳達一個理念：現象界是在四種原始本能組成的交響樂團伴奏之下，所排練成的一齣女性之舞。現象界就像彩虹一般充滿著各種顏色與形式，愛德華‧卡彭特（Edward Carpenter）的《世界是一件藝術品》（*The World as a Work of Art*）清晰地闡明了這一點。現象界既不是一種機制結構，也不是豐饒的有機體或社會組織，而是一件神聖的藝術品：由繪畫、雕塑和建築等結合成的作品，同時也呈現出舞蹈、音樂、詩詞、戲劇等種種內涵。

然而這真的是塔羅最後一張大阿卡納的主旨嗎？一系列下來的二十二個靈修課程，最後只是要我們明白宇宙是一件藝術品？

事實上，這張卡的確是這麼暗示的。但確認這一點的唯一方式，就是進入對它的深層冥想。現在就讓我們按照卡上的暗示來進行探索吧。

現象界是一件藝術品的想法埋藏於所有的源起論中；它們都將宇宙的起源解釋成一種創造行動或是一連串的創造活動。其實不論怎麼解釋，創造都意味著造物主將事先存在的材料從渾沌狀態梳理成和諧狀態。用「魔法的藝術」或「藝術的魔法」來描述這個蛻變的過程，才能夠清楚地理解。「太初，上

帝（以羅欣）創造（＝魔法行動）天地（＝藝術品）」（參照《創世紀》第 1 章，第 1 節）——摩西就是以這句話開始敘述神的創世工作。除了將理想變成現實、將理智變成感知的轉化作用之外，你還能聯想到其他的概念嗎？這種把原本存在於神的思維和旨意中的東西，變成客觀現實的轉化作用，不就是藝術創造和魔法的功能嗎？摩西的《創世紀》所暗示的神聖魔法作用，不也是神聖藝術創造的作用嗎？

柏拉圖哲學也將有形界視為無形次元 —— 原型或理念界——的顯化。因此，新柏拉圖派哲人普羅提諾才會說：

> 自從「神聖原型」進入人類形體的那一刻起，人的神性就一直存在著。從「人的神聖原型」——原型理念中——衍生出了各式各樣的人，但前者仍然埋藏在人的體內，就像同一個印章蓋下了諸多印記似的。
> （Plotinus, *Ennead* VI, v, 6; trsl. S. MacKenna, *The Enneads*, London, 1969, p. 536）

普羅提諾竟然以如此令人欣羨的方式，闡明魔法和藝術的形上作用！艾德格・達奎（Edgar Dacqué）也以二十世紀前半葉的生物學為基礎，在《生命符號》（*Life as Symbol*）這本書中揭示了普羅提諾所謂的「印章」（seal）的本質。以下是摘自《生命符號》的兩段相關文字：

> 叔本華曾經說過，兒童之所以認為一切事物都顯得

多彩多姿和充滿著夢幻感，是因為他們能夠在事物
中純真地體驗到核心的原型。對一名理性的大人來
說，這種真誠的內在之光已經不見了，因為他們早
已背離「孩童般」的狀態、不再擁有活潑生動的感
知力，所以只能服膺於抽象法則。因此，當我們真
的體驗到形式中的核心原型時，自然會像孩子般地
真情流露。歌德就是這樣的一個孩子。如同我一直
想證明的，人類本是生物演化的原型、大自然的重
心……動物王國如果真的像古人早已明白的，是由人
類分解而成（disintegrated）──人們今日已經認清
了這一點──那我們就可以從自然科學原有的良好立
論基礎，去理解圖騰崇拜和動物膜拜儀式的深意。
（Edgar Dacqué, *Leben als Symbol*, Munich-Berlin,
1928, pp. 114, 191）

　　換言之，艾德格・達奎就像德日進一樣，將世上所有的動
物、植物和礦物都視為同一個主旋律的變調，這個主旋律就是
人，亦即演化中的萬物原型。因此，人即是普羅提諾所謂的
「印章」，大自然的萬物則是他的部分印記。按照達奎的這種
說法，演化中的宇宙不就是一件正在形成的藝術品，從理念、
人到現實的逐層演變嗎？

　　達奎舉歌德為例，因為後者同樣看見了現象背後的原型；
他發現其中有一股原始的藝術作用力，是大自然的創造活動不
可或缺的部分，而這種活動也持續地運作於人的內在。對歌德

而言，一朵從土壤裡冒出來的花和一首從詩人的心靈「土壤」裡「冒出來」的詩，是同一種創造—魔法—藝術能量的不同示現。他稱這股創造力為「質變」力。他一生都致力於透過科學和藝術來探究此種能量的功能。他的《色彩論》是探討並分析光的變形；《植物變態試論》和《動物變態試論》也都文如其名；至於其傑作《浮士德》，則是在描述人的靈魂自文藝復興以來的蛻變過程……

總之，只要相信宇宙的創生和演化是從無形變成有形的過程，就會同時相信將概念變成藝術（或魔法）的功能，和宇宙的形成及轉化的作用力是相同的。如果你不是唯物論者，思想尚未被困在理性結構裡，自然會認同這樣的看法。但是純唯物論者在閱讀一份手稿時，在意的卻不是如何去解讀或理解作者的想法，而是文字和音節是如何運作的。他以為文字會相互牽引自動組合成音節，而這都是墨水——文字的物質成分——的化學作用造成的現象。顯然他的偏頗傾向不是因為方法出了問題，而是信念偏差使然。

就藝術和魔法的關係，身為藝術家和魔法師的佩拉旦曾經發表過以下的看法：

天才乃擁有直觀力、擅長用圖像去表達超自然法則的人；他將創造能量引入自己的體內，和玄奧次元產生直接的連結。但丁[1]（Dante）、莎士比亞和歌德都

1　譯註：義大利中世紀詩人，以史詩《神曲》留名後世。

不曾施展過召喚術，但是三位都深諳玄學；他們明智地自足於永恆意像的創作；從這個角度來看，他們都是無人能及的大法師。在抽象的世界裡創作，在人的靈魂中創造出帶有神祕本質的意像——這樣的工作才是偉大的。（Joséphin, Péladan, *Introduction aux sciences occultes*, Paris, 1911; cf. E. Bertholet, *La pensée et les secrets du Sar Joséphin Péladan*, vol. ii, Paris, 1952, p. 377）

藝術創作和儀式性魔法的不同，就在於後者比前者更傾向於靈性。至於神聖藝術和神聖魔法的關係，則猶如同一道光示現出的顏色與溫度，也可說是美與善的對比。美是令人心生歡喜的善，善則是療癒和賦予活力的美。

善如果失去了美，會固化成法則和規範，變成了責任與義務；美脫離了善，則會弱化成享樂主義，背離了責任與義務。這兩種情況都是善與美分家的結果，在道德、宗教或藝術的領域情況皆然。守法的道德主義和膚淺的純美學主義就是這樣產生的。這也造成了各式各樣的人格特質：一種是英國清教徒主義時期（reign of Puritanism）大量出現過的「耿直如木椿」型的人，他們的宗教生活裡是沒有樂趣和藝術的，遍布於法國和瑞士各大區域的雨格諾教徒（Huguenot）也屬於這種人；另一種人則是外表邋遢、滿臉鬍腮、蓬頭亂髮、道德放蕩的「藝術家」，這種人在今日（1966 年）四處可見。

眼前的這張大阿卡納提醒人們，要從藝術而非理性的角度

去認識宇宙，因為宇宙本身無外乎律動和節奏（如卡中跳舞的女人）。但這張卡的教誨僅止於此嗎？或許它和第二十一張大阿卡納「愚人」一樣，也提出了一種警告？換言之，它是否也兼具教導和警告的功能？如果說那位逍遙的「愚人」是要引領我們去認識它更深的意涵：「愛」，那麼這位在花環中跳舞的裸女，是不是也想帶著我們去認識它的另一個含義：「愚昧放蕩」呢？

等到我們深入地冥思過「世界」卡的奧義，認清了宇宙的美所隱含的深度和危險之後，就會知道答案了。希望我們能清醒地進入這張大阿卡納的冥想，不至於錯失它所帶來的教誨和提醒。

由於我們應該把宇宙看成是一件藝術品，而不是一套規範系統，因此保持清醒會不會使我們排拒陶醉所帶來的朝氣，而落得一無所獲呢？天才藝術家波特萊爾不是告訴過我們，陶醉是創造力和藝術創意不可或缺的元素嗎？

透過這個問題，我們開始進入「世界」卡所暗藏的雙重性之中。世上既存在著神聖又富創意的宇宙性藝術，也存在著製造海市蜃樓的幻術。聖靈帶給人類的是狂喜和啟蒙，海市蜃樓則會使人陷入迷醉，隱修之道稱其為「假聖靈的作用」。以下是分辨它們的準則：如果你追求的是藝術創作、靈性啟蒙和密契體驗帶來的快感，那麼無可避免地會步入幻相，變得越來越無法擺脫它帶來的影響；但如果追求的是透過藝術創作、靈性啟蒙和密契體驗去發現實相，那麼你自然會進入聖靈的世界，越來越能敞開自己。聖靈的啟示永遠會帶來歡喜和安慰，這份

喜悅即是實相被揭露的結果（「賜真理的聖靈」，參照《約翰福音》第 16 章，第 13 節）；伴隨著海市蜃樓的靈感而來的則往往是快感。（海市蜃樓和單純的幻想有所不同，它是一種反映現實的「浮動」影像；「浮動」於客觀現實及其道德、因果、時間和空間的次元之外）。

因此，我們在冥思「世界」卡的奧義時應該保持清醒，但不代表這會是一段枯燥的歷程（就算枯燥，也還是比被「創造」的快感沖昏頭要好得多）。重點是，若想避開海市蜃樓的領域，唯一的辦法就是忠誠地遵循順服、守貞及神貧的修行。

源自實相的喜悅和源自於喜悅的信心，即是開啟「世界」卡奧祕之門的鑰匙。它使人理解到宇宙是神創造出來的一件藝術品，過程中，智慧一直在祂的身旁共同工作（「我常常在他面前歡躍」，《箴言》第 8 章，第 30 節）。這張大阿卡納同時也揭露了宇宙是由欺人的幻相構成的藝術品，也就是所謂的馬雅大幻象。換言之，宇宙是以展現神性的方式來揭露神，同時也以遮蔽祂的方式來隱藏祂。

無論是賜予啟示的實相或是欺人的幻相，無論是真理的世界或是海市蜃樓，這種雙重的喜悅都在其中扮演著關鍵性角色。

那麼喜悅究竟是什麼呢？它的深層意涵到底是什麼？

從「世界」卡的奧義來看，喜悅乃源自於韻律的和諧一致，痛苦則是韻律的不協調所致。冬天裡，人坐在火爐邊所經驗到的愉悅感，只是身體和空氣的韻律——我們稱之為「溫度」——恢復了和諧使然。友誼之所以帶來快樂，也是由於兩

個人或多數人之間的精神節奏調和了。美好的良知之所以帶來歡喜，則是因為低層我與高層我的道德韻律和諧了。山上寶訓說真心的人有福了，因為他們將要見到神（《馬太福音》第5章，第8節），這句話意味著他們的基本韻律與神的韻律起了交感共鳴。因此，喜悅指的就是內在與外在、下界與上界、萬物與神的韻律融洽一致了。換言之，生命的本質就是喜悅。

　　正因為如此，七十士譯本（the Septuagint）——公元前三世紀的希臘版《聖經》——將創世紀第三章第二十三段的內容譯為「……神打發他（亞當）離開樂園，並要他自己耕種所到之處的土地……」（《創世紀》第3章，第23節）。拉丁文的《聖經》延用了這個版本，但希伯來文的《聖經》卻說：「耶和華以羅欣打發他（亞當）離開伊甸園，並要他自己耕種所到之處的土地。」（《創世紀》第3章，第23節）。公元前三世紀的希臘《聖經》譯者將希伯來文的「gan-eden」譯成「樂園」，可見他們認為人類和大自然的原始狀態就是喜悅，宇宙是神的受造物，所以本來是就是個充滿著喜樂的國度。人類墮落之後，苦難才開始和喜悅並存。

　　這個傳統概念既合邏輯也合乎真實經驗。的確，你能想像一個恆動的宇宙，一個被注入了靈魂的宇宙，卻缺乏活力、圓滿性和喜樂嗎？「律動」這個概念本身，不就是在假設非機械性的活動中存在著一股確切的驅力，不論它是有意識或無意識地運作著，不論它是出於自我意志或直觀智慧皆然？許多生物學及心理學的論點都跟生存本能有關，但這種本能不就是對生命的肯定嗎？若非如此，全世界的疲憊和厭倦早已導致一切生

命的消亡。

即便是最嚴格的禁慾主義，也會支持生命的本質是喜樂這個論點，因為它的修行目標就是要淨化墮落帶來的混亂：它們追求的是原初和最真實的喜悅。佛法和瑜伽思想——從俗世中解脫出來——雖然也肯定生命，推崇的卻是一體性所代表的純然存在。瑜伽將這種純然存在的狀態——並非虛無——稱為至福（beatitude）或真福（blessedness〔ananda，愛〕），並且提出了以下的公式：

$$\text{sat（生命）} = \text{chit（意識）} = \text{ananda（真福之愛）}$$

佛法的涅槃指的就是從世間的苦難中徹底解脫出來。倘若「涅槃」只是一種「虛無」而非純然存在帶來的真福，那麼任何人——包括佛陀在內——都不可能發自內心地付出道德和理智上的努力去達成它。要付出努力必須先有目標，而人是不可能以「虛無」為目標的，因為那代表你想得到的東西根本不存在。所以涅槃指的是自毀嗎？不，自毀是一種絕望的表現，涅槃其實是寧靜的法喜帶來的希望，這是人在歷經漫長的修煉、克己和冥想後達成的境界。身為基督徒的我們不也會替亡者的靈魂祈禱：「主啊，請賜予他們永恆的安息」……「願他們安息」？而佛教徒渴望的也就是這種「永恆的安息」，只不過稱之為「涅槃」罷了。剩下來的是自毀的問題。有人認為舉槍自殺的人是因為不想活了，但真的是不想活了嗎？……或許自殺是因為想要用別的方式活下去？……因為當事者不相信靠自己

可以改變生活的方式？

　　造成人絕望而選擇自殺的根本原因是對現實不滿，亦即渴望和肯定另一種形式或方式的生活。事實上，人如果無所求就不會感到不滿，無所欲則不會感到絕望，不過度當真就不至於自殺。所有的不滿都是對想像中的幸福的肯定。所有的絕望都是虛幻的希望。因此，所有的自殺行為也都是源自於對某些生命價值的狂熱肯定，像是愛、榮耀、名譽、健康、幸福……。

　　即便是墮落的世界裡只存在著生命原初的狀態——純潔無瑕的喜樂、「上帝的樂園」——的投影，即便叔本華認為世上的痛苦遠遠超過快樂，我還是主張驅動世界的是生命本質裡的喜悅。就算喜悅較為稀有且不如痛苦持久，它仍然能喚回人們的希望，讓整個世界動起來。尼采在《查拉圖斯特拉如是說》中說道：

　　而喜悅——甚至比悲傷更為深切：
　　於是悲傷說：你走吧！
　　可喜悅終將贏得永恆——
　　淵遠高深的永恆！
　　（弗里德里希‧尼采，《查拉圖斯特拉如是說》）

　　尼采說的對，喜悅的確比悲傷更深切，它至今仍然從伊甸園的天堂之水中源源湧出（《創世紀》第 2 章，第 10 節），而且它也比悲傷更古老，因為它在苦難世界出現之前已經存在。適者生存的世界未出現之前，天堂早已存在。

這就是所羅門王之所以在《箴言》中提到「喜悅的智慧（蘇菲亞）」的原因——尼采在二十八個世紀後引用這個主題，將「快樂的科學」（joyous science）和叔本華的「痛苦世界」以及他那個時代和近代的科學引力論做了對比。以下是「智慧」（蘇菲亞）的自述：

　　在大山沒有被造，小山還沒有立足時，我已經存在。那時上帝還沒有造大地和田野，連一小撮塵土也還沒有。他還沒有安設天空，還沒有在海面上劃地平線，我已經在那裡。上帝在天空佈置雲彩，在海洋開放水源，為海水定界線，不使它越出範圍；在他為大地奠定根基的時候，我已經在那裡。我在他旁邊像一個建築師，是他每日的喜樂；我常常在他面前歡躍：喜歡他的世界，喜愛世上的人。（《箴言》第 8 章，第 25-31 節）

　　這段話不僅描述了創世之初的藝術氛圍和歡愉，也說明了藝術就是韻律的和諧一致。「智慧」（蘇菲亞）「在他旁邊像一個建築師」，「是他每日的喜樂」，意思就是上主與她的關係是和諧融洽的。她也歡喜地臨在於人子面前，因為人子和她的韻律也是一致的，就像她在上主的身旁做工、「是他每日的喜樂」一樣。

　　值得一提的是，上述引文的部分內容——「我常常在他面前歡躍：喜歡他的世界，喜愛世上的人」——曾經出現在

1500 年發行於巴黎的一副塔羅的「世界」卡上，後來奧斯維
德・沃爾斯在《中世紀圖像塔羅》裡也談到了這一點。那副卡
的「世界」裡有一個類似於「皇帝」左手中的地球儀；球上有
一名全身赤裸的女人在跳舞，她的右手拉起了一塊大布幔，左
手則集攏著布幔的尾端。沃爾斯說過：「拉開表象的布幔就能
看見事物核心的奧祕，然後實相將毫無保留地自我揭露。」顯
然這個版本的塔羅也把「智慧」和「常常在他面前歡躍：喜歡
他的世界，喜愛世上的人」連結在一起。

　　所羅門提到的原初喜悅，就是出自於「上主的創造韻律」
與「智慧的藝術創作」之間的和諧性。此外他也談到和「愚
昧」的韻律相應的放蕩快感：

> 愚昧是一個吵鬧的女人，
> 既肆無忌憚又不知羞恥。
> 她坐在家門口，
> 她的家位於城中的高處，
> 她對路過的人嚷著：
> 誰是單純的人，就請進到我的屋內！
> 又對無知的人說道：
> 偷來的水是甜的，偷吃的麵包是美味的！
> 但人們卻不知道，進到她屋內的人必將死去
> ——她的客人進入的是陰間的深處。
>
> 　　　　　　　　　（《箴言》第 9 章，第 13-18 節）

七十士譯本的《聖經》繼上述這段話又加進了一段：

但趕快離開，不要在那個地方耽擱，你的眼睛也不要
盯著她看：否則你將無法避開來路不明的水；但你應
該拒絕來路不明的水，也不該從來路不明的水源取水
喝，這樣你或許能長命百歲。（《箴言》第9章，第
18節）

因此，世上存在著神智的喜悅和迷醉的快感──所謂「來
路不明的水」。前者是源自於神智（蘇菲亞），後者則會製造
出一種由海市蜃樓幻相構成的假智慧。存在於無形界的海市蜃
樓幻相，是所有追求真實屬靈經驗的人──密教徒、靈知者和
玄學家──最容易掉入的陷阱。魯道夫・史坦納稱其為「謊
言地帶」（belt of lies），傳統隱修之道則稱之為「假聖靈次
元」（sphere of the false Holy Spirit）。這個次元（或地帶）
比較接近一般的意識層次，而不是聖人的靈魂旅居、替凡人
加持的「聖靈次元」（sphere of the Holy Spirit）。因此，為
了提升至聖者或屬靈存有的高度，你必須先穿越「假聖靈次
元」，拒絕在它的誘惑下產生反應。上述七十士譯本的引文是
獻給「無知」門徒的：「……不要在那個地方耽擱，你的眼睛
也不要盯著她看：否則你將無法避開來路不明的水；但你應該
拒絕來路不明的水。」同樣地，愚昧的女人或假聖靈說的話也
是獻給「無知」門徒的：

偷來的水是甜的，

偷吃的麵包是美味的！

　　延續《箴言》的說法，假聖靈次元的誘惑就是「偷來的
水」，這種浮動的元素會形成甜美的水，將人的意識捲入易得
的啟蒙和靈感中，導致意識無暇專注於由以下三個詞彙總結成
的道德功課：十字、禱告和懺悔。意識會因為處於自由翱翔狀
態而擺脫所有的規範，以為無需再對任何人或事物負責，彷
彿神的十字架根本不存在似的，甚至覺得可以得到未經祈禱就
被賜予的啟蒙……意識似乎也不再需要為過往的罪業懺悔及負
責，彷彿罪行和錯誤都是不值一提的往事。充斥著快感的意識
開始肆無忌憚地品嚐著創意十足的人生，徹底投入於假想出來
的願景和靈感，誤以為其中的各種意像和構思都是上界的啟示
和超驗智慧的印記。這種「偷來的水」所形成的心理洪流是最
危險的，因為它會淹沒靈魂。但由於這是一種全新的體驗，所
以靈魂會認為這是超自然力量介入的結果。由於這股洪流帶來
的靈感十分符合靈魂最深的嗜好和需求，所以更具說服力，更
能掌控靈魂。

　　於是假先知和假彌賽亞就出現了。某些靈知派的啟蒙儀
式也是源自於缺乏道德感的修練。以下是聖埃皮法尼烏斯 **2**
（**Epiphanius**）描述自己親眼見到（可能也參與過）的巴柏里

2　譯註：四世紀末塞普勒斯（Cyprus）的主教，後來被天主教和東正教封聖。

奧特教派（Barbeliot）[3] 儀式——他之所以說出自己的見聞，
是因為實在無法再繼續保持沉默：

> 他們有著共同的妻子，當不知情的人加入組織時，裡
> 面的男女成員會互打暗號，告知對方這名新手是否適
> 合成為組織的一份子。他們認出彼此的方式，就是握
> 手時在對方的手掌上摳幾下做為暗號。一旦認出彼
> 此，他們就會一同共進晚餐。他們會準備一桌子的豐
> 盛宴席——就算窮也要酒酣肉飽。晚餐之後他們彷彿
> 「血脈賁張」地充滿著活力，於是便開始辦起正事
> 來。這時男人會跟他的妻子分開並且對她說：起來與
> 妳的弟兄一同享受愛的筵席吧……
> 總之，我不該因為羞於啟口而不把他們恬不知恥的行
> 為說出來。我想讀者一定會對他們的淫穢行為感到不
> 寒而慄。在性行為之後，他們仍然無法滿足於通姦的
> 邪惡快感，竟然把恥辱抬舉成獻給上界的禮物。只見
> 男男女女都手捧著精液向上主獻祭，以所謂「靈知
> 派」或「史特拉提歐提克派」（stratiotics）的方式
> 向萬有之父說道：我們現在把基督的肉身獻給祢……
> （Hans Leisegang, *Die Gnosis*, Leipzig, 1924, pp. 190-
> 191）

3　譯註：諾斯底教的某個派系。

此外，十九世紀的俄羅斯鞭笞派（Khlysty sect）教徒也曾經為了體驗「聖靈」帶來的自由解放，而選擇在「聖靈降臨」之後以雜交的性行為結束聚會。

有一些十九世紀的愛沙尼亞農民甚至因為接獲「假聖靈次元」的啟示而變賣家產，舉家遷至波羅的海高岸處等待一艘「白船」的來臨——這是他們的精神領袖「領受啟示」後做出的預言——這艘船將會帶他們去到一個無稅收也無封地的自由國度。

有一些北美印地安部落的巫醫，也因為煩惱上世紀末野牛群的絕跡而向上天祈願；他們接獲啟示後便開始提倡一種新的魔法儀式——「野牛舞」。這種儀式可以讓野牛群的幻影重新出現在大草原上，藉此來驅趕白人離開印地安人世襲的守獵之地，直到美國政府派軍血腥介入，將「野牛舞」儀式滅除為止。

在我們現今的時代裡，智力製造出的幻影以更具影響力的方式控制著人類。我們無須閱讀路易斯・保韋爾斯（Louis Pauwels）和傑克斯・北吉爾（Jacques Bergier）的著作《魔法的黎明》（*The Dawn of Magic*），也能猜到希特勒的納粹冒險是源自於對超凡力量的幻想所促成的集體勢力——我們見識過的各種近代歷史事件，足以讓我們認清這一點。

另一個例子則是馬克思—列寧—史達林主義的崛起。促成這類思潮的理念和法則如同納粹的「二十世紀神話」，與世界的真相顯然格格不入。在馬克思主義的思想體系裡，靈性只是偽裝成宗教和道德、實則從利益考量中釋出的「廢氣」。對他

們而言，靈性只是生理和經濟需求促成的「意識形態上層結構」。

馬克思—列寧主義之所以成功，除了能夠和非主流階級的積怨與憤怒產生共鳴外，也要歸因於先知型的領袖接觸到「假聖靈次元」，然後將獲得的靈感轉變成巨大的精神能量，不斷地注入到好戰份子的心中。「海市蜃樓」不但解釋了布爾什維克主義為何能以半魔法式的力量控制民眾，也說明了其思想內涵背後的真相。馬克思和列寧認為，靈性只是人的慾望和野心背後的權力意志促成的；如果人類的靈修經驗無法超越這個幻相地帶……不能進入到聖靈、聖者或天使階層的次元裡，那麼這兩位人士的基本思想就是屬實的。

因此，世俗利益考量和慾望等同於權力意志，這就是達爾文適者生存和生存競爭說的基本邏輯。從另一方面來看，世俗的權力意志也等同於財富，因為它能使人掌握生產、享受其成果。如果把「海市蜃樓幻相」和物質現實加在一起，就能明白馬克思—列寧主義的第二種教條思想——生產的收入應該歸於群眾或社會而非個人或個別團體——的根源是什麼。其他如社會改革、無產階級專政、無階級社會等等，也都是來自於這兩種教條思想。

至於被稱為「二十世紀神話」的納粹主義，它對群眾的操控力，還有廣為流傳的教條，也多虧了從「海市蜃樓」湧出的能量和假啟蒙效應。但這一次的運動與經濟生活沒多大關係，反倒和生物學息息相關。這次，納粹的優生學取代了馬克思—列寧的經濟學；其實兩者的共通點都是權力意志的伸張——前

者作用於社會階級，後者則作用於種族本身。

　　納粹的海市蜃樓幻相，後來在軍隊徹底敗北的難堪下消失了踪影。馬克思—列寧主義的逐漸解體，則源自於經濟蕭條和現實的人性。當史達林的主張被否決以後，「修正主義」（Revisionism）便開始崛起，而且作用未曾中止過。

　　海市蜃樓的幻相突然不見了，可這是多大的代價換來的結果啊⋯⋯

　　「假聖靈次元」不只是隱修教誨的一個主題，也是隱修之道經常面臨的試煉和危險。魔法師、靈知者及玄祕家成為它的受害者（或者應該說是「愚弄對象」？）的機率，不會亞於國家、社會、政治運動的領袖及創始者。前面我們提到過埃及巴柏里奧特靈知派的不道德行為，以及晚近的俄羅斯鞭笞教派，但親愛的朋友，你可以把這些例子先拋到腦後，因為它們的成員並非擁有獨立精神、「不支持羅耀拉，也不支持伏爾泰」的玄祕家們。雖然如此你還是會發現，凡是具有獨立精神的人最後都會變成某派的玄祕家，而且都會得到自稱的啟示或個人性啟蒙。由於他們缺乏正規訓練，在屬靈經驗中遇到危險時又沒有足以信靠的人，所以很容易受假聖靈次元的誘惑而成為犧牲品。這便是《箴言》引文中所羅門王對我們提出的警告。

　　我還能說什麼呢？人類本是一體的，每個人的經驗都可以幫助和服務他人。如果你想避免在靈修的過程中掉入陷阱，就不能無視於前人的經驗談。說真的，密契主義之所以神祕、密修主義之所以隸屬於密教，最主要的原因就是想透過守密去保護那些「不受拘束的靈魂」（free spirits），免得它們經歷榮

格所謂的「自我膨脹」（假聖靈次元的特質之一）而變成奴隸。另一方面，一般人之所以持保留態度，拒絕接受玄學派、密修主義、靈知和密契主義——更別提魔法了——也是基於同樣的理由。由於「假聖靈次元」的影響力過於重大，以至於多數人都對它極度不信任而持保留態度。清醒的民眾已經不再渴望幻相——他們實在是受夠了。

假聖靈次元對人類的玩弄，導致歷史上一直出現遮遮掩掩的密教。這意味著密修主義的確在那些大膽的新手身上起了一些保護作用，就像顯教派的社會大眾透過不信任密教來保護自己、以免落入幻相一樣。事實上，個人性的密修體悟之道，必定包含著面臨幻相或假聖靈的挑戰。

因此，東方基督信仰的密契家才會不厭其煩地警告初學者「誘人的啟蒙」帶來的危險，同時著重於靈修經驗的「赤裸性」，也就是強調無形、無色、無聲、無理智活動的屬靈體驗才是真實不虛的。人唯一該追求的只有神的愛帶來的直觀智慧，以及它對道德意識產生的作用。雷迪詹斯基（Ladyzhendsky）於 1915 至 1916 年在聖彼得堡出版的《內在之光》（*The Inner Light*）裡，詳盡描述了東正教對於真啟蒙和假啟蒙的教誨。他在書中譴責西方基督信仰的密契主義，因為後者不否定人在特定條件下以理性方式獲得的靈視或啟蒙。

由於東方基督信仰密契家對假聖靈的威脅存有深刻印象，所以寧可全盤否定靈視預知經驗，也不願深入探討假聖靈帶來的危險。至於西方基督信仰的密契家們，雖然同樣意識到了假聖靈次元的危險，卻選擇不全盤否定靈視預知經驗。他們在不

同教派的監督下所累積的體認（東正教是沒有派別之分的），再加上教會的階級制度和中央集權制所訂定的標準（東方沒有一個主導中心，能夠累積或確認基督徒上百年甚至千年以來的靈修成果），都讓他們有足夠的能力分辨靈性經驗的真偽。這些標準都是靈修者按照自己的學問和性格特質，嚴謹地觀察自己在順服、神貧和守貞上的奉行程度而訂立的。

守貞之心追求的是真理，而非靈感帶來的快感；守貞之愛追求的則是融合，而非這類經驗帶來的歡快。因此守貞之心是清醒的，它不允許自己被「偷來的水」沖走，即便那水十分甘甜。神貧之心也拒絕喝下「偷來的水」，因為它只尋求身、心、靈不可或缺的東西。它不追求多餘之物——就算是屬靈的也一樣——而且不接受假聖靈次元的邀約去參加祕密啟蒙儀式。順服之心則擁有清明的理智和經過歷煉的正確態度，因此有能力辨認真理之聲和其他聲音的不同。這種透過順服發展出來的屬靈聽覺，就是《約翰福音》下面這段話要描述的：

> 任何不從羊欄的門進入而是從別處爬進去的人，就是小偷和強盜；只有從羊欄的門進入的人，才是牧羊人。守門者會為他打開門；羊兒會認得他的聲音，而他也會叫出自己的羊兒的名字，並引領它們出羊欄。當他的羊全都出了羊欄時，他會走到它們的前面，而羊兒就會尾隨他，因為它們認得出他的聲音。如果是陌生人，羊兒則不會跟隨，反而會躲避他，因為它們不認得陌生人的聲音。（《約翰福音》第 10 章，第

真正的順服並不是屈服於他人的意志，而是在道德層次上擁有天耳通的意志力——有能力辨認出真理的聲音。這會讓靈魂不受假聖靈的誘惑。

雖然沒有任何密修者躲得過假聖靈的誘惑，但只要是真正奉行順服、神貧和守貞誓約的人，都能成功地克服它。聖安東尼曾經說過「沒有誘惑就沒有救贖可言」，我們可以再加上一句：「沒有三種誓約就無法勝過誘惑。」

不幸地，相較於修士及修女，密教徒基本上都不太重視順服、神貧和守貞的誓約。他們似乎都抱持著科學態度、倚賴理智的作用，結果往往是一場智力的煙火競賽，但是相較於太陽的光芒，它既不能發光也不能帶給人溫暖與熱力。

任由智力翱翔、犧牲道德及靈性的危險不僅僅是徒勞無獲，最主要的還是假聖靈的誘惑。因為後者隨時會帶給人靈視預知力、智識性的啟蒙和智力層次的海市蜃樓。只要你忘卻了順服、神貧和守貞誓願的重要性，假聖靈就會玩弄你的心智，讓眩惑你的景象出現。你的眼睛一旦沉迷於這些華麗又充滿藝術氣息的景象，就會欣然地接受它們，自以為獲得了上界的啟示。

智力層次的海市蜃樓最危險之處，就在於它不只是單純的幻相或錯覺而已。它們往往是真相和幻覺的混合體，而且是以解不開的形式混淆在一起的。真的支持假的，假的也似乎為真的增添了光彩，所以才會被稱為海市蜃樓而不是單純的幻覺；幻覺是比較容易察覺的。由於它是真與假的混合體，因此真的

東西看起來也像是假的。這一片真假交織的幻網會困住迷惑的靈魂。

同時，海市蜃樓幻相也會不停地更改與前世因果有關的事實。例如它可以從遙遠的過去喚來一連串的主觀記憶或影像，但由於後者是真假混合體，所以會讓啟示的受益者——應該說是受害者——徹底迷失方向。結果導致人在現世中要完成的使命與真正的使命失去了連結——甚至變得完全無關。這種幻相作用最常出現在相互吸引的兩性身上。它會讓靈魂將自己的某些特質甚至身份認同投射到對方身上。許多崔斯坦（Tristan）都在單純的少女身上看見了他的伊索德（Isolde），許多來自波拉班特的埃爾莎（Elsa of Brabant）也在勇士身上看見了她的羅恩格林（Lohengrin）**4**。

上述的一切讓我們對靈修的幻相產生了一份認識，使我們瞭解到實修的密教派過來人，為何會要求行者必須具備縝密科學的研究精神。事實上密修這條道路不但是理性的，更是合乎道德法則的。它涵括了推理能力、想像力及意志力，所以和審慎的精神息息相關。

基於此理，但凡認真的密修者都應該學習守靜——通常是幾年的時間——去面對嶄新的啟示或靈感，好讓自己有足夠的時間臻於成熟，讓舉止言行都能越來越符合道德邏輯、整體人類的靈修經驗和平日的個人領悟，包括心靈導師與道友們的靈

4　譯註：請參照華格納創作的歌劇「崔斯坦與伊索德」以及「羅恩格林」，此處所提到的兩組人名分別為兩齣歌劇中的悲劇性戀人。

修體悟在內──同時也能符合上界啟示的內涵。個人性的啟蒙和啟示必須符合上述的一切，才具備傳播和公開呈現的資格。

這項要求不僅適用於密修者，也適用於藝術家。後者──特別是「為藝術而藝術」的人──經常是假聖靈最愛玩弄的對象。藝術家們往往在真理和道德上有獨特看法，所以很容易成為假聖靈的受害者，甚至認為它是啟示的源頭。如果人在藝術創作中不在意要表達「什麼」，只在意「如何」辦到，那麼他一定會屈服於假聖靈提供的啟示和靈感。

某些藝術家十分瞭解這種狀態，譬如歌德花了六十多年的時間撰寫《浮士德》，目的不只是想把假聖靈驅逐出境，更要揭露這個次元的真相以及運作方式。對他而言，藝術不但是想像力的產物，更是人性從主觀傾向提升至客觀意識的過程。他堅持運用定向的想像力──精準的想像力──去創作藝術或求取知識。

但歌德的方法後來被人們忽視，被歸類為僅能代表主觀文學的「古典主義」品味，而不再被視為對藝術家的良知提出的呼籲：呼籲他們要停止從假聖靈次元汲取靈感……他為此付出的代價是耗費了六十年的時間在一本著作上！藝術家就像密修者一樣，必須讓自己的作品穿越時間的考驗。唯有如此，假聖靈次元的有毒植物才能夠被連根拔起，只留下真正成熟的種子。

因此，世上存在著神聖藝術和瀆神藝術，如同世上同時存在著神聖魔法和瀆神的魔法或巫術：

每一種類型的神聖藝術都必須以形式科學為基礎，換句話說，創作者必須熟悉形式背後的象徵意涵。你必須明白象徵不只是一種慣用的符號而已。它是按照明確而能夠呈現本質的法則來顯化其原型的……某種程度上，象徵符號就等同它所象徵的事物。基於此理，傳統的象徵符號絕對是美的：從靈性的角度來看，事物的美是源自於它的透明性；一件藝術品之所以美，是因為它真實。（Titus Burckhardt, *Sacred Art in East and West*; trsl. Lord Northbourne, London, 1967, p. 8）

由於神聖藝術一向以形式科學為基礎，所以不是奠基於主觀的藝術創作力或題材。

當藝術史學家用「神聖藝術」來形容以宗教為題材的作品時，其實已經忘了藝術本質上就是形式這回事。一件藝術品不該因為題材是源自於某種屬靈的真理，就被視為「神聖」的；它的形式語言也必須是來自於神聖的本源。因此，文藝復興或巴洛克時期的宗教藝術就不能被視為「神聖」的，因為風格上和同時期的世俗藝術並無二致。模仿宗教的表象文藝手法、在適當情況下所抒發的虔誠情懷，或是偶爾表現出的崇高精神，都不能被視為神聖藝術的特質。除非藝術品的形式本身能夠反映出宗教應有的屬靈洞見，否則沒有

資格被稱為「神聖之作」……

傳統保守的教義主張神聖藝術必須效法神所創作的藝術品，但這不表示我們應該去模仿或複製眼前的受造界，因為這麼做純粹是虛飾；無想像力的「自然主義」與神聖藝術毫不相干。我們必須把聖靈的運作法則應用在技藝或方法上面。（同前著作，pp. 7, 10）

現在我們只需要為泰特斯・柏克哈特（Titus Burckhardt）的上述說法再加入一句話：若想在技藝領域運用聖靈法則，就必須遵循順服、神貧、守貞這三聖戒。淨化的階段一定是在啟蒙和完美境界之前出現。由於神聖藝術的根源就是聖靈的作用力，所以藝術家必須去除私心自用的習性，讓自己變得貧窮以接受聖靈帶來的寶貝……也就是讓自己的幻想和偏好降至靜默程度。換言之，他必須守貞以免干擾上界的清澈之水……它必須順服才有能力效法聖靈的運作方式、和它一同工作。

第二十二張「世界」卡描繪的是一名舞者，左手握著魔法棒，右手拿著一小瓶迷藥。魔法棒象徵著「上界如是、下界亦然」的創造力，或是縱向的神聖藝術的展現。以下則是保羅・馬爾托對舞者手中那瓶迷藥的看法：

這是一種具有創作力的迷藥，存在於自然界所有的次元裡，人會因為它而產生愛與靈性上的幻覺。迷藥與魔法棒的作用恰好相反，因為幻覺帶來的往往是

君臨天下的短暫尊貴感。（Paul Marteau, *Le Tarot de Marseille*, Paris, 1949, p. 90）

　　換言之，「世界」卡具有雙重意涵：它教導人喜悅或韻律的和諧乃創作的基礎；同時它也警告人，追求創作的快感而非真理是危險的。以創作的快感為主要訴求的人，將會喝下迷藥而陶醉於「假聖靈」的幻相中；以富創造性的真理為主要訴求的人，則不僅能透過清醒的努力發現實相，更會積極地投入於創造的喜樂與和諧的韻律中。他將學會魔法棒的使用方式，讓自己不受干擾地穿越假聖靈地帶，和真正的聖靈產生垂直式的連結。

　　因此，「世界」卡帶給我們的是極富實修意義的教誨：「世界的確是一件藝術品」；創造的喜悅賦予了它生命力。它展現的是喜悅的智慧，富有藝術創意的生命力，而不是技術工程師或工業設計師展現的巧智。以智慧為目標的人一定會發現智慧就是喜悅！以巧智帶來的快感為目標的人則容易被幻相折磨！人應該追求富創意的智慧──箇中的喜悅就是你額外的贈禮。

　　從這則教誨衍生出一條「靈性保健」守則：實修者不能將內在衝擊力的強弱，視為衡量上界實相的確鑿性和真實性的標準。假聖靈次元的幻相很可能令你感到震撼，源自上界的真實啟示卻可能偽裝成幾乎覺知不到的內在耳語。由於真實的屬靈體驗不會運用力量使人產生深刻印象，所以通常需要非常清醒的覺知和專注力，才不至於錯失了它。你往往很難注意到它，

更別說被它震撼或因為它而著魔了。否則專注力的修煉和深層冥想又有什麼意義呢？所有認真的密修者都必須訓練自己，讓注意力變得極為清醒和強烈，而有能力感知到隱藏於靈魂深處的實相。後者的作用力明顯地具有緩和漸進的特質，雖然往往也有例外——譬如聖保羅的例子。基本上，屬靈世界完全不同於把堤防沖垮、淹沒陸地的洶湧大海。不，屬靈世界或「聖靈次元」總是會替人著想。神賜給一個人的啟示以及啟示的次數和頻率，都是經過多重考量的，目的是要避免擾亂此人的精神及身體的平衡。屬靈世界最喜歡給人的是「合乎理性的啟示」，它是一股緩和的靈性能流，但強度足以讓領受者的智力及道德力量成長和成熟。偉大的實相會一點一滴地揭露它連貫的內涵，不過只有在人的意識完全準備好的那一天，才會徹底示現出來。屆時出現的將會是喜悅而非擾亂平衡的自我陶醉——或過於興奮的緊張和失眠。

這便是第二十二張卡上的人物手中的魔法棒所代表的法則。它與此人另一隻手中的迷藥代表的法則恰好相反。迷藥主要象徵的是海市蜃樓的啟示帶來的快感和陶醉。「假聖靈次元」一向是透過它所製造的強烈幻覺，來驅使靈魂相信智識的幻相或靈視現象的真實性。「最令人興奮的東西才是真實的」，似乎是假聖靈次元強調的標準。

榮格深層心理學無疑地是近代最先進的心理學派——它之所以先進，是因為能夠探入無意識的領域——它將「靈啟」（numinosum）視為無意識（潛意識甚至是超意識）的深層實相顯化出來的感通經驗。（「靈啟」指的是靈魂無法抵擋而被

迫接受的經驗）。這是一種令經驗者屈服的心靈體驗（出現於夢中、幻覺中、幻想式的靈視或洞見中）。它會強制地示現在經驗者面前。意識只能屈服於它而不能召喚它。它會征服人，不管人的意向如何。

按榮格的説法，無意識裡的實相會顯化成超自然的活動來影響意識。以下是榮格對無意識的描述：

> ……無意識……從定義和事實來看是無法劃定範圍的，所以應該說是沒有邊界的活動：無限大或無限小。你是否能明確地稱它為一個小宇宙，完全取決於那些超乎個人經驗的活動，能否被證實真的存在於無意識裡——具恆久性卻非個人能輕易獲得的先驗體驗。本能論和涉及植物與昆蟲共生關係的生物學，讓我們早已熟知這類事情是存在的……一個足以證實此種假設是合理的普遍性證據，就是到處皆可發現類似的神話故事；我們可以參考巴斯蒂安[5]的「民俗思想」（Bastian's "folk thoughts"）或「原初理念」（primordial ideas）。其中一個比較特別的論據是，這些理念會以複製的形式顯現於精神層面，卻不具備直接傳達的可能性……神話故事就是上述的那種超乎個人經驗的東西，也就是精神的建構元素。

5　譯註：德國十九世紀通才，對榮格影響極大，主張人類的心智具有一致性而反對環境決定論。

它們具有恆久性且四處可見，無論何時它們都是相似的。（C. G. Jung, "Medicine and Psychotherapy" in *The Practice of Psychotherapy*, trsl. R. F. C. Hull, *The Collected Works of C. G. Jung*, vol. 16, London, 1954, pp. 91-92）

　　因此，無意識及其神祕的活動不僅僅存在於個體靈魂之內；它在各方面都超越個體靈魂的局限。由於它的本質是無限的，所以是由精神特質構成的領域。這代表它不但帶有先天或前世的傾向及習性，也含藏著「聖靈次元」和「假聖靈次元」。我們一旦覺知到從無意識領域裡顯化出來的靈啟活動，便能立即分辨它是無意識的顯相還是個人的幻相、感受及想法的示現，但這絕不意味著我們能認清它是來自聖靈或是假聖靈的次元。假聖靈次元的幻相顯然是真實存在的，但畢竟和實相有所不同；它的作用是要欺騙人類。

　　榮格不但瞭解無意識具有彌補──引導和修正──的功效，也明白人的意識如果屈服於它的有害影響，會遭遇什麼危險。對他而言，這股影響力有益也有害──有如隱修之道對於聖靈及假聖靈的看法。以下就是榮格如何看待無意識帶來的危險：

　　　　心理學是我們最不可或缺的知識。有一個事實已經清晰到致盲的程度，那就是人類最大的威脅並不是飢荒或地震，也不是細菌或癌症，而是身心不安寧。理由

很簡單：世界尚未出現任何能有效預防精神疾病的東西，而精神疾病比大自然最可怕的災禍更具破壞性！對個人和全體人類構成最大威脅的就是精神危機。我們對它的理解已經被證實是無效的，因為理性論證只能對意識產生作用，對無意識可以說是一點用也沒有。結果是群眾的無意識底端不斷地形成一些精神問題：一開始是精神呆滯，接著是意識的理性請願遭到壓制。因此，每個組織體裡面都存在著一種潛在危機，如同堆積的炸藥一般。它造成的結果是任何人都不想要也沒有能力控制的。基於此理，你必須殷切地期盼心理學被推廣到一定程度，讓人類都能理解籠罩於他們頭上的巨大危機的根源是什麼。這並不意味每個人或每個國家都要全面武裝起來，因為從長遠來看，這麼做並不能保護人們不受這種現代戰爭的迫害。累積軍備只會讓戰爭變得更為必要！反之，設法防範和避免問題發生不是更妥當嗎？——如今無意識已經瓦解掉意識的屏障且俘虜了意識，使得世界正在面臨一場無法預料的災難。（C. G. Jung, *L'homme à la découverte de son âme*; French trsl. by R. Cahen, Geneva, 1944, pp. 402-403—epilogue written for this French edition by Jung and dated Küsnacht-Zurich, January, 1944）

這項警告是來自於一位擁有真知灼見的人——他其實比許

多貨真價實的密修者更有見解——這要歸功於他因療癒病患的意願而積累了豐厚的經驗。這份意願使得他先是成為一名科學探究者，後來成了深層心理學家，繼而開啟了人類的靈魂之門。

現在讓我們回到「世界」卡上面。它與「律動」或是讓東西動起來以及「如何」動的奧祕有關。

到目前為止，我們探討的都是卡上中心人物的魔法棒和迷藥帶來的喜悅和快感，以及它們驅動意識的方式。「聖靈次元」和「假聖靈次元」發出的兩種律動——對應的是魔法棒和迷藥——有一個共通點：它們都是來自人的靈魂和行動界之上或之外的能量振動。為了徹底理解宇宙的奧祕，我們仍須考量生命和事物的內在動能。在這張卡上面，這股動能被繪成了圍繞著中心人物的花環，以及花環外的四種角色——三種動物和一位天使。

花環代表的就是生長過程的動能，四個角色則象徵內在的振動模式或古代人所謂的「四元素」。這四元素——「風」、「火」、「水」、「土」——並不是化學物質，亦非物質形態（如溫度、氣體、液體和固體），而是所有物質內在的振動模式……包括心智的、精神的、有機的和無機的。因此，它們就是宇宙的四種內在原始性質；這也就是傳統的宗教圖像會將它們描繪成公牛、老鷹、獅子與天使的原因：

在天上，天使和三聖獸是由四個基本星座的最亮恆星所代表的，它們分別是畢宿五（Aldebaran）或聖

牛之眼；軒轅十四（Regulus）或聖獅之心；河鼓二
（Altair）或聖鷹之光；以及北落師門（Fomalhaut）
（它吸收施水者倒出的水）。這些恆星形成了一個十
字形狀，十字的中心點就是北極星，由於它在天體的
運轉過程中是不動的，所以呼應的是「世界」卡上
象徵黃道帶的橢圓花環圈裡的年輕女子。（Oswald
Wirth, *Le Tarot des imagiers du moyen âge*, Paris, 1927,
p. 220）

　　因此，福音傳播者所説的「四聖獸」和黃道十二星座之間
的關係，呼應的就是四種「原始性質」或「元素」在宇宙或黃
道帶上的意義。這四元素賦予了行星普遍而穩定的作用力，如
同恆星在黃道中的作用一樣。

　　但是讓宇宙四元素的原始性質顯現出來的，並不是黃道帶
的星座，而是神的稱謂「**YOD-HÉ-VAU-HÉ**」；四元素其實
是神在宇宙中的印記。我們所知道的四種因果律——有效因、
物質因、形式因、目的因——也是神的印記。如果我們不相信
因果律，就根本無法認識是什麼在動、被什麼驅動、是什麼在
成形、被什麼塑形，也就是分不清根源和目的、開始和結束，
無法看出宇宙秩序的真相。如果不從因果律去理解宇宙的運
作，我們就只能「張著嘴」默默地看著它，而無法從中推敲出
「宇宙的演化規律」、「宇宙史」和「引力法則」——以及找
出疾病、災難和危機的起因，以便預測和防範它們的發生。

　　因此，宇宙的四元素偽裝成了四種因果律，自行顯現於我

們的心智結構裡——它們也偽裝成卡巴拉門徒所尊崇的神之稱謂，以及被畢達哥拉斯派哲學視為中心思想的神聖四分體（sacred tetrad）。這四種原始性質（《啟示錄》和《以西結書》裡的「四聖獸」）。指的就是自發的衝動、反應、可變性及可曲性，或是火、風、水、土。

衝動、律動、形成、形式——這四種特性無所不在地發揮作用。它們不僅出現在理性活動、精神活動及生理活動當中，也出現在小宇宙和大宇宙的無機物和有機物中。

保羅‧卡爾頓（Paul Carton）博士是一位卓越的基督信仰隱修士，遺憾的是他已經離開人世。他為活躍的基督隱修傳統帶來了彌足珍貴的貢獻，我指的是他的偉大著作《性情的診斷和行為方式》（*Diagnosis and Behaviour of the Temperaments*）。作者不但從現象學的角度去詮釋人的四種性情（膽汁質〔bilious〕、神經質〔nervous〕、多血質〔sanguine〕、淋巴質〔lymphatic〕），同時也解析了四元素所示現的普世法則：

> 古老智慧從人面獅身的謎中發現了人類行為的四種基本模式：以人腦的智力去認識事物，以獅子的力量展現意志，以老鷹翅膀的無畏力量展現膽識或提升自己，以公牛巨大而專注的力量保持靜默。如果將這些法則套用在人的性情表現上，人面獅身的寓意要教導的就是：人必須正常地培養、平衡和按等級地展現內在的四種作用力：膽汁質的意志力、神經質

的反思力、多血質的活力、淋巴質的自制力。（Paul
Carton, *Diagnostic et conduit des temperaments*, Paris,
1961, p. 20）

讓我再強調一次，這四種性情就是火、風、水、土四元素
所對應的衝動、律動、形成、形式的表現。我們會在四元素的
底端發現宇宙內部的四合一動能。這四合一動能反映了梅爾卡
巴（神聖戰車）異象上的四活物──以西結見到的戰車上的天
使、聖鷹、聖獅及聖牛，同時也反映著聖約翰洞見的景象，後
者是如此描述的：

第一個活物像獅子；第二個活物像小牛，第三個有一
副人的臉孔；第四個像飛鷹。（《啟示錄》第 4 章，
第 7 節）

以西結強調的則是四活物根本的一體性：

四個活物各有四張臉：前面的像人，右邊的像獅，左
邊的像牛，後面的像鷹。（《以西結書》第 1 章，第
10 節）

其實這四活物是一體的，因為四字神名是一體的（由四元
素所構成）。它們代表的就是神的稱謂，而這也是神聖戰車的
名稱。因此，《光明篇》根據以西結洞見的四活物，做了以下

的描述：

> 「它們的相似特徵都是擁有人的臉」（《以西結書》
> 第 1 章，第 10 節）。它們都帶有神的形象⋯⋯這些
> 形象被刻在由四字神名構成的神聖戰車——神的寶座
> 上，因為神的稱謂涵蓋了一切萬有⋯⋯這些面容相
> 似的活物裝飾著寶座，一個在前，一個在右，一個
> 在左，一個在後，對應的就是宇宙的四個角落⋯⋯
> （*Bereshith* 19a; trsl. H. Sperling and M. Simon, *The
> Zohar*, vol. i, London-Bournemouth, 1949, pp. 80-81）

《光明篇》不僅提到四字神名對應的是宇宙的四角落——
四個基本點：東、西、南、北——同時也提到米迦勒（擁有人
的臉）讓自己朝向北方，而所有的臉都朝向祂：

> 牛（臉像牛的活物）向上尋求指引而凝視著人的臉
> 孔⋯⋯老鷹向上尋求指引而凝視著人的臉孔⋯⋯獅子
> 向上尋求指引而凝視著人的臉孔⋯⋯「人」則默觀著
> 它們，它們也都面朝上方默觀著他。（同前著作，p.
> 80）

因此，以西結洞見的第四種活物 —— 天使（或
「人」）——就是其綜合體。《光明篇》說明了希伯來文的天
使「SHINAN」為何涵容四活物的神祕本質：

神的戰車上載有成千上萬的天使（SHINAN）：
SHINAN 這個字象徵的是所有的臉，是由幾個起首
字母組成的，「SHIN」代表的是牛，「NUN」代
表的是老鷹，「ALEPH」代表的是獅子，最後的
「NUN」則是直立行走的人，也就是陽性與陰性的
神祕合體。（同前著作，pp. 79-80）

這些成千上萬的天使都是來自「SHINAN」這個稱謂所代
表的原型，而這些原型又分出了不同種類的活物（有著不同的
臉孔）。凡是不具人臉的天使都擁有兩張面孔——一張是自己
獨有的，一張則是因為默觀著「人」（凝視著米迦勒）而從
「人」那裡借來的：擁有公牛臉孔的天使反映的是「力量」；
擁有老鷹臉孔的天使反映的是「偉大」；擁有獅子臉孔的天使
反映的是「權力」。「人」則默觀著其他活物的臉，而它們也
都「向上默觀著他」。於是它們都得到了「人」的獨特印記而
有了「巧妙」的特質。基於此理，《聖經》才會將神聖的那一
位形容為「穩重……偉大……有權能……巧妙」（《尼希米
記》第 9 章，第 32 節）。

這些稱謂被刻在神的戰車上，它們是源自於四字神名
的四個字母，後者涵蓋了一切……這四個神聖的稱謂
承載著神的寶座，寶座則被涵容於它們之內……這寶
座如同一棵長滿樹枝和果實的大樹，因為沉重而往下
降。它一旦降下來，這四個相似的活物就會透過光

的各種形式現身，將種子散播到宇宙各處。（同前著作，pp. 80-81）

以上是來自《光明篇》的一段動人描述，述說的是神的戰車和四元素的四種精神特質，而它們的代表圖像就顯現在「世界」卡的四個角落上。

至於圍繞著中心人物的三色花環，代表的則是動態世界——由四元素代表的四種性情的原始驅力所形成的——其屬性包括被動性（藍色）、主動性（紅色）和中性（黃色）。換言之，這三種顏色代表的是能量的三種運作方式：被動性（潛在性）、主動性（延展性）和中性（均衡的協調性）。《博伽梵歌》將它們稱為「惰性」（tamas）、「激性」（rajas）和「悅性」（sattva），並且認為它們就是四元素的示現方式。

當悅性的特質施展出來時，行者會表現出無礙、無慾、無反感且不追求任何收穫的行為。

伴隨激性特質而來的則是大麻煩，因為行者會渴望有收穫，而且心中充滿著自我本位的念頭。

惰性特質則是源自於迷惑，行者因為不顧後果而導致自己或他人受損。

悅性之人已經從我執中解脫出來，所以不屈不撓充滿活力、成敗都無法動搖他。

激性之人充滿著熱情、渴望看到結果，而且貪婪、殘酷、不純潔，容易感覺快樂和悲傷。

惰性之人缺乏勤勉的精神和識別力，而且頑固、不誠實、心懷惡意、懶散，容易拖延和感覺失落。

（*Bhagavad-Gita* xviii, 23-28; trsl. M.N. Dutt, *Bhishma Parva* xlii, 23-28 in volume vi, 1897, of *The Mahabharata*, 18 vols., Calcutta, 1895-1905）

你可以將這三種解釋無限地延伸至所有領域，譬如礦物界是惰性的，動物界是激性的，植物界則是悅性的。智者活在悅性狀態裡，戰士活在激性狀態裡，僱工則活在惰性狀態裡。太陽是悅性的，雷電是激性的，月亮則是惰性的。此外四元素也會示現成平衡性（悅性）、主動性（激性）和被動性（惰性）。

三色花環就是四元素的顯化場域。這四種元素偽裝成生命力，在各種現象中發揮作用；這股活力一直存在於生命的能流裡。它是一條從伊甸園湧出的河流，「流到伊甸園外，分成四條支流」（《創世紀》第 2 章，第 10 節）。古希臘人稱之為「乙太」，它分出來的支流就是火、風、水、土。印度教將四元素的根本——「第五元素」稱為「阿卡夏」（akasha），「乙太」是一般的譯文。中世紀煉金學非常重視這「第五元素」，因為它是四元素的根本和基礎。我們可以在撰寫於1610 年的一本有關赫密士教誨的著作中讀到這個觀點：

如果你能夠將石頭分解成四個元素……然後把它們結合在一起，你就能贏得至高的教誨權。

換言之，「神的創造行動」的「祕訣」就是從「原始物質」裡分出四元素，然後將它們合成「第五元素」（古代人所謂的「乙太」——參照亞里斯多德的《論天》，第 1 章，第 3 節）。

　　上述的說法呼應的就是「世界」卡的內容，卡上的四角落有四個活物，位於中央的是那名舞者。圍繞著舞者的三色花環代表的是「1-3-4」的分解過程，或「4-3-1」的整合過程（從四元素到三種特質或屬性，到整合後的第五元素）的中間階段。這三種特質呼應的是煉金的三個步驟，過程中四元素會歷經轉化而變成第五元素。第一個步驟是將土轉成水；第二個步驟是將水轉成風；第三個步驟則是將風轉成火（▽ 轉成 ▽，▽ 轉成 △，△ 轉成 △）。因此，「世界」卡攸關的是分解與整合的奧祕。它是在教導「辨別」的藝術，也就是在萬有的律動中分辨出虛幻和真實（舞者手中的魔法棒和迷藥），接著是分辨律動的三種「顏色」（或屬性），最後則是辨識出四元素或是存在於所有律動中的原始動力。同時它也教導我們去「感知」四元素、三色花環以及兩種作用的基本一體性，或是第五元素的本質。按卡巴拉的說法，此奧祕與神之稱謂的「開展」（unfolding）和「重新收合」（refolding）有關——這兩種作用力對應的就是創世工作和救贖工作。（請參考弗里德里希・偉恩雷伯〔Friedrich Weinreb〕教授的傑作《De Bijbel als schepping》；海牙出版社，1963 年，內容與神的創世計劃有關）。

　　我們可以繼續往下分析（以及整合）「世界」卡的奧義。

譬如確立四元素在生命樹的四界——聖光溢出界、創生界、形成界、行動界——所扮演的角色，方式是將十個創生質點置入每一界裡，然後在其中整合出結果。

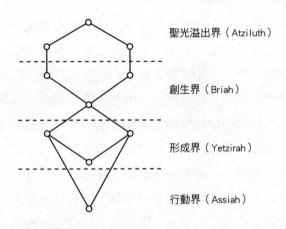

聖光溢出界（Atziluth）

創生界（Briah）

形成界（Yetzirah）

行動界（Assiah）

這麼做會發現什麼呢？

我們會發現塔羅的小阿卡納，也就是四組由數字一到十構成的十張卡（四乘十），以及四組由四種人物構成的十六張卡（四乘四），後者整合了四元素在四個世界裡所代表的奧義。換言之，我們會發現小阿卡納有四十張數字卡和十六張人物卡——十張五角星、十張寶劍、十張聖杯、十張權杖的數字卡，以及四張五角星、四張寶劍、四張聖杯和四張權杖的人物卡。在這十六張人物卡中，四種人物和四個世界的對應關係是：侍衛—行動界、騎士—形成界、王后—創生界、國王—聖光溢出界。至於四副數字卡——五角星、寶劍、聖杯與權杖——對應的則是神之稱謂的結構，也就是四元素。其中的

權杖代表的是聖光溢出界的本質，YHVH 的 YOD；聖杯代表的是創生界的本質，YHVH 的第一個 HÉ；寶劍代表的是形成界的本質，YHVH 的 VAU；五角星代表的則是行動界的本質，YHVH 的第二個 HÉ。

因此，塔羅的五十六張小阿卡納，其實是從最後一張大阿卡納「世界」發展出來的。由於它的卡巴拉式發展方向——縝密且崇尚數學原理——相當追求系統化，所以讓人不得不質疑它是一種理性主義的呈現。的確，乍看之下我們實在很難接受小阿卡納和大阿卡納同樣隱藏著奧祕。由於小阿卡納的理性排列傾向太過明顯，所以人們一向忽視而且否定了它，認為它遠不及大阿卡納重要。但是有一個學派（在第二十一封信中提到過，出現於二十世紀前半葉的聖彼得堡）卻宣稱所謂的「小」阿卡納其實就是「大」阿卡納，因為它們象徵著比大阿卡納更高層級的智慧與體悟。這個學派認為，小阿卡納和大阿卡納就像高中與小學的關係一樣。

親愛的朋友，歷經四十五年以上的研究之後，我必須告訴你，上述觀點對大阿卡納或小阿卡納都是不公平的，因為這個觀點把大阿卡納貶成了為小阿卡納做準備的先修課程；大阿卡納被當成了教導卡巴拉、魔法、占星學及煉金學的百科全書。由於大阿卡納非常適合當成百科全書來應用，所以就被用來作為針對此目標的工具。於是大阿卡納變成了傳統玄學的一般課程，至於身心的修煉、意識的轉化和逐層的提升，則留給了小阿卡納，就像高中課程接在小學課程之後一樣（「小學」指的是大阿卡納）。但整體來看，大阿卡納並不是一套傳統玄學的

教學課程，而是一種內在煉金的冥想學派，目的是要喚醒意識去覺知智力、道德及現象之下的奧祕法則與力量。小阿卡納其實是大阿卡納冥想體驗的系統化總結，或「世界」這張卡的申論——用最詳盡的方式做出分析與總結。你也可以說小阿卡納把「世界」卡的教誨應用到了意識的各個層面——從行動界至聖光溢出界。

親愛的朋友，闡明了塔羅大阿卡納的二十二階冥想之後，如果緊接著又開始說明小阿卡納的五十六種冥想內容，我相信一定會耗費你太多的能量，而且我們也沒時間這麼去做。因此親愛的朋友，我請你自行按照這些書信的形式，撰寫屬於你自己的小阿卡納冥想。為了幫助你達成這項任務，我想提出以下幾個重點，做為開啟小阿卡納奧祕的鑰匙：

小阿卡納代表的，就是意識從行動界（現象界）到形成界到創生界到聖光溢出界的晉升過程。它是從感官和智力能及的表象世界（對應的是錢幣），提高到這個表象被滅除的世界——或「曠野」（對應的是寶劍），然後達到一定程度的神貧，變得有能力領受上界的啟示（神貧對應的就是聖杯）。意識一旦將聖杯領受到的啟示轉化成行動，就步上了心靈頂峰。它會變成啟示性的行動，能夠積極地和聖光溢出界合作。這時意識已經晉升了四度而來到權杖的層次，所謂純創造性的次元。

因此，這套修煉系統是從五角星或錢幣的世界開始的。那是一個充滿著事實、智力建構和理念的表象世界。意識在那裡受到了表象的圍繞——有一面是跟經驗相關的記憶，另一面則

是理智的規劃與構想，或是所謂的「道德理想」。這個表象世界既不真實也不虛幻。它是由現實的價值與現象構成的，所以「可以兌換」成現實；基於此理，錢幣才成了它的象徵符號。如果說錢幣本身無法供人食宿，但是能兌換成支付食宿的費用，那麼記憶圖像、理智的規劃和構想或道德理想也可用來代表現實界——具有可以轉換成現實的「價值」。

錢幣的世界——表象——具有雙重意涵。一方面它代表意識獲得的財富，一方面則代表證悟實相必須捨棄的東西。若想用金錢換來真實的東西，你必須出錢買下它們。換言之，你必須在精神上變得「貧窮」，才能夠進入天國的世界。

寶劍代表的意義就是捨棄自己的精神財富。人透過智力、道德和藝術上的努力所打造出的價值與表象（或錢幣），將會按照它們當初形成（創生）的順序一一被摧毀。這可能是一瞬間、一小時或幾十年的時間。就聖多瑪斯而言，它是出現在一次狂喜體驗中，但是就柏拉圖而言，則似乎是延續了好幾年的一段緩慢進程。聖多瑪斯的那次決定性的狂喜體驗大約是發生在 1273 年底，由於持續了滿長的時間，以至於和他同住的妹妹逐漸感到憂心，而向雷金納德（雷納爾德 Raynald）弟兄（Brother Reginald）提及此事。

> 他對她說：「老師無論默觀任何主題都經常進入狂喜；但我從未見過他待在其中這麼久。」大約一小時之後，雷金納德弟兄走到聖多瑪斯面前，用力地拉扯他的斗篷，讓他從睡眠式的默觀中醒來。他嘆了口

氣說：「我的孩子雷金納德，我要透露一個祕密給你，但你不可以在我活著的時候說出去。我的寫作生涯已經進入尾聲，因為我見識到一些事情，它們令我曾經寫過或教導過的一切都變得微不足道，所以我向上主祈求，當我的教學生涯進入尾聲時，我的生命不久之後也可以結束了。」（William of Tocco, *Vita Sancti Thomae Aquinatis*, ch. 47; cf. P. Mandonnet, "La Canonisation de S. Thomas D'Aquin", *Mélanges Thomistes*（1923），pp. 1-48, esp. p. 8）

聖多瑪斯體驗到的狂喜，令他發現自己所有的著作和教學都是微不足道的。此即穿越寶劍世界的一個例子。

至於另一位「富人」柏拉圖，則是在寫給父母及友人狄昂的一封信中（柏拉圖的《第七封信》〔*Seventh Letter*〕，被前人稱為「偉大的家書」，撰寫於七十五歲左右）——發表了以下的驚人聲明：

我從未寫過有關這類議題（實相）的論文，而且也不會再這麼做了。這類議題無法像其他題材一樣可以用文字來描述，但經由不間斷的研究、與它們共處了一段時日之後，靈光乍現的領悟突然被飛躍過來的星星之火點燃，它一旦進入靈魂內便開始自動地供養自己。

柏拉圖在七十五歲左右，對自己的哲學著作下了這番評論：「我從未寫過有關這類議題的論文……」（他在同一封信中形容這類議題是他「本身十分關切的」）。除非柏拉圖是以嘲諷的口吻在書寫（但這並不像《第七封信》的整體風格），否則他就是相當認真的，而且宣告了自己是個默觀者。換言之，他在論證領域裡發表的龐大著作和他所提出的論證四要素──文字、定義、圖像及科學──並不適合用來認識「本體」，雖然這是他「本身最關切的事」，而且一直渴求與本體合一的密契體驗。他在人生的最後幾年裡幾乎完全投入於這份追求，以至於最終肯定地說出自己從未寫過「我本身最關切的議題」。

　　柏拉圖和聖多瑪斯一樣都穿越了寶劍的世界、進入到「神貧」的境界，而得以成為「聖杯」或「權杖」，變成領受神啟的容器和主動的合作者──也可說是獲得了「啟蒙」。

　　錢幣、寶劍、聖杯和權杖的「世界」或「次元」，對應的就是傳統靈修的準備、淨化、啟蒙及臻於整全的各個階段。

　　人透過觀察、學習、推演及靈煉，穿越了準備階段或錢幣的世界。

　　當他置身於「實相」的次元時，則會歷經淨化階段而進入到寶劍的世界。

　　在這層試煉之後，靈魂會變得有能力領受上界的啟示，而進入啟蒙階段或聖杯的世界。

　　最後靈魂會從被動領受晉升至主動與上界合作，而進入到整全的階段或權杖的世界。

親愛的朋友，當你著手研究塔羅的小阿卡納時，這些觀點或許可以當成開啟其奧祕之門的鑰匙。

　　　再會了，我親愛的不知名朋友！

聖三一主日

1967 年 5 月 21 日

後記

漢斯・烏爾斯・馮・巴爾塔薩樞機主教
（Cardinal Hans Urs von Balthasar）

　　一位虔誠、有思想、心地純潔的基督徒為我們揭示了基督信仰隱修之道的象徵符號，在密契體驗、靈知及神聖魔法不同層次上的意涵，其中包含了對卡巴拉、占星學和煉金學的某些元素的解析。這些象徵符號被概述於二十二張所謂的「大阿卡納」中。作者試圖藉由大阿卡納的冥想深入天主教無所不容的奧理。

　　首先你可能會認為，這樣的嘗試在哲學、神學和天主教思想史上是前所未見的。早期的教義執筆者將源自異教思想和想像的神話，籠統地理解為隱藏著宇宙律的啟示故事，最後徹底體現在耶穌基督身上（謝林〔Schelling〕後來在他的哲學探討裡詳述過這一點）。俄利根延續了這條思路並擔負起基督徒的責任，以《聖經》啟示和「世界統治者的智慧」（《哥林多前書》第 2 章，第 6 節），去闡明異教哲學和他所謂的「埃及人的祕密教誨」（特別是傳說中的托特化身赫密士・崔思莫吉司托斯的隱修著作）。他也探討了「迦勒底和印度占星學」，認為它們主要是在傳播有關「超感事物」的知識──等同於「希

臘人所揭示的神話原型」。俄利根認為宇宙勢力（上界主宰）將這些智慧帶給人，並不是為了造成傷害，而是因為視其為真理。我們也可以在優西比烏（Eusebius）的著作中發現類似的概念。

我們都知道，中世紀的基督教哲學深受阿拉伯和其他地方傳來的觀念影響，尤其是對神力或天使的信仰。到了文藝復興時期，在這些觀念的持續影響下，當時最優秀的思想家全都熱衷於將卡巴拉融入於基督教。如同現今我們所知道的，在早先的教義執筆者心中，赫密士的地位與其他異教先知及智者同樣崇高。隱修著作在中世紀的初期和中期已廣傳於世，在後來的文藝復興時期，赫密士更是被尊崇為摩西同時代的偉人和希臘的智慧之父。詩人、畫家和神學家狂熱而虔誠地從他的教誨及其他異教傳統引出了上主之光，將這些散落四處的智慧傳統集中在基督信仰上面。而另一種啟蒙之光，卡巴拉，在當時甚至更受到重視（卡巴拉的口述傳統也可能源自摩西時代）。

歷史上第一批支持或反對卡巴拉的人，是十二世紀的西班牙猶太教徒和非教徒。在這些人當中，努力去理解卡巴拉教誨的包括德國的勒赫林（Reuchlin）、義大利的菲奇諾（Ficino）和彼可・德拉・米蘭多拉（Pico della Mirandola），連卓越的義大利樞機主教吉列斯・維泰博（Cardinal Giles of Viterbo, 1469-1552），也試圖藉由「不但並非陌生，甚至還是根本」的卡巴拉思想去解釋《聖經》。這位熱望改革的紅衣主教接受了教宗克勉七世（Pope Clement VII）的指示，撰寫過關於「神榮耀的臨在」（Shekinah）的

精彩論文，並且將它獻給了查理五世皇帝（Emperor Charles V）。除去這幾位過往的知名人物之外，還有一些較不為人知的後輩與仿效者，也都可以提出來討論。

　　這裡的重點是，過去人們深入探討異教和猶太奧義教誨的目的，雖然是為了貫徹人文主義精神、結集散落的啟示與闡釋，為嚴謹的基督教神學帶來新氣象，但從未有人在任何一刻產生懷疑，認為這些分歧想法無法融入於真正的基督信仰。尤其是彼可・德拉・米蘭多拉，不過他所追求的並不是信仰的融合，因為他已清楚地表明：「我的額頭上烙著耶穌基督的名字，我將心甘情願地為信仰祂而死。我既不是魔法師也不是猶太人，亦非以實瑪利人或異教徒。我信奉的是耶穌，我背在身上的是他的十字架。」而本書作者應該也會說出同樣的忠貞誓言。

　　歷史上還有其他將隱修和卡巴拉智慧注入《聖經》及基督教思想的類似案例，特別是將哈西德派（深受卡巴拉影響）的智慧化為現代思維的馬丁・布伯（Martin Buber）。哲人弗朗茨・馮・巴德爾（Franz von Baader）的轉化功力也毫不遜色，他曾經將雅各・伯麥的基督論融入天主教義。第三個例子由於無法十分確定，所以在此僅概略地提一下，那就是將古代魔法／煉金學轉化成深層心理學的榮格。《塔羅冥想》的作者在隱修傳統上的成就和彼可・德拉・米蘭多拉以及弗朗茨・馮・巴德爾一樣偉大，但又別有創見。《塔羅冥想》中的密契主義、玄學及魔法教誨顯得更博大精深；作者卻仍從容地將流淌於內心裡的各種思潮，滙整成一套鮮活的基督信仰默觀方

式。

　　從塔羅圖像切入探討是此書引人矚目的地方。作者當然知道塔羅卡通常是應用在魔法和占卜上面。雖然他在書中自如地使用「魔法」這個多義詞，卻對「翻牌」和占卜毫無興趣。對他來說，更重要的是這些象徵符號的含義——無論是個別符號或符號彼此之間的。由於他經常提及榮格，因此讓我們暫且稱這些圖像為「原型」。不過我們得避免將它們解釋成集體無意識的心理現象——榮格本人從未明確地如此說過。這些圖像其實可以被理解成客觀宇宙的源頭；這指的是《聖經》提到的「靈界執政者和掌權者」的次元。

　　塔羅的起源很難得知，也很難考證不同版本的象徵圖像究竟出自哪些朝代。人們曾捕風捉影地將它的源頭推回至埃及或迦勒底的智慧傳統，不過將它的應用和流傳歸功於流浪的吉普賽人，倒是滿合理的說法。現存最古老的塔羅牌是十四世紀末的產物。探討塔羅象徵系統與卡巴拉、占星學及希伯來字母之間的對應關係，則是在較晚近的十八世紀末才開始的——據說第一位這麼做的人是法國考古學家古·德·傑柏林（1728-1784）。

　　許多人嘗試過將卡巴拉和塔羅融入於天主教義裡，其中艾利佛斯·李維的涉入程度最深。他的第一本著作《轉化性魔法：其教義與儀式》問世於 1854 年。本書作者對李維的思想非常熟悉，他在書中經常為後者的天真闡述注入深度。此外有些密教流派——如「黃金黎明會」（Hermetic Order of the Golden Dawn）——在某種程度上曾試圖阻止揭露塔羅象徵系

統的基督信仰本質。在許多企圖解釋塔羅的人當中，俄國作家彼得・鄔斯賓斯基特別值得一提。如同本書的匿名作者一樣，他也是一位俄國移民，而且也是具有影響力的精神導師。他在《宇宙新典範》（*A New Model of the Universe*）裡曾根據自己的世界觀去解析塔羅遊戲，其中有一部分是以東方宗教作為框架，另一部分則是以充滿情色元素的深層心理學為基準。

在此我們無需一一舉出與本書作者對話過的眾多玄學家、神智學者及人智學者。其中有些人被作者視為能力有限而拒於門外，另一些人的思想則被他視為有價值而納入冥想之中——包括某人對卡巴拉創生質點的解釋，雅各・伯麥、魯道夫・史坦納、榮格、佩拉旦、巴布士、里昂的菲力浦及其他人的觀點。他也時而提到許多偉大的哲人和神學家，如聖多瑪斯・阿奎納、聖文德、萊布尼茲、康德、齊克果、尼采、柏格森、索洛維耶夫、德日進，或是一些劇作家和詩人，例如莎士比亞、歌德、德・科斯特、塞萬提斯、波德萊爾及其他諸君。

觀察一下在靈修傳統中，誰能與作者產生共鳴，即可看出這位作者的基本靈性傾向：那麼，誰是他經常以敬愛口吻提到的人呢？聖安東尼、聖艾爾伯圖斯・麥格努斯和聖方濟的名字一再出現於書中；最被廣泛引用的則是聖十字若望和聖女大德蘭的著作內容。

他用懷著愛與誠摯的熱情投入大阿卡納的象徵系統裡。它們啟發了他的靈感；他讓自己乘著想像力的雙翅翱翔、鳥瞰著世界和靈魂深處，腦海中自動出現自己早已通曉的內涵；這些不同路數的思想經常交織滙整在一起。他勢不可擋的靈性洞見

較少呈現在細節上，大部分是顯現在他對事物類比關係的確知上。這為他的洞見增添了統合的力量，如磁鐵般將散落各處的見解聚攏在一起，讓它們變得井然有序。對他而言，這種「魔法」式的能力和人類的專橫天性——追求權力意志、掌握知識和命運的不可思議力量——毫無關係。它是一種截然不同的東西，我們只能稱其為「恩寵的魔法」，一種從天主教信仰的神祕核心產生的力量。但由於天主教信仰本身不是也不渴望成為魔法，因此所謂「恩寵的魔法」指的是信德的作用力：確信一切「宇宙勢力」都是由基督所掌理。《新約》也將這些臣服於基督的勢力，描述成透過宇宙律發揮作用的過程，它將會延續到世界末日。其中埋藏著一種潛在危機：誘惑會透過好奇心以及對權力的渴望，讓人們在未成熟的階段屈服於這些宇宙勢力，而無法本持基督精神去戰勝權力慾。面對這些勢力的正確態度就是在生活中保持虔信，依循基督信仰的內蘊智慧。

洞悉這點才能正確看待《塔羅冥想》，因為勢必會有讀者對此書感到困惑。作者之所以能自如地深入於各種玄學，是因為對他而言，它們乃次要之事。唯有當它們和主耶穌的愛所蘊含的奧祕產生關聯時，它們才能夠真正被理解。作者並沒有將基督教的啟示視為真實的或可能的主客觀史跡，反而視其為基督信仰天啟原型的體現；由於宇宙演化的終極目標是要讓神顯化在每一個人身上，所以作者將這些原型理解成由寓言及概略典範交織成的「映像和謎」，目的是在宣告未來將會示現的大事。

為了充分理解這一點，我們可以參考另一本類似的著

作——《大王牌》（The Great Trumps〔塔羅的大阿卡納〕，1950）——雖然它的靈性主張不太一樣。此書的基督徒作者查爾斯・威廉斯（Charles Williams, 1886-1945）是一位有深度的思想家。他是 T.S. 艾略特（T.S. Eliot）、C.S. 路易斯（C.S. Lewis）、托爾金（Tolkien）和桃樂斯・塞耶斯（Dorothy Sayers）的神祕友人。他也深入探討過塔羅魔法以及為精神生活帶來的深義。在早期的小說《獅子的地位》（*The Place of the Lion, 1933*）中，他讓柏拉圖的相關理念成為闖入現象界的宇宙勢力。書中所描述的事件都源自於故事人物對這股力量的心理反應：其中一位變得非常恐懼，另一位狂喜地信奉這些理念，還有一位想利用它們來統治世界而被慾望掌控，最後一位則發展出恰當的態度：面對高層宇宙勢力時，要學會以不執著的心態去擁抱它們內建的恩寵。《大王牌》真正想說的是，塔羅的宇宙律一旦被當成魔法來使用，就會變成有害的力量，但人類終將與上主無私的愛相遇，屆時所有的負能量都會被驅逐，塔羅的魔法也會變成順服於神的力量。

如同《冥想塔羅》的作者一樣，查爾斯・威廉斯也以嶄新的形式呈現古老基督信仰智慧。在基督教發展的初期，人們以捍衛上帝在各種宇宙勢力面前的主權和自主力為名，奮力對抗過當時流行的各種宿命論——尤其是占星學。但這兩位作者都不否認宇宙次級法則的存在，也不否認天意可能會透過它們引導命運的走向。再一次地，聖保羅的教誨又浮現出來：「靈界的執政者和掌權者」（《歌羅西書》第 2 章，第 15 節）、「天上執政的、掌權的」（《以弗所書》第 3 章，第 10 節）

或是「世界統治者」（《哥林多前書》第 2 章，第 6 節），他們都被承認是擁有權力的真實存有，但基督戰勝了他們，使得他們成為他戰車前的先鋒。

威廉斯曾經以戲劇口吻告知想要研究宇宙次級法則和次元的基督徒，讓他們知道在神學框架下發展這類學問著實不易；其難度遠勝過於將非基督信仰的哲學概念置入神學範疇內。拜占庭帝國的占星學歷史和多少世紀以來的西方文化最能突顯這一點。許多扮演魔法師弟子角色的人因為一知半解而被困在幻相之網中，從此被剝奪了上主為基督信仰注入的自由，而這也是教義執筆者最擔心的事。隨著日報和二流刊物的興起，其中登載的那些與個人靈修完全無關的星象分析，更是促成了以虛妄迷信取代真實信仰的潮流。在這方面，本書作者要求的標準遠超過專業訓練和職業道德。研究者必須具備某種第六感和傳達訊息的自制力，同時要對每個人的信仰之路抱持尊重和含蓄的態度。

《冥想塔羅》的境界是許多二流玄學著作望塵莫及的，整體看來它完全是一套靈修上的冥想系統。此外，作者也自律地避免提出任何具體指示，去教導讀者如何在基督教智慧的支持下進行「玄祕」領域的修練。看來作者真正關切的，並非任何一種外在知識。他只想達到聖文德〈從人文科學到神學的還原〉（**De reductione artium ad theologiam**）這篇論文的成果，亦即對世間的顯學理論和實用知識做出全面概述（聖文德曾闡明一切知識都誕生於神聖的宇宙律或原型，如同鍊環一樣彼此緊緊相扣）。另一個可以拿來做比較的則是聖女賀德佳

（St. Hildegard of Bingen, 1098-1179）的宇宙宏觀論。或許只有在其中，我們才能看見宇宙勢力如何被納入以基督為中心的偉大戲碼裡，包括發生於創世和贖罪以及天國和地球之間的大戲。的確，聖女賀德佳所描述的宇宙，「充滿著你作夢都想不到也學不來的事情」。

若要詳細分析如何把這些居間次元融入作者的基督信仰，恐怕會超乎這篇後記的範疇和權限。

我們可以確定的是，作者一直本持著修行的良知，讓自己守住基督信仰智慧的中道。他所傳達的豐富內涵——幾乎是太豐富了——充滿著純正有益的洞見，因此理當吸引更廣大的讀者群。

作者為了讓此書道出自己的話語，同時避免讓個人因素干擾到作品和讀者的關係，所以選擇以不具名方式出版——我們尊重他的初衷。

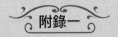

《翡翠石板》中英對照全文

書中引用的《翡翠石板》內容（原文為拉丁文）是根據羅柏・史迪爾（Robert Steele）與桃樂斯・形爾（Dorothy Singer）於1928年合譯的英文版本：

1. 真理是如實的，不虛妄的，恆真的，確鑿的。
2. 若想成就與「一」融合的奇蹟，必須理解「上界如是，下界亦然」的奧義。
3. 上主即是萬物的媒介，萬物皆由祂所造。
4. 太陽是父，月亮是母；它被孕育於風的子宮裡，大地則是它的褓姆。
5. 它（泰勒瑪）是整個宇宙一切精微事物的初祖。
6. 若是將它投射到地球，將發揮完美力量。
7. 它睿智地將土元素和火元素、精微體和粗鈍體區分開來。
8. 它能夠從地球升至天國，然後再降回到地球，從內整合源自優劣事物的能量。藉由它，你將擁有整個宇宙的光輝和榮耀，一切晦暗終將離你而去。
9. 它的力量凌駕於所有力量之上，能夠征服任何精微之物，滲透任何堅固之體。
10. 宇宙因而被創造出來。
11. 此方式成就了不可思議的受造物。
12. 由於我具備它的這三種智能，所以被稱為赫密士・崔思莫吉司托斯。
13. 有關「靈界太陽」的作用，我該說的皆已說完。

1. True it is, without falsehood, certain and most true.

2. That which is above is like to that which is below, and that which is below is like to that which is above, to accomplish the miracles of（the）one thing.

3. And as all things were by contemplation（meditation）of（the）One, so all things arose from this one thing by a single act of adaptation.

4. The father thereof is the sun, the mother the moon; the wind carried it in its womb; the earth is the nurse thereof.

5. It is the father of all works of wonder（thelema）throughout the whole world.

6. The power thereof is perfect, if it be cast on to earth.

7. It will separate the element of earth from that of fire, the subtle from the gross, gently and with great sagacity.

8. It doth ascend from earth to heaven; again it doth descend to earth, and uniteth in itself the force from things superior and things inferior. Thus thou wilt possess the glory of the brightness of the whole world, and all obscurity will fly far from there.

9. This thing is the strongest of all powers, the force of all forces, for it overcometh every subtle thing and doth penetrate every solid substance.

10. Thus was this world created.

11. Hence there will be marvelous adaptations achieved, of which the manner is this.

12. For this reason I am called Hermes Trismegistus, because I hold three parts of the wisdom of the world.

13. That which I had to say about the operation of *sol* is completed.

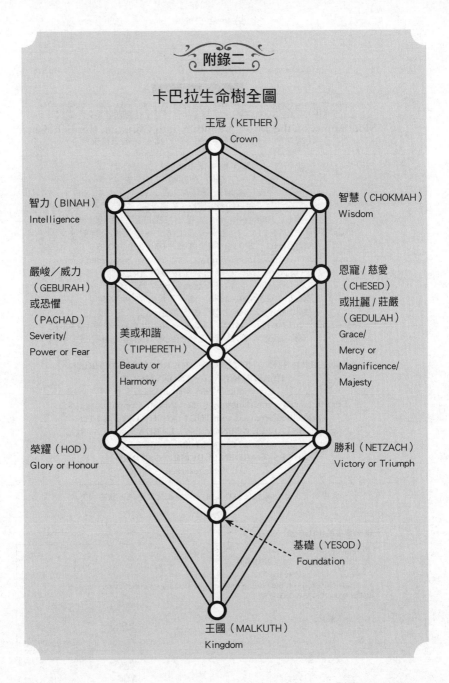

附錄二

卡巴拉生命樹全圖

王冠（KETHER）
Crown

智力（BINAH）
Intelligence

智慧（CHOKMAH）
Wisdom

嚴峻／威力
（GEBURAH）
或恐懼
（PACHAD）
Severity/
Power or Fear

美或和諧
（TIPHERETH）
Beauty or
Harmony

恩寵／慈愛
（CHESED）
或壯麗／莊嚴
（GEDULAH）
Grace/
Mercy or
Magnificence/
Majesty

榮耀（HOD）
Glory or Honour

勝利（NETZACH）
Victory or Triumph

基礎（YESOD）
Foundation

王國（MALKUTH）
Kingdom

Holistic 105

塔羅冥想：基督信仰內在隱修之旅
Meditations on the Tarot: A Journey into Christian Hermeticism
作者：無名氏　審修：胡因夢　譯者：侯王怡文

出版者—心靈工坊文化事業股份有限公司
發行人—王浩威 總編輯—王桂花
責任編輯—黃福惠、黃心宜
內頁版型設計—李宜芝
通訊地址—10684台北市大安區信義路四段53巷8號2樓
郵政劃撥—19546215 戶名—心靈工坊文化事業股份有限公司
電話—（02）2702-9186　傳真—（02）2702-9286
Email—service@psygarden.com.tw　網址—www.psygarden.com.tw
製版‧印刷—彩峰造藝印像股份有限公司
總經銷—大和書報圖書股份有限公司
電話—（02）8990-2588　傳真—（02）2990-1658
通訊地址—248新北市五股工業區五工五路二號
初版三刷—2017年1月　ISBN—978-986-357-065-3　定價—1300元

國家圖書館出版品預行編目資料

塔羅冥想：基督信仰內在隱修之旅 / 無名氏著. -- 初版. --
臺北市：心靈工坊文化, 2016.06
面；　公分. -- (HO；105)
譯自：Meditations on the tarot: a journey into Christian hermeticism
ISBN 978-986-357-065-3(精裝)

1.占卜 2.靈修

292.96　　　　　　　　　　　　　　　　　　　　　105009384

書系編號—Holistic 105　　　　書名—塔羅冥想：基督信仰內在隱修之旅

姓名　　　　　　　　　　　　　是否已加入書香家族？ □是 □現在加入

電話 (O)　　　　　(H)　　　　　　手機

E-mail　　　　生日　　年　　　月　　　日

地址 □□□

服務機構　　　　　　職稱

您的性別—□1.女 □2.男 □3.其他

婚姻狀況—□1.未婚 □2.已婚 □3.離婚 □4.不婚 □5.同志 □6.喪偶 □7.分居

請問您如何得知這本書？
□1.書店 □2.報章雜誌 □3.廣播電視 □4.親友推介 □5.心靈工坊書訊
□6.廣告DM □7.心靈工坊網站 □8.其他網路媒體 □9.其他

您購買本書的方式？
□1.書店 □2.劃撥郵購 □3.團體訂購 □4.網路訂購 □5.其他

您對本書的意見？
□ 封面設計　　1.須再改進 2.尚可 3.滿意 4.非常滿意
□ 版面編排　　1.須再改進 2.尚可 3.滿意 4.非常滿意
□ 內容　　　　1.須再改進 2.尚可 3.滿意 4.非常滿意
□ 文筆／翻譯　1.須再改進 2.尚可 3.滿意 4.非常滿意
□ 價格　　　　1.須再改進 2.尚可 3.滿意 4.非常滿意

您對我們有何建議？

▲您的意見，我們將轉貼在心靈工坊網站上，www.psygarden.com.tw

加入心靈工坊書香家族會員
共享知識的盛宴，成長的喜悦

請寄回這張回函卡（免貼郵票），
您就成為心靈工坊的書香家族會員，您將可以──

⊙隨時收到新書出版和活動訊息

⊙獲得各項回饋和優惠方案